VOYAGES

TOUT UN MONDE À EXPLORER

MERVEILLES DE LA NATURE

Grand Canyon National Park, Arizona

MERVEILLES DE LA NATURE

50 MERVEILLES DU MONDE À VOIR DANS SA VIE

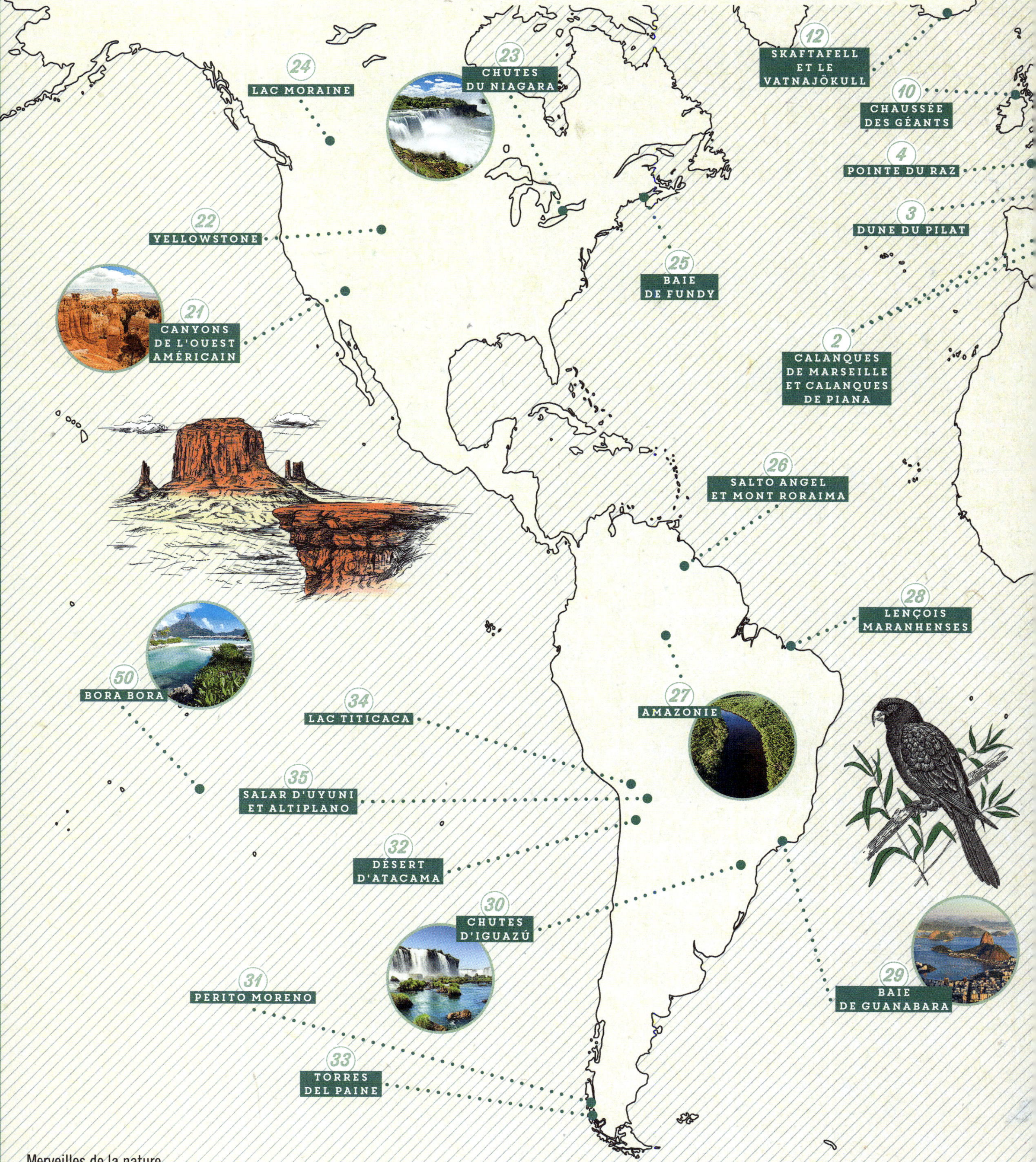

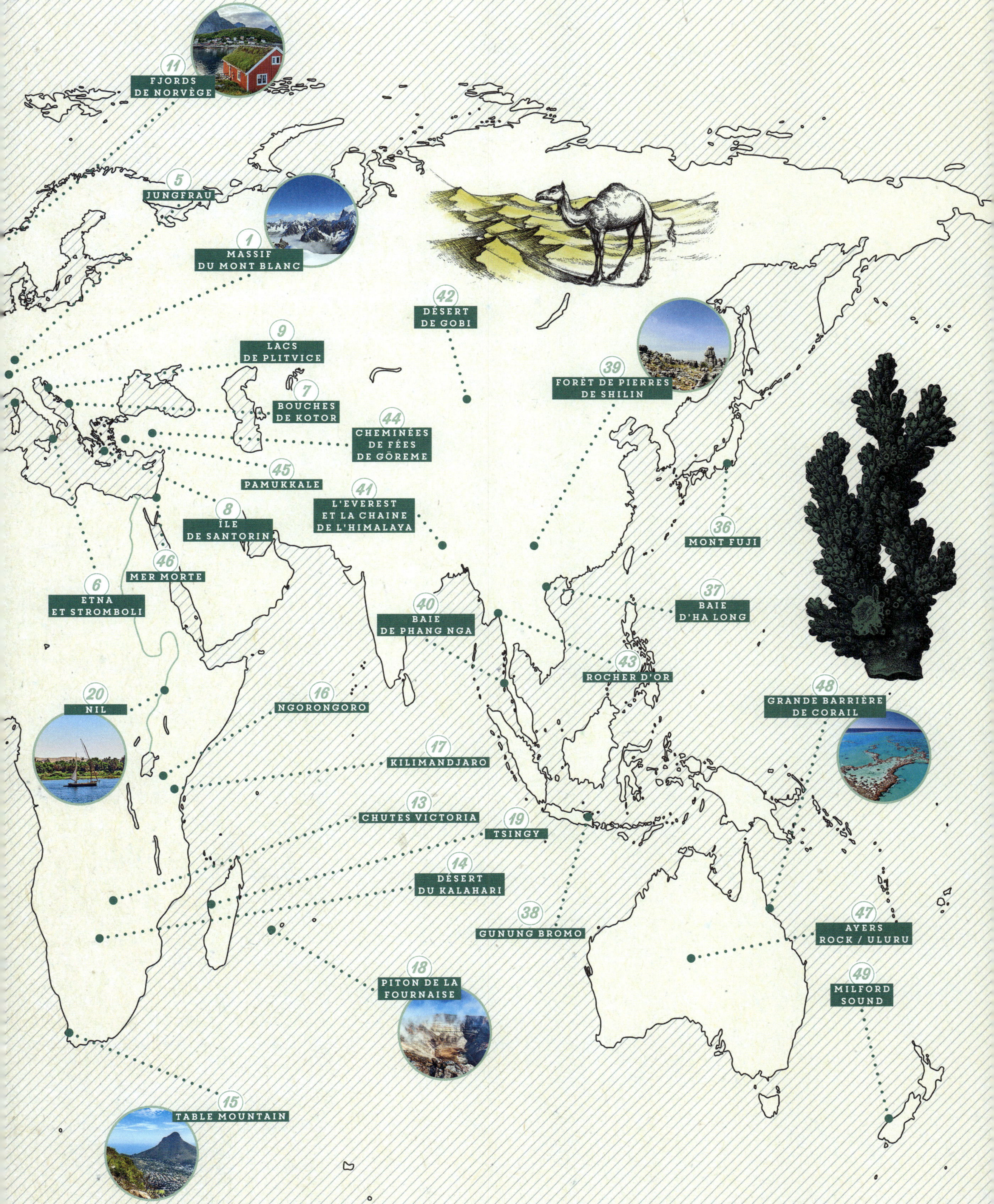
11
FJORDS DE NORVÈGE
5
JUNGFRAU
1
MASSIF DU MONT BLANC
42
DÉSERT DE GOBI
9
LACS DE PLITVICE
7
BOUCHES DE KOTOR
39
FORÊT DE PIERRES DE SHILIN
44
CHEMINÉES DE FÉES DE GÖREME
45
PAMUKKALE
41
L'EVEREST ET LA CHAINE DE L'HIMALAYA
8
ÎLE DE SANTORIN
36
MONT FUJI
46
MER MORTE
6
ETNA ET STROMBOLI
37
BAIE D'HA LONG
40
BAIE DE PHANG NGA
43
ROCHER D'OR
48
GRANDE BARRIÈRE DE CORAIL
20
NIL
16
NGORONGORO
17
KILIMANDJARO
13
CHUTES VICTORIA
19
TSINGY
14
DÉSERT DU KALAHARI
38
GUNUNG BROMO
47
AYERS ROCK / ULURU
49
MILFORD SOUND
18
PITON DE LA FOURNAISE
15
TABLE MOUNTAIN

EUROPE

1 MASSIF DU MONT BLANC

Savoie

D'une superficie modeste (400 km²), le massif du mont Blanc s'étend sur trois pays (France, Italie et Suisse) et peut s'enorgueillir d'être le toit de l'Europe avec le mont Blanc (4810 m) qui trône au-dessus de Chamonix. Mais ce n'est pas tout : le massif compte plus de 10 sommets dépassant les 4000 m, et 60 les 3000 m. Sans oublier la célèbre mer de Glace et des sommets offrant de splendides panoramas comme l'Aiguille du Midi. Très accessible, le massif compte de nombreux équipements touristiques, comme des télécabines, plateformes d'observation, stations de ski et même des trains touristiques. Si vous êtes un marcheur, on vous recommande un trek exceptionnel : le Tour du Mont-Blanc.

2 CALANQUES DE MARSEILLE ET CALANQUES DE PIANA

Provence, Corse

De petits joyaux méditerranéens dont la couleur de la roche contraste avec le bleu profond de la mer. Sortes de fjords à la mode provençale situés entre Marseille et Cassis, les calanques sont des failles profondes et escarpées dans la roche calcaire dans lesquelles s'engouffre l'eau de mer. On peut faire de formidables randonnées dans les calanques. La balade en bateau depuis Marseille ou Cassis n'est pas mal non plus. Plus au sud, en Corse, les calanques de Piana déploient leurs paysages époustouflants à mi-chemin entre Ajaccio et Calvi. De superbes panoramas à admirer le long d'une route sinueuse qui passe à travers des roches porphyriques de couleur rouge-orangé.

3 DUNE DU PILAT

Aquitaine

Comme un bout de Sahara égaré entre Gironde et Landes... Grand site de France, la dune du Pilat est la plus grande dune d'Europe : sa hauteur est de 114 m, mais elle varie selon les années. Elle s'étend sur 2,7 km de long et 500 m de large. Située à l'entrée du bassin d'Arcachon, la dune du Pilat offre une vue sur l'océan et la forêt de La Teste de Buch. On peut y accéder en 154 marches, de préférence au coucher du soleil, et dévaler par la suite jusqu'à l'océan. Panorama sublime.

4 POINTE DU RAZ

Bretagne

Un lieu devenu mythique, tant la pointe du Raz a des allures de bout du monde. La falaise plonge à pic dans une mer qui, lorsqu'elle est déchaînée, offre un spectacle saisissant. L'endroit conserve, contre vents et marées, son aura, même s'il est hyper touristique. Et profitez-en pour arpenter d'autres promontoires bretons, par exemple du côté de la presqu'île de Crozon toute proche, ou la pointe du Van, d'où l'on a un beau point de vue sur celle du Raz. Un chemin de randonnée part de la pointe du Raz.

5 JUNGFRAU

Suisse

La « Jungfrau » (« jeune femme » en allemand) est surnommée le « toit de l'Europe », même si elle n'est pas aussi haute que le mont Blanc. Situé dans les Alpes bernoises, ce sommet – dont le nom complet est Jungfraujoch – est accessible via la ligne de chemin de fer à crémaillère, que l'on emprunte depuis la station de Grindelwald. Le train vous hisse à 3454 m d'altitude, à la station la plus haute du continent. Le trajet n'est que de 9 km, mais le voyage est inoubliable (et cher).

6 ETNA ET STROMBOLI

Italie

Des volcans mythiques, splendeurs telluriques du sud de l'Europe... Plus grand volcan d'Europe, l'Etna, patrie des Cyclopes et atelier de Vulcain, apparaît à de nombreuses reprises dans la mythologie grecque. Ce volcan reste l'un des plus actifs et des plus dangereux de la planète. D'une superficie de 1300 km², il possède un périmètre de 250 km et culmine à 3340 m au-dessus de Catane. Ses alentours sont très peuplés, malgré le danger, car les pentes du volcan sont très fertiles. Autre phénomène naturel exceptionnel, le Stromboli domine l'île Éolienne du même nom. Cet autre volcan mythique, qui dégage quotidiennement de la poussière et de la vapeur, plonge ses racines dans la mer Tyrrhénienne à plus de 2 km sous la surface.

7 BOUCHES DE KOTOR

Monténégro

S'enfonçant de 28 km dans les terres, les bras de ce fantastique fjord méditerranéen sont cernés de hautes falaises calcaires. Bienvenue dans les bouches de Kotor ! Situé au sud de Dubrovnik, ce haut-lieu du tourisme monténégrin déploie tout un univers d'îles, de sommets dénudés se reflétant dans l'eau, d'adorables villages, de criques se succédant dans une débauche florale. Au fur et à mesure que l'on s'avance dans les terres, le fjord se rétrécit et les montagnes se font plus escarpées. De belles randonnées permettent de sillonner la région, après avoir visité les ravissants villages de Kotor et Perast.

8 ÎLE DE SANTORIN

Grèce

Même très fréquentée en été, Santorin subjugue toujours le voyageur. Cette île des Cyclades offre l'un des spectacles naturels les plus spectaculaires de la Méditerranée : elle est formée par le cratère d'un volcan enfoui sous l'eau, dont la caldeira sous-marine est considérée comme la plus grande du monde, avec 83 km². Santorin consiste en une longue falaise circulaire en à-pic de 80 à 120 m de haut, où se superposent des couches géologiques de cendres noires ou rouges. Le décor est ponctué de villages blancs perchés au sommet du cratère. Pour profiter au mieux de ce spectacle naturel somptueux, nous vous conseillons d'y aller hors saison.

9 LACS DE PLITVICE

Croatie

Situés dans le nord de la Dalmatie et classés au patrimoine mondial de l'Unesco, les lacs de Plitvice sont l'une des merveilles naturelles de la Croatie. 16 lacs, aux eaux bleutées et turquoise, se succèdent sur plus de 130 m de dénivelée, dans un paysage parfaitement préservé. Reliés entre eux par de jolies cascades et alimentés par une multitude de cours d'eau, ils se mêlent à une végétation luxuriante : sapins, épicéas, hêtres, érables... De nombreuses espèces animales vivent dans les parages (loups, ours, chats sauvages, cerfs...). La baignade est interdite, tout comme la pêche et la chasse, afin de protéger l'écosystème fragile des lacs.

10 CHAUSSÉE DES GÉANTS

Irlande

Une merveille géologique, classée au patrimoine mondial de l'Unesco. La Chaussée des Géants, située en Irlande du Nord, regroupe 40000 colonnes prismatiques de basalte, formées à partir de la lave cristallisée sortie d'un volcan en éruption il y a 40 millions d'années. De ces blocs hexagonaux et compacts, parfaitement ajustés, dessinant ici un amphithéâtre, là un orgue, se dégage une incroyable intensité tellurique. La légende attribue l'origine du site à un géant irlandais qui aurait édifié ces colonnes pour défier un rival. D'où son nom...

11 FJORDS DE NORVÈGE

Norvège

Près de 2000 km séparent le sud de la Norvège du cap Nord. Le rivage norvégien est l'un des plus découpés au monde. Un héritage de la dernière ère glaciaire qui a ciselé le littoral de ce pays, créant des formations géologiques uniques : les fameux fjords de Norvège. Gigantesques entailles à l'intérieur des terres (jusqu'à 204 km de long pour le Sognefjord), les fjords sont d'étroites vallées creusées par les glaciers et remplies par la mer à la fin de la dernière glaciation. Ils peuvent atteindre jusqu'à 1 300 m de profondeur et les sommets qui les bordent jusqu'à 2 000 m. La plus grande concentration de fjords (une cinquantaine) se trouve entre Bergen et Trondheim. Inscrit au patrimoine mondial de l'Unesco, le Geirangerfjord, encaissé entre des montagnes grandioses à 80 km d'Ålesund, est la perle des fjords de Norvège, presque une destination en soi. Quant aux alentours, ils sont sublimes.

12 SKAFTAFELL ET LE VATNAJÖKULL

Islande

Difficile de sélectionner un seul site en Islande... Skaftafell est un magnifique parc national situé au pied du plus grand glacier d'Europe, le Vatnajökull : 8400 km² – l'équivalent de la Corse – avec, par endroits, 1 km d'épaisseur de glace. Grandiose ! Des éruptions volcaniques ont lieu régulièrement à travers le glacier, perçant des cheminées à travers 600 m de calotte glaciaire. Un nuage de vapeur et de cendres s'en échappe, jaillissant à plusieurs kilomètres d'altitude. Un spectacle unique en son genre.

AFRIQUE

13 CHUTES VICTORIA

Zimbabwe, Zambèze

Inscrites au patrimoine mondial de l'Unesco, les chutes Victoria sont aussi appelées « Mosi-oa-Tunya », littéralement « la fumée qui gronde » : on entend le fracas de l'eau au loin et les embruns sont visibles à une vingtaine de kilomètres aux alentours. Le Zambèze s'étend en effet ici sur plus de 2 km, et l'eau chute sur une centaine de mètres de hauteur, s'engouffrant furieusement par la suite dans un étroit canyon, ce qui rend le spectacle encore plus impressionnant.

14

DÉSERT DU KALAHARI

Afrique du Sud, Namibie, Botswana

D'une superficie de 900 000 km², le désert du Kalahari (« lieu sans eau ») s'étend entre les bassins des fleuves Zambèze et Orange. Il couvre une large partie du Botswana ainsi que le sud-est de la Namibie et le nord-ouest de l'Afrique du Sud. À la différence du désert du Namib voisin, autre merveille régionale, le Kalahari est un désert semi-aride où l'on trouve une faune variée (lions, antilopes, reptiles…) et des espèces de végétaux, comme des baobabs centenaires, malgré la sécheresse. Les dunes, d'une couleur orangée allant jusqu'au rouge vif, constituent l'autre attraction majeure du désert. Le Kalahari est peuplé par les Naras et les Bochimans, qui sont les héros du film *Les Dieux sont tombés sur la tête*.

15

TABLE MOUNTAIN

Afrique du Sud

Nous voici à l'extrémité australe du continent africain, qui achève sa course vers le sud de façon abrupte. Du haut de ses 1 000 m, la Table Mountain dévale brutalement vers Cape Town qui se trouve à ses pieds. On peut monter sur son sommet totalement plat en téléphérique. En haut, de nombreuses randonnées sont possibles, au milieu de centaines d'espèces végétales, dont les fynbos. Le Table Mountain National Park s'étend sur environ 60 km, de Signal Hill à Cape Point. Panoramas époustouflants.

16

NGORONGORO

Tanzanie

Souvent qualifié de « huitième merveille du monde », le cratère du Ngorongoro impressionne par ses dimensions : 22,5 km de diamètre et 610 m de profondeur. Le cratère du Ngorongoro, isolé à 2300 m (le fond du cratère est à 1700 m), renferme une végétation luxuriante surprenante. Des cascades, dévalant les parois de la caldeira, irriguent les pâturages et alimentent le lac en son centre. Une abondante faune sauvage s'y désaltère : lions, hippopotames, buffles, zèbres, gnous, rhinocéros, flamants roses… L'endroit est d'ailleurs élevé au statut de Réserve internationale de la biosphère. Ce jardin d'Éden est l'un des seuls endroits de Tanzanie (et même d'Afrique) où l'on peut voir les « Big Five » (éléphant, rhinocéros, lion, buffle et léopard) réunis dans un même lieu.

17

KILIMANDJARO

Tanzanie

Montagne mythique, le Kilimandjaro est le sommet le plus haut de l'Afrique, culminant à 5 892 m. Son sommet est aplati, toujours enneigé, malgré le réchauffement climatique. Mais pour combien de temps encore ? 85 % des neiges éternelles ont disparu. L'ascension du Kilimandjaro nécessite au moins 6 jours de marche lors d'un trek mémorable qui nécessite une bonne condition physique. Mais une fois en haut, vous serez émerveillé par la beauté du paysage.

18

PITON DE LA FOURNAISE

Réunion

Au sud-est de La Réunion, le Piton de la Fournaise (2632 m) offre des paysages époustouflants, entre forêts majestueuses et étendues lunaires. Le volcan, toujours en activité, est sous haute surveillance mais n'est dangereux que lorsque les coulées de lave s'étendent vers les lieux habités. On peut s'en approcher grâce à des sentiers balisés qu'il ne faut pas quitter ! Les randonnées sur les flancs de la montagne sont nombreuses. Au pied du volcan, la Route des Laves traverse des coulées de lave au sud du Piton, au bord de l'océan Indien. Quant au Piton des Neiges (3070 m), autre volcan de La Réunion, il est éteint.

19

TSINGY

Madagascar

Fascinant Tsingy de Madagascar, une forêt de pierre difficilement accessible au cœur de l'île rouge. Ces formations karstiques uniques au monde, en forme d'aiguilles, doivent leur origine à un phénomène géologique particulier. Il y a 200 millions d'années, le plateau était recouvert par la mer (d'où la présence de coquillages au milieu du Tsingy, à 100 km de la côte !). Puis une plaque gigantesque a commencé à émerger, fissurant le calcaire et créant des canyons. Enfin, la pluie a rongé le calcaire pour créer ces arêtes acérées et grises, si particulières. Elles sont encore plus spectaculaires que celles du massif de l'Ankàrana, dans le nord de l'île. Inscrit au patrimoine mondial de l'Unesco, le parc national des Tsingy de Bemaraha est situé à environ 200 km au nord de Morondava.

20

NIL

10 pays d'Afrique

D'une longueur d'environ 6 700 km, le Nil serpente à travers 10 pays. Parmi eux, le Rwanda, le Burundi, la Tanzanie, l'Ouganda, l'Éthiopie, le Soudan et l'Égypte. Puis il se jette dans la Méditerranée pour former le delta du Nil. Il est le résultat de la confluence du Nil Blanc, qui prend sa source au lac Victoria, et du Nil Bleu, dont l'origine se trouve dans le lac Tana en Éthiopie. Fleuve mythique, le Nil est, depuis l'Antiquité, le cœur de la vie économique, agricole et sociale de l'Égypte. Les nombreux monuments qui le bordent, notamment autour de Louxor, attestent de son caractère vital pour cette civilisation.

AMÉRIQUES

21

CANYONS DE L'OUEST AMÉRICAIN

États-Unis

Bien sûr, il y a le Grand Canyon, dont l'immensité subjugue : jusqu'à 1 829 m de profondeur et 29 km de large. Le Colorado le sillonne sur une longueur de 445 km. Mais il y a aussi d'autres joyaux à ne pas manquer dans ce Far West de légende : Zion, Bryce Canyon, Antelope Canyon, Black Canyon, De Chelly… Sans oublier des merveilles à la limite du surnaturel comme The Wave, une curiosité géologique unique en son genre. Un festival de splendeurs naturelles, qui épateront le routard le plus endurci.

22

YELLOWSTONE

États-Unis

Situé à l'extrême nord-ouest du Wyoming, le plus ancien des parcs nationaux, créé en 1872, rassemble une kyrielle de beautés naturelles sur 8 992 km². Le Yellowstone National Park offre des paysages de matin du monde et des sensations uniques aux amoureux de la nature. Classé à l'Unesco, il possède une faune et une flore exceptionnelles, que l'on peut découvrir sur 1 300 km de sentiers, à pied, à vélo, à cheval, mais aussi en bateau. Grandes attractions du parc, les milliers de geysers, les sources chaudes et les mares de boue bouillonnantes proviennent d'une intense activité volcanique à 3 350 m sous terre.

23

CHUTES DU NIAGARA

États-Unis, Canada

Bon, il y a du pour et du contre… Les chutes du Niagara, somptueuses, sont devenues une destination mythique, immortalisée par la peinture et le célèbre film, qui porte leur nom, avec Marylin Monroe. Les chutes du Niagara, à la frontière américano-canadienne, impressionnent par leur force : elles déversent plus de 6,8 millions de litres d'eau par seconde, le long d'un fer à cheval de 675 m de long et de 54 m de haut. Spectaculaire ! Petit bémol : elles sont loin de se trouver en pleine nature, mais aux portes d'une petite ville, une sorte de Las Vegas avec plein d'enseignes lumineuses, de centres commerciaux et d'attractions en tout genre. Mais quel spectacle que ces chutes, tout de même !

24

LAC MORAINE

Canada

L'une des perles des Rocheuses canadiennes. Moins célèbre que le lac Louise, le lac Moraine (12 km au sud) n'a rien à envier à son illustre voisin. Plus isolé, totalement inaccessible en hiver, il est bordé de sévères falaises rocheuses plongeant dans des eaux d'un bleu vif, contrastant avec le vert profond des résineux. De très beaux sentiers de randonnées partent du lac, pour explorer cette contrée sauvage, fréquentée par les ours. Un spectacle inoubliable, éminemment romantique.

25

BAIE DE FUNDY

Canada

L'une des marées les plus spectaculaires du monde s'y déroule. La baie de Fundy est une baie océanique de 290 km de long, qui s'étend entre les provinces du Nouveau-Brunswick et la Nouvelle-Écosse sur la côte est du Canada. La baie de Fundy subit les plus hautes marées du monde, jusqu'à 16,50 m. Nulle part ailleurs autour du globe le déplacement d'eau n'est aussi important : chaque cycle déverse l'équivalent des rejets quotidiens de tous les fleuves et rivières : 100 km³, soit 100 milliards de tonnes d'eau !

26

SALTO ANGEL ET MONT RORAIMA

Venezuela, Brésil, Guyane

Salto Angel ou Salto del Ángel (« saut de l'ange ») sont les plus hautes chutes d'eau du monde, avec une hauteur de 979 m. Elles se situent dans l'État de Bolivar, à l'intérieur du parc de Canaima. Difficilement accessibles, on peut les admirer en avion ou après une excursion de plusieurs heures en bateau. Toujours dans le parc Canaima, le Mont Roraima, partagé avec le Brésil et la Guyane, subjugue le voyageur. Culminant à 2810 m, il s'agit d'un tepuy, une montagne tabulaire caractéristique de la région, avec des falaises d'environ 1000 m de hauteur. Le lieu a inspiré *Le Monde perdu* de Conan Doyle, qui a été adapté par Steven Spielberg… dans *Jurassic Park 2*.

27

AMAZONIE

Brésil, Pérou

Un monde où l'aventure prend tout son sens. L'Amazonie reste l'une des dernières parties sauvages de notre planète. Le Bassin amazonien s'étend sur 6 millions de km² et 9 pays. La forêt amazonienne, poumon vert de la planète, renouvelle à elle seule la moitié de l'oxygène de la Terre. Elle renferme une faune et une flore exceptionnelles. Cette forêt incroyable est traversée par l'Amazone (6300 km), le plus long fleuve du monde. Il prend sa source au Pérou et se jette dans l'Atlantique. L'Amazone, qui charrie près de 20 % de l'eau douce du monde (hors Antarctique), peut atteindre, à la saison des crues, 20 km de large.

28

LENÇOIS MARANHENSES

Brésil

Le « Sahara du Nordeste » : un endroit unique au monde. Le décor ? Des dunes d'un sable blanc immaculé ondulant comme des draps (« Lençois ») sur des dizaines de kilomètres. Çà et là, des lacs d'eau douce, des plages désertes où se réfugient tortues et oiseaux, ponctuent le paysage. L'océan se trouve à 10 km à vol d'oiseau, et les plages sont désertes. Nulle trace de vie (ou presque) dans cette mer de sable qui progresse de 60 m par an sous l'effet des alizés. Situé dans l'État du Maranhão (nord du Brésil), ce parc national, où serpente le fleuve Preguiças, attire de plus en plus de touristes, mais il vous reste beaucoup de place pour profiter de ce lieu exceptionnel.

29

BAIE DE GUANABARA

Brésil

Si Rio de Janeiro est surnommée la « ville merveilleuse », c'est en grande partie pour son cadre naturel exceptionnel : la baie de Guanabara, où des explorateurs portugais jetèrent l'ancre le 1er janvier 1502. Profonde d'une trentaine de kilomètres et large de presque autant, la baie de Guanabara présente un relief très accidenté et multiple. Plus d'une centaine d'îles et îlots ponctuent le décor au large de Rio, dominé par le Pain de Sucre et la colline du Corcovado avec la statue du Christ rédempteur. S'étendant sur 380 km², Guanabara est la baie la plus étendue du littoral brésilien après celle de Salvador de Bahia, autre beauté naturelle du Brésil. La baie connaît malheureusement d'importants problèmes de pollution.

30

CHUTES D'IGUAZÚ

Brésil, Argentine

Aucun endroit au monde ne subjugue autant par sa force. En langue guarani, Iguazú signifie « grande eau ». On ne vous le fait pas dire… À la frontière de l'Argentine et du Brésil, non loin du Paraguay, ces quelque 270 chutes réparties sur 3 km à peine, d'une hauteur pouvant atteindre 90 m, sont entourées d'une végétation tropicale luxuriante. La Garganta del Diablo (700 m de long, 130 m de large et 80 m de hauteur) est sans doute la plus impressionnante. Les chutes d'Iguazú font partie des destinations les plus courues – à juste titre – d'Amérique du Sud. C'est dans ce site classé par l'Unesco que fut tourné le film *Mission*. La ville brésilienne la plus proche est Foz do Iguaçu. Du côté argentin, c'est Puerto Iguazú.

31

PERITO MORENO

Argentine

Classé au patrimoine mondial de l'Unesco, le Perito Moreno est l'un des glaciers les plus spectaculaires du monde. Véritable monstre de 15 km de long sur 5 km de large, il atteint 60 m au-dessus du niveau du lac. Sa superficie représente l'équivalent d'une ville comme Buenos Aires. Facile d'accès par bateau, il se trouve à un peu plus de 50 km d'El Calafate, au sud de la Patagonie. En chemin, on admire les eaux bleutées du lago Argentino et des icebergs. Splendide !

32

DÉSERT D'ATACAMA

Chili

Le désert d'Atacama s'étend sur 1000 km jusqu'au Pérou et à la Bolivie. Situé au nord du Chili dans la région d'Antofagasta, l'Atacama prend la forme d'une bande étroite et aride, bordée par la Cordillère des Andes. C'est l'un des plus arides du monde : ces 17 dernières années, le désert d'Atacama n'a d'ailleurs reçu que 0,6 mm d'eau. Très peu peuplé, il offre des cieux parmi les plus limpides du monde. L'endroit est idéal pour observer la voûte céleste. À 70 km de San Pedro de Atacama se trouve le plus grand désert de sel du Chili, le Salar d'Atacama : une immensité de sel cristallisé où se baladent les flamants roses et où se jettent les *quebradas*, ces petites ravines rouge vif.

33

TORRES DEL PAINE

Chili

Déclaré parc national en 1959, le parc national Torres del Paine est une destination de choix pour les randonneurs et les trekkeurs. La diversité des paysages – quelque 240000 ha de steppes, forêts, montagnes, lacs, cascades et glaciers –, la richesse de la faune et de la flore, raviront les amateurs de grands espaces. Dans ce parc, le trek W est l'un des plus célèbres du monde. L'itinéraire, dont la forme épouse celle de la lettre, se parcourt en 4-5 jours, en longeant des lacs. Paysages sublimes.

34

LAC TITICACA

Pérou, Bolivie

Plus qu'un lac, une légende. En effet, cette gigantesque étendue d'eau navigable est la plus haute du monde (3810 m). Avec 8340 km², le lac Titicaca, presqu'une mer intérieure, compte parmi les plus beaux du monde. Accessible par la ville de Copacabana en Bolivie (halte impérative), l'Isla del Sol, la plus grande des îles du lac Titicaca, serait le lieu de naissance de la civilisation inca. Selon la mythologie inca, le lac Titicaca serait la matrice d'où serait sorti le monde. Un site extraordinaire, presque divin.

35

SALAR D'UYUNI ET ALTIPLANO

Bolivie

Au sud-ouest de la Bolivie, à 4000 m d'altitude, le Salar d'Uyuni et l'Altiplano offrent un festival de curiosités naturelles et géologiques : désert de sel blanc, lacs rouges ou verts, rochers aux formes bizarroïdes, volcans, geysers… Totalement isolé, soumis à de rudes conditions climatiques, l'Altiplano se mérite : l'exploration de la région, qui nécessite absolument un guide-chauffeur en 4x4, est une véritable aventure. L'Altiplano est dépourvu de moyen de communication, d'eau potable et de point de ravitaillement. Mais le périple se révèle inoubliable, tout simplement…

ASIE ET MOYEN-ORIENT

36

MONT FUJI

Japon

Situé sur l'île de Honshu, le mont Fuji (3776 m) est le point culminant du Japon. Ce cône volcanique parfaitement symétrique est une icône du Japon, immortalisé par Hokusai et désormais inscrit au patrimoine mondial de l'Unesco. De son vrai nom Fuji-San, c'est une montagne sacrée dont l'ascension – possible seulement du 1er juillet au 28 août – est un pèlerinage prisé des Japonais. Au pied du Fuji, il ne faut pas manquer la région des Cinq Lacs, avec ses splendides paysages naturels (lacs, plateaux, cascades grottes…) non loin de Tokyo.

37

BAIE D'HALONG

Vietnam

Paysage parmi les plus célèbres d'Asie, la baie d'Halong, qui s'étend sur une centaine de kilomètres, compte environ 2000 pains de sucre de toutes formes et de toutes tailles émergeant de la mer. Un paysage hallucinant, qui change sans cesse, mais aussi romantique, par son caractère mystérieux, surtout par temps brumeux. Les formes déchiquetées des roches, les grottes, cavités et tunnels qui les transpercent ajoutent à l'atmosphère presque irréelle des lieux. La baie d'Halong est classée au patrimoine mondial de l'humanité par l'Unesco, sous le critère « beauté naturelle ». Victime de son succès, l'endroit attire les foules. Pour profiter de sa magie, passez une nuit dans la baie à bord d'une jonque-hôtel.

40

BAIE DE PHANG NGA

Thaïlande

La baie de Phang Nga, située à 90 km au nord de Phuket Town, est célèbre pour ses nombreux pitons calcaires recouverts d'une végétation dense. La base de ces gigantesques totems naturels a été rongée par l'eau de mer, qui a creusé des grottes naturelles impressionnantes ! Un site naturel absolument unique au monde. L'incroyable piton rocheux – ultra touristique – de Ko Tapoo est connu dans le monde entier pour avoir servi de scène à un James Bond *(L'Homme au pistolet d'or)*.

38

GUNUNG BROMO

Java, Indonésie

Le splendide volcan Gunung Bromo (2 392 m) est la vedette incontestée de Java. Son cratère de 800 m de diamètre sur 200 m de profondeur s'élève par-dessus la caldeira de Tengger, aux côtés de trois autres volcans : le Fursi, le Batok et le spectaculaire Gunung Semeru (3 676 m). Le paysage, minéral et apocalyptique, évoque un désert de soufre, surplombé de cimes dont les vapeurs flottent dans le brouillard. Plus à l'est s'élève le Kawa Ijen, autre site volcanique inoubliable, culminant à 2 386 m d'altitude et réputé pour son lac d'acide turquoise.

39

FORÊT DE PIERRES DE SHILIN

Chine

À 86 km à l'est de Kunming, la forêt de pierres de Shilin est l'une des merveilles du patrimoine naturel du Yunnan. Elle consiste en un ensemble de pitons rocheux karstiques aux formes ciselées, en calcaire gris, comme la couleur de la pierre ponce. Des géologues ont trouvé des fossiles d'animaux marins prouvant qu'il y a 270 millions d'années, la mer recouvrait cette partie du Yunnan. Suite à un lent travail d'érosion, les pitons ont pris ces formes aussi mystérieuses qu'enchanteresses. Un réseau de sentiers permet de frôler ces pitons dont certains se dressent à plus de 30 m, émergeant d'une masse de verdure qui renforce le caractère magique de l'endroit.

41

L'EVEREST ET LA CHAÎNE DE L'HIMALAYA

Tibet, Népal

L'Everest, ou *Sagarmatha* en népali, est l'un des 14 sommets de la chaîne himalayenne, le plus haut et le plus célèbre, culminant à 8 850 m d'altitude. La vue sur le sommet est splendide depuis le camp de base, situé à 8 km du monastère de Rongpuk, à condition d'y être par temps clair (c'est rarement le cas en été). Possibilité de randonner vers les premières neiges (pénitents) en 4-5 h (trek à la journée).

42

DÉSERT DE GOBI

Mongolie, Chine

Une terre extrême, qui s'étend au nord de la Chine et au sud de la Mongolie sur une superficie de presque 1 300 000 km². À rebours des clichés, le désert de Gobi n'est pas de sable, mais de pierre. Les températures peuvent chuter jusqu'à -40 °C l'hiver. Foulé à la préhistoire par les dinosaures, le Gobi, immensité aride, est parcouru par les nomades et leurs chameaux, les chevaux de Przewalski, les léopards des neiges et les ours.

43

ROCHER D'OR

Birmanie

Un site inclassable, à 170 km à l'est de Yangon. L'une des « 7 merveilles du monde birman » et l'un des sites les plus sacrés du bouddhisme, avec la pagode Shwedagon à Yangon. Ce gros rocher de forme crânienne de 7 m de haut, recouvert de feuilles d'or, est en équilibre au-dessus d'un précipice de plus de 1 100 m ! Ce lieu de pèlerinage est très fréquenté par les bouddhistes, et maintenant par les touristes. Comme pour d'autres monuments sacrés en Birmanie, les femmes ne peuvent pas s'en approcher.

44

CHEMINÉES DE FÉES DE GÖREME

Turquie

Étranges formations géologiques que ces cheminées de fée qui ont rendu la Cappadoce célèbre dans le monde entier. Certaines peuvent atteindre jusqu'à 40 m de hauteur. Elles sont nées d'une éruption volcanique il y a 10 millions d'années, qui a formé des cônes rocheux, sculptés au fil des millénaires par le vent et l'eau. Leurs extrémités en tuf, plus dures que le corps des pitons, sont plus résistantes, d'où leur forme de champignon, presque phallique. Au VIIIe siècle, des communautés chrétiennes trouvèrent refuge dans ces cheminées de fée, y aménageant des couvents et des églises rupestres, comme à Göreme, une petite ville truffée de cheminées de fée.

45

PAMUKKALE

Turquie

Surnommé « le château de coton », le site de Pamukkale est l'un des plus étonnants de Turquie. Des sources d'eau chaude entre 35 et 55 °C, chargées de sels calcaires, dévalent de hautes falaises. Au fil des millénaires, elles ont sculpté la montagne en une cascade de bassins d'une blancheur éblouissante. Les vasques prennent des couleurs irréelles le soir venu. Depuis 2000, Pamukkale est protégé et restauré sous l'égide de l'Unesco. Juste à côté de ce site exceptionnel s'élèvent les ruines antiques de Hiérapolis (IIe s. av. J.-C.) et sa nécropole comportant des centaines de tombes.

46

MER MORTE

Israël, Jordanie

Un site unique au monde, entre Israël et Jordanie. La mer Morte est en fait un lac salé alimenté par le Jourdain. Sa salinité (275 g par litre d'eau) est dix fois plus importante que celle des mers du monde. Conséquence : impossible de couler, les baigneurs y flottent. Ni algue ni poisson ne peuvent survivre dans les eaux de la mer Morte (d'où son nom). C'est également le point le plus bas au monde (-400 m). Si vous vous y baignez, pensez bien à vous doucher en sortant de l'eau ! Tout contact de l'eau avec la bouche, le nez ou les yeux peut être également dangereux.

OCÉANIE

47

AYERS ROCK/ULURU

Australie

Un des symboles de l'Australie, inscrit au patrimoine mondial de l'Unesco. Merveille naturelle de ce pays extrême, ce gigantesque roc orangé s'élève à 350 m et s'étend sur 3,5 km au cœur du désert de l'Outback australien, au sud-est d'Alice Springs. Ayers Rock est également un site sacré pour les Aborigènes. Soyez respectueux des lieux ! Le coucher et le lever du soleil offrent un spectacle inoubliable, le rocher déclinant ses couleurs en brun, violet, rose, rouge, orange et vert. Toujours dans le parc national d'Uluru, les monts Olgas-Kata Tjuta (« multi-têtes » en anangu), moins célèbres qu'Uluru, présentent aussi une forme arrondie caractéristique. Des sentiers balisés permettent de s'y rendre.

48

GRANDE BARRIÈRE DE CORAIL

Australie

Un endroit mythique. Ses 2 500 km le long de la côte orientale australienne font de la Grande Barrière le plus grand récif corallien au monde. Plus de 2 900 récifs, 900 îles et atolls se déploient au large du Queensland, entre Gladstone et Cooktown. Classée au patrimoine de l'Unesco depuis 1981, elle abrite l'une des plus grandes biodiversités de la planète : pas moins de 400 espèces de coraux, 1 500 de poissons et 4 000 de mollusques ! La Grande Barrière est toutefois menacée par la pollution marine et la pêche. Elle aurait perdu la moitié de sa surface de corail depuis un quart de siècle.

49

MILFORD SOUND

Nouvelle-Zélande

Un magnifique fjord situé au sud-ouest de l'île du Sud de Nouvelle-Zélande. Le Milford Sound s'avance d'une quinzaine de kilomètres dans les terres, au cœur des Alpes du Sud. Pouvant atteindre jusqu'à 400 m de profondeur, il est entouré de montagnes culminant jusqu'à 1 695 m. Les excursions en bateau ou en canoë sur les eaux du fjord, mais aussi la randonnée, sont des musts dans la région. Le Milford Sound compte parmi les lieux de tournage de la trilogie *Le Seigneur des Anneaux*. Un endroit magnifique, à l'autre bout du monde.

50

BORA BORA

Polynésie française

Un volcan éteint, une barrière de corail, un lagon qui décline toutes les nuances de bleu, des plages de sable blanc ourlées de cocotiers, des maisons sur pilotis où passer la nuit… L'image même du paradis. Bora Bora, situé à 260 km au nord-ouest de Papeete, fait partie de l'archipel de la Société. De dimensions modestes (38 km²), l'île n'est peuplée que de 9 600 personnes. Protégés par un récif-barrière, les fonds sous-marins de Bora Bora abritent une faune sous-marine exceptionnelle. L'île déploie une abondante flore tropicale que l'on peut découvrir au cours de randonnées guidées. Histoire de se prendre pour Robinson Crusoé…

Grand Canyon National Park, *Arizona*

LES GRANDS PARCS NATIONAUX

Yellowstone, le Grand Canyon, les îles Galápagos… Autant de noms qui font rêver les voyageurs du monde entier ! Ce n'est qu'au XIXe siècle que l'idée de « parc national » voit le jour. Pour la première fois, l'homme songe à protéger certains sites jugés exceptionnels : paysages splendides, phénomènes naturels insolites, faune et flore particulièrement variées… À l'origine, il n'y a donc pas d'ambition touristique, mais plutôt une tentative de préserver la biodiversité.

Pourtant, certains parcs nationaux attirent aujourd'hui plus d'un million de visiteurs chaque année ! Que l'on soit passionné de grands espaces ou de randonnée, d'animaux rares ou de nature sauvage, on ne restera pas indifférent à ces sites uniques au monde.

ÉTATS-UNIS

YELLOWSTONE

C'est le plus ancien de tous les parcs nationaux américains (1872) et une des plus belles merveilles du monde. Cet extraordinaire fleuron du patrimoine naturel mondial se situe aux confins du Wyoming, de l'Idaho et du Montana, sur cette colonne vertébrale des montagnes Rocheuses qui sépare les Grandes Plaines de la côte pacifique. Toute la beauté sauvage de l'Ouest américain semble contenue dans ce territoire, où se mêlent comme à l'aube du monde la terre, le feu, l'air et l'eau. Le Yellowstone n'est autre qu'un « supervolcan », et le parc est situé au creux de l'une des plus grandes caldeiras du monde. En surface, tout est calme : les pins et séquoias se dressent entre les cimes enneigées. Mais cette apparente sérénité dissimule des phénomènes géothermiques : sous la terre, le magma en fusion ne cesse de bouillir. Geysers, sources chaudes, dômes de granit, fumerolles, cascades, mares boueuses et lacs cristallins sont autant de témoins de l'origine volcanique de ces paysages. Un terrain idéal pour la randonnée, l'alpinisme et le canyoning. Preuve que le règne sauvage est ici à son comble, la faune vient compléter cet impressionnant tableau géologique. Le parc est peuplé d'une cohorte de mammifères : grizzlys, bisons, élans, mouflons, coyotes… Il est survolé par des centaines d'espèces d'oiseaux, dont certaines endémiques.

Quand y aller ? Le printemps et l'automne sont les meilleures périodes pour visiter Yellowstone. En mai, les couleurs sont splendides et la faune se concentre autour des sources chaudes où la neige a fondu. Mais en septembre, il y a nettement moins de touristes ! On peut alors observer les migrations d'animaux sauvages…

www. nps.gov/yell

ÉTATS-UNIS

GRAND CANYON

Merveille géologique de plus de 65 millions d'années, le Grand Canyon est l'un des sites les plus visités des États-Unis. Le fleuve Colorado s'est taillé un chemin dans la roche d'un immense plateau, sculptant le paysage, érodant la pierre, dessinant des falaises… La profondeur du canyon peut atteindre plus de 1 800 m, ce qui explique la variété des climats et la biodiversité : on compte plus de 1 500 espèces de plantes, 305 oiseaux et 76 mammifères dans les environs. Le Grand Canyon est le royaume des sports de pleine nature : excursions au fond du canyon, descente des rapides. South Rim, le versant sud, est le plus fréquenté. Yaki Point et Grandview Point comptent parmi les plus beaux panoramas. Le Desert View Point est célèbre pour sa tour dont l'intérieur est tapissé de fresques des Indiens Hopis. La virée au Grand Canyon donne aussi l'occasion de découvrir la culture des Pueblos et des Navajos. Plus intime, la rive nord (North Rim) est bordée de forêts de sapins et de prairies. Surplombant les méandres du canyon, des promontoires et belvédères promettent des points de vue à couper le souffle. Le must : assister au coucher du soleil. Trois solutions pour découvrir le parc : l'avion, le raft ou encore… la marche à pied !

Quand y aller ? En toute saison, il vaut mieux prévoir un pull ou un imper, car les averses sont fréquentes sur le canyon.
nps.gov/grca/

CANADA

BANFF

En 1885, trois ouvriers de la Canadian Pacific Railway découvrirent par hasard des sources d'eau chaude sur le flanc est des Rocheuses. Le gouvernement fédéral finit par acheter les droits de propriété : ce fut le début du parc national de Banff, premier parc national du Canada et 3e parc au monde. Sur 6641 km², vous croiserez des crêtes abruptes, des flancs de montagne boisés, des lacs aux eaux limpides et bleutées, de vastes forêts de résineux. N'hésitez pas à y passer plusieurs jours pour faire des randonnées, du rafting ou observer les animaux. Populaire et chic à la fois, la station de montagne de Banff est très agréable. Vous pouvez vous baigner dans des sources thermales d'eau chaude. Enfin, faites une halte au Lake Louise, tout simplement l'un des plus beaux endroits du Canada… pardon, du monde ! Actuellement, il existe une quarantaine de parcs nationaux sur le territoire canadien. Nombre d'entre eux valent également le détour, à commencer par celui de Jasper qui couvre 10878 km².

Quand y aller ? La meilleure période s'étend de mai à juin (les skieurs pourront en profiter de décembre à avril).
pc.gc.ca

COSTA RICA

TORTUGUERO

Le parc national de Tortuguero se situe dans la province de Limón, au nord-est du Costa Rica. C'est le 3e parc le plus visité du pays, et pourtant, il n'est accessible que par bateau ou par avion ! Pourquoi un tel succès ? Pour commencer, Tortuguero rassemble des milieux variés : forêt humide, marais, plages, lagons… Mais il concentre aussi des centaines d'espèces animales ! Le parc bénéficie de magnifiques plages où de nombreuses espèces de tortues viennent pondre. Les rivières, quant à elles, sont peuplées de lamantins, de caïmans, de crocodiles et de ginglymodes. Dans la forêt, jaguars, singes hurleurs, paresseux, lézards et grenouilles empoisonnées vivent en toute tranquillité. Sans oublier les 375 espèces d'oiseaux qui font résonner leurs chants, les 400 espèces d'arbres et les 2 000 espèces de plantes… Un régal pour les yeux ! Certains surnomment le parc « La petite Amazonie » ! Trois pistes aquatiques (en barque) et une piste de randonnée permettent d'explorer ce parc riche en émotions.

Quand y aller ? La saison de ponte des tortues s'étend de mars à octobre, avec un pic autour du mois d'août. Spectacle unique et émouvant, et bien sûr très réglementé.
sinac.go.cr

ARGENTINE

LOS GLACIARES

Au sud de la Patagonie argentine se trouve un parc de 600 000 ha : Los Glaciares. Il inclut deux grands lacs d'origine glacière, lago Viedma et lago Argentino, et les montagnes aux alentours. Les mythiques sommets Fitz Roy et Cerro Torre, qui dépassent les 3 000 m, sont loin de passer inaperçus ! Sur la rive du lago Argentino, d'un bleu laiteux, le glacier du Perito Moreno est l'attraction principale du parc : 15 km de long sur 5 km de large, il s'élève à 60 m au-dessus du niveau du lac. C'est le plus spectaculaire des glaciers andins et le plus facile d'accès. Difficile de rester insensible à cette majestueuse beauté. Classé au patrimoine mondial de l'humanité par l'Unesco, c'est l'un des glaciers les plus vivants du monde, une vraie force de la nature ! Il grince, craque, gronde, résonne : le moindre bloc qui s'en détache sous une formidable poussée s'effondre avec fracas. La glace tombée forme un petit iceberg qui part à la dérive, et le glacier reprend ses grincements et craquements. On pourrait passer des heures à l'observer sans s'en lasser. On peut le découvrir à pied depuis une balustrade ou lors d'une excursion en bateau sur le lac. Impressionnant ! Les parties les plus basses du parc sont recouvertes par la forêt patagonne : les hêtres sont très présents, mais on trouve également une espèce de merisier, le *nothofagus dombeyi*. Au-dessus de 1 100 m, c'est la toundra : des étendues infinies de glace et de roches. Plusieurs grands mammifères habitent le parc, dont le puma et le renard gris. En levant les yeux au ciel, on peut également apercevoir des oiseaux, comme le condor ou l'ouette des Andes.

Quand y aller ? L'été (de novembre à mars) est la période idéale pour découvrir la région.
losglaciares.com

Los Glaciares, *Argentine*

ÉQUATEUR

GALÁPAGOS

Les îles Galápagos sont connues dans le monde entier. Peu de noms possèdent un tel pouvoir onirique. Cet archipel, situé à près de 1 000 km des côtes équatoriennes, est composé d'îles d'origine volcanique aux allures mystérieuses. Les animaux qui peuplent les lieux semblent venir d'un autre âge : iguanes géants, tortues centenaires, fous à pattes rouges ou bleues… On dénombre 19 îles et une quarantaine d'îlots, sur plus de 8 000 km². On arrive ici non sur un simple archipel mais sur une planète inconnue, échouée dans l'univers aqueux, merveilleuse désolation volcanique aux couleurs mystérieuses. Ce site est resté vierge jusqu'en 1535, date à laquelle l'homme le découvrit pour la première fois. Sans doute a-t-il même inspiré un certain Charles Darwin, qui passa cinq semaines sur place en 1835, vingt-quatre ans avant de publier sa *Théorie sur l'évolution des espèces*. Qui sait… Il faudra attendre 1959 pour que le gouvernement équatorien fasse de cet archipel un parc national. Parallèlement, la fondation Charles-Darwin se donna pour mission de préserver les espèces qui peuplent les îles des Galápagos. En 1978, le parc est inscrit au patrimoine mondial de l'Unesco. Hélas, le gouvernement équatorien voit d'un bon œil le tourisme grandissant et ne semble pas désireux de le limiter.

Quand y aller ? Les îles Galápagos ont un microclimat peu ordinaire, dû à la confluence de plusieurs courants marins. On distingue la saison sèche, ou saison de *garua* (fin mai à fin décembre), et la saison chaude (novembre à mai) avec des pluies fréquentes.
galapagospark.org

NORVÈGE

JOTUNHEIMEN

Avec ses 1 145 km², Jotunheimen est le plus grand parc national de Norvège. Ce massif de montagne rassemble les vingt-six plus hauts sommets du pays ! Son nom vient d'ailleurs d'un terme allemand, « Jotunfjeldene », qui signifie « montagne des géants ». Situé au cœur de la Norvège, entre Oslo, Bergen et Trondheim, ce parc est facilement accessible par les transports publics. Très fréquenté en hiver par les amateurs de ski, il offre également de beaux circuits de randonnées le reste de l'année : nombreux sont ceux qui tentent l'ascension du Galdhøpiggen afin d'admirer la vue, ou qui longent la très populaire crête de Besseggen.

Quand y aller ? Mai à septembre est la meilleure période pour visiter la région.
jotunheimen.com

KENYA

MASSAÏ-MARA

Prolongement de l'immense parc naturel du Serengeti, en Tanzanie, la réserve nationale du Massaï-Mara est, aujourd'hui encore, habitée par les Massaï. D'où le nom de « réserve » et non de « parc ». Malheureusement, les villages trop proches des portes d'entrée ont été rasés, et s'il en demeure quelques-uns à l'est du site, on ne peut que déplorer la perte d'identité de la communauté massaï… Malgré cette note négative, la réserve a également beaucoup à offrir : sur 1 800 km² environ, on peut admirer une géographie tout en nuances et en subtilité où les animaux sont répartis selon leurs besoins. La proximité du lac Victoria, la rivière Mara et la présence des « Big Five » (lion, léopard, éléphant, rhinocéros, buffle africain) caractérisent la réserve la plus fameuse du Kenya. Grand avantage : les bêtes sont habituées aux minibus au point d'agir naturellement, sans en tenir compte. L'occasion idéale pour observer l'équilibre délicat entre chaque créature de la savane.

masai-mara.com

À DÉCOUVRIR EN FRANCE

MERCANTOUR

ALPES

Les origines du parc remontent au XIXe siècle. Vittorio-Emmanuel II, constatant que les chamois et les bouquetins étaient menacés de disparition, décida de créer une « Réserve Royale de Chasse ». Mais le site n'a été déclaré parc national qu'en 1979. Depuis 2001, il est inscrit au patrimoine mondial de l'Unesco, avec le parc régional voisin, le *Parco delle Alpi Marittime*, de l'autre côté de la frontière italienne. Le Mercantour reste un paradis pour la randonnée en été et un monde à part, de 70 000 ha, fait de haute montagne, de cirques, de lacs et de vallées glaciaires. Un monde où les gens de cet arrière-pays dur et âpre se sont habitués à des conditions de vie difficiles. On y trouve une flore extrêmement riche, unique en Europe : 1 500 espèces dont 200 rares. Les trois grands ongulés, chamois, bouquetins et mouflons, y cohabitent avec bonheur. Et puis maintenant, il y a les randonneurs ! Et les loups… La Vallée des Merveilles, avec ses gravures préhistoriques, est particulièrement appréciée, tout comme le lac d'Allos, le plus grand lac d'altitude d'Europe.

mercantour.eu

KRUGER

Afrique du Sud

L'un des parcs les plus célèbres au monde, l'un des plus étendus, le plus ancien, l'un des plus... bref, quasiment élevé au rang de mythe ! Il mesure 350 km de long et, d'ouest en est, en moyenne 60 km. Superficie totale : 19633 km^2. On y trouve pas moins de 16 zones de végétation différentes et 2500 km de routes et pistes. Sans vous assommer sous les chiffres, c'est l'occasion exceptionnelle d'observer plus de 500 variétés d'oiseaux, 110 sortes de reptiles, près de 150 espèces de mammifères, 230 de papillons, 330 d'arbres... et, bien entendu, nos remarquables « Big Five » (lion, éléphant, rhinocéros, buffle et léopard) ! Malgré le grand nombre de visiteurs, on n'a jamais l'impression de foule (sauf peut-être en haute saison dans le sud du parc). Une telle superficie avec un tel réseau de routes et de pistes possède la capacité d'absorber sans problème son bon million de visiteurs annuels. Cadre sauvage intact, fléchage impeccable, pistes dans un superbe état garantissent en outre le maximum de confort. Ne reste plus qu'à rouler doucement, à s'armer de patience, à être attentif aux moindres bruissements des feuilles et, pour certains d'entre vous, à avoir un bon guide animalier... Et surtout, ne vous amusez pas à sortir du véhicule, au risque de finir dans l'estomac d'un lion...

Quand y aller ? L'hiver, d'avril à septembre, c'est la saison sèche. Les herbes sont rases, l'observation, des fauves en particulier, est un peu plus aisée. En été, d'octobre à mars, c'est la saison des pluies. Tout est vert, les herbes sont hautes, mais il pleut régulièrement, surtout en fin d'après-midi, et encore plus vers janvier-février. La faune est plus difficile à observer.

krugerpark.co.za

THAÏLANDE

KHAO SOK

Dans le sud de la Thaïlande se trouve le parc national de Khao Sok, qui s'étire sur 740 km^2. Entièrement recouvert par la jungle et la forêt primitive, le parc culmine à 980 m d'altitude. Il s'agit de la zone la plus humide du pays, avec 1600 mm de pluie par an ! Ces conditions particulières permettent d'admirer la faune et la flore exotiques, à commencer par les gibbons, pythons, tigres et autres léopards. Si l'on ajoute les parcs adjacents de Sri Phang Nga et de Khlong Phanom, ainsi que les zones baptisées « sanctuaires de la vie sauvage », on obtient plus de 4000 km^2 de nature sauvage, véritable paradis des randonneurs et des curieux.

Quand y aller ? La meilleure période pour visiter les lieux se situe entre décembre et avril. À moins que l'on souhaite observer les raflésies, ces étranges fleurs tropicales qui semblent venues d'un autre monde. Dans ce cas, les mois de novembre, décembre et janvier sont plus appropriés.

khaosok.com

MALAISIE

TAMAN NEGARA PAHANG

Le parc national de Taman Negara est le plus connu de Malaisie. Ce morceau de jungle totalement préservé est encore plus vieux que l'Amazonie. Il couvre plus de 4300 km^2 : arbres millénaires, cours d'eau impétueux, cascades impressionnantes et grottes peuplées de chauves-souris, s'étendent à perte de vue. Tout un monde peuplé de 620 espèces d'oiseaux, mais aussi de tigres, léopards, ours, buffles et éléphants... Sans oublier ceux que l'on préférerait parfois ne pas croiser : serpents, scorpions, rats et autres chauves-souris. Petit réconfort : le paludisme a disparu après la suppression des eaux stagnantes. Créé en 1939, il constitue la première tentative de protection du patrimoine naturel du pays. Le parc est particulièrement célèbre pour ses 10000 espèces de plantes, dont certaines, comme le bambou, poussent de 6 cm chaque jour ! Pas de panique, la forêt tropicale est moins dangereuse qu'il n'y paraît : à peine deux personnes y disparaissent chaque année, contre un millier sur les routes de Malaisie... Le seul véritable obstacle est sans doute le climat chaud et humide, et, malheureusement, les sangsues !

Quand y aller ? Le parc est ouvert toute l'année. Le climat est tropical. Évitez la période de mousson, entre novembre et janvier. La haute saison, parfaite pour un trek, s'étend d'avril à septembre.

tamannegara.org

NOUVELLE-ZÉLANDE

TONGARIRO

Situé au centre de l'île du Nord, le parc national de Tongariro fut le premier à avoir vu le jour en Nouvelle-Zélande. Il englobe les volcans Ruapehu, Ngauruhoe et Tongariro, ainsi que plusieurs autres sommets considérés comme des sites sacrés par les Maoris. Le parc s'étend sur environ 800 km^2 et rassemble des espaces variées. Une forêt humide tempérée couvre le nord du parc, près du Lac Taupo. On y trouve de nombreuses espèces d'arbres, mais aussi des fougères, orchidées et champignons. En prenant de la hauteur, de nouvelles variétés apparaissent. Une partie du parc est recouverte de broussailles, une autre de prairies permanentes. Au-delà de 1 500 m d'altitude, le terrain est plutôt rocailleux et la verdure disparaît. Les animaux ne manquent pas à Tongariro. Les oiseaux sont les plus nombreux, et certains d'entre eux sont rares, à commencer par le kiwi ou le canard bleu. Les mammifères sont plus communs : rats, hermines, chats, lapins, opossums… Seules les chauves-souris sont des espèces endémiques. Le parc appartient à la liste du patrimoine mondial de l'Unesco.

Quand y aller ? Pour la randonnée, l'été est la meilleure période (décembre-février).
doc.govt.nz

AUSTRALIE

KAKADU

Kakadu fait partie des vingt-trois sites classés comme « paysage naturel » et « paysage culturel » au patrimoine mondial de l'Unesco. Situé au nord de l'Australie, le parc s'étend sur plus de 20 000 km^2, regroupant gorges, marécages et chutes d'eau. Il renferme les traces des pêcheurs et des chasseurs qui y ont vécu, depuis le Néolithique jusqu'à aujourd'hui ! Des peintures rupestres viennent témoigner de ce riche passé. La terre d'Arnhem, à l'est du parc, est habitée par de nombreux aborigènes qui ont conservé un mode de vie traditionnel. Ils se sont battus pour obtenir des titres de propriété, et gèrent en partie la direction du parc. Pour visiter les secteurs habités, il est nécessaire d'obtenir un permis du Northern Land Council. Le plus étonnant, c'est que le parc englobe tous les paysages australiens à l'exception des zones arides. Sur le site, les oiseaux se comptent en millions.

Quand y aller ? Meilleure période entre mai et octobre.
parksaustralia.gov.au

AUTRES PARCS NATIONAUX EXTRAORDINAIRES

EVERGLADES

États-Unis

Le parc national des Everglades est un écosystème unique au monde ! Ce marais, alimenté par la rivière Kissimmee et par le lac Okeechobee, s'étend sur 200 km de long et 80 km de large. Vieux de 6000 à 8000 ans, il a été classé parc national en 1947, et a été inscrit au patrimoine mondial de l'Unesco en 1979. Trente-six espèces menacées vivent actuellement dans le parc, dont le crocodile américain, la panthère de Floride et le lamantin des Caraïbes. Le parc compte également plus de 350 espèces d'oiseaux, 300 espèces de poissons, 40 espèces de mammifères et 50 espèces de reptiles différentes ! Pourtant, les phosphates utilisés par l'industrie de la canne à sucre menacent aujourd'hui l'environnement des Everglades. Malgré la réticence du puissant lobby sucrier, le gouvernement fédéral tente de préserver la qualité des eaux.

Quand y aller ? L'hiver est de loin le meilleur moment pour visiter le parc, la température est agréable et on peut admirer la faune et la flore sans s'exposer aux pluies tropicales et aux moustiques.
nps.gov/ever

TORRES DEL PAINE

Chili

Déclaré parc national en 1959 et réserve mondiale de la biosphère par l'Unesco en 1978, le Torres del Paine est sans aucun doute l'un des plus beaux espaces sauvages du Chili. La diversité de ses paysages – 227 000 ha de steppes, forêts, montagnes, lacs, cascades et glaciers –, la richesse de sa faune et de sa flore, l'ont fait connaître mondialement auprès des amateurs de randonnée et de grands espaces. Le parc reçoit chaque année plus de 150 000 visiteurs, attirés par les emblématiques Torres, qui donnent l'impression d'être découpées aux ciseaux et semblent menacer le ciel de leurs sommets acérés. Plus loin, une croisière sur le lago Grey révèle des icebergs hauts comme des immeubles et une infinie variété de tons de bleu et de vert. Fantastique ! C'est ici que, pas à pas, vous découvrirez la Patagonie dans toute sa splendeur, son isolement, son mystère ; ici que vous sentirez aussi, sûrement, son hostilité (rafales de vent, tempêtes, nuits glaciales).

Quand y aller ?
Le parc est ouvert toute l'année, mais c'est à partir d'octobre que tout se met véritablement en branle. Le climat est extrêmement variable. Même en plein été (décembre-janvier), il se peut qu'éclatent de fortes tempêtes.
torresdelpaine.com

ORDESA

Espagne

Massif calcaire le plus élevé d'Europe, le parc d'Ordesa, dont la vallée du même nom fut déclarée d'intérêt national dès 1918, est un véritable paradis pour les amateurs de sport en pleine nature. Avec ses cathédrales de calcaire, ses nappes de conglomérats, ses canyons et ses grottes, sa structure géologique est de premier ordre. En outre, grâce à un degré d'humidité constant combiné à un puissant ensoleillement s'y sont développées plus de 1400 espèces végétales qui représentent aujourd'hui plus de la moitié de la faune pyrénéenne. C'est, de surcroît, le domaine d'une avifaune particulièrement riche, d'où se distinguent les grands rapaces comme le circaète, le gypaète, l'aigle royal ou le vautour fauve. L'une des plus grandes réserves écologiques européennes.

ordesa.net

HAWAII VOLCANOES

États-Unis

Au sud-est de l'île d'Hawaii s'étend un gigantesque parc national, le Hawaii Volcanoes National Park, résultat de 70 millions d'années d'activité volcanique ! Il permet d'observer deux des volcans les plus actifs du monde, le Mauna Loa (4 170 m) et le Kilauea (1 222 m), qui dominent l'océan Pacifique. Le Kilauea est en activité constante depuis 1983 et son cratère atteint 900 m de large. Rien de moins ! Les spectaculaires paysages de l'île évoluent constamment, en fonction des éruptions et des coulées de lave. Le parc est également un refuge pour des animaux et des plantes endémiques, telles que les fougères géantes. Mais il permet surtout de faire découvrir aux visiteurs l'origine et les modifications géologiques de l'archipel hawaïen.

Quand y aller ?
La météo sur l'île est assez imprévisible et varie avec l'altitude. Prévoir des vêtements imperméables et des chaussures de randonnée !
nps.gov/havo

LA VANOISE

France

La Vanoise est historiquement le premier parc naturel français. Il s'étend sur 53 500 ha de montagne et culmine jusqu'à 3 855 m d'altitude. Le parc représente l'un des patrimoines naturels les mieux préservés d'Europe. Une faune incomparable : bouquetins – bêtement chassés dans la région au XIXe siècle mais revenus en voisins (pour certains !) du parc italien du Grand-Paradis –, chamois, lièvres, aigles royaux, impressionnants gypaètes barbus (près de 3 m d'envergure), surnommés « casseurs d'os ». Flore tout aussi exceptionnelle : 1 200 espèces végétales (dont 200 remarquables) qu'on appréciera en partie en se promenant le nez au ras des vastes alpages semés de chardons bleus. On peut aussi apercevoir la très rare linnée boréale sur les rochers moussus en sous-bois. Un patrimoine presqu'accessible à tous : de nombreuses vallées et des cols faciles à gravir traversent la Vanoise.

vanoise-parcnational.fr

ETOSHA

Namibie

Le parc national d'Etosha, à 400 km au nord de Windhoek, s'étend sur plus de 22 000 km^2, dont un tiers est accessible au public. En 1907, quand la Namibie était encore une colonie allemande, cette réserve naturelle était quatre fois plus grande ! Etosha surprend par ses paysages. Une immense étendue blanche, le *pan*, en recouvre une bonne partie. La végétation, en dehors du *pan*, est composée de nombreux épineux et de mopanes, arbres aux feuilles vertes en forme de papillon. À la saison des pluies, l'ancien lac d'Etosha, asséché depuis des millénaires, se remplit d'eau. Une aubaine pour les milliers d'animaux qui peuplent les environs. On compte une centaine de reptiles, plus de 300 oiseaux, mais également des éléphants, des zèbres, des gnous, des lions, des girafes, des rhinocéros et une centaine d'autres mammifères.

namibian.org

Lac Louise, Canada

LES PLUS BEAUX LACS DE LA PLANÈTE

Titicaca, Michigan, Victoria, Léman ou Tibériade… Ces grandes étendues d'eau douce (mais pas toujours) font rêver. Chaque lac – a fortiori les plus célèbres – a sa particularité, son caractère et son identité. C'est ce que nous allons vous démontrer au fil de ces pages qui vont vous conduire aux quatre coins du monde.

Qu'est-ce qui fait la spécificité du Titicaca ? À quoi le lac Louise doit-il sa couleur d'émeraude ? Quel est le lac le plus profond du monde ? Suivez le guide !

CANADA

LAC LOUISE

À la frontière entre l'Alberta et la Colombie Britannique, le lac Louise fait preuve d'une froideur exemplaire. En effet, il faut savoir que sa température ne dépasse jamais quelques degrés au-dessus de 0, son eau provenant directement des glaciers environnants. En hiver, la glace est assez solide pour que l'on pratique le patinage (artistique ou non) sans risque de se retrouver transformé en glaçon. Ses eaux émeraude aux teintes magiques sont absolument limpides, même en été. Rançon du succès : l'endroit est un peu pris d'assaut en été. Allez-y au printemps ou à l'automne ! Les randonnées dans les montagnes tout autour permettent d'admirer des paysages splendides. Attendez-vous à croiser de nombreux animaux sauvages, marmottes et oiseaux en tous genres ! Le lac voisin, le lac Moraine, plus sauvage et moins touristique, constitue une escapade de premier choix. Il est plus petit, mais ses paysages valent bien ceux de son grand frère ! La Vallée des Dix Pics, une chaîne d'édifices rocheux en bord de lac, est à couper le souffle.

CANADA, ÉTATS-UNIS

LAC ONTARIO

Les États-Unis et le Canada se partagent le lac Ontario, la partie nord (10 000 km²) appartenant au Canada et le sud (9 000 km²) aux États-Unis. Ils ont fait la même chose avec le lac voisin, Erié, et presque tous les Grands Lacs américains, histoire de ne pas faire de jaloux ! Le lac Ontario est soumis à un certain nombre de pollutions provenant des grandes villes industrialisées des alentours. Mais depuis 25 ans, le déversement de déchets y a été interdit, et l'on peut recommencer à se baigner sans peur ! D'ailleurs, le lac Ontario est bordé de plages, très fréquentées en été, puisque la région est l'une des plus chaudes du pays. Des ferries relient la ville de Toronto, la plus grande sur les rives du lac, à une multitude de petites îles. Mais qu'en est-il de l'hiver ? Le lac gelé offre un tout autre paysage, plus proche de l'idée que l'on se fait du Canada. Le canal Rideau, qui relie la rivière des Outaouais au lac Ontario, se transforme en une patinoire géante, très solide et très sécurisée…

LAC TONLÉ SAP

Cambodge

Plus grand lac d'eau douce d'Asie du Sud-Est, le Tonlé Sap est unique au monde en raison de son système hydrologique. Organe vital du Cambodge, il se remplit et se vide au gré des moussons. Il est relié au Mékong à la hauteur de Phnom Penh par une rivière d'une centaine de kilomètres, qui porte le même nom. Chaque année, à la saison des pluies (entre juillet et novembre), le Mékong en crue, atteignant un niveau supérieur à celui du lac, force le courant de la rivière Tonlé Sap à s'inverser pour aller remplir le lac en amont ; le Tonlé Sap accueille alors les volumes d'eau du Mékong que la mer ne peut plus contenir. C'est le bon vieux système des vases communicants. Le cours d'eau remonte vers les terres au lieu de continuer vers la mer. Étonnant ! Le lac voit alors sa superficie quadrupler. En saison sèche, à partir de la fin novembre, c'est l'inverse qui se produit : le Tonlé Sap déverse dans le Mékong les réserves accumulées pendant la saison des pluies. Le cours de l'eau s'inverse à nouveau. Et c'est à ce moment-là que se déroule Bon Om Touk, la « fête de l'eau », en l'honneur de l'eau et de la nature qui apportent la prospérité. Les paysans célèbrent la fertilité de la terre, les pêcheurs celle du Mékong. Les habitations sur le lac sont pour la plupart montées sur pilotis en raison de ce phénomène. Imaginez-vous : de l'eau au pas de votre porte en été, et un gouffre en hiver ! Les villages flottants, eux, remontent dans un bras de rivière quand les eaux sont hautes, et se retrouvent dans le lac lorsque les eaux baissent. Si vous ne connaissez pas bien la région, il sera peut-être difficile de retrouver la maison de quelqu'un d'une saison à l'autre, quand elle peut se déplacer de six kilomètres… Tout autour du lac se trouvent des villages, qui ont chacun leur particularité. Kampong Phluk, un village sur pilotis, fait partie des lieux les plus accessibles (à cause de l'eau, vous l'aurez compris). La traversée en bateau pour y arriver fait partie du charme de l'endroit.

BOLIVIE, PÉROU

LAC TITICACA

Entre la Bolivie et le Pérou se trouve le lac Titicaca, une légende parmi les grands lacs de la planète, et sans doute l'un des plus beaux. Cette gigantesque étendue d'eau navigable est la plus haute du monde (3810 m). Avec 8340 km², le lac Titicaca est si grand qu'on dirait la mer... La luminosité y est exceptionnelle. Ses eaux froides se parent d'un bleu profond, réfléchissant le ciel de l'Altiplano. Côté péruvien, il existe environ une soixantaine d'îles flottantes (îles d'Urros) faites de roseau, sur lesquelles vivent quelque 2500 habitants. Côté Bolivie, accessible par la ville de Copacabana (halte impérative), l'Isla del Sol, la plus grande des îles du lac Titicaca, serait le lieu de naissance de la civilisation inca. L'Amérique du Sud étant une terre de légendes, on ne sera pas étonné d'entendre chuchoter qu'un trésor serait immergé à proximité du rivage... Le commandant Cousteau, après avoir plongé et bien cherché, n'a rien trouvé, mais rien ne nous empêche d'y rêver. Encore une légende : on aurait raison de penser que les Polynésiens sont des descendants directs d'une certaine tribu péruvienne originaire des rives du fleuve ! On retrouve des histoires, racontées de génération en génération dans les îles, à propos de l'arrivée de la tribu de Tiki. Ces hommes en pirogue auraient fui les Andes et pris la mer... D'avril à juin, le climat est agréable, c'est la meilleure période pour apprécier le lac.

MALAWI, TANZANIE, MOZAMBIQUE

LAC MALAWI

Le lac Malawi est le cinquième plus grand lac du monde. Occupant environ 20 % de la superficie totale du pays dont il porte le nom, le lac Malawi est frontalier avec la Tanzanie et le Mozambique. La température de l'eau, constante à environ 22 °C, est parfaite pour la baignade. L'eau y étant limpide, la plongée y est très pratiquée. Les novices aussi peuvent profiter de la beauté sous-marine, car même s'il s'agit du second lac le plus profond du monde, il descend en pente douce... Le lac Malawi, parfois appelé Nyassa, possède un écosystème inégalé dans le monde entier. En effet, aucun lac ne contient autant d'espèces de poissons, dont la plupart sont endémiques. C'est pour cette raison et pour bien d'autres encore que l'Unesco a choisi en 1984 de classer la partie sud du lac, ainsi que ses environs, au patrimoine mondial. Le parc national est désormais protégé de toute pollution et de la destruction de sa faune et de sa flore. Lorsqu'on parle du lac Malawi, on mentionne systématiquement son écosystème, mais on oublie parfois de parler des populations qui vivent sur ses rivages. Si les densités peuvent être très faibles par endroits, il existe un certain nombre de villages où vivent les ethnies Nyassa, Manda et Ngoni. Un des villages les plus célèbres est celui de Cape McLear, où on peut assister au spectacle des pêcheurs déchargeant leurs pirogues le soir.

ÉTATS-UNIS

LAC MICHIGAN

Le lac Michigan est le seul des Grands Lacs américains à être entièrement sur le territoire des États-Unis. Plus grande étendue d'eau douce du pays, il occupe une superficie de 57750 km² et peut par endroits atteindre 280 m de profondeur. Les villes les plus importantes sur ses rives sont Chicago (Illinois), Milwaukee (Wisconsin) et Gary (Indiana), toutes situées dans sa partie sud. Plus de douze millions de personnes vivent dans cette zone. Ces trois villes sont connues pour être très venteuses, notamment Chicago qui est surnommée « The Windy City ». Milwaukee subit aussi un climat difficile causé par le lac, qui donne lieu en hiver à blizzards, pluies et autres tempêtes de neige. Le record de température de la ville est de -36 °C ! Le lac Michigan, agité par des vagues de taille minime en temps normal, est soumis plusieurs fois dans l'année à des mouvements de plaques tectoniques qui créent des séries de vagues qui peuvent devenir dangereuses. Elles peuvent atteindre 1,20 m, ce qui n'est pas négligeable parce que les rives ne sont pas adaptées à ce genre de pression. La plus haute vague jusque là a mesuré 3 m et a tué huit personnes. Mais ne vous inquiétez pas, ce genre d'événement est rare, le lac Michigan n'est pas plus dangereux qu'un autre !

ÉGYPTE

LAC NASSER

Le lac Nasser recouvre la majeure partie de la Nubie, région qui fut engloutie sous les eaux à la construction du barrage d'Assouan. Le lac s'est établi en submergeant un grand nombre de villages. Il ne possède pas de côte à proprement parler. Ses rives, pour la plupart des montagnes escarpées et très difficiles d'accès, composent un paysage unique. Sans elles, l'eau du lac aurait sûrement englouti le reste de la Nubie... Les croisières autour du lac ne s'approchent malheureusement que peu des berges. Si vous avez l'occasion de vous y aventurer, constatez le contraste frappant entre l'aridité des terres et l'immensité du lac ! Tout autour, c'est le désert : ni village, ni signe de vie. Une aubaine pour un bon nombre d'oiseaux migrateurs qui en ont fait leur destination d'hiver préférée. C'est entre 1958 et 1970 que le président égyptien Gamal Abdel Nasser décida de sacrifier la Nubie pour évacuer les eaux du Nil, redoutables durant les crues. Et si la plupart des habitations sur ses rivages furent déplacées, il y demeure encore un monument, le temple de Kasr Ibrim, perché sur sa colline. Sa position en hauteur lui a jusqu'ici évité un destin tragique, qui n'a pas épargné les habitations troglodytiques qui se trouvaient plus bas.

À DÉCOUVRIR EN FRANCE

LAC D'ANNECY

ALPES

Selon Eugène Sue, le lac d'Annecy est un « lac enchanteur ». Il inspira les peintres Cézanne et Turner. La qualité de ses eaux fait sa renommée internationale. Situé à 447 m d'altitude, le lac d'Annecy, encadré par le massif des Bornes et des Bauges, est surplombé par la Tournette, sommet le plus haut en forme de fauteuil culminant à 2 351 m. Étendue sur 27 km² de superficie et atteignant jusqu'à 80 m de profondeur, la « Venise des Alpes » s'est formée il y a 18000 ans de la fonte des glaces. Son tourisme exemplaire permet d'accueillir de nombreuses manifestations : « La Fête du lac », le plus grand spectacle pyrotechnique d'Europe sur la baie d'Albigny, issue de la fête « vénitienne » de 1860 dédiée à Napoléon III, la compétition de wake-surf « La King of the lake » ou « La Traversée du lac à la nage ».

KENYA, TANZANIE, OUGANDA

LAC VICTORIA

Le lac Victoria, qui fait office de frontière entre le Kenya, la Tanzanie et l'Ouganda, fut « découvert » par l'explorateur anglais John Hanning Speke en 1858, en plein milieu du règne de la veuve de Windsor, d'où son nom. Le lac Victoria, avec sa superficie de 68100 km² est de loin le plus grand lac d'Afrique, devant le lac Tanganyika. Son lit est formé par une dépression née du grand rift il y a quatre millions d'années. Ses rives sont accidentées et de nombreuses îles font surface, pour la plupart inhabitées… Au milieu de ce désert humain, une île sort du lot et vole la vedette à toutes les autres : Mfangano Island, sur laquelle vivent 17000 personnes. Elle est couverte de fleurs très parfumées et entourée de crocodiles et d'hippopotames. Ce qui frappe le plus, ce sont les cactus que les habitants plantent pour empêcher les animaux d'entrer dans leurs jardins ! Le lac Victoria est tristement connu pour son rôle principal dans le film *Le cauchemar de Darwin*, où l'on explique que sa biodiversité est fortement menacée par l'introduction de la perche du Nil, un poisson carnassier. Avant ces quarante dernières années, de nombreuses espèces endémiques subsistaient, qui sont aujourd'hui susceptibles de disparaître.

BIRMANIE

LAC INLE

Le lac Inle, à l'est de la Birmanie, était pendant la colonisation apprécié par les Anglais qui ne supportaient pas la chaleur du reste du pays. Sur le lac, de nombreuses maisons sur pilotis sont installées, soit des maisons coloniales, soit des maisons Intha (les « fils du lac »). Bien entendu, toutes les rives du fleuve possèdent leur pagode (on voit rarement un village birman sans un ou deux de ces temples). Au lac Inle, pas question de se baigner ! Une très grande partie de la surface de l'eau est marécageuse, et sa couleur boueuse ne donne pas trop envie de faire trempette… Les jardins flottants installés par les paysans du coin il y a plusieurs années constituent l'une des curiosités du lac. Quand il n'y a pas de place sur la terre, autant faire pousser les légumes sur l'eau ! Les herbes aquatiques et les algues se mélangent aux légumes potagers, salades, concombres et tomates en grand nombre.

HONGRIE

LAC BALATON

Michel Jonasz, d'origine hongroise, le chante : « *Un jour, dans le soir en automne, lac Balaton, comme au rendez-vous des madones, lac Balaton, on voit s'avancer une ondine, au bout des seins deux églantines…* ». Ce lac d'eau douce est le plus grand d'Europe avec près de 600 km² de superficie. Situé au sud-ouest de la Hongrie, il est à deux heures de route de Budapest. Connu depuis l'époque romaine, il devient le lieu de villégiature privilégié des Hongrois et des touristes au XIXe siècle avec la mode des bains. Riches en minéraux, ses eaux ont des vertus curatives. Une trentaine de cours d'eau et de sources thermales gazeuses l'alimentent. Les bains de Balatonfüred sont réputés. Le lac Balaton était une ancienne mer intérieure. Il est habité par quarante espèces de poissons. Le cadre est idyllique avec, au nord, les collines de Bakony ; au sud, des plages et des dunes sablonneuses accueillant notamment la station balnéaire de Siofok.

AUSTRALIE

LAC EYRE

Le lac Eyre, du nom de l'explorateur qui le découvrit en 1840, est le plus grand lac salé d'Australie et d'Océanie… lorsqu'il n'est pas asséché. En effet, il ne se remplit que tous les huit ans ! Vaste bassin de drainage, relié par le chenal Goyder, il s'étend sur 144 km de long et 77 km de large. Le lac Eyre est situé dans les déserts les plus arides de l'Outback, la région des aborigènes et des dunes rouges au sud de l'Australie. La plupart des zones qui ne sont pas désertiques servent de pâturages. Éphémère, le lac se forme lors des pluies diluviennes, alimenté par des cours d'eaux intermittents. Suivant la concentration des minéraux, la couleur des eaux peut être rose, pourpre ou bleue. Le lac Eyre attire des millions d'oiseaux aquatiques tels que les pélicans, les mouettes argentées ou les avocettes au cou rouge. Après l'évaporation, il ne reste qu'une épaisse couche de sel dans la baie de Belt ou dans le golfe de Madigan pouvant atteindre 50 cm et 400 millions de tonnes !

LAC DE TIBÉRIADE

Israël

Entre la multitude de noms que porte le lac de Tibériade, on a du mal à décider de celui qui l'emportera. Cartographes et historiens oscillent entre son appellation arabe (Tibériade, donc), ou les autres : Guinossar, Kinnereth, mer de Galilée... L'histoire d'Israël a été traversée par tellement de civilisations et de conflits qu'il est difficile de savoir qui a raison dans cette affaire ! Le lac de Tibériade est avant tout connu parce qu'il fut le théâtre de nombreux épisodes bibliques. Il est d'ailleurs devenu un haut lieu de pèlerinage chrétien. Les croyants qui passent par ici marchent sur les traces de Jésus et se font baptiser dans le fleuve Jourdain, ou visitent des vestiges de bâtiments religieux. Mais les trois religions monothéistes sont représentées autour du lac, comme dans tout Israël. Si le pays est une zone de conflit, c'est parce que toutes les populations s'entendent pour dire qu'il s'agit d'un lieu religieusement chargé, et veulent leur part du gâteau sacré ! On en trouvera pour tous les goûts, de synagogues en sites de batailles religieuses... En dehors de toutes considérations religieuses, le lac de Tibériade n'est pas un lieu dépourvu d'intérêt, loin de là. Outre des installations touristiques (pour ne pas dire balnéaires) somme toute un peu triviales comme les parcs aquatiques ou la descente de courants en *banana boat*, on trouve autour du lac de belles balades et des paysages surprenants. Le site préhistorique d'Ovadia ou la réserve naturelle de Beit-Saïda sont des escales toutes trouvées.

RUSSIE

LAC BAÏKAL

Le lac Baïkal, signifiant « lac riche », est sacré pour les ethnies Evenk ou Bouriates. D'origine tectonique et d'effondrement, c'est le plus ancien (25 millions d'années) et le plus profond lac du monde (1 700 m) ! Isolé dans une région montagneuse et forestière au sud-est de la Sibérie orientale, il s'étend sur une superficie de 31 500 km². Il est aussi vaste que la Belgique. Alimenté par 336 rivières et ruisseaux permanents, telle la Selenga issue de Mongolie, il se déverse dans l'Ienisseï en passant par l'Angara près de la capitale de l'*oblast* d'Irkoutsk. Navigable, il est traversé par quelques bateaux de croisières de luxe. « L'Œil bleu de la Sibérie » n'est pas totalement gelé de janvier à mai et on y pratique la pêche sur glace de l'omoul et de l'esturgeon. Surnommé aussi les « Galápagos de la Russie », le Baïkal, avec 20 % des réserves d'eaux douces courantes mondiales, possède une faune endémique riche, qui présente une valeur exceptionnelle pour la science de l'évolution : 1 550 espèces animales y vivent, dont le célèbre phoque de Sibérie *Nerpa* et un poisson transparent sans écaille original, le Golomyanka, qui se liquéfie au-dessus de 7 °C.

SUISSE, FRANCE

LAC LÉMAN

Le lac Léman est le plus grand réservoir d'eau douce d'Europe occidentale. Avec une superficie de 582 km², il atteint 70 km de long et 13 km de large. Il présente une forme en croissant ou en virgule. Traversé d'est en ouest par le Rhône, il est situé de part et d'autre de la frontière franco-suisse, en bordure du massif du Jura et de la chaîne des Alpes. Le rivage nord et les deux extrémités sont suisses, le rivage sud est français. Les rives sont ponctuées de villes importantes : Lausanne, Vevey et Montreux en Suisse, Thonon-les-Bains et Évian-les-Bains en France. Genève est la plus grande ville sur la rive suisse de ce lac, d'où son autre appellation « lac de Genève ». Sur la rive gauche, *Les Bains de Pâquis* construits dans les années 30, l'un des meilleurs spots, proposent des bains turcs avec sauna, bain de vapeur et massage. Bénéficiez des vues réputées sur le *Jet d'Eau*, le plus haut héritage genevois du monde jaillissant à 140 m de hauteur ! Plus à l'est, les vignobles autour de Lausanne glissent en pente douce vers le Léman. Montreux et ses palaces Belle Époque invitent au farniente chic. Et, du côté français, Évian et ses eaux qu'on ne présente plus.

SUISSE, ITALIE

LAC DE LUGANO

Le lac de Lugano, ou Ceresio, est situé à l'extrémité méridionale de la région la plus grande du Tessin, à cheval sur l'Italie et la Suisse italienne. Il s'étend sur 35 km de longueur. Il est étroit, entre 1 et 3 km de largeur au maximum, et peut atteindre une profondeur de 288 m. Son attrait touristique provient de son climat tempéré qui permet des croisières en bateau ou en barque, des compétitions d'aviron, voire des bains de soleil sur les plages. Bref, un parfait lieu de villégiature. Le territoire est protégé et les rives restées vierges bourgeonnent de magnolias et de camélias. Ne pas manquer les maisons rustiques du hameau de Carona ou le village de pêcheurs Gandria à flanc de falaise. Le tour du lac, qui offre une belle diversité de paysages, invite à la promenade et à la randonnée. Le Monte San Salvatore se mire dans les eaux de Lugano. Monte Brè offre un beau coucher de soleil et une vue du lac avec en arrière-plan sur le Megnone ou le pont reliant Melide à Bissone. Le Monte Generoso, la plus haute montagne, le borde, ainsi que de nombreux parcs dont Parco Scherrer à Morcote et le jardin botanique avec ses sculptures et ses architectures.

SUISSE, ITALIE

LAC MAJEUR

Le lac Majeur, le plus long des lacs italiens, s'étire sur 65 km de long au-delà de la frontière suisse. Sa largeur ne dépasse pas 5 km. Enchâssé entre de hautes montagnes, il se situe à 193 m d'altitude à cheval sur le Piémont à l'ouest, la Lombardie à l'est et le canton du Tessin au nord. D'origine glaciaire, ses grandes langues d'eau ont été créées lors du réchauffement climatique, il y a quelques dizaines de milliers d'années. Le lac Majeur est nommé le « Verbano » car la verveine pousse aux abords du lac. Il est d'ailleurs réputé pour sa flore. Sa végétation est luxuriante, presque méditerranéenne, grâce à un climat doux : les magnolias, rhododendrons et camélias y bourgeonnent à la mi-avril. Ses rives accueillent aussi les stations de villégiature d'Ascona, mondaine et romantique ; et de Locarno, animée et privilégiée. Parmi les hauts lieux touristiques célèbres desservis par les bateaux de plaisance, on trouve les Îles Borromées (comprenant le palais-musée Isola Bella, Isola Madre la « sauvage », la réserve naturelle Isola dei Pescatori, l'île des pêcheurs) et les stations italiennes de Stresa, Arona, Verbania, Cannobio ou Pallanza. Profitez des panoramas, notamment au sommet de Cardada/Cimetta. Selon Stendhal, on devrait être tous fous du lac Majeur !

ITALIE

LAC DE GARDE

Abrité des vents du nord, le plus grand lac italien bénéficie d'un microclimat qu'apprécièrent en leur temps les Romains, qui n'étaient pas fous. Il y pousse une végétation foisonnante : palmiers, citronniers, cyprès, lauriers-roses. Pas étonnant que Virgile, Pline, Goethe, Barrès et D'Annunzio aient été inspirés par un tel petit paradis ! Les paysages sont ici plus évasés que dans les environs du splendide lac de Côme (voir notre « carte postale » ci-contre). Sur la rive occidentale, beaucoup de tunnels, de virages… et d'authentiques villages de pêcheurs (transformés en authentiques villages pour touristes). Sur la rive véronaise, une petite route suit le lac en bordure, offrant de très belles échappées sur cette véritable mer intérieure. *Il lago di Garda* est résolument le paradis des sportifs ; dans sa partie nord, on y vient surtout pour faire du vélo et de la planche à voile, tandis qu'au sud, c'est plutôt villégiature.

CARTE POSTALE

LAC DE CÔME L'ENCHANTEUR

Décrit par Stendhal dans La Chartreuse de Parme *comme « le plus beau lac du monde », le lac de Côme est un séducteur né. Ses villas aux jardins luxuriants et ses eaux bleu saphir, dans lesquelles se reflètent les sommets des Alpes, en ont fait un lieu de villégiature célèbre dans le monde entier. À juste titre, car le 3e plus grand lac d'Italie, s'étirant de la Suisse à la plaine milanaise, est à la fois un joyau naturel et un ravissement pour les sens. Il a attiré les artistes et les grands de ce monde, de Stendhal à George Clooney, en passant par Onassis, Kennedy ou Ava Gardner.*

Villas et jardins de rêve

Avec ses paysages grandioses et son climat agréable, le lac de Côme devient dès la Renaissance le lieu de villégiature privilégié des grandes familles milanaises. Elles font alors bâtir de somptueuses demeures, inspirées des palais toscans et des villas patriciennes de la Rome antique.

Des stucs, des fresques et des dorures à profusion décorent des salons richement meublés, où l'aristocratie, les intellectuels et les artistes se donnent rendez-vous. Aux XVIIIe et XIXe siècles, Côme passe pour le « Versailles italien ».

Des jardins prolongent le faste des palais, à la mode italienne ou anglaise. Camélias, rhododendrons, azalées, magnolias, palmiers et bien d'autres essences y composent une symphonie étourdissante de parfums et de couleurs, particulièrement au printemps.

La visite des villas est, bien entendu, un must. Certaines partent à vau-l'eau, faute d'entretien. D'autres, comme la mythique et somptueuse Villa d'Este à Cernobbio, sont devenues des hôtels de luxe, inaccessibles au commun des mortels.

Pour avoir une idée des fastes d'autrefois, faites une halte à la Villa del Balbaniello, accessible en bateau depuis Lenno ou Sala Comacina. Nichée sur la pointe d'une presqu'île, cette villa du XVIIIe siècle offre de superbes points de vue sur le lac depuis ses jardins.

Non loin de là, à Tremezzo, la Villa Carlotta est réputée pour son jardin botanique dont l'apogée de la floraison a lieu début mai. Sur l'autre rive, à Bellagio, les jardins de la Villa Melzi ont enchanté Stendhal (encore lui !). À Varenna, ceux de la Villa Monastero forment une élégante promenade au bord de l'eau, ponctuée de massifs floraux et de statues à la mode antique.

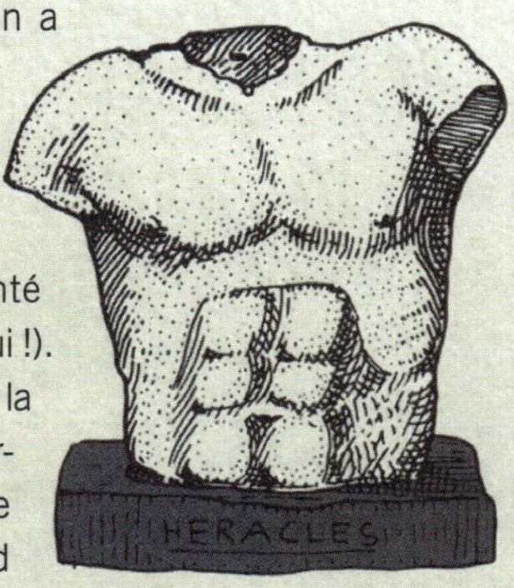

Les villages du lac de Côme

Le lac de Côme ne saurait se résumer à ses luxueuses villas, témoins d'un âge d'or révolu et utilisées aujourd'hui comme décors de cinéma (*Ocean's Twelve*, *Casino Royale*, *Star Wars*…). Sur ses rives, de coquets villages de pêcheurs aux toits de tuiles sont autant d'invitations à jeter l'ancre.

Bellagio a longtemps eu les faveurs des artistes, notamment Stendhal et Liszt. Sa situation géographique, à la pointe du triangolo lariano où les deux branches du lac se rejoignent, est exceptionnelle. C'est le village le plus fameux d'entre tous, mais aussi le plus touristique. Disons-le franchement : Bellagio, envahi en été et le week-end, a perdu son authenticité, entre les boutiques de souvenirs et les restos hors de prix. Le Saint-Trop' du Lario, en quelque sorte.

Sautez dans un ferry et partez à la découverte de Varenna, adossé au flanc de la montagne. Avec ses ruelles escarpées héritées du Moyen Âge (les *contrade*), sa *passeggiata* en bord de lac et ses sentiers qui s'élancent vers les sommets, Varenna à l'air d'un village des Cinque Terre échoué sur les rives du lac de Côme.

De Varenna, grimpez jusqu'au Castello di Vezio, juché sur un piton rocheux. La balade, d'une heure environ, vaut le coup. D'en haut, superbe panorama à 180° sur la plus belle partie du lac.

L'Alto Lago, au naturel

La partie nord du lac, l'Alto Lago, est moins fréquentée. Relativement éloignée de Côme, elle n'est pas la plus touristique du lac.

Définitivement moins « riviera », l'Alto Lago offre un cadre naturel intact, particulièrement entre Menaggio et Gravedona, sous l'œil des monts Bregnano (2 107 m) et Legnone (2 609 m). Une région authentique, où l'on peut passer une semaine de détente, en alternant repos bucolique et activités sportives : voile, pêche, canoë, randonnées, VTT, alpinisme. Enfin, vous ferez sans doute honneur aux spécialités culinaires de ce pays de Cocagne : *bresaola*, *prosciutto*, *gnocchi di zucca* (potiron), châtaignes, cèpes, truffe et, surtout, les plats à base de poissons du lac, comme le risotto à la perche (*pesce persico*) et le *missultino*, de l'alose séchée au soleil, puis salée et aromatisée au laurier, servie sur des tranches de polenta grillée. Un délice !

FICHE PRATIQUE

Quand y aller ?

Les meilleures saisons sont le printemps (mai-juin) pour la floraison des jardins et l'automne avec de belles couleurs en octobre. Attention, beaucoup d'établissements ferment de la mi-novembre à mars.

Se déplacer

- **Par la route :** plusieurs lignes de bus au départ de Côme vers les localités du lac. Pour plus de liberté, location de voiture conseillée, mais attention, routes étroites et sinueuses ! Ferry pour voitures entre Menaggio, Varenna, Bellagio, Cadenabbia.
- **En bateau :** de loin le meilleur moyen de visiter le lac. Toutes les villes sont reliées à Côme, mais les fréquences sont plus importantes avec le centre du lac (Menaggio, Bellagio, Varenna…).

Site de l'Office de tourisme du lac de Côme :

- **lakecomo.com**

Bornéo, *Malaisie*

LES BOUTS DU MONDE... MYTHIQUES

Qui n'a jamais voulu tout plaquer pour partir à l'autre bout du monde ? Depuis les premières expéditions des grands navigateurs, les voyageurs rêvent d'aventures aux extrêmes confins de la planète. Le bout du monde, c'est un concept à la fois géographique et imaginaire... De Blaise Cendrars à Paul Gauguin, en passant par Jacques Brel, nombreux sont les artistes, écrivains, peintres ou musiciens qui ont fantasmé l'ailleurs. Ils ont fait naître un imaginaire débridé et foisonnant, qui exalte cet autre côté du monde où l'impossible devient possible, où les rêves les plus fous se réalisent.

POLYNÉSIE

LES MARQUISES

9° 30' S, 140° 00' O

« Ma case c'était l'espace, la liberté », s'enthousiasme Paul Gauguin, se remémorant son aventure océanique dans les îles Marquises, l'un des cinq archipels de la Polynésie française. Ses toiles aux traits vifs et fougueux, aux couleurs flamboyantes, ont donné corps au mythe d'un bout du monde à la joie et à la vitalité explosives, où tout n'est que splendeur et ravissement des sens. Les toits des maisons sont ornés de guirlandes de fleurs, parsemés de coquillages, des barques aux voiles orange viennent accoster sur la mer bleue, tandis que l'on goûte à la douce quiétude de l'évasion, niché au creux des manguiers. Dans une atmosphère suave et langoureuse, on découvre la sérénité des journées où « le bonheur succède au bonheur », rythmées par les couchers et levers du soleil. « Les pirogues s'en vont, les pirogues s'en viennent (...). Le temps s'immobilise. Aux Marquises », chantait Jacques Brel.

Pays	France
Nombre d'îles	14
Point culminant	1230 m
Population	9 200 hab

AFRIQUE

TOMBOUCTOU

16° 46' 00" N, 3° 00' 00" O

Attention ! En raison de la situation actuelle au Mali et d'un risque terroriste élevé, cette destination est formellement déconseillée aux touristes. Les mausolées de la ville ont été détruits par les islamistes, qui occupaient Tombouctou en 2012. Les dommages sont irréversibles dans cette ville meurtrie. Cité des sables fabuleuse, Tombouctou signifie « bout du monde » dans la langue populaire malienne. À dos de chameau, ou en accompagnant une caravane de nomades touaregs, une terre de mythes et de mystères se dévoile sous les yeux du voyageur ébahi. À la porte du Sahara, au sommet de la boucle du fleuve Niger, la cité du Mali est renommée comme ville sainte, classée au patrimoine mondial de l'Unesco. En témoignent ses trois mosquées, aux formes pyramidales, de teintes ocres et dorées, qui semblent comme sculptées dans les dunes. Creuset de légendes fascinantes, elle entrelace des siècles d'histoire multiconfessionnelle, musulmane, mais aussi chrétienne et animiste. Il est d'autant plus désolant de constater que les développements de l'actualité ont fait voler cette richesse en éclats.

Pays	Mali
Population	55 000 hab

ANTARCTIQUE

LES ÎLES KERGUELEN

49° 20' 00" S, 69° 20' 00" E

Aux portes de l'Antarctique, à l'extrême sud de l'océan Indien, les îles Kerguelen sont un bout de territoire français méconnu, chasse gardée des chercheurs et scientifiques. Troisième archipel océanique du monde après Hawaï et l'Islande, elles ont été découvertes par le navigateur breton Yves Joseph de Kerguelen de Trémarec, en 1772. D'une superficie de 7000 km², ces terres australes, jonchées de falaises basaltiques, offrent à voir un relief accidenté. Des vents furibonds soufflent sur ses côtes, sur lesquelles viennent s'effondrer des tempêtes enragées. Des fumerolles bouillonnantes jaillissent quelquefois des volcans ensommeillés, dont la lave s'est fossilisée depuis des millions d'années, traçant les contours d'un paysage lunaire et post-apocalyptique. Ce n'est pas pour rien qu'en 1776, le capitaine Cook baptise ces immenses contrées envahies par la neige et la pluie « Îles de la désolation ». Les rares aventuriers qui en sont revenus dépeignent un paysage en proie à la dévastation, où l'on se laisse bercer par la mélancolie, enveloppé par un brouillard glacial. La poésie frémissante d'un bout du monde noyé dans la brume…

Pays	France
Nombre d'îles	300
Superficie	7 215 km²
Population	120 hab

PACIFIQUE

L'ÎLE DE PÂQUES

27° 07' 10" S, 109° 21' 17" O

Des visages, des figures… Cela fait probablement près de 1000 ans que les moaï, statues monumentales dont l'origine ne cesse d'intriguer, contemplent l'horizon, le regard fier et impassible, fixé vers le lointain. L'île de Pâques, de son vrai nom Rapa Nui, un bout de terre volcanique perdu au sud du Pacifique, à 3 700 km des côtes chiliennes, est l'une des énigmes les plus singulières de l'Histoire de l'humanité. Après avoir traversé un immense espace maritime, des peuples polynésiens accostèrent sur l'île entre 1500 av. J.-C. et 800 ap. J.-C., où ils bâtirent une civilisation monumentale. D'impressionnants vestiges mégalithiques, dont le nombre s'élève à 838, ont été façonnés dans la roche du volcan Rano Raraku. Ces géants de pierre imposants, seuls survivants d'un passé disparu, seraient des représentations de divinités et d'ancêtres, vénérés par les habitants de l'île. Mais on n'en sait guère plus… C'est parce que l'île de Pâques demeure un mystère, jamais éclairci, que les voyageurs continuent à défier vents et marées pour aborder sur ses rivages, réputés pour être les plus isolés de la planète.

Pays	Chili
Superficie	163,6 km²
Point culminant	507 m
Population	5 100 hab

ATLANTIQUE

CAP DE BONNE-ESPÉRANCE

34° 21' 30" S, 18° 28' 33" E

Cauchemar des bateaux et rêve des aventuriers, ces deux dimensions vont souvent de pair. Les rochers escarpés du Cap de Bonne Espérance, à l'extrême pointe de l'Afrique du Sud, résistent encore et toujours aux tempêtes les plus violentes, auxquelles un bon nombre de marins ont succombé. Au bord du précipice, ses falaises rocailleuses ont incarné le danger mortel mais aussi l'espoir de sauvetage pour des générations entières de navigateurs. Aujourd'hui, ce bout du monde légendaire attire les voyageurs épris de nature : le Table Mountain National Park préserve la beauté de cet écrin naturel. Il est connu pour sa faune remarquable : tortues, singes, antilopes, et pas moins de 250 espèces d'oiseaux gambadent sur la péninsule, tandis que de nombreux animaux marins (phoques, baleines, dauphins) s'ébattent dans les bas-fonds.

Pays	Afrique du Sud

USHUAÏA ET LA TERRE DE FEU

54° 48' 57" S, 68° 19' 04" O

À l'extrême sud de l'Argentine, aux confins de l'Antarctique, s'étend la Terre de Feu, enlaçant sa célèbre capitale Ushuaïa, ou, en yamana : « baie qui pénètre vers le couchant ». Un immense archipel de plus de 70 000 km², constellé de blocs de glace titanesques, qui se précipitent et se dispersent dans l'océan Pacifique. Après avoir défié le mythique Cap Horn, Fernand de Magellan fut le premier Européen à accoster sur ces rivages, en 1520. Il fut immédiatement ébloui par les paysages stupéfiants de ces terres virginales du bout du monde. De majestueuses montagnes enneigées surplombent une côte aux reliefs escarpés, un dédale de falaises menaçantes sur lesquelles se brisent des vagues écumantes. Ses rivières voluptueuses s'enroulent en lacets, avant de plonger dans d'immenses lacs nimbés d'un bleu-vert cristallin. Du port d'Ushuaïa, on peut embarquer sur le canal Beagle pour le phare des Éclaireurs, que l'on surnomme « le phare du bout du monde » (à tort, car il se trouve en fait à l'est de la Terre de Feu). En route, la majestueuse queue de la cordillère des Andes, qui termine sa course en plongeant dans l'océan, se déploie sous les yeux du voyageur. On ne peut aller plus loin qu' « el fin del mundo »...

Altitude d'Ushuaïa — **6 m**

À lire — ***Tierra del Fuego*, de Francisco Coloane, Libretto, 2012.**

À DÉCOUVRIR EN FRANCE

LE FINISTÈRE

BRETAGNE

48° 23' 27" N, 4° 29' 08" O

Cap sur la France, la Bretagne plus précisément. Département le plus à l'ouest de l'Hexagone, le Finistère, baptisé « Penn ar bed » en breton, se traduit par bout du monde, comme vous l'aurez deviné. Tout entier soumis à l'influence de la mer, ses tempêtes légendaires ont fait frémir les expéditions de marins depuis des siècles. Le long de ses promontoires rocheux, on voit s'égréner une multiplicité de presqu'îles, balayées par les vents, contre lesquelles déferlent des vagues orageuses. C'est sur l'une d'entres elles, celle de Crozon, que se déroule, tous les ans au mois d'août, le Festival du Bout du monde. « Carrefour des musiques métissées », il accueille des formations artistiques du monde entier, du jazz coréen au folk rock israélien, en passant par le reggae jamaïcain. Le long du littoral, ce florilège bariolé de musiques du monde invite plus de 60 000 festivaliers à l'évasion et au dépaysement. Des quatre coins du monde jusqu'au bout du monde, il n'y a qu'un pas (de danse)...

Pays	France
Population	910 000 hab
Villes pricipales	Quimper, Brest, Morlaix, Châteaudin, Quimperlé

EXTRÊME-ORIENT

VLADIVOSTOK

43° 07' N, 131° 54' E

À l'est rien de nouveau ? Rien n'est moins sûr. Vladivostok, littéralement « Seigneur de l'Est », demeure une source d'invitation au voyage inépuisable. Terminus du transsibérien, elle est la ville la plus à l'est de toute la Russie : un « Far-East » mythifié, mais aussi inquiétant, qui n'a jamais cessé d'alimenter les rêves et fantasmes. Elle représente le « tout au bout du voyage » chanté par Blaise Cendrars, cet « autre côté du monde » que guette le voyageur intrépide, l'attendant au terme de plus de 9000 km de ligne de chemin de fer. Lorsqu'on y arrive, on a l'impression d'être parvenu tout au bout du monde... Et pourtant, ce n'est que le début d'un autre monde. Ce petit bout d'Europe perdu aux confins pacifiques de l'Asie est une ville charnière, qui jouit d'une situation géographique épatante. À la frontière de la Chine et de la Corée du Nord, bordée par la mer du Japon, la baie de Vladivostok est un carrefour historique phare, par lequel transitent biens et marchandises, mais aussi où les cultures se rencontrent, où s'entrelacent visages, tranches de vies et paysages.

Pays	Russie
Population	600 000 hab
Record de froid	-31 °C

ARCTIQUE

IQUALUIT (NUNAVUT)

63° 45' 16" N, 68° 31' 08" O

Bienvenue au pays des Eskimos ! La plus vaste province du Canada, immense territoire immergé dans la glace, le Nunavut – « notre terre » – est le premier territoire autonome du peuple Inuit. Sa capitale, Iqualuit, ville arctique de 6000 âmes, dont le nom signifie « lieu où il y a beaucoup de poissons » en inaktitut, est aujourd'hui célèbre dans le monde entier pour avoir permis la reconnaissance officielle de cette culture unique. Les Inuits, originaires de Sibérie, peuplent le continent américain depuis environ 8000 ans. Connue pour son mode de vie autarcique, cette civilisation a su élaborer une véritable « technologie du froid », fondée sur l'utilisation des réserves naturelles : les légendaires habitations en igloo l'illustrent. Aux extrémités glacées de la planète, jalonnées d'icebergs sur lesquels paressent des phoques patibulaires, un voyage à la rencontre de cette culture du bout du monde est une expérience des limites déboussolante.

Pays	Canada
Température moyenne annuelle	- 9,6 °C
Température maximale en février	- 22,5 °C

PACIFIQUE

JAVA, BORNÉO, NOUVELLE-GUINÉE... L'INDONÉSIE !

6° 10' 05" S, 106° 49' 07" E

« Viens dans les îles perdues du Pacifique », s'exclamait Blaise Cendrars, louant « Bornéo et Java. Et Célèbes a la forme d'un chat. » Terres volcaniques, îlots isolés, aventures de marins intrépides... Tout au bout du globe, l'Indonésie est le creuset des rêves d'évasion les plus fous. À Java, la « géante de Baudelaire », constellée de cônes fumants, les carrières des volcans, comme le Bromo, dévoilent des paysages qui semblent déjà d'un autre monde. La forêt tropicale de Bornéo, l'une des plus denses du monde, invite à une expérience de dépaysement rare, loin, très loin des affres de la civilisation moderne... À partir de là, les Célèbes (Sulawesi) sont seulement à quelques heures de bateau. Elles sont connues pour les cérémonies funéraires du peuple Toraja, lors desquelles des buffles sacrifiés accompagnent les défunts au pays des morts. Plus à l'est, on arrive en Nouvelle-Guinée, l'un des territoires les plus inaccessibles du monde. Au sein de sa nature sauvage, les routards les plus téméraires découvriront des cultures tribales qui n'ont jamais eu aucun contact avec le monde moderne...

Capitale	Jakarta
Nombre d'îles	17 508
Population	260 000 000 hab

CARTE POSTALE

NOUVELLE-ZÉLANDE

Deux bateaux ancrés en plein Pacifique Sud, c'est l'image de la Nouvelle-Zélande vue du ciel. Un ultime refuge au bout du monde, juste avant les espaces australs de l'Antarctique. Ce vaste pays, étendu sur deux îles étirées sur 1 600 km, s'aborde aisément. Il suffit d'être armé d'un bon véhicule, d'une petite laine en été (une grosse en hiver), d'un vêtement imperméable contre les fréquentes ondées et d'un tube de crème solaire, car le trou dans la couche d'ozone n'est pas si loin.

En route pour les antipodes !

Chaque année, 22 millions de voyageurs orientent leurs pataugas vers les quatre étoiles de la croix du sud néo-zélandaise. Le pays a récemment été classé premier au monde en « satisfaction de vie ». Et ça se sent. L'accueil y fleure une décontraction qui s'exprime dès la douane dont les contrôles, très stricts, sont menés avec un tact qui met à l'aise, même après… 23 h de vol ! Welcome aux antipodes ! Ici, le printemps fleurit lorsque l'automne déplume nos contrées de l'hémisphère Nord, et le père Noël troque son manteau de fourrure pour des tongs. En Nouvelle-Zélande, la nature l'emporte sur l'humain : 4,5 millions de nos congénères y habitent contre près de 40 millions de moutons ! C'est aussi une terre aux paysages époustouflants : montagnes, volcans, geysers, fjords, glaciers, sources sulfureuses. Un pays à la faune parfois endémique (dont le fameux kiwi, *indeed* !), à la végétation plutôt méditerranéo-tropicale au nord et quasi alpine au sud.

Rotorua, voyage au centre de la Terre

Centre de l'île. La petite ville de Rotorua, capitale de l'activité géologique en Nouvelle-Zélande, baigne dans une entêtante odeur de soufre. Des cheminées dérisoires y évacuent les vapeurs nocives du sous-sol au-dessus du toit des maisons. Peu à voir ici, hormis la Bath House, à l'architecture Tudor, et la Faith Church avec son vitrail de Christ vêtu du manteau maori traditionnel en plumes de kiwi. Mais pour voir LE spectacle, il faut payer l'accès à l'un des nombreux parcs privés des environs, principalement au sud, au long de la Volcanic Loop Highway. Chaque site a ses spécificités : une mare de boue noire en ébullition, un étang rouge carmin ou vert fluo truffé d'arsenic, des strates de silice blanches, des fumerolles de-ci, un geyser de-là, des cavités sulfureuses aux cristallisations jaune paille…

Les noms donnés sont toujours éloquents : encrier du diable, bouche de l'enfer… La star la plus visitée est le geyser Pohutu dans les faubourgs sud de la ville. Il y a peu de vie en cet univers nocif, brûlant, parfois toxique. Opportunistes, des étourneaux ont élu domicile dans les chaudes cavités d'un cratère : des nids avec le chauffage central en somme.

Phoques, pingouins et pancakes

À l'ouest de l'île du Sud, notre route continue le long d'une côte qui se fait très belle de Wesport à Greymouth. Mise en bouche à la Tauranga Bay, au gré d'un chemin des douaniers qui révèle en 15 mn le cape Foulwind et sa colonie de phoques alanguie sur des rochers en contrebas. Juste après, une « rose des distances » donne le tournis : Paris, 16 376 km (rien que ça !). En reprenant la route vers le sud, des panneaux routiers avertissent de traversées de pingouins. Avec un peu de chance, on peut saisir l'un de ces *blue little pinguins* du coin de l'objectif. La côte se fait de plus en plus sauvage. La montagne serre la mer de près. L'écume des puissantes vagues recouvre les roches noires d'une épaisse couche cotonneuse d'écume. Arrive ensuite le Papaora National Park. On est saisi devant les trous du souffleur qui, lorsqu'une vague s'y engouffre, poussent un cri lugubre et rejettent de puissants geysers, 15 m au-dessus du niveau de la mer. Et que dire des crevasses maritimes d'où les flots jaillissent en gerbes magistrales ?

Le fjord Milford Sound, of silence…

Tout débute par un énorme mur, au cœur des montagnes au sud-ouest de l'île du Sud. Une barrière de plusieurs centaines de mètres, faite d'une puissante roche grise et brillante, s'élève vers le ciel. La route, débutée 100 km avant, à Te Anau, s'y brise irrémédiablement… Mais c'était avant que l'homme n'apprenne à percer des tunnels. On pénètre dans le noir boyau, on en ressort clignant de l'œil à la lumière étincelante, et on sait que quelque chose s'est produit. Les montagnes sont plus immenses, le ciel peut-être plus bleu. Quelques kilomètres plus loin, le fjord du Milford Sound se découpe. Majestueux, le Mitre Peak à gauche, le mount Tutoko à droite encadrent ce délicat bras de mer qui perce sereinement ces hautes terres sur une douzaine de kilomètres. Cascades s'abîmant de 150 m dans la mer, noires falaises, phoques au sommeil épanoui… Le détour dans ce cul-de-sac au goût de *finis terrae* vaut le déplacement.

FICHE PRATIQUE

Comment y aller ?

Pas de vol direct depuis la France. Vol avec **Air New Zealand** via Hong Kong ou Los Angeles. Tarifs moins chers avec **Cathay Pacific**, **China Southern**, **Emirates**…

Parcs nationaux

L'accès à tous les parcs nationaux est totalement libre et gratuit. Renseignements, achat de cartes topographiques, hébergements… auprès des offices de tourismes locaux ou des bureaux très compétents du Departement of Conservation (DOC).

Le Wadi Rum, *Jordanie*

LES PLUS BEAUX DÉSERTS

Qualifiés de zones inhospitalières ou peu propices à la vie, les déserts regorgent pourtant de merveilles qui ont de tous temps attiré les aventuriers en quête de beautés sauvages. Dans l'imaginaire collectif, le mot « désert » évoque des dunes de sable ondulant à perte de vue sous un soleil torride. La réalité vaut mieux que ce cliché. Dans les déserts, on trouve des hommes, des plantes, des animaux : la vie s'est adaptée à cet environnement hostile, démontrant toute sa force. Du désert de sable du Sahara au désert d'altitude de l'Atacama, nous vous emmenons à la découverte de peuples et de paysages merveilleux, sur les traces des plus grands explorateurs du monde, d'Alexandre le Grand à Lawrence d'Arabie, là où le vent érode et sculpte la terre.

NORD DU CHILI

L'ATACAMA

« Le désert appartient à ces paysages capables de faire naître en nous certaines interrogations. » Théodore Monod

Le désert d'Atacama est le désert le plus aride du monde, il s'étend sur 1000 km jusqu'au Pérou et à la Bolivie. Dans cette région d'Amérique du Sud, il peut ne pas pleuvoir pendant 30 ans ! Il se situe au nord du Chili, dans la région d'Antofagasta, près de la fosse sous-marine d'Atacama où la plaque océanique de Nazca et la plaque sud-américaine entrent en collision. L'Atacama prend la forme d'une bande étroite et aride culminant à près de 6000 m d'altitude, formant ainsi une barrière qui bloque toute l'humidité venant du bassin amazonien. L'Atacama est bordé par la Cordillère des Andes, la plus longue chaîne montagneuse du monde (8000 km), la végétation s'est adaptée à une pareille altitude en puisant le minimum vital. Darwin aurait été impressionné par cette transformation naturelle des plantes et des arbres millénaires en bonzaïs. À 70 km de San Pedro de Atacama se trouve le plus grand désert de sel du Chili, le Salar d'Atacama, qui culmine à 2500 m. C'est dans cette immensité de sel cristallisé que batifole une armada de flamants roses et se jettent les *quebradas*, ces petites ravines aux couleurs de feu. La région du Grand Nord chilien offre un panel de paysages somptueux et diversifiés où la seule attitude à adopter est celle de la contemplation. Les volcans de cette zone, toujours en activité et aux cimes enneigées, apportent une touche de vitalité et contrastent avec le paysage lunaire de la Vallée de la Mort. C'est également un site exceptionnel pour l'observation du ciel (plusieurs observatoires astronomiques).

À voir : *Nostalgie de la lumière (Nostalgia de la luz)*, film documentaire franco-chilien de Patricio Guzmán (2010).

ÉTATS-UNIS

LE DÉSERT DE MOJAVE ET L'ARIZONA

« Nulle part la puissance de la nature n'est plus apparente que dans le désert. »
Michael Asher

Le désert de Mojave, une immensité aride de l'Ouest américain, traverse plusieurs États dont la Californie, l'Arizona et le Nevada. S'étendant sur plus de 40000 km^2, le désert de Mojave a emprunté son nom à un peuple amérindien, les Mohaves, qui vivent toujours en Californie et en Arizona. Comme tout désert d'abri, il reçoit moins de 150 mm de précipitations par an. Toutefois, il peut neiger au sommet des montagnes qui le bordent, car certaines culminent à 2000 m d'altitude. Le désert de Mojave recèle des paysages splendides, des lacs salés asséchés, des vallées rocailleuses où la végétation a cessé d'exister. Près de la mythique Vallée de la Mort, lieu le plus aride des États-Unis, le paysage se fait surréaliste avec le cratère d'Ubehebe, formé par une explosion volcanique vieille de plus de 1000 ans. Le temps semble s'être arrêté sur ces dunes où le vent flirte avec le sable depuis des siècles. À l'est du désert se trouvent nombre de sites naturels uniques comme le Grand Canyon et ses gorges en roches stratifiées, travail de 2 milliards d'années d'érosion. Autre merveille de l'Arizona, Monument Valley et ses pitons rocheux ocre-rouge dressés sur un immense plateau désertique, situés sur les terres des Indiens navajos, a servi de cadre aux westerns de John Ford.

À lire : ***Voyage au bout de la solitude (Into the Wild)*, Jon Krakauer, 10-18, 2008 (1re parution, 1996).**
À voir : ***Into the Wild*, film américain de Sean Penn, 2007.**

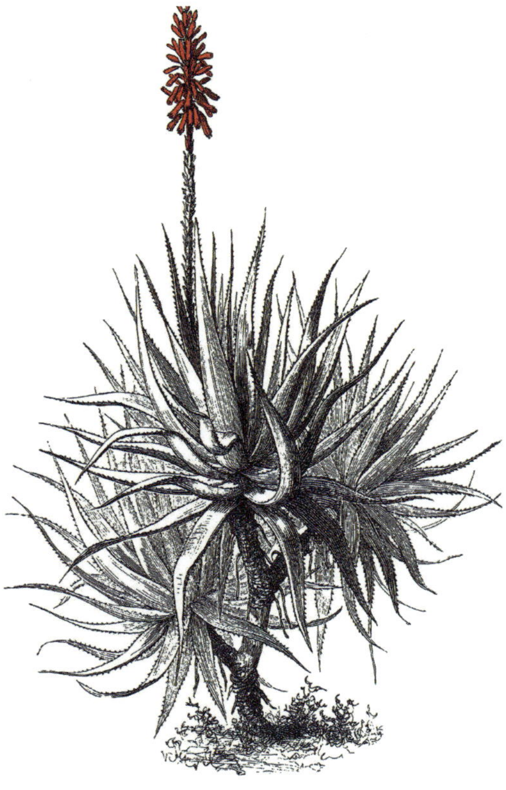

LE SAHARA AU GRÉ DU VENT

Afrique

« Voyager dans le désert, c'est pénétrer le souvenir de milliers d'années… »
Michael Martin

De l'Atlantique à la mer Rouge, plus de 8 millions de km^2 de sable traversent 10 pays, de l'Égypte à la Mauritanie. Le grand désert du Sahara est une terre de paradoxes : les journées sont torrides avec des températures allant jusqu'à 45 °C, tandis que les nuits sont fraîches et parfois même glaciales. Dans ce pays des mirages, bon nombre d'explorateurs se sont laissé envoûter par le sentiment d'infinité qu'apporte l'immensité de sable doré. Le désert du Sahara est un plateau situé entre 200 et 500 m d'altitude, constamment déshydraté par le vent sec venant du nord-est, l'harmattan. Tempêtes de sable, vents violents, au Sahara, aucun lieu ne connaît plus de 30 jours de répit dans l'année. À la formation de la croûte terrestre, les volcans de la région ont engendré des montagnes qui s'érodent depuis des siècles, sculptant une immensité de sable et de rochers, l'actuel désert du Sahara. Il y a quelque 8000 ans, la région était encore parsemée de grands fleuves tels que l'Igharghar. Les peintures rupestres découvertes dans ce qui est aujourd'hui un lieu hostile à la vie, révèlent que la faune et la flore y abondaient. Le Sahara est un lieu chargé d'histoire, un univers extrême où vivent 2,5 millions de personnes. Des montagnes de l'Aïr (Niger) et de l'Adrar des Iforas (Mali), qui culminent à 890 m, à la vallée du Nil, finissant son périple dans la mer Rouge, le Sahara dévoile différents visages plus attrayants les uns que les autres. L'érosion a formé de surprenants phénomènes comme les gorges du massif de l'Ennedi (Tchad). Un proverbe touareg dit que « le véritable combat, c'est d'être en paix avec soi-même ». Puisse l'immensité du désert du Sahara en montrer le chemin…

À lire : ***Méharées : Explorations au vrai Sahara*, Théodore Monod, Babel, 1998.**
Et aussi : ***Du Sahara aux Cévennes : Itinéraire d'un homme au service de la Terre-Mère*, Pierre Rabhi, Albin Michel, 2002.**

NAMIBIE

LE NAMIB

« J'ai toujours aimé le désert. On s'assoit sur une dune de sable. On ne voit rien. On n'entend rien. Et cependant quelque chose rayonne en silence… »
Antoine de Saint-Exupéry

Le désert du Namib s'étend sur une bande de 2 000 km^2 de long et 100 km^2 de large. Situé au sud-ouest de la Namibie, il est bordé par le fleuve Orange au sud et l'Angola au nord. Le Namib est considéré comme le plus vieux désert du monde. C'est un désert de type côtier, ses dunes plongent dans l'océan Atlantique avec un dénivelé de 800 m. Le courant de Benguela venant de l'Antarctique repousse les précipitations loin de cette région depuis 10 millions d'années, tandis que son positionnement sous le Tropique du Capricorne y amplifie l'aridité. Les rives du Namib fournissent un habitat à un nombre d'espèces de poissons impressionnant, les oiseaux de mer et les otaries en ont fait leur terrain de jeux. Le désert est traversé par plusieurs rivières, pratiquement toujours asséchées, les oueds. La rivière Kuiseb s'étend sur 300 km et s'avère être une mer vallonnée et sablonneuse où les dunes s'étendent à perte de vue. Le Namib possède les plus hautes dunes du monde, celles de Sossusvlei peuvent atteindre 300 m de haut. Le sud du Namib est une vraie mine de diamants. La ville de Kolmanskop, maintenant ville fantôme, a été le cadre, au début du XXe siècle, d'une ruée vers les diamants. La côte des Squelettes, au nord du Namib, a été baptisée ainsi à cause des os de baleines qui ornent la côte, ainsi que les épaves de navires rappelant la dangerosité du courant marin. Le parc national Namib-Naukluft permet d'accéder aux canyons et aux dunes orangées de Dead Vlei, cuvette d'argile blanche entourée de dunes d'où se laissent contempler des arbres morts, pétrifiés par le soleil, vestiges d'une époque révolue, celle où l'eau coulait à flots.

JORDANIE

WADI RUM

« Dans les rêves d'enfance, les paysages ont ce silence et cette ampleur. »
T.E. Lawrence

Le désert de Wadi (la vallée) Rum se situe à l'extrême sud du royaume jordanien, à la frontière avec l'Arabie saoudite, là où chaque dune porte encore le souvenir des pas de Lawrence d'Arabie. S'étendant sur 70 km, ses vallées sablonneuses variant du rouge au jaune sont bordées de falaises de granit culminant à 1 850 m. Sculpté par l'eau et le vent, ce labyrinthe de monolithes rose orangé, mais également noirs ou jaunes, est le résultat spectaculaire de 30 millions d'années d'érosion. Ce lieu envoûtant, connu sous le nom de « vallée de la Lune », fut l'endroit où le Prince Fayçal Bin Hussein et Lawrence d'Arabie établirent leur quartier général pendant la révolte arabe contre les Ottomans. Les roches écarlates du Wadi Rum content les exploits du lieutenant anglais, mais si le langage des pierres ne suffit pas, sa maison se visite. À dos de chameau ou en 4x4, le royaume de Jordanie dévoile tous ses charmes, ses trésors naturels avec les gorges et falaises de grès noir et rouge. Avant de vous y rendre, lisez *Les Sept piliers de la sagesse*, le chef-d'œuvre de Lawrence qui a donné son nom à une montagne près du village de Rum. Un endroit mythique. Les Bédouins, peuple semi-nomade, perpétuent leur traditionnel sens de l'accueil et de la convivialité, ajoutant au sublime du lieu une touche d'humanité. « L'important n'est pas de voir d'autres paysages mais d'avoir d'autres yeux » : on comprend tout le sens de ce proverbe bédouin après une nuit à la belle étoile dans le désert.

À lire : ***Les Sept piliers de la sagesse*, T.E. Lawrence, Payot & Rivages, 2002.**
Et aussi : ***Le Désert des Déserts*, Wilfred Thesiger, Pocket, 1999.**

À DÉCOUVRIR EN EUROPE

TABERNAS

ANDALOUSIE

Le désert de Tabernas est le seul désert naturel d'Europe, une immense étendue de collines arides parsemées de pierres et de poussière. De taille modeste, il s'étend sur une vingtaine de kilomètres carrés. Comme son paysage désertique évoque le Grand Ouest américain, le Tabernas devint dans les années 1960 l'un des studios européens les plus prestigieux. Le gratin des cowboys afflua dans le Grand Ouest du Sud andalou, appelé « bad land » par les habitants, pour tourner des « westerns paella ». Outre les opus de Sergio Leone, comme *Pour quelques dollars de plus* qui engendra la création en 1963 du décor de Texas Hollywood, d'autres films furent tournés dans le désert de Tabermas, dont un français, *Les Daltons* avec Eric et Ramzy. Les canyons façonnés par 2 millions d'années d'érosion, taillés dans du calcaire et du gypse, sont incontournables lors d'une visite. Ne manquez pas non plus ses collines arides, ses corridors appelés *ramblas*, larges d'une bonne centaine de mètres. Loin des projecteurs et des décors, le Tabernas livre ses beautés : des grottes de gypse que s'amusent à explorer les spéléologues, aux médinas datant de l'époque arabe, en passant par les bains de la sierra d'Alhamilla, ces oasis à 58 °C en plein cœur du désert.

www.andalucia.org/fr/espaces-naturels/site-naturel/desierto-de-tabernas

AUSTRALIE

LE GRAND DÉSERT DE SABLE ET AYERS ROCK

« Le voyage est un retour vers l'essentiel. »
Proverbe tibétain

L'Australie est un pays continent 15 fois plus grand que la France. Il est considéré comme le continent le plus plat, le plus isolé et le plus sec de tous, puisque les deux tiers de sa superficie, soit 1,9 millions de km^2, sont semi-arides (moins de 500 mm de pluie par an). Le centre de l'Australie, l'Outback, est, après le Sahara, la deuxième bande désertique du monde. Le Grand Désert de Sable englobe le désert de Gibson et s'étend de l'océan Indien aux monts Mac Donnell. Seules quelques communautés d'Aborigènes vivent dans ce désert de sable où les dunes sont régulières et les pistes peu fréquentées. L'une d'elles, la Canning Stock, relie le Nord à l'Ouest sur 1750 km : il faut deux semaines pour la traverser. La zone désertique australienne, le bush, est particulière : 50 % des espèces végétales sont endémiques et, selon la fréquence des précipitations, on peut y voir des fleurs éclore au printemps. Le cœur de l'Australie dévoile des merveilles comme Uluru (ou Ayers Rock), montagne sacrée des Aborigènes où leurs ancêtres totémiques auraient créé le monde par leurs chants. Sorti de nulle part, ce monolithe rouge de 9,4 km de circonférence, haut de 348 m, serait vieux de près de 500 millions d'années. Le pays du rêve semble être une des plus vieilles régions de la Terre. Un lieu envoûtant où la lumière du coucher du soleil teinte de rouge et d'orangé les dunes de sable parcourues par les kangourous, dingos et chameaux sauvages. Le bush a des allures de décor de western oublié, parsemé de villes fantômes où vivent au rythme de la nature, des rêveurs, des Aborigènes, oubliés eux aussi…

À lire : ***Le chant des pistes*, Bruce Chatwin, Livre de Poche, 1990.**
Et aussi : ***Nos voisins du dessous : Chroniques australiennes*, Bill Bryson, Payot, 2015.**

MONGOLIE

GOBI

Le désert de Gobi s'étend sur presque tout le territoire aride de l'Asie centrale, entre la Russie et la Chine au sud de la Mongolie. 1500 km d'est en ouest de steppes salines et rocailleuses cassent l'image habituelle du « désert ». Terre de contrastes, le désert de Gobi est l'un des plus froids, l'hiver y est glacial avec des températures chutant jusqu'à moins 40 °C quand des pics de 45 °C peuvent être atteints l'été ! Entouré des montagnes de l'Altaï, de la steppe de Mongolie, du plateau tibétain et de la plaine du nord de la Chine, le grand désert de Gobi recèle une diversité de paysages impressionnante. En mongol, le mot « Gobi » désigne un type de paysage semi-aride, rocailleux, typique de l'Asie centrale. Le grand Gobi dévoile toute sa beauté : ses chaînes de montagne encerclent de vastes plaines, ses blocs de glace se cachent à l'ombre du soleil de juillet dans le canyon de Yollin Am. Dans ce désert où le soleil a beau inonder le ciel bleu 250 jours par an, la chaleur n'est pas toujours au rendez-vous. La magie, elle, est bien présente, illuminant chaque pierre et plaine dans des tons ocre, doré et vert. Le Gobi, immensité aride, est foulé par le seul pas des nomades et de leurs chameaux. Ce désert asiatique reste sauvage, ancienne terre des dinosaures dont on a retrouvé les squelettes dans la région, devenue territoire des chevaux de Przewalski, des léopards des neiges, de l'aigle royal et des ours.

À lire : ***Ciel bleu : Une enfance dans le Haut-Altaï*, Galsan Tschinag, Métailié, 2015.**
À voir : ***L'Histoire du chameau qui pleure*, film germano-mongol réalisé par Byambasuren Davaa et Luigi Falorni, 2004.**

OUZBÉKISTAN

KYZYL KUM

« Dans le désert, on marche souvent droit, car il n'y a rien à contourner. »
Théodore Monod

Le désert du Kyzyl Kum, qui couvre les deux tiers de l'Ouzbékistan, forme une frontière naturelle entre le Khorezm, région de Khiva, et le reste du pays. Situé près de la ville de Boukhara, le désert de Kyzyl Kum couvre environ 298000 km^2, ce qui en fait le 11e plus grand désert au monde. Les glaciers des massifs montagneux alimentent les trois principaux fleuves de la région : le Syr Daria au Nord, l'Amou Daria au Sud, et le Zéravchan. Malgré ces étendues d'eau qui l'encerclent, le désert du Kyzyl Kum est particulièrement aride. Avec ses dunes rouges à perte de vue, il a charmé bien des aventuriers, d'Alexandre le Grand à Marco Polo ou encore Gengis Khan. La monotonie du désert est brisée par des massifs de moyenne altitude comme le mont Nurata, au sud du lac Aydar Kul. La seule route qui traverse l'Ouzbékistan longe d'est en ouest le désert du Kyzyl Kum. Elle est bordée de pneus crevés, abandonnés. Dans cette immensité rouge, une présence humaine se dévoile sous forme de yourtes, ces habitats blancs, construits en bois et en peaux de chameau. Le Kyzyl Kum est connu pour son sol riche qui abrite des dépôts d'or et de gaz naturel, mais aussi pour la légendaire ancienne route de la soie qui le parcourait. Le long des cours d'eau et des oasis se cachent des richesses telles que Ellik Kala, les 50 forteresses perdues du désert du Kyzyl Kum.

À lire : ***Des monts Célestes aux sables Rouges*, Ella Maillart, Payot, 2017.**
Et aussi : ***Longue marche, Tome 2 : Vers Samarcande : À pied de la Méditerranée jusqu'en Chine par la route de la soie*, Bernard Ollivier, Payot, 2012.**

Désert de Gobi, Mongolie

CARTE POSTALE

L'AUSTRALIE CÔTÉ DÉSERT

On l'appelle le « cœur rouge ». Partie la plus désertique du plus sec des continents, l'Outback (« arrière-pays ») australien déroule des paysages d'une démesure à peine concevable. Dépassés, les grands espaces de l'Ouest américain : le XXXL, c'est ici ! Un million d'habitants s'y partagent un territoire grand comme les deux tiers de l'Europe. Sous l'œil se déroulent des plaines intarissables plantées d'acacias, d'arbustes ou de maigres broussailles. L'horizon se perd dans la brume de chaleur ou se gondole à l'approche des vieux massifs de grès rouge érodés.

Alice Springs, porte de l'Outback

Alice Springs, c'est *small town Australia* dans toute sa superbe : moins de 30 000 habitants, 3 shopping centers où affluent ceux qui résident dans un rayon de 300 km, une poste où l'on doit venir chercher son courrier et aucun gratte-ciel pour tirer le regard vers le haut. Ici, tout est plat, comme le paysage. Porte de l'Outback, Alice (pour les intimes) rissole sous le soleil 300 jours par an. Loin de tout, proche de rien, la ville se contente de jouer les oasis avec ses *driveways* léchés de palmiers dattiers et d'eucalyptus, ses motels, ses piscines, son Aquatic Center, ses pelouses bien vertes et rases, son golf et son Foodland où l'on vend de la queue de kangourou…

King's Canyon, un Jardin d'Eden en plein cagnard

La voiture file sur le ruban de goudron. Sur ces terres de bush, les panneaux jouent la vitesse à la hausse : 110 km/h. De loin en loin, les *road trains* venant en sens inverse déplacent de colossales masses d'air avec leurs trois remorques bout à bout. Next stop : King's Canyon, à 460 km au sud-ouest d'Alice Springs.

Vedette du Watarrka National Park, le King's Canyon dresse ses murailles, écarlates le soir, dans une zone isolée de montagnes écartelées par gorges et trous d'eau – refuges de la faune et de la flore. Après les pluies, le désert s'y couvre des tapis violines des *Calandrinia balonensis* et des drôles de bouquets écarlates des *swainsonas* aux lèvres noires, surgissant du sable. On s'y embarque pour une belle croisière pédestre le long du Rim Walk (6 km). Le sentier s'élève vers les berges hautes du canyon, traversant la collection de domes érodés de la « Cité perdue », empilés comme des assiettes ébréchées, avant de plonger par un long escalier en bois dans l'oasis du « Jardin d'Éden ». Là, tout au fond, les trous d'eau si précieuse s'entourent d'un foisonnement – relatif – de grands cycas endémiques et d'eucalyptus. Se baigner est tentant, mais le respect exige de s'en tenir à la sueur. Les Aborigènes ont fait du Garden of Eden un lieu hautement sacré.

Les 36 têtes des Kata Tjuta

À un trentaine de kilomètres à l'ouest d'Uluru, les Kata Tjuta (monts Olga) font partie du même parc national et appartiennent à la même veine rocheuse antédiluvienne (600 millions d'années).

On dénombre ici 36 monolithes ou « dômes » de forme allongée, striés par endroits de veines grises et piquetés de trous, que divisent plusieurs gorges. Leur nom aborigène, signifiant « plusieurs têtes », dit bien de quoi il retourne.

Moins géométriques, mais plus vastes et plus élevés qu'Uluru, les Kata Tjuta culminent à près de 600 m au-dessus de la plaine désertique, imposant plus encore leur caractère colossal.

Site essentiel des croyances *anangu*, le secteur n'est que partiellement accessible aux marcheurs. La plus courte des deux balades autorisées (2,6 km aller-retour), dans le profond entonnoir de la Walpa Gorge, témoigne de la monumentalité des lieux. Ses deux énormes murs opposés ont permis à une fine bande de végétation de se développer à l'abri du soleil écrasant. C'est là que vit l'essentiel des 400 espèces de plantes et 150 espèces d'oiseaux répertoriées.

Uluru, parc national et patrimoine mondial

Surgissant du néant dans la lumière orangée du petit matin ou les violets jaunâtres du crépuscule, le dôme d'Uluru s'impose sur l'horizon. Longtemps baptisé du seul nom du gouverneur britannique de l'Australie du Sud, Ayers Rock a finalement retouvé son toponyme aborigène.

Les géologues, eux, parlent d'*inselberg* pour désigner ce relief isolé en plaine, dernier vestige d'une très ancienne montagne à avoir survécu à l'érosion. On pourrait presque parler d'iceberg, tant l'essentiel de sa masse reste enterré. Quel vestige en tout cas ! Un bloc de grès rouge oblong de 348 m de hauteur et 2,5 km de long, évoquant un dos de baleine émergeant des flots sablonneux du désert… Seuls quelques grottes, crevasses et replis ponctuent sa carapace.

FICHE PRATIQUE

Comment s'y rendre ?

- La plupart des visiteurs rejoignent d'abord Alice Springs en **avion** depuis l'une des grandes métropoles australiennes et y louent une voiture.
- Alice Springs se trouve sur le trajet des **bus Greyhound** reliant Adelaide (South Australia) à Darwin (Northern Territories).
- Une première ligne de **chemin de fer** reliant Adelaide à Alice Springs a été inaugurée en 1929. En 2004, elle a finalement été prolongée jusqu'à Darwin, permettant enfin de traverser l'île-continent de part en part du sud au nord (ou vice versa), sur 2 979 km.

Sites internet

- **australia.com/fr-fr**
- **traveloutbackaustralia.com**

La Baie d'Halong, *Vietnam*

GUADELOUPE

BAIE DES SAINTES

Ce n'est pas un hasard si l'archipel des Saintes, situé au sud-est de la Guadeloupe, est très apprécié. Son climat tropical tempéré par les alizés, sa végétation verdoyante, ses plages, ses eaux bleues, son architecture créole préservée, ses hébergements idylliques… Voilà un patrimoine béni des dieux ! Joyau de ce coin de paradis, la baie de Terre-de-Haut, qui porte le nom de l'une des deux principales îles des Saintes, est craquante. Est-ce pour cela que Français et Anglais s'y sont livrés à des batailles navales pour en obtenir le contrôle ? Ou que des pirates s'y sont abrités ? Sans doute que non. Quoique… À présent, ce ne sont plus des navires de guerre mais des saintoises – barques de pêcheurs locales –, des voiliers de plaisanciers ou des bateaux de croisière qui mouillent dans ses eaux à l'ombre d'un pain de sucre et du fort Napoléon, le lieu étant aussi propice à la plongée sous-marine.

À déguster : le tourment d'amour, un dessert traditionnel de Terre-de-Haut (génoise parfumée à la cannelle et fourrée à la confiture de goyave, de banane, de coco ou de fruit de la passion).
À lire : *Pluie et vent sur Télumée Miracle*, Simone Schwarz-Bart, Points, 1995.

RÉPUBLIQUE DOMINICAINE

BAIE DE SAMANÁ

Plutôt moins urbanisé que d'autres secteurs de la République dominicaine (laquelle occupe l'est de l'île où se trouve également Haïti), le littoral de la baie de Samaná se constitue d'une succession de plages de sable fin dominées par de vertes collines, en particulier celles du parc national Los Haïtises où s'étend une forêt de mangroves. De l'eau jaillissent des îlots tels que Cayo Levantado, auquel on accède rapidement depuis la ville de Samaná. Ici et là, vous trouvez des spots d'observation de baleines à bosses. Au bout de la péninsule de Samaná se niche la petite baie de Rincón. Elle recèle la plage de Las Galeras, dont le sable est si blanc qu'il peut vous aveugler. Des hébergements variés contribuent à faire de ce site l'un des lieux les plus appréciés de la République dominicaine.

À ne pas manquer : baleines à bosses (fin décembre-mi-mars).
À écouter : merengue et bachata.
À déguster : *conconete* (biscuit à la coco) et poisson au coco.
À lire : *Au temps des papillons*, Julia Alvarez, Métailié, 1997.

LES PLUS BELLES BAIES DU MONDE

Les baies ont un fantastique pouvoir d'attraction. Mais qu'appelle-t-on baie, au juste ? On dénomme ainsi une échancrure dans les terres qui constituent un littoral. Si elle est de très grande dimension, ce sera un golfe, si elle est petite, on parlera alors parfois d'une anse.
On y trouve fréquemment un port et, depuis le développement du tourisme, des stations balnéaires mettant à profit des plages, quand il y en a.
Voici quelques-unes des baies les plus remarquables que l'on puisse voir dans le monde, sur tous les continents.

CANADA

BAIE DES CHALEURS

Des plages, des falaises, les montagnes des Appalaches en fond de décor… La baie des Chaleurs est un bras du golfe du Saint-Laurent qui marque une frontière naturelle entre les provinces du Nouveau-Brunswick et du Québec (région de Gaspésie). Son nom vient du fait que Jacques Cartier, lorsqu'il l'a « découverte », a noté que des brumes la couvraient. De là à croire que ses eaux étaient chaudes… Cela dit, il est vrai qu'elles sont propices à la baignade aux beaux jours. Au long de sa centaine de kilomètres, les loisirs abondent : nautisme et pêche, mais aussi randonnées à pied, à cheval et en vélo sur ses rives… À noter également, sa faune exceptionnelle : faucon pèlerin, arlequin plongeur, pygargue à tête blanche, rorqual commun, baleine franche de l'Atlantique Nord. Si vous n'êtes pas rassasié, rendez-vous un peu plus au nord, à Tadoussac (région Côte-Nord du Québec) où une belle baie formée par la rivière Saguenay donne dans le fleuve Saint-Laurent. C'est un important point d'observation de baleines.

baiedeschaleurs.ca
À ne pas manquer : Festival de la Chanson de Tadoussac (tous les ans en juin).
À lire : *L'Hôtel New Hampshire*, John Irving, Points, 2011.

ÉTATS-UNIS

BAIE DE SAN FRANCISCO

Emblématique de la Californie grâce au célébrissime Golden Gate Bridge, lequel traverse le détroit qui la relie à l'océan Pacifique, la baie de San Francisco s'étend sur un millier de kilomètres carrés, quatre fois plus si l'on ajoute d'autres baies qui la côtoient à l'intérieur des terres où elle se trouve. De l'autre côté du Golden Gate Bridge, au nord, on apprécie la paisible Sausalito. Ex-hippy devenue bobo, cette localité est célèbre pour ses villages de house-boats. Plus d'évasion ? La visite de l'ancien pénitencier implanté sur l'île d'Alcatraz est captivante… Sa voisine, la verdoyante Angel Island State Park, offre quant à elle de superbes points de vue sur Frisco. Notez que les baies attenantes (San Pablo, Grizzly…) sont riches en réserves naturelles et qu'elles offrent un accès aux vignobles de la Napa Valley.

À lire : *Chroniques de San Francisco*, Armistead Maupin, 10-18, 2000.

ARGENTINE

BAIES DE LA PÉNINSULE VALDÉS

Ambiance des plus fraîches garantie ! On est ici en Patagonie, dans la province du Chubut, où le mot aridité prend tout son sens. Reliée au continent par l'isthme Carlos Ameghino, la péninsule présente deux golfes, San Matías et Nuevo, au bord de l'Atlantique. Vous n'y rencontrez pas des foules d'humains, à part des voyageurs qui viennent sur ses plages, dunes et falaises afin d'y admirer des baleines franches, espèce menacée, ainsi que des éléphants et lions de mer ou encore des orques, des manchots de Magellan, des cormorans… Sur terre, où pousse l'arbuste jarilla et où s'étendent des salines, évoluent des nandous, sorte d'autruche, des lièvres nommés maras, des tatous, des renards… Réserve naturelle inscrite sur la liste du patrimoine mondial de l'Unesco.

À lire : *Un flâneur en Patagonie*, William Henry Hudson, Payot, 2002.

BRÉSIL

BAIE DE TOUS LES SAINTS

Avec ses 1 052 km², c'est l'une des plus grandes baies au monde. À son entrée, côté Atlantique, se trouve Salvador de Bahia, ancienne capitale du Brésil dont la beauté des vieux quartiers, qui regorgent de maisons colorées, n'est plus à vanter. À son front de mer hérissé de buildings, on préférera peut-être les plages de sable blanc de son littoral – notamment celles de la côte de Coco – et des ses îles. Celles-ci sont près d'une soixantaine, dont Itaparica, la plus grande. Des balades en bateau à voile ou à moteur sont proposées aux touristes pour en faire le tour. Les villes historiques, les villages de pêcheurs ou la végétation de type mangrove qui caractérisent le Recôncavo, terres qui bordent la Baía de Todos-os-Santos, font également partie des charmes irrésistibles de cette dernière.

À lire : *Bahia de tous les saints*, Jorge Amado, Folio, 1981.

BRÉSIL

BAIE DE GUANABARA

Ce nom ne vous dit rien ? Bon, mais si l'on vous parle de la baie de Rio de Janeiro ? Ah ! Ca y est, vous voyez défiler devant vos yeux le fameux Pain de Sucre, la colline du Corcovado avec sa statue du Christ rédempteur, les plages légendaires de Rio de Janeiro, comme Ipanema… Faisant face à Niterói et son musée d'art contemporain en forme de soucoupe volante signé Oscar Niemeyer, cette ville gigantesque se trouve à l'entrée de la baie, laquelle forme une encoche longue d'une trentaine de kilomètres dans les terres, en s'étendant sur 380 km². Bordée de reliefs et hérissée d'une bonne centaine d'îles de différentes dimensions – la plus grande abrite un aéroport international –, elle est largement urbanisée mais conserve quand même pas mal d'espaces naturels. Il n'y a pas à dire, la baie de Guanabara reste l'un des sites les plus mythiques au monde !

À savoir : si la baie est mythique, elle connaît aussi une extrême pollution. Il y est formellement déconseillé de se baigner.

IRLANDE

BAIE DE BANTRY

L'Irlande est une île dont le littoral est un peu partout fendu de fines baies pénétrant à l'intérieur des terres. Longue de 35 km, celle qui porte le nom de la ville de Bantry est l'une des plus belles. Elle est située à l'ouest de Cork, dans une partie de l'île au large de laquelle passe le Gulf Stream. Le climat y est relativement doux. Grâce à cela, face à Glengarriff qui est environné de belles forêts, l'île de Garinish a pu être dotée de jardins riches en fleurs et autres plantes provenant de régions du monde plus chaudes que ne l'est généralement l'Irlande. Entre Glengarriff et Bantry, qui est dominée par de petites montagnes, on trouve pas mal d'hébergements très appréciés. Ces deux localités placées en fond de baie sont des points de départ pour des promenades en auto ou à pied sur des routes qui longent les péninsules de Beara et Sheep's Head. Elles donnent accès à des parcs naturels, des villages et ports typiquement irlandais.

Une bière : Murphy's ou Beamish (à consommer avec modération, bien sûr).

MONTÉNÉGRO

BOUCHES DE KOTOR

Les bouches de Kotor (Boka Kotorska) sont l'un des grands trésors de ce petit pays qu'est le Monténégro. Ce canyon en forme de fjord donnant sur la mer Adriatique se constitue de plusieurs golfes s'étendant à l'intérieur des terres : Herceg Novi, Risan, Kotor, Tivat. Ils sont bordés de montagnes, ainsi que de villages et de villes, pour beaucoup plein de charme. Tous témoignent d'une histoire au cours de laquelle ce territoire a vécu sous influence latine, slave ou ottomane. De-ci de-là, on découvre des monastères ou encore des églises baroques, de même que des palais, tandis que les îles et les ports ont conservé des vestiges militaires de différentes périodes, notamment à Kotor et Herceg Novi. Des routes permettent de faire des balades au plus près des rives des golfes, mais on peut les découvrir aussi à pied ou en bateau.

ITALIE

BAIE DE NAPLES

Comme son nom l'indique, cette très large baie abrite la mirifique ville de Naples. Mais c'est l'impressionnante masse du Vésuve qui domine le paysage. Au pied de ce volcan toujours actif se trouvent les cités romaines de Pompéi et d'Herculanum qu'il a détruites au Ier siècle de notre ère. Pour échapper à l'intense agitation urbaine de l'agglomération napolitaine, il faut se rendre sur la péninsule de Sorrente ou sur les îles escarpées de Capri, Ischia et Procida, autant de destinations qui ensorcellent les voyageurs depuis plus de 2000 ans ! La nature est ici tantôt sauvage, tantôt éminemment civilisée. Des petites criques, des vignes, des oliviers, des orangers, des citronniers, des jardins en terrasse, des villas, des ports, des villages craquants, des vestiges antiques, des châteaux, des églises… Tout cela se révèle à vous en employant différents modes de circulation, de la voiture au ferry en passant par vos pieds !

À déguster : un *limoncello* ou un *finocchietto* (liqueur à base de grains de fenouil sauvage infusés).

TURQUIE

BAIE DE BODRUM

La baie de Bodrum est une destination touristique très prisée. Il faut dire que ce coin de Turquie situé au sud-ouest du pays (province de Mugla) est magnifique. Il ne faut pas être allergique à l'aspect station balnéaire très prononcé de la ville qui lui donne son nom et occupe une bonne part du littoral : belles plages, clubs de vacances… Communément comparée à Saint-Tropez, elle comprend des quartiers très animés de jour comme de nuit, tandis que son port accueille des yachts luxueux. Cela dit, les promenades dans ses ruelles bordées de maisons blanches agrémentées de verdure sont enchanteresses. Des vestiges de la période grecque antique méritent d'être visités, tels que le théâtre de l'ancienne Halicarnasse et les ruines du tombeau de Mausole, le fameux Mausolée qui fut la 5e des Sept merveilles du monde. Il y a aussi le château-fort Saint-Pierre bâti au Moyen Âge par l'ordre de Saint-Jean de Jérusalem. Au large sont disséminées des îles grecques, dont celle de Kos, juste en face de Bodrum. C'est l'une des excursions qui vous sont proposées, notamment à bord de goélettes.

À DÉCOUVRIR EN FRANCE

BAIE DU MONT SAINT-MICHEL

NORMANDIE ET BRETAGNE

Cette grande baie (500 km²) est mondialement célèbre grâce au bijou qui l'orne : le plus que fameux Mont-Saint-Michel. Sur cet îlot rocheux a été construite une abbaye dont l'origine remonte au VIIIe siècle. Ses bâtiments romans et gothiques ont été élevés entre les Xe et XVe siècles. Le mont a été relié au continent par une digue-route en 1879, laquelle a été démolie en 2015, ce qui a redonné au site son statut d'île. On s'y rend à présent par un pont-passerelle. Celui-ci est l'un des meilleurs points d'observation permettant d'assister aux mouvements des eaux de la Manche. Ils sont spectaculaires, surtout lors des grandes marées. On peut se balader à pied dans la baie à marée basse. Mais notez bien que, hors promenade guidée, c'est dangereux (sables mouvants, eaux qui montent rapidement et vous isolent sur un banc de sable…), même si ça n'en a pas l'air… Le mont n'est pas le seul atout de la baie. Côté normand (à l'est), on trouve des stations balnéaires, des villes et villages anciens (Granville, Jullouville, Avranches…). Côté breton (à l'ouest), s'étendent des polders et des côtes rocheuses près de Cancale.

À déguster : l'omelette de la mère Poulard (œufs et crème fraîche, abondamment battus en neige dans une bassine de cuivre avec un long fouet sur un rythme spécial que peuvent entendre les passants avant d'être cuits dans une poêle de cuivre sur un feu de bois).

JAPON

BAIE DE MATSUSHIMA

La grande baie de Matsushima (préfecture de Miyagi, au nord-est de la grande île de Honshu) comprend un archipel de 260 îlots couverts de pins maritimes, lequel fait partie des « Nihon Sankei », les trois paysages considérés comme les plus beaux du Japon, avec l'île de Miyajima et la barre de sable d'Amanohashidate. On parcourt ce paysage à bord d'un ferry ou d'autres bateaux qui proposent des minicroisières, ou encore à pied, en traversant des ponts qui permettent d'accéder à certains îlots depuis la côte. Au gré de ses promenades, on découvre le temple bouddhiste zen Zuigan-ji, fondé au IXe siècle et restauré au XVIIe. Il y a aussi le petit temple Godaido dont l'intérieur est ouvert au public tous les 33 ans. Prochaine visite prévue en 2039 ! Depuis un sanctuaire shinto du XVIIe siècle planté sur une colline au-dessus de la ville de Shiogama, on y admire un arbre sacré vieux de 600 ans.

www. matsushima-kanko.com

CHINE

BAIE DE HONG KONG

On nomme baie de Hong Kong, ou baie Victoria, les eaux profondes du port de l'ancienne possession britannique revenue à la Chine en 1999. Petit village abritant des pêcheurs de la mer de Chine avant 1840, ce territoire constitué d'une île et d'une péninsule (Kowloon) forme aujourd'hui une incroyable mégalopole. Hérissées de tours, les rives de la baie offrent un show permanent, notamment le soir, quand se déroule la Symphonie des Lumières, un spectacle réalisé avec des projecteurs et des lasers sur fond de musique. Autres points de vue sur la baie et ses gratte-ciel : depuis le pic Victoria – le point culminant de l'île – la Peak Circle Walk fait le tour de cette hauteur qui est accessible par le funiculaire Peak Tram. Un panorama exceptionnel est aussi à savourer au 100e étage de la tour ICC, le bâtiment le plus élevé de Hong Kong (484 m). Alternative : se balader sur l'eau, par exemple à bord du Star Ferry qui assure la liaison entre l'île et la péninsule.

À voir : *In the Mood for Love*, film hong-kongais réalisé par Wong Kar-wai, 2000.
À déguster : la *Hong Kong waffle* ou *Gai daan zai* (gaufre aux œufs).

THAÏLANDE

BAIE DE PHANG NGA

Donnant sur la mer d'Andaman, et donc l'océan Indien, la baie de Phang Nga est l'un des sites les plus étonnants de Thaïlande, pays qui en recèle un grand nombre… Située sur la côte ouest de la péninsule malaise, au nord de Phuket, elle fait partie d'un parc naturel maritime. Sa particularité est d'être hérissée d'une centaine d'îles et d'îlots calcaires couverts de végétation, dont les formes sont très variables. Sur les rives de la côte, où s'étendent des forêts de mangrove, ou depuis Phuket, on embarque pour des balades en bateau afin de les découvrir. Le rocher le plus surprenant s'appelle Ko Tapoo. S'élevant à 20 m, il semble avoir été planté à l'envers dans l'eau, sa base étant plus étroite que sa partie haute. La crique où il se trouve ayant servie de décor à un fameux film d'espionnage – *L'Homme au pistolet d'or* (1974) –, le piton est depuis lors surnommé « James Bond Island ». Pour sa part, l'île de Ko Phanak donne à voir de superbes grottes, tandis que celle de Ko Panyee invite à rencontrer des *Moken*, des « gitans de la mer » qui vivent dans des maisons sur pilotis.

À lire : *D'autres vies que la mienne*, Emmanuel Carrère, Folio, 2010.
À voir : *La Plage (The Beach)*, film britanniquo-américain réalisé par Danny Boyle, 2000.

VIETNAM

BAIE D'HALONG

Dans les eaux de cette baie du Golfe du Tonkin, près de deux milliers d'îles et îlots rocheux forment des paysages d'une beauté époustouflante. L'érosion les a sculptés à l'extérieur comme à l'intérieur, des grottes y offrent d'ailleurs des abris pour les hommes, lesquels habitent volontiers dans des cabanons flottants entre deux rochers. Les balades en bateau dans la baie à bord de jonques en bambou ou d'autres embarcations sont très prisées des touristes venus du monde entier qui affluent ici en nombre. C'est la rançon du succès de ce site merveilleux – classé au patrimoine naturel mondial par l'Unesco –, qui est la perle du nord du Vietnam. Au sud, de très beaux paysages vous attendent également dans les baies de Lang Co et Nha Trang. Elles abondent en longues plages où se prélasser entre deux balades dans les environs.

SÉNÉGAL

LE SINÉ SALOUM

Le Siné Saloum est une gigantesque zone de 730 km² située au bord de l'Atlantique, au sud de Dakar et au nord de la Gambie. Appartenant au Club des plus belles baies du monde, il s'agit plutôt d'un delta où confluent les deux fleuves qui lui donnent son nom et où pénètre la mer. Cette destination fait la joie des adeptes de l'écotourisme qui y trouvent des paysages d'une belle variété : mangroves traversées par des sortes de canaux nommés *bolongs*, lagunes, bancs de sable, savanes, forêts… Tout cela forme le Parc national du delta du Saloum, lequel est habité par des pêcheurs dans des villages où l'on propose des hébergements. Et bien sûr, en plus de l'homme logent par ici quantité d'animaux. D'innombrables espèces de poissons et d'oiseaux, mais aussi des mammifères marins comme le rare lamantin ou encore des crocodiles, des serpents, des singes, des tortues, des hyènes…

CAP-VERT

BAIE DE MINDELO

Superbement dessinée, la baie de Mindelo de l'île de São Vicente doit en partie sa forme au fait qu'il s'agit à l'origine d'une caldeira, sorte de cratère fréquent dans les régions volcaniques telles que celle de l'archipel du Cap-Vert. C'est dans l'Atlantique, au large du Sénégal, que se trouve cette baie environnée de collines pelées et de volcans endormis comme le Monte Cara, dont le sommet ressemble à un visage humain couché, vu de profil. Saisissant, notamment à la tombée du jour ! On peut par ailleurs grimper sur le Monte Verde, situé plus dans les terres, d'où l'on jouit d'un panorama remarquable sur la baie. Avec ses plages, son port et sa marina, la ville de Mindelo est un autre attrait du site. Son centre-ville historique, marqué par la période coloniale portugaise, est à visiter, tandis que ses restaurants, bars et lieux musicaux assurent une animation appréciée de jour comme de nuit. Au cours de ses pérégrinations, on ne peut qu'avoir une pensée pour Cesaria Evora, la célèbre chanteuse qui a vécu ici.

À ne pas manquer : le Festival de Baía das Gatas (3 jours de musique chaque année en août depuis 1984, pendant un week-end de pleine lune).
À déguster : la *cachupa* (plat national), ragoût de maïs et haricots secs agrémenté de fèves, viande de porc, chorizo, manioc, patates douces, légumes ou poulet.

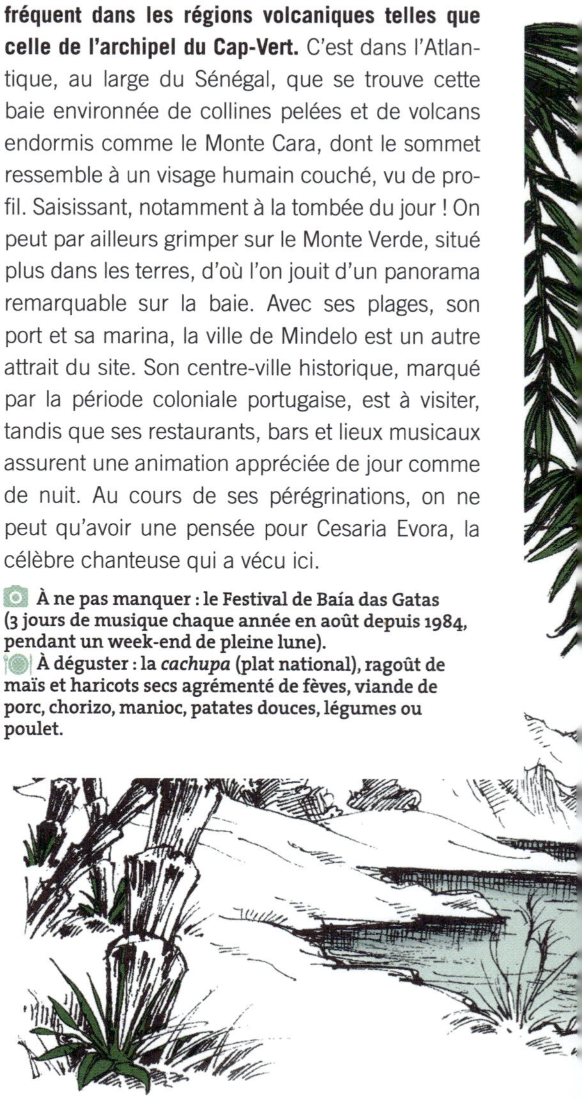

AFRIQUE DU SUD

TABLE BAY ET FALSE BAY

Toutes deux magnifiques, Table Bay et False Bay s'étendent de part et d'autre de la péninsule du Cap, au bout de laquelle se situe le célébrissime cap de Bonne-Espérance, point de passage entre les océans Atlantique et Indien. Côté Table Bay, il y a Cape Town et une succession de plages que domine la montagne de la Table dont la partie la plus haute semble plate, d'où son nom. Au large, on visite Robben Island, l'ancien pénitencier où furent longtemps emprisonnés Nelson Mandela et ses camarades de combat anti-apartheid. Formant presque l'image d'un fer à cheval, la False Bay possède elle aussi son lot de plages. Vous y attendent encore des spots d'observation d'animaux marins, des réserves naturelles ainsi que de possibles échappées dans les vignobles implantés en hauteur, à l'intérieur des terres. Visites en ville, bronzette, baignade, surf, randonnées pédestres, virées en auto le long de la mer, dégustations de vins, restaurants… Il y a de quoi tenir le cap si vous souhaitez prendre du bon temps par ici !

À lire : *Un long chemin vers la liberté*, Nelson Mandela, Le Livre de Poche, 1996.

MADAGASCAR

BAIE DE DIEGO-SUAREZ

Placée tout au nord de la grande île baignée par l'océan Indien, elle est en fait constituée de quatre baies, au large de la ville de Antsiranana (Diego-Suarez). L'une des curiosités de cet ensemble est le Pain de Sucre, alias Nosy Lonjo, un îlot rocheux d'origine volcanique aux formes harmonieuses qui est couvert de végétation. Ramena, village de pêcheurs situé à l'est, possède une splendide plage de sable blanc qui donne l'occasion de se baigner dans des eaux coralliennes. Les amateurs de plongée sous-marine comme les simples adeptes du farniente s'y retrouvent. C'est également le point de départ de randonnées qui, le long du littoral, mènent à un autre beau site, les Trois Baies, dont les plages donnent directement sur l'océan. Une escapade à ne pas manquer : l'ascension, sans grande difficulté, de la Montagne des Français. Elle fait découvrir une flore et une faune dépaysantes (baobabs, aloès, oiseaux, lémuriens…). En haut, on jouit d'un panorama magnifique sur la baie de Diego-Suarez.

NOUVELLE-CALÉDONIE

BAIE D'ORO

Posée au sud-est de la Grande Terre néo-calédonienne, la petite île des Pins, ou Kunie en langue mélanésienne, est une destination incontournable. Son nom européen vient de ses surprenants pins colonnaires, longs arbres qui semblent vouloir chatouiller le ciel… bleu, comme les eaux du Pacifique qui caressent les grandes plages de sable fin et blanc de ses baies, notamment celles de Kuto. La baie d'Oro est l'un des spots les plus réputés de l'île grâce à sa piscine naturelle isolée de la mer par une barrière d'origine corallienne. Et puis, il y a aussi la baie d'Upi et ses rochers qui ressemblent à des cailloux qu'un géant aurait lancés dans l'eau… Au choix : promenade en pirogue traditionnelle, baignade, plongée sous-marine dans le lagon, randonnée à la découverte de grottes préhistoriques ou des traces laissées par les déportés de la Commune de Paris, ou encore, bien sûr, rencontre avec les habitants de l'île.

À voir : *L'Ordre et la Morale*, film français réalisé par Mathieu Kassovitz, 2011.

AUTRES BAIES EXTRAORDINAIRES EN FRANCE

BAIE DE SOMME

France, Picardie

La Somme est un fleuve côtier qui rejoint la Manche à travers un estuaire formant une baie d'environ 70 km², laquelle fait le bonheur des amoureux de la nature. Dans ce site classé Réserve naturelle, des dunes, des bancs de sable, des marais et des prés salés offrent des hébergements saisonniers à plus de 360 espèces d'oiseaux migrateurs : canard siffleur, tadorne de Belon, courlis cendré, huîtrier pie… Ceux-ci se succèdent toute l'année au gré de leurs incessants voyages. Des points d'observation attendent les visiteurs dans le Parc du Marquenterre. On rencontre encore d'autres animaux dans ces parages, tels que de classiques moutons d'élevage et de plus exceptionnels phoques. Notez que seuls 15 % du littoral sont urbanisés (Saint-Quentin-en-Tourmont, Le Crotoy, Saint-Valery-sur-Somme, Le Hourdel). Nautisme, canoë-kayak ou randonnées à pied ou à vélo sont des loisirs très appréciés ici.

À ne pas manquer ↦ le chemin de Fer de la Baie de Somme (CFBS) qui circule de février à décembre et dessert notamment Le Crotoy, Saint-Valery-sur-Somme et Cayeux-sur-Mer. Et Le Hourdel, qui abrite la plus importante colonie de phoques veaux marins en France.

BAIE DE QUIBERON ET GOLFE DU MORBIHAN

Bretagne

Baie de Quiberon et golfe du Morbihan forment un ensemble exceptionnel, riche en sites à découvrir. Leurs littoraux offrent une variété de paysages remarquable : falaises, rochers, plages, ports… La baie recèle les îles de Houat et Hoëdic, ainsi que la très prisée Belle-Île-en-Mer où s'élève un fort conçu par Vauban. En face de celle-ci, la presqu'île de Quiberon comprend une cité balnéaire. Reliée au continent par un tombolo, très étroite bande de terre, elle débouche sur Plouharnel et ses zones naturelles protégées auxquelles s'ajoutent des exploitations ostréicoles. À l'est se trouvent la commune voisine de Carnac et ses alignements de mystérieuses pierres levées. Vient ensuite le joli port de La Trinité-sur-Mer puis Locmariaquer et Arzon, portes d'entrée du Golfe du Morbihan. Là, vous retrouvez des menhirs, tumulus, dolmens et autres vestiges préhistoriques, de même que sur l'Île-aux-Moines et sur l'île d'Arz, lesquelles font partie d'un archipel où la nature est des plus charmantes.

À déguster ↦ les « niniches » (sucettes fabriquées à Quiberon depuis 1946) ; sardines, thons, maquereaux de la conserverie La Belle-Îloise (créée en 1932).

GOLFE DE PORTO ET GOLFE DE GIROLATA

Corse

Situés sur la côte ouest de la Corse, ces deux golfes clairs inscrits sur la liste du patrimoine mondial de l'Unesco ne font qu'un, ou presque, tant ils sont proches l'un de l'autre. Seule la bande de terre du cap Senino les sépare. Leurs beautés s'admirent depuis la route qui les surplombe, mais aussi à pied ou en bateau. Au nord, le golfe de Girolata est bordé par la presqu'île de Scandola, classée Réserve naturelle. Son maquis, ses chênes verts, ses falaises et ses taffoni (creux dans la roche) forment un havre pour les oiseaux (goélands, cormorans, aigles pêcheurs…). Ses eaux abritent quant à elles des centaines d'espèces d'algues et de poissons. La seule localité, ici, est le hameau de Girolata, qui n'est accessible que par la mer ou par un sentier. Sur ses hauteurs se trouve un fortin génois du XVIe siècle. Au sud, le golfe de Porto invite à découvrir le village qui lui donne son nom et des plages. Enfin, on voit s'élever les calanques de Piana, parois de granite rouge qui ont été spectaculairement sculptées par l'érosion. Elles s'étendent jusqu'à une route qui domine le golfe.

À ne pas louper ↦ la faune de Scandola : balbuzard pêcheur, cormoran huppé méditerranéen, puffin cendré, faucon pèlerin, goéland, gypaète barbu, grand dauphin, phoques moines…

Fernando de Noronha, *Brésil*

DES ÎLES DE RÊVE

Bora Bora, l'île Maurice, les Maldives et les Seychelles se partagent le podium des plus belles îles du monde. Les mers et océans de notre planète regorgent pourtant de milliers d'îles peu visitées et paradisiaques, en marge des clichés des catalogues de voyage. Des îles isolées, comme hors de l'espace et du temps, qui invitent au rêve.
Vous croyez encore à la « possibilité d'une île » ? Une île différente, secrète, authentique et souvent atypique ? Voici une petite sélection de ces îles de rêve hors du commun. Comme des bouts du monde entourés par le bleu de la mer.

MAURICE

RODRIGUES

Perdue dans l'océan Indien, l'île Rodrigues se cache au creux d'un lagon immense. Terre brûlée, eaux vert jade : le spectacle est magique. Longtemps cantonnée à l'ombre de l'île Maurice, Rodrigues est devenue « tendance » parce qu'elle a su rester sauvage et qu'elle présente un caractère résolument africain, contrairement à sa voisine. Collines escarpées, troupeaux de cabris... Rodrigues entretient un attrait singulier. L'île a misé sur l'écotourisme et l'authenticité, grâce à ses petits hôtels de charme et ses chambres d'hôtes, loin des grands complexes hôteliers de luxe. Sa capitale, Port-Mathurin, vit au rythme de l'île Maurice il y a vingt ans. En faisant le tour de l'île, vous découvrirez les richesses de Rodrigues : entre plages et criques sauvages presque désertes, jardins fleuris, superbes îlots parsemant le lagon, et réserves naturelles, l'île ne cessera de vous surprendre.

À voir absolument : la réserve François-Leguat, qui abrite un millier de reptiles, des tortues géantes et l'Anse Bouteille, une petite plage paradisiaque nichée entre les roches.
Info utile : la meilleure période pour visiter l'île est de mai à octobre.

CHILI

CHILOÉ

L'île de Chiloé est réputée pour ses traditions originales, ses légendes tenaces et ses villages pittoresques. Si l'on devait ne retenir qu'une image de cette île, ce serait celle des maisons colorées sur pilotis en bord de mer (les *palafitos*). Chiloé possède des particularités culturelles et historiques qui distinguent les Chilotes des habitants du continent, comme l'architecture ou la façon de labourer les champs. Le port animé, les traditions fortes, les marchés artisanaux, l'étonnante cathédrale jaune et les maisons sur pilotis composent un étonnant cocktail. Les édifices religieux de Chiloé, véritables bijoux, sont tous classés au patrimoine mondial de l'Unesco. On prend le temps d'admirer les paysages aux accents irlandais, les nombreuses églises parfois vieilles de 200 ans et les petits cimetières de campagne sur cette île où il fait bon vivre. À proximité du village de Cucao se trouve le parc national de Chiloé, où des chemins piétonniers permettent l'accès aux plus beaux sites, comme Anay, parfaits pour les trekkings.

Info utile : on vous conseille de déguster les excellents fruits de mer, le plat traditionnel de Chiloé – le *Curanto* –, et de dormir chez l'habitant pour un séjour vraiment atypique.
À lire : *Le Passant du Bout du Monde*, Francisco Coloane (Phébus, 2002).

THAÏLANDE

KO TARUTAO

Ko Tarutao est un archipel de 51 îles dispersées dans la mer d'Andaman aux confins de la Thaïlande, non loin de la Malaisie. Patrimoine mondial de l'Unesco, l'archipel a su préserver sa beauté sauvage et sa faune contre l'urbanisation excessive. En bon routard, on vous conseille de louer du matériel de camping pour bivouaquer sur l'île. Grimpez jusqu'au sommet de la colline Toh-Boo, qui offre un superbe panorama sur la côte ouest et où vous pourrez observer de près les singes et les écureuils. Vous pourrez peut-être apercevoir un crocodile (un peu moins mignon !) dans la grotte des Crocodiles. Même s'ils semblent avoir disparu depuis plusieurs années, la visite de la caverne reste très intéressante. Les vacanciers en quête de plénitude iront sur l'île paradisiaque de Ko Lipe. Entourée de belles plages de sable blanc et de récifs coralliens, elle est devenue assez touristique. L'île abrite une communauté de pêcheurs : ce sont les *Moken* ou *Chao Lay* en thaï, des « gitans de la mer », dont les origines sont mal connues encore aujourd'hui. On a un véritable coup de cœur pour cette île, l'une des plus belles et des plus reposantes de toute la côte sud. Mais ne tardez pas à l'explorer avant qu'elle ne devienne noire de monde.

Info utile : pendant la mousson, de mi-mai à début novembre, aucune liaison régulière avec les îles. Le reste de l'année, pour échapper à la foule, éviter les périodes de fêtes (toutefois, rien à voir avec Phuket ou Ko Phi Phi).

BRÉSIL

FERNANDO DE NORONHA

Dotée de plages paradisiaques à foison, d'une faune et d'une flore exceptionnelles et de paysages inédits, l'île Fernando de Noronha est l'un des endroits les plus admirés du Brésil. La bonne préservation de l'environnement attire les amoureux de la nature du monde entier. Inscrite au patrimoine mondial de l'Unesco en 2002, l'île regorge de parcs naturels, dont le Parc national marin de Fernando de Noronha, inscrit « Aire de préservation de l'environnement ». Pour cela, le nombre de touristes est limité et la nage avec les dauphins est interdite. L'île est réputée pour être l'un des meilleurs spots de plongée de l'Amérique du Sud. Ses eaux limpides sont pleines de poissons, d'éponges, d'algues, de mollusques et de coraux. Plonger à Fernando de Noronha offre le rare privilège de voir des tortues, des barracudas, des raies et des requins, sans aucun danger. Un des plus beaux spectacles de l'île se produit tous les jours, au lever du soleil, quand des groupes de dauphins entrent dans la baie. Depuis le sommet du Morro do Pico, le visiteur profite d'une vue imprenable sur l'immensité de l'océan. Une forêt tropicale envahit les hautes falaises qui viennent se jeter sur des plages magnifiques.

Info utile : la taxe pour la préservation de l'environnement demandée aux touristes aide à protéger cet écosystème fragile. C'est grâce à ces efforts que cet archipel brésilien a pu rester un bijou intact et une île incomparable.

CANADA

ILE DE VANCOUVER

Presque aussi vaste que les Pays-Bas, l'île de Vancouver, ou « l'île aux totems », s'étend sur 460 km de long. Peu peuplée, elle n'est réellement développée que dans sa partie sud, où se trouve Victoria, la coquette capitale aux allures *british*. Au nord, la faune et la flore ont pris leurs marques : l'île reste sauvage et inexploitée, uniquement peuplée par quelque 12000 ours noirs et de nombreux pumas. Sur Vancouver Island, vous pourrez taquiner les grizzlys, observer les lions de mer ou pêcher le saumon. La façade maritime de l'île est exceptionnelle : d'immenses plages sauvages s'étirent le long des côtes ainsi que le superbe parc national de Pacific Rim aux allures de monde mystérieux, qui n'est pas sans rappeler le monde de Tolkien. Tofino, repère des surfers et hippies, est un spot très sympa. Le MacMillan Provincial Park abrite à Cathedral Grove les derniers vestiges de la célèbre forêt couvrant l'île il y a près de 2000 ans ! Les randonneurs ne manqueront pas les superbes balades qu'offre le parc provincial de Strathcona, le plus vieux de l'île, avec ses lacs, ses glaciers, ses forêts et un point culminant à 2200 m. C'est en randonnée ou en kayak qu'on découvrira le mieux les splendeurs de cette île à la végétation luxuriante et sauvage. Une île à l'état brut.

Info utile : l'île s'étend sur près de 500 km, alors prévoyez du temps pour couvrir les distances.

ITALIE

PANTELLERIA

Le bout du monde en Europe... Pantelleria est la plus grande des îles au large de la Sicile mais aussi la plus éloignée. Elle est en effet plus proche de la Tunisie que de la Sicile. Appelée « Bent-el-Rhia » en arabe (Fille des vents), Pantelleria est une île aux multiples particularités. Rochers volcaniques, criques rocheuses à l'abri des regards, maisons typiques avec leur coupole font de Pantelleria un joyau de la Méditerranée. Un sublime lac de cratère alimenté par deux sources thermales, le *Lago Venere*, offre une plage où l'on peut prendre des bains de boue soufrée et se laisser sécher au soleil. Avec son eau bleu azur, on comprend qu'il ait été baptisé « le miroir de Vénus »... Battue sans cesse par les vents, l'île s'est inventé un type d'architecture : les *dammusi*, des maisons cubiques créées au temps de la présence arabe. Mursia, le premier endroit habité de l'île, conserve aussi une curiosité archéologique : les *sesi*, des tombes pouvant accueillir jusqu'à douze sépultures chacune. La côte est faite de rochers déchiquetés, de jolies criques et de vieilles pierres.

Info utile : Pantelleria est aussi un véritable paradis pour les randonneurs !

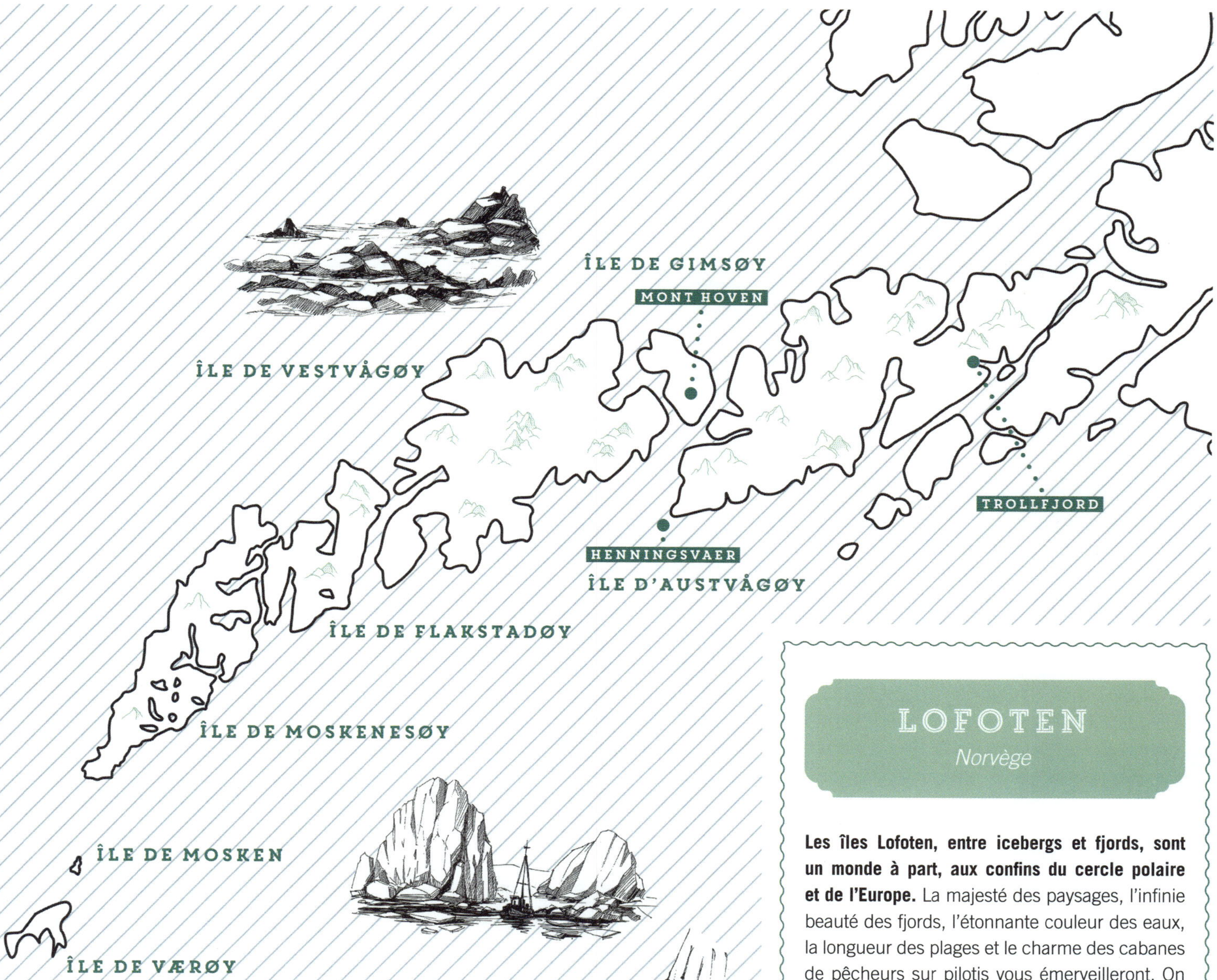

LOFOTEN

Norvège

Les îles Lofoten, entre icebergs et fjords, sont un monde à part, aux confins du cercle polaire et de l'Europe. La majesté des paysages, l'infinie beauté des fjords, l'étonnante couleur des eaux, la longueur des plages et le charme des cabanes de pêcheurs sur pilotis vous émerveilleront. On arrive dans les Lofoten comme on arrive dans un monde imaginaire et lointain. L'air pur du large, le charme, l'authenticité et le dépaysement créent la magie du lieu. Notre coup de cœur va à Vestvågøy et Austvågøy, des îles féeriques qui conjuguent villages de pêcheurs, fjords, plages de sable blanc (oui, ça existe même en Norvège !) et pâturages aux accents normands. C'est à Austvågøy que vous pourrez admirer le mythique soleil de minuit et grimper sur le mont Hoven, point culminant de la petite île de Gimsøy, dont le panorama est à couper le souffle. Une balade en bateau vous permettra d'explorer le Trollfjord, un très beau petit fjord de 2 km bien caché. L'autre endroit à ne pas manquer est Henningsvaer, un village surnommé « la Venise des Lofoten » où des poissons sèchent sur des centaines de poteaux de bois : un spectacle étonnant ! Impossible de ne pas succomber au charme des authentiques maisons de pêcheurs en bois, à l'atmosphère familiale et chaleureuse des habitants, au plaisir de la solitude sur les plages et à la variété des paysages. Spectaculaire et reposant à la fois.

Info utile : ceux qui ont l'âme aventureuse emporteront du fil et quelques hameçons : ça mord bien, et, en rando, le poisson frais agrémente sacrément bien le rata quotidien.

Quand y aller ? La saison est courte aux Lofoten. Elle s'étend grosso modo de la fête nationale (17 mai) à mi-août. En dehors presque tout est fermé.

MEXIQUE

HOLBOX

Holbox (prononcer « holboch ») est un petit paradis qui s'étend entre le golfe du Mexique et la mer des Caraïbes, à l'intérieur de la réserve écologique Yum Balam. L'arrivée sur l'île est un voyage dans le temps : les rues sont en terre sablonneuse et les véhicules encore à moteur. Vous apprécierez le calme qui y règne. Ici, tout le monde s'appelle par son surnom. Sur la place principale, on est charmé par les maisons basses et les quelques cabanes de bois colorées. Le reste de l'île est désert et propice aux promenades. Le tourisme n'a fort heureusement pas dénaturé l'âme de cette petite île ensoleillée. Dégustez les poulpes, les langoustes et les mérous frais pêchés le matin même. À faire sur l'île, des excursions en bateau pour observer les requins-baleines et la réserve de Yum Balam, qui abrite 140 espèces d'oiseaux dont une colonie de flamants roses. La vie s'écoule ici entre de généreuses sessions de farniente sous les cocotiers et quelques escapades à la découverte des richesses naturelles de l'île.

Info utile : pour s'y rendre, prendre un bus jusqu'à Chiquilà (à 170 km de Cancún), d'où le bateau part. Compter 20-25 mn de traversée jusqu'à l'île d'Holbox.

NOUVELLE-CALÉDONIE

ÎLE DES PINS

Bordée de baies paradisiaques et de lagons turquoise, l'île des Pins (Kunié de son vrai nom) est un joyau naturel. Heureusement, le tourisme est loin d'être industriel et les hôtels y sont rares. La plage de Kuoto rivalise avec les plus belles cartes postales, d'autant plus que vous aurez de grandes chances de vous y trouver seul. La balade en pirogue dans la baie d'Upi est incontournable : on passera par la jungle luxuriante et la piscine naturelle d'Oro, aux eaux presque transparentes, riche en poissons et en coraux. L'île des Pins est également connue pour ses grottes préhistoriques et ses peintures rupestres. En pirogue ou en bateau, partez à la découverte du merveilleux atoll Nokanhui. L'île des Pins a conservé un système tribal : le peuple *kunie* est divisé en huit tribus, chacune régie par un « petit chef » et sous l'autorité du grand chef. Les coutumes folkloriques de l'île perdurent, puisque les danseurs de la troupe la plus célèbre du moment, Olobatch, sont devenus de véritables ambassadeurs de l'île.

GRÈCE, ÎLES DU DODÉCANÈSE

KARPATHOS

Grande île montagneuse, la deuxième du Dodécanèse par sa superficie, Karpathos est pourtant relativement préservée grâce à son relief escarpé, qui la rend moins accessible. Entre la Crète et Rhodes, on y découvre une Grèce demeurée authentique. Les plages de galets ou de sable doré très fin, parfois difficiles d'accès, sont parmi les plus belles de tout le Dodécanèse. Les villages traditionnels de l'île possèdent un grand charme. Les habitants des villages perchés dans les montagnes au nord de l'île semblent figés dans le passé : les costumes traditionnels sont portés au quotidien. Il est courant de croiser des femmes aux habits noirs brodés de fleurs et de passer devant un vieux four à pain ou un moulin aux ailes déchiquetées. Folklore et dépaysement garantis ! Certains de ces villages vous proposent des tavernes et quelques hébergements. À voir entre autres, le village de Messohori, agrippé sur la pente d'un site archéologique, et celui d'Olymbos, au nord de l'île, des conservatoires de la Grèce traditionnelle. Une île atypique, à découvrir rapidement avant qu'il ne soit trop tard.

Info utile : probablement les plus belles plages de tout le Dodécanèse.

Île des Pins, Nouvelle-Calédonie

CARTE POSTALE

ZANZIBAR L'ÎLE AUX ÉPICES

On a tous une île secrète perdue dans un coin d'océan. Un port entre ciel et mer hérissé de cocotiers et de grandes maisons blanches, devant lequel on aimerait mouiller un jour si par bonheur on arrivait par la mer. Ce port c'est peut-être Zanzibar, un nom qui résonne comme Tombouctou, Biribi ou Trifouillis-les-Oies. Une de ces îles suffisamment mangée par le mythe pour qu'on aille voir vraiment à quoi elle ressemble.

Zanzibar cette belle inconnue

Que sait-on au juste de cette mystérieuse île aux épices, si ce n'est qu'elle est encore aujourd'hui à la fois la destination fétiche des Italiens et un haut lieu de culture musulmane ? Que sait-on de cet islam marin qui gouverna pendant des siècles en s'enrichissant du commerce des épices, de l'ivoire, de l'or et surtout des esclaves ? Zanzibar ne se résume pas à quelques intérieurs pris au grand angle pour les magazines de déco, ni même à ses plages de sable blanc caressées par l'eau turquoise des lagons. Zanzibar, c'est un véritable brassage de cultures, et Unguja, l'île principale, un territoire à découvrir en routard au guidon d'un deux-roues... Arrivés au VIIe siècle, les marchands arabes s'installent sur ce qui deviendra « le rivage », *sahel* en arabe, un terme dont dérive aujourd'hui le mot *swahili*. Puis, c'est au tour des Perses de Chiraz de débarquer sur l'île pour faire commerce au nom d'Allah.

Stone Town

Stone Town... Un peu Tombouctou pour ses portes et le mythe, Goa pour le côté indien et baba, et Essaouira pour ses odeurs de poisson, ses ruelles pas toujours nettes et son côté rasta. Avec ses 60000 habitants, cette Babel transpirante, dont le fourmillement ne cède en rien à celui de ses grandes sœurs indiennes, concentre à elle seule toute l'activité économique de l'île. Stone Town évoque l'Afrique de Rimbaud, celle d'Henry de Monfreid et d'Hemingway. Celle de Livingstone, aussi, puisqu'il y prépara sa dernière expédition. Dans les échoppes qui scandent les ruelles poussiéreuses de la vieille ville, mis à part le plastique et les téléphones cellulaires, rien ne semble avoir changé depuis des lustres. Devant chaque porte, le commerçant, qui, jadis, dodelinait de la tête le nez dans son Coran, pianote aujourd'hui sur son smartphone.

Détente

À Zanzibar, si l'objectif de vos vacances est de vous gorger de soleil, rendez-vous à la pointe nord de l'île ! La plage, version Rita Pavone, *pasta, gelati* et *tutti quanti*. En effet, quand Zanzibar s'est ouvert au tourisme dans les années 1990, les promoteurs italiens y ont investi en masse contrairement aux autres pays. Conséquence : aujourd'hui, leurs compatriotes représentent un tiers des touristes qui se rendent sur l'île. Du coup, les hôtels sont à touche-touche. Cette pandémie a même gagné progressivement la côte est jusqu'à Uroa Bay où les hôtels « all inclusive » se multiplient. Rien de spécial à y faire, à part buller sur son transat en attendant que la mer remonte et permette de nager sans se ruiner les genoux sur les oursins.

Au cœur de l'île

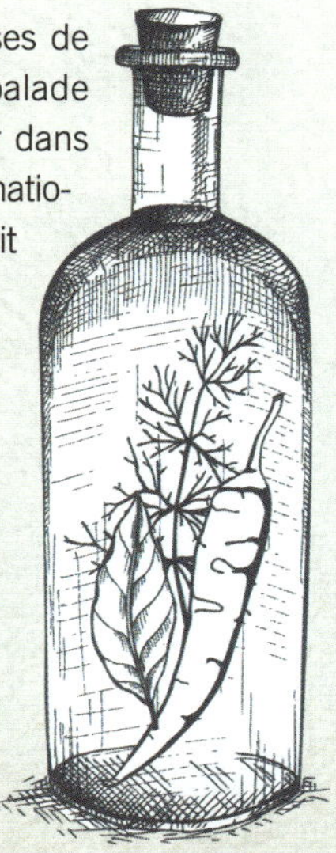

Pour découvrir les richesses de l'île, rien de tel qu'une balade accompagnée d'un ranger dans la forêt préservée du parc national de Jozani. C'est là que vit le colobe roux *(piliocolobus kirkii)*, une espèce de singe endémique de Zanzibar qui a la particularité de ne pas avoir de pouce opposable. Vu sa forte odeur corporelle, les villageois l'appellent *kima punju*, « l'empoisonneur ». Mais le centre de l'île est surtout réputé pour ses fermes aux épices. Le commerce des épices a joué un rôle décisif dans le début du commerce maritime et notamment dans l'expansion de la religion musulmane. Pendant de nombreuses années, l'île en a tiré l'essentiel de son économie, d'ailleurs le mot *zenji-bar*, dont provient le nom de l'archipel (« la côte des Noirs » en persan), possède la même racine (c'est le moment de le dire) que le gingembre.

FICHE PRATIQUE

Comment y aller ?

- **Pas de vols directs au départ de l'Europe,** il faut faire escale à Dar Es-Salaam ou Addis Abeba et changer d'appareil si l'on vole respectivement avec Air France ou Ethiopian Airlines. Sinon passez par les pays du golfe avec Oman Air, Qatar Airways ou Emirates.

Quand y aller ?

- **Entre juin et octobre,** c'est la saison la plus fraîche et la plus sèche. C'est aussi la saison où les hôtels sont pleins.
- **En janvier-février,** il fait très chaud mais les touristes sont moins nombreux.
- Deux saisons des pluies permettent à l'île de faire le plein en eau douce : **en avril-mai et en moindre effet en novembre-décembre.**

Où résider sur place ?

- Tout dépend comment on envisage ses vacances. Pour le farniente, on choisira la côte sud-est de l'île, disons entre Ras Michawi et Makunduchi, du côté de Jambiani. Mais si l'on veut profiter pleinement de la diversité de l'île, résider à Stone Town n'est pas un mauvais choix, surtout si l'on est véhiculé.

Où manger ?

- Nombreux sont les restaurants à Stone Town. Le soir, il faut aller manger sur Forodhani Gardens, sur le front de mer. Sinon, la vieille ville recèle d'excellents restos de cuisine indienne comme *The Spices Rendez-vous* ou *The Silk Route.*

Comment se déplacer ?

- La meilleure solution est de louer un deux-roues (moto ou scooter). Sur place, il faut acheter un permis spécial.

LES 50 PLUS BELLES PLAGES DU MONDE

ASIE-OCÉANIE

1

MALDIVES

PLAGES DE L'ATOLL ARI

En général, on se rend aux Maldives pour les plages et les sports nautiques. Sinon, RAS. Un atoll est un collier d'îles, d'îlots ou de rochers surgissant de l'eau. Il est creusé en son centre d'une cuvette naturelle formant le lagon, et entouré d'une barrière de corail avec quelques ouvertures, permettant aux bateaux de circuler. L'atoll Ari regroupe tous les ingrédients de ce genre de paradis : lagon turquoise, eaux cristallines et tièdes, milliers de poissons multicolores, plage immaculée. Bien évidemment, ni voiture, ni pollution en ces lieux, rien que la brise dans les cocotiers…

✈ **Pour y aller : prendre le *speed boat* ou le *dhoni*, embarcation traditionnelle en bois de cocotier surmontée d'une voile triangulaire, depuis Malé, la capitale.**

2

THAÏLANDE

PLAGE DE KO PHI PHI

Ko Phi Phi regroupe en fait deux îles : Phi Phi Don et Phi Phi Lee, qui sont mondialement connues pour leurs plages de sable blanc, leurs falaises plongeant dans la mer, mais aussi le bleu turquoise des eaux et la richesse des fonds marins. Ko Phi Phi est un parc national depuis 1983, mais en fait seule Phi Phi Lee, inhabitée, est réellement protégée. Ko Phi Phi, « l'île aux esprits », fut longtemps la citadelle imprenable des pirates de la mer d'Andaman. Ils se réfugiaient dans les cavernes de ses hautes falaises de calcaire. Pour les fans de Leonardo di Caprio, sachez que *La Plage* a été tourné à Maya Bay.

✈ **Pour y aller : prendre le bateau depuis Phuket, Krabi ou Ko Lanta Yai. La traversée dure entre 1h30 et 2 h. Il n'y a ni route, ni voiture à Ko Phi Phi : on s'y déplace à pied, par un chemin escarpé offrant de magnifiques points de vue ou par la plage, mais aussi en bateau !**

3

THAÏLANDE, KRABI

AO PHRA NANG

À une vingtaine de km de la ville de Krabi, de nombreuses plages plus belles les unes que les autres se succèdent le long de la baie d'Ao Phra Nang. La petite plage qui emprunte son nom à la baie est notre préférée, peut-être pour son décor naturel dépourvu de tout hôtel-restaurant (sauf, bien sûr, le plus luxueux complexe du pays). La plage est absolument superbe, un harmonieux mélange de sable fin, de palmiers, de grottes, et de falaises abruptes donnant à l'ensemble un aspect romantique et sublime. Choisissez bien votre école d'escalade et partez découvrir tout cela vu du dessus.

4

INDE, ARCHIPEL DES ÎLES ANDAMAN

PLAGE DE HAVELOCK

L'archipel des îles Andaman compte 204 îles, dont seules 38 sont habitées. L'île de Havelock est l'une d'entre elles. À 38 km de la capitale Port Blair, elle offre un dépaysement véritable, avec ses étendues de plages interminables, son environnement vierge de toute pollution, ses secondes suspendues… Bordées par une jungle dense et luxuriante, les plages de l'île de Havelock sont paradisiaques : elles représentent encore une parcelle de nature sauvage et le contact avec les habitants y est possible. Elles sont idéales pour ceux qui souhaitent se perdre sur une enclave oubliée du reste du monde, ignorant les fantasmes bétonnés de la « civilisation ».

5

PHILIPPINES

PLAGE DE EL NIDO

À l'extrême nord de la grande île de Palawan, sur la mer de Chine méridionale, El Nido et ses falaises calcaires, qui rappellent celles de Pha Nga en Thaïlande, constituent un petit havre de paix dans la superbe baie de Bacuit. El Nido possède son propre aéroport et abrite plusieurs pensions, petits restos et même un office de tourisme. L'endroit tire son nom de ses fameux nids construit à flanc de falaise par les hirondelles de mer. Dans l'eau, plus de 200 espèces de poissons trouvent refuge et nourriture autour des jardins de coraux. Un aquarium géant !

✈ **Pour y aller : avion ou ferry depuis Manille ou bus depuis Puerto Princesa (8 h de trajet !)**

6

PHILIPPINES

CAMIGUIN ISLAND

Camiguin Island est considérée comme le « Jardin d'Eden » des Philippines ! Au cœur de la mer de Chine, « l'île née du feu » est une véritable oasis de verdure d'origine volcanique au nord de Mindanao. Un cadre digne d'une île au trésor ! Parmi ses plages les plus populaires : la White Island, unique plage de sable blanc de l'île dont le tracé est sans cesse remodelé au gré des marées ! Situé à 2 km au large de la côte, ce banc de sable fin est bordé par les eaux cristallines de la mer de Chine. Il possède pour toile de fond le Mont Hibok-Hibok – seul volcan actif de l'île – et le Vieux Volcan. Un petit bout de paradis à ne pas manquer !

7

SRI LANKA

KOGGALA BEACH

Dans un décor de mangrove pure, Koggala Beach s'inscrit parmi les plus belles plages de la côte sud du Sri Lanka. Bordée par l'océan Indien, la plage de Koggala se situe à quelques encablures de Galle. Encore épargnée du tourisme de masse, Koggala Beach a conservé son caractère sauvage. Un véritable paradis avec son kilomètre de plage dorée parsemée de cocotiers ! À ne pas manquer : les plages voisines d'Unawatuna, d'Hikkaduwa et de Bentota. Plus touristiques, elles n'en restent pas moins sublimes !

8

AUSTRALIE

PLAGE DE CAPE TRIBULATION

D'un côté la forêt pluviale de Daintree (Daintree Forest), de l'autre la Grande Barrière de corail, deux sites sublimes classés au patrimoine mondial de l'Unesco. Au milieu, une plage de sable blanc, à perte de vue : vous êtes à 110 km au nord de Cairns, dans le Queensland, à Cape Tribulation. Avec l'impression magique de vivre le matin du monde…

✈ **Pour y aller : prendre la Cook Highway de Cairns à la rivière Daintree, que l'on traverse en ferry. Ensuite, route asphaltée (de moins bonne qualité) longeant la mer jusqu'au cap. Plages et mangroves se succèdent en chemin. Le paysage est grandiose, vous avez la sensation d'être seul au monde.**

9

AUSTRALIE

WHITSUNDAYS

Situées au large du Queensland, à 900 km au nord de Brisbane, les Whitsundays se trouvent au cœur de la Grande Barrière de corail. 74 îles, dont 17 seulement sont habitées, composent le parc des Whitsundays. Leur faune et leur flore exceptionnelles en font l'une des destinations privilégiées des Australiens. La légende veut que les îles aient été découvertes par James Cook en 1770, le jour de la Pentecôte (*Whitsunday* en anglais).

✈ **Pour y aller : prendre le bateau depuis la cité balnéaire d'Airlie Beach, desservie par l'aéroport de la Grande Barrière de corail et celui de Proserpine.**

10

TASMANIE

PLAGE DE WINEGLASS BAY

La plage de Wineglass Bay se trouve sur la côte orientale de la Tasmanie, au cœur du Freycinet National Park. Puisque le paradis ne s'offre jamais au premier regard, il vous faudra grimper jusqu'au belvédère improvisé que constitue le mont Amos, l'un des nombreux sommets de granite rose du parc national (les Hazards). Une ascension périlleuse largement récompensée par le sublime spectacle qui s'offre alors : la baie de Wineglass et ses eaux calmes, nichées dans le creux formé par la péninsule que l'on aperçoit en arrière-plan. Remarquez cette sublime petite plage de sable blanc qui forme un élégant sourire, utile pour ne pas confondre le bleu du vert.

11

NOUVELLE-CALÉDONIE, OUVÉA

PLAGE DE MOULI

Ouvéa est l'une des plus belles îles du Pacifique, surnommée « île la plus proche du paradis » par l'écrivain japonais Katsura Morimura. L'ouest de l'île est habité par une plage de sable blanc de 25 km de long, délimitée de part et d'autre par les eaux tièdes et limpides du lagon et le vert des rangées de cocotiers, parfois entrecoupées de falaises abruptes. Le temps a ici suspendu son vol, la plage est déserte – parce que longtemps fermée aux touristes – et la lumière y est plus éclatante qu'une révélation. En fin de journée, la pêche au filet vole la vedette à la bronzette.

12

POLYNÉSIE FRANÇAISE

PLAGE DE TETIAORA

Bienvenue chez Marlon ! En effet, feu Brando avait acquis cet atoll auprès des autorités polynésiennes pour une durée de 99 ans. Tetiaroa est totalement fermé, car son récif n'offre pas d'accès navigable au lagon depuis la haute mer. Sa faune est riche et variée, tandis que ses fonds marins sont d'une beauté à couper le souffle ! Brando voulait d'ailleurs en faire un sanctuaire naturel ultra-protégé. Des sites archéologiques polynésiens ont même été découverts sur l'atoll. Depuis la mort de la star d'*Apocalypse Now*, une grande chaîne hôtelière a

implanté sur l'atoll désert un resort de luxe, mais respectueux de l'environnement (paraît-il).

✈ **Pour y aller : à 53 km au nord de Tahiti, prendre un des catamarans basés à Papeete.**

13

POLYNÉSIE FRANÇAISE

PLAGE DE BORA BORA

Mention spéciale aux plages de Bora Bora, en Polynésie française. On ne sait laquelle choisir ! Mystère de la création, Bora Bora trône majestueusement au cœur de l'océan Pacifique. Elle est formée d'un volcan éteint, encerclé d'une frange de récif, la protégeant telle une barrière, et d'un lagon aux couleurs chatoyantes. Le vert de la forêt tropicale bordant les plages de l'île vient se miroiter dans l'eau scintillante. *Last but not least*, cette « perle du Pacifique » est aussi un haut lieu de la plongée qui vous dévoilera une faune sous-marine épatante : c'est d'ailleurs l'un des rares endroits où l'on peut apercevoir des raies mantas toute l'année.

14

NOUVELLE-ZÉLANDE

KAREKARE BEACH

Théâtre de la célèbre *Leçon de Piano* de Jane Campion (1993), Karekare Beach étonne toujours par sa beauté sauvage. Au cœur du Waitakere Ranges Regional Park, cette immense plage de sable noir s'ouvre au terme de routes sinueuses. Située sur l'île nord de la Nouvelle-Zélande, au sud d'Auckland, Karekare Beach est bordée par la mer de Tasman, également appelée mer de Tasmanie. À quelques kilomètres de la célèbre Piha Beach, la plage de Karekare – du nom du village côtier qui la borde – reste une destination très prisée des Aucklanders en été.

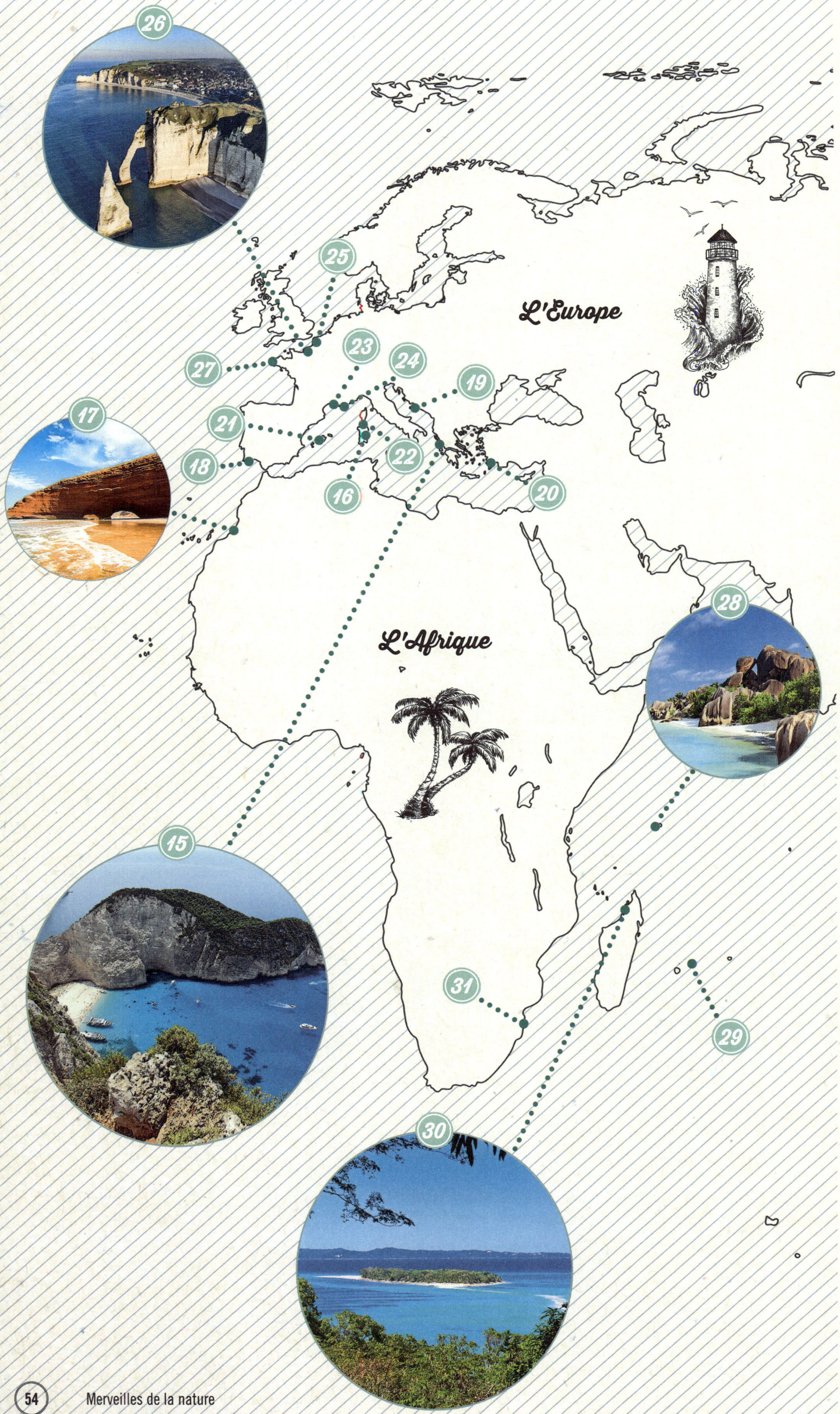

EUROPE
AFRIQUE

15

GRÈCE

PLAGE DE NAVAGIO

Située dans l'extrême nord de l'île ionienne de Zante (Zakynthos), la plage de Navagio compte parmi les paysages les plus célèbres de Grèce. Elle doit son nom au naufrage (*navagio* en grec) qui s'est déroulé il y a plus de 20 ans sur ses galets blancs. Pour la petite histoire, l'équipage, qui n'était pas en règle, a disparu avant l'arrivée de la police ! Le bateau, lui, est toujours là : vision surréaliste !

✈ Pour y aller : excursion en bateau depuis Porto Vromi. Durée de la balade : 1 h 30. On peut également y aller par la route… mais uniquement pour jeter un coup d'œil depuis le haut de la falaise. Franchement, ça vaut le coup !

16

SARDAIGNE

PLAGE DE CAPRERA

Au nord de la côte d'Émeraude, rivalisant de beauté avec ses voisines de l'archipel della Maddalena, se trouve la belle petite île de Caprera. Un lieu qui ravit un des pères de l'indépendance italienne, Giuseppe Garibaldi. L'anecdote ne dit pas si ce grand homme se rendait à la petite plage de Caprera, un lieu en tout cas très fréquenté par les touristes. Dalí aurait adoré ! Ici, les roches granitiques et torturées, modelées par l'action conjointe du vent et de la mer, contrastent avec l'eau d'un vert cristallin intense et troublant. Là, des petits tas de végétation sont autant de petits ornements verdâtres qui ponctuent la roche couleur sable. Le soir venu, les chèvres sardes reprennent possession de ce lieu d'une beauté sauvage.

17

MAROC

PLAGE D'EL GZIRA

Attention : l'arche la plus célèbre de Legzira s'est effondrée en septembre 2016.

Également appelée Laghzira ou Legzira, cette merveille naturelle mérite le détour. Situées à 150 km au sud d'Agadir, entre Mirleft et Sidi Ifni, les longues plages de sable d'or d'El Gzira sont bordées de falaises et enjambées par des arches majestueuses de roche rouge creusées par la mer. L'endroit est peu touristique, on n'y trouve que quelques petits hôtels et des amateurs de surf. Sa beauté époustouflante le rend inoubliable.

Pour y aller : prendre une piste signalée par une borne à 10 km au nord de Sidi-Ifni. La plage se trouve face à l'îlot El-Gzira.

18

PORTUGAL

PRAIA DE MARINHA

Classée parmi les cinq plus belles plages du pays. Elle est dominée par une falaise de 50 m qui l'encercle dans ses avancées rocheuses. Le coin, encore assez écolo et préservé, mérite le déplacement.

19

CROATIE

ZLATNI RAT

La Corne d'or (*Zlatni Rat* en version croate) est une très belle plage de cailloux et de petits galets. Le plus intéressant ici n'est pas la nature du sol, ni celle des estivants (attention à la surpopulation en été !), mais bel et bien sa forme en fer de lance. Il s'agit d'une sorte de triangle arrondi de plus de 630 m de long et qui s'avance dans la mer sur près de 300 m. Son originalité réside dans le fait que cette langue de terre varie d'une année sur l'autre de quelques centimètres selon les marées et les courants. Elle se déplace tantôt vers l'ouest, tantôt vers l'est…

20

TURQUIE

BLUE LAGOON, ÖLÜDENIZ

C'est la carte postale de Turquie, avec sa lagune aux eaux transparentes entourée de montagnes. Mais la célèbre photo qui montre une superbe plage concave et déserte a été prise en hiver, car en été, surpeuplée, elle n'a rien de paradisiaque ! C'est LA plage carte postale d'Ölü-deniz ! Sinon, la grande plage qui borde la ville (Belcekızplajı) est gratuite mais pas plus calme.

21

ESPAGNE, MAJORQUE

CALA AGULLA

Une agréable pinède borde cette plage de sable très fin, qui ourle la baie creusée au nord de la Punta de Capdepera. On ne regarde pas trop vers le béton de Cala Ratjada, pour admirer plutôt la crête du Jaumell et sa tour de guet. Balade plaisante jusqu'à la pointe effilée qui sépare Cala Agulla de sa voisine, Cala Moltó.

22

CORSE

PLAGE DE PALOMBAGGIA

Petit bijou de l'Île de Beauté, la plage de Palombaggia fascine par ses contrastes de couleurs. Le rouge des porphyres rend le sable immaculé encore plus éclatant, tandis que le bleu cristal de la mer vient lécher les pieds des baigneurs. Les récalcitrants au soleil peuvent se réfugier sous l'ombre des pins maritimes, gardiens de la magnificence de l'endroit. Qui plus est, la plage est particulièrement recommandée pour les familles, au regard de la faible profondeur de l'eau. Si possible, y aller hors saison, puisque la saison estivale entraîne irrémédiablement des flots de touristes. Du coup, restaurants et nombreuses activités à proximité.

Pour y aller : on peut la rejoindre en bus depuis Porto-Vecchio (à 12 km au nord) en été.

23

MARSEILLE

CALANQUE D'EN VAU

Un paysage de fjord méditerranéen, d'une beauté à couper le souffle. Toutefois, il se mérite, seuls les plus aventureux pourront y accéder. Le sentier de randonnée paraît facile au début, mais s'avère être relativement sportif sur les crêtes (il faut compter 2 h de marche). Les efforts sont largement récompensés lorsque le chemin débouche sur une petite plage de galets. L'eau turquoise, d'un calme plat, s'étend entre les falaises, parsemée d'aiguilles qui tombent des pins. Le site fait d'ailleurs également le bonheur des grimpeurs. Attention, le chemin a un accès réglementé du 1er juin au 30 septembre (à cause des risques d'incendies), il faut se renseigner la veille au soir. Le reste du temps, le parking est pris d'assaut par les touristes.

Pour y aller : En Vau se situe à 15 km du centre de Marseille et à 5 km de Cassis, mais elle fait administrativement partie du 9e arrondissement de Marseille.

24

PORQUEROLLES

PLAGE NOTRE-DAME

Une plage digne des Caraïbes, les poissons exotiques en moins. Bien qu'extrêmement réputée pour sa beauté, elle n'attire pourtant que peu de touristes. Car ce havre de paix se mérite : il faut compter une demi-heure de marche pour la rejoindre depuis le village de Porquerolles ! Autre fait appréciable, le lieu est presque entièrement imperméable au vent et interdit d'accès aux bateaux à moteurs en été. Les curieux se rendront à l'extrémité de la plage où subsiste encore les restes d'un bâtiment militaire et l'embarcadère en ruine dit de « Pierrot Le Fou » qui servirent de décor au film de Jean-Luc Godard.

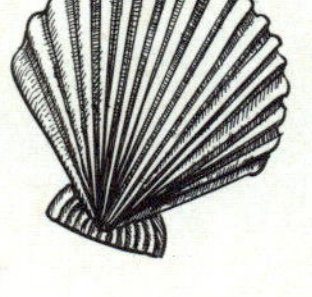

25

ESCALLES

PLAGE DU BLANC-NEZ

Un lieu hors du temps. Une fois sur le sable, dos aux falaises de calcaire du fameux cap Blanc-Nez, seule la ligne d'horizon s'offre à la vue. D'ici, de nombreux sentiers de randonnée permettent de longer ces formations rocheuses qui culminent à plus de 130 m et de découvrir les trésors d'un site classé parmi les Plus Grands Sites de France. Petite curiosité : au pied de la falaise, on trouve sur la plage les traces d'un rivage fossilisé de l'ère quaternaire. De quoi faire le bonheur des archéologues en herbe qui scruteront les pierres à la recherche d'ammonites et autres fossiles, au pied des falaises. Seule recommandation, ne pas se laisser piéger par la marée montante.

26

ÉTRETAT

PLAGE D'ÉTRETAT

La plage d'Étretat a inspiré de nombreux artistes, de Monet à Boudin en passant par Matisse. L'image du rocher crayeux, percé en son milieu, a fait le tour du monde. Les touristes s'y pressent aussi bien pour le paysage que pour le patrimoine historique. Si les villas Belle Époque ne vous semblent guère attirantes, direction la plage de galets, relativement abritée du vent. Par ailleurs, les vagues ne sont guère dangereuses, ce qui fait d'Étretat un excellent lieu de baignade pour les enfants. Les sportifs peuvent s'essayer à la voile, notamment au catamaran, de Pâques à novembre. Encore une fois, attention à la marée montante pour ne pas se laisser surprendre entre les deux falaises.

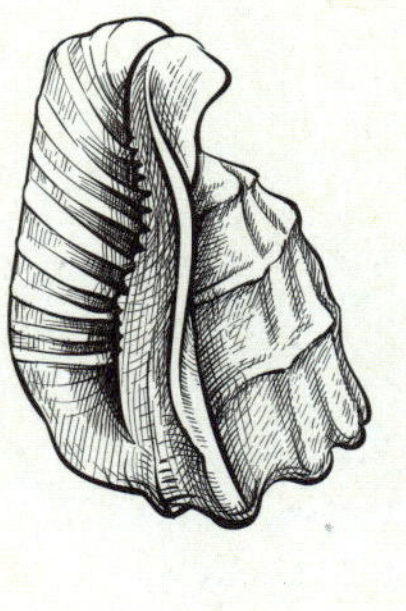

27

PRESQU'ÎLE DE CROZON

PLAGE DE CROZON-MORGAT

Sorte d'enclave « provençale » sur une presqu'île bretonne, la plage de Crozon-Morgat étonne par ses couleurs. Tapie dans la baie de Douarnenez, la plage de Crozon-Morgat attire les visiteurs aussi bien pour ses grottes aux teintes chaudes que pour l'atmosphère de sa ville balnéaire. La journée, place aux sports, avec la pratique du kayak, de la pirogue ou du surf, tandis que les soirées se prêteront aux balades en centre-ville, à la recherche de l'un des nombreux restaurants/bars/boîtes qui animent la vie nocturne de cette station balnéaire très touristique. À noter que Crozon accueille également la plage de Pen-Hat (sur la pointe de Pen-Hir) réputée pour sa beauté sauvage, mais malheureusement interdite à la baignade en raison des fortes baïnes en bord de mer. Autre plage interdite à la baignade : la plage de la Palue (2 km de long), située sur le romantique cap de la Chèvre, un super spot pour le surf.

28

SEYCHELLES

PLAGE D'ANSE SOURCE D'ARGENT

L'une des plages les plus célèbres au monde. C'est le cliché du paradis pour bien des magazines. On ne pouvait pas l'ignorer… La forme chaotique de ses rochers de granit, contrastant avec la quiétude du sable blanc et de l'eau turquoise, laisse béat d'admiration. Elle se situe sur la petite île de La Digue ($10\ km^2$), à 6 km de Praslin et 43 km de Mahé.

Pour y aller : prendre le bateau depuis Praslin ou en ferry depuis Mahé.

29

ÎLE MAURICE

PLAGE DE TROU AUX BICHES

Située au nord-ouest de Maurice, à proximité de Trou aux Biches, cette petite bande sablonneuse s'accroche coûte que coûte aux formes onduleuses de la côte. La plage est longue et fine, bordée de palmiers et de fleurs sauvages rougies par le soleil. Très calmement, de petites vaguelettes s'étirent jusqu'à se confondre avec le sable brûlant foulé par les vendeurs d'ananas. Trou aux Biches est une plage-spectacle, animée par le va-et-vient des sorties en mer, des planches à voile et des kayaks jaunes vifs. La plage n'en demeure pas moins paisible. Assister aux couchers de soleil est ici une tradition.

30

MADAGASCAR

PLAGE DE NOSY IRANJA

Encore plus belles – car moins fréquentées – que Nosy Be, les îles aux alentours évoquent le paradis terrestre. Bleu du ciel éblouissant, sable d'or et azur de la mer limpide : les deux îlots de Nosy Iranja, reliés par un banc de sable, sont enchanteurs.

Pour y aller : compter une balade de 1 h 30 à 2 h en bateau. Protégez-vous des coups de soleil. De quoi donner des envies d'un remake de *Robinson Crusoé*.

31

AFRIQUE DU SUD

CAPE VIDAL

Au nord-est du Kwazulu-Natal, la plage de Cape Vidal se trouve dans la réserve de Greater Santa Lucia, un immense parc national marin qui s'étend sur 280 km. Plage et dunes à perte de vue, bruit du vent dans les filaos, ici, l'océan Indien s'offre à vous dans toute sa majesté. La plage est sûre, propice à la baignade, parfois très fréquentée aux beaux jours.

Pour y aller : entrer dans la réserve à la sortie du village de Santa Lucia et prendre la route de Cape Vidal, à 33 km au nord.

AMÉRIQUES CARAÏBES

32

MIAMI, ÉTATS-UNIS

SOUTH BEACH

Immortalisée à jamais dans la série *Miami Vice*, l'indémodable plage de South Beach (So-Be) est et demeurera toujours un lieu branché où il fait bon se montrer, de préférence torse nu. Ambiance très chaude et latino, au pied des somptueuses demeures Art déco du quartier. S'y donne rendez-vous une partie de la jeunesse de Miami, venue se frotter à l'exubérance du show-biz. On vient y frimer, jouer au volley, photographier les postes d'observation multicolores, faire du roller le long des rangées de cocotiers qui bordent le très beau front de mer, le tout au son des Harley Davidson et de la musique techno qui s'échappe des limousines.

33

LOS ANGELES, ÉTATS-UNIS

VENICE BEACH

Venice, ses canaux, ses peintures murales, sa plage… Créé de toutes pièces sur des marécages en 1905, ce quartier de Los Angeles est le repère des artistes, marginaux, bobos, ex-fans des beatnicks et des frimeurs de tout poil. Une balade sur Ocean Front Walk, le long de la plage, permet d'admirer un concentré de Californie : chanteurs de rue, bateleurs, artistes peintres, jongleurs, hippies, latinos, jolies pépées siliconées, grosses cylindrées, adeptes de la gonflette, joueurs de volley. Bref, c'est la cour des miracles ! On aime ou on déteste. Pour la petite histoire, c'est ici que le roller est né. Faites comme les autres, louez-en une paire et éclatez-vous. Vous êtes à L.A. !

34

MEXIQUE

PLAGE DE ZIPOLITE

Situé sur la côte Pacifique sud du Mexique, ce paradis perdu est devenu mondialement connu dans les années 1970, lorsque des hordes de hippies en soif de liberté investirent ce rivage autrefois sauvage… Bien que toujours aussi belle, avec son atmosphère ombrageuse, ses falaises surgissant de l'océan, ses cocotiers et cabanes en bois bordant la plage, Zipolite a succombé au tourisme. À présent, elle attire une population disparate : surfeurs, anciens babs' nostalgiques, noctambules technoïdes ou familles mexicaines venues pour les vacances. Elle est également réputée pour être l'une des seules plages nudistes du Mexique ! Enfin, veillez à faire attention aux puissants contre-courants qui propulsent vers le large ! Ce n'est pas pour rien que les habitants du coin appellent cet endroit « la playa de los Muertos », retranscription de son nom issu du langage des Zapothèques…

35

MEXIQUE

PLAGE DE TULUM

Se baigner tout près d'un site archéologique mondialement connu ? C'est possible à Tulum, dans la péninsule du Yucatán. Tulum, qui signifie « forteresse » en maya, est la seule cité que ce peuple a construit en bord de mer. À ses pieds se trouve une immense plage de sable blanc qui s'étend, vierge de construction, sur des kilomètres jusqu'à Punta Allen. Grandiose ! Pour la petite histoire, c'est ici que les Mayas virent apparaître les premières caravelles espagnoles en 1518. L'entrée du site archéologique se trouve à 3 km au nord de la localité de Tulum Pueblo. On peut s'y rendre à pied ou en taxi. Depuis Cancún et Playa del Carmen, prendre le bus Mayab qui s'arrête au « Centro turístico Tulum ».

36

CANADA, ÎLE DE VANCOUVER

PLAGE DE TOFINO

Sur la façade ouest de l'île de Vancouver, où l'on trouve des forêts de résineux millénaires, la plage de Long Beach, au sud du village de Tofino, étale ses dizaines de kilomètres de sable vierge le long d'une dense forêt pluviale. Ici, la faune – en particulier les oiseaux – est exceptionnelle. À Tofino, la nature se vit à l'état brut. La bourgade la plus proche, Nanaimo, se trouve à 3 h de route. Pas étonnant que l'endroit soit devenu le coin de paradis des hippies, des alternatifs, des écolos et des surfeurs, loin, si loin, du brouhaha du monde ! Une plage inoubliable, même si l'eau du Pacifique est plutôt froide du côté de la Colombie-Britannique.

Pour y aller : prendre le bus depuis Nanaimo ou Victoria : compter de 4 h à 6 h de trajet !

37

GUADELOUPE

PLAGE DE BOIS JOLAN

Au sud de Grande-Terre (partie est de la Guadeloupe), de Sainte-Anne à Saint-François, les plages rivalisent de beauté. Certaines sont protégées par une barrière de corail, d'autres sont d'excellents spots de surf, d'autres encore sont touristiques ou farfelues. Bois Jolan (joli nom n'est-ce pas ?) est familiale, paisible et naturelle. Ici, la plage de sable clair s'étire tant bien que mal le long du littoral, tant la dense cocoteraie est parfois tentée elle aussi de se jeter dans les eaux translucides de l'océan Atlantique. Le lieu est sauvage, brut de beauté, et pourtant si agréable pour les familles qui viennent y pique-niquer sous les cocotiers, locaux et touristes confondus !
La nuit venue, musique et rhum chargent l'atmosphère, mais ça, c'est une autre histoire…

38

MARTINIQUE

PLAGES DES ANSES-D'ARLET

Un peu au sud de Grande Anse se trouve la commune des Anses-d'Arlet, à l'atmosphère authentique. La nouvelle promenade vous emmènera sur une superbe plage. À quelques mètres du bord de l'eau, cristalline par ici, un rocher émergeant abrite une foule de petits poissons multicolores. Idéal pour les nageurs avec masque et tuba. Vous pourrez aussi y déguster une friture de balaous, grande spécialité des Anses-d'Arlet. Ce petit poisson argenté ressemble

à un espadon en miniature d'à peine 10 cm. Frit, il se déguste de la tête à la queue comme une sardine. Rien ne se perd et on s'en lèche les doigts ! Accompagné d'un petit piment frais et d'un quart de citron vert, c'est un véritable délice. À savourer les pieds dans le sable !

39

GUADELOUPE

PLAGE DE GRANDE ANSE

L'une des plus belles plages de la Basse-Terre. Grande Anse s'étend au pied d'une colline recouverte de forêt tropicale. Elle est demeurée intacte : pas de construction en béton ici, seulement les baraques en tôle et les bateaux multicolores des pêcheurs. Attention toutefois au fond marin et au courant ! Le soir, certains viennent tenter d'apercevoir le rayon vert quand le soleil se couche. Il paraît que c'est plus facile ici qu'ailleurs…

Pour y aller : la plage se trouve à 2 km au nord du village de Deshaies, accessible par la route et en bus.

40

BAHAMAS

RADIO BEACH BIMINI

En forme de crochet, nichée au creux des Caraïbes, à 80 km à peine de Miami Beach, l'île de Bimini est une enclave tout aussi splendide que mystérieuse. Île de pirates, puis plaque tournante de la contrebande de rhum, elle fascina Ernest Hemingway, qui puisa les anecdotes pour écrire *Le Vieil Homme et la mer* en pêchant dans ses eaux poissonneuses ou en picolant dans les bars d'Alice Town. Alice Town donne sur Radio Beach, plage de sable rouge, onirique et enchanteresse, où il fait bon bronzer, barboter dans ses eaux cristallines et s'adonner au snorkeling. Bimini étant, de plus, la capitale mondiale de la pêche en haute mer, vous pourrez, non loin de Radio Beach, partir en expédition à l'affût de mérous, marlins bleus, et voir de gros poissons – Hemingway y a affronté un requin mako et un thon aux dimensions spectaculaires.

41

RÉPUBLIQUE DOMINICAINE

PLAGE DE SAONA

Au cœur du parc national del Este, l'île de Saona, d'une superficie de 130 km², est la plus grande du pays. Avec ses cocotiers, ses plages de sable blanc, sa faune et sa flore préservées ainsi que sa mer qui contient toutes les nuances du bleu, Saona a tout du paradis terrestre. Un millier d'habitants y vivent exclusivement de la pêche. Pour visiter Saona, demandez à un pêcheur de vous emmener dans sa barque, car l'île ne possède aucune infrastructure touristique. Seule exception : quelques plages privées (et souvent bondées), où des excursions sont organisées depuis Bayahibe. Et vous découvrirez que, même au paradis, la promiscuité avec un voisin de plage existe !

42

TRINITÉ ET TOBAGO

PIGEON POINT BEACH

Une eau azur, une plage de sable blanc et des palmiers paresseux : Pigeon Point Beach est le lieu rêvé pour se livrer aux douceurs du farniente. Au cœur de la mer des Caraïbes, la plage de Pigeon Point reste l'une des plus belles plages de l'île de Tobago. Un petit port de pêche y attire de nombreux pélicans. À 1,5 km au large de Pigeon Point Beach, le Buccoo Reef – grand récif corallien – fera le bonheur des amateurs de plongée. Si vous êtes en quête de tranquillité, évitez les espaces aménagés bondés de touristes où les installations sont payantes.

43

CUBA

CAYO SANTA MARÍA

L'île de Santa Maria est l'une des plus appréciées des Caraïbes cubaines. Au large de la côte nord de Cuba, Cayo Santa María fait partie de l'archipel des « Jardines del Rey » (les « jardins du Roi » en français). Un jardin naturel, en somme ! L'île de Santa Maria possède 5 plages de sable blanc démarquées les unes des autres par d'anciens coraux émergés. Sa nature intacte, ses longues plages de sable fin et son eau cristalline font de cette petite île un paradis idéal pour se baigner dans les eaux chaudes de la mer des Caraïbes.

44

BRÉSIL

PLAGE DE JERICOACOARA

Le paradis n'a jamais été aussi proche ! Pour preuve, Jericoacoara, « le lieu où les crocodiles dorment au soleil » (en langue indienne), est loin de tout ! L'endroit est totalement préservé : à 280 km au nord de Fortaleza, « Jeri » aligne cocotiers, dunes, falaises de sable (!), lacs d'eau douce, lagons d'eau salée, plages de sable blanc, rochers sculptés par l'érosion, roche percée. Et puis quoi encore ? De sublimes couchers de soleil à admirer du haut des dunes, des étoiles filantes dans le ciel à la nuit tombée, un village où l'on danse sur le forró et où l'on peut admirer l'agilité des capoeiristes dans une atmosphère très peace & love. Enfin, pour les sportifs, du kitesurf, du sandboard ou de la planche à voile. On a le droit (et le devoir) de préférer le farniente. Le bonheur porte donc un nom : Jericoacoara.

Pour y aller : bus de Fortaleza à Jijoca (de 5 h à 7 h de trajet), puis camion-bus ou 4x4 à travers les dunes (1 h de trajet cahotant).

45

BRÉSIL

PLAGE D'IPANEMA

On ne la présente plus ! Bordant les beaux quartiers de la « cidade maravilhosa », Ipanema a beau être (parfois) polluée, son nom fait rêver le monde entier. Plus chic que Copacabana, elle demeure, contre vents et marées, la plage la plus *in* de Rio de Janeiro. Mais surtout la plus sexy ! João Gilberto a exalté la dolce vita qui règne en ces lieux dans sa fameuse *Garota de Ipanema* (*The Girl from Ipanema*) qui a fait le tour du monde. Et des belles filles, il y en a partout ici, mais aussi des beaux gosses autour du Posto 9, épicentre de la branchitude made in Rio, où se réunissent les top models, les gays et leurs ami(e)s, sans oublier les adeptes du beach-volley et des maillots très près du corps. Bref, Ipanema, c'est chaud et pas seulement parce qu'il y fait 35 °C à l'ombre !

46

BRÉSIL, BAHIA

PLAGE DE MANGUE SECO

Située à 133 km au nord de Praia do Forte à Bahia, Mangue Seco ressemble à une île, une parcelle de paradis bordée par les cocotiers, nichée au creux de dunes splendides. Cette immense plage de sable blanc déserte s'étend sur plus de 45 km, longée à l'est par l'océan Atlantique, à l'ouest par le Rio Real. Il s'agit d'un véritable Eden terrestre comme l'on n'en rencontre plus que très peu sur la planète. La magie du lieu est le fruit de la volonté des habitants de la préserver à tout prix. Ici, ni complexes hôteliers, ni hordes de touristes, mais au contraire une conscience profonde de la protection de l'environnement, incitant les locaux à préconiser le développement durable. Grâce à eux, le mode de vie de Mangue Seco est resté intact : autochtones et touristes vivent à l'abri du rythme effréné du monde moderne, bercés par le murmure caressant des vagues, les déferlements du vent qui survole les dunes…

47

VENEZUELA

PLAGE DE LOS ROQUES

Los Roques est un archipel d'environ 50 îles, situé à 160 km au large des côtes vénézuéliennes (nord de Caracas). L'endroit est devenu en 1972 un parc national en raison de la richesse de sa faune aquatique. Protégé par une barrière de récifs de corail, l'archipel se trouve dans une lagune où les eaux sont calmes et transparentes. Les plongeurs sont aussi à la fête à Los Roques, où les fonds sous-marins accomplissent l'exploit d'être encore plus beaux que la plage !

Pour y aller : prendre l'avion depuis l'aéroport de Caracas. Temps de vol : 35 mn. Mais attention, en raison des risques sécuritaires, à l'heure où nous écrivons, la majeure partie du territoire est déconseillée aux touristes.

48

VENEZUELA

PLAGE DE CHORONI

Au pied de la Cordillera della Costa, bordée par la mer des Caraïbes, la côte vénézuélienne offre des paysages de carte postale. Entre Morrocoy et Caracas, le village colonial de Choroni abrite l'une des plages les plus réputées du pays, à Puerto Colombia. Située dans un cadre absolument paradisiaque, Playa Grande de Choroni-Puerto Colombia attire routards et fêtards du monde entier. Voyageurs épuisés en quête de calme, passez votre chemin ! À Choroni, le soir, on swingue, on vibre, on danse et on se déchaîne sur les sons syncopés des tambours des Caraïbes. Avertissement : en raison des risques sécuritaires, à l'heure où nous écrivons ces lignes, la majeure partie du territoire est déconseillée aux touristes.

49

COLOMBIE

PLAGE DE SAN ANDRÉS

Situé dans la mer des Caraïbes, à 700 km au nord-ouest de la Colombie, l'archipel de San Andrés est composé d'une myriade d'îles à la végétation luxuriante et aux plages bordées de palmiers. Ces dernières sont très prisées des touristes, dont la plupart ne connaissent de la Colombie que… San Andrés. La baie étant protégée par un récif de corail, l'eau, cristalline, se prête merveilleusement aux sports aquatiques. Johnny Cay, face à l'île principale de San Andrés, est l'une des destinations favorites de l'archipel pour son ambiance chaleureuse et ses fêtes nocturnes.

Pour y aller : vols depuis Bogotá ou depuis le Panama. Ensuite, on se déplace d'île en île en bateau.

50

COLOMBIE

PLAYA BLANCA

À 45 km de Carthagène des Indes, la Playa Blanca se trouve sur l'île de Baru, l'une des nombreuses minuscules îles coralliennes de l'archipel du Rosaire. Au cœur du parc national naturel des Coraux du Rosaire, cette longue plage immaculée s'ouvre sur l'eau translucide de la mer des Caraïbes. On y trouve de l'ombre à l'abri d'une végétation dense. L'endroit idéal pour se laisser aller à la bronzette sous le soleil des tropiques et faire un plongeon dans la mer des Caraïbes !

Pour y aller : situé à 2 km au large de la côte, ce banc de sable fin est bordé par les eaux cristallines de la mer des Caraïbes. Il possède pour toile de fond le volcan El Tesoro. Un petit bout de paradis.

Grande Barrière de corail, *Australie*

DES LAGONS DE RÊVE

Vous vous prenez à rêver à des latitudes plus clémentes ? Avec dans un coin de la tête des visions de lagons turquoise aux eaux chaudes et translucides, de ciel azur, de cocotiers courbés sur de longs rubans de sable fin, de barrières de corail où grouille la faune sous-marine des tropiques. Des paysages idylliques dispersés aux quatre coins de la planète, de l'Australie au Belize, des Antilles aux Philippines, de la Thaïlande aux Seychelles, sans oublier Bora Bora, dont le nom seul évoque l'éden sur terre. En route pour un tour du monde des plus beaux lagons, avec barrière de corail ou pas.

AUSTRALIE

GRANDE BARRIÈRE DE CORAIL

Au large de l'Australie, la Grande Barrière de corail, longue de 2 300 kilomètres, est le plus grand système récifal du monde. C'est un cordon corallien parallèle au rivage australien dont il est séparé par un lagon, qui peut atteindre 60 m de profondeur et de 30 à 60 km de largeur. La vie sous-marine y est foisonnante. L'un des coins les plus spectaculaires est sans doute celui de l'archipel des Whitsunday, situé au cœur de la Grande Barrière de corail dans le Queensland. Protégés par un parc national, les îlots, presque tous déserts, sont recouverts d'une épaisse végétation et ourlés de plages de sable blanc. Une destination 100 % nature, à parcourir en voilier ou en kayak de mer, sans oublier son masque et son tuba, les accessoires indispensables pour découvrir les merveilles des jardins de coraux. Ne pas manquer d'aller à Whitehaven Beach, qui figure au palmarès des plus belles plages du monde. Son sable, comme son nom l'indique, est d'un blanc éblouissant et dessine des tableaux changeants de toute beauté en se mélangeant à l'eau turquoise. Idyllique.

Nombre de récifs	2900
Nombre d'îles	900
Espèces de coraux	350
Espèces de poissons et de crustacés	1500

GUADELOUPE

SAINTE-ANNE ET LES ÎLES DE LA PETITE-TERRE

Sur la côte sud de la Grande-Terre, les paysages ont tout de la carte postale caraïbe : plages de sable fin, cocotiers, et lagons déclinant à l'infini leur camaïeu de bleus. Sainte-Anne, la plage municipale, très familiale, est l'une des plus fréquentées de l'île. Protégées par une barrière de corail, ses eaux sont peu profondes et translucides, l'absence de courant donnant au baigneur l'occasion d'observer des poissons multicolores près des rochers, même sans masque. Une vraie piscine ! Toujours à Sainte-Anne, la plage de la Caravelle, bordant une eau turquoise, a la réputation – non usurpée – d'être la plus belle plage de Guadeloupe. À Bois-Jolan, l'ambiance est aussi familiale, et l'eau du lagon particulièrement chaude. Pour le nautisme, le lagon de Saint-François offre aux amateurs la possibilité de pratiquer une dizaine d'activités : kitesurf, surf, funboard ou encore kayak. On vous conseille de prendre le bateau pour les îles de la Petite-Terre : en moins d'une heure, vous vous retrouvez sur des îlots sauvages inhabités, bordés d'un lagon limpide rempli de poissons et de coraux multicolores.

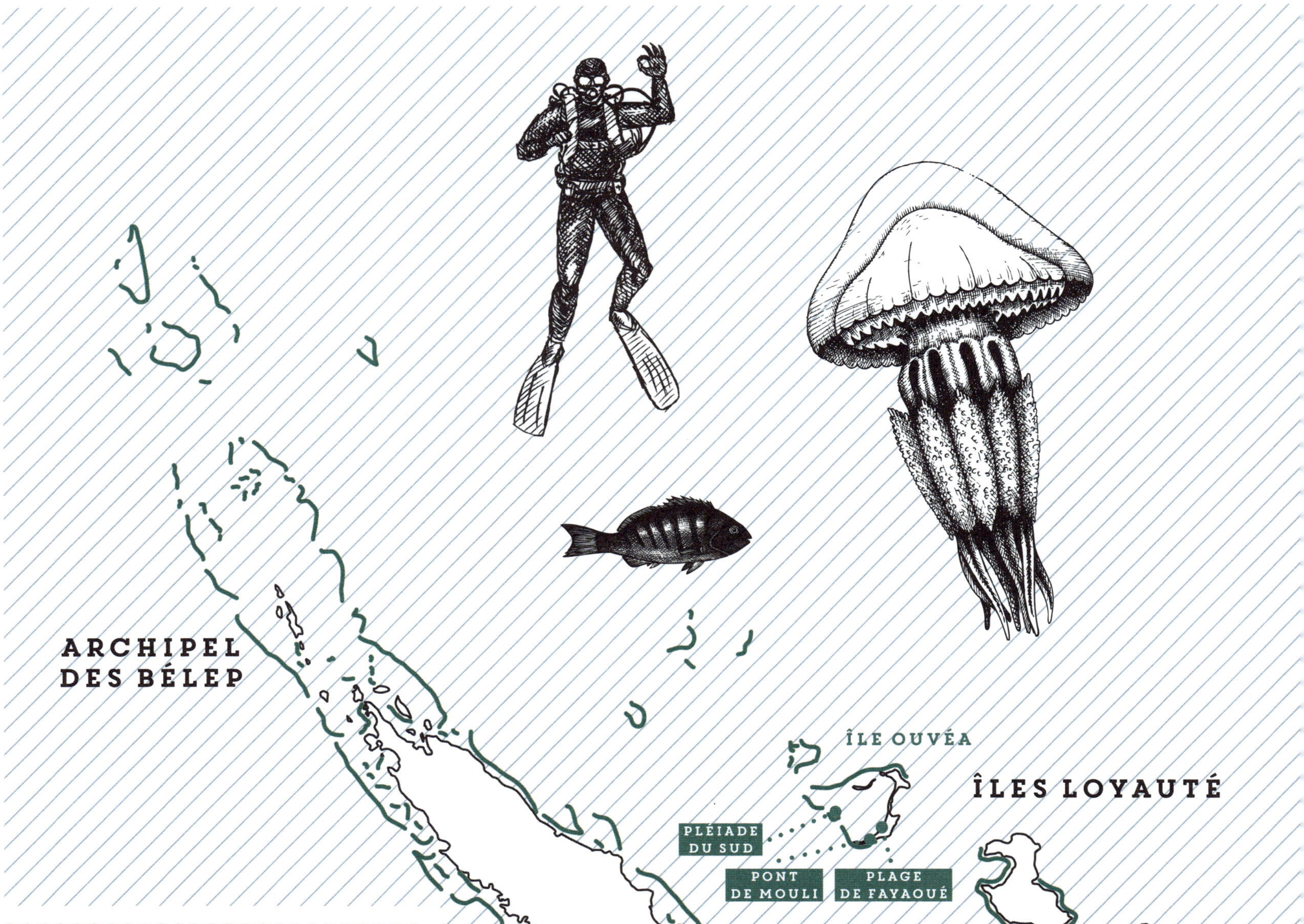

BARRIÈRE DE CORAIL

Nouvelle-Calédonie

Étirée sur près de 1 600 km, l'immense barrière de corail de la Nouvelle-Calédonie protège le plus grand lagon fermé du monde (24 000 km²), qui entoure Grande Terre (l'île principale), l'île des Pins et l'archipel des Bélep. L'ensemble des récifs est inscrit au patrimoine mondial de l'Unesco pour sa biodiversité exceptionnelle. Les poissons tropicaux foisonnent au milieu des coraux et font le régal des plongeurs, qui trouvent ici de nombreux spots. À Ouvéa, la plus belle des îles Loyauté, les paysages sont à couper le souffle. Sur sa façade ouest, le lagon turquoise est longé par l'immense plage de Fayaoué, un ruban de 22 km de sable blanc. Au sud, en se plaçant sur le pont de Mouli, on peut observer le ballet des raies, des tortues, des barracudas ou encore des requins. Sur la presqu'île, une autre plage de rêve est un appel au farniente. À moins que l'on ne préfère embarquer pour les Pléiades du Sud, d'autres perles de la mer de Corail.

Barrière de corail	1 600 km
Superficie du lagon	24 000 km²
Température de l'eau	Entre 22 et 30 °C

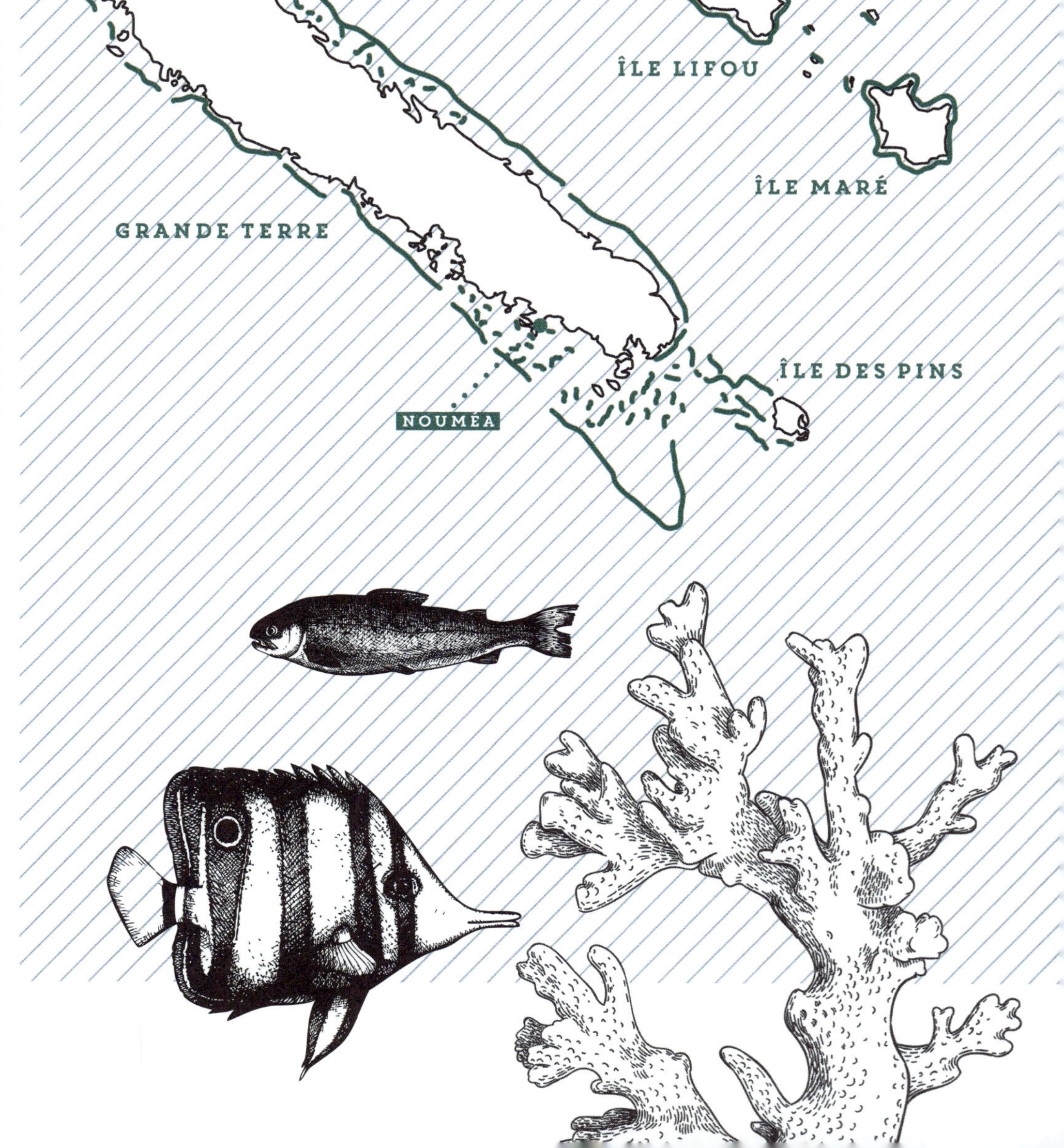

THAÏLANDE

KO PHI PHI ET AUTRES LAGONS

Parmi les merveilles naturelles des îles thaïlandaises, les lagons aux eaux turquoise exercent un fort pouvoir d'attraction sur les touristes. À Ko Phi Phi, bien sûr, mais aussi à Ko Pha Ngan, où les plages servent de décor aux fameuses « Full Moon Parties ». Certains lagons se dissimulent aussi au cœur même des îles, comme celui de Ko Mae Ko, couleur émeraude, dans le golfe de Thaïlande. Plusieurs se cachent aussi dans les îles calcaires de la baie de Phang Nga, entre Ko Yao Noi et Krabi. Ainsi, pour accéder à celui de Ko Hong, il faut emprunter un étroit chenal, en kayak ou à bord d'un long-tail boat, ces élégants bateaux traditionnels en bois. En fonction de la marée, l'eau prend des couleurs variant du vert profond au turquoise, au cœur d'un généreux écrin de verdure. Pour profiter au mieux de chacun de ces endroits, il convient de s'y rendre à des horaires décalés, pour éviter la foule.

OCÉAN INDIEN

SEYCHELLES

La réputation des Seychelles n'est plus à faire, avec ses lagons sublimes, ses longues plages où le sable blanc côtoie de spectaculaires rochers de granit, son ciel azur et sa végétation luxuriante : takamakas, manguiers et, bien sûr, « coco-fesses », ces cocotiers emblématiques de l'archipel. On dit ainsi que l'Anse Lazio, sur l'île de Praslin, serait la plus belle plage du monde, à moins qu'il ne s'agisse de celle d'Anse Source d'Argent, sur l'île de La Digue. Quatre parcs marins nationaux protègent les fonds marins, qui abritent une faune tropicale foisonnante, et notamment 2500 espèces de coraux. Au nord-ouest de Mahé, Shark Bank est réputé être le meilleur spot de plongée des Seychelles, mais il existe bien d'autres sites sous-marins pour aller à la rencontre des poissons multicolores, des raies grises, des étoiles de mer et des requins de récifs de l'océan Indien.

Nombre d'îles	115
Ile principale	Mahé, 27 km de long sur 7 km de large
Capitale	Victoria

POLYNÉSIE FRANÇAISE

LAGON DE BORA BORA

La Polynésie française regorge de lagons tous plus beaux les uns que les autres. Parmi eux, la célèbre Bora Bora, l'une des Îles Sous-le-Vent, dans l'archipel de la Société. À environ 1 h d'avion de Papeete, la « perle du Pacifique » a tout de la destination paradisiaque. Trônant sur l'île principale, un volcan éteint domine les eaux limpides délimitées par des récifs. Partout, la végétation est exubérante. Des motus, îlots de sable et de corail, ponctuent le lagon, le long duquel s'étirent d'immenses plages frangées de cocotiers. Dans les jardins de coraux, la faune sous-marine est féerique, avec ses poissons multicolores, ses raies manta et ses requins. De quoi en mettre plein les yeux aux amateurs de snorkeling et de plongée. Faire le tour des îles en petite pirogue est une bonne option pour découvrir le lagon. Ceux qui ont envie de prendre de la hauteur (et ont prévu un budget conséquent) peuvent aussi choisir de le survoler en hélicoptère, ou alors de grimper sur le mont basaltique Otemanu (727 m), pour avoir une vue imprenable sur cet éden turquoise.

Superficie	38 km²
Point culminant	Mont Otemanu (727 m)
Saison des pluies	Novembre-avril
Saison sèche	Avril-octobre

INDONÉSIE

BALI, LOMBOK, GILI

L'archipel indonésien, volcanique, compte nombre de beaux lagons. Sur la très touristique Bali, celui de Sanur est protégé par une barrière de corail et offre aux baigneurs des eaux calmes. De là, on peut rejoindre l'une des Petites îles de la Sonde, Lombok, où ces lagons plus confidentiels ponctuent la côte. Ainsi, à Mawun Beach, on découvre une large baie protégée, couleur émeraude. Les lieux ont l'avantage d'être peu fréquentés, si ce n'est par les pêcheurs locaux. Le lagon turquoise de Tanjung Aan n'est pas non plus populeux, et ses plages sont aussi magnifiques. Pour le snorkeling et la plongée, les trois îles Gili, au nord-ouest de Lombok, sont tout indiquées, avec leurs eaux cristallines et paradisiaques.

À DÉCOUVRIR EN EUROPE

BLUE LAGOON

MALTE

La petite île de Comino, à un jet de ferry de Malte et de Gozo, recèle un lieu étonnant : le Blue Lagoon (Lagon bleu), une crique aux eaux cristallines couleur aigue-marine, qui n'est pas sans rappeler les mers caraïbes. Bien entendu, il ne s'agit pas d'un vrai lagon, et il est inutile de chercher les récifs de corail et les poissons tropicaux, mais dans cette eau translucide, les plongeurs trouvent de quoi satisfaire leur passion. Côté plage, c'est assez réduit. Certes, le sable ne manque pas, mais il est… sous l'eau ! Classée réserve naturelle, l'île de Comino présente l'intérêt d'être restée sauvage et offre de belles opportunités de balades sur les sentiers côtiers. Cependant, mieux vaut éviter de s'y rendre en plein été, lorsque l'endroit est envahi par des hordes de touristes…

Comino	36° 00' 41"N, 14° 20' 11" E
Superficie	2,7 km²

MEXIQUE

ISLA HOLBOX

C'est sur la côte est de la péninsule du Yucatán, dans l'État du Quintana Roo, que l'on trouve les plus belles plages du Mexique, étirant leurs longs rubans de sable blanc ourlés de lagons turquoise. Si l'on veut éviter la zone de Cancún, ultra-construite et touristique, il ne faut pas hésiter à mettre le cap sur les îles de rêve qui se trouvent au large de la pointe nord de la péninsule. Protégée par la réserve naturelle de Yum-Balam, Isla Holbox est interdite aux voitures et son lagon de Yalahua serait, dit-on, l'un des plus beaux du pays. Dans ses eaux transparentes croisent des requins-baleines, que l'on peut notamment observer à l'occasion d'excursions en bateau. La paisible Isla Mujeres, qui fait face à Cancún, est aussi dotée de fonds marins exceptionnels. De là, il est possible de rejoindre l'île vierge de Contoy, classée réserve de biosphère. Un vrai paradis nature.

Superficie — 56 km²
12 km de long,
1,5 km de large

ARCHIPEL DES COMORES

MAYOTTE

Mayotte est surnommée « l'île au lagon », et pour cause : celui-ci occupe 1 100 km², soit quatre fois la superficie des terres émergées. Il possède une double barrière de corail dans le sud-ouest, un phénomène géologique très rare. Ses merveilles naturelles (coraux, mangroves, herbiers…) sont protégées par un parc naturel marin depuis 2010. La trentaine d'îlots qui parsèment le lagon se laissent découvrir en bateau. Ceux de Choizil, reliés par une bande de sable blanc immaculé, possèdent des fonds marins spectaculaires. Ici, on nage avec les tortues et les poissons multicolores, au milieu des coraux. Et l'on peut même espérer croiser des dauphins. Un peu plus loin, sur l'îlot de M'Tsamboro, recouvert d'orangers sauvages, s'étire la magnifique plage d'Antakoudja.

Superficie — 376 km²
Superficie du lagon — 1 100 km²
Récif de corail — 160 km

PHILIPPINES

PALAWAN ET BORACAY

L'archipel des Philippines regorge de lagons. Les plus connus sont ceux de la province de Palawan. Dans les îles d'El Nido se trouve le plus grand sanctuaire marin du pays. On peut y admirer plus de 50 plages de sable, des eaux cristallines, une faune sous-marine extrêmement riche, et de hautes falaises karstiques recouvertes d'une épaisse végétation où se dissimulent souvent des lagons. Plus au nord, les îles de Busuanga et de Coron ne sont pas avares en trésors naturels. Les plongeurs nagent au plus près des épaves japonaises coulées pendant la Seconde Guerre mondiale, qui sont aujourd'hui devenues un repère de choix pour les coraux, les éponges, les poissons tropicaux et les coquillages. Probablement un des meilleurs spots de plongée sous-marine au monde ! L'autre destination favorite des amoureux des lagons est Boracay, une toute petite île située au nord de Panay. À la vue de White Beach, son extraordinaire plage de sable blanc léchée par une eau turquoise, on comprend son succès touristique.

ARCHIPEL DES MASCAREIGNES

ÎLE MAURICE

Le nord de l'île Maurice possède bien des atouts : un lagon aux eaux claires longeant de superbes plages de sable bordées de filaos, comme celles de Trou aux Biches ou Mont Choisy. Sans oublier, bien sûr, les fonds sous-marins qui font le bonheur des plongeurs, notamment de l'autre côté de la barrière de corail. Ainsi, aux abords du Coin de Mire, on va à la rencontre des poissons-perroquets. Mais l'ouest de l'île Maurice n'est pas en reste non plus. À Flic-en-Flac, on peut nager avec les dauphins dans une eau émeraude ou farnienter sur la plage, peu fréquentée en semaine. La côte est, souvent plus ventée, possède aussi son lot de longues plages de sable blanc, qui s'étirent entre Belle Mare et Trou d'Eau douce. En traversant le lagon, on aborde l'île aux Cerfs. Très touristique, celle-ci recèle des criques plus confidentielles dès qu'on s'éloigne de l'embarcadère. De quoi profiter de la douceur de l'océan Indien en toute quiétude.

Superficie — 1 865 km²
Point culminant — Piton de la Petite Rivière Noire (828 m)

OCÉAN PACIFIQUE

KIRIBATI

Perdues à 4 000 km au sud de Hawaii, les îles Kiribati sont éparpillées au milieu du Pacifique. Les plages de sable blanc, les cocotiers et les lagons aux eaux limpides sont au rendez-vous. L'atoll de Marakei (au nord des îles Gilbert) est particulièrement spectaculaire, avec son profond lagon central et ses deux îles séparées par deux étroits chenaux. Abaiang et Aranuka valent aussi le détour, de même que Christmas, le plus ancien et probablement le plus vaste atoll du monde. Enfin, l'aire marine protégée des îles Phoenix, inscrite au patrimoine mondial de l'Unesco, est la plus grande du monde. Un environnement idéal pour plonger, se baigner et faire de belles balades en bateau. Malheureusement, aujourd'hui, l'archipel est gravement menacé par la montée des eaux due au réchauffement climatique.

Superficie — 811 km² (un des plus petits pays du monde)
À lire — *Paradis (avant liquidation)*, Julien Blanc-Gras, Au Diable Vauvert, 2013.

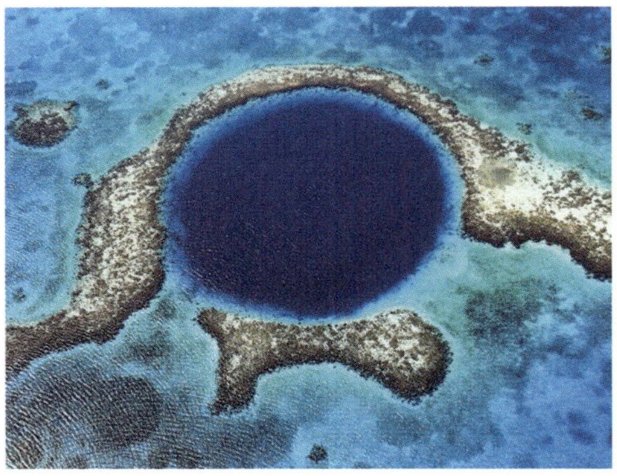

CARAÏBES

BELIZE

Le Belize possède aussi son lot de richesses naturelles côté mer, avec la plus longue barrière de récif de l'hémisphère Nord. Sept aires marines protégées sont inscrites au patrimoine mondial de l'Unesco. Elles comprennent quelque 450 cayes, des îlots bas composés de sable et de corail, souvent dominés par la mangrove. La zone abrite l'une des plus riches faunes marines des Caraïbes, et les spots de plongée et de snorkeling ne manquent pas. Parmi les plus beaux lagons, ceux des atolls de Turneffe Island et de Glover's Reef sont des « must ». Il ne faut pas non plus manquer d'aller sur l'atoll de Lighthouse Reef, où l'on peut admirer le Blue Hole (« trou bleu »), un cénote sous-marin de 120 m de profondeur, dont le rond bleu foncé tranche sur le turquoise clair du lagon qui l'entoure. Le site, popularisé par le commandant Cousteau en 1971, est le spot de plongée le plus connu du pays.

Superficie — 22 966 km²
Littoral — 386 km

CARTE POSTALE

LA GRANDE BARRIÈRE DE CORAIL

De Hervey Bay à Port Douglas, en Australie, la Grande Barrière de corail égrène ses quelque 900 îles et ses milliers de récifs coralliens le long de la côte du Queensland. On y accède depuis le continent, en survolant ses eaux qui arborent toute la palette des bleus ou en naviguant de plages paradisiaques en îlots inhabités.

Le fief des baleines à bosse

Hervey Bay est un passage obligatoire pour tout backpacker qui écume la côte est. De fin juillet à début novembre, c'est le meilleur spot d'observation des baleines à bosse. Ce sont les plus joueuses de toutes les espèces. Pour séduire, elles sont capables d'effectuer des figures époustouflantes. Une des figures les plus populaires : le saut. Le mâle sort comme une fusée, le corps souvent entièrement hors de l'eau et les nageoires tendues comme un avion (beau *splash* au retour). Une autre figure que cette baleine adore : le *flippering*, rotation du corps à l'horizontale, en faisant claquer une ou deux nageoires. Et bien d'autres, comme le *spyhop*, qui consiste à émerger doucement à la verticale comme un périscope. Seul le mâle pousse la chansonnette néanmoins (la femelle n'émet que des sons basse fréquence pour communiquer). La chanson peut être captée par une autre baleine à une distance de plus de 20 km. Elle se compose de « phrases » et de « thèmes » ; c'est la plus complète du monde animal dit-on !

La plus grande île de sable au monde

Des millions d'années pour sculpter le paysage : le vent, les vagues et les courants ont charrié chaque grain de sable depuis le sud-est de l'Australie jusqu'ici. Une petite colline, datant d'une activité volcanique, vieille de plusieurs millions d'années, leur a fait barrage. Vent, vagues et courants ont largué leur sable sur cet obstacle. Et voilà le résultat ! Avec ses 122 km de long et sa célèbre 75 Mile Beach s'étalant sur 120 km, Fraser Island a de lourds atouts dans sa poche. Rouler sur cette infinie bande de sable offre une sensation vivifiante de liberté et un paysage époustouflant. En chemin, on croise l'épave du *SS Moheno*, un paquebot néo-zélandais échoué ici en 1935 après un cyclone, on lève les yeux sur les Pinnacles, des falaises déployant une palette de sables de plus de 70 couleurs différentes et on se trempe les pieds dans l'eau limpide d'Eli Creek.

Baignade au milieu des tortues

A 60 km au large de d'Agnes Water et d'Agnes Town 1770 est posée la paradisiaque Lady Musgrave Island. Encerclée par un récif corallien de 10 km, cette île inhabitée de 15 ha se caractérise par son lagon aux eaux turquoise où l'on peut se baigner sans danger toute l'année. Cette piscine naturelle géante accueille 1300 espèces de poissons tropicaux et 350 espèces de coraux. Elle représente d'ailleurs l'île la plus au sud du Capricornia Cays National Park, auquel elle appartient.

Au cœur de la mer de Corail

Les 74 îles de l'archipel des Whitsunday Islands étendent leurs plages de sable blanc le long des eaux limpides et turquoise avec, en arrière-plan, une végétation luxuriante de palmiers et plantes tropicales. 25 °C en moyenne dans l'eau et dans l'air. Luxueuse et splendide, Hamilton Island offre une belle escapade à la journée pour qui voudrait goûter des eaux limpides et arpenter des chemins de randonnée vallonnés, au cœur d'une végétation humide. Whitehaven Beach s'apparente pour certains à la plus belle plage du monde, c'est pourquoi Whitsunday Island est devenue une escale quasi obligatoire pour tous les voyageurs. Ici, les eaux turquoise sillonnent dans les bancs de sable immaculés, créant un décor de carte postale idyllique. Hook Island offre de magnifiques spots de plongée et de snorkeling comme à Mantaray Bay, Langford Reef et Butterfly Bay. Long Island possède également des plages vierges aux eaux turquoise et un récif corallien où l'on découvre la vie sous-marine avec enthousiasme.

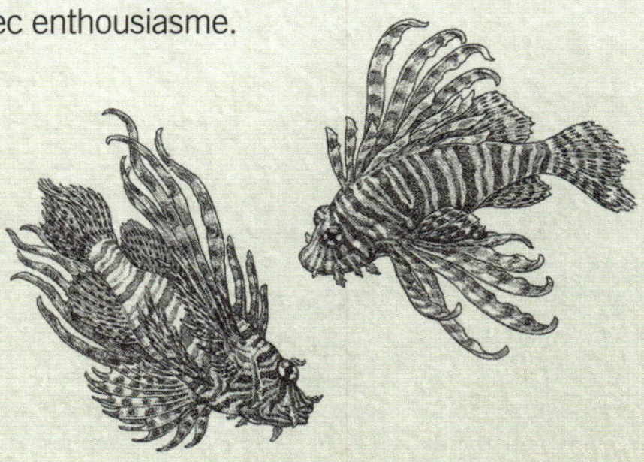

FICHE PRATIQUE

Comment y aller ?

- **Pas de vol direct vers l'Australie depuis la France.** On fait généralement une escale dans les pays du Golfe ou à Singapour. Ensuite, Hervey Bay est accessible en avion depuis Sydney ou Brisbane. On rejoint alors les îles en ferry ou en avion.

Où dormir ?

- **Des aires de camping, des auberges de jeunesse et quelques hôtels jalonnent le parcours.** Néanmoins, pour les plus petites îles, aucune infrastructure mais le camping sauvage est autorisé à certaines périodes de l'année. Se renseigner auprès du Departements of National Parks, Sports and Racing pour les permis de camper.

***Yosemite Falls**, Californie*

LES PLUS BELLES CHUTES D'EAU

Méfiez-vous de l'eau qui dort… Et préférez celle qui déferle, s'affale, gronde ou rugit ! C'est que les cours d'eau ne sont pas que des longs fleuves tranquilles. Il arrive qu'ils se transforment en chutes d'eau grandioses, lorsque le relief l'impose. Voici les plus remarquables du monde. Qu'elles soient particulièrement hautes, larges, colorées, bruyantes ou reposantes, une chose est sûre : elles n'ont pas fini de nous surprendre. Découvrez donc quelques-unes des plus belles chutes d'eau du monde, des célèbres chutes du Niagara à Salto Angel, en passant par les majestueuses chutes Victoria.

HAWAII

WAIHILAU

Hautes de 792 m, Waihilau Falls appartiennent aux plus grandes chutes d'eau du monde. C'est un assez mince filet d'eau, surtout si on la compare aux autres chutes. Autre différence notable, cette chute est aussi bien moins touristique. Elle se situe dans une zone assez reculée de l'île d'Hawaii, plus où moins désertée depuis les années 1940. Elle bénéficie d'une végétation luxuriante et sauvage à ses alentours.

Meilleure période : l'été est la meilleure saison pour visiter Hawaii.

VENEZUELA

SALTO ANGEL

La plus grande chute d'eau du monde ! Conan Doyle a utilisé les paysages de cette région pour l'écriture de son *Monde perdu*, un roman qui a inspiré *Jurassic Park* et sa cohorte de dinosaures. C'est dire à quel point l'endroit est reculé ! Salto Angel voit l'eau chuter pendant 979 m, dont 807 m sans obstacles. Elle tient son nom de l'aviateur Jimmy Angel, qui découvrit la chute en 1933. En 1937, il disparut après l'enlisement de son avion dans les environs de Salto Angel. La chute d'eau, éloignée de tout, ne se laisse pas voir facilement. Comptez plus de trois jours d'expédition en pirogue pour remonter jusqu'à ses pieds.

Meilleure période : hors saison des pluies (de mai à novembre), l'accès est impossible par les cours d'eau, mais il reste l'option de l'avion, sous réserve que les nuages le permettent. Mais, il faut le reconnaître, en saison humide, la chute n'est que plus spectaculaire.

LESOTHO

MALETSUNYANE

Dans la Bokong Nature Reserve, le site des chutes Maletsunyane (196 m de haut) laisse sans voix, tellement on est captivé par sa beauté naturelle. Le meilleur point de vue est atteignable en voiture. On parcourt 8 km d'une piste panoramique avec quelques beaux points de vue sur la cassure des gorges qui se découvre peu à peu à gauche. Et puis, récompense ultime, les chutes apparaissent. On arrive pile poil en face ! Alors, on imagine l'émoi du missionnaire français Le Bihan, premier « découvreur » de ce site en 1881.

CANADA - ÉTATS-UNIS

NIAGARA

Les fameuses chutes américano-canadiennes sont au nombre de trois : American Falls et Bridal Veil Falls (littéralement « chute du voile de la mariée ») sont du côté américain, tandis que Horseshoe Falls (« chute du fer à cheval ») se trouve sur le sol canadien. Ce sont les touristes postés au Canada qui bénéficieront de la meilleure vue car depuis les États-Unis, on ne voit les chutes « que » de côté. De toutes les chutes, ce sont certainement celles qui sont les plus touristiques, dans le mauvais comme dans le bon sens du terme. Elles grouillent de monde en saison, ce qui fait grincer des dents les adeptes du tourisme vert. Elles sont néanmoins particulièrement mises en valeur : en saison, 2 à 3 fois par semaine, elles sont ponctuées par un feu d'artifice, et tous les soirs, elles revêtent les couleurs de l'arc-en-ciel. À voir depuis le bateau Maid of the Mist qui vous approchera au plus près des trombes d'eau, depuis la Skylon Tower, plate-forme d'observation ou encore, pourquoi ne pas faire un tour derrière les chutes, là où même la lumière ne pénètre pas ?

Meilleure période : de mi-mai à fin septembre pour la douceur des températures. Néanmoins, les chutes sont bondées en juillet-août.

ÉTATS-UNIS

YOSEMITE

Les Yosemite Falls sont une des attractions phares du parc national de Yosemite, en Californie. Elles sont les 5e chutes d'eau les plus hautes du monde, avec 740 m. L'eau dévale ici sur trois pans principaux, dans l'ordre : l'Upper Fall, la Middle Cascade et la Lower Fall. Pour les voir de plus près, deux solutions : la première et la plus courante est de suivre le sentier touristique, très simple, prévu à cet effet. Un quart d'heure de marche suffira pour atteindre ses pieds. Pour les plus courageux, un autre chemin, moins fréquenté et bien plus physique, vous mènera à son sommet.

Meilleure période : le moment idéal pour contempler ses trombes d'eau s'affaler est évidemment à la fonte des neiges, au printemps. En été et en automne, elles manquent parfois d'eau. Plus surprenant, en hiver, l'Upper Fall, la partie supérieure, gèle formant une impressionnante stalactite d'environ 90 m d'envergure.

ÉTATS-UNIS

YELLOWSTONE

Tumultueux parcours que celui de la rivière Yellowstone ! Traversant les roches colorées et les sapins verts, elle accueille d'abord dans son lit une cascade de 40 m, Tower Falls ; puis dans le grand canyon de Yellowstone deux autres magnifiques cascades, les Upper et Lower Falls, qui sont donc bien entourées. Plusieurs sentiers et panoramas existent pour les contempler, certains chemins sont un peu plus durs que d'autres, mais rien n'est insurmontable. Tower Falls, la grande cascade à l'entrée, se laisse mieux voir le matin. En revanche, Upper et Lower Falls rayonnent davantage de couleurs au crépuscule.

Meilleure période : climat continental oblige, l'hiver est rigoureux et long, le printemps imprévisible et souvent très froid.

PÉROU

GOCTA

Mesurée à 771 m, elle appartient au club des plus hautes chutes d'eau au monde. Les locaux la placent volontiers au 3e rang, mais en réalité les classements officiels lui attribuent entre la 5e et la 15e place, selon le mode de calcul. Si incroyable que cela puisse paraître, ces chutes étaient non répertoriées jusqu'en 2005, lorsqu'une expédition archéologique menée par un Allemand révéla enfin leur existence au monde. Jusque-là, les locaux gardaient jalousement le secret des chutes de Gocta, dont la légende dit qu'elles abritent une sirène gardienne d'un trésor… Noter qu'un charmant lodge (le *Gocta Andes Lodge*) offre un panorama de rêve donnant directement sur les chutes depuis les chambres.

Y aller : à une cinquantaine de km au nord de Chachapoyas, l'excursion via agence est de loin le moyen le plus simple de s'y rendre. Sinon, prendre un combi en direction de Pedro Ruiz et descendre à Cocahuayco, puis trouver une moto-taxi jusqu'au village de Cocachimba, 5 km plus haut. De là, il faut encore environ 2 h 30 de marche par un chemin accidenté pour atteindre les chutes.

GUYANA

KAIETEUR

Qui connaît le Guyana ? Si son nom permet de le situer quelque part aux abords de la Guyane française, voilà bien une terra incognita pour la majorité des Européens. Quelques routards, pourtant, ont relevé sur la mappemonde sa situation entre mer des Caraïbes et Amazonie. Mieux encore : depuis l'ouverture d'une route vers le Brésil il y a quelques années, le Guyana n'est plus un cul-de-sac. De quoi imaginer un grand road trip de Cayenne vers Manaus ou le Venezuela. C'est dans ce territoire, presque aussi vaste que la Grande-Bretagne, que se trouvent les chutes de Kaieteur, qui comptent parmi les plus belles du monde. Mesurant 226 m de hauteur, ce sont également l'une des plus grandes chutes du monde en volume d'eau. Elles sont situées sur le fleuve Potaro. Leur nom, rend hommage à Kaie, un chef de tribu guerrière.

Meilleure période : le climat du Guyana est marqué par deux saisons des pluies sur son littoral antillais. La grande saison des pluies, de fin avril ou mai à juin-juillet, voire août, et la petite saison des pluies, de novembre-décembre à janvier. La saison la plus favorable est en septembre-octobre.

IGUAZÚ

Argentine / Brésil

« Iguazù » signifie « eau grande » en langue indienne. Le nom idéal pour ces chutes qui comptent parmi les plus impressionnantes de la planète. À la frontière entre le Brésil et l'Argentine, au beau milieu de la végétation tropicale, on peut admirer cet ensemble de 200 chutes qui a été classé au patrimoine mondial de l'Unesco en 1986. Certaines ne sont que de minces filets d'eau, d'autres dépassent les 72 m de hauteur… Un spectacle inoubliable, dans un grondement assourdissant. On peut même faire une excursion en bateau qui permet de remonter la rivière et de passer derrière les chutes. Inoubliable ! (Voir également la « carte postale » plus loin).

Meilleure période : le mois de septembre est idéal pour partir à la découverte des lieux.

À DÉCOUVRIR EN ISLANDE

GULLFOSS

ISLANDE

Et dire que le site a failli devenir une centrale hydroélectrique ! Heureusement, les chutes de Gullfoss, au sud de l'Islande, sont aujourd'hui protégées. Hautes de 32 m, elles impressionnent surtout par leur débit des plus puissant. Elles s'engorgent avec fracas dans un canyon, long de 2,5 km. Les jours de soleil, un arc-en-ciel couronne celles qu'on surnomme les « chutes d'or ». Pour y aller, mieux vaut disposer de sa propre voiture, pour ne pas être dépendant du rythme des compagnies de bus ou des excursions.

Meilleure période : sauf pour les aurores boréales et la beauté de la neige, préférez les visites entre juin et septembre, et de préférence en juillet pour être sûr de bénéficier de l'ouverture d'un maximum de sites. Les températures sont également plus propices aux sorties de plein air, et les nuits sont (presque) inexistantes.

Plitvice National Park, Croatie

CROATIE

PLITVICE

De tous les parcs nationaux croates, Plitvice, situé dans le nord de la Dalmatie, est le plus visité, à juste titre. Seize lacs se succèdent sur plus de 130 m de dénivelée, dans un paysage parfaitement préservé. Reliés entre eux par de jolies cascades et alimentés par une multitude de cours d'eau, les lacs se mêlent à une végétation luxuriante : sapins, épicéas, hêtres, érables, charmes… Au fil des années, le dépôt de sédiments crée des barrières naturelles de pierre poreuse, qui finissent tôt ou tard par céder, ouvrant la voie à de nouvelles chutes d'eau. Le site est donc en perpétuelle évolution ! Un plaisir pour les scientifiques, mais aussi pour les visiteurs. L'eau, avec ses teintes bleutées et turquoise, donnerait parfois envie de faire un petit plongeon. Bien entendu, la baignade est interdite, tout comme la pêche et la chasse, afin de protéger l'écosystème des lacs. En revanche, on peut admirer les nombreuses espèces animales qui y vivent. Avec un peu de chance, peut-être apercevrez-vous un ours ou un loup ?

Meilleure période : chaque saison présente son intérêt.

NORVÈGE

LANGFOSS

Il s'agit de l'une des plus grandes cascades de Norvège, haute d'environ 600 m. Le fait qu'elle soit moins connue que les précédentes n'enlève rien à son charme. Elle se situe au bout de l'Åkrafjord, dans la région de Bergen. Le pied de la cascade se trouve au bord d'une route : son accès est donc particulièrement facilité, on peut s'arrêter aisément sur un parking prévu à cet effet pour y jeter un coup d'œil. Pour avoir un autre angle, on peut aussi la voir en contrebas, depuis un bateau.

Meilleure période : la Norvège se visite de préférence au début de l'été.

ZAMBIE-ZIMBABWE

VICTORIA

Baptisées tout d'abord Mosi-oa-Tunya, littéralement « la fumée qui gronde » : cela vous donne un peu une idée de la puissance que les chutes dégagent. Et pour cause, on entend le fracas de l'eau au loin, les embruns sont visibles à une vingtaine de kilomètres. Le Zambèze s'étend en effet ici sur plus de 2 km, et l'eau chute sur une centaine de mètres. Vous l'aurez compris, si les chutes Victoria, situées à la frontière de la Zambie et du Zimbabwe, sont l'attraction phare de l'Afrique australe, ce n'est pas sans raison. Les chutes se laissent voir au gré des randonnées pédestres ou pourquoi pas en avion ou en ULM.

Meilleure période : chaque saison offre un paysage différent. En mars et en avril, en pleine saison des pluies, les chutes sont les plus impressionnantes. Revers de la médaille : les embruns sont eux aussi plus opaques, et, sauf en avion, on ne peut pas observer les chutes dans leur totalité. Entre novembre et décembre, beaucoup moins d'eau : les chutes se métamorphosent en petits ruisseaux par endroits, laissant voir bien plus nettement les falaises.

CARTE POSTALE

LES CHUTES D'IGUAZÚ

Imaginez un pays de forêt tropicale profonde, au cœur duquel s'écoulent les méandres d'une rivière géante. La voici, soudain, qui se heurte à un seuil rocheux, s'engouffre dans un canyon étroit en chutes d'eau homériques : Iguazú.
Le film Mission *de Roland Joffé, Palme d'or à Cannes en 1986, a fait connaître au monde entier cette terre magnétique où des missionnaires jésuites sont venus, au XVII*e *siècle, convertir les Indiens du sud de l'Amazonie.*

Spectaculaires chutes d'Iguazú

La clameur est assourdissante. Impossible de se parler. Sur 2,5 km de large, l'eau sourd de partout. De droite. De gauche. Elle plonge dans le canyon, glisse en paliers, rebondit, se diffuse en rigoles innombrables. Le flot dévale la faille géologique en une, en 10, en 100, en 275 chutes composant un immense tableau aquatique. Cataracte en fer à cheval, cascades simples, doubles, triples ou en bataillons entiers, émergent du vert bruissant de la canopée. Bienvenue aux chutes d'Iguazú ! Dans le tonnerre des eaux furieuse, s'élèvent de colossales gerbes d'embruns emportées par le vent. Leurs rideaux se déchirent par instants sur la béance du gouffre, dévoilant le lit de la rivière, entravé de blocs rocheux et d'îlots herbeux. Des arcs-en-ciel s'accrochent aux nuées, se hissent dans le ciel, se dédoublent, s'évaporent finalement, tandis que le soleil s'enfuit derrière l'opacité d'un nuage de passage. Dans le tréfonds du canyon, un bateau vif et agile fuse à contre-courant au-dessus des rapides, se cabre, se redresse, puis disparaît dans le brouillard des eaux. Quelques instants plus tard, les chutes le recrachent, ses passagers dégoulinant et frissonnant.
Deuxième round, deuxième douche, plus forte, plus intense. À bord, des cris, des rires hystériques s'élèvent. Drôle de sensation, entre le grand huit et l'impression de se faire avaler par Moby Dick... Le grand frisson, avant le retour sur la terre ferme.

Selva paranaense

Le río Iguazú marque ici la frontière entre l'Argentine, au sud, et le Brésil, au nord. Les chutes sont d'ailleurs, elles-mêmes, partagées entre les deux pays. La plus grande partie se regroupe côté argentin, où les sentiers, plus nombreux, permettent de profiter davantage de points de vue.
Le parc national, centré sur les chutes, protège, sur 54 000 km^2, l'un des derniers pans vierges de la *selva paranaense*, la 2e plus grande forêt d'Amérique du Sud après l'Amazonie.
La végétation y garde une apparence largement tropicale avec ses arbres géants, son humidité constante et son foisonnement de plantes épiphytes (2 000 espèces répertoriées). La faune n'est pas en reste, avec 530 espèces d'oiseaux recensées, mais aussi des tapirs, des cabiais, des tamanoirs, des loutres et même... des jaguars et des pumas.

Côté argentin, c'est Iguazú

De l'Estación Cataratas, desservie par un petit train touristique, un premier sentier très aménagé, le *Circuito Superior*, dessert une série de passerelles. On tutoie ici les chutes par le haut, avant qu'elles ne s'abattent dans le fracas de mille machines à laver. Au bout, l'arc de cercle du salto San Martín, dégringolant de 70 m de haut, dessine une forme d'apothéose.
Plus impressionnant encore, le *Circuito Inferior* (1,7 km) dévale vers le río, au gré d'un lacis d'escaliers. Les mêmes cascades s'y dévoilent par le bas, noyant les visiteurs, les fougères et les impatiens dans les nuées de leurs embruns. Certains ont adopté le ciré. D'autres prennent les eaux avec délice... Au terminus, un autre chemin vous amène à la cataracte la plus spectaculaire : 80 m de haut et des « fumerolles » qui se laissent deviner à des kilomètres à la ronde !

Du côté brésilien, on dit Iguaçu

Un autre jour, il faut explorer la rive brésilienne où les chutes se nomment Iguaçu. Si l'espace y est plus compté, la vision des chutes argentines depuis le belvédère principal est inégalable : elles s'offrent en un vaste amphithéâtre grandiloquent, dévalant en deux paliers majeurs qu'encadre le vert intense de la forêt. Un chemin de 1,2 km épouse le rebord de la gorge, avant de descendre jusqu'à une longue passerelle s'avançant sur les eaux... au pied même du Salto Unión. Aucun K-Way n'y résiste. Les Brésiliens, pragmatiques, y vont tous en bikini et maillot de bain !

FICHE PRATIQUE

Comment y aller ?

- On rejoint aisément Iguazú depuis Buenos Aires avec **Aerolineas Argentinas**. Côté brésilien, l'aéroport de Foz do Iguaçú est desservi par **Latam** et **GOL**, ainsi que par la low cost **Azul Airlines**.
- Ceux qui n'ont pas peur des longs trajets en **bus** pourront rallier directement Posadas (au moins 5 h), Buenos Aires (au moins 16 h) et Salta (23 h) depuis Puerto Iguazú, ou São Paulo (16 h), Rio (23 h) et le Pantanal (via Campo Grande) depuis Foz do Iguaçú.

Où dormir ?

- À Iguaçu, les options sont innombrables, d'un côté comme de l'autre de la frontière, mais presque toujours à distance des chutes.
- Au choix : **camping, auberges de jeunesse, posadas et pousadas bon marché**, jusqu'aux 2 grands établissements de luxe implantés à l'intérieur même du parc (à choisir, l'**Hotel das Cataratas brésilien**, membre d'Orient Express, a le plus de charme).
- Plus petit, entouré par la forêt, **Puerto Iguazú** est plus séduisant que **Foz do Iguaçú**.

Liens utiles

- Les chutes d'Iguazú côté argentin : **iguazuargentina.com**
- Les chutes d'Iguaçu côté brésilien : **cataratasdoiguacu.com.br**

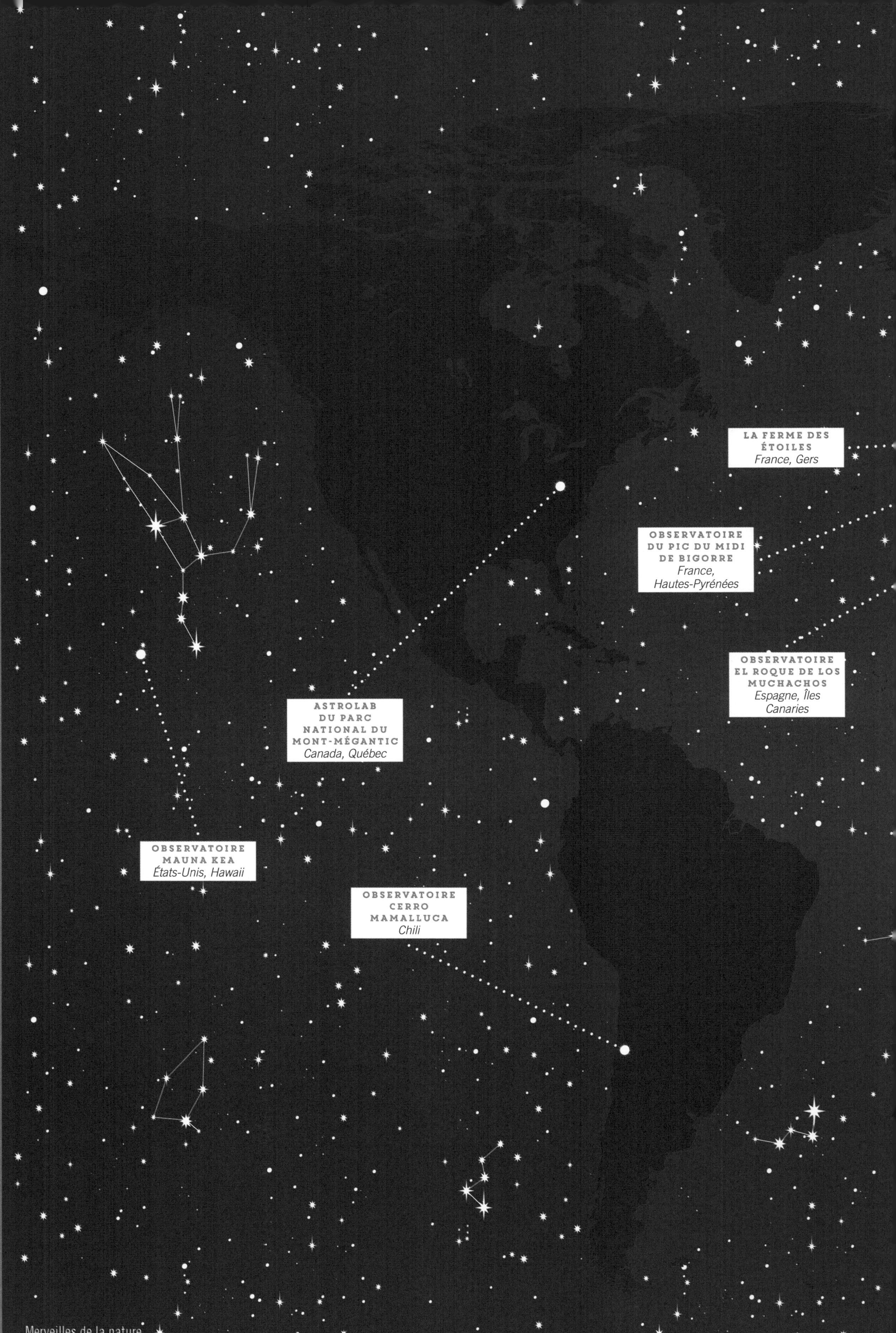
LA FERME DES ÉTOILES
France, Gers
OBSERVATOIRE DU PIC DU MIDI DE BIGORRE
France, Hautes-Pyrénées
OBSERVATOIRE EL ROQUE DE LOS MUCHACHOS
Espagne, Îles Canaries
ASTROLAB DU PARC NATIONAL DU MONT-MÉGANTIC
Canada, Québec
OBSERVATOIRE MAUNA KEA
États-Unis, Hawaii
OBSERVATOIRE CERRO MAMALLUCA
Chili

OÙ OBSERVER LES ÉTOILES ?

Pureté de l'atmosphère, faible pollution lumineuse, équipements de pointe ou emplacement historique en altitude, les spots pour admirer les astres ne manquent pas sur notre planète.
Certains sont accessibles au public, et permettent à tous de découvrir de nouvelles constellations ou de regarder les cieux sous des configurations célestes différentes, en changeant d'hémisphère par exemple.
Tour du monde des meilleurs sites d'observation des étoiles.

FRANCE, HAUTES-PYRÉNÉES

OBSERVATOIRE DU PIC DU MIDI DE BIGORRE

Le Pic du Midi de Bigorre est un lieu incontournable en France pour les amateurs d'astronomie. La première coupole a été construite en 1908, tout en haut, à 2877 m d'altitude. Presque un siècle plus tard, en l'an 2000, le site s'est ouvert au grand public, d'abord de jour et, depuis 2006, en nocturne également. Les visiteurs peuvent en quelque sorte vivre l'expérience des scientifiques pendant quelques heures. Après avoir découvert le musée retraçant l'histoire du Pic, savouré le coucher du soleil et goûté aux plats régionaux, ils regardent, à travers un télescope installé sur la terrasse panoramique ou dans une petite coupole, les galaxies, les supernovae, l'anneau de Saturne ou Jupiter, Uranus, Vénus et Neptune. La formule *Soirée étoilée* se termine par une séance au planétarium et un retour en téléphérique à la station de la Mongie. Les plus passionnés poursuivent eux jusqu'au petit matin avec le programme *Nuit étoilée* : après avoir dormi dans une partie des quartiers scientifiques réaménagée à des fins touristiques, ils assistent au lever du soleil, puis sont guidés dans les espaces et coupoles habituellement réservés aux chercheurs. Enfin, si le ciel n'est pas couvert ni brumeux, ils peuvent utiliser un coronographe pour observer la couronne solaire : avant l'invention et l'installation de cet appareil dans les années 1930 au Pic du Midi, ce n'était possible que lors des éclipses.

Altitude 2 877 m
Plus d'infos picdumidi.com

CATALOGNE

PARC ASTRONOMIC MONTSEC

Le Centre d'observation de l'univers d'Ager, en Catalogne, est situé au pied des Pyrénées espagnoles. Outre « l'œil de Montsec », son planétarium numérique équipé d'un système de projection 3D sur dôme intégral, le parc astronomique, inauguré à la fin des années 2000, possède plusieurs télescopes dans des petites coupoles pour étudier le soleil en journée. Mais également la lune, les planètes et les étoiles lors des soirées organisées pour le grand public. Les scientifiques, eux, travaillent dans d'autres installations perchées sur la montagne Montsec, à 1570 m d'altitude. Ce superbe site naturel offre plusieurs avantages : les précipitations y sont peu élevées donc le ciel souvent dégagé ; la densité de la population est faible, d'où la pollution lumineuse réduite, et l'atmosphère est limpide une grande partie de l'année. Pour les plus néophytes des visiteurs, les enfants notamment, une exposition très didactique retrace les origines de l'univers et la formation du système solaire. Une escapade familiale agréable dans le Vall d'Ager, à 3h de route au nord-ouest de Barcelone.

Altitude 1 570 m
Plus d'infos parcastronomic.cat

ESPAGNE, ÎLES CANARIES

OBSERVATOIRE EL ROQUE DE LOS MUCHACHOS

Situé dans l'archipel espagnol des Canaries, sur l'île de La Palma, le site astronomique El Roque de Los Muchachos est l'un des plus réputés au monde. En effet, l'environnement insulaire offre des conditions idéales et les infrastructures comptent le plus grand télescope optique infrarouge du monde qui scrute, depuis 2009, les trous noirs, les galaxies en formation, les exoplanètes et les supernovae. Sa puissance de vision est comparée à la capacité de quatre millions d'yeux humains, et peut par conséquent distinguer des lumières de la taille des phares d'une voiture à une distance de 32 000 km ! Bien sûr, le grand public n'utilise pas cet appareil, mais il peut visiter les lieux, de jour comme de nuit. Des « safaris astronomiques » sont organisés par l'observatoire, activités pédagogiques pour petits groupes (sur réservation) incluant la visite de coupoles et l'usage de télescopes. Les amateurs éclairés peuvent même louer du matériel sur place pour procéder à leurs propres explorations de l'univers.

Altitude 2 396 m
Plus d'infos iac.es/eno

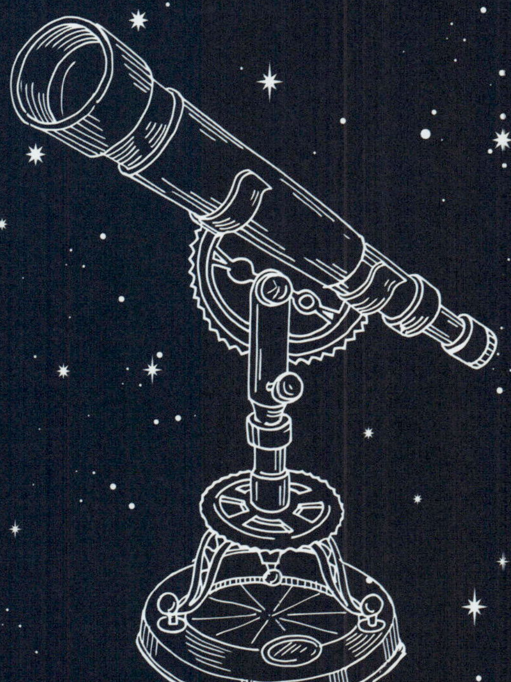

FRANCE, ÎLE DE LA RÉUNION

OBSERVATOIRE DES MAKES

Pas de Grande ni de Petite Ourse à repérer ici, puisque nous sommes dans l'hémisphère sud. Plus précisément dans la partie ouest de l'île de la Réunion, à environ 1 000 m de haut, au-dessus de Saint-Louis. À chaque hémisphère ses propres constellations circumpolaires, donc... Mais les comètes ne choisissent pas leur camp. C'est le passage de celle de Halley, en 1986, qui a constitué le déclic pour la création de l'Observatoire des Makes, inauguré en 1991 en présence d'Hubert Reeves. Des visites et des séances d'observation pour tous sont proposées pour découvrir les équipements (dont des télescopes et le planétarium Hipparque) et regarder les astres, en particulier en soirée (sur réservation). On débusque d'abord à l'œil nu les étoiles, les nébuleuses, les galaxies, puis on utilise les instruments astronomiques pour approfondir ces rencontres célestes.

Altitude entre 900 et 1 200 m
Plus d'infos ilereunion.com/observatoire-des-makes

ÉTATS-UNIS, HAWAII

OBSERVATOIRE MAUNA KEA

Au sommet d'un volcan endormi dominant Hawaii est posé le plus grand observatoire au monde consacré à l'étude des parties des radiations situées dans l'infrarouge et les ondes submillimétriques des objets astronomiques. En effet, à 4200 m d'altitude, l'atmosphère est très sèche et le ciel sans nuage, donc les détails infimes sont plus visibles. En outre, la proportion de nuits claires est l'une des plus élevées de la planète. Les installations sont réservées aux scientifiques, mais les curieux et les férus d'astronomie peuvent observer le soleil et les étoiles depuis la Visitor Information Station, installée à 2800 m de haut et ouverte tous les jours de 9h à 22h. Là, des télescopes sont à disposition en journée comme en soirée, et des animateurs encadrent le public.

Altitude max 4200 m
Plus d'infos ifa.hawaii.edu/mko

CANADA, QUÉBEC

ASTROLAB DU PARC NATIONAL DU MONT-MÉGANTIC

Le superbe Parc national du Mont-Mégantic abrite, depuis 1978, un observatoire perché à 1100 m d'altitude. C'est un centre astronomique majeur au Canada qui regroupe en fait deux entités. La première, scientifique, se visite en journée et est dédiée à la recherche à la nuit tombée. Cependant, chaque année, plusieurs soirées sont programmées pour que le commun des mortels accède au grand télescope de l'observatoire, en particulier lors du Festival d'astronomie populaire du Mont-Mégantic, qui se tient l'été. Il existe diverses possibilités d'hébergement dans le parc. La deuxième partie du site, c'est l'Observatoire populaire du Mont-Mégantic, entièrement ouvert au grand public. Là aussi, les soirées sont inoubliables, grâce au télescope de 61 cm et à la plate-forme d'observation avec bancs inclinés. La pollution lumineuse est réduite puisque la zone est une réserve internationale de ciel étoilé : l'éclairage public doit, par exemple, faire en sorte de limiter son impact sur l'obscurité environnante.

Altitude max 1100 m
Plus d'infos astrolab-parc-national-mont-megantic.org

CHILI

OBSERVATOIRE CERRO MAMALLUCA

Grâce à la qualité de son ciel nocturne, le Chili est devenu un pôle astronomique majeur. Notamment pour les professionnels et scientifiques internationaux qui multiplient les programmes de recherche en différents endroits, en particulier dans le désert d'Atacama, au nord du pays, l'un des plus arides au monde et dont l'atmosphère est donc très pure. Autre spot réputé, l'observatoire public de Mamalluca, près de Vicuña, à 500 km au nord de la capitale Santiago et bien au sud de l'Atacama. Il présente l'atout d'être facile d'accès et, depuis son lancement dans les années 1990, il est dédié aux amateurs. Ceux-ci participent à l'une des sessions nocturnes régulièrement planifiées pour scruter les cieux, avec ou sans télescope, et visitent également le planétarium. De nombreux autres observatoires chiliens ouvrent leurs portes aux non-professionnels, des agences de voyage organisant en général ce type d'excursion.

Altitude 2 635 m
Plus d'infos municipalidadvicuna.cl/observatorio-comunal-cerro-mamalluca

FRANCE, GERS

LA FERME DES ÉTOILES

Voici une adresse vraiment originale où sont organisés des séjours à thème d'observation astronomique. Sur réservation, les propriétaires, passionnés d'astronomie, proposent différents types d'observations, de la simple initiation découverte au stage de perfectionnement, en passant par les veillées aux étoiles. La ferme est parrainée par Hubert Reeves et sert de cadre à des émissions telles que *La Nuit des étoiles*. Planétarium et télescope dans le jardin ! Dans la maison, pour ceux qui y dorment, chambres vastes, toutes joliment rénovées, avec une mention spéciale pour celle d'Émilie. Salon et salle de lecture spacieux, grande cheminée et piscine (ouverte uniquement en présence des propriétaires). Également des « astrobulles » (dômes transparents). Magnifique panorama sur la campagne gersoise. Bon accueil de Bruno et de son équipe, et ambiance étonnante qui vous change littéralement de planète.

Quand ? Ouvert d'avril à octobre
Plus d'infos fermedesetoiles.com

Geyser, *Islande*

OÙ VOIR DES PHÉNOMÈNES NATURELS EXTRA-ORDINAIRES ?

Aurores polaires, geysers, lacs colorés ou éphémères, trous bleus, rivières qui inversent leur courant, marées géantes… La nature offre des spectacles incroyables de par le monde, qu'il s'agisse de sites hors norme ou de phénomènes extra-ordinaires, qui parfois demandent à se trouver sur place au bon moment si l'on veut y assister.
Nous vous en présentons une sélection au fil de ces pages en ayant pris soin de choisir des « shows » accessibles par tout voyageur normalement constitué.
Un certain nombre de lieux concernés se trouvent très loin de chez vous, mais parfois aussi tout près…

LACS ÉPHÉMÈRES

Abracadabra ! La nature réalise parfois de drôles de tours de magie, par exemple en faisant disparaître tout ou partie des eaux d'un lac. En été, on admire le **lac Medicine** dans lequel se reflètent les montagnes du parc national Jasper (Alberta, Canada). Mais quand vous venez ici hors saison, c'est un paysage aux allures de marécage qui s'offre à vous. Le truc : si vous déversez une énorme quantité d'eau dans une baignoire sans bouchon, celle-ci reste pleine tant que vous la remplissez. Sinon, elle se vide. C'est ce qui se passe ici. Des flots provenant de la fonte des glaciers créent le lac l'été, puis ceux-ci disparaissent à travers des dolines qui alimentent un vaste réseau de rivières souterraines. Au cœur de l'Autriche, près de Tragöß en Styrie, le **Grüner See** est également un lac éphémère – il est alimenté par les torrents du massif du Hochschwab. Sa particularité : il envahit un parc dédié à la promenade pendant quelques semaines au printemps. Une eau à la fois vert émeraude et translucide recouvre alors les chemins, les bancs, les arbres ou les prés fleuris, avant de s'écouler durant l'été. Autant dire que les amateurs de plongée adorent explorer ce lac. Le **Spotted Lake** ou lac Kliluk (près d'Osoyoos, Colombie-Britannique, Canada) voit une partie de ses eaux s'évaporer en été. Ne subsistent alors que des sortes d'étangs, ce qui est relativement banal, à ceci près que ces grandes flaques prennent des couleurs bleu, vert ou jaune en raison des métaux que les unes et les autres contiennent : sulfate de magnésium, sulfate de sodium, calcium, argent, titane… Un lac en tenue léopard : magique non ?

LAC COLORÉS

Les lacs reflètent l'état du ciel et de ses environs ou laissent deviner de quoi leurs fonds sont faits. Cela donne en général une gamme chromatique relativement limitée… Sauf qu'il arrive parfois que ces étendues d'eau prennent des couleurs inattendues. Les exemples sont nombreux. En voici trois. Le **lac Retba** est un lagon situé à quelques centaines de mètres de l'océan Atlantique, sur la côte sénégalaise et non loin de Dakar. Il contient des cyanobactéries, l'une des rares formes de vie capables de subsister dans une eau à très haute teneur en sel. Or, ces cyanobactéries ont pour particularité d'être pigmentée. Faisant masse, elle donne ici une couleur rose au lac. Les eaux de la **laguna Colorada** (ci-contre) sont quant à elles rouges, couleur de certaines de ses algues. Ce lac salé se trouve dans la Réserve nationale de faune andine Eduardo Abaroa qui est fréquentée par des flamants roses, sur les hauts plateaux de Bolivie. D'autres bactéries donnent un aspect multicolore au **Grand Prismatic Spring** (parc national de Yellowstone, Wyoming). Ce bassin recueille des eaux brûlantes chauffées par l'activité volcanique de ses sous-sols. Seuls des organismes thermophiles de couleur jaune, bleu, vert ou brun, peuvent y vivre. Les tableaux abstraits qu'ils créent ici sont dignes des plus grands musées !

DÉSERTS DE SEL

Du sel à perte de vue ! Formés par l'assèchement de vestiges des mers préhistoriques, les déserts de sel sont présents dans de nombreux pays (Namibie, Afrique du Sud, Australie, Tunisie, Turquie…), surtout en Amérique du sud et particulièrement en Argentine, au Chili et en Bolivie où ils prennent le nom de salar. C'est sur les hauts plateaux de ce pays, à 3700 m d'altitude, que l'on trouve le plus vaste (12000 km²), le **salar d'Uyuni** (ci-contre). Le sel et le lithium qu'il recèle y sont exploités, de même que ses paysages époustouflants – le site est une attraction touristique majeure en Bolivie. Le sol est plat, rien ne dépasse de la ligne d'horizon la plupart du temps. Durant la période des pluies, entre décembre et mars, on peut voir l'eau stagner en surface, ce qui provoque un effet de miroir extraordinaire. Curiosité : des hôtels en sel ont été bâtis sur place. Un autre désert salé est également fameux, le **Bonneville Salt Flats**, dans l'Utah. Sur ses 260 km² ont en effet été tournés des films. C'est là aussi que des records de vitesse en véhicule automobile sont régulièrement battus, sur le Bonneville Speedway où sont également organisées des courses.

PISCINES D'EAU CHAUDE NATURELLE

Les sources d'eaux chaudes abondent dans toutes les régions volcaniques du monde, de la Guadeloupe aux Pyrénées, de la Scandinavie à Bali, de l'Éthiopie à la Turquie, des Açores à la Nouvelle-Zélande… Ces eaux proviennent des entrailles de la Terre. Les moins brûlantes sont propres à la baignade et sont donc appréciées des habitants comme des touristes ou des personnes cherchant à bénéficier de soins thermaux. L'un des pays-rois en la matière est l'**Islande** où l'on dénombre au moins deux centaines de piscines naturelles ou construites par l'homme. Vous en avez des sauvages comme des civilisées, des petites et des grandes. On peut préférer un bain public qui a la faveur des locaux dans un village ou les installations spectaculaires de parcs de loisirs, tels que le fameux Blue Lagoon Geothermal Resort. Le mieux est sans doute de tout essayer, sachant que le top du top reste de se prélasser dans un bain bien chaud au milieu de paysages enneigés…

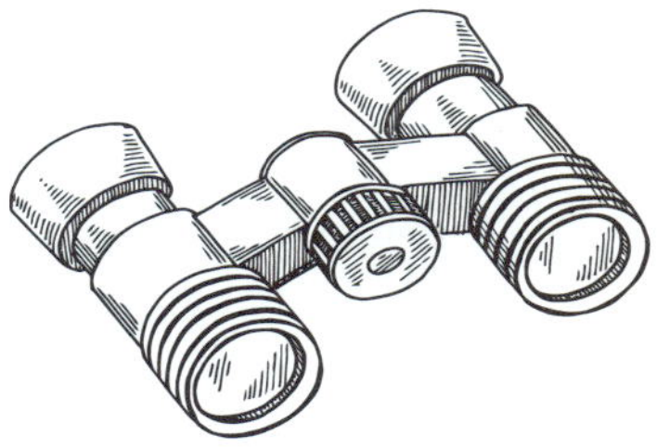

RIVIÈRES QUI INVERSENT LEUR COURANT

Des cours d'eau dont le débit est variable, se faisant torrentiel ou disparaissant carrément en fonction des saisons, c'est très fréquent. Mais des rivières qui inversent leur courant, ça c'est rarissime. Ce phénomène est de grande ampleur au **Cambodge**. Le **Tonlé Sap** est une rivière qui a pour point de départ un lac portant le même nom – il s'étend au centre du pays, non loin du site d'Angkor. De novembre à mai, elle file vers le fleuve Mékong, à la hauteur de Phnom Penh. Et puis, en raison des pluies très importantes qui s'abattent sur cette zone durant la période de la mousson, son cours change de direction et remonte vers le lac. Ce qui a pour effet de limiter les crues du fleuve… tout en inondant de vastes zones limitrophes du lac. Chaque année en novembre, ce mécanisme naturel est célébré lors d'une Fête des eaux (Bon Om Touk) qui se déroule à Phnom Penh. Beaucoup moins spectaculaire, mais tout de même remarquable, est l'inversement du courant du **Loiret**. Ou plutôt des sources de cette petite rivière, le Bouillon et l'Abîme (Parc Floral de la Source à Orléans), lesquelles sont alimentées souterrainement par la Loire, via des résurgences. Si le niveau de celle-ci est très bas, l'eau du Loiret reflue vers le fleuve. On appelle cela un inversac.

GEYSERS

Les geysers sont des jets d'eau très chauds soumis à une haute pression. S'élevant à plusieurs dizaines de mètres par intermittence, ces jets peuvent monter jusqu'à 120 m. L'eau provient de sources souterraines qui sont au contact de roches elles-mêmes sous l'influence de l'activité volcanique des sous-sols. Ils sont présents dans des zones où cette dernière est très importante. En particulier en **Islande**, pays à qui l'on doit le mot qui nomme le phénomène. Situé à Haukadalur dans ce que l'on appelle un champ géothermique, le Geysir y côtoie le Strokkur. Aux États-Unis, le **parc national de Yellowstone** (Wyoming) possède le plus grand nombre de geysers au monde, environ deux centaines. La star locale est le Old Faithful. **El Tatio, sur l'Altiplano du Chili,** est un autre site très réputé. Plusieurs dizaines de geysers y grimpent dans le ciel, mais leur hauteur est relativement modeste, généralement moins d'une dizaine de mètres. Vous pouvez également assister à ce type de spectacle naturel dans la renommée **Vallée des Geysers** de la Réserve d'État Kronotsky, laquelle s'étend sur la péninsule du Kamtchatka en **Russie**. Cela dit, son accès n'est guère aisé.

TROUS BLEUS

Les trous bleus sont des *cénotes*, un type de gouffre dont l'origine remonte aux périodes glaciaires qu'a connu la Terre. Ce sont des grottes remplies d'eau douce dont le plafond s'est effondré. De forme généralement circulaire, on en trouve à l'intérieur des terres ou en mer, où ils sont bordés par une barrière. En ce cas, le trou est qualifié de bleu du fait que la couleur que reflète son eau est sensiblement différente de celle qui l'entoure. Ces trous bleus sont assez nombreux dans les mers situées au large de l'Amérique centrale et sont, pour certains, des spots appréciés des amateurs de plongée… quand les requins ne les empêchent pas de s'adonner à leur passion. L'un des plus fameux est le **Great Blue Hole,** situé à 80 km des côtes du **Belize,** au cœur d'un atoll. Son diamètre est de plus de 300 m, tandis que sa profondeur atteint 120 m. Les Bahamas offrent aussi des sites réputés. La longue barrière de corail de l'**Île Andros** est ainsi riche en trous bleus. Mais c'est dans la **baie de Clarence Town** à Long Island que l'on découvre le **Dean's Blue Hole,** lequel est le plus profond au monde : 202 m – son diamètre est d'une trentaine de mètres.

TERRES ET ROCHES EN COULEURS

Volontiers coquette, notre planète aime à varier les couleurs dont elle se couvre. Si le brun ou le gris de ses terres et roches sont les plus courantes, il arrive qu'elle fasse preuve de fantaisie. Les gisements d'ocre de **Roussillon** (Vaucluse) font partie des étapes obligées des voyageurs qui visitent la Provence. Des falaises biscornues prennent ici des teintes rouge, jaune ou orangée en raison de la présence de goethite dans le sable et l'argile qui les composent. À **Chamarel**, sur l'île Maurice, des dunes de terres arborent également des couleurs étonnantes, lesquelles ont pour particularité de ne pas se mélanger : jaune, orange, rose, mauve, bleu... Elles seraient dues à des dépôts de cendres volcaniques ou aux métaux qu'elles contiennent. À proximité se trouve une fameuse cascade haute de 100 m qui elle aussi fait partie des incontournables du pays. Les reliefs des **montagnes de Danxia**, dans la province de Gansu en Chine, aux environs de Zhangye, sont striés de nombreuses couleurs en certains endroits. Elles ne sont pas dues à des armées de peintres, mais au travail de la nature, laquelle a déposé différentes couches de sédiments. Dans ce qui est aujourd'hui un parc naturel, on peut également admirer des roches sculptées par le même artiste, notamment une fente et une colonne évoquant le *yin* (femelle) et le *yang* (mâle). Plantée dans une vaste plaine aride au milieu de l'Australie, la montagne **Uluru** (348 m) a pour originalité de changer de couleur en fonction de la lumière ambiante. Elle peut être rouge, rose, mauve, grise, noire, brune, orange, bleue, verte...

PIERRES MOUVANTES

Ah, bah ça alors... On se pince, est-ce un canular ? Mais non, cela existe des pierres qui se déplacent toutes seules... ou presque. Pour voir cela, direction la Death Valley (Californie) où se niche le site nommé **Racetrack** à 1 130 m d'altitude. Certes, vous n'assisterez pas à une course de pierres. Le spectacle que vous offrent ces dernières est plus modestement celui de leur trajectoire, ce qui est déjà bluffant. Sur le sol nu d'un lac asséché sont ainsi dessinées des lignes qui tournent à gauche ou à droite... Déboulant de hauteurs avoisinantes, ces roches ne sont pas déplacées par l'homme ou des animaux. Alors ? On est resté longtemps dans l'expectative. Si l'on en croit une enquête scientifique parue en 2014, l'explication a été trouvée. Les véhicules des pierres sont de fines couches de glace qui se forment sur le site à la suite de pluies. Ce sont les vents ici très puissants qui, en « poussant » les plaques de glace, embarquent en même temps nos rolling stones...

MARÉES GÉANTES

Les marées, ces va-et-vient permanents des eaux des mers et océans, sont rythmées par les effets des forces de gravitation de la Lune et du Soleil, en rapport avec le mouvement rotatif de la Terre. Lors des équinoxes, le phénomène prend une ampleur démesurée. On parle alors de grandes marées. On constate alors que le marnage, soit la différence de hauteur entre la marée basse et la marée haute, est des plus important. De vastes étendues de fonds marins sont dévoilées par le retrait des eaux, tandis qu'à l'inverse, des vagues puissantes viennent heurter les côtes. Tous les littoraux sont le théâtre des grandes marées. Une des plus spectaculaires a lieu dans la **baie du Mont Saint-Michel**, site qui présente déjà habituellement un marnage record. C'est ce que l'on nomme les marées géantes. Autrement dit, pas besoin d'attendre une équinoxe pour voir la mer faire son show. Dans la vaste **baie de Fundy**, au Nouveau-Brunswick (Canada), celui-ci est permanent. 100 milliards de tonnes d'eau y entrent et sortent deux fois par jour. Parmi les curiosités appréciées ici figurent le parc Hopewell Rocks, où vous marchez à marée basse entre de magnifiques rochers sculptés par l'érosion, certains adoptant la forme de pots de fleurs.

DÉSERTS QUI FLEURISSENT

Ça ressemble à un miracle, mais ça n'a rien de surnaturel. Il arrive en effet que des déserts se transforment en champs de fleurs. Pour cela, il faut que suffisamment d'eau de pluie vienne arroser des sols où somnolent de petites graines. Ainsi en hiver voit-on les terres arides du **Néguev** israélien se couvrir de coquelicots. Au printemps, **le désert de Mojave** (Californie) ou celui de **Sonora** (Arizona) connaissent aussi des floraisons de fleurs sauvages, de même que le désert d'**Atacama** au Chili... D'autres sites encore vous attendent, notamment le **Namaqualand** en Afrique du sud, lequel figure parmi les plus spectaculaires avec ses grandes étendues colorées qui apparaissent d'août à septembre. Pour être sûr d'admirer ces tableaux surréalistes, il est bon de se renseigner avant d'aller sur place. Si la pluie n'a pas été généreuse, vous risquez d'être déçu. De plus, les ch'tites fleurs ne poussent pas uniformément sur des centaines de kilomètres. Les offices de tourisme ou directions de parcs naturels vous indiqueront les meilleurs spots. Enfin, notez qu'il est généralement interdit de se faire de jolis bouquets ou d'arracher les fleurs et leurs racines afin de les replanter chez vous...

LES COLONNES BASALTIQUES

Les colonnes ou orgues basaltiques sont nées de coulées de lave souvent très anciennes. Elles doivent leur nom à la forme régulière, par strates, qu'elles ont adoptée verticalement, mais aussi horizontalement ou en diagonale. On en observe **sur tous les continents**. Vous avez le site d'Usson en Auvergne, par exemple, ainsi que Los Organos, en bord de mer dans les Canaries, la Devils Tower, une montagne du Wyoming, ou encore l'incroyable cité abandonnée de Nan Madol qui fut construite avec de telles pierres dans l'île de Pohnpei (Micronésie)... Sur la côte nord-irlandaise, près de Portrush, la Chaussée des Géants (Giant's Causeway) est l'une des plus belles concentrations de colonnes basaltiques existantes. Ce lieu inscrit sur la liste du patrimoine mondial de l'Unesco en présente une variété exceptionnelle. Au nombre de 40000, elles sont de différentes hauteurs, de celles qui ressemblent à des pavés à d'autres qui se hissent à flanc de falaise. On en voit aussi qui dépassent de la surface de la mer... En prime, la faune et la flore y sont très intéressantes.

VAGUES BLEUES FLUO

Un phénomène qui sidère celles et ceux qui ont l'heureuse surprise de l'observer. La nuit, sur la plage où vous avez pris le soleil dans la journée, vous voyez les vagues prendre une couleur bleue fluorescente. Cette couleur n'est pas due à un performer allumé, mais à la présence dans l'eau de dinoflagellés, des micro-organismes unicellulaires vivants qui font partie du plancton. Les « marées rouges » visibles à la lumière du jour, parfois toxiques, sont dues au même organisme. Ce sont ces êtres qui produisent eux-mêmes cette lumière froide, elle ne dégage pas de chaleur. L'émission de ce type de lumière est nommé bioluminescence, laquelle est communément répandue chez les animaux marins qui errent dans les abysses. Où voir des vagues bleues fluo ? En fait un peu partout, surtout le long des côtes baignées d'une eau chaude. Aux **Maldives**, en **Californie**, en **Floride** ou en **Chine**, mais aussi en France métropolitaine... Reste à savoir quand ce phénomène aura lieu : un jour de chance sera notre meilleure réponse...

MERS MORTES

On nomme lacs salés de grandes ou petites étendues d'eau... salée qui sont entourées de terres. Parmi les plus importants figurent les mers Caspienne et d'Aral, toutes deux en Asie, ou encore le lac Pontchartrain en Louisiane. Certains de ces vestiges d'un temps où la surface de la Terre était différente de celle d'aujourd'hui sont identifiés comme des mers mortes. C'est le cas évidemment de l'emblématique **Mer Morte** (ci-contre) dont les côtes se situent en Israël et en Jordanie. Couvrant 810 km² à 420 m au-dessous du niveau de la mer, elle est alimentée par le Jourdain. Sa salinité étant d'environ 27 % (contre 3 % en moyenne pour les mers normales), seuls des micro-organismes peuvent y vivre. En revanche elle est riche en minéraux, lesquels en font une destination des adeptes du thermalisme. Fun : sa masse est telle que l'on flotte tranquillement à sa surface. On pourrait presque marcher dessus... Situé près de Salt Lake City dans l'Utah, le **Great Salt Lake** (4400 km², 1280 m d'altitude) possède en certains endroits une salinité identique à celle de la Mer Morte. La Jordan River (autrement dit le Jourdain !) y déverse ses eaux. Il n'y a qu'un animal qui y vit : l'artémie, un petit crustacé qu'apprécient d'abondants oiseaux migrateurs qui font escale ici.

OÙ VOIR DES AURORES BORÉALES ?

QU'EST-CE QU'UNE AURORE BORÉALE ?

Un spectacle incomparable, inoubliable pour celui qui y a assisté. Soudain, un déluge de nuées colorées zèbre le ciel. Des teintes vertes, bleues, jaunes ou rouges jaillissent au cœur de la nuit polaire. Un effet visuel éblouissant est créé par cette succession de voiles nébuleux, distillant une atmosphère féerique. Voilà, vous venez de voir une aurore boréale... Un tour de magie céleste ? Non, un phénomène lumineux. L'aurore boréale, aussi appelée aurore polaire, se produit principalement dans les zones proches des pôles magnétiques, entre 65 et 75° de latitude. Les pôles agissent alors comme des puissants aimants, qui attirent les particules solaires. Celles-ci se heurtent à la couche supérieure de l'atmosphère, l'ionosphère, composée d'atomes d'oxygène et d'azote. C'est alors que les particules solaires s'embrasent, laissant jaillir des fulgurances lumineuses. Leurs couleurs dépendent de la nature des molécules : les dégradés verdoyants sont les plus fréquents, mais toutes les teintes du spectre chromatique sont possibles.

QUAND ET COMMENT LES VOIR ?

La période d'observation conseillée s'étend du 21 septembre au 21 mars, particulièrement aux équinoxes, et idéalement entre 18 h et 1 h du matin. Si les mois d'hiver offrent de magnifiques nuits polaires, les tempêtes de neige peuvent gâcher le spectacle. De même, les nuages sont plutôt gênants pour l'observation : le ciel doit être dégagé pour que l'aurore soit bien visible. Choisissez donc, selon votre destination, les mois les plus secs. Et, bien sûr, il faut qu'il fasse nuit noire, donc éloignez-vous des pollutions lumineuses des villes...

ALASKA

À la pointe du monde, l'Alaska se dévoile au rythme de ses éclaircies. Ici, les aurores boréales enflamment le ciel, mais pas partout, pendant près de deux cents jours par an. À la juste distance du pôle Nord et des champs magnétiques, la ville de Fairbanks est particulièrement appréciée des voyageurs, qui se laissent enivrer par le spectacle, entre deux escapades en traîneau à chiens...

CANADA

De l'autre côté de l'Atlantique, les meilleurs endroits d'où contempler les aurores polaires sont les territoires canadiens situés au nord du 60e parallèle. Dans le Yukon, Whitehorse, aussi appelée la « terre du soleil de minuit » offre une visibilité fantastique, au cœur d'un espace qui semble illimité. Aux confins du cercle arctique, la ville de Yellowknife, capitale des territoires du nord-ouest, jouit d'une luminosité impressionnante. Une fois sur place, différentes compagnies organisent des circuits d'observation, comprenant un hébergement en cabane en bois, dans des tipis, voire dans des cabanes d'esquimaux... Ou à la belle étoile ! À noter, en Alberta, l'un des endroits où le ciel est le plus limpide au monde : le parc canadien de Wood Buffalo. On peut aussi en observer dans le nord du Québec, lorsque le soleil est en proie à ses plus fortes activités magnétiques, mais c'est plus rare. Radisson et la Baie James sont les sites les mieux lotis.

ISLANDE

Les légendaires nuits islandaises font briller de mille feux les aurores boréales. Il suffit de prendre un vol pour Reykjavik pour se laisser envoûter par leur féerie colorée. De là, de nombreuses excursions nocturnes permettent de s'éloigner de la capitale et des lumières de la ville. Au-dessus des glaciers ou d'un volcan, on les voit scintiller au cœur d'un paysage lunaire. On peut aussi s'embarquer vers le Nord, près du lac Mývatn, pour voir les aurores illuminer la nature virginale.

FINLANDE

En Laponie finlandaise, les reflets colorés des aurores se reflètent dans les lacs glacés, laissant éclore un spectacle envoûtant. L'Urho Kekkonen National Park, et particulièrement la région d'Ivalo avec ses paysages enneigés, offrent des spots d'observation de toute beauté. D'autres endroits recommandés se trouvent dans les communes limitrophes de Saariselkä, Kilpisjärvi et Inari. Mais même à Helsinki et dans le sud de la Finlande, on peut en apercevoir pendant une vingtaine de nuits par an.

GROENLAND

Les endroits les plus recommandés, célèbres pour leurs nuits d'une limpidité absolue, sont les alentours de la capitale Nuuk, Kangerlussuaq sur la côte ouest, Ilulissat dans la Disko Bay et Tasiilaq sur la côte est.

SUÈDE

On peut voir de magnifiques aurores boréales dans toute la Laponie suédoise, la région arctique qui recouvre le nord-ouest du pays. Pour mettre toutes les chances de son côté, il est conseillé de se rendre en télésiège à la Aurora Sky Station, à la pointe du parc national d'Abisko. Il s'agit du point le plus sec et le plus lumineux de tout le pays. À 900 m au-dessus de la mer, cette station est réputée comme le meilleur spot d'observation de Suède : on y voit près de 200 aurores par an !

RUSSIE

Avis aux grands voyageurs ! Beaucoup plus difficiles d'accès, les points d'observation russes sont pourtant les plus sauvages... Au-delà du cercle polaire, la ville de Mourmansk, perdue au milieu de la Toundra, est une terre de mythes et de légendes. Plus loin, Salekhard est la seule vraie ville du monde à se trouver sur le cercle polaire. Ici, lorsque les aurores déchirent le ciel, les habitants croient voir apparaître l'esprit des morts. Si vous voulez pousser encore plus loin, après avoir reçu une autorisation spéciale, il est possible de se rendre sur l'archipel reculé de Novaïa Zemlia. Tristement célèbre en tant que zone de tests atomiques, l'endroit passe pour un splendide site d'observation des nuits polaires aux couleurs virevoltantes. Mais là, il faut vraiment avoir une âme d'aventurier...

NORVÈGE

La Norvège du nord, des Îles Lofoten jusqu'au Cap Nord, est un lieu d'observation idéal. Pleine de charme, la ville de Tromso est un point de départ apprécié : différents parcours de safaris en nature sauvage y sont organisés à destination des touristes. À la pointe de la Norvège, une visite dans le Finnmark (ou Laponie norvégienne) permet de découvrir des aurores polaires dans des conditions parfaites, tout en s'initiant à la culture des Sami, le peuple indigène de Laponie.

LIENS UTILES

Aurores boréales en Suède : visitsweden.fr

Aurores boréales en Norvège : visitnorway.fr

Bulletin de prévision des aurores boréales en Islande : en.vedur.is/weather/forecasts/aurora/

CITY-TRIPS

50 VILLES À VISITER DANS SA VIE

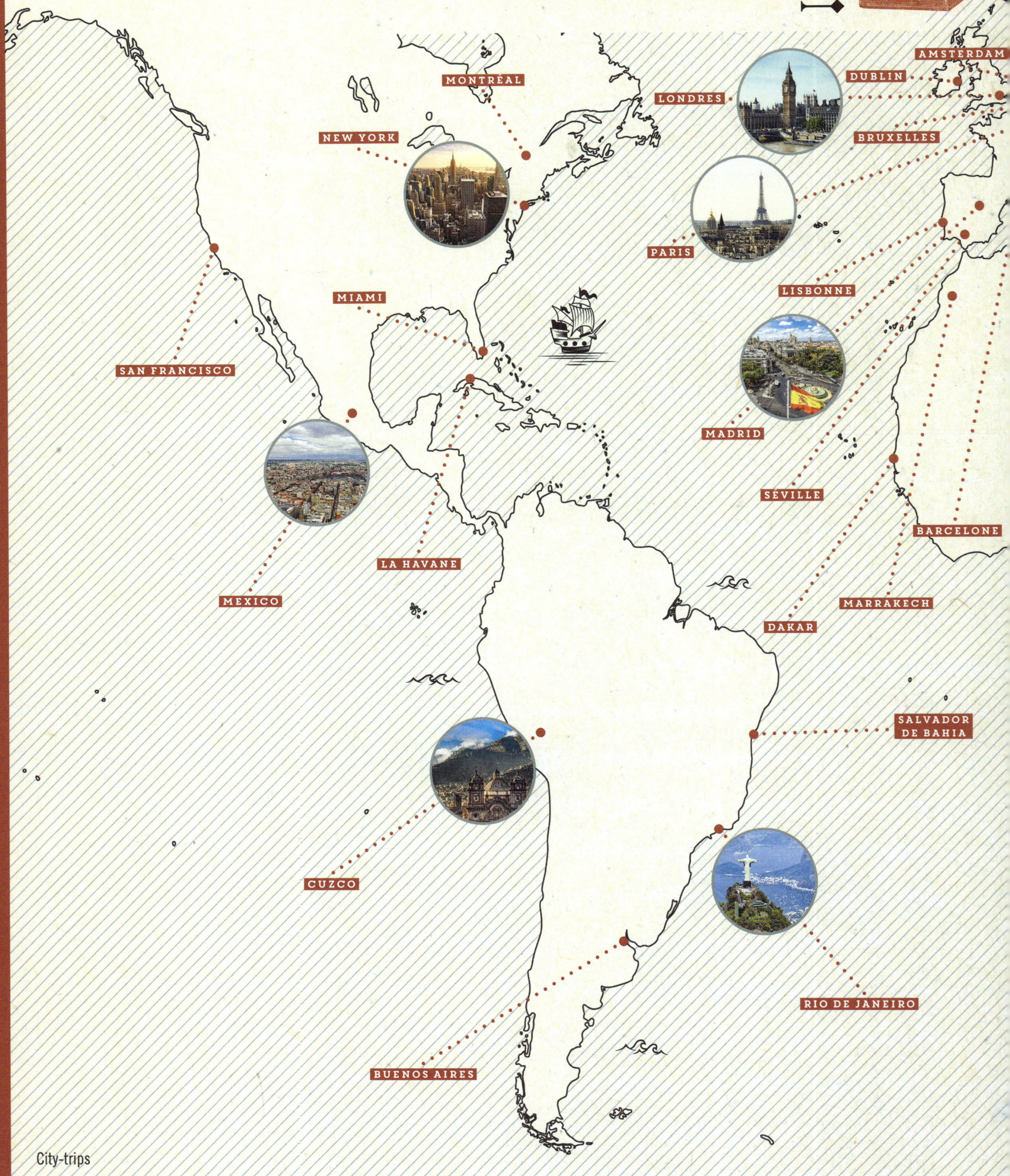

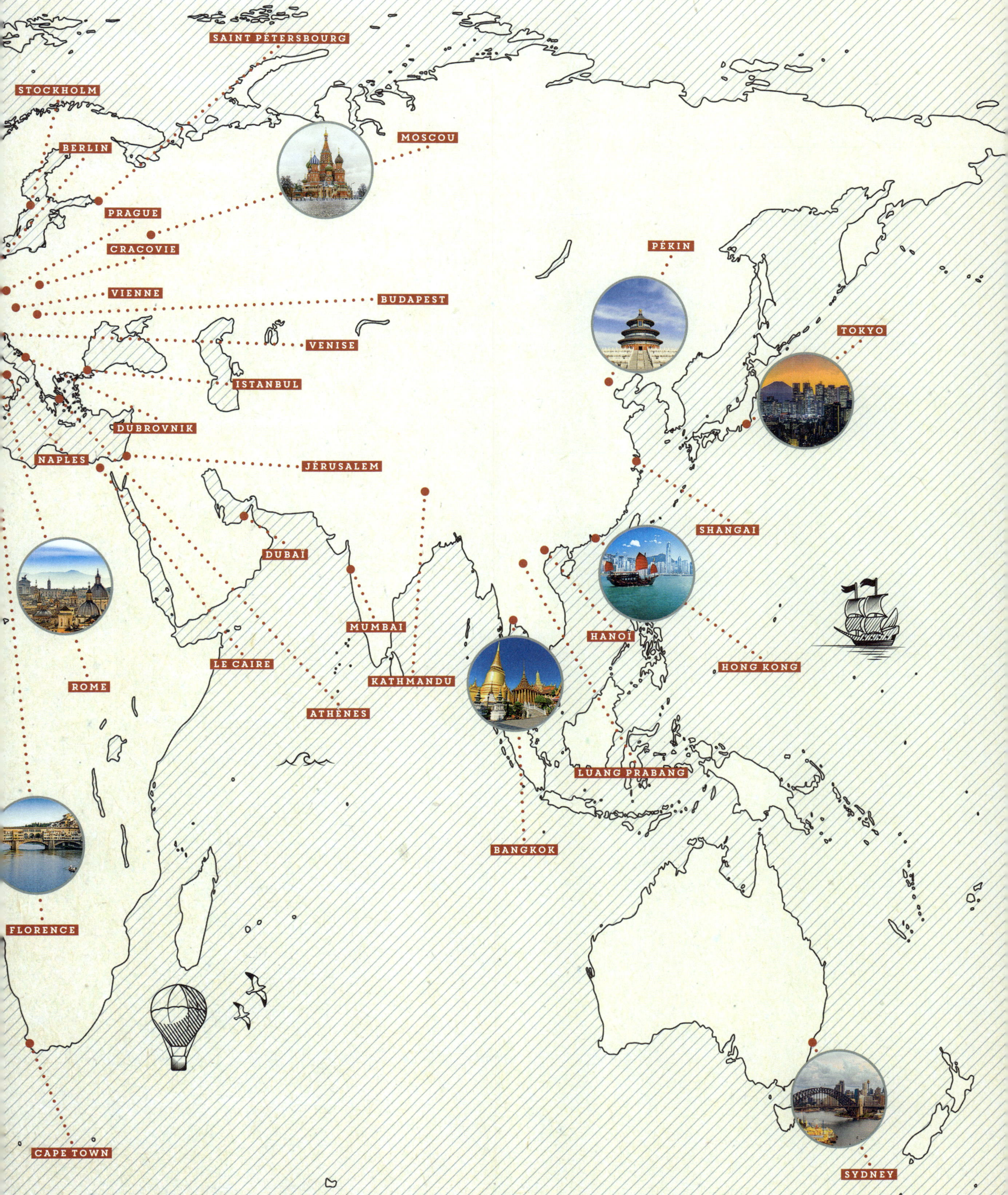
SAINT PÉTERSBOURG
STOCKHOLM
BERLIN
MOSCOU
PRAGUE
CRACOVIE
VIENNE
BUDAPEST
VENISE
ISTANBUL
DUBROVNIK
NAPLES
JÉRUSALEM
PÉKIN
TOKYO
SHANGAI
DUBAÏ
MUMBAI
LE CAIRE
ROME
KATHMANDU
ATHÈNES
HANOÏ
HONG KONG
LUANG PRABANG
BANGKOK
FLORENCE
CAPE TOWN
SYDNEY

AMÉRIQUES

NEW-YORK

New York ou LA ville par excellence. De Manhattan au Bronx, New York s'impose comme une ville-monde : toutes les ethnies et toutes les cuisines semblent s'y être donné rendez-vous !
Villes à voir également dans le Nord-Est des États-Unis : **Chicago, Boston, Philadelphie et Washington.**

SAN FRANCISCO

Comment résister aux charmes de San Francisco ? Mosaïque de populations, cette ville, nichée au creux d'une baie magnifique, est la Mecque de la contre-culture et de l'innovation.
Et aussi, dans un autre genre, **Los Angeles, capitale mythique du cinéma.**

MIAMI

On aime ou on déteste... Miami l'aguicheuse, sous le soleil de Floride, ne laisse personne de marbre. Cette métropole balnéaire – et très latino – fait partie des hot spots de la planète.
À voir aussi, dans le sud des États-Unis : **La Nouvelle-Orléans.**

MONTRÉAL

Montréal, c'est notre Amérique à nous, les francophones ! À la fois latine et anglo-saxonne, jouant une partition bien distincte dans le concert nord-américain, la métropole québécoise reste le meilleur trait d'union entre l'Europe et l'Amérique.
Et aussi, au Canada : **Toronto et Vancouver.**

MEXICO

L'une des villes les plus peuplées de la planète... située à plus de 2000 m d'altitude. Mexico est un véritable choc pour le voyageur : une ville sans cesse animée, frisant la démesure.

LA HAVANE

Elle a beau être délabrée, La Havane n'a rien perdu de ses charmes. Son côté décadent la rend particulièrement séduisante. Habana Vieja, la superbe vieille ville, avec ses beaux immeubles coloniaux, est d'ailleurs classée à l'Unesco.

RIO DE JANEIRO

La *cidade maravilhosa* (ville merveilleuse) n'a pas volé son nom. Rio de Janeiro est une ville magique : Copacabana, Ipanema, le Pain de Sucre, le Corcovado, le carnaval...
À voir également au Brésil : **Salvador de Bahia, São Paulo, Ouro Preto.**

BUENOS AIRES

Tango, bars, restos... Buenos Aires envoûte le voyageur. Ville du bout du monde, la capitale de l'Argentine est la métropole la plus européenne d'Amérique du Sud.

SALVADOR DE BAHIA

Troisième ville du Brésil, Salvador est aussi le berceau culturel du pays. Une ville fascinante, célèbre pour la capoeira, le rite candomblé et son carnaval, où bat le cœur afro-américain du pays.

CUZCO

Perchée à 3400 m d'altitude, Cuzco, la « Rome des Incas », fut le nombril du monde andin (« Cuzco » signifie nombril, en langue quechua).
Également au Pérou : **Lima, une capitale à (re) découvrir.**

EUROPE

PARIS

Pour beaucoup, Paris est la plus belle ville du monde, arrivant presque chaque année en tête du palmarès des plus visitées de la planète. Notre-Dame, le Louvre, la tour Eiffel, la place de la Concorde, l'Arc de Triomphe, la butte Montmartre...

LONDRES

Moderne et vibrante, Londres la cosmopolite est, à l'instar de New York, une ville-monde. La capitale britannique s'appuie sur sa tradition british (ô combien dépaysante !) tout en se renouvelant constamment.

DUBLIN

Dublin est l'une des villes les plus attachantes d'Europe. C'est à pied qu'il faut découvrir toute la diversité de cette capitale à taille humaine, des belles maisons géorgiennes aux quartiers flambant neufs.

AMSTERDAM

Les canaux, le Rijksmuseum, les maisons à pignons, les cafés bruns ou blancs, les tableaux de Van Gogh et de Rembrandt, le Vondelpark au printemps... Les raisons d'aimer Amsterdam ne se comptent plus.

BRUXELLES

Bruxelles ? Un étonnant patchwork urbain. Musées et demeures Art déco, bonnes bières et moules-frites, sans oublier l'agrément de la Grand Place et des ruelles aux alentours.

LISBONNE

Lisbonne, une ville au charme fou et l'une des capitales les plus attachantes d'Europe. Ville de la saudade et du fado, Lisbonne ravira les trekkeurs urbains qui ont l'âme d'un poète.
À ne pas manquer également au Portugal : **Porto.**

BARCELONE

Le parfait mix entre la culture, l'art de vivre, la fête, le patrimoine et l'innovation. Au bord de la Méditerranée, Barcelone possède un patrimoine unique au monde avec les œuvres de Gaudí, dont son époustouflante Sagrada Família.

MADRID

Créative et festive, Madrid a depuis longtemps remisé au placard son conservatisme. Cœur battant de la Movida, la ville d'Almodóvar se vit au fil de ses rues, quelle que soit la température.
Et, dans les environs de Madrid : **Tolède, Salamanque.**

SÉVILLE

Fièrement andalouse, Séville possède des joyaux architecturaux rappelant l'âge d'or arabo-andalou, dont la Giralda ou l'Alcázar.
Deux autres trésors en Andalousie : **Cordoue pour sa cathédrale-mosquée et Grenade avec l'Alhambra.**

ROME

Sans doute l'une des villes du monde où la présence de l'histoire se fait le plus sentir, du forum romain aux églises baroques. S'aventurer dans les ruelles du côté du Campo dei Fiori et s'attabler dans une trattoria du Trastevere.

VENISE

Née de la mer, la Sérénissime est un sublime décor de théâtre avec ses palazzi qui se reflètent dans les eaux du Grand Canal. On la dit mourante et mélancolique, transformée en ville-musée.
Dans le nord de l'Italie, également : **Milan et Turin.**

FLORENCE

La cité des Médicis est l'une des plus belles villes d'Italie. On ne compte plus les trésors de cette splendide Toscane, du Ponte Vecchio à Santa Croce, en passant par le Duomo.
Et, à portée de train de Florence : **Bologne, Vérone, Sienne.**

NAPLES

Peut-on trouver plus intensément italienne que Naples ? Située sous le volcan Vésuve, la 3e ville d'Italie possède une personnalité bien trempée..
Et aussi, dans le sud de l'Italie : **Palerme, Matera.**

ATHÈNES

Au premier abord chaotique et brouillonne, Athènes possède des joyaux inestimables qui justifient à eux seuls le voyage : l'Acropole, l'Agora, les trésors du musée archéologique national...

DUBROVNIK

Entourée de remparts et de fortifications, Dubrovnik est digne d'un décor de théâtre, au pied d'un amphithéâtre de montagnes dévalant dans la Méditerranée.

BERLIN

« Pauvre, mais sexy » selon son ancien maire Klaus Wowereit, Berlin est désormais la ville qui bouge le plus en Europe. La capitale allemande attire les artistes et créateurs du monde entier.
À voir aussi en Allemagne : **Munich et Hambourg.**

VIENNE

Les valses, les Habsbourg, les tableaux de Klimt et les airs de Mozart, les cafés littéraires et les immeubles Jugendstil… Des clichés, peut-être, mais suffisamment évocateurs pour faire accourir tant de voyageurs à Vienne.
Également en Autriche : **Salzbourg.**

PRAGUE

André Breton l'appelait la « capitale magique de l'Europe » ! Vieille ville, Mala Strana, pont Charles, château, cimetière juif… Traversée par la Vltava, Prague est une ville magique, au patrimoine architectural d'une grande richesse.

BUDAPEST

Plus d'un millénaire d'histoire ont fait de Budapest l'une des villes les plus importantes d'Europe centrale. Meurtrie par les déchirures du XXe siècle, la capitale hongroise connaît un vrai renouveau.

CRACOVIE

Capitale de cœur des Polonais, Cracovie compte parmi les plus belles villes d'Europe centrale. Gothique ou baroque, le patrimoine architectural de Cracovie enchante le voyageur.
Également en Pologne : **Varsovie, la capitale.**

STOCKHOLM

Une ville enchanteresse, construite sur quatorze îles à l'embouchure du lac Mälaren. Stockholm abrite, en son cœur, l'une des plus jolies vieilles villes d'Europe.
Une autre belle Scandinave : Copenhague.

MOSCOU

Parfait miroir de la Russie contemporaine, Moscou a connu ces dernières décennies une mutation fulgurante, tout en conservant les traces de son passé.

SAINT-PÉTERSBOURG

Née de la volonté de Pierre le Grand, Saint-Pétersbourg regorge de merveilles architecturales, placées sous le signe du baroque. Ses canaux en font une sorte de Venise nordique, traversée par le majestueux fleuve Neva.

ISTANBUL

À cheval entre Europe et Asie, Istanbul a conservé les traces de son riche passé grec, romain et ottoman, avec des merveilles comme le palais de Topkapı, Sainte-Sophie ou la mosquée Bleue.

AFRIQUE ET MOYEN-ORIENT

MARRAKECH

Marrakech ne laisse personne indifférent : chaotique et indomptable, en pleine mutation, la ville rouge a tout pour envoûter le visiteur.
Autres ensorceleuses marocaines : **Fès, Tanger et Essaouira.**

LE CAIRE

Le Caire, surpeuplée et polluée, n'est pas forcément agréable. Déroutante au premier abord, elle offre un saisissant raccourci de la culture égyptienne, des pharaons à la modernité.

DAKAR

Dakar n'est pas à franchement parler une belle ville. Mais, parfait exemple d'une métropole africaine contemporaine, elle vaut assurément la visite.

CAPE TOWN

À la pointe de l'Afrique australe, Cape Town occupe un site exceptionnel. La Table Mountain surplombe la ville du haut de ses 1 000 m d'altitude, non loin de la falaise du mythique Cap de Bonne-Espérance.
Également en Afrique du Sud : **Johannesburg.**

JÉRUSALEM

L'une des plus vieilles (et belles) villes du monde ! Que l'on soit religieux ou non, visiter la ville « trois fois sainte », où cohabitent les trois grandes religions monothéistes, reste une expérience de voyage marquante.
Et, à une heure de Jérusalem : **Tel Aviv.**

DUBAÏ

Dubaï ou la ville de tous les superlatifs. Avec ses gratte-ciel futuristes surgis du désert, ses îles artificielles, ses *malls* démesurés et ses hôtels de luxe clinquants, cette métropole incarne la version arabe de l'hyper-modernité.

ASIE ET OCÉANIE

PÉKIN

Ville démesurée, Pékin est avant tout une grande cité impériale où l'histoire a laissé des empreintes profondes, de Gengis Khan à Mao.

SHANGHAI

Plaque tournante du commerce international, Shanghai incarne un nouveau Far West économique symbolisé par les tours rutilantes de Pudong. Shanghai possède quelques traces de son passé.

HONG KONG

« Asia's World City », Hong Kong dresse ses impressionnants gratte-ciel face à une superbe baie, célébrée par des générations de voyageurs.
À portée de ferry, **ne manquez pas Macao.**

TOKYO

Avec près de 44 millions d'habitants en comptant son agglomération (dont 13 intra-muros), Tokyo est la plus grande ville du monde. C'est déjà une bonne raison d'y aller.
À compléter absolument **par la visite de Kyoto, capitale historique et culturelle du Japon.**

BANGKOK

Bangkok : une ville-monstre de plus de 10 millions d'habitants qui, pourtant, dégage une coolitude toute thaïe. La capitale thaïlandaise possède deux visages.

KATHMANDU

Ville mythique pour les voyageurs, Kathmandu et un bijou historique, culturel et humain. Au-delà de ses temples et de son riche patrimoine, la capitale du Népal est une ville qui bouge.

MUMBAI

Impossible de rester indifférent face au tourbillon de Mumbai, qu'on l'aime ou la déteste… Avec 20 millions d'habitants, c'est la plus grande ville indienne et la cinquième métropole mondiale.

HANOÏ

Hanoï doit son caractère original aux deux cultures, chinoise et française, qui l'ont façonnée. L'ancienne capitale de l'Indochine française conserve un formidable patrimoine d'époque coloniale. Bourdonnant de vie et d'activité.
À voir aussi au Vietnam : **Ho Chi Minh-Ville (Saïgon).**

LUANG PRABANG

Classée au patrimoine de l'Unesco, cette ville unique a pu conserver son patrimoine historique. De fait, Luang Prabang est l'un des joyaux d'Asie du Sud-Est, au charme intemporel.

SYDNEY

Installée dans une superbe baie, Sydney est la plus grande et la plus ancienne ville d'Australie. Cette métropole de bord de mer, avec des superbes plages, offre une qualité et un style de vie détendus qui évoquent la Californie.
Également en Australie : **Melbourne, la capitale culturelle.**

10 VILLES OÙ FAIRE LA FÊTE

Vous trouvez Paris et les nuits à la française bien tranquilles ? De Lisbonne à Barcelone et de Berlin à Glasgow, voici dix villes où faire la fête à moins de 3 h 30 de la France. Tonalité de la nuit, quartiers où sortir, festivités de toutes sortes et lieux coup de cœur : la nuit est à vous !

BERLIN

Capitale underground

Certains la disent en voie de « normalisation ». Des esprits chagrins et blasés… Ville du rock, de l'électro underground et de la liberté d'expression, Berlin reste l'une des escales nocturnes incontournables en Europe. Profitez tant qu'il est encore temps de ce qui fait la saveur de la nuit à Berlin : son côté alternatif. On trouve encore quelques squats géants, véritables labyrinthes artistiques où s'entremêlent *street art* et soirées électro intimistes. Trois choses à savoir sur la nuit berlinoise : on sort, pas seulement pour danser, mais pour écouter de la musique ; on laisse son « costard – cravate » à l'hôtel : ici, le triptyque idéal côté *dress code*, c'est « jean's / tee-shirt / converses » ; enfin, pas la peine d'arriver dès minuit devant la porte des clubs : le bon moment, c'est 2 h du matin. Avant, c'est juste une mise en jambe…

OÙ SORTIR À BERLIN ?

Berlin est tendance, sans doute parce que la tendance est à Berlin : c'est la ville où les clubs ouvrent dans les salles des coffres d'anciennes banques ou dans des piscines désaffectées ! Pour goûter l'essence même du Berlin Underground et ses nombreux squats, rendez-vous du côté des friches installées près des voies ferrées à l'est, du côté de **Friedrichshain**. On trouve aussi, dans le quartier, des bars-boîtes-piscines en plein air sur les rives de la **Spree**, en été, comme l'*Arena Badeschiff (arena.berlin)*. Petits restaurants et cafés traditionnels sont lovés à **Mitte**, le quartier historique de la ville, ou dans **Prenzlauerberg**, le quartier bobo. Bonne ambiance également du côté de **Kreuzberg**, où le légendaire *club SO36 (so36.de/the-club)* fait de la résistance, malgré les menaces de fermeture à répétition, avec ses soirées mixant gays et hétéros. On trouve aussi pas mal de restos et bars alternatifs et branchés entre **Hermannplatz** et **Landwehrkanal**, ainsi qu'à **Neukölln**.

NOTRE COUP DE CŒUR À BERLIN…

Berghain et Panorama Bar

Considéré par beaucoup comme le meilleur club du monde. Ce temple de la techno est un grand bâtiment de style soviétique planté comme un bateau échoué au milieu d'un terrain vague. Avec son décor minimaliste en acier, on y va pour écouter essentiellement de la musique électro, du rock indus, de la deep ou de la minimal techno. Sélection sévère à l'entrée et ambiance très chaude à l'intérieur. Autre référence de l'électro, dans le même quartier, le *Watergate (Falckensteinstr., 49 ; water-gate.de)*.

www. **berghain.de**

Et pour rentrer ⟼ **S-Bahn et bus de nuit toute la nuit le week-end.**

AMSTERDAM

Nuits sans sommeil

Amsterdam est l'une des villes les plus extraordinaires du monde. Avec ses canaux, ses vélos remplaçant les voitures, ses musées mondialement célèbres et ses nombreuses richesses historiques, Amsterdam est une belle de jour, mais également de nuit… Lorsque minuit approche, Amsterdam commence à devenir réellement électrique, particulièrement lors des belles soirées d'été. Finie la quiétude d'un après-midi à Vondelpark (sorte de Central Park, sauce hollandaise), place aux gros sons et aux DJ's de renommée internationale…

OÙ SORTIR À AMSTERDAM ?

Autour de **Leidseplein**, vous trouverez le *Stadsschouwburg* (théâtre municipal) et autres théâtres, une multitude de cafés, de restaurants et de cinémas, le casino, le *club Lido (hollandcasino.nl)* qui propose des spectacles en live, ainsi que les célèbres centres culturels et musicaux : le *Paradiso (paradiso.nl)* et le *Melkweg (melkweg.nl)*. L'idéal reste de pousser la porte des nombreux bars du centre-ville, cafés bruns ou cafés blancs, de se perdre dans les petites ruelles du **Redlight** ou de flâner sur les bords des canaux. Partout vous trouverez des lieux très stylisés, ouverts jusqu'à 2 ou 3 h du matin. Quelques-uns ont une petite piste pour danser, d'autres ont un petit restaurant ou passent de la musique live. Parmi les bons clubs, citons l'*Escape (escape.nl)*, le *Studio 80 (studio-80.nl)* et le *Jimmy Woo (jimmywoo.com)*.

NOTRE COUP DE CŒUR À AMSTERDAM…

Jimmy Woo

Cette boîte, la plus en vogue du pays, est située près du Leidsplein, le quartier de la fête à Amsterdam. Décor entre design contemporain et influences orientales, ambiance très classe. Au premier étage, le bar offre un choix impressionnant de cocktails. Au deuxième, vous accéderez au club.

Adresse ⟼ **18 Korte Leidsedwarsstraat.**

www. **jimmywoo.com**

Et pour rentrer ⟼ **À pied si vous êtes dans le centre ou réseau de bus de nuit au départ de la gare centrale.**

LONDRES

Éclectique et électrique

Londres s'amuse. Encore et encore. Toujours en mouvement, la capitale anglaise continue de swinguer en proposant des nuits éclectiques et électriques. Des fringues à gogo, des bars ultra-branchés, des clubs surchauffés, des restaurants cosy et une population parmi les plus hétéroclites au monde, Londres a dans son escarcelle de nombreuses armes de séduction massive. Sa nuit ressemble à un patchwork de couleurs et de senteurs : dress code déjanté, musique assourdissante et italo-disco de rigueur. On vous passera le couplet « *Sex, Drugs & rock'n'roll* » qui reste l'adage transgénérationnel de nombreux Londoniens branchés. Si vous êtes un night-clubber patenté, vous éviterez toute improvisation, d'autant plus que la vie nocturne est chère. Les *venues* (mi-bars, mi-boîtes) offrent des alternatives très conviviales aux grands clubs de la capitale. Pour dénicher les bons plans, le magazine *Time Out* reste la référence. Parmi les clubs considérés comme des valeurs sûres : *Ministry of Sound (ministryofsound.com)*, *Fabric (fabriclondon.com)*, *Heaven* (gay) *(heavennightclub-london.com)* et le *Maddox (maddoxclub.com)*.

OÙ SORTIR À LONDRES ?

Surtout à l'est (**Hoxton, Brick Lane** et **Shoreditch**) et sur les **Docks**. Ce sont les nouveaux quartiers branchés où il faut se rendre. Le quartier de **Soho** reste fêtard mais de plus en plus conventionnel. Tout comme **Camden** et **Leicester Square**, il reste toutefois incontournable pour ses nombreux clubs et salles de concert célèbres. Mais désormais donc, pour sortir, direction le « **East London** » branché, en perpétuel mouvement et où les lieux changent, bougent, évoluent... On y retrouve un certain goût des eighties et les étudiants notamment aiment s'y retrouver. Également au sud de la Tamise, ça bouge pas mal du côté de **Brixton**, avec deux clubs phares de la nuit : *Brixton 02 Academy* (plutôt rock et black music) *(academymusicgroup.com)* et le mythique *Fridge (fridge.co.uk)*.

NOTRE COUP DE CŒUR À LONDRES...

Ministry of Sound

Une référence du clubbing mondial. Il reste l'un des établissements à découvrir absolument à Londres : le *Ministry of Sound* est souvent qualifié d'incontournable pour toute virée dans la capitale anglaise. Privilégiez les soirées du vendredi soir, ou le samedi, qui accueillent des DJs internationaux. Le son est tout simplement époustouflant !

Adresse ⟼ **103 Gaunt Street – London SE1 6DP.**

www. **ministryofsound.com**

Et pour rentrer ⟼ **Bus de nuit au départ de Trafalgar Square et taxis.**

GLASGOW

Rock in the UK !

Glasgow, que l'on peut relier en avion en 2 h de Paris (ou en train via l'Eurostar à Londres – pensez-y !), est devenu au fil des années une excellente alternative aux nuits anglaises et irlandaises ! Cette ville regorge de petits bijoux : salles de concert, clubs gargantuesques, restos et bars dans des lieux totalement décalés... Et dès 18 h, une atmosphère festive et bon enfant, avec ses hordes de *teenagers* tous ultra fringués ou ses filles aux jupes plus courtes les unes que les autres... Gros avantage de Glasgow : les taxis ! Très disponibles, nombreux et très peu chers, ils permettent de bouger à n'importe quelle heure en toute sécurité et sans avoir à se confronter au climat parfois capricieux. Le soir, les Écossais se retrouvent au bar ou dans les pubs jusqu'à 1h du matin puis bougent ensuite aux *Arches* (le club incontournable de la ville) *(thearches.co.uk)*, au *Garage (garageglasgow.co.uk)* ou au *Subclub (subclub.co.uk)* sur Jamaica Street.

OÙ SORTIR À GLASGOW ?

La valeur sûre où se concentrent restos tendance, bars et clubs, c'est **West End**, le quartier étudiant de la ville. Le City Centre, avec les **Argyle Street, Hope Street** et **Jamaica Street** demeurent le triptyque incontournable pour une nuit sans fausse note. Côté resto, direction **Buchanan Street** où vous apprivoiserez la cuisine écossaise au *Restaurant Bar and Grill*. Côté bars, préférez les tavernes typiques ou les nombreux pubs et salles de concert de **Byres Road**. Vous n'aurez que l'embarras du choix ! Pour vous tenir au courant de la vie nocturne locale : le *Gig Guide (gigguide.co.uk)*.

NOTRE COUP DE CŒUR À GLASGOW...

King Tut's Wah Wah Hut

Croyez-nous, un séjour à Glasgow ne se réalise pas totalement sans un arrêt dans le temple de la musique rock : *King Tut's Wah Wah Hut*, un bar muni d'une micro salle de concert de 300 places. Et alors, nous direz-vous ? Eh bien on y voit jouer Oasis, The Verve, The Killers, Radiohead, Skunk Anansie... pour quelques livres sterling. Un bijou qui se transmet de bouche à oreille !

Adresse ⟼ **272a St. Vincent Street – Glasgow G2 5RL.**

www. **kingtuts.co.uk**

Et pour rentrer ⟼ **Les taxis, très bons marchés.**

PARIS

Est une fête !

Il est vrai que d'autres métropoles européennes – Berlin ou Londres – ont supplanté la Ville Lumière. Tarifs prohibitifs, sélection drastique à l'entrée, ambiance m'as-tu-vu : la nuit parisienne affiche quelques défauts. Mais en déambulant dans les rues, à l'écart des coins touristiques, on découvre des bars, terrasses, jardins cachés, boîtes, *roof tops* et autres lieux alternatifs qui enivrent les fêtards jusqu'au petit matin. Sans compter que les nuits parisiennes connaissent un flamboyant regain de vitalité ces derniers temps, nous nous devions donc de l'inclure dans notre sélection.

OÙ SORTIR À PARIS ?

Tous les quartiers ne sont pas égaux passé 22h. L'animation se concentre dans quelques coins bien circonscrits, même si on trouve toujours des exceptions. Le nord et l'est de la capitale sont de véritables réverbères pour les oiseaux de nuit, qui y affluent dès l'apéro. **Pigalle** (9e et 18e) a renoué avec son passé festif : de nouveaux bars et clubs y ouvrent chaque mois. Le **faubourg Saint-Denis**, le proche **canal Saint-Martin** (10e) et les rues alentour récoltent les faveurs des artistes branchés du coin *(Le Point Éphémère…)*. Alors qu'un peu plus haut on recherche le dépaysement au bord du sympathique **bassin de la Villette** (19e), ou une ambiance un poil plus populaire dans les troquets de **Belleville** et **Ménilmontant** (20e) comme le *Lou Pascalou, La Féline* ou *La Bellevilloise* et *la Maroquinerie* pour les concerts et le clubbing. Le triangle **Bastille-République-Oberkampf** (11e), et ses enfilades de bars, reste un bastion de la nuit parisienne, surtout pour une clientèle estudiantine. Quant au 13e, les noctambules l'apprécient pour ses péniches, bars et boîtes **le long de la Seine** *(Batofar, Dame de Canton…)*. En été, avec les transats et les larges terrasses les pieds dans l'eau, la fête est toujours plus folle !

NOTRE COUP DE CŒUR À PARIS…

La Machine du Moulin Rouge

Propriété du Moulin-Rouge, *La Machine* organise des soirées musicales où alternent live et DJs, toujours de qualité : électro, rock ou musique du monde enflamment les lieux. Avec ses 3 espaces distincts, que ce soit à l'heure de l'apéro ou au milieu de la nuit, il y a toujours quelque chose à y voir. Un lieu incontournable de la nuit parisienne.

Adresse ⤞ **90, bd de Clichy, 75018.**
www. **lamachinedumoulinrouge.com**
Et pour rentrer ⤞ **Noctiliens ou vélib.**

BRUXELLES

La fête tout simplement !

Bruxelles est l'une des villes les plus attrayantes et festives d'Europe et l'un des berceaux du mouvement house-techno sur le vieux continent. Une fois sur place, on sent d'ailleurs instantanément l'engouement des Belges pour la fête… Une culture, presque une religion. Les affiches et les flyers annonçant les soirées trônent un peu partout dans les rues, sur les vitrines… Y boire un verre est aussi très léger pour le porte-monnaie (les meilleures bières sont à moins de 5 € et les softs à 2,50 €). L'habitude des Bruxellois est de commander une petite portion de fromage avec les bières et, si la faim est un peu plus présente, une petite assiette de charcuterie. Les usines à danser sont légion également. Parmi nos chouchous : le *Fuse (fuse.be)* et *Le You (leyou.be)*.

OÙ SORTIR À BRUXELLES ?

Le lieu numéro 1 pour sortir à Bruxelles est la **place Saint-Géry** (dans le centre près du métro Bourse et à 5-10 mn de la Grand Place) : on y trouve de nombreux bars sympas avec terrasse chauffée et des restaurants prisés par les Bruxellois. Dans le centre-ville, on trouve bon nombre de bars à bière et d'estaminets où refaire le monde (*À la bécasse, La fleur en papier doré…*). La nuit, place aux sons électro, dans des lieux souvent petits, mais bondés et électrisés par des DJs de classe européenne. Autre quartier incontournable et peu fréquenté par les touristes : la **Place du Châtelain**. Il faut surtout y aller le mercredi pour passer au marché acheter du fromage et de la charcuterie, avant de s'installer dans des bars. À découvrir également : la **Place Saint-Boniface**, le quartier des restaurants, la **Chaussée de Charleroi** et **les Sablons**, quartier mi-chic mi-populaire avec ses bars et restaurants trendy qui côtoient les boutiques BCBG, le tout dans un cadre quasi d'époque.

NOTRE COUP DE CŒUR À BRUXELLES…

Le Délirium Café

Situé dans une cave du XVIIIe siècle, au cœur de l'Ilot Sacré, à 100 m de la Grand Place de Bruxelles, le *Délirium* nous plonge dans un décor de vieilles plaques émaillées, d'affiches d'antan et d'enseignes lumineuses. Une atmosphère de bières et de genièvres pour voir des éléphants roses et nous mener au doux délire de cette adresse ultra prisée par les Bruxellois… et les autres ! Concerts blues et rock réguliers.

Adresse ⤞ **Impasse de la Fidélité, 4A.**
www. **deliriumcafe.be**
Et pour rentrer ⤞ **Le réseau de bus de nuit Noctis fonctionne du vendredi au dimanche au départ de la place de la Bourse.**

SÉVILLE

Fièvre andalouse

Séville, c'est l'alternative de choix à Barcelone dans la nuit espagnole. La capitale de l'Andalousie a tous les attraits pour un week-end réussi. Le jour, vous profiterez de l'incroyable douceur de vivre de la ville ; une fois la nuit tombée, vous goûterez à tout ce qui fait la réputation des fêtes authentiques. Le soir, la jeunesse sévillane envahit les places de la ville pour d'incroyables rassemblements festifs avant de rejoindre des clubs comme l'*Antique (antiquetheatro.com)*, le *Boss* ou la *Kudeta (kudetasevilla.es)*.

OÙ SORTIR À SÉVILLE ?

Perdez-vous dans ses ruelles populaires de **Triana** ou **La Macarena** et découvrez ses nombreux bars et restaurants. Mais s'il y a bien un endroit qu'il faut découvrir absolument, c'est la **Plaza El Salvador** : le point de rencontre des noctambules ! Autour des bars à vins et à bières, des centaines de personnes se retrouvent tous les soirs. On prend directement sa consommation au bar et on la boit dans la rue. Un essaim d'oiseaux de nuits bruyants qui vous laissera une impression de vertige : impressionnant ! Autre quartier de sorties de choix : la **Zona Alameda de Hercules** avec ses nombreux pubs et discothèques et, pour les tapas, le **quartier Santa Cruz**. Pour les clubs de flamenco typiques, direction le quartier **Triana-Remeidos**.

NOTRE COUP DE CŒUR À SÉVILLE...

Holyday by Obbio

Le célèbre *Obbio Club* a investi une antique boîte de nuit des années 70, et a conservé la déco et l'esprit de l'époque : lustres, miroirs et boules à facettes, le tout kitsch à souhait ! La clientèle brasse en toute harmonie tout le panel des Sévillans, du plus BCBG au plus branché.

Adresse ⟼ **c/ Jesus del Gran Poder, 73.**

W. **obbioclub.com**

BARCELONE

La valeur sûre

Barcelone vit à 100 à l'heure. C'est une ville qui ne dort pas. Les Catalans dînent tard, boivent tard et sortent très tard. Pendant les week-ends ne soyez pas surpris si les discothèques de Barcelone sont encore vides jusqu'à 1h ou 2h du matin, elles ouvrent souvent jusqu'à 6h ! Bon, heureusement, généralement, il y a « siesta » le lendemain. Il n'y a pas qu'une vie nocturne à Barcelone : comme le reste de la ville, elle est variée, mouvante et souvent spectaculaire. Déambuler dans les rues le soir pour obtenir les flyers des soirées, sésames indispensables qui vous donnent accès aux clubs gratuitement toute la nuit !

OÙ SORTIR À BARCELONE ?

Les **Ramblas** restent le rendez-vous des fêtards : c'est devenu le lieu de rassemblement spontané, donc n'hésitez pas à y flâner le soir venu. Mais, autant vous dire que ce n'est pas ici qu'on trouve les clubs les plus sympas... Du coup, avant d'aller en boîte, choisissez un des bars branchés du passeig de **Born**, du quartier **Raval**, du **Barrio Gotic** ou d'**Eixample**. Du côté des clubs, les temples de la danse sont nombreux, dont les incontournables *Razzmatazz (salarazzmatazz.com)*, *Bikini (bikinibcn.com)*, *Moog*, *Nitsa/La 2 (nitsa.com)*... Dans le Barrio Gotic et la Ribera, quelques bars méritent votre attention, notamment le *Rabipelao (elrabipelao.com)* ou le *Margarita Blue* (cocktails renommés) *(margaritablue.com)*.

NOTRE COUP DE CŒUR À BARCELONE...

Sala Razzmatazz

Logé dans d'anciens entrepôts de la ville, c'est le club le plus hallucinant de Barcelone ! Cinq salles au total, allant de la *transe* au punk en passant par du rock 60's ou encore des sessions *live*. Un mélange étonnant de personnes : tout le monde y trouve son bonheur et l'ambiance est électrique !

Adresse ⟼ **Pamplona, 88, 1er piso.**

W. **salarazzmatazz.com**

Et pour rentrer ⟼ **En taxi.**

LISBONNE

Noites quentes !

Si Lisbonne respire la sagesse et la tranquillité le jour, sa nuit offre un tout autre visage. La vie nocturne commence généralement très tard – vers 1 h du matin – et se prolonge souvent jusqu'à l'aube. Des *noites quentes* (nuits chaudes) en perspective ! La capitale du Portugal fourmille de bars et boîtes en tout genre : intimes ou jet set, feutrés ou bruyants, branchés ou populaires... qui offrent à chacun une occasion de passer des moments uniques.

OÙ SORTIR À LISBONNE ?

Allez faire un tour du côté du **Bairro Alto**, quartier populaire de la ville qui accueille, dès la tombée de la nuit, une population hétéroclite. Autour de la **Rua da Atalaia** et de la **Rua da Rosa**, chaque bar a son style et son ambiance. L'une des caractéristiques du quartier est la possibilité d'occuper complètement les rues en profitant de la convivialité, à l'air libre, dans une ambiance chic et bon enfant. C'est ici que se trouve aussi le *Lux Frágil (luxfragil.com)*, l'une des boîtes les plus courues de la ville. Rendez-vous également aux **Docas**, avec ces entrepôts de pêches transformés en bars et restaurants branchés. On a l'impression qu'ici, le temps s'arrête en journée et redémarre une fois la nuit tombée. Autre centre incontournable de l'animation nocturne de Lisbonne : la zone qui longe le fleuve et notamment l'*Avenida 24 de Julho* et la zone de **Santos**. Les *happy few* se donnent rendez-vous au bar du *Bairro Alto Hôtel (bairroaltohotel.com)*, repère feutré et trendy de la jeunesse dorée lisboète, avant de se rendre au *Lux Frágil (luxfragil.com)*, la discothèque de John Malkovitch, devenue le temple des nuits électro à Lisbonne.

NOTRE COUP DE CŒUR À LISBONNE...

Lux Frágil

L'une des boîtes les plus branchées d'Europe, créée par le pape de la nuit lisboète, Manuel Reis. Le résultat est à la hauteur : mobilier ultramoderne, piste de danse avec supports visuels, bar, restaurant et terrasse surplombant le Tage (splendide !). Sans parler de l'ambiance, que les DJs internationaux de passage comparent à celle des meilleures clubs d'Ibiza. Encore du monde à 4-5 h du matin. Ambiance chic et feutrée mais pas snob ! Jeu-dim 22 h-6 h.

www. **luxfragil.com**

Et pour rentrer ⟼ **Taxis.**

MARRAKECH

Un joyau dans la nuit

Marrakech a gagné ses lettres de noblesse depuis quelques années. La ville rouge, à 3 h de vol de Paris, séduit le cœur de nombreux oiseaux de nuit par sa douceur de vivre le jour et son effervescence la nuit. Après avoir visité la place Jemaa el-Fna la journée, direction les terrasses ou les toits des riads pour faire la fête ! Sans oublier les incontournables *Théâtro (theatromarrakech.com)*, *Pacha (pachamarrakech.com)* et le bar panoramique du *Renaissance (Sky Bar) (renaissance-hotel-marrakech.com)*, véritable temples festifs à Marrakech et désormais parmi les adresses préférées des noctambules européens !

OÙ SORTIR À MARRAKECH ?

C'est la place la plus connue du Maroc et un lieu devenu mythique : la place reste l'endroit où l'on commence sa soirée. Restaurants, cafés, vendeurs ambulants, c'est l'âme de Marrakech. Au soleil couchant, la terrasse du *Café de France* devient le centre de la ville. Autre passage obligé d'une nuit à Marrakech : le **quartier de l'Hivernage**, où se concentrent hôtels et bars lounge. Le poumon du quartier est l'**avenue Mohammed VI** : c'est ici que fut construite la plus grande discothèque d'Afrique, le *Pacha*, un lieu qui a permis à la ville d'acquérir définitivement son statut de lieu de rendez-vous de la jeunesse branchée et des *clubbers*.

NOTRE COUP DE CŒUR À MARRAKECH...

Le Pacha

Après Ibiza, Londres, Buenos Aires, Sharm-el-Sheikh, l'enseigne internationale a succombé aux charmes de la cité ocre. Le résultat est à la hauteur de la réputation : le décor, qui fait dans le gigantisme, en met plein la vue et *Le Pacha* remplit son contrat en matière d'ambiances festives et de sons. Le club est le pôle d'attraction d'un complexe qui intègre également des restaurants, un bar et une piscine. L'un des incontournables de Marrakech, avec le *Théâtro*.

Adresse ⟼ **Boulevard Mohammed VI.**

www. **pachamarrakech.com**

Et pour rentrer ⟼ **Les taxis, nombreux et bon marchés.**

***Fresque de Paparazzi**, Athènes*

STREET ART ET *MURALS* DANS LE MONDE

L'art est dans la rue ! Philadelphie, Paris, Berlin, Bruxelles, Londres, Lisbonne… Ces villes sont devenues des capitales du street art. Connus ou méconnus, les artistes y exposent tous dans la même galerie : la rue. Cette façon originale de faire tomber les murs intergénérationnels est née aux États-Unis dans les années 1970 avec les tags, simple signature au départ des multiples techniques graphiques utilisées par les graffeurs actuels.

PHILADELPHIE (ÉTATS-UNIS)

PHILLY, CAPITALE MONDIALE DES *MURALS*

Nées il y a 30 ans… d'une lutte anti-graffiti, les 3 500 fresques murales de Philadelphie sont les témoins muets évocateurs de leur temps. En 1984, la ville fait appel à Jane Golden, une artiste muraliste, qui a su convaincre de jeunes tagueurs au talent certain, mais un peu nuisible, d'utiliser leur énergie pour créer de véritables fresques. En 1996, la ville reconnaît officiellement le *Mural Arts Program* (MAP), qui s'est constitué en association sans but lucratif. Les artistes ont pris possession de l'espace public pour embellir les rues (surtout dans les quartiers populaires) tout en contribuant à fédérer les habitants. L'originalité des murals de Philadelphie vient de ce qu'ils sont réalisés par les habitants eux-mêmes. Le thème, le design, les couleurs de chaque fresque sont décidés lors de réunions de quartier. Ensuite, l'artiste commandité crée le dessin sur des panneaux de toile de parachute qui sont numérotés. Et les habitants les assemblent avant de les peindre ensemble, lors des *Community Paint Days.* Le programme MAP travaille avec 50 à 100 communautés selon l'année pour réaliser des *murals* qui reflètent la culture et l'état d'esprit des quartiers. Employant près de 250 artistes, il est l'un des plus gros employeurs du secteur artistique. Dans chaque quartier, façades, murs de parkings ou terrains vagues sont illustrés de héros populaires, de figures locales, de paysages fantastiques ou de scènes d'espoir.

Plus d'infos www. **muralarts.org**

BRUXELLES (BELGIQUE)

LEZARTS URBAINS, UNE FOIS !

Avant le street art, Bruxelles avait inventé l'art de la bande dessinée dans la rue. Même si certains de ces murs sont tagués, ou simplement un peu fatigués, ils restent un témoignage de près d'un siècle de BD. On assiste maintenant à une toute autre effervescence graphique sur les murs de Bruxelles : tags, flops, stickers, pochoirs, wallpapers, reverse graffiti… L'association Lezarts Urbains propose des Graffiti Tours dans le quartier des Marolles, qui offre une grande diversité de l'art urbain. Un autre jeu de piste, plus original que la BD, puisque ces œuvres ne prennent tout leur sens que par leur inscription dans l'espace public. Guidés par des artistes spécialistes du street art et du graffiti, vous allez parcourir les Marolles comme un musée à ciel ouvert, apprendre à déchiffrer, décoder et comprendre les motivations de ces artistes sauvages. Cachées sur les toits, dévoilées sur les murs, s'exposent des œuvres de Bonom, Créons, Idiot, Invaders, Oli B, Roa et bien d'autres.

Plus d'infos www. **visit.brussels/fr**
lezarts-urbains.be

À DÉCOUVRIR EN FRANCE

STREET INSOLITE
PARIS

Le street art est apparu à Paris dans les années 1980, mais c'est dans les années 1990 et 2000 (l'ère post-graffiti) que les artistes français ont diversifié leurs techniques : pochoir, collage, sculpture ou encore mosaïque. Poétiques ou engagées, ces œuvres singulières, principalement florissantes dans l'Est parisien, commencent même à faire leur entrée dans les galeries et musées parisiens : Nemo, Miss Tic, Jef Aerosol ou encore Popof sont autant de messagers qui nous surprennent au détour d'une rue. Messagers et messagères, car nombre de femmes ont suivi les traces de Miss Tic, ces dernières décennies. À Saint-Ouen, ce ne sont plus les puces qui occupent tout le terrain. Plusieurs dizaines d'artistes ont déjà œuvré sur le territoire pour donner de la couleur aux murs gris. L'office de tourisme a recensé la plupart des lieux où ont œuvré différents artistes, seuls ou au nom d'une association : Pimax, Invaders, M. Chat, Gregos, le Diamantaire, Némo, C215, etc.

Plus d'infos www. graffart.fr
www. tourisme-plainecommune-paris.com/decouvrir/destination-creative/street-art

BERLIN (ALLEMAGNE)

QUAND L'ART FAIT LE MUR...

Berlin est l'une des capitales mondiales du street art depuis le milieu des années 1980, grâce à la quarantaine de kilomètres de l'ex-mur. C'est un français, Thierry Noir, qui serait le premier « street artist » à y peindre, en 1984. Après la chute du Mur, en 1989, quelques rares tronçons restent en place, dont une portion de 1,3 km le long de la Spree. Dès 1990, elle accueille une fresque extraordinaire, réalisée par 118 artistes venant de 21 pays : c'est l'East Side Gallery, où l'on trouve entre autres le célèbre bisou goulu de Honecker à Brejnev ou la fameuse Trabant défonçant le Mur. En 2009, la galerie s'est offert un lifting complet pour commémorer les 20 ans de la chute du Mur en invitant, à nouveau, une grosse centaine d'artistes. À deux pas de cette galerie à ciel ouvert, l'immense friche du RAW accueille également une foule d'œuvres éphémères – l'essence même du street art. De l'autre côté de l'Oberbaumbrücke, le long de Cuvrystrasse, se dressent les gigantesques fresques de l'italien Blu. Dans Kreuzberg, Mitte ou Friedrichshain, vous tomberez peut-être sur un *Monsieur A* de André ou une provocante pin-up de Miss Van. Au hasard de vos balades, vous vous arrêterez aussi inévitablement devant une œuvre d'un des tenants berlinois du street art : El Bocho et ses papiers collés de caméras de surveillance ou de Lucy, espiègle gamine qui torture son pauvre chat à longueur de mur, Kripoe et ses poings brandis, Xooox et ses pochoirs de jeunes femmes souvent (sinon toujours) sexy ou Mein Lieber Prost et ses rigolos bonshommes tracés d'un simple trait de bombe.

Plus d'infos www. viveberlintours.de
goodmorningberlin.com

LONDRES (ANGLETERRE)

À L'EST, DU NOUVEAU

À Londres, le street art est omniprésent. Qu'ils soient aussitôt effacés par la mairie ou sacralisés par du plexiglas comme les œuvres de Banksy, les graffs font rayonner la ville. On ne compte plus les associations qui proposent un circuit dans les quartiers où sévissent les street artists de renommée mondiale. Plongez avec elles dans l'épicentre du street art mondial pour une traque passionnante, dans un monde mutant, sur les pas de Banksy, Shepard Fairey, Eine, Roa et bien d'autres. Quelques *tours & workshops* sont également proposés pour les néophytes (en anglais ou en français) par l'association Alternative London. Des visites sympas pour mieux comprendre l'East London à travers les œuvres repérées par les guides chaque semaine.

Plus d'infos www. shoreditchstreetarttours.co.uk
www. alternativeldn.co.uk

ROTTERDAM (HOLLANDE)

URBAN ATTITUDE

Chaque année ou presque apporte sa nouveauté à Rotterdam, ville qui affiche une architecture contemporaine audacieuse et fascinante. C'est à l'équipe de Mothership que l'on doit la plupart des réalisations visibles aujourd'hui, du mur d'images de la nouvelle gare centrale à la nouvelle halle du marché. Une halle-appartements fantastique, au sens propre, qui change de celles imaginées au siècle dernier, avec une fresque gigantesque (11 000 m²) sur le thème de l'abondance signée Arno Coenen. La nuit, la ville devient plus glamour aux yeux des amateurs d'insolite, dont le cœur battra pour le patrimoine portuaire (entrepôts, quais, grues, bateaux...) reconverti, un art dans lequel les Hollandais excellent. Les amateurs de street art s'en donneront à cœur joie en longeant le port ou en grimpant au sommet d'un immeuble où poussent d'étonnantes salades. L'asso Rewriters010 met à disposition des murs pour les artistes, organnise des visites guidées street art a même lancé une application mobile (*rewriters010.nl/en*).

Plus d'infos www. rotterdam.info
www. enterthemothership.com

LISBONNE (PORTUGAL)

POÉSIE URBAINE

Les amoureux de Lisbonne ont une raison supplémentaire de visiter la ville depuis que sa collection « street art » a été élue par le *Guardian* comme la plus belle du monde. En 2008, le service culturel de la mairie a eu la bonne idée de déclarer le street art discipline artistique à part entière, afin de réduire les actes de vandalisme et de dégradation du patrimoine. La Calçada da Gloria, rue déjà très fréquentée par les touristes, est devenue une *Galeria de Arte Urbana* (GAU). Depuis, même les poubelles à verre ont été recyclées, et les six niveaux du parking de Chão do Loureiro, dans le quartier de l'Alfama, ont été habillés par Ram, Mar, Miguel Januário, Paulo Arraiano et Nomen. Un « parcours street art » conduit dans la Mouraria, avenida Fontes Pereira de Melo (œuvres de Os Gémeos, Blu, Sam3, Ericil Cane et Lucy McLaucland), avenida da Liberdade, entre les Rua Rodrigues Sampaio et de Santa Marta (œuvre d'Aryz), et ramène avenida Dom Afonso Henriques, près du Jardim do Tabaco (œuvres de Vhils/Pixel Pancho, Smile, Zé Carvalho). Un brunch à la *LX Factory*, ancienne manufacture textile reconvertie en lieu alternatif, devrait être le but ultime de la balade. Mais à Lisbonne, vous n'êtes pas au bout de vos surprises, tant la ville est riche de poésie urbaine.

Plus d'infos www. lxfactory.com/en/welcome

Fresque de Pixel Pancho, Lisbonne

BON PLAN

IL EXISTE UNE CARTE GEOLOCALISEE DU STREET ART DANS LE MONDE SUR LE MODELE DE GOOGLE STREET VIEW : STREETART.WITHGOOGLE.COM/FR

BELFAST (IRLANDE DU NORD)

LES *MURALS* (FRESQUES MURALES)

Les fresques murales de West Belfast témoignent encore des antagonismes du passé : celles des Falls rendent hommage à la résistance irlandaise, à l'IRA et à ses héros, comme Bobby Sands, mais aussi aux différentes luttes indépendantistes dans le monde, dont celle du peuple palestinien. À Shankill, les milices loyalistes et la Reine font l'objet de peintures un peu moins colorées où dominent orangistes, silhouettes cagoulées et mitraillettes… Le phénomène artistique et politique des *murals* éclata vraiment du côté républicain au moment des grèves de la faim de 1981. Peints sur les pignons des maisons les mieux placées, ils exprimaient la solidarité d'une rue, d'un quartier avec les grévistes de la faim luttant pour une reconnaissance politique. Puis les thèmes se sont diversifiés, puisant beaucoup aux sources de l'histoire et de la mythologie irlandaise et s'attachant aussi à défendre la cause d'autres peuples opprimés (Palestine, Afrique du Sud, Cuba…).

Plus d'infos www. **muralsirlandedunord.over-blog.com**

AILLEURS DANS LE MONDE

LYON
France

Plus que les fresques officielles en l'honneur de Bocuse et des Grands Lyonnais, c'est la face cachée de Lyon qui est la plus intéressante. Jetez un œil sur *street-art-lyon.com*, le site qui compile les lieux, artistes, expos du moment, dans une ville où l'on efface vite les traces du présent. Une carte permet de se repérer sur les pentes de la Croix-Rousse ou dans le Vieux-Lyon.

VIENNE
Autriche

La capitale des Habsbourg risque de vous surprendre. Rendez-vous le long du Donaukanal, où se déroulent les nuits les plus chaudes de la ville, près du Museumsquartier ou derrière le Mumok, près du Glacis Beisl. C'est autour de la récente Hauptbahnhof qu'on devrait rencontrer pas mal de murs peints, les artistes de la rue ayant été sollicités très officiellement (!) pour œuvrer sur certains grands murs laissés libres par les travaux gigantesques du quartier de la gare.

www. **graffitimuseum.at**

NEW YORK
États-Unis

Les New-Yorkais ont pleuré la fin de 5 Pointz, la Mecque du street art, un immeuble emblématique qui a perdu ses couleurs. Toutefois, vous devriez pouvoir vous consoler avec l'un des multiples tours proposés sur place, notamment une rando de 2 km dans Brooklyn à la rencontre de Buff Monster, Skewville, Beau Stanton, Billy Mode & Chris Stain, membres du collectif Bushwick, entre autres…

www. **freetoursbyfoot.com**

MONTRÉAL
Canada

Faites un tour au nord-ouest du Plateau Mont-Royal dans le quartier du Mile-End. Cet ancien faubourg ouvrier anglophone est devenu le repaire du Montréal artiste et branché, avec des galeries, des studios, des lieux surprenants… D'anciennes manufactures ont été reconverties en centres d'art, comme le centre Clark, autogéré et réputé pour ses expos novatrices. L'immeuble, assez emblématique du quartier, regroupe peintres, sculpteurs et graphistes. Suivre également l'actualité du *Mural Festival* qui fait pas mal d'heureux, sur le boulevard Saint-Laurent.

www. **centreclark.com/fr**
www. **muralfestival.com**

LA HAVANE
Cuba

Un mélange détonant d'artistes locaux, de graffeurs venus du Mexique, du Brésil ou de toute l'Europe. Le Che est toujours là, la mort rode, sur fond de couleurs chaudes. « Do not enter, MillitARTzone », pouvait-on lire il y a encore quelques temps. Kaos, un des artistes graffeurs les plus connus de La Havane, a longtemps exposé ses œuvres au *Cuba Libro*, premier café-livre de langue anglaise.

MEXICO
Mexique

Le musée du jouet MUJAM est un drôle de musée pour fans de street art autant que de jouets anciens. Sinon, les tours Journeys beyond *the surface* permettent notamment de rendre hommage à Diego Rivera, le compagnon de Frida Kahlo, dont les murales sont toujours visibles à Mexico dans certains édifices publics.

CARTE POSTALE

BRISTOL STREET ART

À 170 km à l'ouest de Londres et aux portes du Pays de Galles, Bristol n'a pas fini de vous étonner. Berceau de Massive Attack et de Portishead, mais aussi de Wallace et Gromit, *cette dynamique ville étudiante est devenue l'un des hauts lieux de la planète street art. Balade dans une cité arty, alternative et verte, mais aussi très british, sur les traces du graffeur Banksy et de ses acolytes.*

Bristol, du trip-hop au street art

Le dernier week-end de juillet, la cité du sud-ouest de l'Angleterre accueille le plus grand festival européen de street art, Upfest. Pendant 3 jours, quelque 250 artistes laissent parler les aérosols et les pochoirs sur les 3 000 m² de murs mis à leur disposition dans les quartiers de Southville et de Bedminster. Si vous n'avez pas la chance d'assister à l'événement, sachez que Bristol vit au rythme de l'art urbain toute l'année. Des passionnés se font un plaisir de guider les curieux au gré des rues à la découverte des œuvres du célèbre Banksy, l'enfant du pays, et de ses acolytes graffeurs. Un bon moyen d'appréhender l'âme de cette ville à l'énergie créative débordante.

Sur les traces de Banksy

La chasse au graff commence en centre-ville. Juste en face de College Green, où l'imposante mairie regarde la non moins imposante cathédrale, une œuvre de Banksy orne le mur d'un immeuble de Park Street, comme un défi à l'establishment. Il s'en est d'ailleurs fallu de peu pour que *Well Hung Lover* (représentant un homme nu suspendu à une fenêtre où s'encadre un couple) ne disparaisse du paysage, en 2006, si les habitants n'avaient voté à 97 % pour qu'elle reste à sa place. Depuis, l'eau a coulé sous les ponts du Floating Harbour, et Banksy est aujourd'hui un artiste reconnu dans sa ville natale. Une œuvre de Banksy se trouve dans un musée : *Grim Reaper*, la mort armée de sa faux, qui était originellement peinte sur la coque du Thekla, le mythique cargo qui a accueilli les concerts des grands noms de la pop et du trip-hop dans les années 1990, de Pulp à Portishead. Pour l'empêcher de se dégrader, elle a été déplacée en 2014 au M Shed, le musée d'histoire de la ville, installé sur les quais. Le flanc du bateau, quant à lui, arbore maintenant un graffiti signé Inkie, une autre figure du street art bristolien, camarade de la première heure de Banksy.

Le quartier alternatif de Stokes Croft

En remontant vers le nord, on arrive à Nelson Street, l'une des plus importantes galeries d'art urbain d'Europe. La rue, particulièrement décatie, a été choisie pour accueillir en août 2011 le premier festival « See No Evil », coordonné par Inkie et la mairie, qui avait compris que le street art pouvait aider à réhabiliter les quartiers défavorisés. Pour l'événement, plus de 70 artistes internationaux ont été invités à exercer leurs talents sur les murs, dont le Bristolien Nick Walker ou le Californien El Mac. L'année suivante, d'autres graffeurs ont fait le déplacement, comme l'Italien Pixel Pancho.

Un peu plus loin, on pénètre sur le territoire de la People's Republic of Stokes Croft (PRSC), une « république » d'un nouveau genre, œuvrant pour la culture et l'économie locale (en version « do it yourself ») dans le quartier de Stokes Croft. Les collectifs d'artistes, les restos communautaires et les boutiques indépendantes ont redonné vie aux bâtiments abandonnés, et tout ce petit monde se défend bec et ongles contre toute incursion ennemie des multinationales, le mot d'ordre étant « Think local ». Pour se plonger dans cette ambiance alternative et bohème, n'hésitez pas à aller grignoter à *The Canteen*, un resto qui sert des plats bio et locaux et s'inscrit dans la mouvance *slow food*. On y retrouve aussi la marque de Banksy, dont le fameux *Mild Mild West* (un ours en peluche s'apprêtant à balancer un cocktail Molotov sur la police) qui surplombe la terrasse, faisant face au Jésus breakdancer de l'artiste londonien Cosmo Sarson, sur le mur opposé. Dans la Jamaica Street, vous ne pourrez pas non plus louper la galerie à ciel ouvert de la People's Republic of Stokes Croft, un long mur recouvert de fresques.

FICHE PRATIQUE

Site internet

- Office du tourisme de Bristol : **visitbristol.co.uk/**
- Site de Banksy : **banksy.co.uk**

Comment y aller ?

- Vol quotidien **Paris-Bristol** (1 h 15), avec **EasyJet**.

Où manger et prendre un verre ?

- **The Canteen** : 80 Stokes Croft. L'un des centres névralgiques du quartier de Stokes Croft. On y mange bio et local (plats entre £5 et £10), et on y boit des verres le soir en écoutant de la musique. **Site: canteenbristol.co.uk**

À ne pas manquer

- **Bristol Street Art Tour** : l'équipe de Where the Wall organise des tours guidés à la découverte du street art à Bristol (2 h environ). **Site : wherethewall.com**
- **Upfest Bristol : upfest.co.uk.** Gratuit.

LES HÔTELS MYTHIQUES

Qui n'a jamais rêvé un jour de fouler le tapis rouge des hôtels mythiques ? Pas besoin d'être riche comme Crésus pour entrer dans ces endroits où le moelleux de la moquette n'a d'égal que l'éclat de l'argenterie ou la pureté du marbre. On peut y prendre un verre, y danser un soir, ou juste aller papoter avec le concierge dans le lobby.

312

LE RITZ

Paris

Le 1er juin 1898, César Ritz, originaire de Niederwald, en Suisse, autrefois jeune apprenti sommelier, aguerri aux pratiques des palaces, inaugure « Le Ritz, si tranquille, si resplendissant, si bien conçu pour le repos des grands de la terre » (L.-P. Fargue) au 15, place Vendôme, dans l'ancien hôtel particulier du duc de Lauzun. Ce fut le premier palace du monde avec électricité à chaque étage. Et même des crochets sous les accoudoirs des sièges pour y pendre les sacs à mains des jolies dames !

www.ritzparis.com

313

SAVOY

Londres

Un hôtel mythique et historique, garant des traditions britanniques, construit à l'endroit d'un ancien manoir. Toutes les extravagances semblent s'y être déroulées. Auguste Escoffier inventa ici la pêche Melba, pour la cantatrice australienne Nellie Melba qui hésitait à mélanger pêche et glace.

www.fairmont.fr/savoy-london

314

315

HOTEL CIPRIANI

Venise

À bord d'un vaporetto, nous voici en route pour l'un des hôtels les plus luxueux de Venise, ouvert de mars à novembre (mais toute l'année pour ses annexes), sur l'île de la Giudecca. Tout est luxe et beauté, des boiseries magnifiques aux grandes baies vitrées donnant sur la lagune.

www.belmond.com/fr/hotel-cipriani-venice

316

HÔTEL ADLON

Berlin

Sur le fameux boulevard Unter den Linden (« Sous les tilleuls »), face à la porte de Brandebourg, se trouve l'hôtel Adlon, palace mythique construit entre 1905 et 1907, qui a inspiré Vicky Baum pour son roman *Grand Hôtel* (éd. Phébus). Greta Garbo y fut découverte, Enrico Caruso y prenait ses quartiers.

www.kempinski.com/en/berlin/hotel-adlon

CITY-TRIPS

408

409

CHÂTEAU MARMONT

Los Angeles

Amusant ! Ce château perché, qui se veut d'inspiration Renaissance (l'architecte aurait flashé sur Amboise, *no comment*), surplombe Sunset Boulevard, à deux pas du Kodak Theatre, où se tient chaque année la cérémonie des Oscars. Inauguré en 1929, ce vrai palace vit avec ses mystères, ses audaces et ses petites histoires. Au départ, on y loue des appartements. Mais la crise aidant, les locataires partant, il fut transformé en hôtel.

www. chateaumarmont.com

410

WESTIN ST FRANCIS

San Francisco

Face à Union Square entre la boutique Levi's et Macy's, dans le quartier des théâtres, le St Francis a fière allure. Avec son hall un poil clinquant, il voulait être, à son ouverture en 1904, le petit joyau de ce « Paris de l'Ouest ». Succès immédiat. Aujourd'hui, on peut boire un verre au *Clock Bar*, le bien nommé.

www. westinstfrancis.com

411

THE PIERRE

New York City

Un article du *New York Times* titrait le 2 février 1929 « L'hôtel The Pierre s'élèvera à l'emplacement de Gerry Home. L'immeuble de 41 étages coûtera 15 millions de dollars, et remplacera un hôtel particulier au coin de la 5e avenue et de la 61e rue. On y trouvera l'atmosphère intime d'un club ».

www. thepierreny.com

412

COPACABANA PALACE

Rio de Janeiro

Sur la plage de Copacabana, longue de près de 5 km, les Cariocas venaient rendre hommage autrefois à Notre-Dame de Copa Caguana. En 1924, le Copacabana Palace, dont les plans furent dessinés par l'architecte français Joseph Gire, donna définitivement son nom à cette plage mythique.

www. belmond.com/fr/copacabana-palace-rio-de-janeiro

413

MANDARIN ORIENTAL

Bangkok

Séjourner à l'Oriental, à Bangkok, c'est embrasser l'histoire du Siam d'un peu (plus ? trop ?) près. Situé au bord de la Chao Phraya depuis 1876, cet ancien lodge de marin, qui s'étire des deux côtés du fleuve, est devenu avec le temps l'un des hôtels les plus prestigieux d'Asie.

www. mandarinoriental.fr/bangkok.com

414

415

RAFFLES HOTEL

Singapour

Le Raffles, ou une certaine idée de l'Asie aux temps des colonies, ouvre ses portes en 1878. Dirigé par les Frères Sarkies, il compte alors seulement 10 chambres. Le succès est au rendez-vous. En souvenir, le palace porte le nom du fondateur de Singapour, Sir Stamford Raffles (1781-1826). Joseph Conrad, Rudyard Kipling, Somerset Maugham, André Malraux sont quelques-uns des auteurs à avoir donné sa saveur littéraire à l'endroit. Conrad compare joliment le Raffles à un bâtiment de briques aussi aéré qu'une cage à oiseaux.

www. raffles.com

416

TAJ MAHAL PALACE

Bombay

Un beau jour de 1888, Jamesetji Nusserwanji Tata, industriel indien, décida qu'il était temps d'offrir un hôtel digne de ce nom à son pays. En 1903 ouvrait le Taj Mahal de Mumbai (Bombay), soit 20 ans avant la Porte de l'Inde, face à laquelle il se situe.

www. taj.tajhotels.com

417

STEAMSHIP SUDAN

Égypte

L'histoire des bateaux à vapeur sur le Nil commence avec l'Expédition d'Égypte de Napoléon en 1798. Mais ce sont les Anglais qui révolutionnent l'usage qui en sera fait, notamment avec Thomas Cook. Le Steamship Sudan propose des croisières depuis la fin du XIXe siècle.

www. steam-ship-sudan.com

Place Jemaa el-Fna, Marrakech

LES GRANDES PLACES DU MONDE

Times Square, Tian'Anmen, Jemaa el-Fna, San Marco, Saint-Pierre... Gigantesques ou discrètes, anciennes ou récentes, il existe un certain nombre de places dans le monde que vous n'oublierez pas de sitôt. Elles ont toutes été témoins d'événements tragiques ou heureux : exécutions, manifestations, festivités, bouleversements politiques sans précédent. Certaines abritent des monuments historiques, d'autres sont des lieux de rendez-vous populaires où vous pourrez vous reposer ou boire un verre. Certaines ont traversé les siècles, d'autres ont été détruites, puis reconstruites. Certaines sont à voir de nuit, d'autres au crépuscule, sous un soleil de plomb ou sous un manteau de neige. Mais toutes vous raviront à coup sûr...

ÉTATS-UNIS

TIMES SQUARE, NEW YORK

Times Square est l'un des visages emblématiques de New York. Un lieu de rassemblement populaire où des centaines de milliers de personnes passent chaque jour, et où chaque année les New-Yorkais fêtent le passage de la nouvelle année. Au début du XXe siècle, près de 300 spectacles étaient joués chaque année dans ses 70 théâtres. Deux millions de personnes s'y rassemblèrent le 14 août 1945, après la capitulation du Japon. Après la guerre, Times Square connut une longue période de décadence. Les sex shops, les cinémas pornos et les boutiques de souvenirs bon marché y poussèrent comme des champignons. Dans les années 1970, Times Square avait la réputation d'être un coupe-gorge. Les films *Macadam Cowboy* ou *Taxi Driver* illustrent cet aspect sinistre du quartier. Avec la politique « tolérance zéro » menée par Rudolph Giuliani dans les années 1990, Times Square renaît de ses cendres. C'est à nouveau l'un des endroits les plus effervescents de New-York, « la ville qui ne dort jamais ». Les écrans publicitaires géants diffusent un flot d'images 24h/24 et illuminent tout le quartier le soir venu... Un spectacle extraordinaire à ne pas manquer ! Une visite incontournable, donc, mais une atmosphère évidemment ultra-touristique.

MEXIQUE

ZÓCALO, MEXICO

D'une grande unité architecturale, c'est l'une des plus belles places du monde, mais aussi l'une des plus grandes (240 m de côté) et des plus anciennes. Cortés décida que le centre de la nouvelle cité espagnole devait s'élever là, à l'emplacement du marché aztèque de l'ancienne Mexico-Tenochtitlán. Les pierres des pyramides servirent à paver l'esplanade et à construire les églises et les nouveaux édifices coloniaux. Si le Zócalo a conservé ses dimensions anciennes, il a subi au cours des siècles de nombreuses transformations. Au XIXe siècle, il abritait de beaux jardins avec un kiosque. Aujourd'hui, tous les grands événements du pays s'y déroulent ; toutes les manifestations s'y achèvent, face au palais présidentiel *(palacio nacional).* Des armées de manifestants peuvent même y camper des semaines entières. Côté nord, de part et d'autre de la cathédrale, se rassemblent bien souvent des groupes de danse aztèque. Les battements des tambours vous guideront. Rites préhispaniques dans des halos de fumée, odeur de copal (l'encens mésoaméricain), superbes costumes et de fantastiques coiffes de plumes. On s'y croirait. Les enfants adorent !

À DÉCOUVRIR EN FRANCE

PLACE DE LA CONCORDE
PARIS

Inutile de la présenter. La place de la Concorde, située entre l'avenue des Champs-Élysées et le jardin des Tuileries, est l'un des lieux emblématiques de Paris. Cette place fut construite au XVIIIe siècle afin de recevoir une statue équestre à la gloire de Louis XV. Le peuple, pas franchement emballé, chantait alors : « La vertu est à pied et le vice à cheval ! ». On construisit aussi deux bâtiments à colonnes, inspirés du Louvre, sur le côté opposé à la Seine. Ils abritent aujourd'hui l'hôtel de la Marine et l'hôtel de Crillon. En 1794, on installa à l'entrée des Champs-Élysées les chevaux de Marly (les originaux sont aujourd'hui à l'abri au Musée du Louvre). Quant aux fontaines, elles ne furent mises à leur place qu'au XIXe siècle, tout comme l'obélisque et les statues des 8 principales villes de France. Sa dénomination n'a cessé de changer au rythme des bouleversements politiques du pays. La place Louis XV devint successivement place de la Révolution, puis place de la Concorde, place Louis XVI, place de la Charte… De même, elle fut ornée tour à tour par la statue de Louis XV (détruite en 1792), la « statue de la liberté » (une autre !), la statue de Louis XVI et l'obélisque de Louxor. La place de la Concorde servit de décor à de nombreux moments historiques, tantôt joyeux, tragiques ou glorieux : l'exécution de Louis XVI, puis celle de Robespierre, les émeutes des ligues d'extrême-droite le 6 février 1934, la grande manifestation gaulliste du 30 mai 1968… En 1993, l'obélisque fut même revêtu d'un préservatif géant à l'occasion de la journée mondiale contre le sida ! Un peu d'histoire de France concentrée sur une seule place, en somme.

PÉROU

PLAZA DE ARMAS, CUZCO

Bâtie à 3400 m d'altitude, la ville de Cuzco est l'un des joyaux d'Amérique du Sud. Au XVIe siècle, cette ancienne capitale inca fut détruite en grande partie par les Espagnols qui y édifièrent leurs propres monuments. Bordée par la cathédrale et la Compañía, chefs-d'œuvre de l'architecture catholique, la Plaza de Armas pourrait prétendre au titre de plus jolie place coloniale du Pérou. Elle fut construite sur un ancien espace cérémonial inca, qui était certainement entouré de prestigieux monuments… Le passé de la Plaza de Armas n'est pas rose : c'est ici que fut écartelé le dernier chef inca, Tupac Amaru, en 1572. Son corps fut démembré et sa tête exposée sur la grande place. Sa femme, ses enfants et tous ses partisans furent également exécutés. Pour noircir davantage le tableau, Tupac Amaru II, qui se rebella contre les conquistadors, y mourut lui aussi en 1780. Autant d'événements funèbres qui ne nuisent pas à la beauté des lieux. Toutes les manifestations importantes du pays s'y déroulent. Le soir, sous les arcades, les petits marchands d'artisanat déballent leurs baluchons. Incontournable, donc. Mais également idéal pour faire une halte au soleil…

ARGENTINE

PLAZA DE MAYO, BUENOS AIRES

La Plaza de Mayo est l'âme de Buenos Aires. Il s'agit du tout premier endroit où s'installèrent les Espagnols à leur arrivée sur ces terres hostiles. Depuis, elle a vu se dérouler les principaux événements qui ont marqué l'histoire de la ville. Son nom est un hommage au 25 mai 1810, jour de la formation du premier gouvernement argentin indépendant, après l'expulsion du vice-roi espagnol et de sa suite par les « Porteños » (habitants de la ville). Cette date symbolique est gravée sur l'obélisque de Mayo, au centre de la place. Son rôle historique fut majeur : elle connut les grands rassemblements de foule au moment du péronisme, les marches des mères des disparus sous la junte militaire (les célèbres « Folles de Mai ») qui durèrent de 1976 à 2006, les défilés des partisans de la guerre des Malouines (1982), les grands rassemblements de soutien à la démocratie au début des années 1980… ou encore les attroupements spontanés à l'issue d'un match de foot victorieux !

BELGIQUE

GRAND-PLACE, BRUXELLES

« La plus belle place du monde », écrivit Victor Hugo. Ce qui frappe au premier coup d'œil, c'est une apparente cohésion architecturale alors que se confrontent des éléments très disparates : en dehors des maisons construites après 1695, l'hôtel de ville est du gothique tardif et la maison du Roi une construction néogothique du XIXe siècle. Elle est bordée par les maisons des corporations, dont les façades rivalisent de beauté et d'exubérance. En 1695, Louis XIV ordonna le bombardement de la ville : la place entière, à l'exception de l'hôtel de ville, fut incendiée. N'écoutant que leur courage, les Bruxellois retroussèrent leurs manches et bâtirent ce chef-d'œuvre de pierre en quelques années. Véritable cœur de la ville, cette place est à admirer façade par façade ! Notons que l'Unesco a inscrit la Grand-Place de Bruxelles au patrimoine mondial de l'humanité. Un choix on ne peut plus judicieux. Avis aux visiteurs : la place mérite d'être découverte à la tombée du jour, lorsque les dorures et la flèche de l'hôtel de ville, magnifiées par les éclairages, se profilent sur le bleu intense du crépuscule bruxellois… Chaque année paire, le week-end du 15 août, la Grand-Place est recouverte d'un immense tapis de fleurs (25x75 m) composé de plus de 500000 plants de bégonias.

BELGIQUE

GRAND-PLACE, ANVERS

La Grand-Place d'Anvers, ou Grote Markt en néerlandais, date de la Renaissance. Au centre, une fontaine monumentale de Jef Lambeaux représente un Brabo de bronze lançant vers le fleuve la main du géant Antigoon. Ce dernier demandait un important péage à tous ceux qui voulaient remonter le cours de l'Escaut. Ceux qui ne payaient pas avaient les mains tranchées… Silvius Brabo, un jeune soldat romain, vengea donc les victimes ! Le triangle de la Grand-Place est entouré par les maisons des guildes (associations de marchands). Au n° 5, le bâtiment qui abrite le café Den Bengel était le siège des tonneliers : on distingue, au sommet, la statue de leur patron, saint Matthieu. Le n° 7, qui porte une statue de saint Georges, hébergeait les réunions des arbalétriers. Le n° 38 accueillait la corporation des drapiers. Quant au n° 40, la maison Roodenborgh, elle passa des mains des tanneurs et des cordonniers à celles des charpentiers. On comprend leur convoitise : la façade baroque est la plus belle de la place.

ANGLETERRE

PICCADILLY CIRCUS, LONDRES

Il suffit d'y passer, comme plus de 34 autres millions de piétons à l'année (c'est inscrit sur un mur !), pour dire que l'on a vu Londres. Cette place bruyante aux panneaux publicitaires tapageurs est connue dans le monde entier. On est loin de l'œuvre initiale de l'architecte John Nash, qui conçut au début du XIXe siècle, à la demande du prince-régent et futur George IV, l'aménagement d'un axe triomphal reliant du sud au nord le Mall à Regent's Park en passant par Piccadilly Circus et Regent Street. Aujourd'hui, les néons des centres commerciaux, le brouhaha des taxis et des autobus ont eu raison de l'élégance des façades de stuc blanc. Mais la nuit, la magie opère ! L'ange d'aluminium surplombant la fontaine a été baptisé « Éros » par les Londoniens. Il symbolise, en fait, l'ange de la charité chrétienne, en souvenir du comte de Shaftesbury, qui se préoccupa au siècle dernier du sort de la classe ouvrière. Autrefois pointé vers Shaftesbury Avenue, où habitait le fameux comte, Éros a été déplacé pendant la Seconde Guerre mondiale carrément dans l'autre sens. Tout simplement pour indiquer le Dorset où habitait sur la fin de sa vie le pieux homme !

ITALIE

PIAZZA NAVONA, ROME

Élégante, extravagante, ensorcelante, la belle piazza Navona est l'un des théâtres en plein air les plus captivants de Rome. Elle fut construite à l'emplacement de l'ancien stade de Domitien, qui date du Ier siècle après J.-C. Un stade de bonne taille (276 m de long pour 54 m de large), qui pouvait accueillir près de 30 000 spectateurs ! L'empereur y organisait des jeux « à la grecque » (entendez non violents) : compétitions sportives, concours de poésie et de musique... Voilà donc une origine possible du nom de cette célèbre place : « in agone » (« en compétition ») serait devenu, avec le temps, Navona. Selon une autre théorie, elle tirerait son nom de « nave », navire, en raison de sa forme étroite et allongée. Délaissée jusqu'au XVe siècle, la place fut réhabilitée par les papes et métamorphosée grâce au génie créatif d'architectes baroques comme le Bernin ou Borromini. Aujourd'hui, elle est entourée de bâtisses des XVIIe et XVIIIe siècles, sans oublier bien sûr la chiesa Sant'Agnese et la célèbre fontaine centrale. Un petit paradis pour les touristes. Notons que c'est dans l'une des demeures de cette place que fut tourné le chef-d'œuvre d'Ettore Scola, *Une journée particulière*, avec Sophia Loren et Marcello Mastroianni.

ITALIE

PLACE SAINT-PIERRE, ROME

La place Saint-Pierre de Rome, située au Vatican, s'étend au pied de la basilique Saint-Pierre, la plus grande jamais construite. Légèrement ovale, cette place imposante a été commandée par le pape Alexandre VII au Bernin. Ce dernier conçut un véritable chef-d'œuvre d'harmonie : des portiques en forme de bras entourent la place, donnant le sentiment d'accueillir la foule. Ainsi reliée à la basilique, la place Saint-Pierre semble en être le vestibule. Au centre se dresse l'obélisque du Vatican, qui ornait autrefois le cirque de Néron. Il fut transféré à sa place actuelle au XVIe siècle. Entre l'obélisque et chacune des fontaines, un disque sur la chaussée marque le point d'où vous ne voyez qu'un seul rang de colonnes au lieu de quatre. C'est sur la place Saint-Pierre que se réunissent les croyants qui souhaitent recevoir la bénédiction urbi et orbi du pape à l'occasion des grandes fêtes religieuses.

ITALIE

PIAZZA SAN MARCO, VENISE

La réputation de la place Saint-Marc n'est plus à faire : ce petit bijou de la cité des Doges est connu dans le monde entier. Vous noterez d'ailleurs que c'est la seule piazza de Venise. Toutes les autres sont appelées « campo ». C'est par ici que l'on débarquait à Venise jusqu'au XIXe siècle, avant que ne soit construit le raccordement par la route avec la terre ferme. Le caractère unique de la place vient de la beauté des édifices qui la bordent : basilique Saint-Marc, palais des Doges, tour de l'Horloge et un autre campanile sont autant de merveilles architecturales que vous visiterez dans une atmosphère de faste et de recueillement... C'est aussi le théâtre permanent de toute la vie publique de la cité. Découvrez-la de préférence le matin ou le soir, après le départ des touristes d'un jour. Et méfiez-vous ! La place Saint-Marc étant le point le plus bas de Venise, elle se retrouve la première sous l'eau quand la lagune déborde lors du phénomène d'*acqua alta*... De novembre à avril, pensez à emporter des bottes.

ITALIE

PIAZZA DELLA SIGNORIA, FLORENCE

Autrefois, la Piazza della Signoria (place de la Seigneurie) était le cœur palpitant de la cité. Toute l'histoire de Florence se résume en cette place. Construite entre le XIIe et le XIVe siècle, elle fut depuis le théâtre de rassemblements populaires, de révolutions, le cadre de supplices (Savonarole y fut torturé et brûlé en 1498) et le décor de fêtes somptueuses. D'un côté, elle est dominée par le majestueux Palazzo Vecchio, et de l'autre, par la Loggia dei Lanzi, où plusieurs statues d'un intérêt majeur sont exposées. On peut penser au fantastique *Persée* en bronze de Benvenuto Cellini, et à *L'Enlèvement des Sabines* de Giambologna. Admirez également, sur la place, la statue équestre de Cosme Ier de Médicis de Giambologna, *Judith et Holopherne* et le *Marzocco* de Donatello, la fontaine de Neptune, le *David* de Michel-Ange, et *Hercule et Casus* de Bandinelli. Des œuvres toutes plus belles les unes que les autres.

ESPAGNE

PLAZA MAYOR, MADRID

Superbe place construite entre 1617 et 1619, la Plaza Mayor est le symbole de l'architecture du Madrid de los Austrias (« le Madrid autrichien »). Cette place a servi de scène pour les autodafés, de théâtre pour les pièces religieuses de Lope de Vega, de décor aux exécutions criminelles ou d'arène pour des corridas. C'est ici qu'ont lieu, aujourd'hui encore, de nombreuses manifestations populaires. L'architecture est assez dépouillée. De grandes arcades voûtées communiquent avec les principales rues voisines. Sur la place, on peut voir la *casa de la Panaderia* (boulangerie) et la *casa de la Carniceria* (boucherie), qui portent toujours leur nom respectif, ainsi que de belles maisons à portique. Au n° 30, on trouve l'une des plus anciennes boutiques de sombreros de la ville ! L'été, c'est un lieu de rendez-vous très populaire. On prend le café au soleil, entre amis, au milieu des bateleurs de rue en tout genre, musiciens, mimes etc. En décembre, elle accueille un sympathique marché de Noël.

ALLEMAGNE

ALEXANDERPLATZ, BERLIN

Située dans le quartier de Mitte, la place historique de Berlin, surnommée « Alex », était il y a bien longtemps un marché à bestiaux. Elle ne reçut son nom définitif qu'en 1805, à l'occasion de la visite du tsar Alexandre Ier. Les deux siècles qui suivirent transformèrent radicalement le visage de l'Alexanderplatz. Des immeubles, des ateliers et des commerces s'y installèrent, suivis de près par les lignes de métro, de tramway et de bus. Avant-guerre, cette place servait de lieu de rendez-vous aux ouvriers berlinois, qui venaient boire un verre ensemble dans l'un des nombreux bistrots du coin. Malheureusement, les bombardements d'avril 1945 la transformèrent en champ de ruines. Devenue le cœur de Berlin-Est, sa reconstruction fut confiée à des architectes adeptes du style soviétique : dans les années 1960, l'esplanade prit des dimensions surhumaines et des buildings plus ternes les uns que les autres furent bâtis tout autour. À la réunification de l'Allemagne, le gouvernement décida de remédier au problème. Depuis, rien de nouveau : le chantier a été repoussé à 2020.

RÉPUBLIQUE TCHÈQUE

PLACE DE LA VIEILLE VILLE, PRAGUE

La vieille ville de Prague (Stare Mesto, en tchèque) se blottit au creux d'un coude de la Vltava et offre au visiteur 1 000 ans d'histoire et de nombreux clins d'œil architecturaux. La place de la vieille ville est le cœur de la cité, qui abrita tant de moments historiques : décapitation des 27 principaux responsables de l'insurrection contre les Habsbourg en 1621, discours de Klement Gottwald annonçant la victoire des travailleurs le 21 février 1948 (le célèbre « coup de Prague ») et proclamation en 1990 par Vaclav Havel du retour à la démocratie. Fabuleux décor de théâtre avec ses maisons aux styles hétéroclites dominées par les tours de Notre-Dame-du-Tyn et de l'hôtel de ville, cette place est le plus parfait reflet de l'extrême diversité architecturale de la cité. L'été, elle se garnit de terrasses accueillantes (mais chères !) et s'égaye d'ensembles musicaux ou de solistes qui se produisent dans une joyeuse cacophonie.

RUSSIE

PLACE ROUGE, MOSCOU

Voici l'une des plus célèbres places du monde ! La Place Rouge vous fera rêver à coup sûr. Il s'y est déroulé tant de choses, et elle véhicule tant d'histoires… Cette place date de la construction de l'enceinte du Kremlin par Ivan III (au XVe siècle). À cette époque, elle fut baptisée le Torg (le marché) car seules de petites baraques en bois s'installèrent sur son pourtour. Il fallut attendre le XVIe siècle pour que les premiers commerces y soient construits. Dès 1555 s'éleva, au sud, la basilique Basile-le-Bienheureux. Au nord, on construisit ensuite l'église de l'Icône-de-la-Vierge-de-Kazan. Au XVIIIe siècle, la place se trouva presque totalement urbanisée, même le long des murs du Kremlin. Après la défaite de Napoléon Ier, elle devint le symbole de la résistance du peuple russe. La statue de Minine et Pojarski, héros de la guerre contre les envahisseurs polonais en 1612, fut érigée en 1818 : elle témoigne parfaitement de ce nouvel élan nationaliste. La guerre a également bouleversé le visage de la Place Rouge : les commerces détruits ne sont pas reconstruits, mais d'élégantes galeries sur colonnades sont édifiées à leur place. Le fameux grand magasin Goum ouvre ses portes en 1893. En 1918, nouveau bouleversement ! La place se transforme en symbole de la révolution triomphante, avec comme axe principal le mausolée de Lénine et le cimetière des héros révolutionnaires et des grands hommes d'État. Elle devient le lieu privilégié des défilés et parades militaires. Mais elle accueille également toutes sortes de contestataires : militants des Droits de l'Homme, syndicats libres, minorités et religions persécutées se rendent sur place en espérant attirer l'attention. Depuis l'effondrement de l'URSS, la Place Rouge a retrouvé sa vocation historique… et touristique ! L'hiver, lorsque la place est vide et tapissée de neige, c'est une pure merveille.

RUSSIE

PLACE DU PALAIS, SAINT-PÉTERSBOURG

Immense ? Non, gigantesque ! La place du Palais de Saint-Pétersbourg relègue la place de la Concorde au rang de bac à sable. C'est ici que se dresse l'Ermitage, le plus grand musée du monde par l'étendue de ses collections avec 2,7 millions d'objets répertoriés. Il occupe quatre édifices baroques : le palais d'Hiver, le Petit Ermitage, le Nouvel Ermitage et le théâtre. Le plus ancien des monuments encadrant la place est le Palais d'Hiver, construit au milieu du XVIIIe siècle sur l'ordre de l'impératrice Elisabeth Petrovna. Très riche, il a conservé son aspect purement baroque, avec sa double rangée de colonnes et de piliers aux chapiteaux dorés, ainsi que sa corniche décorée de personnages de bronze allégoriques. Ce qui frappe, c'est qu'on a su donner de justes proportions à ce palais complètement délirant ! Avec du recul, on devine la coupole dorée de la chapelle, enserrée dans les bâtiments du palais. Retournez-vous. L'édifice au sud, qui abritait l'état-major au temps des tsars, fut dessiné par Carlo Rossi au XIXe siècle. L'arche centrale, monumentale, est coiffée d'une Victoire sur son char, élevée après les guerres napoléoniennes. Au centre de la place, la colonne d'Alexandre atteint 48 m de hauteur ! Elle fut érigée en 1830 à la demande de Nicolas Ier, pour commémorer son prédécesseur. Au sommet trône un archange dont le visage serait celui d'Alexandre Ier lui-même. Mais il est tellement haut que seuls les pigeons doivent pouvoir le reconnaître !

♫ **À écouter : *Symphonie n° 7* de Chostakovitch (elle a une importance particulière pour la ville. Chostakovitch commence à l'écrire à Léningrad pendant le terrible siège de 1941-1944. Elle fut jouée à Léningrad le 9 août 1942, alors que le siège se poursuivait, malgré les risques pris par les spectateurs et les musiciens. La représentation fut retransmise en direct par la radio dans tout le pays. Cette symphonie devient à l'époque le symbole de la résistance et de la culture russes).**

MAROC

JEMAA EL-FNA, MARRAKECH

La signification du nom « Jemaa el-Fna » semble plutôt lugubre. Il pourrait se traduire par « assemblée des morts », en mémoire de l'époque où les criminels y étaient exécutés, ou par « place du Néant », ou encore par « place de la Mosquée-Anéantie », en référence à une mosquée de l'époque saadienne. Et pourtant, c'est aujourd'hui l'endroit le plus vivant de tout Marrakech ! La place Jemma el-Fna s'anime le soir venu. C'est un lieu magique, peuplé d'« ambulants » en tout genre : conteurs, diseuses de bonne aventure, charmeurs de serpent, musiciens gnaouas, guérisseurs, femmes proposant des tatouages au henné, et au centre, le soir, des dizaines de restos avec des tables étroites et des bancs pour un repas sur le pouce. On pourrait passer des heures à contempler cette incroyable faune humaine, ce théâtre de rue des plus sensationnels. Depuis 2001, elle a été classée par l'Unesco « chef-d'œuvre du patrimoine oral de l'humanité ». Et on comprend pourquoi ! Ce n'est pas son architecture, plutôt banale, mais son ambiance qui fait de cette place une pure merveille. Paul Bowles n'a-t-il pas dit : « Sans la place Jemaa el-Fna, Marrakech ne serait qu'une ville ordinaire » ?

***Place du Reghistan**, Samarcande*

CHINE

PLACE TIAN'ANMEN, PÉKIN

Couvrant 40 ha, la place Tian'Anmen est une des plus grandes du monde. C'est aussi le cœur de Pékin et de la dictature communiste. Mao réaménagea la place de fond en comble pour qu'elle symbolise la puissance du régime, grâce à des bâtiments de style stalinien : de part et d'autre s'élèvent le palais de l'Assemblée du Peuple et le Musée national. Au centre trône le mausolée du président Mao. La foule de touristes, d'écoliers et de provinciaux qui rend quotidiennement hommage au président-dictateur témoigne que son image est toujours aussi forte. Au sud, la porte Face au Soleil et la porte Qianmen séparaient autrefois la ville tartare de la ville chinoise. Cette place fut le théâtre désolant d'une répression brutale et disproportionnée : le 4 juin 1989, des chars délogèrent des milliers d'étudiants pacifiques venus manifester leur opposition au régime. Un bras de fer largement gagné par les forces armées, qui écrasèrent les barricades, quelques manifestants au passage, et ouvrirent le feu sur la foule désarmée. Mais n'allez pas disserter avec des badauds de ces événements : la place grouille de policiers en uniforme et en civil !

OUZBÉKISTAN

PLACE DU REGHISTAN, SAMARCANDE

La place du Reghistan est le cœur battant de Samarcande, en Ouzbékistan. Il est bon de savoir que la ville toute entière a été classée, en 2001, carrefour des cultures et site du patrimoine mondial par l'Unesco. Le nom de « Reghistan » signifie « place de sable ». On raconte que le sable y était étanché, afin de masquer le sang des victimes des exécutions publiques. Cette pratique ne prit fin qu'en 1920 lorsque le dernier émir fut détrôné. Bien avant l'invasion mongole (1220), elle servait de place du marché. On y organisait également de nombreuses manifestations, des cérémonies, des défilés militaires… C'est le petit-fils de Tamerlan, Oulougbek, qui transforma la place en un grand centre politique et culturel. En 1417, il fit construire une médersa à son nom, qui accueillait une centaine d'étudiants. En privilégiant l'astronomie et les mathématiques, Oulougbek fit de la place du Reghistan un symbole de grandeur scientifique. Au XVIIe siècle, le gouverneur de la ville, Yalangtouch Bakhadur, édifia à son tour deux médersas : Chirdor et Tilla Kari. Ces monuments imposants étonnent par leur perfection architecturale, que le temps n'est pas parvenu à entamer. Mais la place du Reghistan n'est pas célèbre uniquement pour ses superbes bâtisses, qui comptent parmi les plus majestueuses de l'Asie centrale et de l'Islam. C'est aussi un lieu plein de vie, où sont organisés chaque soir des spectacles féériques.

FLORIAN
56
TEA ROOM

LES BARS ET CAFÉS MYTHIQUES

Certains ont été les repaires de grands écrivains. D'autres ont créé des cocktails qui ont fait le tour du monde. Il y en a des populaires et des élitistes, des surannés et des branchés. Ils ont inspiré des chanteurs, des cinéastes, des peintres... Beaucoup de ces lieux se souviennent de folles nuits ou de journées historiques. Et presque tous ont été visités, un jour ou l'autre, par Hemingway, grand buveur de long drinks devant l'éternel...
Petit tour planétaire des cafés mythiques, de La Havane à Tokyo, en passant par Paris, Vienne ou Singapour.

VENISE

CAFFÈ FLORIAN

Situé sous les arcades de la place Saint-Marc à Venise, le Florian est depuis son ouverture en 1720 l'un des cafés les plus chics de la Sérénissime. Il porte le nom de son fondateur, Floriano Francesconi. De par sa situation stratégique, avec vue sur la basilique Saint-Marc, il devient rapidement le lieu de rendez-vous préféré de la haute société vénitienne. Les doges de Venise, des riches commerçants, des ambassadeurs et un certain Casanova deviennent des habitués des lieux. Au XIXe siècle, le Florian est à la mode parmi les gens de lettres européens. Lord Byron, Goethe, George Sand, Alfred de Musset, Marcel Proust font partie des clients illustres du Florian. Ses six salles cosy et richement décorées ont effectivement de quoi séduire : la « salle des grands hommes » arbore par exemple les portraits d'illustres vénitiens (Goldoni, Marco Polo, Titien...). Voûtes décorées, miroirs, lambris, chinoiseries, décorations rococo, le Florian est un temple du luxe. Aujourd'hui très touristique – à l'image de la ville –, le Florian est investi lors du Carnaval par les plus beaux déguisements de la fête. Une vitrine distinguée au charme rétro, un peu hors du temps. Vénitien en diable !

Où ? Piazza San Marco, Venise.
Plus d'infos caffeflorian.com

AUTRICHE

LES CAFÉS VIENNOIS

Célèbres dans le monde entier, les cafés sont un pilier de l'art de vivre viennois. Ils existent depuis la fin du XVIIe siècle, et le départ des Turcs qui avaient fait le siège de Vienne. Au tournant du XXe siècle, l'effervescence intellectuelle de la ville leur doit beaucoup. Sigmund Freud, Klimt, Schiele, Kokoschka, Karl Kraus, Elias Canetti, Trotski fréquentent les cafés. Il y a aujourd'hui près de 1500 cafés à Vienne, qui sont toujours très populaires auprès des Viennois... Les Cafés Central (Herrengasse), Museum (Operngasse, 7) et Hawelka (Dorotheergasse, 6) sont considérés comme les cafés historiques. Le Prückel (Stubenring, 24) est le QG des intellectuels et journalistes, tandis que le Bräunerhof (Stallburggasse, 2) fut l'antre de Thomas Bernhardt. Petite anecdote : c'est au Café Sperl (Gumpendorfer Str., 11) que David Cronenberg a tourné une scène de son film *A Dangerous Method* mettant en scène Jung et Freud.

Où ? à Vienne.
Plus d'infos cafecentral.wien/en/
cafemuseum.at
hawelka.at/cafe/de/
prueckel.at
cafesperl.at

À DÉCOUVRIR EN FRANCE

LA CLOSERIE DES LILAS
PARIS

Qui pourrait croire que cette brasserie élitiste de Montparnasse était à la fin du XIXe siècle une simple guinguette aux tonnelles fleuries ? Ancien relais de poste, situé à proximité du célébrissime bal Bullier, la Closerie des Lilas attirait alors les fêtards qui allaient au bal, parmi lesquels de nombreux écrivains : Émile Zola, Paul Verlaine, Charles Baudelaire, Théophile Gautier et les poètes Parnassiens. Au début du XXe siècle, le dramaturge Paul Fort y joue aux échecs avec un futur révolutionnaire, Lénine. Mais c'est avec les Américains de la « Lost Generation » que la Closerie des Lilas connaît son heure de gloire. Hemingway, Francis Scott Fitzgerald, Henry Miller y croisent le Montparnasse de la bohème artistique : Breton, Modigliani, Picasso, Van Dongen, Aragon, Gide, Man Ray, Éluard... Leurs noms sont gravés sur les tables. Une plaque de cuivre commémore Ernest Hemingway au bar américain. Pilier de La Closerie, il y a écrit *Le soleil se lève aussi*. Le décor est superbe : mosaïque au sol, bar en chêne, tabourets de cuir rouge, vieux miroirs, lambris... Toujours fréquentée par les intellos et les artistes (ainsi que quelques snobs), la Closerie des Lilas fait aussi restaurant (très cher) et brasserie (plus abordable).

Où ? 171, boulevard du Montparnasse, Paris 6e.
Plus d'infos closeriedeslilas.fr

ISTANBUL

ORIENT BAR, PERA PALACE

Greta Garbo, Mata Hari (la vraie), Sarah Bernhardt, Josephine Baker, Ernest Hemingway, Zsa-Zsa Gabor... Prendre un verre à l'Orient Bar, c'est se replonger dans toute une époque. Celle des voyages en Orient-Express, dont l'hôtel Pera Palace était la dernière étape. Construit en 1892 sur l'une des collines dominant la Corne d'Or, ce grand hôtel, récemment rénové, était le lieu de rendez-vous de la haute société internationale. Il fut le premier bâtiment de l'empire à disposer de l'eau chaude, de l'éclairage électrique et d'un ascenseur. L'Orient Bar est l'un des derniers témoins de l'Istanbul cosmopolite, joyau de l'Empire ottoman, entre est et ouest. Les diplomates y croisaient les stars, les espions de l'entre-deux-guerres y côtoyaient les écrivains. Agatha Christie était une habituée des lieux, mais ce n'est pas ici qu'elle a écrit son fameux *Crime de l'Orient Express*.

Où ? Mesrutiyet Caddesi No 52 Tepebasi Beyoglu, 34430 Istanbul.
Plus d'infos jumeirah.com

LE CAIRE

EL-FISHAWY

L'un des plus vieux cafés du Caire et sans doute le plus célèbre du monde arabe. Situé au cœur du labyrinthique souk Khan el-Khalili, l'El-Fishawi a vu passer, depuis 240 ans, intellectuels, gens du quartier, marchands, livreurs du souk, célébrités et anonymes. Il faut s'y rendre pour découvrir à quel point les cafés sont des lieux de rencontre des Cairotes. Naguib Mahfouz, prix Nobel de littérature en 1988, avait ses habitudes à l'El-Fishawi, dont l'atmosphère l'inspirait. L'endroit fut également fréquenté par le roi Farouk ou le poète Ahmad Rami, auteur de plusieurs chansons d'Oum Kalsoum. Le café El-Fishawi a conservé sa patine et son âme, avec ses grands miroirs et ses beaux lustres à l'ancienne. Il semble n'avoir pas changé depuis deux siècles. C'est un endroit où il faut savoir prendre son temps, en savourant un thé à la menthe ou en fumant la chicha. Avec un œil sur le spectacle permanent du souk Khan el-Khalili.

Où ? Hussein Plaza, Le Caire.

Café El-Fishawy, Le Caire

RIO DE JANEIRO

A GAROTA DE IPANEMA

C'est ici que fut composée l'une des plus fameuses chansons au monde, dont le café porte aujourd'hui le nom : *A Garota de Ipanema* de Joao Gilberto, mega-hit de la bossa nova. Tous les jours, les auteurs de la chanson, le compositeur Tom Jobim et le poète Vinicius de Moraes, s'attablaient à ce café d'Ipanema, qui s'appelait à l'époque Veloso. La fille d'Ipanema existe bel et bien : une certaine Helô Pinheiro, habitante du quartier. Cette superbe brune qui s'arrêtait quotidiennement au bar pour acheter des cigarettes a inspiré les musiciens Vinicius et Jobim. Rebaptisé du nom de la chanson, le café n'a guère changé aujourd'hui. C'est un bar-restaurant de quartier, plutôt touristique, où l'on peut prendre un verre ou manger l'incontournable *feijoada*, plat national du Brésil. Sur l'un des murs du bar, on peut voir une reproduction du manuscrit de la chanson. Quant à la dolce vita à la brésilienne chantée par la bossa nova, elle n'a pas disparu d'Ipanema. Les filles d'Ipanama, toujours ravissantes et bronzées, passent devant le café pour aller à la plage...

Où ? rua Vinicius de Moraes 49 A, Rio de Janeiro.
Plus d'infos bargarotadeipanema.com.br

LA HAVANE

LA BODEGUITA DEL MEDIO ET EL FLORIDITA

« My mojito in La Bodeguita, my daiquiri in El Floridita ». Ernest Hemingway a beau avoir éclusé nombre de bars mythiques de la planète, du Harry's Bar au Raffles, c'est à La Havane qu'il a le plus laissé son empreinte. Deux bars pas très éloignés étaient devenus pour lui, quand il vivait à Cuba, sa deuxième demeure. El Floridita, où a été inventé le daiquiri, et La Bodeguita del Medio, lieu de naissance du mojito. Dans le sillage d'Hemingway, on ne compte plus les beautiful people qui hantèrent les lieux. Errol Flynn, Ava Gardner, Gary Cooper, Nat King Cole, Pablo Neruda, Gabriel Garcia Márquez et même notre B.B. nationale ! Aujourd'hui, ces antres de la soif sont plutôt envahis par les touristes. Ambiance guindée et assez snob à La Floridita, fondée en 1817, qui a conservé son cachet. La Bodeguita, créée en 1942, est plutôt du genre taverne, nettement moins chic : les murs sont couverts de graffitis et de dédicaces, l'ambiance est plutôt survoltée, avec un groupe qui joue de la musique cubaine. Mais on peut se demander si on est encore dans un bar ou dans une attraction touristique...

Où ? *La Bodeguita del Medio :* Empedrado, La Havane. *El Floridita :* Obispo No. 557 esq. a Monserrate, Habana Vieja, Ciudad de La Habana.
Plus d'infos labodeguitadelmedio.com.mx
floridita-cuba.com

SINGAPOUR

LONG BAR DU RAFFLES

Hemingway – encore lui ! – a fréquenté ce bar, qui est celui de l'un des plus grands hôtels du monde. Le Long Bar, d'une élégance rare dans le style colonial, possède, il est vrai, un atout indéniable pour un grand amateur de cocktails comme Hemingway : le Singapore Sling, un incroyable mélange de gin, Cherry Brandy, jus d'ananas, jus de citron vert, Cointreau, Bénédictine, grenadine, angostura, servi avec une tranche d'ananas et une cerise confite. Une trouvaille géniale du barman Ngiam Tong Boon en 1915. Et, croyez-nous sur parole, c'est encore ici que l'on sert le meilleur Singapore Sling du monde ! Le Long Bar du Raffles, – somptueux hôtel de style colonial fondé en 1878 –, a longtemps été un repère d'écrivains aventuriers : Joseph Conrad, Rudyard Kipling, Somerset Maugham, André Malraux, Dorothy Parker, Aldous Huxley sont venus y prendre un (et sans doute plus) verre. La décoration, avec ventilateurs au plafond, objets en cuivre et persiennes, s'inspire des maisons malaisiennes des années 20. Ne vous étonnez pas si le sol de cet endroit plutôt chic est jonché d'épluchures de cacahuètes. La tradition veut qu'une fois décortiquées on les jette pas terre. Les serveurs font de même quand elles traînent sur les tables. Bon courage au balayeur !

Où ? 1 Beach Road , Singapore.
Plus d'info raffles.com/singapore/dining/long-bar/

HO-CHI-MINH VILLE

BAR DU REX

Le toit-terrasse du Rex, donnant sur le centre-ville de Saïgon, était, au temps de la guerre du Vietnam, le QG des correspondants de guerre, des espions et des GI. C'était au Rex que se tenait la conférence de presse quotidienne des Américains, rebaptisée ironiquement par les journalistes « The Five O'Clock Follies » (« Les sornettes de 5 h »). En effet, les reporters ne croyaient guère aux mensonges débités par les militaires US. C'était également ici que les diplomates rencontraient les militaires. Les troupes américaines se sont installées au Rex dès son ouverture, en 1959. L'édifice abritait jusqu'alors un garage Renault, d'où son apparence de forteresse blanche assez massive. Réfugiés sur le toit-terrasse, les GI pouvaient prendre un verre en sécurité. Une fois la guerre finie, le Rex ne perdit pas tout de suite sa fonction de *press room* : en effet, les Vietnamiens, non dénués d'ironie, y ont organisé en 1976, la conférence de presse annonçant la réunification du pays. Aujourd'hui, il est très agréable d'y prendre un verre à ciel ouvert en fin d'après-midi ou en soirée.

Où ? 141 Nguyen Hue Blvd., Ho-Chi-Minh Ville.
Plus d'infos rexhotelvietnam.com

TOKYO

LA JETÉE

Avis aux cinéphiles ! Ce bar, une institution du quartier de Golden Gai, tire son nom (en VF, s'il vous plaît) d'un film culte de Chris Marker. Le patron, qui parle français, est d'ailleurs un fanatique des films de la Nouvelle Vague. Populaire parmi les expatriés, La Jetée est l'un des repères de prédilection des cinéastes de passage à Tokyo. Quentin Tarantino, Francis Ford Coppola et Juliette Binoche apprécient particulièrement ce petit bar aux murs couverts d'affiches de film et de bouteilles de whisky décorées par les clients. Wim Wenders, grand routard du 7e Art et amoureux de Tokyo, a d'ailleurs tourné une scène d'un de ses films, *Tokyo-Ga*, à La Jetée. Une scène dans laquelle Chris Marker himself fait une apparition. Si vous n'y croiserez pas tous les soirs un génie du cinéma, il s'agit tout de même de l'un des bars les plus sympas du quartier.

Où ? 1-1-8 Kabukicho, Shinjuku-ku, Tokyo
Plus d'infos lajetee.org

Le Klunkerkranick, *Berlin*

12 ROOFTOPS POUR L'ÉTÉ EN EUROPE

Les toits-terrasses, aussi appelés rooftops, sont l'endroit idéal pour profiter de la brise estivale et des belles soirées d'été. Depuis quelques années, inspirés par la mode new-yorkaise, les rooftops se multiplient à vitesse grand V en Europe. Rien d'étonnant à cela : grâce à leurs emplacements privilégiés, ils offrent aux visiteurs un point de vue exceptionnel sur la ville. Voici quelques-uns des meilleurs toits-terrasses et bars perchés des grandes villes européennes.

BERLIN

KLUNKERKRANICH

6e étage

Le *Klunkerkranich* se trouve sur le toit du centre commercial *Neukölln Arcaden* au cœur du quartier branché de Neukölln. Les lieux ressemblent à un Biergarten (littéralement un « jardin pour la bière »), à cette exception près qu'ils ne se trouvent pas au bord de l'eau, mais entre terre et ciel. Vue imprenable sur les toits berlinois. Tarifs abordables. Boire, danser, s'allonger… Le *Klunkerkranich* est un point de rencontre apprécié de la vie nocturne berlinoise, mais également l'après-midi, lorsque l'entrée y est gratuite.

Adresse — Karl-Marx-Straße 66, 12043 Berlin. U-Bahn : Rathaus Neukölln.
Plus d'infos — klunkerkranich.de

STOCKHOLM

SÖDRA BAR

7e étage

C'est dans le plus vieux théâtre de la capitale suédoise que le *Södra Bar* prend ses quartiers. Pendant l'été, trois terrasses ouvrent au public. La plus grande d'entre elles, la Mosenbacketerrassen, prend des airs d'immense jardin populaire, révélant une vue incroyable sur Stockholm. Pas un rooftop au sens strict, mais quelle vue sur la ville ! Ponctuellement, des artistes viennent s'y produire, tandis que vendredis et samedis soirs sont généralement réservés aux barbecues. Le *Södra Teatern* est considéré comme l'un des meilleurs sites d'arts vivants en Suède.

Adresse — Mosebacke Torg 1, 116 46 Stockholm. Tunnelbanan 13,14,17,18,19 : Susslen.
Plus d'infos — sodrateatern.com/moten-event/sodra-bar

MILAN

LA RINASCENTE

7e étage

À l'heure de l'aperitivo, la *Rinascente*, situé sur le toit du centre commercial éponyme, offre une superbe vue sur le Duomo de Milan voisin. La terrasse (vite bondée) est petite et décorée de manière très classique. Le dernier étage du centre commercial étant dévolu à l'alimentation, le lieu est ainsi parfait pour combler sur le pouce un petit creux. Du petit déjeuner au dîner léger, ce spot reste très recherché été comme hiver.

Adresse — Piazza del Duomo, 20121 Milano. Metro : Duomo.
Plus d'infos — rinascente.it

REM EILAND
Amsterdam

Une ancienne plateforme maritime utilisée comme antenne de télévision pirate, puis transformée en station de mesure et, enfin, aménagée en bar-restaurant ! Cet « îlot artificiel » de 22 m a été rénové et amarré en 2006 dans les Houthavens, le long de l'IJ, dans les docks d'Amsterdam (au nord de la gare centrale). Après avoir traversé quelques balustrades métalliques et grimpé plusieurs niveaux, c'est un établissement lumineux et moderne qui s'offre à vous. Une grande terrasse, servant autrefois d'héliport, révèle une vue à 360° sur les docks industriels de l'IJ ainsi que sur la ville d'Amsterdam.

Adresse — Haparandadam 45, 1013 AK Amsterdam. Bus : 48 Oostzaanstraat.

Plus d'infos — emeiland.com

MADRID

THE HAT
8e étage

Savourer un *tinto de verano* tout en partageant quelques tapas sur le toit de l'une des AJ les plus originales de la capitale espagnole... Une expérience sympa à vivre dans ce bar proche de la Plaza Mayor, sur un rooftop ensoleillé mêlant mobilier industriel et pièces plus classiques. L'été, privilégiez une table ombragée ; et l'hiver, rapprochez-vous des grosses lampes chauffantes installées dans la véranda. Les cocktails ont pour particularité d'être servis dans des pots de confiture. Outre la magnifique vue qu'offre ce toit-terrasse sur les immeubles du Vieux Madrid, c'est aussi grâce à son auberge de jeunesse, *The Hat*, que le bar s'est fait une réputation. Il s'agit du premier *hostel* madrilène à fonctionner grâce aux énergies renouvelables.

Adresse — Calle Imperial, 9, 28005 Madrid. Bus 17 : Concepcion Jeronima.

Plus d'infos — thehatmadrid.com

LISBONNE

TERRACE BA
6e étage

Lézarder au soleil, siroter une ginja et se délecter de la très belle vue sur la rive sud du Tage. Chaleureuse et apaisante, cette terrasse domine l'hôtel chic *Bairro Alto*, situé dans le centre historique de Lisbonne. Si la décoration, faite de coussins et de chaises en osier, n'a rien d'extraordinaire, le *Terrace BA* n'en reste pas moins l'une des plus belles terrasses d'hôtels de la capitale portugaise. Et du fait de sa petite taille, l'endroit est rapidement plein. Heureusement, le rooftop n'est pas seulement ouvert durant la haute saison : au printemps et à l'automne, des baies vitrées permettent également de profiter du panorama exceptionnel.

Adresse — Praça Luís de Camões 2, 1200-243 Lisboa. Métro : Baixa-Chiado.

Plus d'infos — bairroaltohotel.com/fr/terrasse-ba

BARCELONE

ECLIPSE BAR
26e étage

Situé le long de la célèbre promenade de la Barceloneta, l'hôtel chic *W Barcelone* abrite l'un des bars les plus branchés de la ville, suspendu entre ciel et mer. La vue sur la capitale catalane et sur la Méditerranée est époustouflante. Perché à presque 100 m de hauteur, le bar est abrité par un toit vitré, ce qui n'en fait pas un « rooftop » conventionnel certes, mais n'enlève rien à la magie des lieux. Archétype de l'adresse « BCBG », l'*Eclipse* reste relativement abordable. L'été, l'endroit est rapidement pris d'assaut. Il faut donc savoir s'armer de patience pour pouvoir accéder aux ascenseurs.

Adresse — 26, Hotel W, Plaça de la Rosa dels Vents, 08039 Barcelona. Metro : Barceloneta.

Plus d'infos — eclipse-barcelona.com

ATHÈNES

A FOR ATHENS
6e étage

Moderne et simple, *A for Athens* domine la place centrale de Monastiraki, tout près des quartiers nocturnes de Psiri et de Plaka. Il vous faut grimper en haut de l'hôtel éponyme pour découvrir le spot. Ici, le café-bar invite tous les voyageurs à admirer la vue imprenable sur l'Acropole, icône incontestée de la capitale grecque. Cocktail pas donné et musique un peu forte, mais quelle vue !

Adresse — Miaouli 2, Athina 105 54. Métro 1 et 3 : Monastiraki station.

Plus d'infos — aforathens.com

ISTANBUL

360 ISTANBUL

8e étage

Au placard les claquettes, ici c'est tenue correcte exigée. Ce rooftop branché, situé dans le quartier de Beyoglu, offre l'une des plus belles vues d'Istanbul, permettant à ses visiteurs d'admirer les rives du Bosphore et les principaux sites de la ville. Considéré comme un « must do » à Istanbul, le bar est parfait pour aller boire un verre en fin d'après-midi, se détendre après une journée de visite, au coucher du soleil et à la nuit tombée, lorsque la ville brille de mille feux. Chaque week-end, des concerts y sont organisés, et les lieux se transforment fréquemment en piste de danse. La décoration est sophistiquée, la carte est variée, mais les cocktails ne sont tout de même pas donnés : environ 15 € par personne.

Adresse — Istiklal Cad. Mısır 163/8, 34433 Beyoglu/istanbul. Nostalgic Tram : Galatasaray.

Plus d'infos — www. 360istanbul.com

BRUXELLES

BEURSSCHOUWBURG

5e étage

Et pour terminer en beauté, rendez-vous en plein cœur de Bruxelles sur ce rooftop, qui n'est en réalité que la partie supérieure d'un centre artistique et expérimental. Dans le quartier de la Senne, ce foyer culturel propose des événements originaux : jeux de pistes, concerts éclectiques ou encore soirées patins. Son emplacement privilégié offre à tous ses visiteurs une vue imprenable sur la Bourse et sur la vie nocturne bruxelloise. Au dernier étage, deux ambiances : une grande salle de concert et une terrasse adjacente, idéale pour prendre l'air.

Adresse — Rue Auguste Orts 20-28, 1000 Bruxelles. Tram 3, 4 et 32 : Bourse.

Plus d'infos — www. beursschouwburg.be

À DÉCOUVRIR EN FRANCE

ROOFTOP R^2
MARSEILLE

1er étage

Très vite entré dans la cour des grands, dès son ouverture en 2014, le *Rooftop R^2* des Terrasses du Port de Marseille vient rythmer les chaudes nuits d'été de la cité phocéenne. Côtoyant les anciens docks du port, ce toit-terrasse de 1 250 m^2 offre une vue panoramique sur la Côte Bleue, les îles du Frioul et le château d'If. Concerts, mini-festivals, expositions, ou encore food trucks, le rooftop propose chaque semaine une programmation dans l'air du temps, éclectique et recherchée. En fonction des événements, le toit-terrasse se pare de son plus beau mobilier : « chill » ou « chic », à chacun son atmosphère.

Adresse — Les Terrasses du Port, 9 Quai du Lazaret, 13002 Marseille. Métro : Joliette.

Plus d'infos — www. airdemarseille.com/le-rooftop/

LE PERCHOIR
PARIS

7e étage

Niché au-dessus d'un ancien bâtiment industriel dans le 11e arrondissement, *Le Perchoir* s'inspire des bars berlinois et new-yorkais. Les cocktails aux prix très parisiens se dégustent sur la très belle terrasse panoramique. Décoré de plantes folles et d'herbes aromatiques, ce rooftop branché et relax de 400 m^2 est très prisé, par les Parisiens comme par les touristes : il n'est donc pas exclu de devoir faire la queue en bas de l'immeuble. Également une adresse sur le toit du BHV dans le Marais.

Adresse — 14, Rue Crespin du Gast, 75011 Paris. Métro : Ménilmontant.

Plus d'infos — www. leperchoir.tv

LES PORTS MYTHIQUES

Les ports sont des lieux mythiques par excellence. Ce sont des villes propices à tous les trafics, licites ou illicites, où transitent des marchandises et des hommes, où populations et cultures se brassent. Chargés d'histoire, points de départ ou d'arrivée pour de grandes aventures, ce sont aussi des lieux inspirants pour les artistes qui ont eu une influence sur des écrivains, des musiciens ou des cinéastes. On vous invite à jeter votre ancre dans les eaux des ports les plus légendaires, de Tanger à Valparaiso, de Marseille à Shanghai. Avant, bien sûr, de larguer les amarres…

ARGENTINE

BUENOS AIRES

Le mélange des cultures espagnole, italienne et africaine en Argentine a donné naissance à l'un des phénomènes culturels majeurs du XXe siècle : le tango, qui est à la fois un genre musical, une danse et un style poétique très particulier. Son berceau est Buenos Aires, un port où se côtoyaient à la fin XIXe des marins de tous les pays, des descendants de colons, des exilés, des émigrants ou d'anciens esclaves. Au siècle dernier, superbe ville cosmopolite, Buenos Aires était surnommé le « Paris de l'Amérique latine ». On n'oubliera pas cependant que le port de Montevideo, situé de l'autre côté du Rio de la Plata, a contribué aussi à son éducation – qui est mauvaise comme on le sait ! Avant de partir à la conquête du monde afin d'acquérir ses lettres de noblesse, il a en effet été longtemps associé à l'univers des gouapes, redoutable espèce de voyou locale.

LOUISIANE, ÉTATS-UNIS

LA NOUVELLE-ORLÉANS

Bordée par des lacs et des marais, traversée par le Mississippi et donnant sur le Golfe du Mexique, La Nouvelle-Orléans est la ville la plus créolisée des États-Unis. Ayant conservé une part de son héritage amérindien et français, proche des îles hispaniques des Caraïbes et bien sûr profondément marquée par l'histoire des Africains déportés dans les plantations de l'intérieur des terres pour devenir esclaves, elle est vraiment à part. C'est dans ce grand port qu'est né le jazz, musique qui synthétise diverses influences. Pouvait-elle naître ailleurs ?

À DÉCOUVRIR EN FRANCE

3

BREST ET MARSEILLE

Port militaire de la Navale, Brest a été le point de départ d'expéditions diverses. C'est de là, par exemple, que Jean-François de La Pérouse s'est lancé dans un tour du monde à la fin du XVIIe siècle. Malheureusement pour lui, il n'est jamais revenu... Ville de marins, Brest a été évoquée dans maints poèmes et chansons. L'un des plus beaux textes est signé du Parisien Jacques Prévert. Il évoque les destructions causées par la Seconde Guerre mondiale : « *Oh Barbara / Il pleut sans cesse sur Brest / Comme il pleuvait avant / Mais ce n'est plus pareil et tout est abîmé / C'est une pluie de deuil terrible et désolée...* ». Quant au fameux port de Marseille, à l'origine comptoir commercial des Phocéens (peuple grec antique), il n'a jamais perdu cette vocation. Son importance dans l'économie française est restée capitale au fil des siècles et l'est encore. Au cours des XIXe et XXe siècles, ce sera notamment le grand port colonial français. De là partaient cargos et paquebots pour l'Afrique ou l'Extrême-Orient. L'animation de son Vieux Port durant cette période a été retranscrite dans les films de la trilogie *Marius, Fanny et César* de Marcel Pagnol, dans les années 1930.

4

BAHAMAS

NASSAU

La capitale des Bahamas, située sur l'île de New Providence, est bien connue des amateurs de farniente sous un soleil tropical et sur une plage de sable blanc... Entre baignade et sieste, il est amusant de se souvenir que ce port fut l'une des principales bases des pirates du XVIIe siècle, les nommés Barbe Noire, Charles Vane, Jack Rackham ou Anne Bonny. Aujourd'hui, un musée leur est dédié à proximité du port où les bateaux affichent leur luxe plutôt qu'un drapeau noir à tête de mort !

5

ÉTATS-UNIS

NEW YORK

Le port de New York a été l'un des points d'arrivée majeurs des émigrants d'Europe venus refaire leur vie en Amérique. 12 millions de personnes ont débarqué ici entre 1892 et 1954 – dans ses dernières décennies d'existence, le site a servi de centre de détention d'étrangers indésirables. Tous subirent l'épreuve des contrôles effectués sur Ellis Island à l'ombre de la statue de la Liberté... Un musée leur est consacré sur place. On estime qu'environ 100 millions d'États-Uniens ont un ancêtre qui est passé par cette île.

6

CHILI

VALPARAISO

« Good bye farewell ! Good bye farewell ! / Adieu misère adieu bateau ! / (...) Et nous irons à Valparaiso ! / (...) Où d'autres y laisseront leur os ! ». Ce vieux chant de matelots intitulé « *Nous irons à Valparaiso* » indique que Valparaiso joua un rôle majeur dans le trafic maritime mondial, étant donné sa situation géographique. Tous les navires empruntant le détroit de Magellan y firent escale pendant des siècles. Avec la création du canal de Panama, il a perdu beaucoup de son importance, mais reste très actif. Ville culturellement dynamique, Valparaiso est à présent un site touristique apprécié, notamment grâce à ses maisons colorées étagées sur les pentes raides de hautes collines traversées par de nombreux funiculaires et escaliers.

7

PANAMA

PANAMA CITY

À l'instar de Suez (Égypte), Panama City est mondialement célèbre en tant que porte d'entrée ou de sortie du gigantesque canal de Panama qui relie Pacifique et Atlantique, afin de raccourcir considérablement les périples des navires. Le canal, d'une longueur de 80 km, traverse les forêts tropicales de l'isthme où s'étend le Panama, en Amérique centrale. Réalisé par des entreprises états-uniennes, après un scandale financier qui a agité la France, il a été ouvert en 1914. Comme celui de Suez, ouvert en 1869, il a été conçu par le Français Ferdinand de Lesseps. D'autres scandales ont suivi depuis, notamment ceux qui eurent pour fondement des trafics de drogue ou de gros sous placés ici par des particuliers ou des entreprises du monde entier afin d'échapper aux impôts dans leur pays.

8

CANADA

VANCOUVER

Rendu célèbre en France par un tube de Véronique Sanson, le port de Vancouver symbolise pour le Canada la dernière frontière. La ville de Vancouver a été fondée à la fin du XIXe siècle, au bout de la ligne du Canadien National, qui traverse le pays de l'Atlantique au Pacifique. Un chantier pharaonique mené à bien pour profiter de la situation du port de Vancouver, qui devient un axe important du commerce mondial entre Orient et Occident. Aujourd'hui, Vancouver, où réside une importante communauté asiatique, est l'un des plus grands ports d'Amérique du Nord et un point d'accès majeur à l'aire Pacifique. Et toujours une destination au bout de la route, qui fait rêver…

9

MAROC

TANGER

Situé entre Méditerranée et Atlantique, le port de Tanger est une plaque tournante du commerce international. Point de départ pour la conquête de l'Espagne par les Musulmans arabes et berbères via le détroit de Gibraltar, Tanger fut prise ensuite par les Portugais, puis les Anglais, avant de redevenir marocaine. Le port a fait l'objet de rivalités entre puissances européennes (France, Espagne, Allemagne) à l'aube de la Première Guerre mondiale. À la suite du conflit, il est devenu une zone franche internationale propice à tous les trafics, y compris d'informations glanées ou vendues par des espions en tout genre… Il conserve aujourd'hui une zone franche et un esprit d'indépendance légendaire. Celui-ci, ainsi que la beauté de la vieille ville et de ses environs (cap Spartel) a attiré nombre d'artistes et écrivains américains et européens : Eugène Delacroix, Henri Matisse, Paul Bowles, Jack Kerouac, Williams Burroughs…

10

ÉGYPTE

ALEXANDRIE

Cité fondée par Alexandre le Grand durant l'Antiquité, Alexandrie a été et reste l'un des grands ports de la Méditerranée. Sa bibliothèque était une mine de connaissances quasi inégalée dans le monde, jusqu'à son déclin au début de l'ère chrétienne et sa destruction lors de l'invasion arabe. Beaucoup plus tard, c'est là que Napoléon Bonaparte débarqua pour sa campagne d'Égypte, qui échoua finalement face à ces damnés Britanniques ! Une fresque romanesque, au moins, célèbre ce port : *Le Quatuor d'Alexandrie* (constitué de quatre romans) de Lawrence Durrell, qui la dépeint avant et pendant la Seconde Guerre mondiale. Objet de nombreux fantasmes exotiques, il a été aussi chanté par Claude François (né non loin, à Ismaïlia), sur des paroles d'Étienne Roda-Gil : *« Voile sur les filles, barques sur le Nil / Alexandra, Alexandrie / Alexandrie où l'amour danse avec la nuit »* !

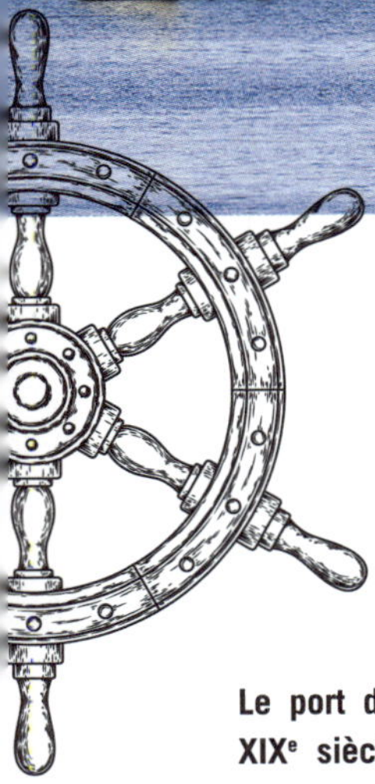

11

SÉNÉGAL

DAKAR ET GORÉE

Le port de Dakar existe véritablement depuis le XIXe siècle, lorsque la France colonisa entièrement le Sénégal. Jusqu'alors, c'était celui de l'île de Gorée, toute proche, qui était le plus usité. On y trouvait un comptoir où des Européens et leurs associés locaux menaient diverses activités commerciales, dont la vente d'esclaves destinés aux plantations américaines. La Maison de l'esclave est aujourd'hui un lieu de visite très fréquenté, notamment par des Afro-Américains en quête de leurs racines. Pour sa part, Dakar est devenu une grande capitale africaine. Notez que le port a été le théâtre d'une bataille entre Français en 1940. Les troupes du général de Gaulle, alliées aux Britanniques, y ont été battues par celles de Pétain.

12

YÉMEN

DJIBOUTI ET ADEN

La Mer Rouge et ses sortilèges… Arthur Rimbaud a mis un point final à sa carrière de poète en débarquant à Aden (Yémen) en 1880 pour devenir commerçant sur l'autre rive, au Harar en Éthiopie. Plus tard, il décédera misérable à Marseille, à l'âge de 37 ans. Issu d'une noble famille, Henry de Monfreid a suivi le même chemin quelques années plus tard à partir de Djibouti, alors territoire français. Lui aussi s'installera un temps au Harar. De ses aventures de trafiquant, il tirera des récits qui seront des best-sellers, notamment *Les Secrets de la Mer Rouge*. Avertissement : en raison du conflit en cours, il est formellement proscrit de se rendre au Yémen.

13

TANZANIE

ZANZIBAR

Important comptoir commercial d'Afrique de l'Est situé dans une île en face de la Tanzanie, Zanzibar possède un nom qui fait rêver dès qu'on le prononce. Toutes les grandes nations en quête de richesses y ont fait des affaires, entre autres pour acquérir des épices ou, ce qui prête moins à la rêverie, des esclaves, lesquels étaient notamment exploités dans des pays orientaux. Les rues du port présentent un aspect tortueux et alignent des palais, des souks, des mosquées… Mélangeant les cultures swahili et arabe, Zanzibar a donné naissance à une forme musicale stupéfiante nommée *taarab*. Elle met en joie tous les amateurs de musiques du monde qui l'ont écoutée au moins une fois dans leur vie.

14

PAYS-BAS

AMSTERDAM

« Dans le port d'Amsterdam / Y a des marins qui chantent/Les rêves qui les hantent/Au large d'Amsterdam ». Jacques Brel s'est inspiré de quelques virées qu'il fit jeune homme dans le fameux port néerlandais. Cette chanson, qui figure parmi les plus connues du Belge, étaient une de celles qu'il aimait le moins ! Relié à la mer du Nord par un canal, le port d'Amsterdam est le 4e plus grand d'Europe. Il a été dépassé par celui de Rotterdam, désormais le plus grand port d'Europe et le 8e du monde en termes de trafic maritime.

15

ROYAUME-UNI

BELFAST ET SOUTHAMPTON

C'est à Belfast, en Irlande du Nord, qu'a été construit le paquebot Titanic entre 1909 et 1912. Cette même année, ce navire, que l'on pensait insubmersible, est parti du port anglais de Southampton pour un voyage inaugural dont le terminus était New York. Un iceberg de l'Atlantique nord en décida autrement. Il coula comme on le sait au large de Terre-Neuve, le naufrage faisant environ 1 500 morts. À visiter sur ce sujet : le musée Titanic Belfast et le SeaCity Museum à Southampton.

16

ALLEMAGNE ET ANGLETERRE

HAMBOURG ET LIVERPOOL

Hambourg est un port majeur dans l'histoire de l'économie allemande et européenne depuis le Moyen Âge. Les milliers de marins qui y faisaient escale au début des années 1960 pouvaient aller voir jouer et chanter de jeunes garçons dans le vent de la mer Baltique. Au nombre de quatre, ils venaient d'un autre grand port, celui de Liverpool où ces Anglais retournèrent poursuivre leur début de carrière. Les deux villes entretiennent la mémoire de ces événements. Comment s'appelaient-ils déjà ? Ah, oui, The Beatles.

17

TURQUIE

ISTANBUL

Anciennement nommée Byzance et Constantinople, Istanbul a été successivement grecque, romaine et ottomane, polythéiste, chrétienne et musulmane. Sa situation sur le détroit du Bosphore en a fait depuis toujours un carrefour entre l'Asie et l'Europe, la Mer Noire et la Méditerranée, les civilisations orientales et occidentales… En conséquence, elle présente un patrimoine matériel et immatériel d'une richesse folle. C'est aujourd'hui encore un port de première importance où se croisent marins et touristes de toutes nationalités, ainsi qu'une capitale économique peuplée d'habitants venus de toute la Turquie.

18

ITALIE

VENISE ET GÊNES

Ces deux ports italiens ont été en concurrence durant des siècles. Ils se sont alliés, fait la guerre… Et se sont enrichis comme le prouvent toujours le magnifique patrimoine de Gênes et la munificence quasi théâtrale de Venise d'où partit Marco Polo pour l'Extrême-Orient. Le Génois

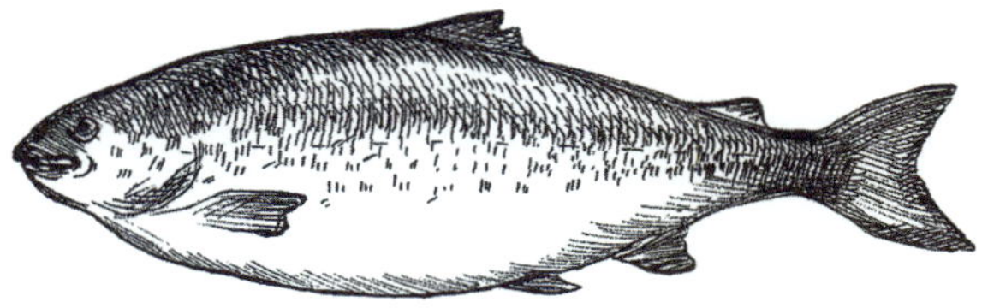

Christophe Colomb prit la mer vers l'ouest pour rejoindre la même destination, mais depuis l'Espagne, et c'est comme on le sait l'Amérique qu'il rencontra en route. Ce qui déstabilisa les deux cités, la Méditerranée ayant relativement perdu de son importance dans le trafic maritime.

19

INDE

LES COMPTOIRS DE L'INDE

Goa, Calcutta, Pondichéry, Cochin... Ces grandes villes indiennes sont entrées dans la légende des ports internationaux. Entre les XVIe et XVIIIe siècles, la compétition a été rude entre Européens afin de s'implanter en Inde et à Ceylan, où chaque pays comptait tirer profit des nombreux trésors que ces terres recelaient. Les Portugais (Goa, Callicut...) furent les premiers, puis vinrent les Néerlandais (Masulipatam, Chinsura...), les Danois (Serampore), ainsi que les Britanniques (Bombay, Calcutta...) et les Français. Une guerre entre ces derniers et les Anglais mit fin aux projets des actionnaires de la Compagnie des Indes orientales, fondée par Colbert sous le règne de Louis XIV. La France se vit cependant reconnaître le droit de conserver cinq comptoirs dont les noms, dûment appris à l'école pendant longtemps, faisaient rêver les aventuriers imaginaires. Il s'agit de Mahé (côte ouest), Karikal, Pondichéry, Yanaon (côte est) et Chandernagor au Bengale. Ces établissements sont restés français jusqu'en 1949.

20

CHINE

HONG KONG ET MACAO

Ces deux ports chinois relativement proches l'un de l'autre ont pour point commun d'avoir été administrés par des Européens durant longtemps, les Britanniques pour Hong Kong et les Portugais pour Macao. Ils ont rejoint la Chine dans les années 1990 mais ont conservé un statut spécial, leur caractère propre et leur cosmopolitisme. Voilà qui suffit à les rendre mythiques, mais leur urbanisme dément, leur dynamisme économique incarné par des ports gigantesques et des tours démesurées en rajoute. Ces ports ont inspiré quantité de romanciers et de cinéastes en quête de décors mélangeant les influences chinoises et européennes pour raconter des histoires d'espionnage, des récits de gangsters ou de perdition (opium, jeu, prostitution...).

21

HAWAII, ÉTATS-UNIS

PEARL HARBOR

Situé sur l'île d'Oahu à Hawaii, près d'Honolulu, le « Port des Perles » (Pearl Harbor) doit son nom à son activité passée qui consistait à prélever les trésors contenus dans les huîtres de sa baie. Depuis le 7 décembre 1941, le mot « attaque » est accolé à celui de Pearl Harbor. C'est ce jour-là que l'aviation japonaise bombarda la base de la flotte du Pacifique des États-Unis qui s'y trouvait et décida ce pays à s'engager dans la Seconde Guerre mondiale. Cinq sites muséaux évoquent cette tragédie sur place. Si vous préférez le côté pacifique du Pacifique, des plages ne sont pas loin. Vous pourrez y rejouer la fameuse scène du film *Tant qu'il y aura des hommes* durant laquelle Burt Lancaster et Deborah Kerr s'enlacent sur le sable avant que ne tombent les bombes...

22

CHINE

SHANGHAI

Ce fut longtemps une ville très modeste. Et puis, à partir du XIXe siècle, Shanghai s'est développée au contact des Européens, Américains, Russes et Japonais venus y commercer. Des concessions avec immunité diplomatique y ont été accordées à certains pays comme la France. Ces concessions serviront de refuge aux civils chinois lors de troubles, ou à des réfugiés venus de partout dans le monde. Une culture spécifique s'est depuis lors créée là, souvent métissée, dans les domaines des arts plastiques, du cinéma, de la chanson, de la littérature... Très marqué par les brûlures de l'histoire du XXe siècle (occupation japonaise, révolution culturelle...), ce tigre qu'est Shanghai a rebondi et est devenu une mégalopole à partir des années 1990. C'est aujourd'hui le premier port au monde.

23

RUSSIE

VLADIVOSTOK

Russe depuis 1858, après avoir été mandchou, Vladivostok se situe à l'extrémité orientale de l'Asie du nord. Elle est plus proche de Pékin, Tokyo ou Séoul que de Moscou ou de toute autre ville européenne. Ce bout du monde, pour les Occidentaux et les Russes, jadis peuplé de bagnards et d'exilés ou d'aventuriers plus ou moins criminels, fut et reste une base militaire, ce qui en fit longtemps une ville mystérieuse car interdite d'accès aux étrangers. Après avoir subi les tourments des années post-soviétiques, elle connaît un développement spectaculaire en tant que port commercial. Les touristes peuvent maintenant venir y comparer leurs fantasmes à la réalité.

24

SINGAPOUR

SINGAPOUR

Île située à l'extrémité sud de la péninsule malaise, au bord de routes maritimes incontournables, Singapour a, au fil des siècles, suscité beaucoup d'intérêt du côté des puissances économiques régionales, puis mondiales. Peuplée majoritairement de Chinois, ainsi que de Malais et d'Indiens, elle attire aussi nombre de travailleurs étrangers. Son essor a commencé en 1819, lorsqu'elle fut déclarée port franc par les Britanniques qui y établirent un comptoir. Formant aujourd'hui un État indépendant prospère, Singapour incarne une sorte d'Eldorado de l'économie de marché et du business globalisé.

10 CITY-TRIPS LOW COST ALTERNATIFS

Des envies d'escapade et de city breaks ? Mais les billets pas chers partent très rapidement. Il n'y a plus de bon plan low cost vers Rome, Barcelone, Prague ou Lisbonne ? C'est le moment de découvrir d'autres destinations tout aussi sympas, et moins fréquentées. De l'Andalousie à Vilnius et de Glasgow à la Sardaigne, voici dix idées alternatives de destinations desservies par des low cost pour le printemps. Préparez vos valises !

BOLOGNE

Italie

Capitale de l'Émilie-Romagne, la dynamique Bologne offre de nombreux joyaux architecturaux et culturels : son centre-ville médiéval, avec ses rues à arcades, son campanile, ses musées, ses palais et ses églises. Bologne, qui est l'une des villes d'Italie où l'on vit le mieux, possède également d'excellents restaurants, les *osterie*, de sympathiques établissements entre le bar à vins et la table d'hôtes. Enfin, Bologne, où se trouve la plus ancienne université d'Europe, est une ville étudiante très animée et progressiste : on la surnomme « Bologne la rouge », en raison de la couleur de ses édifices, mais aussi de sa mairie, à gauche toute ! Quant à l'Émilie-Romagne, patrie du *prosciutto*, des *tortellini* et du *parmigiano*, c'est aussi une région d'art – et non des moindres, avec Ravenne, Ferrare et Parme pour fleurons.

À ne pas manquer : Ferrare, Ravenne, Modène, Parme.

Y aller : l'aéroport de Bologne Marconi est desservi par Air France, EasyJet et Ryanair.

BRISTOL

Angleterre

Voilà une destination qui gagne à être connue ! Jadis port commercial puis grande cité industrielle, Bristol est aujourd'hui une ville qui bouge. Elle le doit à ses étudiants, puisqu'elle compte une université renommée. Des espaces culturels, des bars et des salles de spectacles se sont installés dans les anciens docks. Berceau de groupes tels que Massive Attack ou Portishead, Bristol est en outre la capitale anglaise de l'animation cinématographique avec les studios de *Wallace et Gromit*. On aime bien le quartier de Clifton Village, à deux pas du pont suspendu, pour ses boutiques tendance et ses cafés. À quelques kilomètres de Bristol, se trouve Bath, l'une des plus belles villes d'Angleterre. Restructurée au XVIIIe siècle, dans le style palladien, cette cité thermale aligne des rues ponctuées de ravissantes placettes et de monuments grandioses. Un vrai coup de cœur !

À ne pas manquer : Bath, les fromageries de Cheddar, la cathédrale de Wells.

Y aller : l'aéroport de Bristol est desservi par Air France, EasyJet et Ryanair.

CATANE

Sicile

Fondée en 728 av. J.-C., Catane vit au rythme des humeurs de l'Etna. En 1693, la ville fut totalement ravagée. Et pourtant, Catane demeure la cité la plus dynamique de Sicile, une capitale économique située au cœur d'une plaine fertile. Patrie de Bellini et de Verga, Catane renferme un vieux quartier magnifique, avec des *palazzi* et des églises baroques. Ne pas manquer de faire un tour du côté de la Piazza del Duomo à l'heure de la *passeggiata* ou de l'incroyable marché aux poissons. Quant à la cuisine locale, essentiellement à base de produits de la mer, elle est tout simplement délicieuse ! Enfin, sachez qu'il fait très chaud à Catane en été : heureusement, les plages sont à portée de bus du centre-ville. Sinon, les stations balnéaires d'Acireale et Taormina se trouvent dans les environs, dominées par la silhouette volcanique de l'Etna.

À ne pas manquer : Acireale, Taormina, l'Etna.

Y aller : l'aéroport de Catane est desservi par EasyJet et Windjet.

SPLIT

Croatie

Il n'y a pas que Dubrovnik sur la côte dalmate. Autre perle de la riviera croate : Split… Une vieille ville de 3000 habitants environ (209000 pour l'ensemble de la ville), aménagée dans l'enceinte des restes d'un palais grandiose ayant appartenu à l'empereur Dioclétien (IIIe siècle av. J.-C.), qui y vécut les neuf dernières années de sa vie. Le résultat est éblouissant. Baladez-vous au gré des rues, perdez-vous pour profiter de la douceur de la ville : surtout le soir, l'ambiance est fantastique. Le Péristyle, centre névralgique du palais, est superbe. Vous pouvez également gravir les marches du campanile de la cathédrale, la vue de Split est magnifique. Consacrez au moins une bonne journée et une soirée à arpenter l'endroit.

À ne pas manquer : à portée de bateau se trouvent des îles parmi les plus belles de Croatie, comme Brač, Hvar, Vis et Korcula. N'oubliez pas votre maillot de bain !

Y aller : l'aéroport de Split est desservi par Croatia Airlines et EasyJet.

GLASGOW

Écosse

Ravalez vos préjugés ! La ville de Glasgow a vécu une véritable transformation il y a quelques années. De ville industrielle à mauvaise réputation, elle est devenue la capitale britannique de l'architecture et du design. Architectes, designers, artistes se mettent en quatre pour donner un nouveau visage à la ville pendant que nombre de musées passionnants voient le jour. Les amateurs d'architecture de tout genre, les fondus d'histoire, les oiseaux de nuit seront séduits par Glasgow. Pour sortir le soir, cap sur West End, le quartier étudiant de la ville, avec ses nombreux bars et restos. Le City Centre, avec les Argyle Street, Hope Street et Jamaica Street, vaut aussi le coup. Et si vous disposez d'un peu de temps, pourquoi ne pas faire un saut dans la divine Edimbourg ? L'autre grande ville écossaise ne se trouve qu'à 1 h de train ou 1 h 30 de route, reliée par de nombreux bus à Glasgow de surcroît !

À ne pas manquer : la vallée de la Clyde, Edimbourg.

Y aller : l'aéroport de Glasgow est desservi par EasyJet, Ryanair, Flybe et Jet2.

GÉRONE
Catalogne

Gérone ou la douceur de vivre catalane… Située dans l'arrière-pays, à 70 km au nord de Barcelone, cette jolie ville avec ses vieilles maisons aux façades colorées invite à flâner au gré de ses rues, et plus particulièrement dans le quartier juif. Gérone possède également une magnifique cathédrale et un musée du cinéma à la collection fabuleuse. Aux alentours, la région de l'Empordà regorge de charme. Avec les Pyrénées en toile de fond, cette autre Catalogne compte, sur quelques dizaines de kilomètres, de nombreuses richesses naturelles et historiques : un paysage rural intact, des villages médiévaux admirablement préservés, de superbes mas catalans, trois musées consacrés à Dalí. Enfin, hors saison, la Costa Brava a de quoi séduire. Et si l'attrait de Barcelone est pour vous irrésistible, la capitale catalane ne se trouve qu'à 1 h de route.

À ne pas manquer : les musées Dalí de Púbol, Figueres et Port Lligat, les villages de Pals ou Ullastret.

Y aller : l'aéroport de Gérone est desservi par Ryanair.

GRENADE
Andalousie

Une escapade de rêve. Grenade est le bijou de l'Andalousie. Au pied de la sierra Nevada dont on peut voir les sommets enneigés, la ville ravit par le charme de ses petites ruelles dans le quartier de Sacromonte, la beauté de ses églises (en particulier la cathédrale) et ses petites places secrètes. Le summum sera atteint avec la visite de l'Alhambra, célèbre forteresse arabe du Moyen Âge. Depuis Grenade, de nombreux bus conduisent en 2h à Cordoue, ville de tolérance et de fusion des cultures : musulmans, juifs et catholiques y vécurent longtemps dans un accord presque parfait. On comprend ainsi aujourd'hui la richesse du vieux quartier juif, la Judería, qui se blottit autour de la mosquée-cathédrale, la Mezquita, joyau architectural d'une incomparable pureté. Magnifique !

À ne pas manquer : l'Alhambra, l'Albaicin, Cordoue, la Sierra Nevada.

Y aller : l'aéroport de Grenade est desservi entre autres par Vueling.

OLBIA
Sardaigne

Heureux celui qui débarque à Olbia puisque ce nom signifie « bonheur »… en grec ! Principale porte d'entrée de l'île, Olbia vaut surtout le détour par la région magnifique qui l'entoure, la Gallura. Située au nord de l'île, elle offre un condensé de la farouche beauté sarde : mer offrant toutes les nuances du bleu, roches de granit rose ou gris, forêts ou maquis d'un vert profond. Une région entre mer et montagne, magnifiée par l'éclatante lumière de la Méditerranée. Aux stations balnéaires bling-bling de la Costa Smeralda, préférez les îles de la Maddalena, sauvages et inhabitées, l'île Tavolara et l'arrière-pays authentique, avec ses sites préhistoriques, son maquis et ses fermes agritouristiques où l'on se régale de mets sardes. Et si le mal du pays vous prend, Bonifacio se trouve à 1h en ferry de Santa Teresa Gallura.

À ne pas manquer : Tempio Pausania, les nuraghi, l'archipel de la Maddalena, isola Tavolara.

Y aller : l'aéroport d'Olbia est desservi par , EasyJet et Meridiana.

FARO
Portugal

Le Portugal ne se résume pas à Lisbonne et Porto... Tout au sud du pays, Faro est la capitale de l'Algarve. Elle est l'une des villes de cette région qui a le plus préservé son art de vivre traditionnel. Le centre-ville de Faro est piéton. Le vieux quartier, entouré de remparts, ne manque pas d'attraits avec ses façades délabrées, ses ruelles pavées et ses orangers sur la place de la cathédrale. Les cigognes sur les toits font le bonheur des touristes venus goûter au calme de la ville. Si le littoral entre Faro et Lagos est assez bétonné, il y a encore de belles découvertes à faire dans l'arrière-pays et sur la côte à l'est de Faro, du côté d'Olhao et Tavira.

À ne pas manquer : Olhao, Tavira, l'arrière-pays, Portimao.
Y aller : l'aéroport de Faro est desservi par Easyjet et Ryanair.

VILNIUS
Lituanie

Vilnius est un melting-pot de styles européens qu'elle a hérité de sa tumultueuse histoire. Des églises baroques, des ruelles pavées, des maisons en bois bringuebalantes mais aussi des immeubles soviétiques. Depuis 1994, la vieille ville baroque – somptueuse – est classée au patrimoine mondial de l'Unesco. Une curiosité : Užupis, un quartier d'artistes alternatif et libertaire, avec pas mal de cafés, qui est devenu une « république autoproclamée ». Sympa ! Si vous disposez d'un peu de temps, partez à la découverte de la Lituanie : Trakai et son château, mais aussi la nature avec de nombreux lacs, des forêts épaisses et quelques parcs nationaux magnifiques. Sur la Baltique, l'isthme de Courlande est surnommé la « côte d'ambre », car on y trouve cette précieuse résine.

À ne pas manquer : Kaunas, Trakai, isthme de Courlande.
Y aller : l'aéroport de Vilnius est desservi par Air Baltic, Wizz Air et Ryanair.

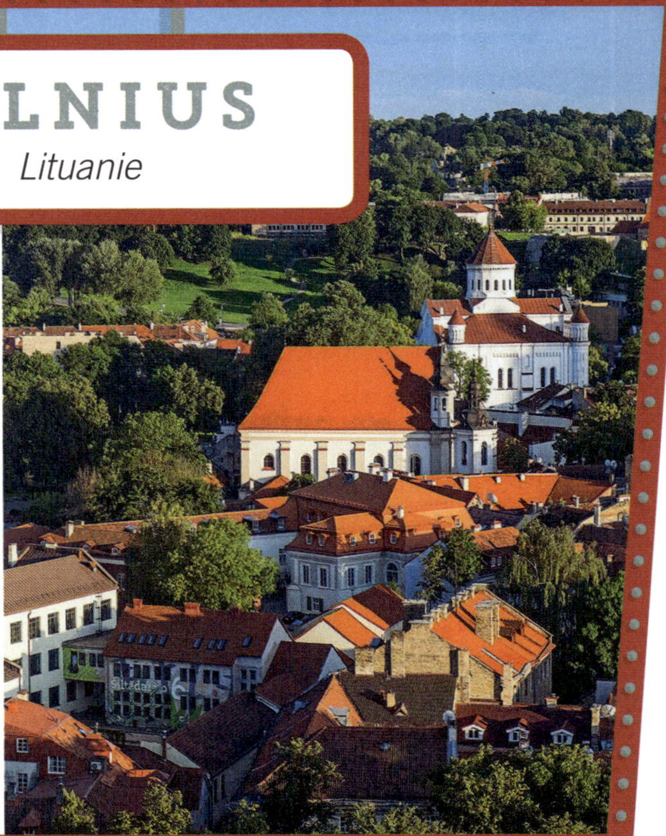

CARTE POSTALE

CRACOVIE LA BELLE POLONAISE

Cracovie est l'un des joyaux d'Europe Centrale. Moins connue que Prague, la belle Polonaise n'a rien à envier à sa consœur tchèque. Capitale de cœur des Polonais, elle regorge d'églises, de musées et de palais en un formidable éventail de styles, du gothique au baroque. Et, pour ne rien gâcher, cette ville étudiante possède un nombre impressionnant de cafés et de restos sympas. Qu'attendez-vous pour y aller ?

Les charmes du vieux Cracovie

Première bonne surprise : Cracovie se visite à pied. Se balader dans son centre, presque entièrement piétonnier, se révèle fort agréable. Toute promenade dans le vieux Cracovie se doit de commencer par Rynek Glowny, la place du Marché qui est la plus grande place médiévale d'Europe avec ses 200 m de côté. Ensuite, il faut musarder dans les rues du vieux Cracovie, construit sur un plan en damier au XIIIe siècle. Un festival de beautés architecturales gothique, renaissance et baroque : c'est un pur concentré d'art mitteleuropéen, qui démontre magistralement la pleine appartenance de la Pologne à l'Europe. Ne pas manquer les Planty, agréables jardins qui entourent la vieille ville, la porte Florianska, vestige des anciens remparts de Cracovie, et le musée des Princes Czartoryski (en rénovation) où l'on peut voir la fameuse *Dame à l'hermine* de Leonard de Vinci (transférée temporairement à la Wawel).

Kazimierz, juif et branché

À quelques minutes à pied de Wawel, entre les rives de la Vistule et le vieux Cracovie, un autre coup de cœur : le quartier juif de Kazimierz, qui ne fut rattaché à Cracovie qu'au XVIe siècle. Juif, ou ce qu'il en reste... Car, de 80000 habitants avant la Seconde Guerre mondiale, Kazimierz ne compte plus aujourd'hui que quelques centaines de juifs. Laissé à l'abandon par les communistes, il connaît depuis une dizaine d'années un important processus de revitalisation. Ses synagogues, dont une seule sert aujourd'hui de lieu de culte, ont été restaurées. Le film de Spielberg, *La Liste de Schindler*, qui se déroule ici et dans le quartier voisin de Podgorze, a également contribué à la renaissance de Kazimierz. De nombreux *Schindler Tours* sont organisés sur les lieux de tournage du film, qui sont aussi des témoins de l'histoire tragique des juifs polonais. Chaque année a lieu un important Festival de la Culture Juive, qui célèbre la mémoire de Kazimierz, devenu le quartier le plus vivant de Cracovie, à la fois bohème et branché.

On ne compte plus les bars, cafés, restos et établissements de nuit pour les fêtards. Le dimanche, la place Nowy, haut-lieu de la vie nocturne, accueille une sympathique brocante. Au centre, des stands de cuisine servent des snacks à déguster à la polonaise, sur le pouce. Sur la rue Szeroka, aux allures de place, les restos juifs traditionnels – et quelque peu touristiques – font face aux synagogues. En été, les terrasses sont des plus accueillantes pour siroter une bière en dégustant des *pierogis*, ces délicieux raviolis polonais.

Mines de sel et ville-modèle communiste

Si vous avez le temps, voici deux excursions intéressantes aux portes de Cracovie : les mines de sel de Wieliczka et la « ville-modèle » communiste de Nowa Huta. On a du mal à le croire, mais la région était recouverte il y a 13 millions d'années par la mer. En se retirant, elle a déposé du sel, qui, pendant des siècles, fit la richesse du pays. Exploitées dès le XIIIe siècle et à 10 km de Cracovie, les mines de sel de Wieliczka, aujourd'hui classées à l'Unesco, s'étendent sur 30 km et atteignent une profondeur de plus de 300 m. Impressionnant ! Dans un tout autre genre, Nowa Huta mérite le détour. Son nom signifiant la « nouvelle fonderie », cette « ville nouvelle » communiste fut construite dans les années 1950 autour d'un combinat sidérurgique. Abritant jusqu'à 150000 personnes, cette ville modèle du socialisme triomphant est un témoignage éloquent de l'architecture stalinienne, plus proche de la cage à prolos que de la cité radieuse.

Le Wawel, panthéon de la Pologne

Ici bat le cœur historique de la Pologne. Durant plus de cinq siècles, la colline du château fut le centre politique et administratif du pays. Même après la décision du roi Sigismund III Vasa de transférer en 1596 la capitale à Varsovie, rois et princes continuèrent de se faire enterrer dans la cathédrale du château, de même que les plus grands poètes et héros de la nation. Pour tous les Polonais, la colline du château est, plus qu'un monument, un véritable livre d'histoire et un symbole de la fierté et de l'unité nationales. Ils effectuent ici un véritable pèlerinage aux sources de la Pologne.

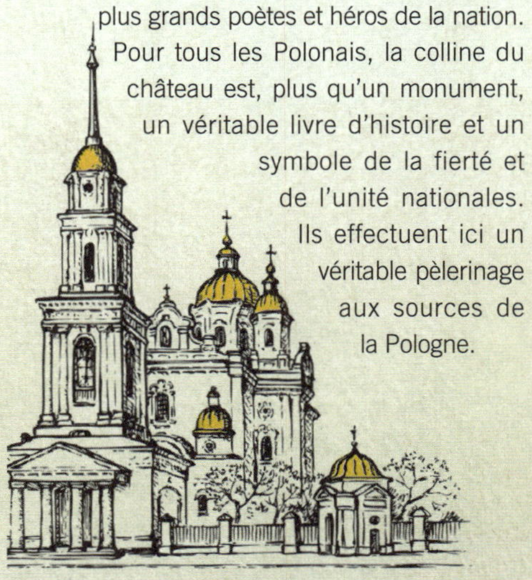

FICHE PRATIQUE

Site internet

- Office national polonais de tourisme : **pologne.travel/fr**

Comment y aller ?

- EasyJet dessert Cracovie en vol direct au départ de **Paris-CDG, Mulhouse-Bâle et Lyon**.
- Ryan Air depuis **Beauvais**.

Où manger ?

- **U Stasi :** ul. Mikołajska 16. Pour beaucoup, le meilleur bar à lait de la ville. Idéal pour se régaler de plats polonais (dont les *pierogi*) sans se ruiner !
- **Wesele :** rynek Glowny, 10. Sur la place principale du vieux Cracovie, une valeur sûre pour goûter à une cuisine polonaise de qualité.
- Pour manger sur le pouce, nombreuses échoppes sur la **place Nowy à Kazimierz** et sur **Rynek Glowny dans la vieille ville**.

Où prendre un verre ?

- Embarras du choix à Kazimierz, notamment autour de la **place Nowy,** entourée de bistrots. À signaler les bars **Alchemia (*alchemia.com.pl*)** et **Singer (ul. Estery, 20)**.

Le couchsurfing

L'hospitalité. Une valeur qu'on pourrait croire disparue mais qui est revenue en force grâce à la magie d'Internet. Partout dans le monde, des hôtes accueillent des voyageurs pour quelques nuits, sur un bout de canapé ou dans la chambre d'amis, pour le simple plaisir de la rencontre et de l'échange. Un clic-clac à Buenos Aires, un futon à Berlin, ça vous tente ? Bienvenue chez les couchsurfeurs !

Les destinations

Paris, France

Paris est la ville préférée des couchsurfers avec 49 286 rencontres et plus de 170 000 hôtes disponibles. De quoi découvrir la Ville Lumière de manière authentique et sans se ruiner !

Europe

L'Europe est de loin le continent le plus représenté avec 1 441 129 expériences contre 739 561 en Amérique du Nord. Les couchsurfers convoitent les villes (Londres, Barcelone, Amsterdam, Berlin, Madrid, Rome et Copenhague sont parmi les plus populaires) comme les campagnes : nombreuses annonces en bord de mer ou à la montagne.

Qu'est ce que le couchsurfing ?

Rencontres et Échanges !

—

Imaginez un immense réseau social de plus d'un million de personnes prêtes à s'offrir l'hospitalité les unes les autres pour une nuit ou plus. Le couchsurfing permet de se loger gratuitement dans le monde entier et, surtout, offre la possibilité de rencontrer les habitants des pays visités, de partager pour quelques jours leur quotidien et de bénéficier de leurs conseils. Le couchsurfing n'a pas de frontières : le principal site d'échange d'hospitalité, *couchsurfing.com*, compte près de 14 millions de membres dans 250 pays !

Un peu d'histoire

—

L'échange d'hospitalité n'a pas attendu Internet pour voir le jour. Après la Seconde Guerre mondiale, Bob Luitweiler crée Servas, une association pacifiste qui permet aux membres d'ouvrir leurs portes aux uns et aux autres. En 2000, un jeune Allemand lance Hospitality Club. La même année, un routard américain, Casey Fenton, s'envole pour l'Islande mais n'a aucune envie de dormir tout seul dans un hôtel. Il a alors l'idée d'envoyer un mail à 1 500 étudiants de Reykjavik, leur demandant si certains seraient prêts à le loger pour quelques nuits. Il reçoit des dizaines de propositions, bien au-delà de ses espérances. À son retour, il lance le projet Couchsurfing. En 2004, le site débarque enfin sur la toile. En 2006, c'est la version 2.0 du site qui marque l'essor du projet. Depuis 2011, c'est devenu une société à vocation commerciale (et non plus une association à but non lucratif).

Changer le monde grâce au couchsurfing

—

Le but revendiqué de l'échange d'hospitalité est de promouvoir les échanges entre les peuples afin de faire avancer la paix. Le mouvement s'appuie sur l'idée que les individus peuvent changer le monde, comme l'annonce le slogan de *couchsurfing.com* : « Participez à la création d'un monde meilleur, canapé après canapé ! ». Son objectif : favoriser des expériences enrichissantes et positives.

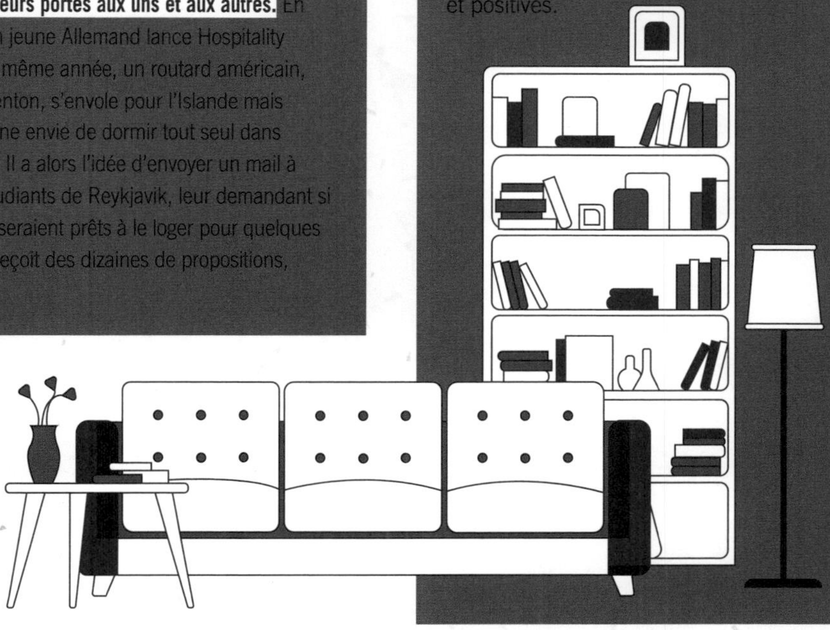

Comment ça marche ?

Sur le même principe qu'un réseau social, il faut s'inscrire sur l'un des sites d'échange d'hospitalité pour se lancer dans l'aventure. L'inscription est le plus souvent gratuite. Vous devez préciser si vous avez la possibilité d'héberger des couchsurfeurs, si vous souhaitez juste rencontrer des voyageurs autour d'un verre ou si vous n'êtes pas disponible en ce moment. Vous n'êtes donc pas obligé de recevoir des voyageurs pour avoir accès au réseau social, le couchsurfing ne reposant pas sur la réciprocité.

Définir votre profil

—

C'est une étape essentielle. Entrez le maximum d'informations afin de donner une idée de votre personnalité, de vos centres d'intérêt et de vos valeurs. Le site *couchsurfing.com* invite les membres à indiquer leur philosophie. Essayez d'aller plus loin que le banal « J'aime voyager et rencontrer des gens », qui n'en dira pas beaucoup sur vous ! Donnez des exemples concrets : votre métier, les langues que vous maîtrisez, les pays qui vous ont marqués, la musique que vous aimez, votre film favori… La photo peut sembler un détail, elle est cruciale : elle donnera envie aux couchsurfeurs d'en savoir plus sur vous. Une fois membre actif, ce sont les commentaires des autres à votre sujet qui parleront le mieux de vous !

Amérique du nord

—

En Amérique du Nord, la vogue du couchsurfing a très largement dépassé les frontières de la très prisée Big Apple. D'autres destinations courues voient le jour : Las Vegas, la Nouvelle-Orléans, Honolulu mais aussi le Canada avec des villes telles que Victoria, capitale de la Colombie-Britannique.

Asie et Russie

—

Le phénomène américain s'exporte désormais vers l'Asie en passant par la Russie. Moscou et Saint-Pétersbourg sont nettement les plus populaires avec respectivement 133 000 et 60 000 hôtes. Singapour, la Corée du Sud, l'Inde et la Chine rencontrent également un certain succès.

Moyen-Orient et Afrique

—

Le Moyen-Orient et l'Afrique, bien qu'un peu en reste face à la tentaculaire Istanbul (127 000 hôtes environ), parviennent à abattre quelques cartes telles que Téhéran (44 000 hôtes), Tel Aviv (26 000) ou Le Caire (22 000).

Sélectionner les hôtes

Choisir un hôte est une étape importante. Ne contactez que les personnes que vous avez vraiment envie de rencontrer. C'est là que le profil et les commentaires des autres membres s'avèrent utiles. Soyez attentif aux détails : avez-vous des centres d'intérêt en commun ? Quel est son style de vie ? Le mode d'hébergement qu'il propose vous convient-il ? Une seule règle : trouver au moins un élément qui vous donne envie de discuter avec cette personne. Pensez aussi au but de votre voyage : si vous partez à Londres pour faire la fête toute la nuit, ne choisissez pas de loger chez quelqu'un qui indique dans son profil qu'il travaille très tôt le matin !

Organisez votre séjour

Il n'y a pas de règles précises quant à l'organisation de votre visite. Ne soyez ni trop prévoyant, ni trop peu. Deux à trois semaines de délai semblent être raisonnables pour chercher votre logement. Quand vous rédigez vos mails, soignez les détails. Pensez à contacter plusieurs hôtes pour être sûr de trouver quelqu'un qui pourra vous accueillir. Enfin, pensez à prévenir votre hôte si vous changez de programme, pour lui dire que vous ne viendrez pas ou que vous arriverez un jour plus tard.

Une fois sur place...

Vous êtes logé gratuitement par une personne, la moindre des choses est de faire tout votre possible pour vous adapter à son mode de vie. À votre arrivée, parlez clairement de votre programme et demandez toutes les instructions concernant la maison ou l'appartement. Soyez respectueux et, en partant, laissez bien sûr l'endroit comme vous l'avez trouvé ! Il est aussi courant d'apporter un petit cadeau de remerciement (une bouteille de vin, un bouquet de fleurs, un pot de confiture…).

Témoignages

Caroline, deux semaines en Roumanie

« **Avec le couchsurfing, on se retrouve vraiment dans des situations improbables…** Un soir, en Roumanie, nous logions avec ma sœur dans une famille. Nous avons fêté avec eux l'anniversaire de leur fils. Une soirée mémorable à boire des bières en écoutant du rock avec des jeunes de 20 ans ! »

Marie, a tenté l'expérience au Québec et à Buenos Aires

« **J'ai testé le couchsufing pour la première fois au Canada. Emballée par cette première expérience, j'ai récidivé à Buenos Aires.** J'ai été hébergée par un Italien, dans une colocation. Je ne devais rester que 2 nuits, j'ai finalement habité là une semaine ! Dès que je suis arrivée, il m'a emmenée jouer aux échecs dans un parc avec toute une bande de couchsurfeurs du monde entier. Grâce à lui, j'ai trouvé un petit boulot. Il a été ma première attache à Buenos Aires, et j'ai continué à le fréquenter par la suite. Le couchsurfing est un excellent moyen de nouer des rencontres en débarquant dans une ville. »

Eva, une couchsurfeuse autour du monde !

« **J'ai commencé l'échange d'hospitalité par le biais du site Hospitality Club, en Europe de l'Est. Depuis, je n'ai jamais arrêté !** Cela permet de ne pas voyager un guide entre les mains et de s'immerger dans la vie des gens. À Berlin, j'ai squatté dans une grande colocation, on changeait de chambre tous les soirs. L'expérience qui m'a le plus marquée, c'était dans une colonie israélienne en Palestine. Ce sont des lieux complètement fermés, et pourtant une famille m'a reçue. C'était des gens adorables et cette rencontre a nuancé mon opinion sur la politique israélienne. Souvent, je remercie ceux qui me logent en cuisinant, je prépare des gâteaux, par exemple. Je pense que le couchsurfing m'a aussi aidée à vaincre ma timidité, à m'ouvrir aux autres. »

Conseils pratiques !

1

Soyez disponible !

Réfléchissez bien à ce que signifie le couchsurfing : vous allez dormir chez un inconnu ! La rencontre demande de la disponibilité, de la flexibilité et, avant tout, de l'envie ! Esprits obtus et pressés s'abstenir. Le couchsurfing est réservé aux routards qui privilégient la rencontre et savent improviser. Profitez de ce système pour découvrir des endroits où vous n'auriez pas été spontanément. Hors des sentiers battus, dans des zones isolées des grands circuits, les hôtes sont moins sollicités et donc encore plus heureux de vous recevoir.

2

Est-ce que c'est sûr?

C'est la première question de ceux qui hésitent à se lancer, notamment les femmes seules : est-ce que c'est risqué ? Regardez attentivement les commentaires des uns et des autres sur les profils, ils sont la source d'information la plus fiable. Vous repérerez vite les intrus, à commencer par des hommes qui espèrent profiter du réseau pour nouer des rencontres amoureuses… Il existe aussi un système de recommandation des membres par les autres membres du réseau, ainsi qu'un système de certification par Couchsurfing. Et si en arrivant vous ne vous sentez pas en sécurité, il est encore temps de filer dans une auberge !

3

Et la confidentialité ?

Le réseau Couchsurfing a là aussi tout prévu. Vous pouvez paramétrer à votre guise votre profil pour déterminer qui y aura accès et quelles informations personnelles seront visibles.

4

A votre tour d'accueillir des couchsurfeurs !

Il suffit d'un peu de temps et d'espace pour voir le monde entier débarquer à votre porte ! Où que vous soyez, vous aurez des demandes. À Paris, le risque est de crouler sous les mails. Ailleurs en France, selon les régions, les demandes peuvent être plus espacées. Si vous n'avez pas la place d'héberger quelqu'un, vous pouvez mentionner sur le site Couchsurfing que vous êtes partant pour rencontrer des voyageurs autour d'un verre.

5

Adresses et sites utiles

Couchsurfing
couchsurfing.com.
Le site le plus important de l'échange d'hospitalité. Inscription en quelques clics pour avoir accès aux milliers de profils des membres. Avantages : taille du réseau et qualité de l'interface du site, très facile d'utilisation.

Hospitality Club
hospitalityclub.org.
Pionnière du mouvement sur Internet. Même modèle que *couchsurfing.com.* Inscription gratuite.

Bedycasa
fr.bedycasa.com.
Chambres chez l'habitant, familles d'accueil, chambres indépendantes ou hébergements à louer, Bed & Breakfast, chambres d'hôtes et gîtes (en France), *casas rurales* (en Espagne et au Portugal), *guest houses, homestay,* fermes et auberges, pensions, riads (au Maroc), *minshuku* et *ryokan* (au Japon).

Warm Shower List
warmshowers.org.
« La vélo-hospitalité sur le Web », dixit le site français. Depuis 1993, rassemble des internautes disposés à offrir l'hospitalité aux cyclotouristes. Inscription gratuite et basée sur la réciprocité.

BeWelcome
bewelcome.org et Stay4free.com mettent en relation des membres du monde entier.

Servas Open Doors
servas-france.org.
ONG créée au lendemain de la Seconde Guerre mondiale. À l'origine, il fallait être membre d'une organisation pacifiste pour y adhérer. Aujourd'hui, il suffit de régler une cotisation annuelle et de passer un entretien de motivation. Vous recevrez ensuite une lettre de présentation ainsi qu'une liste d'hôtes selon les pays choisis. Les membres s'engagent généralement à vous recevoir gratuitement pour 2 nuits et à vous offrir le dîner.

LE MONDE EN FÊTE

Loy Krathong (célébration des lanternes), Thaïlande

10 GRANDES FÊTES À NE PAS MANQUER

Chaque année, il se passe un nombre incalculable de festivités aux quatre coins du monde. Pourquoi ne pas caler votre voyage sur l'une d'entre elles ? Qu'elles soient traditionnelles ou religieuses, voici un florilège de fêtes qui vous feront vibrer et découvrir les traditions des peuples de la planète.

THAÏLANDE

LOY KRATHONG

La traditionnelle fête des lumières et des lanternes est l'une des plus belles et des plus populaires de Thaïlande. À la fin de la saison des pluies, au soir de la pleine lune du 12e mois lunaire, Loy Krathong est célébré à travers toute la Thaïlande, en particulier près des cours d'eau et en bord de mer. Les Thaïlandais honorent Mae Kongkha, sorte de déesse hindoue des eaux, et les esprits des eaux, qui jouent un rôle significatif dans la vie du pays. Ils implorent le pardon pour la pollution des rivières et des cours d'eau, et demandent la clémence en vue de belles récoltes. Les gens fabriquent des *krathong* ou *flower boats*, de minuscules bateaux confectionnés avec des feuilles de bananier. Leur forme évoque la fleur de lotus. On y place une bougie allumée, de l'encens et des fleurs. Ils déposent ces petites bougies sur les rivières, ainsi que des *khong* pour exorciser leurs fautes. Ils chassent aussi les soucis du quotidien en lâchant dans le ciel des lanternes réputées célestes. Un spectacle de toute beauté dans la nuit. Les célébrations sont particulièrement vives et belles à Bangkok, Sukhothai (l'un des événements les plus réputés pour Loy Kratong avec son spectacle de sons et lumières et danses au parc historique), Chiang Mai, Ayutthaya, Suphanburi, Samut Songkhram, Tak et sur les plages du sud vers Phuket et Koh Samui.

Quand ? Le soir de la pleine lune du 12e mois lunaire.

SUÈDE

SAINT-JEAN (MIDSOMMAR)

Au moment du solstice d'été, les festivités de la Saint-Jean battent leur plein. On décore les maisons et les voitures. La fête est particulièrement marquée dans les campagnes. Dans chaque village, on dresse un mât décoré de verdure et de fleurs. Au pied du mât, on danse sur des airs de musique locale, et des jeux sont organisés. Par exemple, les gens peuvent jouer au *kubbe*, un jeu de quilles en bois typiquement scandinave. On partage ensuite un repas autour de grands banquets avec tablées à rallonges. Au menu : des harengs marinés, accompagnés de pommes de terre à l'aneth et d'une sorte de fromage blanc à la ciboulette. En dessert, on se régale des premières fraises de la saison et de glaces. Le tout est, naturellement, bien arrosé de bière et d'eau-de-vie *(aquavit)*. On danse ensuite toute la nuit ; c'est le *Midsommarstång* (la danse du milieu de l'été). La nuit est très claire, et dans les régions les plus septentrionales du pays, le soleil ne se couche même jamais tout à fait. Midsommar met enfin en scène une jolie tradition fleurie : les jeunes filles portent des couronnes de fleurs. La coutume veut que celles qui sont célibataires déposent des fleurs sous leurs oreillers pendant la nuit, pour rêver de leur futur époux…

Quand ? Entre le 20 et le 25 juillet.
www. visitsweden.com/midsummer

ALLEMAGNE

OKTOBERFEST FÊTE DE LA BIÈRE DE MUNICH

La plus connue et la plus « kolossale » des fêtes munichoises se déroule sous de vastes chapiteaux (chacun pouvant contenir jusqu'à 6000 personnes !), situés sur un terrain de 60 ha. Autant prévenir : *Oktoberfest*, c'est une orgie démente, un vacarme hallucinant, des monceaux de viande et de saucisses ingurgités, et plus de 6 millions de visiteurs annuels ! Les festivités se déroulent selon un rituel immuable. Coup d'envoi le 1er jour à 12h pile par le maire de Munich, lors de l'« *Ozapft is* » (« mise en perce »). Puis, le 1er week-end, un grand cortège de chars attelés (chaque brasserie a son char, famille et serveurs étant tous de la fête), rejoint par le public, part de la Josephspitalstrasse. Le lendemain matin, des milliers de personnes en costume traditionnel se réunissent dans la Maximilianstrasse pour un nouveau défilé (plus de 7 km). Défilé gratuit, mais places payantes en tribune (ainsi, bien sûr, que les repas et la bière sous les chapiteaux). Cette fête de la Bière s'accompagne aussi de nombreuses animations foraines, dans la partie sud de la *Wies'n* (c'est ainsi que les Munichois parlent de leur fête, le mot *Oktoberfest* étant réservé aux touristes !). Des attractions qu'on a du mal à imaginer ailleurs (femme sans tête, et même sans corps, etc.). Il est indispensable de réserver – au moins plusieurs mois à l'avance – son hébergement pendant cette période, et les prix sont évidemment majorés pendant toute la durée des festivités… Pour trouver une place dans un chapiteau, on vous conseille aussi de vous pointer tôt car ils se remplissent très vite.

Quand ? Dernière semaime de septembre-1er dimanche d'octobre.
www. oktoberfest.de

SRI LANKA

VESAK

Vesak (ou Vesa), la plus importante fête du calendrier hindou, commémore la naissance, l'Illumination et la mort du Bouddha le jour de la pleine lune de mai. Vesak Poya, la nuit de la pleine lune, est l'une des fêtes les plus populaires du cycle lunaire bouddhiste. C'est un événement très important, haut en couleur et célébré dans toute l'île avec offices et rassemblements religieux, processions et méditations. C'est aussi la fête des Lumières. Des lanternes sont alors accrochées un peu partout et les fidèles, de blanc vêtus, se rendent au temple les bras chargés d'offrandes et d'encens. Les cérémonies les plus intéressantes ont lieu à Kandy, à Anuradhapura et au temple de Kelaniya près de Colombo.

Quand ? En règle générale, pendant la pleine lune de mai.

IRLANDE

ST. PATRICK'S DAY AND FESTIVAL

C'est la fête nationale en l'honneur de saint Patrick, le missionnaire qui convertit l'Irlande au christianisme. La tradition veut que l'on soit vêtu de vert (couleur du trèfle, symbole de l'Irlande) le jour de la fête, c'est-à-dire le 17 mars, pour vivre l'apothéose des festivités. Ce jour-là, la fête bat son plein dans les rues de Dublin lors d'une grande parade. À Dublin, la saint Patrick donne lieu à un véritable festival qui dure plusieurs jours. Y sont aussi organisés des animations et un feu d'artifice, et la bière coule à flots. La saint Patrick draine chaque année plus d'un million de visiteurs à Dublin, mais elle est aussi très intensément vécue à travers tout le pays (et même à travers le monde).

Quand ? 17 mars.
www. stpatricksfestival.ie

FÊTE DU TÊT NOUVEL AN VIETNAMIEN (TET NGUYÊN DÁN)

Vietnam

Le Nouvel An est la fête la plus importante du Vietnam. Elle marque la fin d'une année lunaire et le début d'une nouvelle année. On célèbre le Têt entre le 1er et le 7e jour de l'année lunaire soit, grosso modo, entre la dernière semaine de janvier et la troisième de février (ni avant ni après cette période). Le Têt marque également l'arrivée du printemps, d'où son nom vietnamien qui signifie « fête de la Première Aurore ». Les Vietnamiens en profitent pour prendre leurs vacances à ce moment-là : 3 jours fériés. Attention : les bureaux ferment leurs portes, les hôtels affichent complet, les avions sont pleins à craquer, les transports publics marchent au ralenti. Pourquoi le Têt est-il si important ? Parce que c'est le seul jour de l'année, selon la tradition, où les âmes des morts reviennent sur terre. Il ne faut donc pas rater le rendez-vous avec elles. Les vivants doivent impérativement être présents pour les recevoir devant l'autel des Ancêtres. Pendant les journées qui précèdent, les marchés débordent de fleurs, les branches de pruniers aux fleurs jaunes *(cây mai)* étant les plus recherchées pour décorer les maisons. Les familles se réunissent. Dans les pagodes, on brûle du santal dans des encensoirs. On présente au génie gardien du foyer des plateaux de friandises et des objets en papier. Cette cérémonie de « l'adieu aux dieux lares » est censée marquer le voyage vers le Ciel de l'Esprit de la Terre qui s'en va faire un rapport annuel sur les vivants auprès du Tout-Puissant Empereur de Jade. Avant le jour même du Têt, on confectionne le *bánh chu'ng*, un gâteau de riz gluant. Le 1er jour de la nouvelle année est d'une importance cruciale pour les Vietnamiens. Tout ce qui se dit et se fait ce jour-là influence le reste de l'année. La première personne qui franchit le seuil de la maison doit être une personne vertueuse et fortunée, pour apporter prospérité et bonheur sur la famille pendant les 365 jours suivants. Il est interdit de se quereller ce jour-là, de jurer, de casser de la vaisselle (!). Les anciens ne font aucun travail manuel le jour du Têt, car ces actes annoncent peine et sueur pour toute l'année ! C'est ça, le Têt ! Une fête vraiment unique en son genre, à la fois religieuse et civile, qu'aucun Vietnamien ne peut manquer de célébrer.

Quand ? Environ entre fin janvier et fin février.
www.vietnamtourism.com

À DÉCOUVRIR EN FRANCE

NOËL EN ALSACE

Temps fort du calendrier alsacien, Noël est fêté avec un chapelet de manifestations à travers toute la région : illuminations et décorations, saynettes villageoises et cortèges, veillées de chants et de contes, crèches vivantes jouées par les enfants, ateliers pour apprendre à cuisiner les recettes de Noël... le tout dans les douces odeurs de pains d'épices et de *bredele*. Mais c'est bien sûr les marchés de Noël et marchés d'artisans qui illustrent le mieux la tradition de Noël en Alsace, perpétuée depuis plus de 5 siècles. Parmi les plus célèbres, le marché de Noël de Strasbourg. Le fameux *Christkindelsmärik* (marché de l'Enfant-Jésus) de la place Broglie est le plus ancien marché de Noël de France, et l'un des plus réputés. La tradition remonte à 1570... Les rues du quartier de la cathédrale sont décorées et animées, mais en tout, Strasbourg ouvre près de 300 chalets de Noël répartis sur de nombreux sites. Des artisans de la France entière viennent y exposer des objets variés destinés aux fêtes de fin d'année, et y préparent des spécialités gastronomiques alsaciennes : *bredele* (gâteaux secs à l'anis ou au beurre), *mennele* (petits bonshommes en brioche), gâteaux de l'Avent... En Alsace, Noël se vit aussi en famille, dans la chaleur des foyers. Dès la fin novembre, la couronne de l'Avent fait son apparition dans les maisons. Elle est fabriquée avec des branches de sapin, de houx, de laurier, entremêlées de rubans. On pose sur cette couronne quatre bougies ; elles sont allumées l'une après l'autre, chacun des 4 dimanches de l'Avent. La couronne symbolise ainsi le temps de l'attente. Et puis, chaque matin, les enfants ouvrent une petite fenêtre de leur calendrier de l'Avent. Apparaît alors une petite image, plus souvent un chocolat ou un petit jouet. Autour du 6 décembre, saint Nicolas rend visite aux enfants pour leur demander s'ils ont été sages. Le 26 décembre, jour de la Saint-Étienne, est férié en Alsace. C'est ce jour-là que servantes et valets de ferme finissaient leur contrat annuel.

Quand ? Tout le mois de décembre.
www. noel.tourisme-alsace.com

JAPON

FLORAISON DES CERISIERS ET HANAMI

Chaque année, généralement au début du mois d'avril, on célèbre la floraison éphémère des cerisiers *(sakura).* C'est l'occasion pour les Japonais de se promener dans les jardins, de manger, de boire et de festoyer. Sous les cerisiers en fleurs, on se livre au traditionnel *hanami*, une pratique ancestrale ; assis sur des couvertures, nombreux sont ceux qui passent des heures à contempler leur fleur préférée et à boire du saké. Marchés aux plantes, danses, dragons... de nombreux événements ponctuent aussi cette floraison qui prend des airs de festival. Outre l'attrait esthétique, ce phénomène revêt une dimension spirituelle. Car dans le bouddhisme, la floraison, qui ne dure que quelques semaines (sinon quelques jours) symbolise l'impermanence des choses. Si la floraison marque naturellement l'arrivée du printemps et le renouveau, au Japon, les cerisiers symbolisent la beauté des choses, mais aussi la fragilité de l'existence. À Tokyo, tous les parcs de la ville sont investis, en particulier le parc d'Ueno et ses quelque mille cerisiers. Au printemps, Yoshino, dans la préfecture de Nara, est un autre endroit réputé pour admirer les cerisiers en fleurs et pour pratiquer le hanami. Cette tradition fait remonter des siècles en arrière, et offre un paysage admirable sur les 3000 cerisiers qui tapissent la montagne.

Quand ? Attention, la floraison des cerisiers au Japon n'a pas lieu à date fixe. Ce phénomène dépend de facteurs climatiques et de la situation géographique. Dates sous réserves donc ; consulter le calendrier de prévisions accessible via l'adresse internet ci-dessous.
www. japan-guide.com

ESPAGNE

LA SEMAINE SAINTE À SÉVILLE

Pendant la Semaine sainte qui s'étale du dimanche des Rameaux à Pâques, Séville, plus que toute autre ville espagnole, est en fête. Un enchantement pour le voyageur, mais aussi un monumental bain de foule. La tradition veut que les grands moments de la passion du Christ y soient donnés en spectacle, dans une ambiance où pénitence et dévotion se le disputent au plaisir de la mise en scène. À Séville, ce sont plus de 60 confréries qui, tout au long de la semaine, animent la ville par leurs défilés. Le feuillet d'itinéraire indique l'heure de sortie de la procession *(salida)*, l'heure de passage à la tribune *(tribuna)* de la place San Francisco, transformée pour l'occasion en grande scène comme s'il s'agissait d'un vaste théâtre religieux, l'heure de retour dans l'église de départ *(entrada)*, ainsi que l'itinéraire détaillé qui, depuis 1604, traverse obligatoirement la cathédrale. La nuit du jeudi au vendredi est l'occasion de la *Madrugá* – moment inoubliable – au cours de laquelle les six confréries les plus importantes défilent tout au long de la nuit. Nuit de culte, nuit de vie, nuit de piété, nuit de spectacle, nuit d'émotion. Bars et restaurants restent ouverts pour vous permettre de tenir le coup, vous qui irez de procession en procession jusqu'aux petites heures de l'aube. Ne manquez sous aucun prétexte la *procession des gitans*, pendant laquelle des chanteurs scandent des *saetas*, incantations poignantes et déchirantes, à vous retrouver à genoux, tout mécréant que vous soyez ! Quant à celle, éblouissante, de la basílica de la Macarena, dont la renommée de sa Vierge dépasse largement les frontières de la ville, ne pas manquer de la voir défiler à l'aube du Vendredi saint accompagnée de plus de 2000 pénitents !

Quand ? Du dimanche des Rameaux au dimanche de Pâques. Il est plus que conseillé de réserver et de s'y prendre bien à l'avance.
www. andalucia.org

CARTE POSTALE

LE FESTIVAL ONAM

Rassemblant toutes les communautés, le festival Onam, qui se tient chaque année en Inde, célèbre la moisson et le retour d'un roi légendaire. Une somptueuse illustration de la richesse culturelle du Kerala, qui attire des milliers de touristes curieux de découvrir l'un des plus vieux festivals au monde.

Le plus grand événement annuel du Kerala

Comme beaucoup de fêtes anciennes, Onam est associé à une légende, celle du roi Mahabali. Ce souverain aurait régné sur le Kerala dans un passé lointain. Grâce à lui, l'État aurait connu un âge d'or.

Très respecté par la population, Mahabali a reçu le titre de « Chakravathy », le « roi des rois ». Il aurait même battu Indra, le roi des dieux qui ne tardèrent pas à se venger. Ils organisèrent en effet une machination pour le déstabiliser et l'envoyèrent en enfer. Avant de quitter ce monde, Mahabali demanda une dernière faveur aux dieux qui la lui accordèrent : une fois par an, au début de la nouvelle année du calendrier Malayalam, son esprit rendra visite au peuple du Kerala qu'il portait dans son cœur.

Dix jours de réjouissances

Onam fut longtemps célébré pendant tout un mois, de mi-août à mi-septembre. Aujourd'hui, la fête dure dix jours, et chaque journée a son importance. Le festival culmine au 10e jour, les neuf autres servant à le préparer.

Le premier jour appelé Atham est consacré à la prière, mais aussi au nettoyage des maisons de fond en comble. Les habitants du Kerala commencent alors la confection des *pookalams*, ces somptueux tapis de fleurs qui sont posés devant les maisons pour accueillir l'esprit de Mahabali. Leur fabrication est un véritable art. Inutile de préciser que les fleurs en plastique sont interdites…

Des statuettes d'idoles sont placées au centre de ces tapis de fleurs. Les femmes sont en charge de la confection tandis que les hommes doivent récolter les fleurs, même si aujourd'hui les marchés du Kerala les vendent par kilos. Pendant le festival, plusieurs villes organisent même des concours du plus beau *pookalam*.

Entre le deuxième et le quatrième jour, les familles poursuivent les préparatifs, la foule se presse devant les étals des marchés, les femmes chantent en préparant les *pookalams*. Le quatrième jour, la ville de Trichur accueille les artistes Pulikali. Les corps peints comme des tigres, ils dansent, jouent et reconstituent des scènes de chasse.

Vallamkali, ou la course de bateaux-serpents, se tient le cinquième jour sur la rivière Pampa, dans les célèbres *backwaters* du Kerala. C'est le clou du festival : des milliers de spectateurs se rassemblent sur les rives pour suivre la compétition. Une quinzaine de bateaux très effilés, qui mesurent environ 45 m de long, s'affrontent. Ils ressemblent à des serpents, d'où leur nom. Ils sont manœuvrés par une centaine de rameurs abrités par des ombrelles aux couleurs vives. Les spectateurs parient sur des équipages et l'ambiance est survoltée.

Les sixième et septième jours, les familles se réunissent. Le huitième jour, les fidèles fabriquent des statuettes d'argile représentant Mahabali et appelées *ma*, qu'ils décorent de fleurs. Les familles se rassemblent le neuvième jour pour rendre hommage à l'aîné, en lui offrant des produits de la ferme récoltés dans l'année.

Au 10e jour, le retour de Mahabali

Le dixième jour, Thiruvonam, est le plus attendu. Selon les croyances, l'esprit du roi Mahabali vient alors rendre visite à son peuple bien-aimé. Très tôt le matin, les maisons s'activent, les temples se remplissent de fidèles tandis que les *pookalams* et *ma* sont installés devant les maisons.

L'événement le plus apprécié de la journée est sans doute le Onam Sadya, le déjeuner-festin organisé pour montrer au roi Mahabali que son peuple est prospère et joyeux. Un proverbe du Kerala dit d'ailleurs : « Nous assisterions à l'Onam Sadya même si nous devions vendre nos maisons. » Le repas est constitué de neuf plats végétariens servis dans des feuilles de bananiers. Traditionnellement, une « assiette » se compose de riz, de chutney, de curry, de fruits… Une boisson est servie pour ses bienfaits corporels : de l'eau bouillie avec du cumin et du gingembre. C'est aussi en ce jour que se tiennent à travers tout l'État des compétitions appelées « Onakalikal ». Beaucoup de ces jeux sont traditionnels. On pratique l'Ambeyyal, une sorte de tir à l'arc où les arcs sont en bambou, l'Attakalam, une démonstration de force, et des jeux de balle. Les femmes s'adonnent à des danses spécifiques et fredonnent des chants propres au festival.

Trichur accueille une procession d'éléphants. Chaque éléphant est minutieusement paré de soie et de bijoux. Enfin arrive le moment préféré des enfants : la distribution des cadeaux.

FICHE PRATIQUE

Date

Aligné sur le **calendrier lunaire**, sa date varie **entre août et septembre** et correspond à la **pleine lune**.

Budget

L'Inde est un pays bon marché. Mais certains endroits ou États particulièrement touristiques sont aussi assez chers au regard du rapport qualité-prix. C'est le cas du **Kerala,** où, dans certaines villes (Kochi – Cochin –, Varkala et Kovalam notamment), **les prix volent haut** !

Carnaval de Port of Spain, *Trinidad et Tobgago*

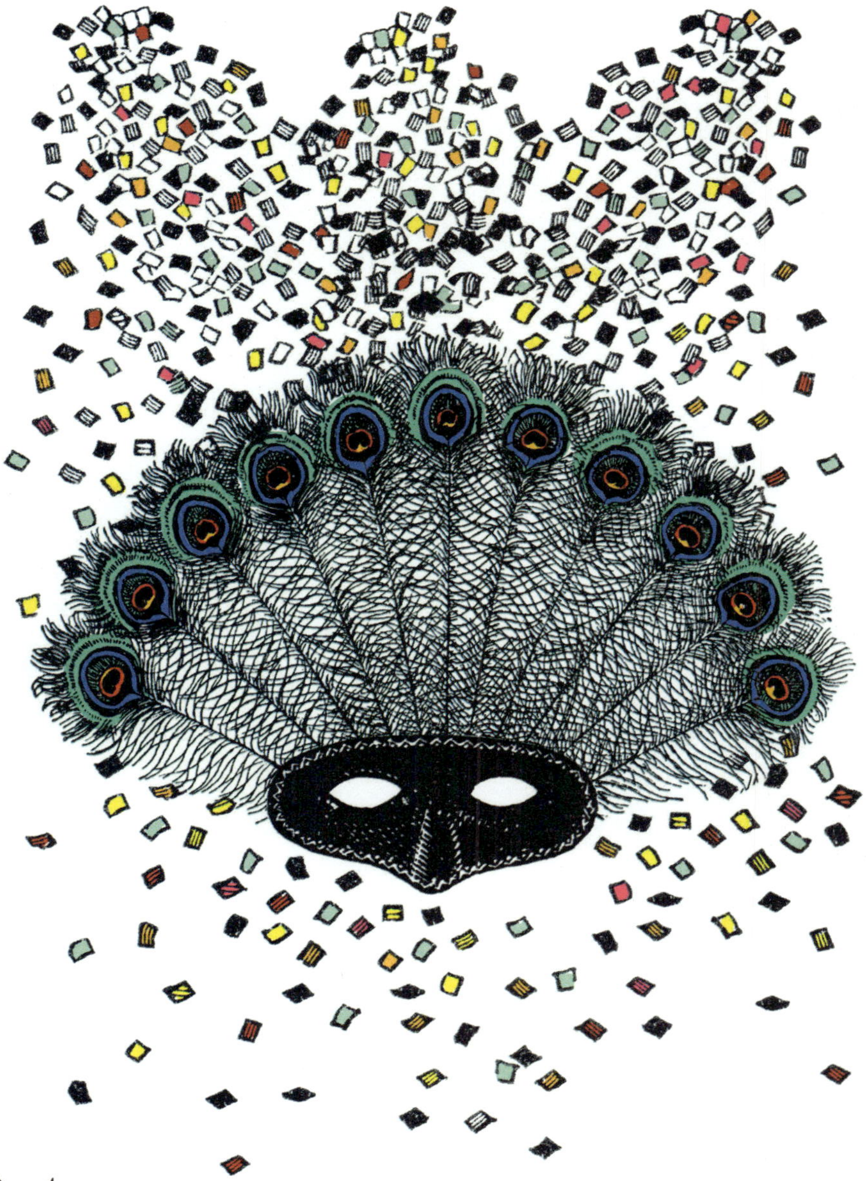

CARNAVALS DU MONDE

Métissés, diversifiés et enrichis des particularités locales, les carnavals gardent tous un fond transgressif. Où que l'on soit sur la planète, on se lâche, on s'amuse, on boit, on se déguise et on danse. C'est pourquoi le carnaval demeure, contre vents et marées, l'une des plus grandes fêtes du calendrier. Et il y en a pour tous les goûts et pour toutes les couleurs.

BRÉSIL

SALVADOR DE BAHIA

La plus grande fête de rue du monde

C'est la fête absolue, qui vous fera danser jusqu'au bout de la nuit pendant près d'une semaine. Si Rio est le carnaval des écoles de samba, celui de Salvador demeure le carnaval du peuple, avec pas loin de 2 millions de personnes dans la rue et sur la plage. Toutes les couleurs du Brésil battent le pavé. La joie est totale, les interdits tombent et l'important, c'est de *pular* (sauter et danser). Nuit et jour, dans différents quartiers de la ville, des cortèges composés de *blocos* (groupes) dansent la samba autour des *trios electricos*, de gros camions décorés sur lesquels des orchestres jouent la musique locale, l'*axé baiano*, un mélange de reggae et de samba. Les *blocos* sont séparés de la foule par une corde. Une foule qui danse et saute tellement qu'on l'a surnommée *pipoca* (pop-corn). D'autres groupes plus traditionnels participent au carnaval de Salvador, comme les *Filhos de Gandhi* (les Fils de Gandhi) ou les *afoxés*, des groupes liés aux rites religieux afro-brésiliens du candomblé. Le carnaval de Bahia ravira les fans de musique brésilienne : toute la semaine, les *folioes* (les carnavaleux) dansent au son des meilleurs interprètes du Brésil qui jouent *live* sur les trios electricos. Ceux qui ont une bonne résistance pour danser et faire la fête pendant plusieurs jours d'affilée seront aux anges. Mais on vous aura prévenu : il faut être en forme, ne pas avoir peur de la foule et être prêt à plonger dans un bain de folie furieuse. Un dernier détail : pour faire partie des *blocos*, il faut réserver au moins 6 mois à l'avance ! Vous ne le regretterez pas : le carnaval de Salvador, dont le slogan dit « le cœur du monde bat ici », est tout simplement inoubliable.

Durée 4 j./4 nuits.
Plus d'infos salvadorcarnival.info

RIO DE JANEIRO BRÉSIL

Samba !

Pendant 4 jours de folie, Rio la violente et l'inégalitaire tente d'oublier la pauvreté et les problèmes de survie. Le carnaval donne l'impression d'un vaste défoulement collectif, où les Cariocas (habitants de Rio) de tous horizons et de tous milieux sociaux se retrouvent pour faire la fête. Mais ce n'est qu'une apparence… Car le carnaval de Rio, si spectaculaire qu'il en est devenu une vitrine du Brésil, obéit à des règles très précises. Au cœur de ce qui paraît anarchique se trouve une organisation sans laquelle la fête ne pourrait être aussi belle et réussie. Le carnaval carioca est né du choc de deux cultures au XIXe siècle : les danses africaines et la tradition de l'Entrudo, l'équivalent portugais du Mardi Gras. Si, au départ, les colons portugais faisaient la fête entre eux dans les beaux salons de la ville, ils ont vite rejoint les descendants d'esclaves noirs dans la rue à la fin du XIXe siècle. Et c'est ainsi qu'est né le carnaval de Rio. Quant au samba (eh oui ! c'est un mot masculin quand on parle de la musique…), fruit des amours métisses des musiques portugaises et africaines, il voit le jour en 1917, rapidement suivi par la création d'écoles de samba en 1920 et du fameux concours, qui devient le point d'orgue du carnaval. Depuis, chaque année pendant plusieurs jours et plusieurs nuits, les écoles de samba défilent au sein du sambodrome, vêtues de costumes multicolores et délirants, tout de strass et de paillettes, qu'elles ont confectionnés pendant l'année passée. Une école sera élue reine du carnaval. Les règles du concours sont très strictes et il faut savoir qu'il existe une grande hiérarchie entre les écoles. Quant à l'accès au sambodrome, il demeure très cher pour le commun des mortels brésiliens. Il est courant que les Cariocas engloutissent plus d'un mois de salaire dans l'événement, qui vire à la gigantesque opération commerciale. En marge des festivités, des orchestres de quartier (les *bandas*) envahissent la ville qui vit alors au rythme des batucadas, du samba, du mambo et du forro. Et c'est là que vous trouverez la véritable âme carioca…

À voir — *Carioca (Flying Down to Rio)*, film américain réalisé par Thornton Freeland, 1933 (avec Fred Astaire et Ginger Rogers).

Durée — 4 j.

Plus d'infos — rio-carnival.net

BOLIVIE

ORURO

Une diablesse mène le bal

Cette ville minière de Bolivie, nichée à 3 700 m d'altitude, sur l'Altiplano, accueille chaque année l'une des plus grandes fêtes d'Amérique du Sud, avec 30 000 danseurs et plus de 500 000 participants. Un carnaval endiablé, aux costumes magnifiques, dont le cortège principal, appelé la Diablada, est justement conduit par une diablesse surnommée China Supay, à la tête d'un groupe de diablotins masqués. Officiellement, la Diablada célèbre la victoire de l'archange Saint-Michel sur le démon. Mais à Oruro, on a l'impression que c'est plutôt Satan qui mène le bal, tant l'atmosphère est survoltée. Les festivités durent tout au long d'une semaine étourdissante et culminent le week-end, au cours duquel se mêlent croyances païennes et chrétiennes, folklore, danses et vapeurs de chicha, l'eau-de-vie locale. Hommage au bien et au mal, à la Vierge de la Candelaria chrétienne, à la terre-mère andine (la Pachamama) et au diable incarné par Tio, le démon des mines, le carnaval est le reflet de la culture de l'Altiplano, où règne le syncrétisme entre la liturgie chrétienne et les croyances andines ancestrales. L'Unesco a classé le carnaval d'Oruro comme « chef-d'œuvre du patrimoine oral et immatériel de l'humanité ». C'est dire l'importance de l'événement, dans cette ville inattendue, située au milieu de nulle part.

À lire — *La Diablada*, Georges Flipo, Anne Carrière, 2004.
Plus d'infos — orurocarnaval.com

COLOMBIE

BARRANQUILLA

Le carnaval melting pot

Multiethnique et bariolé, ce carnaval colombien se déroule dans les jours précédant le Carême. Il commence avec une bataille des fleurs, suivie d'une grande parade de danseurs de cumbia et d'un festival musical. Des danseurs et des chanteurs masqués se donnent en spectacle pour le plus grand plaisir de la foule, notamment lors de satires de l'actualité et de la politique. La fête se termine avec l'enterrement de Joselito, un personnage pittoresque qui fait office de mascotte du carnaval. La marque distinctive de Barranquilla, c'est le melting pot d'influences indigènes, africaines et européennes, visible aussi bien dans les danses (le *mico y micas*, originaire des Amériques, le *congo* africain et le *paloteo* d'origine espagnole), les genres musicaux (la *cumbia* – née au XVIIe siècle en Colombie, fusion de mélodies indiennes et de rythme africain) que dans les instruments populaires. Le carnaval de Barranquilla offre l'opportunité d'admirer l'artisanat local qui s'exprime dans toute sa diversité : chars, costumes, coiffes et masques d'animaux. Il est classé au patrimoine oral et immatériel de l'Unesco.

Durée — 5 j.
Plus d'infos — carnavaldebarranquilla.org

AUX ORIGINES DU CARNAVAL

Le carnaval n'est pas né d'hier… Il aurait même plus de 2 000 ans. Étymologiquement, le mot vient du latin « carnis levare », c'est-à-dire « ôter la viande » : une référence toute chrétienne à la période de jeûne du carême qui suit Mardi Gras. C'est pourquoi, durant les jours précédant le mercredi des Cendres, premier jour de Carême, il est coutume, depuis le Moyen Âge, de manger à satiété et de s'adonner à toutes sortes de débauches. Le carnaval s'oppose au carême comme l'excès à la privation. C'est une période de festivités où l'ordre social est inversé. Tout est permis : bals, mascarades, travestissements, feux de joie et surtout l'extravagance, la folie, la transgression des règles établies. Les réjouissances carnavalesques ne sont pourtant pas nées avec le christianisme. Depuis la plus haute Antiquité, on trouve des traces de fêtes joyeuses avec des festins, accompagnées par de la musique, de la danse et des déguisements, comme les fêtes d'Isis en Égypte, les Bacchanales orgiaques chez les Grecs ou les Saturnales romaines pendant lesquelles le maître servait les esclaves à table. À l'origine, bien que fête « chrétienne », le carnaval récupère bon nombre de fêtes païennes et pas très catholiques. En fait, au fil des siècles et selon les coins du monde, les festivités du carnaval vont s'enrichir à tour de bras de particularités locales. Aujourd'hui, il n'y a donc plus un carnaval, mais bien des carnavals.

À DÉCOUVRIR EN FRANCE

NICE

POUR CEUX QUI N'ONT PAS LA GROSSE TÊTE

Une débauche kitsch de costumes et de décors, de mascarades et de défilés de chars, tous plus impressionnants et rutilants les uns que les autres. Dans les rues, les parades, menées tous les ans par un roi géant – sa Majesté Carnaval – sont l'occasion d'admirer, au son des fanfares, des dizaines de chars et de « grosses têtes ». Le carnaval de Nice, qui est né au Moyen Âge, se termine par l'incinération du roi et un grand feu d'artifice. Un rituel immuable, dont le thème change chaque année. Autre particularité niçoise : les batailles de fleurs. Lors d'un défilé, des jeunes femmes légèrement vêtues et assises sur des chars lancent des mimosas et des œillets à la foule qui se presse pour les ramasser et se confectionner des bouquets. Une tradition bien charmante, qui met en valeur le travail des horticulteurs locaux. 90 % des fleurs sont produites localement. Et 20 t de confettis sont lancés pendant le carnaval.

Durée — 2 semaines.
Plus d'infos — nicecarnaval.com

À DÉCOUVRIR EN FRANCE

DUNKERQUE
LA FÊTE À LA MER

Un bain de chaleur humaine dans les frimas du Nord. Le carnaval de Dunkerque trouve ses origines dans le passé maritime de la ville. Au XVIIIe siècle, les campagnes de pêche en Islande partaient de Dunkerque en mars. Avant leur périple, les pêcheurs et leurs familles festoyaient dans les auberges et défilaient masqués dans la rue. La bande des pêcheurs demeure la plus énergique et la plus paillarde du carnaval. Aujourd'hui, la fête, qui rassemble une impressionnante marée humaine hilare, masquée et anarchique, se déroule en plusieurs temps : les « bandes », joyeux défilés masqués de l'après-midi, les bals du soir, et les « chapelles », des beuveries chaleureuses. Les festivités culminent lors des « Trois Joyeuses » : trois jours de fête durant le week-end qui précède Mardi Gras. Deux moments forts : les jets de harengs fumés depuis le balcon de l'hôtel de ville, et le « rigodon » final sur la place Jean-Bart, où trône le géant Reuze Papa, qui s'achève dans un grand moment d'émotion. À genoux et les bras tendus vers le ciel, la foule entonne l'hymne au fameux corsaire Jean Bart, né à Dunkerque. Un moment à ne pas rater, qui donne la chair de poule. Le plus beau carnaval du Nord, où il ne faut pas avoir peur de se laisser aller.

Durée — 3 mois de festivités !
Plus d'infos — carnaval-de-dunkerque.info

BELGIQUE

BINCHE

Guinchez avec Gille !

Le carnaval, classé au patrimoine oral et immatériel de l'Unesco, fait la fierté de cette petite ville wallonne, située à une soixantaine de kilomètres de Bruxelles. L'événement se prépare très sérieusement : les Binchois cotisent durant toute l'année pour en assumer les frais. Pendant un mois, plusieurs étapes successives mènent à l'apothéose : la parade des Gilles, le jour du Mardi Gras. Les Gilles, vêtus d'une blouse et d'un pantalon aux motifs des lions de Belgique, de sabots, d'un chapeau en plumes d'autruche et d'un masque, sont les stars du carnaval. Dès le petit matin, ils paradent dans les rues de la ville et lancent des oranges aux passants. Mais attention, n'est pas Gille qui veut : il faut pour cela être né à Binche ou y vivre depuis au moins 5 ans ! C'est une tradition qui se transmet de génération en génération. Le soir, des feux de Bengale embrasent le centre-ville. La ville entière est en liesse : un demi-million de participants se trémousse au son de la grosse caisse. On le savait : les Belges savent vraiment s'amuser !

À déguster — huîtres et champagne au petit-déjeuner (selon la tradition).
Plus d'infos — carnavaldebinche.be

ALLEMAGNE

COLOGNE

Messieurs, attention à votre cravate !

Célébré depuis 2000 ans, le carnaval de Cologne est l'événement majeur des festivités du Mardi Gras rhénan. Il se prépare dès le 11 novembre à 11 h 11 (date officielle du début des festivités) et s'achève au cours de 5 jours de folie. Deux événements se font face : l'« officiel », avec un grand défilé (et des tribunes payantes) et le « off » où des bandes de joyeux drilles se moquent du carnaval officiel. Le grand cri de ralliement de tous les cortèges est « Alaaf ! », ce qui signifie « En avant ! ». Les habitants de Cologne ont beau appeler le carnaval les « folles journées », il n'en suit pas moins un rituel très encadré. Les réjouissances débutent le jeudi par le carnaval des femmes au cours desquelles les dames coupent la cravate des hommes. Le lundi a lieu un défilé de chars caricaturant l'actualité politique. Enfin, le Mardi Gras, à minuit, des mannequins de paille sont brûlés au terme d'un défilé où des friandises sont distribuées aux enfants. Le carnaval s'achève sur une traditionnelle retraite aux flambeaux et un repas de poisson le mercredi des Cendres. Histoire de mettre un terme à des festivités plutôt roboratives.

Durée — 5 j.
Plus d'infos — koelnerkarneval.de

ITALIE

VENISE

Le royaume des masques

Inséparable de l'image de la Sérénissime, le carnaval vénitien, qui remonte au XIe siècle, a connu son heure de gloire au XVIIIe siècle (il durait à l'époque 6 mois), avant de sombrer peu à peu dans l'oubli après la chute de la République de Venise. Revenu sur le devant de la scène dans les années 1970, le carnaval transforme la ville en scène de commedia dell'arte en lui donnant un aspect irréel. C'est alors le royaume des masques. Pourquoi des masques ? Tout simplement parce que, masqué, il est plus facile de s'affranchir de toutes les règles sociales et de donner libre cours à sa fantaisie… à tel point que les autorités de la Cité des Doges allèrent jusqu'à interdire le port des masques au XVIIe siècle. Aujourd'hui, le carnaval est un émerveillement pour les yeux, un spectacle à la fois étrange et chatoyant, où l'on voit de fascinantes silhouettes costumées évoluer place Saint-Marc ou le long des canaux. Avec de la neige, cela devient carrément magique ! Si les masques permettent toujours de dissimuler son identité et de s'oublier le temps du carnaval, la fête vénitienne demeure bien organisée et, dans le fond, bien sage. Le carnaval souffre d'une fréquentation touristique record, pourtant, l'essentiel de la fête se déroule en privé, loin des yeux de la foule, dans des cercles très fermés. Un carnaval pour happy few : un peu contradictoire, tout de même…

Durée — 10 j.
Plus d'infos — carnevale.venezia.it

CANADA

QUÉBEC

À faire fondre la banquise

Rien n'arrête les Québécois pour faire la fête, pas même une température de - 15 °C. La preuve ? Le carnaval d'hiver de Québec, un événement unique en son genre. Depuis 1955, la capitale de la Belle Province fait chaque année la fête pendant deux semaines au cœur de l'hiver. Toutes sortes d'activités ont lieu : une course en canot sur les eaux glacées du fleuve Saint-Laurent, une course de chiens de traîneaux ou un concours de sculpture sur glace. Pendant les défilés de nuit, hauts en couleur, on peut se réchauffer en buvant du « caribou » : un revigorant cocktail de brandy, vodka, sherry et porto. Enfin, la véritable star du carnaval de Québec s'appelle Bonhomme : un sympathique homme de neige affublé d'un bonnet rouge (la tuque), qui loge dans un somptueux château de glace illuminé, construit en quelques semaines avec près de 6000 blocs de glace. Salut Bonhomme !

Plus d'infos — www. carnaval.qc.ca

ÉTATS-UNIS

LA NOUVELLE-ORLÉANS

Des couleurs pour la ville meurtrie

Pratiquement rayée de la carte en 2005 par l'ouragan Katrina, la belle cité de Louisiane a continué, dès l'année suivante, de célébrer tout de même son traditionnel Mardi Gras. Pendant près de deux semaines, la Nouvelle-Orléans vibre donc avec des centaines de bals masqués dans toute la ville et des dizaines de parades de rue. Les défilés sont tous organisés par les Krewes, des clubs exclusivement masculins, dont l'appartenance se transmet de génération en génération depuis 1857. Le Mardi Gras donne lieu à une véritable bacchanale colorée dans le Vieux Carré (French Quarter) : couleurs des peaux, car la Nouvelle-Orléans est une ville métisse, mais aussi couleurs des costumes, des flambeaux et des décorations. Partout prédominent le violet, le vert et l'or, les couleurs officielles de l'événement, que l'on retrouve même sur le King Cake, l'énorme gâteau emblème de Mardi Gras.

À voir — *Treme*, série télévisée américaine de David Simon et Eric Overmyer (2010-2013).

À écouter — Professor Longhair, Dirty Dozen Brass Band, Al Johnson, Trombone Shorty, Eddie Bo, Kermit Ruffins...

Plus d'infos — www. mardigrasneworleans.com

TRINIDAD ET TOBAGO

PORT OF SPAIN

Vibrant comme le steelband

Certes, Trinidad et Tobago est un minuscule pays dans les Caraïbes, au nord du Venezuela. Mais ces îles ont eu une influence majeure sur la musique du XXe siècle puisqu'on leur doit notamment la *soca*, le *calypso* et le *steeldrum*, une sorte de tambour métallique qui est le seul instrument créé au cours du XXe siècle. Le peuple de Trinidad, qui déborde de créativité et d'énergie, a le sens de la fête chevillé au corps. Rien d'étonnant si le carnaval de Port of Spain (Port-d'Espagne) est l'un des plus chauds de la planète. Il donne l'occasion de faire une nouba incroyable au rythme de percussions introuvables ailleurs. Si le point culminant des festivités se situe autour du Mardi Gras – Trinidad s'arrête pendant deux jours pour faire la fête –, les célébrations commencent dès le Nouvel An. Entre janvier et mars, des concours de percussions de *steelband* ou de *calypso* ont lieu à Port of Spain. Ébouriffant et irrésistible. Le carnaval est né avec l'abolition de l'esclavage, en 1833 : les assujettis se déchaînent et s'emparent alors des rues. Ils se parent de costumes et de masques afin de singer les maîtres. Il est aujourd'hui l'une des sources d'inspiration du fameux festival jamaïcain de Notting Hill, qui a lieu à Londres à la fin du mois d'août. Des célébrations multiculturelles, vibrantes et colorées qui apportent l'énergie des Caraïbes au cœur de la capitale britannique.

Durée — 2 mois !

À écouter — de la Soca (soul-calypso), genre musical caribéen et danse. Version accélérée du calypso (influences conjuguées des rythmes africains et des musiques européennes).

Feu d'artifice du réveillon, Sydney

LES PLUS BEAUX RÉVEILLONS DU NOUVEL AN

Comment célèbre-t-on la nouvelle année à travers le monde ? Feux d'artifice, coups de canon, concerts, raves *sur la plage, carnaval, valses de Vienne ou bains de mer, il y a mille et une manières de se souhaiter « Bonne année ! ».*
De Sydney à New York, en passant par Berlin, Cape Town ou Rio de Janeiro, tour d'horizon des lieux les plus chauds du globe pour passer à la nouvelle année, en remontant les fuseaux horaires.

SYDNEY

PLUIE DE LUMIÈRE

Un million de personnes dans les rues, des feux d'artifice d'exception et une méga *rave* le lendemain : première grande ville à basculer dans la nouvelle année, Sydney voit les choses en grand pour le Nouvel An. Si les festivités commencent dès 13 h par un coup de canon, les feux d'artifice tirés à minuit au-dessus de la baie sont les plus grandioses du monde. L'explosion de lumières et de couleurs a traditionnellement lieu sur Circular Quay, tout près de l'opéra. Ce n'est que le prélude à une chaude nuit (eh oui, là-bas, c'est alors l'été !) dans toutes les boîtes de nuit, les bars et les plages de la ville ! Au lever du jour, la fête n'est pas terminée ! Une grande *rave* est organisée le 1er janvier : le Field Day (de midi à 23 h). En tout, Sydney offre donc près de 34 h de fête non-stop… Le bon plan : admirer les feux d'artifice à bord d'un bateau. Un conseil : réservez à l'avance votre hôtel si vous souhaitez participer au Nouvel An le plus « tendance » du monde.

Durée vol Paris-Sydney — **20 h minimum.**
Plus d'infos — **sydneynewyearseve.com**

CAPE TOWN

CÉLÉBRATION DE LA LIBERTÉ

À Cape Town, la frénésie du réveillon est à son comble… le 2 janvier ! Certes, à la pointe méridionale de l'Afrique, comme partout ailleurs, le réveillon est célébré le 31 décembre, mais la fête la plus importante pour accueillir la nouvelle année se déroule 2 jours plus tard. Le Cape Town Minstrels Carnival est ainsi surnommé ici « Coon Carnival » (carnaval noir) ou « Tweede Nuwe Jaar » (deuxième Nouvel An). La raison de cette date ? Les esclaves noirs ont longtemps été interdits de Jour de l'An, mais on leur avait accordé le 2 janvier pour faire (un peu) la fête. Le Minstrels Carnival leur rend un bel hommage. Ce grand carnaval évoque le passé ségrégationniste et célèbre la liberté dans une grande joie. De nombreux défilés et fêtes de rue regroupent toutes les communautés de la ville. La tradition veut que l'on continue à se grimer le visage en noir et que l'on porte des habits colorés. On joue volontiers du banjo, mais aussi toutes sortes de musiques, du folk aux rythmes latinos en passant par le rap. Il ne faut pas rater la parade dans le District Six, où l'on peut s'enivrer de musique, de couleurs et de parfums en dégustant des spécialités sud-africaines.

Durée vol Paris-Cape Town — **environ 12 h.**

BERLIN

2 KM DE FÊTE DE RUE

Cœur de la ville et symbole de la capitale allemande, la porte de Brandebourg, qui ouvre Unter den Linden (l'équivalent allemand des Champs-Élysées), a toujours été le lieu de rassemblement des Berlinois. Les festivités du Nouvel An *(Silvester)* ont lieu depuis 1995 autour de ce lieu chargé en histoire et en symboles, mais aussi en émotions. En tout, près d'un million de personnes se rassemblent le long de la Strasse des 17 Juni. Cette longue avenue traverse le bois du Tiergarten, reliant la porte de Brandebourg à la Siegessaüle (colonne de la Victoire). Sur 2 km, 3 scènes sont installées, ainsi que plusieurs écrans géants et une centaine de points où se restaurer. La soirée est ponctuée d'animations laser, de spectacles musicaux et de sets de DJ. Elle culmine à minuit avec des feux d'artifice, tandis que les Berlinois trinquent à la nouvelle année en buvant du « Sekt » (le champagne local). En dépit d'un froid souvent polaire, l'ambiance est chaleureuse. C'est l'une des plus grandes fêtes de rue en Europe. Une fois le réveillon de rue terminé, place à la trépidante vie nocturne berlinoise, notamment dans les quartiers de Prenzlauerberg et Kreuzberg, réputés pour leurs bars. Pour la scène techno, cap à l'Est, du côté de Friedrichshain. Ne pas oublier de feuilleter les *city magazines* pour s'informer des bons plans nocturnes à Berlin, car les meilleures soirées sont souvent nomades ! Deux noms à retenir : *Zitty* et *Tip*, en vente en alternance.

Durée vol Paris-Berlin environ 1 h 30.
Plus d'infos www. brandenburger-tor-berlin.de

VIENNE

IMPÉRIAL

Mélomanes de tous pays, unissez-vous et filez à Vienne pour le réveillon ! Deux événements traditionnels marquent les célébrations du Nouvel An. Le bal de l'Empereur *(Kaiserball)* ravira les inconditionnels de Sissi… au portefeuille bien garni. Ce bal élitiste se déroule dans les salons de la Hofburg : polonaise, valse, quadrille, opérette… Costume et robe de bal sont exigés. Seul bémol : le ticket d'entrée coûte au minimum la bagatelle de 150 € ! Et encore, ce tarif ne comprend qu'un verre de mousseux ! Plus accessible, le « chemin du Jour de l'An » *(Silvesterpfad)* ouvert à tous dans le centre historique. Nombreux stands pour les gourmets et les fêtards : valse, opérette, pop-rock…, il y en a pour tous les goûts. Les écoles de danse viennoises proposent des « cours de valse-minute ». Autre pilier du Jour de l'An viennois, les concerts de la Saint-Sylvestre et du Nouvel An, donnés au prestigieux Musikverein. Le concert du Nouvel An est l'une des manifestations musicales les plus connues au monde, retransmise à la télévision dans de nombreux pays. Mais attention, les places sont (très) chères. Par ailleurs, les réservations se font un an à l'avance, entre le 2 et le 23 janvier (c'est précis !). Un tirage au sort est organisé entre les milliers de réservations ! Vous pouvez néanmoins vous consoler en assistant à la répétition générale ouverte au public le 30 décembre… ou bien en regardant le concert sur écran géant lors d'un petit déjeuner du Nouvel An sur la Rathaus Platz !

Durée vol Paris-Vienne environ 2 h.
Plus d'infos www. hofburgsilvesterball.com

MADRID

FIESTA !

Pas question de faire comme Cendrillon : à Madrid, la fête se poursuit jusqu'au petit matin. L'ambiance est survoltée, en particulier, bien sûr, dans les clubs. Partout, serpentins et cotillons viennent égayer cette nuit d'hiver. La tradition veut qu'amis et famille se retrouvent à la Puerta del Sol, épicentre du réveillon madrilène. On y profite du passage à l'année suivante dans la joie et la bonne humeur. Peu avant minuit, l'horloge de la Real Casa de Correos fait un petit spectacle avant que le carillon sonne les 12 coups. À cet instant précis, la tradition veut que l'on mange 12 grains de raisin censés porter chance, qui font écho aux 12 coups de minuit. Avaler les grains à temps est le signe de 12 prochains mois prospères… À Madrid, le soir de la Saint-Sylvestre, le métro s'arrête souvent un peu plus tôt que d'ordinaire. Le lendemain, la plupart des activités reprennent plus tard. Aux premières heures du matin, Madrid se fait plus calme, les rues sont moins peuplées. Il faut bien se remettre de cette nuit agitée ! Pour ce faire, on ne saurait que vous conseiller le classique et néanmoins savoureux « chocolate con churros », le must étant de le déguster à la chocolaterie *San Ginés*. Et pour prendre un bol d'air pur, un petit tour aux jardins du Retiro s'impose !

Durée vol Paris-Madrid environ 1 h 50.
Plus d'infos www. esmadrid.com/fr/noel-madrid

LONDRES

JUSQU'AU BOUT DE LA NUIT

À minuit, au bord de la Tamise, un époustouflant feu d'artifice est tiré depuis la grande roue (London Eye), mise en valeur par des illuminations bleutées. Au même moment, les 12 coups de minuit retentissent depuis Big Ben, alors que la foule se réjouit en les écoutant à Trafalgar Square. Le coup d'envoi d'une nuit de folie est donné. À Londres, mieux vaut ne pas aller se coucher la nuit de la Saint-Sylvestre, parce que le réveillon se prolonge le 1er janvier. Les meilleurs clubs de la capitale britannique rivalisent d'imagination pour séduire les noctambules. Les endurants iront au *Fabric*, un immense club installé dans un ancien entrepôt à viande. C'est l'antre de la house, de la techno et du *drum'n'bass*. Toutes les ambiances et tous les styles ont droit de cité dans cette ville cosmopolite qui, pour la nuit de la Saint-Sylvestre, réunit des jeunes venus d'Europe, des États-Unis, du Japon… Il y en a pour tous les budgets et tous les goûts musicaux, avec plus d'une centaine de soirées différentes. Pour connaître les meilleures soirées, consultez *Time Out*. Le lendemain, la fête continue avec la parade annuelle à l'américaine, la fameuse New Year's Day Parade. Ce défilé costumé géant réunit chaque 1er janvier près de 10000 musiciens, danseurs et acrobates du monde entier.

Durée Paris-Londres — 2 h 20 en train, 1h en avion.
Plus d'infos — londonparade.co.uk

NEW YORK

TIMES SQUARE

Cette cérémonie, qui attire plusieurs centaines de milliers de personnes devant la tour du 1, Times Square, fait partie des mythes new-yorkais. Le spectacle est connu dans le monde entier, puisque un milliard de personnes regardent le Nouvel An de Times Square à la télévision. Le rituel est immuable depuis 1904. Chaque année, l'énorme boule de cristal de Waterford Times Square (*Waterford Crystal Times Square New Year's Eve Ball*, 4 m de diamètre et 485 kg) est installée dès 18 h en haut d'un mât de 20 m de haut. Illuminée comme une gigantesque boule à facettes, elle y reste jusqu'à minuit. Tout au long de la soirée, les fêtards ont droit à des concerts (jazz, pop, rock…), des projections vidéo et des apparitions furtives de célébrités venues leur souhaiter la bonne année. À 23 h 59 très précises, un compte à rebours se déclenche sur les écrans géants. La boule lumineuse descend lentement le long du mât. « Five… four… three… two… one ! Happy New Year ! ». Les feux d'artifice jaillissent tandis que des millions de confettis (une tonne en tout) se déversent sur la foule en un blizzard coloré et festif. Les meilleurs emplacements se trouvent sur Broadway, entre les 43e et 50e rues, et le long de la 7e avenue, jusqu'à la 59e rue. Il faut bien évidemment s'habiller chaudement, avec un coupe-vent et des vêtements imperméables. Il faut savoir qu'une fois qu'on est entré dans la zone réservée aux spectateurs, on ne peut plus en sortir, à moins de perdre sa place ! Le lendemain, vous pouvez vous joindre à la bande d'allumés du *Polar Bear Club* de Coney Island (sur Boardwalk, au niveau de Stillwell Avenue). Ils fêtent la nouvelle année en piquant une tête dans les eaux glacées de l'océan. Si le cœur vous en dit…

Durée vol Paris-New York environ 8 h.
Plus d'infos timessquarenyc.org/new-years-eve/index.aspx

ÉDIMBOURG

UN FESTIVAL POUR LE NOUVEL AN

Surnommé « Hogmanay », le Nouvel An dure ici 3 jours. Pour se remettre de la nuit de la Saint-Sylvestre, les Écossais ont même droit à un jour férié supplémentaire, le 2 janvier ! Édimbourg offre l'opportunité de réveillonner dans un lieu d'exception, au cœur d'une ville classée au patrimoine mondial de l'Unesco. Le 31 décembre, à partir de 21 h, la Hogmanay Street Party attire chaque année plus de 80 000 personnes. Princess Street, West Princes Street Gardens, East Princes Street Gardens, Mound Square et la cathédrale Saint-Gilles sont noirs de monde. En centre-ville, des scènes accueillent des groupes de musique. Il y en a pour tous les goûts : pop, rock, rap, techno, dance, musique classique, celtique, indienne, folklorique, etc. Et comme il se doit, la cornemuse est de la partie ! La procession aux flambeaux (qui a lieu le 30) part de Parliament Square et se termine à Calton Hill, via Princes Street et Waterloo Place. À minuit, plusieurs feux d'artifice sont lancés simultanément à différents endroits de la ville, notamment au château et sur Carlton Hill, illuminant le ciel d'Édimbourg. Le 1er janvier, quelques allumés se jettent dans la rivière Forth pour le Loony Dook. Également d'autres événements : concerts live, lecture publique, parade, projections de films…

Durée vol Paris-Édimbourg 1 h 45.
Plus d'infos edinburghshogmanay.com/

RIO DE JANEIRO

CE SOIR, ON VOUS MET LE FEU !

Ici, le 31 décembre, c'est l'été. Le réveillon (le mot employé est le même au Brésil) se déroule sur la plage, dans un cadre de rêve, à Copacabana et à Ipanema. Après le carnaval, le réveillon est la fête la plus grandiose de Rio de Janeiro. Tout au long de la journée du 31 décembre, des milliers de personnes jettent dans l'océan des offrandes (pétales de roses, parfums, bijoux…) pour Yemanja, protectrice des pêcheurs et des marins, la déesse afro-brésilienne de la mer. Certains allument des bougies sur le sable. Les fêtards s'habillent en blanc, toujours en l'honneur de la déesse. À la tombée de la nuit, des cascades de lumières dévalent le long des façades des grands hôtels de Copacabana. À minuit, c'est l'apothéose : pendant 20 minutes, le ciel est illuminé par un gigantesque feu d'artifice. Sur la plage, la liesse s'empare d'une foule bigarrée de près de 2 millions de personnes. La fête se poursuit avec des concerts donnés sur 3 scènes où se produisent groupes et DJ. Jusque tard dans la nuit, on danse au son de la samba, du forró et du rock. Sachez enfin que l'on s'éclate partout à Rio, le long des plages : Ipanema, Leblon, Flamengo, Barra da Tijuca. De nombreuses fêtes sont également organisées dans les hôtels, les restos, bars et boîtes.

Durée vol Paris-Rio environ 12 h.
Plus d'infos visit.rio

CARTE POSTALE

NOUVEL AN VIETNAMIEN

Pour les Vietnamiens, le passage au Nouvel An chinois est l'occasion d'une célébration particulière, la fête du Têt, au cours de laquelle les esprits des ancêtres reviennent sur terre le temps d'une unique journée. Au Vietnam et partout où réside sa diaspora, on fête l'événement à grand renfort de fleurs, de pétards et de banh chung*.*
Petit tour d'horizon du Nouvel An vietnamien…

Des chiffres et des bêtes

Depuis la nuit des temps, les Vietnamiens (inspirés des coutumes chinoises) et de nombreux peuples d'Asie (influencés aussi au cours de l'histoire par les traditions de l'Empire du Milieu) ont pris l'habitude de calculer le temps qui passe selon un calendrier lunaire basé sur l'astrologie chinoise. D'après celle-ci, les années sont identifiées par des noms d'animaux réels ou mythiques (cochon, rat, chien, cheval, serpent, dragon…) et non par des numéros (2016, 2017, 2018…).
Difficile d'imaginer deux traditions si différentes, et pourtant l'Extrême-Orient et l'Occident ont un point commun : la sempiternelle référence aux astres. Quoi de plus sûr que des astres ? Même Jules César fit réviser le calendrier romain par un astronome qui établit le calendrier julien, utilisé jusqu'en 1582, date à laquelle le pape Grégoire XII le corrigea donnant naissance au calendrier grégorien. C'est ce dernier que l'Europe, puis le Nouveau Monde ont adopté avant de le transmettre au reste de la planète. C'est ainsi qu'aujourd'hui des pays d'Extrême-Orient, de tradition bouddhiste, ont adopté le vieux calendrier grégorien universel qui s'est superposé (sans l'exclure) au vieux calendrier chinois. Les deux calendriers cohabitent aujourd'hui.

A faire et à ne pas faire

Le jour du Têt, il y a des choses à faire et d'autres à éviter, question de croyance et de superstition. La première personne qui franchit la porte d'une maison ne doit pas être n'importe quel bon à rien, mais une personne agréable, sympathique et fortunée si possible, car celle-ci apportera prospérité et bonheur au foyer visité, pendant les 365 jours qui suivent.
D'autres conseils encore : évitez de vous quereller et de jurer. Pour les couples au bord de la crise de nerfs : il est interdit de casser de la vaisselle surtout si celle-ci est de la porcelaine de Hué !

La plus grande fête du calendrier

Les Vietnamiens en profitent pour prendre leurs vacances à ce moment-là : trois jours fériés, mais beaucoup prennent une bonne semaine (et même plus). À Saigon, à Hanoi, à Hué, partout, les bureaux de l'administration ferment leurs portes, les hôtels affichent complet, les transports publics sont noirs de monde. Le premier jour du Nouvel An vietnamien s'accompagne de pratiques particulières. Dans les pagodes, du santal brûle dans les encensoirs.
À Hanoi, à Saigon, à Paris, à San Francisco, les curieux peuvent admirer la procession du dragon. Fait de carton et de tissu rouge (une couleur bénéfique), le corps de cet animal mythique vénéré en Asie (il est symbole de force et de puissance) peut mesurer jusqu'à 40 m de longueur. Il est souvent porté par un groupe d'hommes dont on ne voit que le bas des jambes.
La fête du Têt est le grand moment de l'année vietnamienne, le seul, selon la tradition, où les âmes des morts reviennent sur terre. Pas question de rater pareil rendez-vous avec les esprits des ancêtres. Les vivants doivent impérativement être présents pour les recevoir dignement, debout devant l'autel des ancêtres, l'air grave si possible.

Les âmes des ancêtres

Bien que vivant hors du temps, les ancêtres sont ponctuels : l'heure c'est l'heure. À minuit pile, le temps d'une journée, leurs âmes arriveront sur terre. Leurs descendants doivent préparer au mieux leur accueil. Les maisons doivent être soigneusement rangées, les pièces balayées, les meubles dépoussiérés. Des longs papiers rouges avec des caractères noirs sont souvent accrochés à l'extérieur pour égayer le décor. Rien n'est trop beau pour recevoir les âmes des ancêtres. Pendant longtemps, les Vietnamiens faisaient exploser en rafale des pétards pour chasser les mauvais esprits. Cette pratique n'a pas tout à fait disparu, bien qu'elle soit officiellement interdite par le gouvernement vietnamien en raison des nombreux accidents mortels survenus dans le passé. À défaut de pétards, il reste les fleurs. Avant et pendant le Têt, les marchés débordent de fleurs. Les plus achetées sont au Sud les branches d'abricotier *(canh maï)* aux fleurs jaunes, et au Nord les branches de pêcher *(canh dào)* aux fleurs roses. Les familles se réunissent à la maison. Les parents, les proches et les amis se rendent visite. Les femmes confectionnent le *banh chung*, un délicieux gâteau de riz gluant, garni d'une farce composée de viande de porc, de haricots écrasés, le tout arrosé d'une sauce de soja ou de *nuoc mam*, la sauce nationale à base de saumure de poisson.

FICHE PRATIQUE

Quand ?
On célèbre le Têt **entre le 1er et le 7e jour de l'année lunaire** soit, grosso modo, entre la dernière semaine de janvier et la 3e de février.

Et pour fêter le Têt à Paris…
Chaque année, le Nouvel An chinois est l'occasion de **défilés hauts en couleur**, notamment dans le 13e arrondissement de Paris, avenue de Choisy, mais aussi à Belleville et dans le Marais.

LES FESTIVALS DE MUSIQUE LES PLUS FOUS

Rock, électro, chanson, jazz, opéra… D'importants festivals rassemblent à travers la planète des centaines de milliers de mélomanes addicts aux sons des artistes les plus renommés du moment. Pour vous aider à trouver la manifestation qui se trouvera sur votre route l'été prochain, à moins qu'elle soit votre destination principale, nous vous invitons à découvrir 25 festivals incontournables à travers le monde. Ils le sont d'autant plus qu'ils se déroulent la plupart du temps sur ou tout près de sites remarquables : mer, montagne, nature, ville majeure… Pas étonnant que ces festivals soient des locomotives pour le tourisme !

ANGLETERRE

ISLE OF WIGHT FESTIVAL

Créé en 1968, à l'époque hippy et de l'émergence d'une culture jeune et contestataire, le festival pop de l'île de Wight a, durant trois éditions successives, fait défiler les stars du moment. Après une longue interruption, il est relancé en 2002 avec force. Au plaisir de la musique s'ajoute celui du tourisme. La grande île verdoyante de Wight se situe dans la Manche au sud de l'Angleterre, face à Portsmouth. Elle est très appréciée pour ses plages et ses paysages de falaises. *Ils sont déjà passés :* Neil Young, The Strokes, Amy Winehouse, David Guetta, Run DMC, The Who, Queen, Texas, Rod Stewart, Imelda May, The Pretenders, The Undertones, Starsailor, Alison Moyet…

Quand ? Vers la mi-juin.
Plus d'infos isleofwightfestival.com

N 0001

ANGLETERRE

GLASTONBURY FESTIVAL

Né en 1970, ce festival anime la jolie campagne du comté du Somerset, à Glastonbury, dans l'ouest de l'Angleterre et au sud de Bristol. Glastonbury Festival of Contemporary Performing Arts : son intitulé complet indique bien que l'on n'y fait pas qu'écouter de la musique rock, soul, électro ou reggae. Le théâtre, la danse ou le cirque y trouvent leur place au vert. C'est une des particularités qui en font une manifestation majeure outre-Manche. *Ils sont déjà passés :* Radiohead, New Order, Arcade Fire, Jack White, Ed Sheeran, Katy Perry, Barry Gibb, Chic, Alt-J, Solange, Kris Kristofferson, The Jacksons, Phoenix, Justice, Toots and the Maytals, The Flaming Lips, Dizzee Rascal, Metronomy, Goldfrapp, Thundercat, ZZ Top, DJ Shadow, London Grammar, Ride, Little Dragon, Kaiser Chiefs, Moderat, Craig David, Ani DiFranco, Shaggy, British Sea Power, Mark Lanegan, The Cinematic Orchestra…

Quand ? fin juin.
Plus d'infos glastonburyfestivals.co.uk

N 0002

PORTUGAL

NOS ALIVE

Depuis 2007, c'est sur la promenade maritime d'Algés, au bord du Tage, que des artistes rock ou électro se produisent au cœur du village que forme ce festival anciennement nommé Optimus Alive. On n'y est pas très loin du centre historique de Lisbonne, la superbe capitale du Portugal… et de ses cabarets qui perpétuent la grande tradition du *fado*, laquelle est à (re)découvrir entre deux décharges de décibels ! *Ils sont déjà passés :* The Weeknd, Phoenix, Royal Blood, alt-J, Bonobo, Muse, Glass Animals, Blossoms, Foo Fitghters, The Kills, The Cult, Depeche Mode, Cage The Elephant, The Avalanches, Peaches…

Quand ? début juillet.
Plus d'infos nosalive.com

N 0003

FINISTÈRE

LES VIEILLES CHARRUES

Carhaix se trouve entre les Montagnes Noires et les Monts d'Arrée dans le Poher, territoire de la Cornouaille, elle-même située à l'ouest de la Bretagne. Cette commune rurale du Finistère a acquis une grande renommée en proposant chaque été un festival de musiques actuelles qui mélange des artistes bretons, français et internationaux. Cet éminent événement a démarré au début des années 1990 sous la forme d'une kermesse ! *Ils sont déjà passés :* The Cure, Bob Dylan, FFF, Justice, Jean-Michel Jarre, Kery James, La Femme, Manu Chao, Matmatah, Midnight Oil, Paolo Conte, Phoenix, Renaud, Poni Hoax, Radio Elvis, Royal Blood, Seasick Steve, The Celtic Social Club, Wax Taylor…

Quand ? mi-juillet.
Plus d'infos vieillescharrues.asso.fr

N 0004

CHARENTE-MARITIME

LES FRANCOFOLIES DE LA ROCHELLE

Sur six scènes vous sont proposés plus de 100 concerts consacrés essentiellement à la chanson d'expression francophone. C'est le plus important festival du genre en France. Tous les styles musicaux y sont représentés, à l'ombre des tours qui gardent l'entrée du Vieux port de La Rochelle (Charente-Maritime), ville du littoral Atlantique qui, riche d'une grande histoire, se visite très agréablement. *Ils sont déjà passés :* Albin de La Simone, Benjamin Biolay, Black M, Camille, Christophe Maé, Dick Annegarn, Gaël Faye, Jil Caplan, Julien Doré, Juliette Armanet, Kent, Michel Jonasz, Renaud, Soprano, Tété, Tryo, Vianney, Vincent Delerm, Chinese Man, Bernard Lavilliers…

Quand ? mi-juillet.
Plus d'infos francofolies.fr

N 0005

ESPAGNE

FIB

Le Festival international de Benicàssim (FIB) existe depuis 1995. Il s'y succède chaque été des artistes qui font l'actualité de l'indie rock ou en sont des figures historiques. Située dans la province de Castellón et sur la Costa del Azahar, au nord de Valencia, la station balnéaire de Benicàssim accueille aussi un important festival de reggae, le Rototom Sunsplash (en août, *rototomsunsplash.com*). *Ils sont déjà passés :* Friendly Fires, Beirut, The Chemical Brothers, Dinosaur Jr., Kasabian, Liam Gallagher, Mykki Blanco, Miles Kane, Red Hot Chili Peppers, Ride, Bastille, The Sherlocks, Mumford & Sons, Twin Peaks, Years & Years, Sonic Youth, Björk, Nick Cave…

Quand ? mi-juillet.
Plus d'infos fiberfib.com

N 0006

SUISSE

PALÉO FESTIVAL

Le festival de folk lancé en 1976 est devenu un important rassemblement de musiciens pop internationaux, auxquels s'ajoutent des représentants de la scène francophone et des artistes classés « musiques du monde ». Nyon (canton de Vaud) se trouve sur les rives du lac Léman, au pied du Jura et près de la frontière française. Belles balades à faire aux alentours ! *Ils sont déjà passés :* Iron Maiden, Birdy Nam Nam, Macklemore & Ryan Lewis, Jamiroquai, The Shoes, La Ventura, Renaud, The Avener, Hyphen Hyphen, Robbie Williams, Caravan Palace, Santigold, Gramatik, Rone, Keny Arkana, MHD, Arthur H, Sting, Calogero, I Muvrini, Chinese Man, Calypso Rose, Inna de Yard…

Quand ? autour du 20 juillet.
Plus d'infos yeah.paleo.ch

N 0007

AUSTRALIE

SPLENDOUR IN THE GRASS

Riche en plages et spots de surf, la ville de Byron Bay (Nouvelle-Galles-du-Sud), au sud de Brisbane et sur la côte est de l'Australie, accueille un festival hivernal qui a pour nous une saveur estivale ! S'y produisent des musiciens rock internationaux et quantité de groupes australiens qui ne demandent qu'à partir à la conquête du public mondial. *Ils sont déjà passés :* The Cure, The Strokes, Empire of the Sun, Of Monsters and Men, Haim, Sigur Rós, Flight Facilities, Blur, Paul Kelly, Stormzy, King Gizzard and the Lizard Wizard, Azealia Banks, Future Islands…

Quand ? autour du 20 juillet.
Plus d'infos splendourinthegrass.com

N 0008

JAPON

FUJI ROCK FESTIVAL

Le plus grand festival pop en plein air du Japon est né en 1997 au pied du mont Fuji, d'où son nom. Ses scènes se nichent aujourd'hui dans les montagnes de Naeba, là où se trouve une station de ski, près de Yuzawa (préfecture de Niigata), au nord de Tokyo. Un fabuleux environnement qui amplifie le bonheur des spectateurs, lesquels écoutent des artistes internationaux et japonais. *Ils sont déjà passés :* Gorillaz, Deadmau5, Roxy Music, Catfish and The Bottlemen, Genshi Shinbo, Tamashii, Aphex Twin, LCD Soundsystem, The Avalanches, Ozawa Kenji, Cocco, A Guy Called Gerald, Nina Kraviz, Takkyu Ishino, Ben Harper, Thundercat, Bonobo, Ron Sexsmith, Slowdive, Shugo Tokumaru, Trombone Shorty…

Quand ? fin juillet.
Plus d'infos fujirock-eng.com

N 0009

ÉTATS-UNIS

LOLLAPALOOZA

Lollapalooza a été d'abord une festival itinérant à l'époque du grunge, dès 1991. Il est aujourd'hui installé à Grant Park de Chicago (Illinois). Toutes les nouvelles vagues du rock atteignent cet espace vert situé en bordure du lac Michigan. Plusieurs éditions, avec une programmation du même genre mais différente, se déroulent dans le monde. Paris, Berlin, etc. *Ils sont déjà passés :* The Killers, Foals, Disclosure, Tchami, Justice, Flume, Cage The Elephant, Metallica, Liam Gallagher, Glass Animals, Tegan and Sara, Hot Chip, Eminem, Royal Blood, Arctic Monkeys, Machine Gun Kelly, The Districts, The Shelters, Ratatat, Declan McKenna, Jesse Malin…

Quand ? début août.
Plus d'infos lollapalooza.com

N 0010

NORVÈGE

ØYA

Le Tøyenparken, l'un des parcs d'Oslo, accueille ce festival qui affiche des grands noms de la pop internationale, ainsi que de nombreux artistes norvégiens, lesquels animent une scène musicale toujours passionnante à découvrir. Cette manifestation, qui existe depuis 2001, est la plus importante dans son genre en Norvège. *Ils sont déjà passés :* Lana Del Rey, The xx, Ryan Adams, Feist, Pixies, Madlib, Oumou Sangaré, Bel Canto, The Hellacopters, Vince Staples, Kaja Gunnufsen, Mø, Spiritualized med Oslo-Filharmonien, Angel Olsen…

Quand ? 2e semaine d'août.
Plus d'infos oyafestivalen.no

N 0011

HAUTS-DE-SEINE

ROCK EN SEINE

Grand parc aménagé sous Louis XIV par Le Nôtre, le domaine national de Saint-Cloud (Hauts-de-Seine) est l'un des plus beaux espaces verts de la région parisienne. Tout proche de la capitale, c'est un lieu de promenade très apprécié qui est également le théâtre d'événements comme Rock en Seine (depuis 2003). Notez qu'en plus de son programme de concerts toujours attractif, ce dernier a pour particularité de proposer aussi un festival pour les enfants. *Ils sont déjà passés :* Franz Ferdinand, Archive, Queens of the Stone Age, Iggy Pop, Paul Kalkbrenner, PJ Harvey, Tame Impala, Timber Timbre, Kendrick Lamar, Cypress Hill, Ty Segall, Deluxe, Slowdive, The Lemon Twigs, Rejjie Snow…

Quand ? fin août.
Plus d'infos rockenseine.com

N 0013

CATALOGNE

SÓNAR

Rendez-vous majeur des amateurs de musiques électroniques et de courants proches, ce festival créé en 1994 propose plus de 150 concerts et sets de DJ dans plusieurs lieux de la vibrante ville de Barcelone, capitale de la Catalogne. Des expositions sont également à l'affiche (Björk, David Bowie, Brian Eno…). Enfin, il comprend aussi un congrès de professionnels ouvert au public. *Ils sont déjà passés :* Björk (en DJ set), Carl Craig, Cerrone, Damian Lazarus, De La Soul, Vitalic, Dubfire, Fat Freddy's Drop, Justice, Marco Carola, Matmos, Moderat, Nicolas Jaar, Nina Kraviz, Soulwax, Thundercat…

Quand ? mi-juin.
Plus d'infos sonar.es

N 0015

HONGRIE

SZIGET

Depuis 1993, l'île (*sziget* en hongrois) d'Óbudai, sur le Danube à Budapest, est chaque année transformée en un pays où la musique est reine durant une semaine. Aux côtés de têtes d'affiche figurent des artistes émergents de diverses tendances rock, ainsi que des musiciens traditionnels et modernes venus de différents coins du monde. Des spectacles de danse, de cirque ou de théâtre sont également au programme de ce très copieux festival. *Ils sont déjà passés :* Jamie Cullum, PJ Harvey, Parov Stelar, Imagine Dragons, George Ezra, Major Lazer, Digitalism, Alt-J, Nouvelle Vague, Bad Religion, Crystal Fighters, GusGus, Interpol, Tamikrest, Goran Bregovic, Orkesta Mendoza, Orchestre National de Barbès, The Klezmatics…

Quand ? autour de la mi-août.
Plus d'infos szigetfestival.fr

N 0012

BRÉSIL

ROCK IN RIO

L'impressionnant programme de ce festival lancé en 1985 aligne quantité de stars en tout genre de la pop mondiale et locale. Les concerts sont donnés sur différentes scènes, lesquelles se trouvent dans le parc olympique de Rio de Janeiro. *Ils sont déjà passés :* Lady Gaga, Pet Shop Boys, Maroon 5, Justin Timberlake, Alicia Keys, Aerosmith, Def Leppard, Bon Jovi, Tears for Fears, Guns N' Roses, Stevie Wonder, Incubus, Red Hot Chili Peppers, Thirty Seconds to Mars, The Offspring, Fergie, Fernanda Abreu, Céu, Charles Bradley, Nile Rodgers & Chic, Maria Rita & Melody Gardot, Alice Cooper, Slipknot, Ceelo Green, Sepultura, Grandmaster Flash, Luciano, Rob Garza, Nightmares on Wax, Les Tambours de Brazza, Ba Cissoko, Mamani Keïta…

Quand ? 2e quinzaine de septembre
Plus d'infos rockinrio.com

N 0014

CORSE

CALVI ON THE ROCKS

Des sets de DJ sur la plage et des concerts dans un théâtre de verdure, au pied de la citadelle de Calvi… Ce festival ni mégalo ni riquiqui est très estimé des fans de musiques électroniques, lesquels apprécient aussi les très beaux paysages de la Balagne, en Haute-Corse. *Ils sont déjà passés :* Black Coffee, Jeremy Underground, Kerri Chandler, Pachanga Boys, The Blaze, HVOB & Winston Marshall, Paradis, Bon Entendeur, Peggy Gou, Andreas Tome, Clara 3000, Solstice…

Quand ? début juillet.
Plus d'infos calviontherocks.com

N 0016

PAYS-BAS

MYSTERYLAND

Près d'Amsterdam et de son aéroport, à Haarlemmermeer, le festival Mysteryland (créé en 1993) est une grande fête dédiée à divers styles de musique électronique, ainsi qu'au hip-hop ou au disco. Des créations d'artistes plasticiens (décoration très spectaculaire des scènes) ou des performances de troupes de théâtre s'ajoutent aux prestations de musiciens et de DJ qui font tout pour vous faire danser ! *Ils sont déjà passés :* Die Antwoord, Alesso, Armin Van Buuren, Axwell Ingrosso, Above & Beyond, Extrawelt, Cleavage, Sam Feldt, Gorgon City, Klingande, Netsky, Sigma, Tim Green, Apollonia…

Quand ? fin août.
Plus d'infos mysteryland.nl

N 0017

QUÉBEC

FESTIVAL INTERNATIONAL DE JAZZ DE MONTRÉAL

Le centre de la ville de Montréal est tout entier traversé par des vibrations jazz, mais aussi blues, folk, soul, électro, rock… Les très nombreux concerts de ce festival québécois fondé en 1980 sont en partie donnés en plein air (gratuits), d'autres se déroulant dans des salles. *Ils sont déjà passés :* Uzeb, Buddy Guy, Bob Dylan, Thievery Corporation, Feist, Melissa Etheridge, The O'Jays, The Four Tops, Charles Bradley, Pokey Lafarge, Hudson, Tigran Hamasyan, Joshua Redman, Robert Glasper, Stanley Clarke, Youn Sun Nah, Hiromi, Tony Allen, Ron Sexsmith, The Bad Plus, John Pizzarelli, Bill Frisell, Neil Cowley, Diana Krall, Wallace Roney, Ravi Coltrane …

Quand ? début juillet.
Plus d'infos montrealjazzfest.com

N 0018

SUISSE

MONTREUX JAZZ FESTIVAL

Niché au bord du lac Léman, Montreux (canton de Vaud) s'est doté d'un festival de jazz en 1967. S'y sont produits et se produisent toujours de grands noms de cette musique, ainsi que des figures marquantes du blues, de la soul, du funk ou du rock. Ce mélange des genres assure son succès depuis un demi-siècle. *Ils sont déjà passés :* Ramsey Lewis, Herbie Hancock, Fred Wesley, Trombone Shorty, Woman to Woman, Bill Frisell, John Scofield, Lee Ritenour, Mike Stern & Randy Brecker, Taj Mahal, The Cinematic Orchestra, George Benson, Ibrahim Maalouf, James Hunter, Mavis Staples, Chilly Gonzales, Bonobo, Pet Shop Boys, Morcheeba, Lauryn Hill, Peter Doherty, Macy Gray, Tom Jones, Grace Jones, Bryan Ferry, Brian Wilson, Solange, Erykah Badu, Yello, Youssou n'Dour…

Quand ? 1ère quinzaine de juillet.
Plus d'infos montreuxjazzfestival.com

N 0019

GERS

JAZZ IN MARCIAC

Rien ne prédestinait la bastide de Marciac (Gers) à devenir le théâtre d'un des plus renommés festivals de jazz au monde. On le doit à des passionnés qui se lancèrent dans l'aventure en 1978, d'abord en se concentrant sur le jazz old school. Aujourd'hui, toutes les tendances de cette musique centenaire s'expriment dans la charmante petite cité gasconne. *Ils sont déjà passés :* Norah Jones, Herbie Hancock, Taj Mahal, Eric Legnini, The Headbangers, Chucho Valdés, Kenny Garrett, Roy Hargrove, Stanley Clarke, Baptiste Trotignon, Henri Texier, Hiromi, Roberto Fonseca, Gregory Porter, Wynton Marsalis, Richard Galliano, Didier Lockwood, Michel Portal, Youn Sun Nah, Joshua Redman, Manu Dibango, Orchestra Baobab…

Quand ? 1re quinzaine d'août.
Plus d'infos jazzinmarciac.com

N 0020

ÉTATS-UNIS

NEWPORT JAZZ FESTIVAL

Le Fort Adams State Park de Newport (Rhode Island) est le lieu où s'est implanté ce célèbre festival créé en 1954. Toutes les grandes figures de l'histoire du jazz moderne y ont joué. Situé entre New York et Boston, Newport est une cité balnéaire et nautique des plus chics. Les villas luxueuses abondent sur cette partie de l'île Aquidneck qui se trouve dans la baie de Narragansett. *Ils sont déjà passés :* Branford Marsalis, Maceo Parker, Cécile McLorin, Snarky Puppy, Christian McBride, Geri Allen, Henry Threadgill, Benny Golson, Uri Caine, The Roots, Maria Schneider, Hudson, Jason Moran, Theo Crocker, Cyrus Chestnut, John Medeski, Marilyn Crispell, Andra Day…

Quand ? début août.
Plus d'infos newportjazz.org

N 0021

BOUCHES-DU-RHÔNE

FESTIVAL INTERNATIONAL D'ART LYRIQUE D'AIX-EN-PROVENCE

Comme son voisin avignonnais dédié au théâtre, ce festival a été créé juste après la guerre, en 1948. Il fait partie des manifestations incontournables quand on aime l'opéra. Les représentations de ses productions et de ses autres concerts sont données au sein de théâtres et en plein air dans la cour du palais de l'Ancien Archevêché. Ce dernier est l'un des lieux remarquables d'Aix-en-Provence (Bouches-du-Rhône), l'une des plus belles villes de la région. Vous poursuivrez agréablement votre villégiature musicale en vous rendant au Festival international de piano de la Roque d'Anthéron, également de haut niveau, qui se déroule tout près d'Aix en juillet-août. *Déjà présentés : Pinocchio* (Philippe Boesmans), *Carmen* (Bizet), *The Rake's Progress* (Stravinsky), *Don Giovanni* (Mozart), *Erismena* (Cavalli), *Eugène Onéguine* (Tchaïkovski)…

Plus d'infos festival-aix.com
Plus d'infos festival-piano.com

N 0022

AUTRICHE

SALZBURGER FESTSPIELE

La superbe ville baroque de Salzbourg a vu naître Mozart et sait s'en souvenir, notamment durant son festival d'été, dont la première édition remonte à 1920. En plein air ou en intérieur, les concerts et représentations d'opéras, du divin Wolfgang ou d'autres compositeurs, sont très nombreux et de haut niveau. Il y a également un programme théâtral. *Ils sont déjà passés :* Riccardo Muti, John Eliot Gardiner, Bernard Haitink, Daniel Barenboïm, Kent Nagano, Simon Rattle, Jordi Savall… Wiener Philharmoniker, Berliner Philharmoniker, Hagen Quartet, The Tallis Scholars, Trio Zimmermann… Yefim Bronfman, Martha Argerich, Fazıl Say, András Schiff, Evgeny Kissin, Maurizio Pollini, Anne-Sophie Mutter… Matthias Goerne, Cecilia Bartoli, Rolando Villazón, Sandrine Piau, Plácido Domingo, Sonya Yoncheva…

Quand ? fin juillet à fin août.
Plus d'infos salzburgerfestspiele.at

N 0023

ALLEMAGNE

BAYREUTHER FESTSPIELE

C'est l'un des plus anciens festivals au monde. Fondé en 1876 à Bayreuth (Bavière) par Richard Wagner, il reste consacré à l'interprétation d'opéras de ce compositeur qui bouleversa les codes du genre. La salle où sont données les œuvres, le Festspielhaus, a été conçue par le musicien lui-même. Réservation longtemps à l'avance car le festival draine les wagnériens du monde entier ! *Déjà présentés : Die Meistersinger von Nürnberg, Tristan und Isolde, Parsifal, Das Rheingold, Die Walküre, Siegfried, Götterdämmerung…* Chefs : Philippe Jordan, Christian Thielemann, Hartmut Haenchen, Marek Janowski.

Quand ? fin juillet à fin août.
Plus d'infos bayreuther-festspiele.de

N 0024

ARGENTINE

FESTIVAL Y MUNDIAL DE TANGO

Buenos Aires rend un hommage à son enfant chéri, le tango ! Des concerts, des performances, spectacles et concours de danseurs sont organisés dans toute la ville, ce qui permet aux visiteurs de la capitale argentine de découvrir cette cité mythique sous un angle original. Des visites guidées sur le thème du tango sont d'ailleurs organisées par l'office de tourisme. Des cours sont également proposés. Tout le programme officiel est gratuit !

Quand ? en août.
Plus d'infos festivales.buenosaires.gob.ar

N 0025

Holi, la fête des couleurs, *Inde.*

LES FÊTES INSOLITES DE LA PLANÈTE

Festival de la boue, régate de la bière ou course de lit à roulettes… L'imagination est sans limite quand il s'agit de faire la fête. Nous avons parcouru la planète à la recherche des fêtes les plus décalées et/ou les plus délirantes. Certaines sont folkloriques ou religieuses, d'autres totalement déglinguées.
En route pour un festival de fêtes insolites, à inscrire de toute urgence dans votre agenda !

OAXACA (MEXIQUE)

FÊTE DES RADIS (FIESTA DE LOS RÁBANOS)

Une crèche de Noël à la mexicaine

Le soir du 23 décembre, les foules viennent célébrer la nuit des radis sous les arcades du Zócalo, place principale du centre-ville d'Oaxaca. Trois jours avant la fête, les artistes (artisans et maraîchers) choisissent les radis qui deviendront prochainement sculptures. Certains atteignent jusqu'à 50 cm de hauteur ! Le soir du Jour J, les statues naissent sur les petits stands des artistes. Les œuvres végétales reprennent principalement les thèmes de Noël : scènes de la Bible, crèche, visite des rois mages. Les œuvres sont principalement en radis mais aussi en fleurs séchées et en feuilles de maïs (« totomoxtle »), soit trois catégories. Chacune d'entre elles a d'ailleurs son gagnant, désigné par un jury à la fin de la soirée. Cette fête populaire, qui conjugue art et tradition, attire beaucoup de monde.

Quand ?	chaque année le 23 décembre.
Plus d'infos	oaxaca-mio.com/fiestas/rabanos.htm

KAWASAKI (JAPON)

KANAMARA MATSURI (FÊTE DU PÉNIS DE FER)

Un défilé bien monté

Chaque premier dimanche d'avril, pour l'arrivée du printemps, on célèbre la fête shinto de la fertilité à Kawasaki (Japon). Kanamara Matsuri, ou fête du pénis de fer, met donc à l'honneur l'organe sexuel masculin. La fête a lieu au sanctuaire de Kanayama, autrefois fréquenté par des prostituées venues y prier pour obtenir une protection contre les maladies vénériennes. Soutenus par des porteurs, trois pénis géants paradent : le pénis de bois, le pénis de fer noir et le pénis rose géant. Le phallus est également présent sous toutes sortes de formes : images, légumes sculptés, ou encore sucreries à déguster. Fêtes similaires : au Japon, Hōnen Matsuri à Komaki (chaque année le 15 mars), et en Grèce, le Burani, à Tyrnavos (à la mi-mars).

Quand ?	chaque année, le premier dimanche d'avril.
Plus d'infos	event-carnival.com

À DÉCOUVRIR EN FRANCE

COURSE DE LITS À ROULETTES
MAHALON (BRETAGNE)

Que le meilleur gagne !

Si le célèbre lit roulant de *Gaston Lagaffe* vous a toujours fait rêver, la course de lits à roulettes de Mahalon vous ravira. Le principe : effectuer le meilleur chrono sur le circuit de 345 m autour de l'église, au volant de ce drôle d'engin. Cette compétition fait partie du « festival de l'insolite », au cours duquel vous pourrez vous livrer à une course de chaises de bureau ou encore concourir aux différents records à battre : lancer de bérets, crachats de noyaux d'abricots... Si vous ne vous sentez pas l'âme d'un compétiteur insolite, faites-vous spectateur. Le festival organise également de nombreuses animations de rues, un repas champêtre, un bal populaire et un feu d'artifice.

Quand ? chaque année, le 14 juillet.
Plus d'infos mahalon.fr/festival_insolite.html

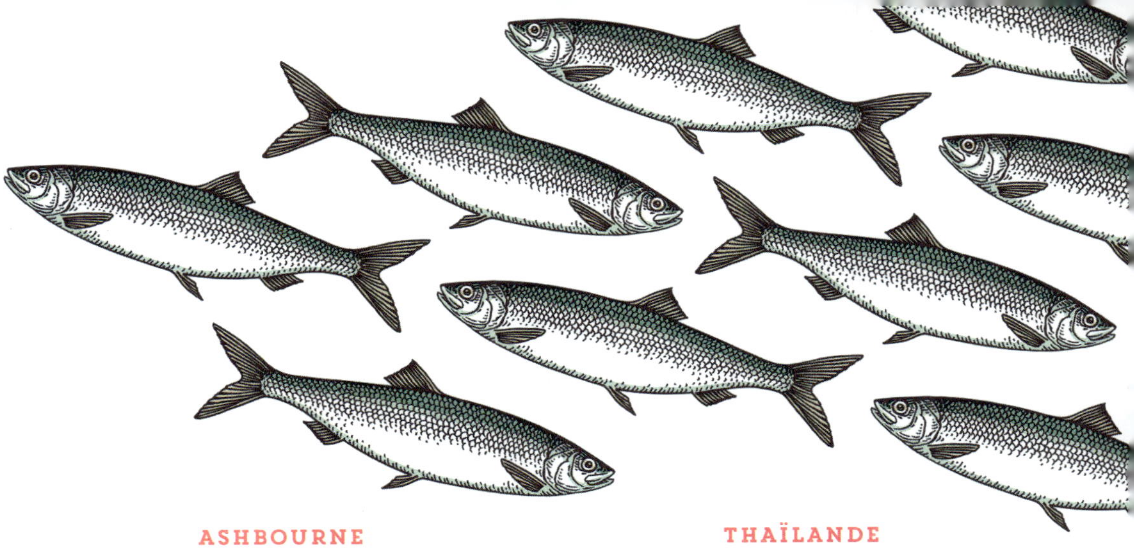

ASHBOURNE (DERBYSHIRE ; ANGLETERRE)

WORLD TOE WRESTLING CHAMPIONSHIP (LUTTE DE DOIGTS DE PIED)

Des doigts de pied costauds

Le concept : faire des « bras de fer » avec ses gros orteils ! Si, si, c'est possible. Cette compétition atypique se déroule au Royaume-Uni depuis 1976. Ses organisateurs ont même essayé de l'introduire aux Jeux Olympiques... sans succès, au grand dam des fans ! Qui osera affronter le grand champion Alan « Nasty » Nash ? Voilà 10 championnats qu'il n'a pas cédé son titre...

Quand ? entre mars et juin suivant les années (se renseigner).
Plus d'infos bentleybrookinn.co.uk

PAYS DE GALLES

WORLD BOG SNORKELING

Palme, masque et tuba dans la gadoue

Ce championnat se tient chaque mois d'août depuis 1985 dans les marécages de Waen Rhydd, près de Llanwrtyd Wells. 200 participants de toutes nationalités participent à cette étrange compétition de natation en eaux (très) troubles. Le principe : effectuer un aller-retour d'une centaine de mètres dans une tranchée de boue, au cœur d'un marécage, équipé de palmes, masque et tuba. Seule contrainte : l'interdiction de nager de façon traditionnelle... ce qui rend la compétition très drôle ! La compétition connaît quelques variantes, avec un VTT notamment...

Quand ? chaque année en août.
Plus d'infos green-events.co.uk

THAÏLANDE

SONGKRAN

Faut pas avoir peur de se mouiller...

Songkran correspond au Nouvel An bouddhique, qui tombe en avril pendant la saison la plus torride. Du coup, les Thaïlandais s'adonnent à une bataille d'eau géante dans les rues des villes, à coup de seaux d'eau, canons à eau ou même... de trompes d'éléphant. Mention spéciale à Khao San Road, où c'est la folie ! Une raison à tous ces jeux aquatiques : l'eau est source de purification et éloigne la malchance. À l'origine, les Thaïlandais baignaient les bouddhas et versaient des eaux parfumées sur les mains de leurs aînés. Mais Songkran a dégénéré en batailles d'eau géantes dans les rues... En revanche, on ne boit pas que de l'eau pendant les festivités !

Quand ? chaque année, mi-avril.
Plus d'infos songkranday.com

INDE

HOLI

Pour en voir de toutes les couleurs

À l'occasion de l'équinoxe de printemps, Holi célèbre l'arrivée du printemps et la fertilité. Elle est connue comme la fête des couleurs. Les gens, vêtus de blanc, circulent avec des pigments de couleurs et aspergent les passants, les touristes étant les cibles favorites. Les couleurs des pigments ont des significations particulières : rouge pour la joie et l'amour, bleu pour la vitalité, vert pour l'harmonie, orange pour l'optimisme. La fête des couleurs est l'occasion pour petits et grands de s'asperger de poudres et d'eau de toutes les couleurs. Attention à ce que vous portez, car le mélange de poudre et d'eau donne une sorte de boue indélébile. Difficile de détacher ses vêtements après Holi ! Vous voilà prévenu...

Quand ? chaque année en mars.
Plus d'infos holifestival.org

FÊTE DU HARENG

La Haye (Pays-Bas)

Il est frais, mon poisson !

Le début de la saison de la pêche au hareng donne lieu à de grandes réjouissances dans le port de Scheveningen, aux environs de La Haye. Clou de la fête : le concours du plus gros mangeur de harengs, très impressionnant et à ne manquer sous aucun prétexte. La reine des Pays-Bas se voit d'ailleurs offrir solennellement et symboliquement la première tonne de harengs pêchés. Elle doit avoir, elle aussi, un bon appétit…

Quand ? chaque année, en juin.
Plus d'infos vlaggetjesdag.com

COOPERS HILL (ANGLETERRE)

CHEESE ROLLING

Roulez, fromages…

Cours camarade, le vieux fromage est devant toi… Des milliers de spectateurs sont attendus tous les ans sur les collines de Coopers Hill, dans le Gloucestershire pour admirer une course peu banale. Le principe de cette course insolite : lancer un fromage de 30 cm de diamètre et de près de 4 kg (un double Gloucester cheese) le long d'une colline bien raide et courir après pour le rattraper ! Le gagnant est le premier à y parvenir. Et bien sûr le vainqueur peut ramener le fromage chez lui. Début des festivités à l'heure du déjeuner, quatre courses jalonnent l'après-midi. Petit détail : les souris ne sont pas autorisées à participer…

Quand ? fin mai, début juin, chaque année.
Plus d'infos cheese-rolling.co.uk

WASHINGTON (ÉTATS-UNIS)

SAFEWAY BARBECUE BATTLE

Guerre des barbecues

Une méga compétition de barbecues qui s'étend de la 9e à la 14e Avenue, sur la célébrissime Pennsylvania Avenue. Des centaines de barbecues, des grillades à perte de vue et une odeur de feu de bois envahissent la ville le temps d'un week-end. Des stands permettent aux passionnés de barbecue d'échanger leurs astuces pour une grillade réussie, des recettes pour des marinades pleines de saveurs. La musique accompagne la compétition, puisque trois scènes jalonnent le parcours et proposent d'écouter plus de trente groupes de jazz et de country. Enjoy your steak !

Quand ? chaque année, fin juin.
Plus d'infos bbqdc.com

CALGARY (CANADA)

STAMPEDE, FESTIVAL DU RODÉO

Tous en selle !

Troisième ville du Canada, à 80 km des Rocheuses, Calgary accueille tous les ans une semaine de rodéo tous azimuts. Des shows impressionnants, des activités spectaculaires, des parades chaque année plus importantes, des défilés de la police montée font de cette semaine du début du mois de juillet un rassemblement de milliers de passionnés. Pour fêter les 100 ans de cet événement, en 2016, une trentaine de concerts a été organisée, où des stars du rodéo étaient présentes. Un siècle de rodéo et cela n'est pas près de s'arrêter. L'Alberta, c'est le Far West des Canadiens.

Quand ? chaque année, en juillet.
Plus d'infos calgarystampede.com

BORYEONG (CORÉE DU SUD)

FESTIVAL DE LA BOUE

Un petit bain de boue ?

Plonger dans la boue comme dans une fontaine de Jouvence ? Le Boryeong Mud Festival, qui se tient chaque année sur la plage de Daecheon, est censé célébrer une boue revigorante. On prête à cette boue, riche en nutriments et minéraux, des propriétés cosmétiques. Les festivaliers plongent dans de grandes structures gonflables remplies de boue dans l'Espace expérience de boue et s'en recouvrent, profitant de ses vertus pour la peau. Au programme : bains de boue, massages, toboggans de boue pour les plus jeunes, concours de lutte en terrain glissant pour les plus grands. La fête de la boue est l'occasion pour les Coréens d'acheter des produits cosmétiques et de soins sur place, mais surtout de s'en donner à cœur joie en se roulant dans la boue... De grands enfants, ces Coréens !

Quand ? chaque année, en juillet.
Plus d'infos mudfestival.or.kr

DARWIN (AUSTRALIE)

RÉGATE DE LA BIÈRE

Le radeau de la canette

Vous êtes fan de voile et de mousse ? La régate de la bière est pour vous. Des milliers de participants se retrouvent chaque année à Darwin avec un objectif simple : réussir à construire un radeau, mais pas n'importe comment... Tout au long de l'année, les participants conservent toutes leurs canettes, bouteilles de bières et sodas pour construire le radeau le plus résistant. Les radeaux ne dépassent que rarement les 25 premiers mètres de la course, mais c'est une excuse pour boire de la bière le reste de l'année. Bien vu ! Cet événement est très populaire dans le nord de l'Australie. Au programme : la fameuse régate avec des radeaux construits à la main, mais aussi des concerts, de la danse et des compétitions sportives.

Quand ? chaque année, en juillet.
Plus d'infos beercanregatta.org.au

BUÑOL (ESPAGNE)

LA TOMATINA

Bataille de tomates géante

Non, ce n'est pas un concert qui tourne mal ! La Tomatina, c'est une bataille de tomates géante pour rire, au cours de laquelle plus de 40 000 joyeux drilles se balancent des tonnes de tomates à la figure. Cette fête délirante serait née d'une dispute qui a éclaté dans un groupe d'adolescents avec un stand de tomates à proximité. De nos jours, on est plus pacifique : les tomates doivent être écrasées avant d'être lancées sur les participants de la plus grande bataille de nourriture à l'échelle mondiale. Que l'on se rassure, les rues sont nettoyées à grande eau à la fin de la journée. Il est conseillé de porter des vêtements que l'on compte jeter. Lunettes et protections sont à prévoir pour éviter les petits désagréments dus à l'acidité de la tomate. La veille, pour se mettre en condition, une paëlla géante est organisée.

Quand ? chaque année, fin août.
Plus d'infos tomatina.es

LOPBURI (THAÏLANDE)

FÊTE DES SINGES

La vie de singe, quel pied !

C'est *La Planète des singes*, ou presque ! À Lopburi, les singes vivent en liberté totale. Une fois par an, fin novembre, les habitants organisent un grand buffet en leur honneur ! Au menu : des mets raffinés, souvent sucrés, des sodas, des gourmandises préparées spécialement pour l'occasion. Les mets sont offerts, accompagnés de révérences, dans une ambiance festive. C'est un buffet hors du commun dont les singes raffolent tous les ans. En Thaïlande, les singes sont vénérés, car ils sont considérés comme les descendants du dieu-singe Hanuman. Les singes sont la principale attraction touristique de Lopburi : ils ont même envahi un temple !

Quand ? Dernier week-end de novembre.
Plus d'infos discoverythailand.com

LA RÉUNION

FÊTE DE PANDIALÉ

Marcher sur le feu

Cette cérémonie tamoule clôt une période de purification par le carême (consistant à pratiquer le jeûne végétarien), l'abstinence sexuelle et la prière. Le carême dure 21 jours et se termine par une marche sur le feu. Dès le 18e jour du carême, les pénitents préparent eux-mêmes la fosse, divisée en deux parties : le « trou de feu » sur lequel sont étalées les braises, et le « bassin de lait » dans lequel ils plongent les pieds après avoir traversé le brasier. Cette fête est surtout célébrée dans les villes de Saint-Pierre et Saint-Louis, aux abords des temples tamouls, et dans les petits temples familiaux des Hauts de l'île.

Plus d'infos indereunion.net

CARTE POSTALE

FÊTE DE L'OURS SORTEZ VOS GRIFFES

Vous avez entendu parler de la fête de la bière, de la fête du citron ou encore de la fête du cochon. Mais connaissez-vous la « Fête de l'Ours » ? C'est l'une des plus vieilles célébrations d'Europe, qui se déroule chaque année en pays catalan, à Prats-de-Mollo - La Preste. Cette tradition ancestrale et carnavalesque se tient chaque année, fin février, dans une ambiance enjouée. Faites sortir l'ours qui est en vous !

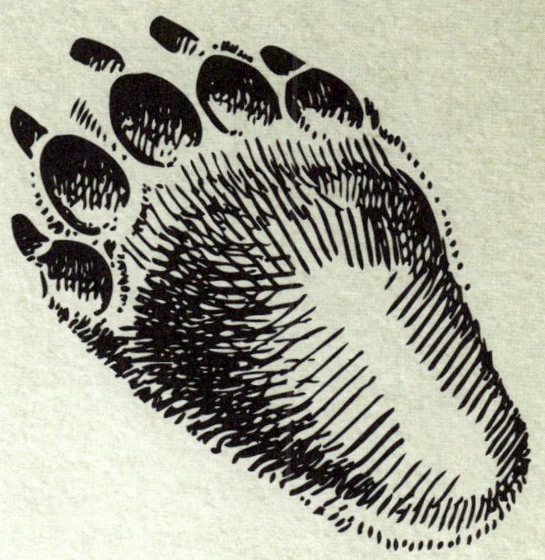

La légende de l'ours démoniaque

Il était une fois, près de Perpignan, à quelques kilomètres de la frontière espagnole, une petite ville du Roussillon, Prats-de-Mollo - La Preste, réputée pour ses fortifications de Vauban. Un jour, un ours solitaire rôdait dans les parages, cherchant une compagne. Désespéré, il enleva dans le village une jeune bergère qu'il garda prisonnière dans sa grotte. La bête en rut s'empressa de voler la virginité de la « gentille bergère ».

La légende médiévale raconte qu'une grande chasse à l'ours fut alors organisée par les villageois pour tirer la jeune fille des griffes du vilain plantigrade. La traque à travers les massifs élevés du Canigou dura des jours et des nuits. Après de longs affrontements, l'animal fut capturé par les villageois avides de vengeance. Ils enchaînèrent l'ours et le conduisirent sur la place du village. Là, le maire organisa une grande fête pour la victoire de ces braves. Et, pour humilier l'ours, il ordonna qu'on le rase à l'aide d'une hache. On raconte alors que la bête prit forme humaine. Quant à savoir ce qu'est devenue la pauvre bergère… la légende ne le dit pas !

La « Fête de l'Ours », une tradition qui se perpétue

Depuis, chaque année, les Pratéens fêtent « la diada de l'os », une véritable célébration carnavalesque. Plus qu'une simple tradition, cette fête symbolise, en pays catalan, la victoire de l'homme sur la bête et les puissances du Mal. Adieu donc les *Winnie l'Ourson* ou autres *Petits Ours Bruns* des clichés de notre enfance : que la chasse à l'ours commence !

Le jour de la « diada de l'os », tout le village se rassemble sous le regard amusé des touristes. Les festivités débutent par une première danse intitulée « sardane » : une ronde au pas léger, au cours de laquelle les danseurs, les mains dressées vers le ciel, semblent n'effleurer le sol que de la pointe des pieds avant de rebondir.

Les jeunes hommes commencent ensuite leur métamorphose. Le rituel se déroule sur une colline au-dessus du village, dans les douves du Fort Lagarde. C'est là que les Pratéens se travestissent au cours de grillades bien conviviales. Trois jeunes hommes du village revêtent une peau d'ours et s'enduisent de suie et d'huile, symbole des trois derniers ours du Costabonne. D'autres se déguisent en chasseurs vêtus de blanc : un vrai jeu de rôle des temps anciens…

Ne venez pas habillée en bergère

C'est alors que les premiers coups de fusil tirés par les chasseurs résonnent à travers le village, avec des balles à blanc, bien entendu… Les « ours », armés de gourdins, dévalent alors la colline et s'élancent à l'assaut de la ville. Sans pitié, ils barbouillent de suie les visages des passants qui tombent sous leurs griffes, avec une préférence pour les jeunes filles. Attention, ne venez pas habillée en bergère ! Pas de provocation gratuite…

Pour freiner la fureur des bêtes, les chasseurs, gourde de bon vin en bandoulière, tirent (à blanc encore) sur les ours, qui s'écroulent. Dans une ambiance euphorique, les ours sont ranimés par une bonne rasade de vin. On dit que le temps guérit les blessures… à moins que ce ne soit le vin catalan ?

Les barbiers font ensuite leur apparition dans le village, acclamés comme de véritables héros. Ils enchaînent les « animaux » et les rasent, comme le veut la coutume, sur la place publique, devant la foule en furie. La peau de bête et la suie enlevées, les « ours » prennent peu à peu forme humaine. Une fois ce rituel accompli, une musique entraîne nos joyeux compères sur le rythme d'une ronde endiablée : « le ball de corre ». L'ours, quant à lui, est devenu humain. L'homme a vaincu la bête. C'est la morale de l'histoire et, surtout, une bonne occasion de célébrer le carnaval en s'amusant.

FICHE PRATIQUE

Où dormir ? Où se restaurer ?

Hôtel Le Bellevue-Resto Bellavista : chambres correctes et bien tenues, certaines avec balcon. Le restaurant sert un excellent jarret de veau des Pyrénées et de très bonnes spécialités locales. ***hotel-le-bellevue.fr***

Plus d'infos

pratsdemollolapreste.com

EXPÉRIENCE

Vernazza, dans les Cinque Terre, Italie

12 RÉGIONS DE RÊVE À DÉCOUVRIR EN EUROPE

De la Méditerranée lascive à la rudesse des fjords, l'Europe offre une palette chatoyante d'évasions enchanteresses. Patrimoine culturel riche et panoramas exceptionnels, nul besoin de s'éloigner davantage pour se sentir profondément dépaysé. Variation autour d'un continent aussi envoûtant que contrasté.

ITALIE

LES CINQUE TERRE

Cinq villages hors du temps, suspendus entre ciel et mer face au bleu de la Méditerranée. Entre Gênes et La Spezia, sous le soleil de la Ligurie, les Cinque Terre, restés longtemps à l'écart du monde, jouissent d'une cote d'amour exceptionnelle auprès de ceux qui les connaissent. Et pour cause… Avec leurs petites maisons colorées agglutinées à flanc de falaise ou lovées au creux du vignoble, ces villages de poche ont conservé leur authenticité, comme indifférents à la modernité et au tourisme de masse. Certes, les Cinque Terre se méritent. N'espérez pas vous y rendre en voiture, c'est en train, à pied ou en bateau que vous les découvrirez. Passez-y la nuit. Quand les foules pressées sont reparties, au clair de la lune, ces joyaux retrouvent toute leur sérénité, entre le clapotis des flots et le parfum des essences méditerranéennes. Reliés par des sentiers côtiers, les Cinque Terre forment un petit paradis pour les randonneurs. Riomaggiore, Manarola, Corniglia, Vernazza, Monterosso al Mare… Blottis au cœur de collines arborant des cultures en terrasses, ces cinq perles côtières multicolores semblent vivre au rythme d'activités ancestrales, comme la pêche, la culture de la vigne, de la figue et des citrons qui poussent dans des vergers ombragés et tranquilles. Une sorte de jardin d'Éden que seul vient perturber le passage d'un train ou le bruit d'un bateau à moteur.

À NE PAS MANQUER

La rue principale de Riomaggiore qui descend jusqu'au petit port en forme de crique ; la ravissante place principale de Corniglia ; une nuit à Vernazza, merveilleux à la tombée de la nuit ; l'église gothique San Giovanni Battista à Monterosso al Mare ; les sentiers dei Santuari et leur vue exceptionnelle surplombant le littoral ; un tour en bateau pour relier les villages : paysages incroyables !

Plus d'infos www. **cinqueterre.it**

Toscane, Italie

ITALIE

LES ÎLES ÉOLIENNES, DE VENT ET DE VOLCANS

Inscrites sur la liste du patrimoine mondial de l'humanité de l'Unesco, les îles Éoliennes se regroupent au nord de la Sicile, dans la mer Tyrrhénienne. Sept d'entre elles sont incontournables : Lipari, Vulcano, Salina, Stromboli, ainsi que les petites Filicudi, Alicudi et Panarea. Toutes sont d'origine volcanique et la plupart présentent des plages, ainsi que des criques, des grottes, ou des falaises à découvrir en bateau. Lipari est la principale et la plus animée. Quand on n'est pas à la plage, on va visiter son château, comprenant une cathédrale et un musée archéologique, ou encore ses carrières de pierres ponces. Salina, sa voisine, possède deux superbes volcans inactifs – le Monte Fossa delle Felci, qui culmine (961 m), et le Monte dei Porri (860 m) – et est en partie couverte de vignobles. Vulcano donne son nom au volcan (499 m). Celui-ci est actif, comme en atteste les fumerolles qui se dégagent de son cratère. Cette activité produit des boues aux vertus thermales et a légué à l'île des plages de sable noir, ainsi que la Vallée des Monstres peuplée de rochers aux formes bizarres. Au nord-est de ce trio s'élève le second volcan actif de l'archipel, le Stromboli (926 m).

À NE PAS MANQUER

Grimper au sommet du Vulcano (de là-haut, vue époustouflante) ; le musée archéologique de Lipari (installé dans le palais épiscopal) ; le panorama de la punta del Perciato à Salina et la crique étroite de Pollara (rendue mythique par le film *Le Facteur*) ; grimper au sommet du Filo dell'Arpa, perché à 675 m, pour constater à quel point Alicudi n'est qu'un tout petit caillou dans une vaste mare ; à Panarea, pousser jusqu'à punta Milazzese (long doigt de terre dardé entre trois criques aux eaux translucides) ; Stromboli (pour grimper sur ses pentes)…

ITALIE

LA TOSCANE

La Toscane ! Un mot magique qui donne envie de s'évader, voire de s'exiler… Des bosquets de cyprès disposés parcimonieusement sur les collines et les interfluves. Les vieilles fermes du Chianti plongées dans une marée de chênes verts, avec comme son et lumière le chant des cigales et la pesanteur zénithale du soleil. La Maremme fiévreuse et son arrière-pays étrusque truffé de catacombes à ciel ouvert. Les chemins de terre poussiéreux bordés de murs de pierres sèches et d'oliviers. Le décor (somptueux) a beau être planté, il lui faut encore des artistes pour lui donner son vrai visage, le magnifier et l'interpréter. Or, la Toscane n'en a jamais manqué, notamment à la Renaissance, avec des peintres qui ont su capter et mettre en valeur l'essence des paysages. Florence, Sienne, Pise ne sont que les exemples les plus éclatants d'un art toscan florissant entre le Moyen Âge et la Renaissance. Bien d'autres villes laisseront le visiteur enchanté et émerveillé : San Gimignano, Volterra, Lucca ou Massa Marittima. Peu d'endroits au monde peuvent se vanter d'une concentration aussi dense de chefs-d'œuvre et de génie que la Toscane : Giotto, Michel-Ange, Botticelli, Dante, Machiavel et tant d'autres.

À NE PAS MANQUER

Florence (le Duomo, le baptistère et le campanile, la Galleria dell'Accademia pour apprécier le fameux *David* de Michel-Ange et la Galleria degli Uffizi pour les plus belles peintures italiennes : Botticelli, Léonard de Vinci, Michel-Ange, Raphaël…) ; Lucca (ville aux origines romaines qui permet aussi d'apprécier les charmes de la Renaissance) ; Pise (la piazza dei Miracoli, avec le baptistère, la fameuse tour penchée et le Duomo) ; San Gimignano et Volterra ; le Chianti (étape œno-gastronomique géniale !).

Site www. **italie.it/fr**

ÉCOSSE

LES HIGHLANDS

Les Highlands, « hautes terres », couvrent plus de la moitié du pays. C'est ici que l'on trouve le loch Lomond (le plus grand), le loch Ness (le plus connu), mais aussi le loch Tay et le loch Katrine, très impressionnants. Cette zone est divisée en deux par le Great Glen, une ligne de faille de Fort William à Inverness. C'est au nord de cet axe que s'étendent à l'infini les vastes paysages de la solitude écossaise. De beaux paysages rudes et sauvages, empreints de romantisme, des reliefs hostiles recouverts d'un manteau de tourbe et de lande, des lochs profonds et mystérieux, des rivages déchiquetés, les « hautes terres » n'en finissent pas d'aiguiser notre imaginaire. Pour découvrir toute la diversité des Highlands, le chemin de l'école buissonnière passe par le centre et les charmants villages de Dunkeld et Birnam, ou encore Pitlochry aux environs si riches. Sans oublier les nombreuses randonnées, dont certaines conduisent vers des sommets presque vertigineux… pour l'Écosse !

À NE PAS MANQUER

Glasgow (métropole moderne et dynamique) ; les Trossachs (sanctuaire écologico-touristique parcouru de chemins forestiers et baigné de *lochs*) ; la route de Aberfoyle à Inversnaid (superbe, est à elle seule une invitation lyrique) ; Inverness et le loch Ness ; le loch Maree (il personnifie à lui seul la beauté des Highlands, faite de rudesse et de majesté) ; la route de Kinlochewe à Torridon puis de Torridon à Applecross en passant par Shieldaig (adorable village de pêcheurs, véritable paradis pour les amoureux de la nature) ; la route Applecross-Lochcarron (spectaculaire, très étroite, tout en lacets) ; l'île de Skye (paysages grandioses de landes et de tourbières, de falaises et de côtes basses)…

À écouter ♫ **la playlist Écosse du *Routard* sur Deezer**
Site www. **walkhighlands.co.uk**

ISLANDE

LE CERCLE D'OR

L'Islande, île mystérieuse dont les secrets et les déchirures intérieurs sont visibles à l'œil nu. La terre y est défigurée par des cicatrices géologiques : puissants glaciers, fjords étroits, geysers en action, marmites de boue, cratères d'explosion, cascades vertigineuses… La capitale, Reykjavik, a la taille d'un mouchoir de poche. La vieille ville est un mélange de petites maisons typiques et d'immenses bâtiments futuristes. Encerclée par l'océan Atlantique et les montagnes, elle est surtout un bon point de départ pour découvrir les trésors naturels de l'Islande comme le Blue Lagoon, à 47 km de Reykjavik. Issue de sources volcaniques, son eau est naturellement très chaude et très soufrée, ce qui lui procure des vertus relaxantes et médicinales. Le Cercle d'Or ? Il s'agit du regroupement de plusieurs sites naturels. Le parc national de Thingvellir est le lieu de rencontre des plaques américaine et eurasienne. On peut se promener à l'intérieur du gouffre, dans un paysage de pierres volcaniques, d'eau de source et de falaises noires. Entre les deux failles s'étend une zone protégée. Une piste permet de traverser ce no man's land et d'atteindre la cascade naturelle de Gullfoss (« chutes d'or »). Mais le plus impressionnant se trouve dans la zone thermale de Geysir (qui a donné son nom au phénomène de projection explosive d'eau bouillante : le geyser).

À NE PAS MANQUER

Reykjavik (capitale créative qui cultive une certaine *dolce vita* nordique) ; le Blue Lagoon (bassins naturels d'eau bleu turquoise, entre 38 et 44 °C ; plantés dans un décor de lave surnaturel) ; les 3 sites incontournables du Cercle d'Or : Thingvellir, les chutes de Gulfoss et Geysir…

À écouter — la playlist Islande du *Routard* sur Deezer

NORVÈGE

GEIRANGER ET LA NORVÈGE DES FJORDS

Inscrit au patrimoine mondial de l'Unesco, le Geirangerfjord, encaissé entre des montagnes grandioses, est la perle des fjords de Norvège. Il déploie ses eaux opaques et ses flancs escarpés sur 15 km d'une pure splendeur, majestueux et intimidant, resplendissant ou mystérieux. D'impressionnantes cascades (« Les sept sœurs » et « Le voile de la mariée ») se précipitent vers ses eaux noires sur plusieurs centaines de mètres. Un décor de matin du monde. La région autour du Geiranger, les Alpes du Sunnmøre, avec ses vallées étroites, ses sommets recouverts de neiges éternelles et ses glaciers est littéralement sublime. La Norvège des fjords doit se visiter de préférence par la route, en alternant l'intérieur des terres et les passages en ferry. Trois routes (63, 60 et 15) traversent la région. Certains de leurs tronçons comptent parmi les plus spectaculaires de la Norvège. Ils parcourent des paysages absolument incroyables.

À NE PAS MANQUER

Les édifices Art nouveau d'Ålesund ; le point de vue de Flydalsjuvet pour un panorama impressionnant ; le Hjørundfjord (perle oubliée des touristes) ; la Route des Aigles (63), à 625 m au-dessus du fjord en 12 virages en épingle à cheveux ; la Route de Geiranger à Stryn (63 et 15) : un itinéraire merveilleux avec une grande diversité de paysages et, vers Stryn, petits villages avec églises en bois ; la Route des Trolls (l'un des itinéraires les plus fascinants de Norvège)…

Site — www. — visitnorway.fr

Îles Lofoten, Norvège

CROATIE

LA CÔTE DALMATE

L'une des plus belles parties de la côte dalmate longe la Croatie, entre Split et Dubrovnik. 200 km et quelques ferries suffisent pour passer de la mer à la montagne, de l'empereur Dioclétien à Napoléon Ier. À Split, la vieille ville est environnée de remparts où s'ouvrent quatre portes aux quatre points cardinaux. On erre inlassablement par les ruelles où chaque pas est une découverte. Carrières, grottes, monastères et plages définissent la grande et sauvage île de Brač. Lavande et murets de pierre contrastent avec la station élégante de Hvar. Authenticité et vestiges gréco-romains subsistent à Vis. Forteresse, pinèdes et traditions sont le propre de Korčula. Criques rocheuses sur la lointaine Lastovo, parc national et lacs salés sur la petite Mljet. Du côté de la presqu'île de Pelješac, on peut admirer un véritable paysage lagunaire et boisé où les bassins à huîtres piquètent les eaux aux reflets argentés. Sur cette langue de terre, les vignobles produisent les meilleurs vins de Croatie. Enfin, Dubrovnik – « perle de l'Adriatique » – regorge de ruelles étroites et d'innombrables escaliers pour découvrir petits jardins, portiques gothiques ou Renaissance enfouis sous les orangers.

À NE PAS MANQUER

Split (ruines de toutes les époques dans un enchevêtrement fabuleux au cœur du palais de Dioclétien) ; l'arrivée en bateau à Hvar (un vrai conte de fées !) ; la richesse naturelle fascinante du parc naturel du Biokovo, la route la plus haute de Croatie depuis Makarska (des paysages à couper le souffle) ; les fameuses huîtres plates de Ston (un délice que l'on ne trouvera nulle part ailleurs) ; le petit port de Žuljana et les vieilles maisons d'Orebic, Dubrovnik…

Site — www. — croatia.hr

ESPAGNE

LES TRÉSORS D'ANDALOUSIE

Villages blancs, terre rouge et ciel bleu ! L'Andalousie est une terre de brassage de cultures (Maures, juifs, catholiques, Gitans…), un œil sur la Méditerranée, l'autre sur l'Atlantique. Ses trois villes principales, Séville, Grenade et Cordoue, comptent parmi les plus belles d'Espagne. De superbes livres d'histoire à ciel ouvert, mais aussi des cités festives à l'ambiance des plus chaudes, qui vibrent au son du flamenco et au rythme des ferias. Quant à ses paysages, rudes et intenses, montagnards ou maritimes, ils déploient une superbe palette de couleurs qui enchantent le regard. Et, pour se remettre de ses émotions, rien ne vaut les tapas à accompagner d'un verre de vin, la manzanilla, la sublime huile d'olive locale…

À NE PAS MANQUER

Séville (la cathédrale et sa Giralda, le magique Alcázar, classé au patrimoine mondial de l'Unesco, la Casa de Pilatos ou encore les célèbres arènes) ; Cordoue (la Mezquita, monument unique au monde, les ruelles de la Juderia aux maisons blanches et fleuries, avec des superbes patios) ; Grenade (l'Alhambra, ses jardins, le Generalife, palais d'été des souverains, et le panorama depuis l'Alcazaba qui surplombe la ville, le quartier de l'Albaicin, vrai labyrinthe qui regorge de charme avec les *carmenes*, la Capilla Real, un chef-d'œuvre d'architecture gothique) ; Baeza et Úbeda (deux joyaux du centre de l'Andalousie, au patrimoine médiéval et Renaissance de taille, classés à l'Unesco) ; Ronda (une des plus anciennes villes d'Espagne dans la sierra andalouse)…

PORTUGAL

PORTO ET LE MINHO

Bien sûr, il y a Porto, son Douro, ses ruelles d'un autre âge, ses églises baroques et son fameux vin connu aux quatre coins du monde. Mais le nord du Portugal recèle bien d'autres trésors, comme la région verte du Minho. Petits villages, collines boisées, vignobles et vergers, sans oublier deux villes joyaux : la baroque Braga et Guimarães, le berceau du Portugal. Porto révèle très vite un visage pittoresque, à la fois suranné et chaleureux, terriblement attachant. Sur la rive du Douro qui longe la ville, le centre historique, classé au patrimoine mondial de l'Unesco, s'étage sur les flancs escarpés du fleuve, veiné de ruelles et coiffé de sa cathédrale. Maisons pimpantes, cafés accueillants, ruelles d'un autre âge bordées d'immeubles aux façades couvertes d'*azuleijos* et parfois délabrés… Des excursions au départ de Porto mènent dans le Minho, la région la plus secrète du Portugal. Collines couvertes de vignes en treille (on y produit le fameux *Vinho Verde*), forêts denses, vallées fertiles, orangers dans les jardins et sur les places des villages : le Minho est le « jardin du Portugal ».

À NE PAS MANQUER

Porto (la librairie Lello e Irmão, sans doute l'une des plus belles du monde, le Café Majestic et sa décoration néo-gothique, les fresques d'*azuleijos* du hall de la gare de São Bento, l'église baroque de São Francisco) ; l'enchevêtrement de ruelles piétonnes à Guimarães (classée au patrimoine mondial de l'Unesco, au pied du château Paço dos Duques) ; Braga (la « Rome portugaise », aux fastes du baroque portugais des XVIIe et XVIIIe siècles) ; le sanctuaire du Bom Jesus do Monte (impressionnant chef-d'œuvre baroque, l'une des pépites du Minho)…

IRLANDE

DE LA PÉNINSULE DE DINGLE AUX FALAISES DE MOHER

En suivant le Wild Atlantic Way, on parcourt la péninsule de Dingle, un must pour tous les amoureux de paysages grandioses. Une succession de reliefs montagneux, de landes sauvages, de falaises abruptes, mais aussi de jolies anses de sable et de doux arrondis de vertes collines. Les chemins de randonnée sont nombreux, et en grimpant jusqu'à certains sommets, on déniche de jolis lacs d'altitude. Étape mythique sur la route, le Connemara cultive sa forte identité, la langue gaélique et les traditions irlandaises. On se laisse séduire par la chaleureuse cité de Galway. Au large, les îles d'Aran, sanctuaires de la culture gaélique, méritent largement la traversée. L'île d'Achill, dans le comté de Mayo, est la plus grande d'Irlande. Balayée par les vents, elle déroule ses paysages sauvages : montagnes arides, plages de sable, hautes falaises, prés verdoyants où paissent des moutons. Une vraie carte postale irlandaise !

À NE PAS MANQUER

Le parc national de Burren (univers lunaire dominé par la pierre : rochers, marmites de géants, grottes, mégalithes) ; les falaises de Moher (panorama à couper le souffle !) ; Galway (immeubles colorés, ruelles animées, pubs, restaurants, quais et boutiques) ; l'impressionnante forteresse préhistorique de Dun Aengus sur Inishmore (*Inis Mór*), la plus grande des îles d'Aran ; le Connemara (le monastère de Clonmacnoise, la charmante ville de Clifden, non loin de l'ancien château romantique de Kylemore, reconverti en abbaye, la Sky Road, le Connemara National Park, ses tourbières et ses sentiers de randonnée) ; la route touristique d'Atlantic Drive et ses points de vue fabuleux ; Keem Strand (l'une des plus belles plages d'Irlande, anse de sable clair bordée par une eau turquoise).

ALLEMAGNE

VOYAGE EN HAUTE FORÊT-NOIRE

La Forêt-Noire, plus grand massif montagneux d'Allemagne, inquiète et fascine. Au détour de ses routes escarpées, une diversité époustouflante de paysages se dévoile : reliefs accidentés, lacs cristallins, cascades mélodieuses… Le Schluchsee, lac artificiel de 500 ha qui surplombe la forêt, est un lieu de cure et de villégiature. Il est lové dans un écrin de nature splendide. Près des rives, une multitude de sentiers de promenades romantiques se frayent leur chemin entre les arbres. La vallée du Wutach, surnommée « le grand Canyon de la Forêt-Noire », est l'un des coins les plus sauvages et aventureux de toute la contrée. Poumon vert de l'Allemagne du Sud, le Feldberg trône au cœur de la plus vieille réserve naturelle de la région. Il est également l'une des stations de ski les plus appréciées des touristes allemands. Au nord de la Haute Forêt-Noire, Baiersbronn est une charmante bourgade. Longée par la célèbre route des crêtes, elle compte 550 km de chemins de randonnée et abrite cinq lacs glaciaires… Une situation idyllique, qui en fait un lieu de détente idéal.

À NE PAS MANQUER

Le spectacle azuré du lac Titisee (plus grand lac glaciaire de la région), le soir, lorsque le soleil embrase les cimes de pin embrumées ; le Schluchsee et son décor de conte de fées ; les chutes d'eau de la vallée du Wutach (pour une expérience de la nature à l'état brut) ; le Feldberg (1 493 m), pour embrasser toute la région en un seul regard…

Site www. **foretnoire.info**

GRÈCE

LES SPORADES

Un archipel situé au nord de la mer Egée, facilement accessible depuis Thessalonique ou Athènes. Plages et criques aux eaux cristallines, villages aux rues tortueuses bordées de maisons blanchies à la chaux, campagne odorante et verdoyante : un décor riche en contrastes. Les trois îles du Nord ont chacune leur caractère : Skiathos est résolument fêtarde, Skopelos est un écrin de verdure truffé de monastères et de petites églises orthodoxes, quant à Alonissos, c'est un parc maritime protégé où observer des dauphins. Skiathos compte une soixantaine de plages parmi les plus belles de la mer Egée. Les ruelles sinueuses de Chora Skiathos valent le coup d'œil avec ses petites maisons blanches surmontées d'un toit rouge. Skopelos est plus verte et très agricole. À travers l'île, ses oliviers et arbres fruitiers emplissent l'atmosphère de leurs parfums. Le chef-lieu de l'île est niché dans une baie où les maisons blanches à toit rouge sont accrochées à flanc de colline. Sa beauté est frappante quand on arrive par la mer. À l'intérieur, on découvre aux détours des ruelles d'innombrables petites églises. Tout en longueur, Alonissos est un véritable bijou d'authenticité. Palia Alonissos, le vieux village, est charmant avec ses maisons de pierre et ses ruelles colorées.

À NE PAS MANQUER

Les plages de Koukounaries, Maratha, Vromlimnos ou Lalaria à Skiathos ; les spécialités locales dans une des tavernes de Chora Skopelos ; les merveilleux monastères perchés de Skopelos (Moni Evangelistrias, Moni Sotiros et Moni Promodou) ; une excursion dans le parc marin d'Alonissos…

Les Sporades, Grèce

CARTE POSTALE SUR LA CÔTE AMALFITAINE

De Sorrento à Salerno, la côte amalfitaine est l'une des plus belles côtes d'Italie, d'Europe, et sans doute du monde. Des montagnes abruptes dévalent vers la mer Tyrrhénienne où, selon Homère, le héros Ulysse rencontra autrefois les sirènes… Dans ce paysage digne de la mythologie antique, une route étroite, sinueuse et majestueuse, dessert Positano, Amalfi, Ravello, des villages perchés comme des nids d'aigle entre mer et ciel. Un pur joyau, au sud de Naples…

Sorrento, petit jardin d'Eden face à Capri

Sorrento se dresse sur une longue falaise surplombant les flots de la baie de Naples. Cette montagne accidentée forme une pointe rocheuse qui finit en beauté face à l'île de Capri. Elle semble s'être hissée pour se défier des caprices de la mer, mais aussi pour mieux la dominer, et l'admirer. Quel paysage extraordinaire en effet, le matin à l'est avec le soleil surgissant derrière le Vésuve, le soir à l'ouest avec l'île de Capri illuminée par les rayons du crépuscule ! Plantés d'oliviers, de cyprès, d'orangers et de citronniers, les monts de l'arrière-pays descendent vers le golfe, profitant d'un exceptionnel micro-climat : ciel bleu, soleil estival, air marin et pluies de basse saison… C'est ici que la terre produit les meilleurs citrons d'Italie.

Le centre historique et les rues piétonnes, aux immeubles anciens rénovés, s'étirent entre le corso Italia (l'artère principale) et le port, la piazza Tasso en marquant le centre.

La côte amalfitaine, quand la nature imite l'art

De Sorrento, la route grimpe en sinuant sur les flancs montagneux de la péninsule. Des citronniers et des orangers exhalent des parfums envoûtants dignes du jardin d'Éden, des bougainvillées couvrent les murs des villas… c'est un incroyable paysage de peintre.

Au village de Sant'Agata sui Due Golfi, la vue s'étend des deux côtés, surplombant à la fois le golfe de Salerno et celui de Sorrento. Et voici que commence vraiment la route de la côte amalfitaine.

Titanesque fut le chantier de construction de cette route classée depuis 1997 au patrimoine mondial de l'humanité de l'Unesco. Il fallut éventrer la montagne, fracturer les falaises, creuser des tunnels, tout en évitant de tomber dans le vide. Les voitures doivent rouler lentement, se croiser en se frôlant ; étroitesse et danger sont au rendez-vous mais chacun est prudent et les accidents sont rares.

Positano et le Sentier des Dieux

« Ce n'est pas possible mais cela existe », s'exclama Le Corbusier en voyant les maisons agglutinées aux vertigineuses falaises des villages. Une petite ville agrippée à une montagne pliée comme un entonnoir glissant vers la mer, des demeures aux couleurs vives au bord d'un unique chemin menant à une petite plage de sable gris volcanique.

Très haut perché au-dessus de Positano, après Montepertuso, le village de Nocelle est un merveilleux cul-de-sac dans un environnement divin. C'est ici que débute Le Sentier des Dieux *(il sentiero degli Dei)*, un chemin panoramique jusqu'à Bomberano (dans les hauteurs de Praiano). Le sentier sinue à flanc de montagne, dans la garrigue avec des échappées époustouflantes sur la mer Tyrrhénienne.

Ravello, refuge des âmes inspirées

Après plusieurs kilomètres sur une route étroite et sinueuse, on arrive enfin dans ce nid d'aigle loin de l'agitation du monde. Miracle ou mirage ? Ravello surgit de la brume marine comme un belvédère sublime, niché dans des jardins de bougainvillées, de palmiers, de pins parasol. Au détour de ses ruelles et placettes surgissent des demeures remarquables, dont la villa Cimbrone à laquelle on accède à pied par un adorable chemin fleuri à flanc de coteau. Ses jardins surplombant la mer Tyrrhénienne forment un incroyable balcon suspendu au-dessus de l'abîme !

FICHE PRATIQUE

Comment y aller ?

Vols quotidiens vers Naples avec **Air France, Alitalia, Transavia, EasyJet…**

Comment se déplacer ?

- **En voiture :** circulation difficile le long de la côte (route sinueuse et étroite). Parkings rares et très chers. Camping-cars interdits entre Positano et Salerno.
- **En bus et en train :** billets 1 ou 3 jours.
- **En bateau :** liaisons entre Naples, Sorrento, Positano, Amalfi et Salerno.

La baie de Porto da Cruz, Madère

DES ÎLES AU SOLEIL PAS LOIN... ET PAS CHÈRES !

À quelques heures de vol de la métropole, il existe quelques petits bouts de paradis à (re)découvrir, souvent desservis par les low cost et où la température reste clémente toute l'année. Si certaines îles sont très touristiques, il est encore possible de les aborder hors des sentiers battus, à la routarde. Des Canaries à la Crète et de Madère à la Sicile, partez explorer des îles au soleil, pas loin et, la plupart du temps, pas chères.

Et, encore plus près de nous, n'hésitez pas à aller profiter de la quiétude de la Corse, qui même en basse saison, vous réserve de belles journées...

SICILE

L'ÎLE MÉTISSE

Du soleil en Sicile, mais pas seulement... Carrefour des civilisations de la Méditerranée, la Sicile est une île métisse, totalement à part. Temples grecs, châteaux et cathédrales romanes, influences byzantines, jardins orientaux, palais et églises baroques raviront les routards curieux. Les paysages, d'une grande diversité, ont de quoi séduire. Chic du côté de Taormina, ancestrale à Palerme, authentique et rurale en son centre, la Sicile, coiffée par le mythique Etna, possède quelque 1 100 km de côtes. Les plages de sable blanc se trouvent au sud-ouest de l'île.

NOTRE COUP DE CŒUR

On aime la pointe sud-ouest de la Sicile, surnommée la « Sicile africaine ». À l'opposé de l'opulence de la région de Taormina, ce coin de l'île a de quoi dépayser. On se croirait en Tunisie, tout proche, par le climat, les villages aux maisons blanches et les toits en terrasses... On y mange même du couscous au poisson. C'est aussi la terre des oliviers et des vignobles, d'Agrigente et du marsala, de l'intérieur aride et du littoral au bleu profond.

MADÈRE

DOUCEUR ATLANTIQUE

Madère, située au milieu de l'océan Atlantique, cumule les atouts : un climat doux toute l'année, une flore exubérante, des montagnes volcaniques, une jolie capitale coloniale (Funchal) et de superbes panoramas. Peu de plages sur la volcanique Madère, mais des piscines naturelles. Pour se baigner, cap sur la petite Porto Santo, renommée pour sa longue plage de sable clair. Madère est justement surnommée l'« île aux fleurs » : camélias en février, azalées à la fin du printemps, bougainvillées, mimosas, amaryllis, oiseaux de paradis symboles de l'île, flamboyants, jacarandas... un jardin grandeur nature.

NOTRE COUP DE CŒUR

Madère offre le meilleur de la mer comme de la montagne. La plage de Porto Santo affiche un magnifique ruban blanc et fin, long de 9 km, baigné par des eaux turquoise. À Madère, les chemins de randonnée ne manquent pas. Les itinéraires empruntent les *levadas*, ces étroits canaux d'irrigation doublés de sentiers en pente douce. Le réseau, étendu sur 2 150 km, offre des points de vue extraordinaires. Parmi les randonnées les plus prisées, citons la montée au Pico Ruivo, point culminant de l'île, ou le court *chemin de Balcões* (3 km), depuis Ribeira Frio.

À DÉCOUVRIR EN FRANCE

CORSE
MÉDITERRANÉE

La Corse est de loin la plus grande île située près du littoral de la métropole. Ses beautés naturelles sont légendaires. Plages, côtes rocheuses, montagnes, villes agréables et villages craquants, etc. On y trouve tout ce que l'on aime en Méditerranée. Et même plus, car ce territoire possède un charme singulier. Riche en églises et chapelles anciennes, il comprend également des citadelles (Bonifacio – voir photo…) ou encore des musées (Palais Fesch à Ajaccio…) remarquables. De plus, on s'y régale avec des mets et des vins exceptionnels. Impossible de tout vous décrire, allez voir par vous-même, vous ne le regretterez pas !

NOTRE COUP DE CŒUR

Effectuer depuis Porto une excursion en bateau vers la merveilleuse réserve naturelle de Scandola, inscrite au patrimoine mondial de l'Unesco. Cette réserve superbe, à la fois terrestre et maritime, est gérée par le parc naturel régional de Corse. On l'aborde uniquement par la mer. Ne pas manquer non plus d'explorer la Ville Haute de Bonifacio, citadelle unique : bâtie sur des falaises crayeuses, entourée de 2,5 km de remparts, elle domine une calanque profondément creusée qui est devenue l'un des ports les plus spectaculaires de Méditerranée. Du haut de ces falaises situées à l'extrémité sud de l'île, la vue est splendide.

MALTE

L'ARCHIPEL AU SOLEIL

Entre la Sicile et la Tunisie, il y a Malte la méconnue. Les chevaliers, le faucon, le bichon, et quoi d'autre ? Cet archipel de trois îles – Malte, Gozo et Comino – vous surprendra. Entre Orient et Occident, Malte est un melting-pot d'influences orientales, italiennes et britanniques. La Valette et Mdina sont de merveilleuses cités d'art, où chaque monument porte la marque de l'Ordre de Malte. Les petites routes de l'île mènent aux plus vieux temples mégalithiques du monde méditerranéen. Attention : peu de plages de sable à Malte, mais des petites criques sauvages et de bons spots de plongée. Randonnées dans l'ouest de Malte et sur l'île bucolique de Gozo.

NOTRE COUP DE CŒUR

L'île de Gozo, plus sauvage et isolée que Malte, déploie un mode de vie radicalement différent, marqué par son tempérament rural, son charme demeuré intact, sa sérénité envoûtante. Entre balades reposantes et sessions de bronzette, Gozo compte d'intéressants sites à visiter comme la belle ville fortifiée de Victoria et des sites archéologiques. Bon à savoir : on peut louer appartements et *farmhouses* à Gozo. Idéal pour une semaine au vert !

SARDAIGNE

L'AUTHENTIQUE

La Sardaigne, *terra incognita* des touristes français… Et pourtant, que de richesses se cachent dans cette île secrète ! Ses plages comptent parmi les plus belles de la Méditerranée. Ses 1 850 km de côtes sont idéales pour la baignade et la plongée. Son centre est montagneux : des gorges, des falaises calcaires et des vallées, mais aussi des forêts de chênes verts, des collines recouvertes d'oliviers… Côté culture, l'île recèle des ruines archéologiques et des églises romanes. Dormez dans des fermes adeptes de l'agrotourisme, goûtez à l'authenticité des saveurs locales, mais évitez le mois d'août (l'île est alors surpeuplée). La Sardaigne, en dehors de la Costa Smeralda réservée à la jet-set, offre encore de grands espaces qui semblent inexplorés. Le sentiment d'une nature intacte, à l'état sauvage.

NOTRE COUP DE CŒUR

Au nord de la Sardaigne, accessible depuis l'aéroport d'Olbia, la Gallura offre le spectacle d'une nature sauvage et indomptée, à l'image des grands espaces dépeuplés de son arrière-pays ou de ses côtes granitiques modelées par le travail inlassable du vent. Éloignez-vous de la Costa Smeralda : découvrez les étonnants îlots de granit rose de l'archipel de la Maddalena. Ou explorez le massif de l'Immara et son maquis vallonné et verdoyant où abondent les plantes et les essences méditerranéennes : oliviers, eucalyptus, vignes, myrtes…

CANARIES

PRENEZ LE LARGE !

Les Canaries, poussières de tropiques au large de l'Afrique mais à portée d'Europe, égrènent de multiples atouts : plages de sable fin, étendues désertiques, forêt vierge de La Gomera, cratères et champs de lave de Ténérife et Lanzarote… Ce chapelet d'îles décline ses charmes pour séduire nageurs, randonneurs, écolos et même vulcanologues en herbe. L'aride Fuerteventura, l'« île rouge », cultive, derrière ses rubans de plages de sable blanc, un fascinant désert rougeoyant. Côté plages, il est encore possible, en s'éloignant des principaux spots de baignade, de trouver des criques isolées.

NOTRE COUP DE CŒUR

Les plages bondées et bétonnées vous donnent des envies de grand air ? Prenez le large ! El Hierro, la plus isolée et la plus secrète des îles Canaries, résiste contre vents et marées aux flots de touristes. Aux confins de l'Europe et de l'Afrique, ces terres volcaniques émergeant de l'Atlantique, déclarées « réserve mondiale de la biosphère », n'ont certes pas de plages de sable mais arborent des attraits plus sauvages : pinèdes et bananeraies, végétation subtropicale, caps rocheux, falaises plongeant dans l'océan, paysages surréalistes de cratères…

BALÉARES

DES ÎLES À REDÉCOUVRIR

Des Baléares, on a l'image des plages bondées de la baie de Palma, des boîtes branchées et des nuits blanches d'Ibiza. Mais l'archipel est aussi un écrin de nature. On y admire des trésors naturels battus par les vents, les lignes des cultures en terrasses, on y respire le grand air au sommet de falaises ou dans des espaces naturels protégés, on peut y dénicher calanques et criques de rêve. Il faut savoir que l'histoire des Baléares a germé bien avant la déferlante du *flower power* sur Ibiza. On peut ici cultiver l'art de vivre hippie, tout en découvrant les sites préhistoriques de Minorque et Majorque, parsemés de vestiges d'édifices de pierre : *talayots, navetas…*

NOTRE COUP DE CŒUR

Formentera conserve des plages où le silence reste roi sur les eaux cristallines. Elles ponctuent des rivages moins urbanisés que ceux de ses voisines. Formentera a le mérite d'avoir su accorder tourisme et respect de l'environnement. Le mouvement hippie a fait ses adeptes ici aussi. Depuis ces années bénies, le vent de liberté souffle toujours sur l'île, devenue l'atelier d'artisans et la source d'inspiration d'artistes. Certes, la pression touristique s'accroît en haute saison, mais dès la mi-saison, la magie opère sans bémol.

ÎLES DE BRAČ, HVAR, MLJET

LES PERLES DE LA CÔTE DALMATE

Le littoral croate possède une myriade d'îles et d'îlots qui font de la côte adriatique l'une des plus belles d'Europe. Au départ de Split, on peut rejoindre trois joyaux : les îles de Brač, Hvar et Mljet. Longue de 40 km et large de 12 km, l'île de Brač est une des plus vastes de la Dalmatie centrale. Pinèdes, maquis, collines karstiques dessinent un tableau ravissant, complété par des criques sauvages et des ports secrets. L'île de Brač demeure préservée tout en offrant pas mal d'hébergements. L'île de Hvar, longiligne et montagneuse, est la plus « jet set » des îles de l'Adriatique. Le climat, idéal, et les paysages splendides (collines recouvertes de maquis, lavandes, criques secrètes, villages adorables) ont de quoi séduire !

NOTRE COUP DE CŒUR

L'île de Mljet, la plus méridionale, est un petit paradis, en raison de ses monts rocheux et sauvages (karstiques) et de son littoral découpé aux eaux limpides. Également de beaux villages anciens et des ports de poupées. Un parc national protège la forêt méditerranéenne (pins d'Alep, cyprès, oliviers…).

CYCLADES

LES TRÉSORS DE LA MER ÉGÉE

Ah, les Cyclades ! Elles n'ont pas fini de nous faire rêver… Cet archipel de 56 îles et îlots (dont 20 sont habités), surnommés les Perles de l'Egée, est l'une des destinations phares de la Méditerranée. Mais, attention, il y a Cyclades… et Cyclades. Tout dépend de votre humeur et de votre budget : Mykonos et Santorin, ultra touristiques, sont devenues un peu chères. Ios, Paros et Naxos sont prises d'assaut l'été. Pour plus d'authenticité et de calme, nous vous conseillons Sérifos, Sifnos, Anafi, Amorgos, Kythnos ou Tinos. Autre conseil : partez au printemps ou en septembre, c'est moins cher et il y a moins de monde. L'été, il est impératif de réserver son hébergement à l'avance. Certains hôtels et restaurants ferment en hiver.

NOTRE COUP DE CŒUR

Sifnos, l'île d'Apollon, compte parmi les îles les plus authentiques des Cyclades. Elle offre au voyageur de très beaux paysages : vallées fertiles entre massifs montagneux, campagne couverte d'oliviers millénaires, plages de sable fin. Elle est aussi réputée pour la beauté de ses monastères, pour ses poteries, sa gastronomie et pour les nombreuses randonnées qu'elle offre. Située entre Kythnos et Sifnos, Sérifos abrite de nombreuses plages et criques et de très beaux golfes (Livadi et Koutalas) au sud de l'île.

CRÈTE

EN PLEIN MYTHE

La Crète, dernière terre européenne avant l'Afrique, dévoile une large palette de plages, des champs d'oliviers à perte de vue, des paysages montagneux. Les gorges et grottes crétoises promettent quant à elles de belles randonnées. On y bronzera donc, mais certainement pas idiot car, en Crète, bain de soleil peut rimer avec cure de mythologie et d'archéologie. L'île est en effet le berceau de la brillante civilisation minoenne, du nom du roi légendaire Minos. Plus tard, diverses phases de colonisation – romaine, byzantine, vénitienne puis ottomane – ont contribué à dessiner l'architecture des villes crétoises.

NOTRE COUP DE CŒUR

Le plateau du Lassithi, dans la partie orientale de l'île, cache sans doute les recoins les plus sauvages de la Crète. Entouré par les montagnes, il offre en outre de beaux panoramas sur l'île et ses rivages. Le massif du Lassithi déploie oliveraies, potagers et vergers… Il est hérissé ici et là de moulins à vent et d'éoliennes, qui servaient autrefois à l'irrigation des cultures du plateau. Ils ont cessé toute activité, mais donnent à cette contrée fertile une note singulière et pittoresque.

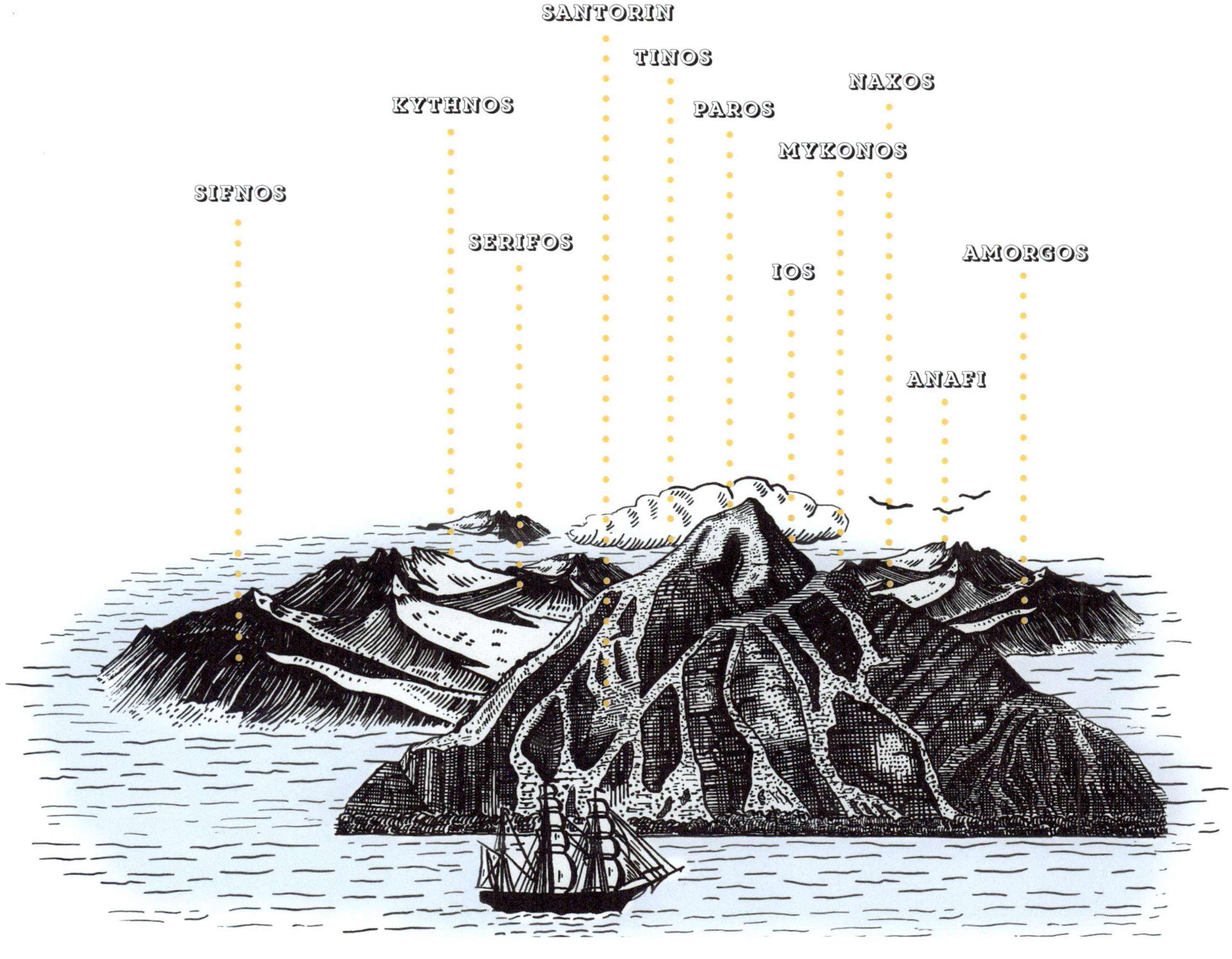

CHYPRE

L'ÎLE D'APHRODITE

De château médiéval en église byzantine, de monastère en théâtre antique, de forêt de cèdres en plage peuplée de tortues de mer, on tombe sous le charme de l'île d'Aphrodite. Chypre, tantôt maritime tantôt montagneuse, tantôt hellénique tantôt orientale, conserve un patrimoine gréco-romain et byzantin. L'« île de l'amour » est jalonnée de sites archéologiques : panthéon gréco-romain de Paphos, site néolithique de Choirokoitia, site archéologique de Kourion, témoin d'un palimpseste de civilisations… l'inventaire serait long. Les églises coiffées de dômes regorgent quant à elles d'icônes, de fresques et mosaïques de toute beauté.

NOTRE COUP DE CŒUR

Après la baignade, cette île bénie des dieux est le lieu idéal pour se lancer sur les pas de la déesse de l'amour. Petra tou Romiou, lieu de naissance légendaire d'Aphrodite, est un décor d'Éden à la hauteur de la belle. La plage est fermée par deux immenses rochers surgissant des eaux claires. Divin… lorsque le site n'est pas envahi par le commun des mortels. Le pèlerinage païen se poursuit au sanctuaire de Paléa Paphos, et aux bains d'Aphrodite, un bassin d'eau douce dans lequel se jette une petite cascade, considérée comme une fontaine de jouvence. Un périple régénérant à plus d'un titre !

CAP-VERT

DÉPAYSEMENT GARANTI

Pour ceux qui veulent aller un peu plus loin, dépaysement assuré dans une atmosphère tropicale à 5 h de Paris. Cap sur la nature ! On peut dire que le Cap-Vert porte bien son nom : sa végétation luxuriante en fait un paradis pour les randonneurs. On trouvera sur ces îles des plages encore désertes, des vallées et montagnes tapissées de verdure, et même des dunes sur Boa Vista, un volcan et des plages de sable volcanique sur Fogo, des salines aux vertus médicinales sur Sal… L'ancienne colonie portugaise a hérité d'une architecture coloniale et d'une culture aux accents lusophones. Plus encore, la richesse des traditions capverdiennes sont le fruit d'un métissage de continents : Europe, Afrique et Amérique du Sud. Ce brassage culturel s'illustre dans la musique, la gastronomie…

NOTRE COUP DE CŒUR

Les reliefs de Santo Antão, succession de montagnes et de vallées profondes, ses chemins à flanc de montagne, falaises et nids d'aigle forment un tableau d'une beauté farouche. Ici, la nature conserve tous ses droits. Après s'être frayé un chemin sur les versants abrupts des montagnes, dans les forêts de pins et d'eucalyptus, les bananeraies ou les champs de canne à sucre, le randonneur trouvera dans le grogue, le rhum parfumé dont Santo Antão a le secret, un chaleureux réconfort.

6 ÎLES SUPERBES À DÉCOUVRIR EN FRANCE

PORT-CROS
Côte d'Azur

Cette île fait intégralement partie du parc national qui porte son nom. Autant dire que la nature y est ultra préservée. On n'y circule qu'à pied. Camper, fumer, faire du bruit, pêcher ou cueillir quoi que soit y est interdit… Mais c'est pour la bonne cause ! Des sentiers d'interprétations permettent de découvrir l'île : sentier des plantes, sentier des crêtes, circuit des forts…

À ne pas manquer **le bateau de découverte sous-marine Aquascope qui vous permet d'observer le milieu marin à travers les hublots de sa coque (d'avril à novembre). Sinon, Port-cros dispose d'un port, de plages et de spots de plongée.**

Y aller **elle fait partie des îles d'Hyères (Var, PACA). Accès par bateau depuis Hyères et Le Lavandou.**

www. **portcrosparcnational.fr**

ÎLES DE LÉRINS
Côte d'Azur

Cet archipel est principalement constitué de deux îles. Sainte-Marguerite, la plus grande, offre des points de vue extraordinaires sur le golfe de Napoule, la corniche de l'Esterel et le Cap d'Antibes, dans un environnement naturel magnifique qui se découvre en suivant un sentier botanique aménagé par l'Office national des Forêts. Un site historique est à visiter : le Fort Royal, où fut enfermé le mystérieux « Masque de fer » sous le règne de Louis XIV. Au sud de Sainte-Marguerite se trouve l'île Saint-Honorat. Aussi belle que sa voisine, elle abrite un monastère médiéval fortifié où vit une communauté de moines cisterciens. De nombreux sites sont à découvrir comme le Monastère fortifié, les sept chapelles de l'île, mais aussi ses fours à boulet.

Y aller **en mer Méditerranée, en face de Cannes (Alpes-maritimes, PACA). Accessibles par bateau depuis le quai des îles à Cannes.**

www. **cannes.travel**

ÎLE DE RÉ
Nouvelle-Aquitaine

Très appréciée depuis longtemps, la grande île de Ré connaît un succès phénoménal depuis qu'a été construit son grand pont voilà quelques décennies – on y croise pas mal de célébrités. Ses attraits sont nombreux : vastes plages, sports nautiques, thalasso, balades à pied, à vélo, à cheval et, le moins possible, en voiture…

À voir et à visiter **les paysages qu'offrent les marais salants situés au nord-ouest de Ré, les ateliers des artisans de la Route des Métiers d'Art, ou encore les fortifications dessinées par Vauban à Saint-Martin-de-Ré.**

Y aller **dans l'océan Atlantique, face à La Rochelle (Charente-Maritime, Nouvelle-Aquitaine). L'île est reliée au continent par un pont à péage ou par bateau.**

www. **iledere.com**

ÎLE D'YEU
Pays de la Loire

À Yeu se mélangent des paysages très variés : côte sauvage, criques, falaises, dunes et bois, plages, landes, bocage… Ce charmant concentré de Vendée se visite pour ses beautés naturelles, mais aussi pour ses dolmens, ses chapelles, ses phares, ses villages aux maisons basses, ses ports et son musée de la Pêche et du Sauvetage en mer…

Activités **nautisme, équitation, randonnée, vélo ou encore dégustation de produits de la mer…**

Situation **dans l'océan Atlantique, à 17 km au large des côtes de la Vendée (Pays de la Loire). Liaisons maritimes à partir de Port Fromentine et Saint-Gilles-Croix-de-Vie. On peut aussi se rendre à Yeu en hélicoptère depuis Fromentine !**

www. **ile-yeu.fr**

BELLE-ÎLE-EN-MER
Bretagne

Belle-Île-en-Mer est un condensé des beautés qu'offre la Bretagne du sud : ports charmants, côte sauvage magnifique, plages de sable, campagne verdoyante, villas de style… Elle est ornée d'une imposante citadelle bâtie selon les plans de Vauban, que l'on découvre lors de son arrivée au port du Palais. À voir encore, notamment : les aiguilles de Port Coton, peintes par Monet, le grand phare de Kervilahouen ou encore la maison-musée de Sarah Bernhardt à La Pointe des Poulains. Notez que deux îles voisines, plus petites, méritent également votre attention : Houat et Hoëdic.

Y aller **dans l'océan Atlantique, au large de Quiberon (Morbihan, Bretagne). Liaisons maritimes depuis Quiberon, Vannes, Port-Navalo, La Turballe, Le Croisic.**

www. **belle-ile.com**

ÎLE DE BRÉHAT
Bretagne

Bréhat – Enez Vriad en breton – est le navire amiral d'un archipel constitué d'une centaine d'îlots et de gros récifs. Il s'agit en fait de deux îles réunies par un pont construit à l'époque de Vauban. On peut y voir de magnifiques paysages qui se partagent entre côtes de granit rose et landes, ou étendues verdoyantes et très fleuries qui sont favorisées par un microclimat. C'est un site apprécié des randonneurs… après avoir été prisé des corsaires qui en firent un de leurs ports d'attache.

Y aller **située dans les Côtes-d'Armor (Bretagne), cette île de la Manche est accessible par vedette depuis L'Arcouest, distant de 2 km, et d'autres ports de la baie de Saint-Brieuc.**

www. **brehat-infos.fr**

CARTE POSTALE

CORFOU SOUS LE SOLEIL

Gardiennes de la Grèce à l'ouest, les sept îles Ioniennes ont longtemps vécu entre deux mondes : le grec et l'italien. L'Odyssée d'Homère évoquait leur beauté, leur fertilité, leurs vastes plantations d'oliviers. Elles sont toujours là, étalées entre des côtes occidentales abruptes, soulignées de hautes falaises de craie, et des littoraux orientaux plus doux, bordés de plages aux tonalités d'aquarelle. Embarquons pour Corfou, la plus grande d'entre elles.

Le verrou de l'Occident

Plus proche de l'Albanie que de la Grèce, Corfou pointe son nez à 100 km de la botte italienne : il était logique qu'elle devienne marchepied sur la route de la Grèce et de l'Orient. Pour sortir de l'Adriatique, les marchands vénitiens d'alors n'ont d'autre choix que de franchir le détroit d'Otrante et de faire escale à Corfou. Leur influence, à l'époque de leur grandeur maritime, s'est diffusée sur l'île. Lorsque certains Corfiotes les appellent à l'aide, en 1386, les marchands s'installent naturellement sur l'île.

La vieille forteresse byzantine, veillant tel un fanal sur son rocher à l'entrée du port de Corfou, s'est très vite agrandie et renforcée sous les Vénitiens. Il s'agit d'abord, au XVe siècle, de mieux résister au développement de l'artillerie ; puis, au siècle suivant, de se garder des appétits Ottomans. Barberousse attaque une première fois en 1537, avec 50 000 hommes ! Un échec. En 1571, peu avant la bataille de Lépante, qui va stopper leur progression en Méditerranée, les Turcs attaquent à nouveau. Les campagnes sont à chaque fois ravagées, mais le bastion tient.

Les meilleurs architectes vénitiens érigent de nouvelles tours, renforcent les murailles côté mer et réalisent la *contrafossa*, une douve très profonde qui fait du promontoire une île inexpugnable. L'ensemble, classé à l'Unesco, est aujourd'hui considéré comme un chef-d'œuvre de l'architecture militaire.

Une île de villégiature

La verdeur des pentes de Corfou, tapissées de cyprès altiers, trahit bien la relative profusion de l'eau sur cette île où prospèrent jardins, vignes et oliviers. Ces derniers, aux troncs plus corpulents que partout ailleurs en Grèce, seraient plus de 2 millions !

En partie redessinée par les Vénitiens, l'île offre à l'ouest un visage plus accidenté, marqué par des falaises impressionnantes. À Paleokastritsa, des îlots flottent sur le bleu profond de la mer Ionienne. En retrait, les rochers enserrent une anse et sa petite plage baignée par des eaux turquoise.

À l'est, les paysages se font plus doux. D'autres îlots, parfois grands comme des radeaux, y esquissent d'attachantes parenthèses temporelles. Celui de Vlacherna s'est vu doter au XVIIe siècle d'un adorable petit monastère aux tuiles rousses, veillé par un court clocher vénitien et un cyprès solitaire. De la digue, des caïques permettent de gagner Pontikonissi, l'île de la Souris. Sous le couvert d'autres cyprès, se serre une chapelle byzantine toute simple, presque millénaire.

Dans la seconde moitié du XIXe siècle, l'aristocratie européenne découvre la douceur du climat de Corfou, qui devient à la mode. Elizabeth d'Autriche – la fameuse Sissi du cinéma – se fait bâtir un palais digne des rêves les plus scintillants.

Corfou cosmopolite

Protégée par un mur d'enceinte, la ville a grandi entre les deux forts, et pris des allures italiennes avec ses façades rose pastel et jaunes, ses balcons en fer forgé, ses campaniles, ses fenêtres fermées aux grosses chaleurs et ses ruelles pavées de marbre qu'enjambent des cordes à linge. Ici, la vigne vierge se hisse jusqu'au toit ; là, les mauvaises herbes prospèrent sur les vieux clochers ou les murailles fatiguées. Au débouché d'un passage voûté, un palmier ombrage une placette. Une fontaine gargouille. Et, sur la pierre des murs, courent une tête de lion, un fauve ailé, un blason, ou des armoiries d'un temps révolu. La tutelle vénitienne, longue de plus de quatre siècles, a laissé son empreinte. Aujourd'hui, les fanfares locales s'inspirent encore des airs d'opéra italiens ! On les entend régulièrement s'époumoner au kiosque de la Spianada, cette place majestueuse jadis réservée aux parades de

la garnison. Remodelée après la conquête de l'île par Napoléon, elle s'embellit, à l'ouest, des arcades du Liston, inspirées de celles de la rue de Rivoli, à Paris… On y sirote agréablement un café ou un *portokalo* (jus d'orange). Au printemps, les fleurs d'oranger embaument l'air d'un parfum suave, entêtant le soir.

Parfois, la sérénité est brisée par des applaudissements : un match de cricket se joue sur le *green* de la Spianada. Une tradition importée par les Britanniques, qui imposèrent un protectorat aux Îles Ioniennes de 1815 à 1864.

FICHE PRATIQUE

Comment y aller ?

On peut gagner Corfou facilement en **avion** via Athènes avec **Olympic Air** ou **Aegean Airways** ; la première vole également vers Céphalonie et Zante.

Où dormir ?

Comme partout en Grèce, les petites pensions familiales abondent. Les tarifs y sont particulièrement abordables au printemps et à l'automne (30-50 € la double), mais ils grimpent largement en juillet-août – ils peuvent même alors doubler !

Le site officiel du tourisme en Grèce

visitgreece.gr

Venise, *Italie*

20 LIEUX ROMANTIQUES DANS LE MONDE

Quel est le meilleur endroit pour dire « je t'aime » ? Quel cadre choisir pour une demande en mariage ? Sous quelle latitude peut-on encore roucouler en paix ? Évidemment, le choix demeure personnel et foncièrement subjectif. Que l'on soit urbain, amateur de farniente ou randonneur fou, le romantisme ne s'exprime pas forcément de la même manière. Voici donc les plus belles destinations romantiques du monde. Une sélection dictée par des coups de cœur, en espérant que vous les partagerez avec votre douce moitié…

BOLIVIE

SALAR D'UYUNI

Pour les romantiques les plus aventuriers et vice-versa. L'un des endroits les plus extraordinaires de la planète : à 3650 m d'altitude, le Salar d'Uyuni est un immense désert de sel, le plus grand du monde. Sur 40 m d'épaisseur alternent couches de sel et de glaise : l'endroit est d'une blancheur étale avec l'horizon à l'infini, d'une platitude parfaite. Dessus, on trouve quelques îlots avec des cactus de 10 à 12 m de haut. Attention, il fait froid la nuit et l'hiver (jusqu'à -25 °C) et vous ne pouvez vous y aventurer qu'en compagnie d'un guide-chauffeur. Vous voilà prévenus !

QUÉBEC

ÎLES DE LA MADELEINE

Dans le golfe du Saint-Laurent, les îles de la Madeleine sont une sorte de bout du monde québécois. Une impression d'infini vous submerge dans la quiétude (surtout hors saison) de cet archipel alignant dunes, prairies vertes, plages de sable fin et falaises rouges. La sérénité est au rendez-vous ainsi que de succulents dîners de homard à des prix abordables. Nous vous conseillons de dormir à Havre-Aubert, le plus vieux village des îles fondé en 1793. Un charme fou !

RIO DE JANEIRO, BRÉSIL

IPANEMA

La *cidade maravilhosa* regorge de sites romantiques, du Pain de Sucre au Christ du Corcovado en passant par l'incontournable Copacabana. Pour sortir des clichés, c'est sur la pointe de l'Arpoador, entre Copacabana et Ipanema, qu'il faut roucouler de bonheur. De là, magnifique vue sur la plage d'Ipanema et ses surfers, symbole de la dolce vita carioca. Après, allez trinquer dans l'un des cafés du quartier comme la *Garota de Ipanema*, où Tom Jobim et Vinicius de Moraes composèrent la célèbre chanson du même nom.

Brooklyn Bridge, New York

REFUGE DE BELLACHAT, ALPES

FACE AU MONT BLANC

Pour les amoureux des sommets, l'un des points de vue les plus impressionnants sur le mont Blanc. Depuis le refuge de Bellachat, à 2152 m, la vue sur le massif, de l'autre côté de la vallée de Chamonix, est époustouflante, particulièrement lors du coucher du soleil (par beau temps bien sûr). Situé en contrebas du mont Brévent, le refuge est accessible par téléphérique puis une petite marche pour les moins courageux. Les plus motivés (l'amour fait parfois pousser des ailes) pourront y monter à pied. Le must étant d'y passer la nuit afin de pouvoir contempler le spectacle confortablement installé sur la terrasse panoramique. Bon à savoir : les commodités (lavabos, toilettes) sont plutôt sommaires. Mais quand on aime, on ne s'arrête pas à ce genre de détail...

NEW YORK, ÉTATS-UNIS

BROOKLYN BRIDGE

Incontestablement, la plus belle vue de Manhattan, surtout au coucher du soleil. Mais la traversée du pont par la passerelle pour piétons au-dessus des voitures est plutôt bruyante. Nous vous conseillons d'aller sur la Fulton Ferry Landing Pier, au pied du pont que l'on rejoint en descendant à la station de métro High St. De là, magnifique panorama sur Manhattan et le Brooklyn Bridge. Les plus fortunés iront déclarer leur flamme au *River Cafe*, les autres se contenteront d'une glace à la *Brooklyn Ice Cream Factory* à côté.

Plus d'infos — http://rivercafe.com/ brooklynicecreamfactory.com

ARGENTINE

USHUAIA

Chéri(e), emmène-moi au bout du monde... Et bien, c'est ici, « El fin del mundo », Ushuaia. À la pointe de la cordillère des Andes et du continent, Ushuaia est la porte d'entrée vers l'Antarctique et le pôle Sud. Avec son site exceptionnel, qui voit les Andes plonger dans la mer, Ushuaia, qui n'est pas à proprement parler une belle ville, est l'un des endroits les plus fascinants du monde. Pour épater encore plus votre amoureux(se), prenez un bateau pour une croisière inoubliable sur le canal Beagle ou vers le phare des Éclaireurs, que l'on confond ici avec le phare du bout du monde (il se trouve en fait à l'est de la Terre de Feu). En route, la majestueuse queue de la cordillère des Andes se déploie sous vos yeux. Attention, couvrez-vous, le vent est glacial.

HYDE PARK, LONDRES

SERPENTINE

Un havre de sérénité au cœur de Londres : la Serpentine, lac artificiel créé en 1730 qui sépare Hyde Park et Kensington Garden. Le must évidemment reste la balade en canot sur les eaux placides de la Serpentine. Après, partez musarder dans les très beaux quartiers de Chelsea et South Kensington afin d'admirer les merveilleuses demeures géorgiennes et victoriennes et faire du shopping dans les nombreuses boutiques chics du coin ou chez le légendaire *Harrod's*.

PARIS

LA TOUR EIFFEL

La tour Eiffel change de couleur au gré des événements, rythme la vie de la capitale en s'illuminant toutes les heures et semble née pour rester à jamais le symbole de Paris. Ne manquez pas en amoureux le panorama offert par l'ascension jusqu'au 3e étage (vue jusqu'à 60 km autour de Paris), surtout par temps clair. Le meilleur moment : 1h avant le coucher du soleil. Un autre lieu incontournable du Paris romantique : la passerelle du Pont des Arts, premier pont en fer de Paris, relie les deux rives de la Seine, de l'Institut de France au Louvre.

IRLANDE

PÉNINSULE DE DINGLE

Le comble du romantisme gaélique, l'un des plus beaux coins d'Irlande. Coup de foudre assuré ! La péninsule de Dingle s'avance dans l'Atlantique, sous la forme d'une chaîne de montagnes arides et de collines rocheuses recouvertes de lande qui dévalent vers la mer. De multiples sentiers de randonnées sillonnent la péninsule et font découvrir aux randonneurs des petits lacs d'altitude. C'est ici que furent tournés les films *La Fille de Ryan* et *Horizons lointains*. On adore la Slea Head Drive à l'extrémité de la péninsule, avec ses menhirs, ses ruines, ses moutons et ses beaux points de vue.

VENISE

SAN GIORGIO MAGGIORE

L'avantage de l'île de San Giorgio Maggiore : sa situation, en face du palais des Doges. Autant dire que le panorama sur la Sérénissime a de quoi faire fondre les cœurs les plus endurcis. L'autre plus : San Giorgio Maggiore est nettement moins fréquentée que San Marco. L'île servait de point de contrôle des flux maritimes à l'apogée de la république vénitienne. On peut y visiter la très belle *chiesa* San Giorgio Maggiore, l'un des chefs-d'œuvre de Palladio. Ne pas manquer de monter sur le Campanile de San Giorgio Maggiore, nettement moins fréquenté que celui de la place Saint-Marc. Idéal en amoureux.

Île de Santorin, Grèce

GRÈCE

ÎLE DE SANTORIN

Presque un cliché romantique ! Tout est parfait. Santorin est l'un des paysages les plus extraordinaires qui soient : l'île est formée par le cratère d'un volcan enfoui sous l'eau. Santorin offre l'image d'une longue falaise en à-pic de 80 à 120 m de haut, où se superposent des couches géologiques de cendres noires ou rouges, avec un village blanc perché au sommet. C'est magnifique ! Nous vous conseillons de dormir dans un hôtel troglodytique à flanc de falaise, dans le plus beau village de l'île, Oia. Vue imprenable sur la caldeira, sublime même la nuit. Attention, allez-y hors saison : en été, l'île est prise d'assaut et les prix s'envolent.

ROME

JARDINS DU PINCIO

Difficile de sélectionner un endroit en particulier dans la Ville Éternelle. Situés à l'orée de la Villa Borghese, accessibles via un escalier depuis la Piazza del Popolo, les jardins du Pincio dominent tout Rome. Atmosphère intimiste et spectacle de toute beauté, particulièrement au coucher du soleil lorsque le regard embrasse les dômes de Rome embrasés par la lumière du couchant. Après, de nombreuses possibilités s'offrent aux amoureux, comme prendre l'apéro au chic *Antico Caffè Greco* (via dei Condotti, à deux pas de la Piazza di Spagna) où s'attablèrent Goethe, Stendhal, Wagner ou Sophia Loren, ou dîner en amoureux dans une trattoria du Trastevere.

NORVÈGE

GEIRANGERFJORD

L'un des plus beaux fjords de Norvège. De quoi faire battre votre cœur plus vite ! Le Geirangerfjord est inoubliable. Si vous arrivez par le Sud, vous serez saisi par le spectacle. Une descente vertigineuse vous fait tomber de 1 000 m d'altitude à 0 m en moins de 10 km ! Le Geirangerfjord est l'un des panoramas les plus connus de la Norvège. L'endroit est classé patrimoine mondial de l'Unesco. Allez prendre le ferry ou un bateau d'excursion à Hellesylt : le fjord est bordé d'une gigantesque paroi rocheuse d'où dévalent des cascades. La balade dure entre 1 h et 1 h 30, mais on a l'impression de vivre un moment d'éternité. Sublime.

Le Taj Mahal, Inde

AFRIQUE DU SUD

TABLE MOUNTAIN

La Table Mountain s'élève brutalement au-dessus de Cape Town du haut de ses 1 000 m. On peut monter sur son sommet totalement plat en téléphérique. En haut, de nombreuses randonnées sont possibles, au milieu de centaines d'espèces végétales. Un lieu unique au monde, au bout du continent africain. N'hésitez pas à vous aventurer dans les sentiers, car les foules ne s'éloignent guère en général du téléphérique. Mais attention, munissez-vous de bonnes chaussures de marche. Signal Hill et Lion's Head, les deux autres collines dominant Cape Town, offrent des points de vue sympas.

INDE

TAJ MAHAL

Le Taj Mahal fut construit entre 1631 et 1653 à l'initiative du moghol Shah Jahan par... amour. La légende dit que l'empereur, dans le chagrin du deuil, voulut édifier un monument à l'image de sa défunte épouse Mumtaj Mahal. En mémoire de cette irremplaçable « élue du harem », le mausolée ne devait ressembler à aucun autre. Le Taj, chef-d'œuvre de l'architecture moghole, devint par un paradoxe de l'histoire l'icône du berceau de l'hindouisme. Des versets du Coran et des arabesques florales en pierres précieuses sont incrustés dans le marbre diaphane. Le Taj Mahal, colossal mais aérien, rayonne sur un jardin symbolisant le paradis des musulmans.

CAMBODGE

ANGKOR

Rêve de pierre, cité disparue envahie par la jungle, trésor du patrimoine universel... Qui n'a pas rêvé de voir les temples-montagnes d'Angkor Wat s'embraser au soleil couchant ? Le charme d'Angkor, capitale khmère du IXe au XIVe siècle, provient du mystère toujours non élucidé de sa civilisation et de sa proximité avec la nature. Comment ne pas rester pétrifié d'admiration devant les gigantesques racines des banians enserrant les ruines ? Prévoyez au moins trois jours de visite, car le site d'Angkor, gigantesque, s'étend sur 400 m^{2}. Beaucoup de monde sur les sites les plus connus – Angkor Wat ou le Bayon –, mais on se retrouve souvent (presque) seul dans les temples plus éloignés du Grand Circuit. Notre coup de cœur : Banteay Srei, la « citadelle des femmes », avec ses reliefs sculptés à la perfection dans le grès rose.

SAINT-PÉTERSBOURG

POINTE DE L'ÎLE VASSILIEVSKI

L'Ermitage, les canaux, les palais chargés d'histoire, le souvenir des tsars et les églises orthodoxes... Saint-Pétersbourg a tout d'un décor de rêve, qui aiguisera les esprits romanesques. Coup de cœur pour la Strelka (« L'Aiguille ») à la pointe est de l'île Vassilievski, d'où l'on jouit d'un magnifique panorama sur le palais d'Hiver et la flèche de la cathédrale Saint-Pierre-et-Paul. Pour continuer en beauté, dîner en amoureux dans l'un des bateaux-restaurant sur la Neva (*Aquarel*, au pied du pont Birjevoï) ou, pour un coup de folie, un petit tour au *Caviar Bar* du *Grand Hôtel Europe* pour déguster ces précieuses perles noires au son des violons tziganes, des étoiles dans les yeux.

MAROC

ESSAOUIRA

Essaouira, l'une des villes les plus envoûtantes du Maroc. Entourée de fortifications au bord de l'Atlantique, sa médina toute blanche est classée au patrimoine mondial de l'Unesco. Essaouira a toujours attiré des artistes du monde entier, d'Orson Welles à Jimi Hendrix, qui s'y sont installés pour humer l'atmosphère magique de l'ancienne Mogador. Une ville hors du temps, au charme intense. Dormez dans l'un des riads de la médina pour une atmosphère digne des mille et une nuits ou, mieux, dans un hôtel donnant directement sur l'Atlantique.

VIETNAM

BAIE D'HALONG

Le charme de la baie d'Halong est irrésistible. Paysage parmi les plus célèbres d'Asie, la baie compte environ 2000 pains de sucre de toutes formes et de toutes tailles émergeant de la mer et s'étendant sur des centaines de kilomètres. Le paysage change sans cesse, l'atmosphère est étrange avec les formes déchiquetées des roches, les grottes, cavités et tunnels qui les transpercent. L'endroit a été classé au patrimoine mondial de l'humanité par l'Unesco en 1993, sous le critère de « beauté naturelle ». Pour profiter au maximum de l'atmosphère mystérieuse de l'endroit, embarquez sur une jonque-hôtel et passez la nuit dans la baie.

POLYNÉSIE FRANÇAISE

BORA BORA

Et, pour finir, l'Éden ou presque... Bora Bora est l'image même de l'île paradisiaque, l'exemple parfait d'un lieu de retraite ensoleillé où les plages de sable blanc s'étendent sur des kilomètres. Elle est formée d'un volcan éteint, encerclé d'une frange de récif, la protégeant telle une barrière, et d'un lagon aux couleurs chatoyantes. Un petit plus pour les fans de plongée : la faune sous-marine est épatante. Et puis, quoi de plus romantique que de dormir dans un *faré* polynésien ou un hôtel sur pilotis ?

Le lagon de Bora Bora, *Polynésie Française*

Le Rocky Mountaineer, Canada

12 VOYAGES EN TRAIN EXTRA-ORDINAIRES

Les trains ont un indéniable pouvoir de fascination. Permettant d'explorer les pays, d'en admirer les paysages, ce sont aussi des lieux propices aux rencontres et à la découverte. Quelques trains sont même devenus des destinations ou des voyages en soi, tant ils font rêver le baroudeur qui sommeille en chacun de nous. On vous entraîne à la découverte de ces trains exceptionnels qui, pour certains, ont traversé l'histoire ou, pour d'autres, circulent dans des lieux hors du commun. Il y en a pour tous les goûts et aussi tous les budgets, du grand luxe au tortillard antédiluvien. En voiture !

CANADA

ROCKY MOUNTAINEER

Des paysages hérissés de montagnes aux cimes enneigées, des canyons, des lacs, des torrents, des rivières, des forêts... Vous ne manquez rien des Rocheuses canadiennes depuis l'un des trains de cette compagnie qui circulent en Colombie-Britannique et en Alberta. Le parcours « First Passage to the West » suit le tracé des pionniers du chemin de fer canadien entre Vancouver et Calgary. Le « Journey through the Clouds » (de Vancouver à Jasper) passe le long du fleuve Fraser, du champ de glace Albreda, des chutes Pyramid et du mont Robson (3954 m), point culminant des Rocheuses. Le trajet « Rainforest to Gold Rush » (de Whistler à Jasper) vous emmène dans le pays des chercheurs d'or, via notamment une forêt pluviale, le désertique canyon de Fraser et le mont Robson. Notez que trois types de service sont à votre disposition : luxe, confort (dôme de verre) et normal (baies vitrées). Enfin, depuis Vancouver, la classique « Route de Whistler » (train de luxe) vous hisse jusqu'à cette station de ski en vous donnant à admirer la baie Howe, le canyon Cheakamus, les montagnes Tantalus. Et puis sachez que le Rocky Mountaineer est relié à l'ensemble du système ferroviaire canadien et peut être le point de départ d'une gigantesque traversée du pays, de l'océan Pacifique à l'Atlantique.

Gare de départ	Vancouver
Gare d'arrivée	Calgary
Durée	2 j.
Caractéristiques	un des plus beaux voyages en train qui soit.
Prix	cher
Plus d'infos	rockymountaineer.com

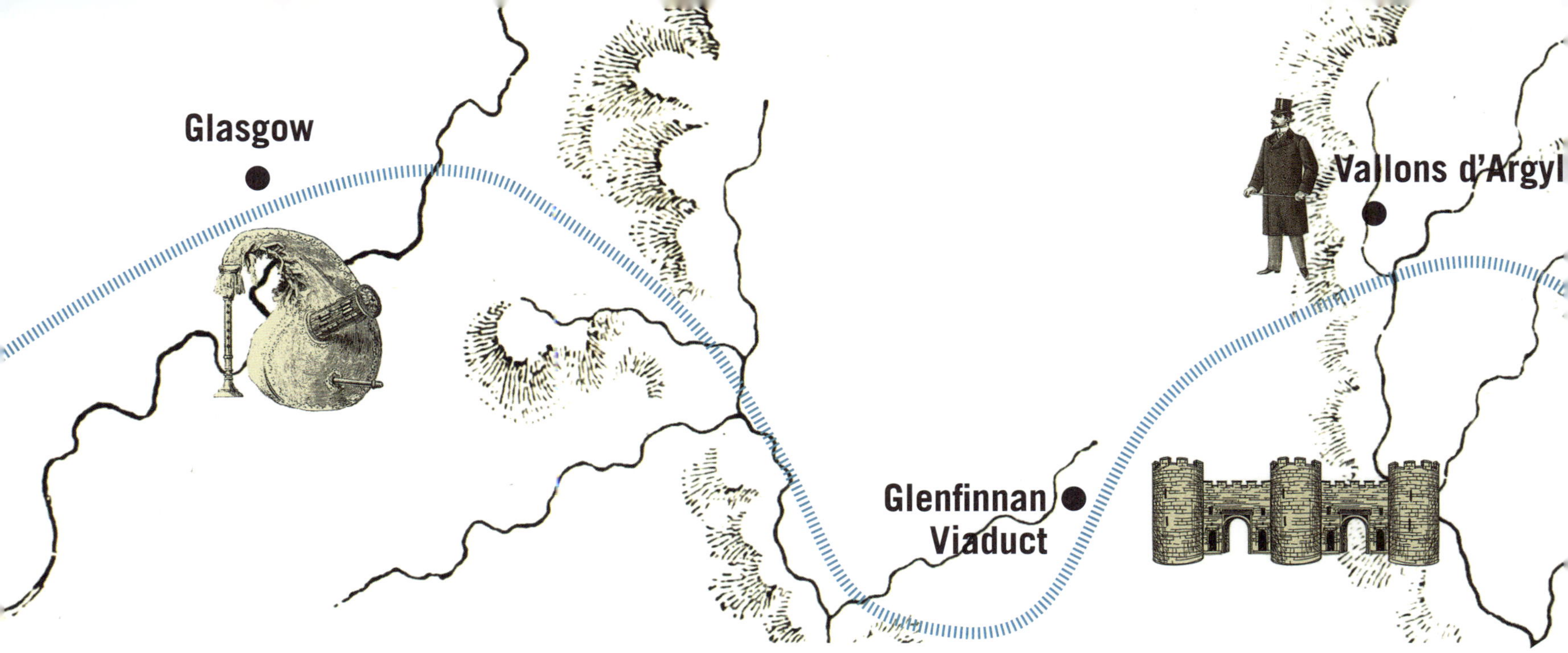

WEST HIGHLAND RAILWAY

Écosse

Voyage en terre de légende

Comme son nom l'indique, la West Highland Line sillonne à travers les Highlands, le plus grand parc national d'Écosse. De Glasgow jusqu'à Fort William, Oban ou Mallaig, elle vous transporte à travers des paysages sauvages et dépouillés, dont le fameux viaduc de Glenfinnan qui servit de décor au non moins célèbre *Harry Potter*, dans une région qui n'a jamais connu d'autre route. Ici, résolument, le voyage compte au moins autant que la destination. De Fort William à Mallaig, le périple entre les lacs et les falaises déchiquetées peut se doubler d'un voyage dans le temps grâce au Jacobite, un charmant train à vapeur qui effectue la liaison entre les deux villes. La lenteur du trajet permet d'apprécier la beauté des rudes landes parsemées de bruyères (mais il vous coûtera deux fois plus cher qu'un voyage à bord d'un train classique). Depuis le port de pêche de Mallaig, vous pouvez ensuite rejoindre l'île de Skye, la plus grande île de l'archipel des Hébrides intérieures. Escale idéale pour les amateurs de grands espaces, l'île est également le refuge d'espèces rares telles que les pygargues à queue blanche.

Gare de départ	Glasgow
Gare d'arrivée	Mallaig, Fort William ou Oban
Distance	264 km
Plus d'infos	scotrail.co.uk

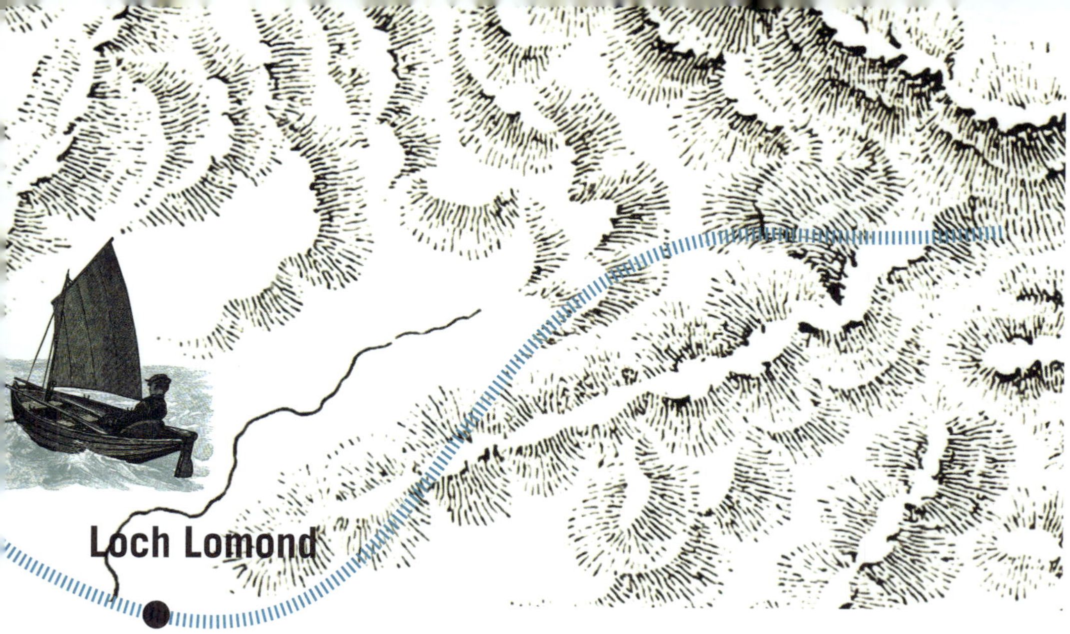

ÉTATS-UNIS

DURANGO & SILVERTON NARROW GAUGE RAILROAD

Depuis plus de 100 ans, ce chemin de fer à voie étroite du Colorado voit passer sur ses rails des trains tractés par des locomotives à vapeur ! C'est un tronçon qui a survécu au démantèlement d'une ligne créée en 1882 pour le transport de minerais d'or et d'argent extraits des montagnes de San Juan – une exploration des mines en petit train est proposée. Même si ces locomotives datent des années 1920, elles ressemblent à celles que l'on peut voir dans les westerns – des originales sont exposées dans des musées à Durango et Silverton. Sachez que cette ligne a servi de décor à plusieurs films dont *Le tour du monde en 80 jours* de Michael Anderson (1956) et *Butch Cassidy et le Kid*, de George Roy Hill (1969). Long de 72 km, le parcours se faufile dans des canyons, au bord de rivières, sur les versants de montagnes, à travers de belles forêts… Comptez une journée et prenez la précaution de réserver. Notez que l'hiver, le trajet est raccourci et qu'il a pour thème le Père Noël.

Gare de départ	Durango
Gare d'arrivée	Silverton
Durée	1 j.
Caractéristiques	authentique train à vapeur.
Distance	72 km
Plus d'infos	durangotrain.com

ARGENTINE

TREN A LAS NUBES

Monter à bord du Train des nuages est immanquable quand on se trouve dans le nord de l'Argentine. S'il porte ce nom c'est tout simplement parce qu'il évolue souvent au-dessus des nuages ! Partant de Salta (1 187 m), il grimpe à travers la Cordillère des Andes jusqu'à La Polvorilla Viaduc (4 220 m), à la frontière du Chili. Comptez 16 heures aller-retour pour parcourir les 217 km d'un circuit on ne peut plus sinueux qui effectue par endroit des zigzags et des boucles impressionnants. Il passe à travers 21 tunnels et sur 29 ponts, franchit 13 viaducs dont celui de La Polvorilla qui, d'une longueur de 224 m, se situe à 63 m de hauteur. Voilà qui est proprement vertigineux ! Après avoir quitté Salta, ville réputée pour son architecture coloniale, le train passe par la vallée de Lerma, dont la verdeur cède peu à peu du terrain à une végétation plus austère quand on pénètre la Quebrada del Toro, puis ce sont les étendues désertiques de la Puna qui s'offrent à vous. Notez que vous trouverez à bord une voiture restaurant et une assistance médicale au cas où vous vous sentiez mal en raison de l'altitude. Sachez aussi que ce train circule normalement de fin mars à début décembre.

Gare de départ	Salta
Gare d'arrivée	La Polvorilla Viaduc
Durée	16 h
Distance	217 km
Caractéristiques	plongée dans des paysages fascinants.
Plus d'infos	trenalasnubes.com.ar

ARGENTINE

LA TROCHITA

Officiellement nommée Viejo Expreso Patagónico, La Trochita est un train touristique à vapeur qui circule dans la province patagonienne du Chubut (sud-ouest de l'Argentine) sur une voie étroite. L'écartement de ses rails est de 0,75 m : c'est cette caractéristique qui lui donne son surnom, le mot « trocha » signifiant écartement. Longue de 18 km, elle vous transporte de Esquel, petite ville où l'on vient passer du bon temps, à Nahuel Pan, village d'Indiens Mapuches où vous attendent des boutiques d'artisans et un musée des cultures autochtones. À son bord, vous traversez un paysage digne du Far West, constitué d'une étendue de terre sèche parsemée de touffes de végétation – l'hiver, celle-ci est couverte de neige. En fond de décor : les montagnes de la Cordillère des Andes… Les dimensions réduites de la loco, comme celles des voitures en bois, donnent énormément de charme à cette « expédition ». Notez que certains jours de fête, La Trochita prolonge son voyage jusqu'à El Maitén.

Gare de départ	Esquel
Gare d'arrivée	Nahuel Pan
Distance	18 km
Plus d'infos	esquel.gov.ar

À DÉCOUVRIR EN FRANCE

LE TRAIN JAUNE VILLEFRANCHE-LATOUR-DE-CAROL

Établie au début du XXe siècle, la ligne du Train Jaune traverse la Cerdagne, ce pays catalan situé à l'ouest des Pyrénées-Orientales et au nord de l'Espagne. La ligne, qui rappelle les chemins de fer sud-américains, relie Villefranche-de-Conflent à La Tour-de-Carol (62,5 km) dans un environnement très accidenté. Vous longez les montagnes, passez dans 19 tunnels et sur deux ouvrages renommés, le viaduc Séjourné et le pont suspendu Gisclard. Été comme hiver, le spectacle est fascinant. L'impression de se trouver dans le décor d'un film d'aventures est persistante. En vedette, les vallées de la Têt et du Haut-Conflent, les massifs du Canigou, du Cambre d'Aze, du Carlit et du Puigmal, avec au loin la silhouette de la Serra del Cadi… Comme il s'agit d'une ligne TER de la SNCF, vous pouvez vous arrêter où vous voulez. Les centres d'intérêt ne manquent pas : le four solaire de Font-Romeu, la citadelle Vauban de Mont-Louis, sans oublier la cité fortifiée de Villefranche-de-Conflent remaniée par Vauban – encore lui ! – ou les nombreux villages de caractères et stations de sports d'hiver cerdans. Notez que le Train Jaune est connecté – avec changement – à Perpignan depuis son terminus de Villefranche-de-Conflent, ainsi qu'à Toulouse et Barcelone depuis Latour-de-Carol.

Gare de départ	Villefranche-de-Conflent
Gare d'arrivée	Latour-de-Carol
Distance	63 km
Caractéristiques	l'un des voyages en train les plus pittoresque de France.
Plus d'infos	ter.sncf.com

Train pour le Machu Picchu, Pérou

NORVÈGE

FLÅMSBANA

Emprunter le Flåmsbana est l'une des attractions touristiques les plus prisées en Norvège. Ce chemin de fer long de 20 km serpente dans la montagne de façon spectaculaire car sa dénivelée est de 865 m. Sa réalisation a demandé beaucoup d'imagination aux ingénieurs qui l'ont conçu, sachant qu'il s'agit d'une ligne dite à adhérence roue-rail et pas d'un train à crémaillère. Son terminus, situé en altitude, est la gare de Myrdal, laquelle se trouve sur l'axe ferroviaire Oslo-Bergen. En bas, vous êtes à Flåm, village placé au bord de l'Aurlandfjord – des croisières maritimes y sont proposées ou y font escale. Au programme de la balade : vues sur une nature sauvage, sur des hauts sommets, des ravins, des cascades, l'impressionnante chute d'eau Kjosfossen et, bien sûr, sur le fjord. Des randonnées sont à faire à chaque arrêt.

Gare de départ → Flåm
Gare d'arrivée ← Myrdal
Distance 20 km
Plus d'infos visitflam.com

PÉROU

LES TRAINS DU MACHU PICCHU

Pour atteindre le site magique du Machu Picchu, il vous faut de bonnes chaussures… ou bien prendre l'un des trains qui sont proposés aux touristes. Ceux qui sont gérés par Peru Rail partent principalement de Poroy (près de Cusco) : l'*Expedition* (le plus fréquent), le *Vistadome* et le *Hiram Bingham* (luxe). Une autre gare se trouve à Ollantaytambo dans la Vallée sacrée (*Expedition*, *Vistadome*). Un quatrième type de train, l'*Autowagon*, se prend quant à lui à Urubamba. D'autres compagnies, Inca Rail et Machu Picchu Train, proposent leurs services depuis Ollantaytambo (plusieurs gammes). Tous arrivent à Aguas Calientes où vous vous rendez sur le site à pied ou en bus. Les larges fenêtres dont disposent ces trains permettent de ne rien manquer des paysages de plus en plus sauvages qui défilent : plaines, collines ornées de terrasses, torrents, cimes des Andes… Quelle que soit la formule choisie, il faut compter au minimum une journée (mais mieux vaut passer la nuit à Aguas Calientes) pour le transport et la visite des ruines de la cité inca (billets d'entrée à réserver).

Gares de départ → Poroy ou Urubamba, Ollantaytambo
Gare d'arrivée ← Aguas Calientes
Durée 1 j.
Plus d'infos machupicchutrain.com

PAYS DE GALLES

WELSH HIGHLAND RAILWAY

Sept trains à vapeur circulent dans le Pays de Galles. Toutes les lignes présentent des atours très engageants. Le Welsh Highland Railway se tortille pour sa part le long des 40 km d'un parcours qui relie les ports de Caernarfon – où s'élève un impressionnant château médiéval dans lequel sont intronisés les princes de Galles – et Porthmadog. Entre ces deux terminus, vous vous hissez sur des pentes accidentées, notamment celles qui passent au pied du mont Snowdon, à travers le parc national Snowdonia et la sauvage vallée d'Aberglaslyn, un des plus beaux sites naturels de Grande-Bretagne. Chemin faisant, vous admirez des paysages très changeants, constitués de prairies vallonnées et de rivières. Si cela vous démange d'aller y voir de plus près, pas de problème. De nombreux arrêts vous permettent de vous offrir des randonnées pédestres ou de simplement visiter des villages charmants tels que Beddgelert.

Gare de départ → Caernarfon
Gare d'arrivée ← Porthmadog
Distance 40 km
Plus d'infos festrail.co.uk

AFRIQUE DU SUD

ROVOS RAIL

Le Rovos Rail est un train de luxe réputé dans le monde entier. Grâce à son confort, bien sûr, mais aussi par la variété de ses trajets et des beautés qu'il donne à admirer en Afrique du Sud et même au-delà. Tracté par une locomotive à vapeur, diesel ou électrique, il vous entraîne dans des voyages dont la durée va de 48 h à… 28 jours. Depuis Pretoria (nord-est du pays), vous pouvez aller au Cap (côte sud-ouest), aux chutes Victoria (nord et Zimbabwe), à Durban (côte sud-est), à Sun City (nord, en effectuant une très large boucle au sud par Durban et le Swaziland), à Swakopmund (nord-est et Namibie, passage dans le désert Kalahari) ou encore réaliser une boucle dans le sud, via Kimberley. Le Rovos Rail vous sert aussi le grand jeu en vous transportant de Cape Town à Dar-es-Salaam (Tanzanie) à travers le Zimbabwe ou le Botswana et la Zambie. Les plus courageux (et surtout les plus fortunés), pouront même relier le Caire en 28 jours… Des visites sont organisées dans des réserves naturelles, des golfs, des musées ou des villages typiques selon le trajet choisi.

Gare de départ → Pretoria ou Cape Town
Plus d'infos rovos.com

SUISSE

JUNGFRAUBAHN

Direction le « toit de l'Europe », car c'est ainsi que l'on qualifie le Jungfraujoch dans les Alpes bernoises, un col situé entre les sommets Mönch et Jungfrau. Il y a là une station où l'on peut s'adonner au ski et au snowboard et où l'on peut randonner dans le gigantesque glacier d'Aletsch. La ligne de chemin de fer à crémaillère Jungfraubahn vous hisse à 3454 m d'altitude, ce qui en fait la plus haute du continent ! Sinuant le long et à l'intérieur de parois montagneuses (1400 m de dénivelée), le trajet n'est que d'un peu plus de 9 km, mais quel spectacle sur les tronçons à l'air libre et depuis ses arrêts ! Le top du top – c'est le cas de le dire – est cette plate-forme d'observation panoramique qui trône en haut du Sphinx (3571 m) à laquelle on accède par un ascenseur que l'on prend au sortir de la gare du Jungfraujoch. Vous l'aurez compris, c'est un spectacle époustouflant qui vous attend, et ce, malgré le flot de visiteurs du monde entier qui s'engouffre chaque année dans ce petit train à crémaillère. Sachez que la région Jungfrau-Aletsch figure au patrimoine mondial naturel de l'Unesco.

Gare de départ — Kleine Scheidegg
Gare d'arrivée — Jungfraujoch
Caractéristiques — vue panoramique à couper le souffle.
Plus d'infos — jungfrau.ch

SUISSE ET ITALIE

BERNINA EXPRESS

Ce petit train rouge vous invite à une grande traversée des Alpes suisses. Ce que l'on voit depuis son siège laisse rêveur. Des pics couverts de glaciers, des rivières impétueuses, des ravins, des prairies vertes en été et blanches en hiver, et puis tous ces jolis villages et ces chalets dans lesquels on aimerait passer ses vacances ou s'installer ! Géré par les Chemins de fer rhétiques, le Bernina Express prend son départ à Chur (ou Coire, en français) dans le canton des Grisons, au pied du Bernina (4049 m) pour atteindre en 4h Tirano, ville située en Italie, juste après la frontière. Si cela vous arrange, notez que vous pouvez monter à bord de ce train depuis notamment Davos ou Saint-Moritz. Sur la totalité de son parcours, inscrit au patrimoine mondiale de l'Unesco, le Bernina Express emprunte 55 tunnels, 196 ponts, et culmine à 2253 m (col de la Bernina). L'un de ses ouvrages d'art les plus impressionnants est le viaduc hélicoïdal de Brusio, qui vous fait tourner en rond comme dans un gigantesque manège. Notez que l'été, depuis Tirano, vous avez la possibilité de joindre Lugano grâce au Bernina Bus, via le lac de Côme.

Gare de départ — Chur
Gare d'arrivée — Tirano
Durée — 4h
Caractéristiques — traverse des paysages spectaculaires aux pics enneigés.

AUTRES TRAINS EXTRORDINAIRES EN FRANCE

LES TRAINS DES MERVEILLES ET DES NEIGES

Alpes-Maritimes

Les superbes vallées et montagnes du sud des Alpes peuvent se découvrir en train. La ligne TER qui relie Nice et Tende (70 km) prend le nom de Train des Merveilles aux beaux jours. Vous le prenez en gare de Nice pour une virée à travers les majestueuses vallées du Paillon, de la Bévéra et de la Roya. De magnifiques villages défilent : Peillon, L'Escarène, Sospel, Breil, Saorge, La Brigue… Le Train des Neiges emprunte la même voie l'hiver. Il vous mène à Casterino, station-village de la Vallée des Merveilles. Notez que, l'hiver encore, le Train des Neiges Alpes du Sud vous mène de Marseille à Briançon, via Manosque. Vous passez ainsi allègrement des plaines provençales aux pieds des hautes montagnes.

LA LIGNE DES HIRONDELLES

Jura

Il a fallu cinquante années de travaux afin d'établir la ligne, laquelle doit son surnom à l'impression qu'elle donne de s'envoler. Vous menant de Dole à Saint-Claude, elle est longue de 107 km. Elle vous fait traverser 36 tunnels et surtout 18 viaducs. Les formules comprenant des commentaires sur l'histoire et les techniques mises en œuvre sont à étudier de près. D'autres associent le coût du transport à des visites guidées des cités dotées de gare et… de restaurants gastronomiques. Vous serez ravi de voir défiler les paysages de la forêt de Chaux, des vignobles d'Arbois, des vastes plateaux du Grandvaux, de la vallée de la Bienne, sans oublier les vues offertes sur la région par le passage du tunnel du col de la Savine.

LE CHEMIN DE FER DE LA CORSE

Corse

Le Chemin de fer de la Corse est surnommé « U trinighellu » (le tremblotant), en souvenir d'un temps où l'on y était fort secoué. De Calvi à l'Île-Rousse, vous longez la côte puis pénétrez les montagnes du centre. En direction du sud, vous atteignez ensuite Corte puis Ajaccio, l'un des terminus de ce chemin de fer. Reste un tronçon qui n'est malheureusement plus en activité qui longe la côte orientale jusqu'à Porto-Vecchio en passant par les plages, par exemple de Solenzara. Le Chemin de fer de la Corse vous réserve des sensations fortes, quand votre train serpente dans la nature sauvage, épousant les contours des parois rocheuses, longeant les rivières et torrents, suspendu parfois à plusieurs dizaines de mètres…

LIGNE DÉCOUVERTE VAL DE LOIRE

Val de Loire

S'offrir une escapade dans la région des châteaux de la Loire, c'est possible grâce au TER découverte Val de Loire. Entre Paris-Austerlitz et Tours, Orléans, Blois et Amboise sont notamment desservis. À Orléans, vous atteignez la Loire, ce majestueux fleuve que vous suivrez par la suite. La cathédrale Sainte-Croix et les sites consacrés à Jeanne d'Arc vous attendent. À Blois, vous visitez le château et, si vous le souhaitez, les palais de Chambord et Cheverny. Depuis Onzain, vous atteignez le domaine de Chaumont-sur-Loire, soit un château et un superbe parc paysager. Parvenu à Amboise, un autre château, ainsi que le Clos Lucé, la demeure de Léonard de Vinci. Pas encore rassasié ? La ville de Tours s'offre à vous !

LES TRAINS DU MONT BLANC

Haute-Savoie

Le Mont-Blanc Express parcourt la vallée de Chamonix. Il se prolonge ensuite jusqu'à Martigny en Suisse. Vues formidables sur les Aiguilles d'Argentière, le col de Balme ou le glacier des Bossons… À Chamonix, le train du Montenvers-Mer-de-Glace vous attend. Il vous hisse en vingt minutes aux rives de la Mer de Glace, laquelle est environnée des cimes impressionnantes des Drus et des Grandes Jorasses. Un autre train prend son départ au village du Fayet. Son terminus est situé face au glacier de Bionnassay. Défilent d'abord des chalets et des fermes, des forêts et apparaissent ensuite la chaîne des Aravis et le massif des Aiguilles Rouges et des paysages rocailleux. Ça grimpe, ça grimpe, parfois à flanc de ravin !

LA LIGNE BAIE

Bretagne et Normandie

Grâce à la Ligne Baie, vous allez de Normandie en Bretagne selon des formules variées combinant train et car. Si vous embarquez à bord du train TER, le trajet vous fait parcourir les bocages en faisant halte notamment à Folligny, Avranches, Pontorson et Dol-de-Bretagne. Des cars vous font quant à eux suivre la côte entre Granville et Avranches ou encore du côté de Cancale. Plusieurs vous mènent au mont Saint-Michel. Vous pouvez opter pour le pass Ligne Baie. Vous organisez comme vous l'entendez votre journée pour un prix modique. Notez que Pontorson et le mont sont reliés par une piste cyclable longue de 9 km. Suivant le même trajet, vous avez aussi droit à des randonnées accompagnées.

CARTE POSTALE

LE TRANSSIBÉRIEN

Avec plus de 9 200 km parcourus entre Moscou (gare de Iaroslavl) et Vladivostok, près de mille gares et sept fuseaux horaires traversés, le Transsibérien est le chemin de fer le plus long du monde. Et assurément l'un des plus fameux. Un train de légende, vieux de près d'un siècle, et qui, bien heureusement, ne s'est toujours pas travesti en train de luxe. Le Transsibérien a su conserver son caractère authentique. Au fur et à mesure qu'il progresse vers l'est, il cueille sur son passage paysans ouzbeks ou kazakhs, nomades mongols, commerçants chinois et quelques soldats russes. Dehors se succèdent les différents paysages de la Sibérie : les monts Oural, la Taïga et ses immenses conifères, le lac Baïkal (que le train longe sur 200 km), le fleuve Amour, les steppes sans fin d'Asie centrale, etc.

Mode d'emploi

Voyager à bord du Transsibérien est une expérience unique. Il y a trois classes : la première avec des cabines à deux lits, la deuxième avec des compartiments à quatre lits et la troisième avec des lits en dortoir. Plusieurs trains circulent sur la ligne du Transsibérien. Mais c'est le train« Rossiya » n° 1/2 qui incarne le Transsibérien classique. Après être passé par Irkoutsk et avoir longé le lac Baïkal, le Transsibérien permet une connexion à Ulan Ude avec deux autres trains : le Transmongolien, qui relie Pékin via les steppes de Mongolie et le désert de Gobi, et le Transmandchourien qui se rend à Pékin par la Mandchourie. Si vous faites escale dans des villes de Sibérie, les *firmennye poezda* suffisent amplement et sont moins chers : le n° 15/16 de Moscou à Iekaterinbourg, le n° 37/38 de Moscou à Tomsk, ou le n° 55/56 de Moscou à Krasnoïarsk.

Les prix

Un billet n'est valable que sur un tronçon déterminé, comme en France : on ne peut pas s'arrêter, puis remonter dans le train comme bon nous semble. Si vous faites trois escales, par exemple, il faudra donc prendre trois billets de train différents. Plus le numéro du train est bas, plus ce dernier sera moderne et confortable. Les prix vont du simple au double d'une classe à l'autre. Ils varient en fonction de la saison, du type de train et de la couchette.
À titre indicatif, un billet de Moscou à Irkoutsk en 2e classe, coûte autour de 200 € et environ 50 € de plus pour un lit en bas. En première classe, le prix est doublé tandis qu'il est divisé par deux en troisième. Vous pouvez acheter vos billets de train directement à la gare, quelques jours avant le départ. Toutefois, nous vous conseillons de les prendre à l'avance sur Internet, même en basse saison. La barrière de la langue peut compliquer la démarche sur place et vous aurez l'embarras du choix en les prenant le plus tôt possible : numéro du train, emplacement de la couchette, etc.
Les ventes ouvrent 45 jours avant la date de départ.

Moscou top départ

Il serait dommage de filer tout de suite vers la gare sans découvrir Moscou, l'ancienne cité des tsars. Prenez deux ou trois jours pour flâner dans la ville, en commençant par l'inévitable Kremlin. Les cathédrales aux coupoles dorées et le clocher d'Ivan-le-Grand rivalisent de splendeur. Quant au Palais des Armures, il réunit des milliers de trésors accumulés par les princes et les tsars au fil des époques comme les œufs de Fabergé, des costumes royaux et d'immenses vieux carrosses.
La sortie à travers les jardins du Kremlin permet de tomber directement sur la place Rouge. On se retrouve alors nez à nez avec la Cathédrale Basile-le-Bienheureux. Même si ses dômes multicolores nous sont très familiers, il est difficile de rester insensible devant ce bijou architectural.
Au sud se dresse l'imposante Cathédrale du Christ-Sauveur, face au pont du patriarche. Sur la rive opposée de la Moskova, l'ancienne chocolaterie Octobre Rouge lui fait face. Reconverti en lieu branché, ce quartier est surtout fréquenté par la jeunesse moscovite à la nuit tombée. Un dédale de ruelles aux briques rousses où cafés, restaurants, entreprises digitales et galeries d'art se côtoient.
Pour se détendre le long des berges, baladez-vous dans le très design parc Gorki. Beaucoup de jeunes artistes viennent peindre ou exposer leurs toiles dans ce grand jardin parsemé de sculptures. Les amateurs d'art peuvent aussi faire un tour au musée d'art contemporain Garage, au beau milieu du parc, mais aussi à la galerie Tretiakov.

75h jusqu'à Irkoutsk

Départ à 23 h 45 dans l'une des principales stations du Transsibérien. Le train fera de multiples arrêts dans les villes sibériennes pour arriver 3 jours plus tard à Irkoutsk. La vie à bord est rythmée par des rituels. Les Russes sont bien rodés : ils se mettent tout de suite à l'aise, en pyjama et pantoufles. Dans le couloir, on voit parfois une rangée d'hommes qui patientent devant leur compartiment pendant que les femmes se changent à l'intérieur.

Et qui dit Transsibérien dit *provodnitsa* (ou *provodnik* si c'est un homme), la responsable de wagon. Tirées à quatre épingles dans leur costume de travail, elles veillent au grain sur leur territoire et se relaient pour être disponible 24 h/24. Elles fournissent le linge de lit, s'assurent de l'entretien des lieux et du bon déroulement du voyage. Même si les lits sont un peu durs, le ronronnement régulier du train est propice au sommeil. Au réveil, d'immenses forêts de pins et de bouleaux défilent inlassablement sur des kilomètres. Quand ils ne sont pas enneigés, les paysages de Sibérie sont assez monotones. Au petit-déjeuner, les Russes partagent volontiers leurs petits gâteaux. Loin d'être un lieu de rencontre, le wagon-restaurant est souvent désert. Les passagers prévoient des provisions et mangent dans leur cabine. En traversant le train, on remarque que chaque wagon a sa propre identité : des odeurs différentes, une ambiance particulière, plus ou moins de désordre… Au final, les journées sont vite comblées par la lecture, les jeux, les repas, les rencontres. Régulièrement, le train marque l'arrêt une vingtaine de minutes. On en profite pour se dégourdir les jambes et acheter quelques snacks sur le quai : poisson fumé, glace, plats préparés, etc. Dans le train, toute notion du temps nous échappe et le décalage horaire achève de nous déboussoler. On en vient à manger n'importe quand, on ne prend plus la peine de calculer. Et c'est aussi un peu ça que l'on vient chercher : la déconnexion totale.

Les travaux débutent en 1891, mais ce n'est qu'en 1916 (soit un an seulement avant la révolution bolchevique) que le projet d'une Russie unifiée par le rail est enfin réalisé. Les Russes en sont très fiers. C'est, après tout, l'une des plus grandes réalisations de l'histoire du pays.

Le lac Baïkal, la « perle de Sibérie »

Capitale de la Sibérie orientale, Irkoutsk est le point de départ obligé vers « la perle de Sibérie », surnom bien mérité du lac Baïkal. Ses dimensions donnent le vertige : pic de 1600 m de profondeur, superficie de la Belgique et plus grande réserve d'eau douce au monde. Mais ce ne sont pas les chiffres qui rendent ce lac si particulier. Considéré comme le « centre du monde » par les chamans, il est auréolé de mystère. Une impression concrétisée par une brume constante qui flotte au-dessus de lui, brouillant les frontières avec le ciel. Le « must » reste l'île d'Olkhon, sauvage et spirituelle. Même si le tourisme s'y développe à grande vitesse, elle n'en a pas encore les symptômes. Au top des excursions figure le cap Khoboï, la pointe nord de l'île. Une usine à touristes où l'on passe plus de temps dans le minibus qu'à l'extérieur. Explorez plutôt l'île par vos propres moyens. De magnifiques balades le long des plages et à travers la forêt conduisent vers des criques confidentielles et d'immenses étendues de steppes. L'attraction phare de l'île : le cap Bourkhane et le rocher Chamanka, lieu sacré pour les chamans bouriates. La tradition veut que l'on noue un « khadag », un morceau de tissu coloré, autour d'un élément naturel comme un rocher ou un arbre. Face au rocher, une rangée de totems géants en sont recouverts.
On vous conseille de pique-niquer aux alentours en goûtant à l'*omoul*, un excellent poisson séché et fumé, spécialité de la région. De la falaise, le coucher de soleil est sublime.

Conseils pratiques :
- Le lac Baïkal se mérite ! Le trajet est très long, il faut compter une journée pour s'y rendre, idem pour le retour. Mieux vaut y rester au minimum deux jours entiers.
- Arpenter l'île d'Olkhon à vélo peut être une bonne option, à condition de bien choisir une enseigne qui a pignon sur rue.

Vladivostok, l'Extrême-Orient russe

Après 7 jours de voyage (plus si vous avez fait des escales), voici Vladivostok. Aux confins du plus grand pays du monde, un port égaré au bout d'une presqu'île… S'appuyant sur sa géographie morcelée, Vladivostok s'est construite autour de la Marine et de l'armée. Ville soviétique interdite jusqu'en 1992, elle s'égare ensuite dans les brumes des années 1990. De par sa situation et son histoire, elle a développé tout un imaginaire, nourri de mythes et de fantasmes. Mais les bouts du monde sont une affaire de point de vue… Pour preuve, Vladivostok et ses 600000 habitants forment aujourd'hui le port le plus important de la côte Pacifique et de l'Extrême-Orient russe. Forte d'une position phare et d'une région riche en matières premières inexploitées, celle qui signifie « le seigneur de l'Orient » en russe, se tourne vers l'Asie et médite des rêves de grandeur.

FICHE PRATIQUE

Liens utiles
- Site du Transsibérien **transsib.com**
- Site des chemins de fer russes : **pass.rzd.ru.**
- Site agence Espace Transsibérien : **espace-transsiberien.com**

Banff National Park, *Canada*

LES PLUS BELLES ROUTES : 25 ROAD TRIPS DE RÊVE

Traversant les paysages les plus remarquables de la planète et/ou offrant des points de vue exceptionnels, certaines routes laissent un souvenir impérissable au voyageur. Des États-Unis à l'Australie, d'ouest en est, voici notre sélection coup de cœur des plus belles routes du monde.

CALIFORNIE, ÉTATS-UNIS

PACIFIC COAST HIGHWAY

Longeant la côte Pacifique depuis le nord de San Francisco jusqu'à San Diego, elle passe par Los Angeles. En chemin, des plages de rêve, criques sauvages et spots de surf branchés. Un décor de film hollywoodien. Dans cette diversité de paysages, entre falaises battues par les vagues, plages « in » et stations balnéaires à la cool, un point commun : à l'horizon, l'océan Pacifique, à perte de vue. À ne pas manquer : la côte déchiquetée de Big Sur, Dana Point et les plages de Santa Monica, Venice Beach, Long Beach, Newport Beach, Laguna Beach, Sunset Beach…

Départ	San Francisco
Arrivée	San Diego
Distance	548,59 miles (882,87 km)
Plus d'infos	pacific-coast-highway-travel.com

CALIFORNIE, ÉTATS-UNIS

ROUTE 190, VALLÉE DE LA MORT

La Route 190, qui conduit vers le Nevada, traverse l'un des paysages les plus fascinants qui soient aux États-Unis : la Death Valley (la vallée de la Mort), un des sillons les plus profonds dans l'hémisphère nord, qui s'enfonce à 86 m sous le niveau de la mer. D'une superficie de 13354 km², c'est le point le plus chaud et le plus aride de tous les États-Unis : un désert impitoyable où la température, en été, dépasse constamment 40 °C à l'ombre. Le paysage, à la fois grandiose et lunaire, offre le spectacle d'une région brûlée par le soleil mais d'une incroyable diversité : montagnes et mer de sel, canyons et cactus, palmeraie et dunes de sable, cratères et phénomènes géologiques. À ne pas manquer : Zabriskie Point, Dante's View, Mesquite Flat Sand Dunes.

Distance	187,5 miles (~ 302 km)
Altitude min.	-86 m (Badwater)
Altitude max.	3368 m (pic Telescope)
Température record	56,7 °C.
Plus d'infos	pacific-coast-highway-travel.com

ARIZONA, ÉTATS-UNIS

ROUTE 64, GRAND CANYON

Pendant 40 km, la route 64 borde le sud du Grand Canyon : un panorama à couper le souffle, sans avoir besoin de quitter son véhicule. Grandeur et splendeur d'une nature qui en a laissé bouche bée plus d'un. À ne pas manquer : le parc national du Grand Canyon dans son ensemble mérite qu'on s'y attarde. Seul le nombre de visiteurs peut être une ombre à ce tableau lumineux.

Distance — 108,31 miles (174,31 km)
Départ — Williams
Arrivée — Cameron
Plus d'infos — nps.gov/grca

FLORIDE, ÉTATS-UNIS

ROUTE DES KEYS

Situés à l'extrême sud de la Floride, les Keys forment un archipel d'îlots de corail, que l'on survole en voiture sur une route panoramique étonnante conduisant de Key Largo à Key West, sur 110 miles et 42 ponts. Le pont Seven Mile Bridge s'étend sur 11 km au-dessus du bleu profond du Golfe du Mexique. On a l'impression de voler sur l'eau : impressionnant ! À ne pas manquer : le parc des Everglades (juste avant la route), le parc Bahia Honda, Key West avec ses demeures et son esprit alternatifs.

Distance — 113 miles (~ 182 km)
Départ — Key Largo
Arrivée — Key West
Quand — Ouverture en 1982
Plus d'infos — fla-keys.com

ALBERTA, CANADA

ICEFIELDS PARKWAY, ROCHEUSES

Dans les Rocheuses, de Banff à Jasper, 250 km de pure splendeur : montagnes, lacs, forêts, caribous et près de 100 glaciers. La route est en excellent état, même si la destination doit être privilégiée de mai à fin octobre. N'hésitez pas à vadrouiller dans les environs, notamment aux lacs Moraine et Maligne, ou vers le mont Robson. À ne pas manquer : le lac Louise, les glaciers Columbia et Athabasca, les chutes de Sunwapta et Athabasca.

Distance — 230 km (1 station-service, à Saskatchewan River Crossing)
Vélo — Faisable en 3-5 j.
Départ — Banff
Arrivée — Jasper
Plus d'infos — icefieldsparkway.ca

NOUVELLE-ÉCOSSE, CANADA

CABOT TRAIL

Une route creusée à flanc de collines qui longe des eaux cristallines, serpente entre les forêts montagneuses du Parc national des Hautes-Terres, avant de rejoindre la mer : vous êtes sur le Cabot Trail. Un itinéraire de 300 km à travers les reliefs contrastés de la Nouvelle-Écosse. Elle a été baptisée du nom de Giovanni Caboto, explorateur vénitien, découvreur du Canada Atlantique en 1497. À ne pas manquer : The Skyline, « la route du ciel », sur laquelle vous croiserez sûrement des orignaux ; The Middle Head Trail qui traverse le Cap-Breton, les superbes plages de sable blanc d'Ingonish.

Distance — boucle de 300 km
Plus d'infos — cabottrail.travel

ARGENTINE

RUTA 40

La Route 40 traverse l'Argentine du Nord au Sud, de La Quiaca à la frontière bolivienne jusqu'au cap Virgenes, près de Rios Gallegos, au sud de la Patagonie. Elle longe la cordillère des Andes sur plus de 5000 km, traversant une vingtaine de parcs nationaux et franchissant tout autant de cols. Son amplitude est immense, du niveau de la mer jusqu'à 5000 m d'altitude près de Salta. Elle n'est qu'à moitié recouverte d'asphalte. À ne pas manquer : la Quebrada de Humahuaca, la route du Vin à Mendoza, Bariloche, El Calafate et le glacier du Perito Moreno.

Distance — environ 5 000 km
Départ — La Quiaca
Arrivée — cap Virgenes
Plus d'infos — turismo.gob.ar

PÉROU

VALLÉE SACRÉE DES INCAS

Une route fascinante, que l'on rejoint depuis Cuzco (à 32 km), sur les traces des vestiges incas, entre les sites de Pisac à l'est et Ollantaytambo à l'ouest. La vallée sacrée des Incas part de Pisac (et son abondant marché dominical) et suit le cours de la rivière Urubamba jusqu'à Ollantaytambo. La région est encaissée : sur les flancs des montagnes, les Incas cultivaient le maïs en terrasses, dont on retrouve les tracés vertigineux. Les plus sportifs seront également comblés : la vallée offre la possibilité de pratiquer le VTT, le rafting ou encore la tyrolienne. Prévoir au moins deux jours complets de visite. À ne pas manquer : Pisac, Urubamba, Ollantaytambo, Chinchero, un peu à l'écart, ainsi que les Salines de Maras (près de 4000 salines à 3000 m d'altitude qui produisent 200 t de sel/an).

Distance — 58 km
Départ — Pisac
Arrivée — Ollantaytambo
Plus d'infos — peru.travel/fr

ISLANDE

RING ROAD

La Route 1 s'appelle « Ring Road » car elle fait le tour de l'île par la région côtière, le centre de l'île étant inhabité. Sur quelque 1300 km, on croise tous les paysages islandais : cratères, torrents, glaciers, lave, sources et geysers. Des paysages de matin du monde. La route est pour moitié asphaltée ou pavée, mais souvent endommagée en raison de conditions météo extrêmes. Elle est très prisée des touristes car elle relie les curiosités majeures de l'île. À ne pas manquer : la plupart des points d'intérêt d'Islande se trouvent dans les environs de la Route 1.

Distance — 1330 km En boucle depuis Reykjavik. En islandais : Hringvegur
Plus d'infos — fr.visiticeland.com

NORVÈGE

ROUTE DES TROLLS

À une heure du célébrissime fjord de Geiranger, en direction d'Åndalsnes, ce tronçon de la route 63 est l'un des itinéraires les plus fascinants de Norvège. Étroite, protégée par des murets de pierre, cette route de 11 boucles et longue d'une dizaine de kilomètres serpente sur le flanc de la montagne, au bord du vide. Elle longe la chute d'eau de Stigfossen, de 320 m de haut. À ne pas manquer : du sommet (862 m), magnifique vue sur la vallée et les cimes des montagnes. Également le long de la route 63, le fjord de Geiranger, les points de vue de la route des Aigles et celui du Dalsnibba, et la chute d'eau de Stigfossen, haute de 320 m !

Distance – 103 km
Départ – Åndalsnes
Arrivée – Valldal
Plus d'infos – visitnorway.fr

IRLANDE

SLEA HEAD DRIVE (PÉNINSULE DE DINGLE) ET WILD ATLANTIC WAY

La Slea Head Drive fait le tour de l'extrémité ouest de la péninsule de Dingle au départ de la ville du même nom. La région, fascinante, est un condensé de l'Irlande éternelle. Cette côte particulièrement sauvage fut le décor du magnifique film de David Lean, *La fille de Ryan* (1969). Une chaîne de montagne aride et des collines rocheuses tombent brutalement dans la mer. De multiples sentiers de randonnées sillonnent la péninsule et font découvrir aux randonneurs des petits lacs d'altitude. À noter que la Slea Head Drive fait désormais partie du Wild Atlantic Way, une route touristique lancée en 2014, qui longe la côte Atlantique de l'Irlande sur 2 500 km, de Malin Head au Nord à Kinsale tout au Sud, en passant par le Connemara, la baie de Galway et le Kerry. À ne pas manquer : Dingle, Slea Head, Ballyferriter, Blasket Island.

Distance – Wild Atlantic Way : 2 500 km
Départ – Malin Head
Arrivée – Kinsale
Plus d'infos – dingle-peninsula.ie
wildatlanticway.com/home

BAVIÈRE, ALLEMAGNE

ROUTE ALLEMANDE DES ALPES

La Deutsche Alpenstrasse parcourt la Bavière en traversant les Alpes sur 500 km, de Lindau (aux abords du lac de Constance) à Berchtesgaden (à la frontière autrichienne). Forêts, lacs, sommets enneigés et alpages au vert éclatant bordent la route allemande des Alpes. L'intérêt est aussi culturel, puisque ce parcours relie les monuments historiques et artistiques importants entre eux. La route passe en effet à proximité des châteaux de Louis II de Bavière, de petites églises de village, d'abbayes et de maisons bavaroises typiques. À ne pas manquer : les châteaux de Louis II de Bavière (Neuschwanstein, Linderhof, Hohenschwangau), Königsee, Berchtesgaden, Garmisch-Partenkirchen et le Zugspitze.

Distance – 500 km
Départ – Lindau
Arrivée – Berchtesgaden
Plus d'infos – deutsche-alpenstrasse.de/de/startseite

ITALIE

CÔTE AMALFITAINE

De Sorrente à Amalfi, la route longe la côte amalfitaine au bord de la Méditerranée. Au sud de Naples, des petites villes se succèdent comme les grains d'un chapelet. Les maisons en terrasses aux couleurs pastel s'accrochent dans les anfractuosités de la côte et les villages de pêcheurs cèdent la place à d'élégantes stations balnéaires, que l'on atteint par une route de corniche. De temps à autre, un vieux palace, parfois un peu délabré, surplombe une mer superbe. Citronniers, oliviers et villas de maître complètent le paysage. Bref, un paysage 100 % carte postale. À ne pas manquer : Sorrente, Positano, Ravello, Grotta dello Smeraldo, Amalfi.

Distance – 30 km
Départ – Sorrente
Arrivée – Amalfi
Plus d'infos – whc.unesco.org/fr/list/830

À DÉCOUVRIR EN FRANCE

GRANDE ET BASSE CORNICHES

CÔTE D'AZUR, FRANCE

Reliant Monaco à Nice, la Route de la Grande Corniche joue à cache-cache avec la mer. Surplombant le littoral azuréen, elle s'étend sur 33 km et évite le brouhaha et les encombrements du littoral. Une prise de recul qui offre un panorama d'exception, où l'on s'imagine volontiers au volant d'une décapotable, cheveux et écharpe au vent. À ne pas manquer : alterner avec la moyenne et basse corniche et s'arrêter à Villefranche-sur-Mer, Saint-Jean-Cap-Ferrat, le village médiéval d'Eze, et prendre le temps de visiter le vieux Nice et l'élégant Monaco.

Distance – 33 km
Départ – Monaco
Arrivée – Nice
Plus d'infos – departement06.fr (rubrique parc de la Grande Corniche)

Chapman's Peak Drive, *Afrique du Sud*

MAROC

ROUTE DU TIZI-N-TICHKA

L'une des routes emblématiques du Maroc, qui franchit le Haut Atlas sur près de 200 km entre Marrakech et Ouarzazate. Tout n'est que rocaille, monts dégarnis et oueds assoupis dans la torpeur, étendant d'improbables coulées de verdure. La route à l'état sauvage, dans un site tantôt lunaire tantôt bucolique… Entre avril et octobre, ces étendues désertiques se prêtent à la randonnée. Entre janvier et avril, le col est parfois fermé, recouvert par un manteau neigeux. À ne pas manquer : le village de Taddert, la kasbah de Telouet et la mine de sel, le village d'Aït-Benhaddou, la randonnée depuis Aït-Benhaddou jusqu'à la kasbah d'Anemiter ou celle de Tamdaght.

Distance 200 km
Départ Marrakech
Arrivée Ouarzazate
Altitude col 2 260 m
Plus d'infos maroctourisme.org/tizintichka.htm

AFRIQUE DU SUD

CHAPMAN'S PEAK DRIVE

Cette route, située au sud de Cape Town, ne fait que 10 km de long, entre Hout Bay et Noordhoek, mais quelle route ! Une vue splendide sur les falaises colossales de granit et de grès avec de remarquables vues sur la côte. Victime de son succès, la route est fréquemment sujette à des fermetures pour cause d'éboulements. À ne pas manquer : une des plus remarquables plages du coin, Noordhoek, dont la longueur n'a d'égale que sa beauté. L'une des plus sauvages de la péninsule. Panorama exceptionnel mais site dangereux le soir.

Distance 10 km (114 virages)
Départ Hout Bay
Arrivée Noordhoek
Point culminant Chapman's Peak : 592 m
Plus d'infos goto.capetown/home

INDE

LEH-MANALI HIGHWAY

Cette route est la deuxième plus haute du monde : 480 km, pas toujours de tout repos, relient deux villes au Nord de l'Inde, Leh et Manali. Atteignant presque par endroit les 5 500 m d'altitude, gare aux malaises ! De plus, la route est fermée la moitié de l'année, en fonction des aléas climatiques ; la neige empêche toute circulation à partir de mi-octobre environ et jusqu'au milieu du mois de mai. Vitesse maximum moyenne : 25 km/h. Comptez au moins deux jours de voyage. À parcourir en bus, taxi ou jeep avec un chauffeur expérimenté.

Distance 480 km
Départ Leh
Arrivée Manali

INDONÉSIE

ROUTE CÔTIÈRE DE L'EST DE BALI

À l'écart des hordes de touristes, cette route étroite et sinueuse pénètre dans un Bali plus intime, de Tulamben à Candi Dasa. Située à l'est de l'île, elle fait le tour du Gunung Seraya, contourne les flancs du volcan voisin du mont Agung et longe les côtes du détroit de Lombok. Un véritable havre de paix, un jardin d'Éden à l'écosystème resplendissant, où bananiers et palmiers se découpent sur le bleu de la mer. Ici, on vit encore essentiellement de la pêche, et on se préserve tant bien que mal du tumulte touristique. À ne pas manquer : le village d'Amed, les fonds marins du côté de Tulamben, les pics jumeaux de Seraya, les ruines d'Ujung, le temple de Lempuang.

Distance environ 40 km
Départ Tulamben
Arrivée Candi Dasa
Altitude col 2 260 m

AUSTRALIE

GREAT OCEAN ROAD

Construite entre 1919 et 1932, la route serpente autour des somptueuses plages du Sud-Est de l'Australie. En une ou deux journées, la Great Ocean Road offre un panorama envoûtant sur les vagues puissantes venues s'affaler contre les falaises, tout en traversant forêts d'eucalyptus ou charmantes stations balnéaires. À ne pas manquer : les Twelve Apostles (« les Douze Apôtres », ne sont plus que 8 !), falaises ocres sculptées par des eaux azur, la forêt de Great Otway National Park, l'ancien port de pêche à la baleine de Warrnambool, les villes Anglesea, Lorne, Apollo Bay et Port Campbell.

Distance — 243 km
Départ — Torquay
Arrivée — Allansford
Plus d'infos — visitvictoria.com/Regions/Great-Ocean-Road

AUTRES ROUTES EXTRAORDINAIRES

ROUTE TRANSFAGARAN

Roumanie

La route nationale 7C ou Route Transfagaran en Roumanie est considérée comme l'une des plus belles au monde, avec sa succession de viaducs, de ponts et de lacets. Elle tient son surnom des monts qu'elle traverse, les monts Fagaras, la chaîne la plus haute des Carpates du Sud, autrement appelée « Alpes de Transylvanie ». Les origines de la 7C sont moins charmantes : elle a été construite de 1970 à 1974 sur les ordres de Nicolae Ceausescu. Le dictateur souhaitait que son armée puisse intervenir rapidement en cas d'invasion par l'Union soviétique : officiellement, une quarantaine de personnes sont décédées lors de sa construction, qui a également nécessité quelque 6000 t de dynamite.

SILVRETTA HOCHALPESTRASSE

Autriche

On aurait presque envie d'abandonner son véhicule au bord de la route pour partir en randonnée tellement le paysage est superbe. Ouverte en 1954, la route des Hautes-Alpes Silvretta du Montafon, en Autriche, se déroule langoureusement sur 22,3 km, reliant le Vorarlberg au Tyrol. Chaque année depuis 1998 a lieu un rallye de voitures anciennes, qui slalome sur ses 34 virages en épingles à cheveux. La vue imprenable sur les lacs de Vermunt, Silvretta et Kops mérite bien ces détours.

LES ROUTES DU VERCORS

France (Alpes)

Le massif du Vercors possède un relief atypique et unique en France, sculpté dans le calcaire. Les routes construites au XIXe siècle ont dû s'adapter à ce mélange détonnant de falaises, de crêtes, de gorges... L'une des routes les plus spectaculaires, parfois coupée en raison d'éboulements, est située dans les gorges de la Bourne. Cette route de 24 km, la départementale qui relie Pont-en-Royans à Villard de Lans, a été taillée dans la falaise avant d'être ouverte en 1872. Il a fallu presque onze ans de travaux pour l'achever. Autre belle voie en encorbellement, la route des Écouges.

ROUTE D81

France (Corse)

Les motards se rassemblent chaque année sur l'île de Beauté pour le Galeria Biker Day. Tombés sous le charme de la départementale 81 ? De Calvi à Ajaccio, elle procure un immense sentiment de liberté. Longeant la côte ouest de la Corse, cette route voit défiler les montagnes, mais aussi les criques et les plages. Un parfum méditerranéen chatouille le nez. Au passage, la D81 permet d'admirer les calanques de Piana, inscrites par l'Unesco au patrimoine de l'humanité en 1983. À cet endroit, la route est étroite, mais les motards se faufilent sans problème entre les cars de touristes.

MILFORD ROAD

Nouvelle-Zélande

Pour se rendre de Queenstown à Milford Sound, sur l'île du Sud de la Nouvelle-Zélande, il faut 4 h et 6 mn en voiture, « mais c'est sans compter le temps passé à s'arrêter pour prendre des photos », précisent sans rire les autorités. Sur la Milford Road (route 94), longue de 300 km, les occasions de faire une provision de clichés ne manquent pas. À l'arrivée, Milford Sound, décrit par l'écrivain Rudyard Kipling comme la « 8e merveille du monde », offre le spectacle somptueux d'un fjord majestueux. Depuis 1983, les risques d'avalanche sur la route sont pris très au sérieux.

LINHA VERDE

Bahia, Brésil

La première route écologique du Brésil traverse le nord de l'État de Bahia en longeant la côte, de Salvador à Mangue Seco. Inaugurée en 1993 mais construite dès la fin des années 1960 sous le nom de « route des Cocotiers », elle est bordée côté mer de cocoteraies plantées sur des dunes de sable, et côté terre, de la Mata Atlântica, la forêt atlantique primitive. Tout au long, on croise villages de pêcheurs isolés et splendides plages de sable blanc longues de dizaines de kilomètres.

Livraison en rickshaw, Inde

TRANSPORTS INSOLITES DANS LE MONDE

Chicken Bus, tuk-tuk, jeepney, train suspendu, traîneau, escalator, taxi-brousse… Ailleurs dans le monde, on n'utilise pas forcément la voiture, l'avion ou le train pour se déplacer. Et souvent, le transport est déjà un voyage en soi. Du « diablo rojo » panaméen au « becak » indonésien, voici des moyens de transport insolites à travers la planète. Certains sont connus, d'autres carrément étranges. Attachez votre ceinture, c'est parti !

THAÏLANDE ET ASIE DU SUD-EST

TUK-TUK

Le grand classique d'un voyage en Asie du Sud-Est, et plus particulièrement en Thaïlande. Le tuk-tuk (prononcer « touk-touk ») est une sorte de triporteur aménagé à partir d'une moto, avec une banquette sous un auvent métallique. Certains sont de véritables œuvres d'art. Le tuk-tuk est une bonne alternative aux taxis, même si on respire à fond les gaz d'échappement aux heures de pointe. Attention, il faut négocier TOUS les prix. On en trouve aussi au Laos, Cambodge, Vietnam, Inde, Sri Lanka, Kenya, Pérou, Algérie… et même à Paris !

THAÏLANDE

LONG TAIL BOAT

L'un des clichés les plus populaires de la Thaïlande. Les *long tail boats* (bateaux à longue queue) sont des bateaux à fond plat, souvent fabriqués avec du bois de teck. Ils sont propulsés avec un moteur automobile fixé en haut d'une perche et manœuvrés par un conducteur qui fait penser à un gondolier. Très esthétiques, les long tail boats arborent un ruban coloré sur leur proue, censé porter bonheur. Incontournable si vous vous rendez dans l'une des îles de Thaïlande.

AFRIQUE

TAXI-BROUSSE

Une vraie tranche de vie africaine et une expérience à ne pas manquer. Les taxis-brousse sont des taxis collectifs interurbains, aménagés dans des Peugeot 404 (Côte d'Ivoire), des vans, des minibus… qui ne démarrent que lorsque toutes les places ont été vendues. Les taxis-brousse, parfois en piteux état, offrent un rapport distance/prix imbattable, mais ils sont assez inconfortables. Bon à savoir : quand il est bondé, un taxi-brousse n'est jamais rempli ! Du coup, on se retrouve parfois très collés-serrés… Qu'importe, ces trajets sont l'occasion de faire des rencontres sympathiques et de découvrir la vraie vie locale. On en trouve dans de nombreux pays d'Afrique (Côte d'Ivoire, Sénégal, Burkina Faso, Madagascar…).

À lire avec un enfant — *Le taxi brousse de Papa Diop*, Christian Epanya, Syros, 2015.
À écouter (si on ose) — *Taxi brousse*, Yeleen.

THAÏLANDE, LAOS

SONGTHAEW

L'un des moyens de locomotion les plus caractéristiques, plus particulièrement de la région de Chiang Mai (Thaïlande) et du Laos, mais aussi des plus pratiques, même si peu confortables... Les *songthaews* sont des taxis collectifs au parcours fixe, souvent des pick-up réaménagés, avec à l'arrière du véhicule deux planches en bois en guise de sièges. On s'y entasse pour pas cher. En général, on demande l'arrêt grâce à une sonnette, ou en tapant sur la carrosserie. Sympa pour les petits trajets…

INDE, INDONÉSIE, ASIE DU SUD-EST

RICKSHAW, TRISHAW, BECAK

Très répandu en Asie du Sud-Est et en Inde, c'est un véhicule tricycle à propulsion humaine (vélo-rickshaw) ou mécanique (auto-rickshaw, tuk-tuk). En Indonésie, on l'appelle « becak » et, sur Java, il s'apparente au cyclo-pousse. Les rickshaws font office de taxis. Dans tous les cas, demandez qu'ils mettent le compteur s'il y en a un. Sinon, négociez le prix avant. Et puis, en voiture !

VENISE

VAPORETTO, GONDOLE, ETC.

On ne les présente (presque) plus ! Parcourue par des canaux, la Cité des Doges est un paradis pour les amateurs de transports maritimes décalés. Icône de la ville, la gondole est une barque à fond plat asymétrique, relevée à l'avant et à l'arrière. Faire le tour des canaux guidé par un gondolier qui pousse la chansonnette, un pur cliché dont on ne se lasse pas (attention, ce n'est pas donné !). Alternative à l'onéreuse gondole : le *traghetto*, une navette traditionnelle qui permet d'aller d'une rive à l'autre du Grand Canal. Ces gondoles publiques assurent la traversée du matin au soir pour… 2 € par personne ! À Venise, on se déplace plutôt en vaporetto, sorte de bus public sur l'eau. Idéal pour profiter du paysage (surtout sur le Grand Canal), de préférence sur le pont et à l'avant. Enfin, les motoscafi, de splendides bateaux-taxis tout en bois verni avec des chromes et des cuivres étincelants, sont à conseiller aux routards-richards.

MADÈRE

LUGE EN OSIER

Une luge qui n'a pas besoin de neige pour glisser ? C'est à Madère, plus précisément à Monte, dans les hauteurs de Funchal, que l'on peut s'adonner à ce rituel particulier. Installés sur le *carro de cesto* – des sortes de petits fauteuils en osier montés sur des patins de bois – les passagers se laissent glisser jusqu'à Funchal, le long d'un parcours de 2 km, manœuvrés par deux conducteurs en canotier. Très amusant !

ALLEMAGNE

BIERBIKE

Vous avez peut-être croisé à Berlin (ou dans d'autres villes allemandes) ces drôles d'engins à pédales actionnés par une dizaine de solides gaillards adeptes de la bière. Le concept est simple : quatre pneus, un comptoir où l'on pose sa chope, des passagers qui picolent en pédalant (ou l'inverse) et un conducteur supposément à jeun. Tout pour plaire aux touristes… et d'ailleurs, ça marche ! Certains citadins allemands apprécient moins ces cyclistes imbibés qui mettent parfois la sono un peu trop fort. La ville de Düsseldorf a, pour sa part, interdit les Bierbike. Munich a fait de même avant de se raviser : il faut dire que la fête de la bière est une spécialité locale. Quant à Fribourg, elle a lancé des « Weinbikes » qui carburent aux petits vins blancs. Ils ne sont pas mauvais dans la région d'ailleurs…

KUALA LUMPUR, MOSCOU

MONORAIL

Un drôle de métro suspendu dans les airs à cheval sur un rail ! On emprunte ces rames futuristes sans conducteur à Kuala Lumpur ou à Moscou. Celui de Kuala Lumpur est très pratique : il permet d'éviter les embouteillages de la capitale malaise, mais aussi de découvrir les principaux centres d'intérêt de la ville. C'est même l'un des musts de KL !

HONG KONG

ESCALATOR

Des escalators comme moyen de transport ? Vous avez bien lu et ce n'est que dans une mégalopole comme Hong Kong qu'on peut imaginer cela. Là-bas, on ne touche plus terre, littéralement. Les rues et les avenues sont dédoublées par des passerelles, les mid-levels escalators : on peut passer d'une tour de bureaux à l'autre sans mettre le pied sur un trottoir. Des kilomètres d'escaliers roulants permettent ainsi de survoler la ville. Du cœur du quartier des affaires à Central Market, c'est même un « serpent mécanique » de 800 m (record mondial !) qui permet de gravir la colline de Victoria jusqu'aux gratte-ciel chics des Mid-Levels et au quartier branché de SoHo, en passant par-dessus rues et immeubles !

ALLEMAGNE

TRAIN SUSPENDU

C'est comme une chauve-souris ferroviaire. Le train suspendu de Wuppertal est le plus vieux monorail du monde et l'un des rares à être en activité (il y en a deux autres, à Dresde et à Memphis). Il consiste en une ligne aérienne composée de 20 stations sur un parcours de 13 km. Spécialité locale, les wagons sont suspendus dans les airs à 12 m au-dessus de la rivière Wupper et 8 m au-dessus des rues. Même s'il est quotidiennement utilisé par les usagers locaux, c'est l'une des (rares) attractions touristiques de cette ville de la Ruhr. Compter 30 mn pour faire l'ensemble du trajet.

CANADA, LAPONIE

TRAÎNEAU À CHIENS

Désolé de vous décevoir, mais plus personne (ou presque) ne se déplace en traîneau à chiens au Canada, ni même en Laponie. Il s'agit désormais d'une activité essentiellement touristique qui offre son lot de sensations fortes. Le moyen idéal pour découvrir la magie et les grands espaces du « paradis blanc ». Et si vous aimez les chiens huskys, ce sera le nirvana ! Sachez aussi que cette activité se pratique également dans les Alpes et le Jura.

PHILIPPINES

JEEPNEY

L'icône des Philippines ! On adore ces grosses jeeps transformées en bus qui sillonnent les rues du pays. À l'origine inventés à partir des jeeps laissées par les Américains après la guerre, les jeepneys ont de quoi faire pâlir d'envie les adeptes du tuning : gentes chromées, couleurs flashy et sono à fond… Quant aux pilotes, ce sont des as du volant, capables de se faufiler au beau milieu des embouteillages de Manille et de s'arrêter pratiquement n'importe où. Y'a qu'à demander en tapant bien fort sur le toit !

Jeepney, Philippines

SAN FRANCISCO

CABLE CAR

Ces tramways à traction par câble sont les derniers à être en activité permanente. Apparus à la fin du XIXe siècle à San Francisco, les *cable cars* sont l'un des emblèmes de la ville. Aujourd'hui, il ne reste que 3 lignes et une quarantaine de *cable cars*. Il n'y a pas de moteur à l'intérieur des *cable cars* (juste une batterie pour l'éclairage). Ils sont tractés le long des rails par des câbles continuellement en mouvement. Pour s'arrêter, le conducteur n'a qu'à lâcher prise sur le câble. Dans les descentes, le conducteur se laisse glisser en roue libre, ne se servant plus que du frein à main. L'attente est parfois interminable aux terminus des lignes car c'est une véritable attraction touristique !

ASIE, MADAGASCAR

POUSSE-POUSSE ET CYCLO

C'est un véhicule léger à trois roues et à deux places, tiré ou poussé par un homme. Il existe aussi des versions où l'homme tirant le pousse-pousse est à vélo (cyclo-pousse). On les a vus apparaître tout d'abord au Japon, à la fin du XIXe siècle. Au XXe siècle, le pousse-pousse se répand en Asie et dans les colonies européennes. Aujourd'hui, ces moyens de transport symboles de la colonisation ont pratiquement disparu et ont été remplacés par des tuk-tuk ou cyclo-pousse, comme au Vietnam. On trouve encore des pousse-pousse sur l'île de Hong Kong et à Antsirabe, à Madagascar, que l'on a surnommée la « capitale des pousse-pousse ».

CAMBODGE

BAMBOO TRAIN

Un train de bambou ? C'est une curiosité qui est encore en service à Battambang, dans la région du Tonlé Sap. Surnommé « Norry », il s'agit d'une plateforme en bambou, montée sur des bogies entraînés par un petit moteur et raccordés à l'essieu arrière par une courroie. Le Bamboo Train circule sur une voie unique fréquentée à double sens, une ancienne ligne de chemin de fer utilisée jadis pour le transport du fret et fermée par les Khmers rouges. Utilisé ensuite pour des petits transports à usage local (briqueterie, rizière), le Bamboo Train est aujourd'hui une attraction touristique. Menacé de fermeture à plusieurs reprises, il est toujours en service.

SHANGHAI

MAGLEV

Les transports insolites en Asie, ce n'est pas que tradition et folklore ! À Shanghai, c'est carrément l'opposé : on y trouve le RER le plus futuriste et rapide du monde. Le Maglev (pour *magnetic levitation*) est un monorail TGV qui utilise les forces magnétiques pour se déplacer. Il n'est donc pas en contact avec des rails, contrairement aux trains classiques. Le Maglev relie Shanghai à l'aéroport international de Pudong à une vitesse maximale de 431 km/h. Le trajet est effectué en 7 min 30 s, soit à une vitesse moyenne de 251 km/h. Impressionnant.

ASIE

MOTO-TAXI

Très développée en Asie, cette alternative à la voiture-taxi permet de se faufiler entre les véhicules dans les villes au trafic chaotique (Bangkok, Saïgon, Pékin...). Il s'agit ni plus ni moins que d'un service de taxis sur deux roues, souvent moins cher qu'un taxi classique et, surtout, plus rapide. Au Vietnam, les motos sont utilisées aussi pour transporter toutes sortes d'objets et des animaux. Les assemblages sont parfois ubuesques : comme au BHV, on trouve de tout sur les motos vietnamiennes ! Un spectacle qui a d'ailleurs inspiré un bouquin à Pierre Josse, le redac'chef du Routard *(Livraison Express)*. Attention, toutefois, les trajets en moto-taxi peuvent s'avérer dangereux. Il vaut mieux avoir les jambes courtes et le cœur bien accroché, car leurs chauffeurs sont de véritables Fangios.

Barques en roseau sur le lac Titicaca, Pérou

NEW YORK

TRAMWAY AÉRIEN

Tram aérien ou téléphérique urbain, à vous de voir… Suspendu par des câbles à 90 m au-dessus de l'East River, le W relie l'île du même nom à Manhattan. Il s'agit d'un véritable moyen de transport (MetroCard acceptée) et non d'une attraction touristique. Prenez-le pour avoir un point de vue inédit sur le Queensboro Bridge et les tours de Midtown. Départ à l'angle de 59th Street et 2nd Avenue. La traversée (1 km) dure 3 minutes.

ZANZIBAR

DALA DALA

Les *dalas dalas* sont les cousins des taxis-brousse made in Zanzibar : des mini-vans aménagés en taxis collectifs. Leur nom viendrait de « dollar ». Très nombreux, ils desservent les principaux villages de l'île, ce qui est bien pratique. Mais attention, les *dalas dalas* s'arrêtent sur demande, selon des parcours fixes. En conséquence, le moindre déplacement est long, trop long. Un trajet de Stonetown à Nungwi peut prendre jusqu'à 2h. On est entassés, secoués (la conduite est sportive !), et il fait très chaud à l'intérieur. Mais vu l'insuffisance des transports publics, on est bien contents qu'ils soient là, les *dalas dalas* !

PÉROU

BARQUES EN ROSEAU

Entre moyen de transport et lieu de vie, les îles flottantes et les barques à tête de dragon en roseau (le *totora*) des Uros sont les vestiges d'un peuple qui habitait le lac Titicaca. Aujourd'hui, 2500 Uros vivent toujours sur une soixantaine d'îles en roseau (épaisses de 3 m) de la pêche et, surtout, du tourisme. Si vous passez à Puno, on vous proposera sans doute une excursion à la rencontre des Uros. Malgré la commercialisation à outrance, on découvre un mode de vie et de transport unique au monde. Pour la petite histoire, les embarcations traditionnelles en roseau des Uros ont inspiré au Norvégien Thor Heyerdahl la construction du Kon-Tiki.

AMÉRIQUE CENTRALE

CHICKEN BUS

On termine avec une explosion de couleurs et de sons en Amérique latine. Utilisés au Guatemala, mais aussi dans d'autres pays de la région (Panama, Venezuela…), les Chicken Bus (appelés également « camioneta » ou « diablo rojo ») sont des bus scolaires américains transformés en transports en commun. Tous repeints, ils arborent, dans leur immense majorité, des motifs bariolés et des couleurs très vives. Comme les *jeepneys* des Philippines, ce sont des petits bijoux de tuning. Enfin, beaucoup sont équipés de sonos tonitruantes, diffusant de la salsa ou autres musiques latines. Une super ambiance, comme dans un night club ambulant. Spectaculaire !

Le delta du Mékong, Vietnam

LE LONG DES GRANDS FLEUVES

Sources de vie, berceaux des plus grandes civilisations, voies économiques et culturelles, parfois menaçants et souvent destructeurs, les fleuves du monde n'en finissent pas de fasciner. Choisir de découvrir une région du monde, ou un pays en particulier, en suivant le cours d'un fleuve, c'est opter pour un esprit de voyage particulier, changeant au gré de l'eau. Que ce soit à bord d'un vapeur du Mississippi, d'une jonque sur le Mékong, ou d'une felouque sur le Nil, partez à la découverte du monde en prenant la voie fluviale.

LE MÉKONG, JUSQU'AU DELTA

Prenant sa source dans les neiges du Tibet oriental, le Mékong, 10e fleuve le plus long du monde, traverse 6 pays (Chine, Birmanie, Thaïlande, Laos, Cambodge, Vietnam) pour se jeter dans la mer de Chine. Les possibilités d'excursions sur le « Danube de l'orient » sont nombreuses. En Thaïlande, nous vous recommandons les 100 km séparant Chiang Khan de Sang Khom. C'est sans doute l'un des plus beaux tronçons de route suivant le haut Mékong. Mais le fleuve révèle sa beauté si particulière lorsqu'il s'égare en plusieurs branches, oubliant ici et là îles et îlots. Au sud du Vietnam, le Mékong laisse place au « fleuve des neufs dragons » (« Cu'u Long » en vietnamien), admirablement décrit dans *L'Amant* de Marguerite Duras. À peine sorties du Cambodge, les eaux ralentissent, s'appesantissent pour éclater en 9 bras, fertilisant toute une région. Bras nourricier de tout un pays, le delta du fleuve mérite d'être exploré de manière approfondie. La meilleure époque pour y naviguer commence après la mousson et dure d'octobre à début mai. La diversité des paysages est remarquable : rizières, bosquets, cocotiers, mangroves, forêts de caduques… laissent parfois entrevoir d'authentiques villages vietnamiens ou de charmants marchés flottants.

LES ÉTAPES

Les croisières proposées ne durent généralement que deux à trois jours. La plupart partent de Hô Chi Minh-Ville : l'occasion de flâner dans les rues de la capitale vietnamienne. Ces croisières desservent ensuite Cái Bè, pour le charme de son marché flottant. Pourquoi ne pas tenter alors d'explorer les îles d'An Bình et Cái Bèn ? Ces endroits paisibles, perdus dans une végétation luxuriante, sont occupés par quatre petits villages authentiques. La dernière étape, avant le retour à Hô Chi Minh-Ville, vous fera passer par Cantho, capitale de la province, vivant essentiellement de la riziculture. Essayez de faire un rapide détour par la maison des Orchidées de M. Duong Ming Hien, construite vers 1870 par la famille Duong. Elle servit de décor à certaines séquences du film *L'Amant* de Jean-Jacques Annaud. Demandez à vous rendre au mont Sam, unique relief du delta, haut de 230 m. La montagne est sacrée, de nombreux Vietnamiens s'y rendent en pèlerinage. N'hésitez pas, dans votre périple fluvial, à utiliser les transports du coin – bateaux-taxis, bacs, bus – vos souvenirs au contact des Vietnamiens seront d'autant plus forts.

LE LONG DU BEAU DANUBE BLEU

Le Danube est le second plus long fleuve d'Europe, après la Volga. Il prend sa source en Allemagne, dans la Forêt-Noire, puis arrose l'Autriche, la Slovaquie, la Hongrie, la Serbie, la Roumanie, sur environ 2800 km. Après avoir traversé de nombreuses capitales européennes telles que Vienne, Budapest ou Belgrade, le Danube se jette dans la mer Noire, formant un vaste delta sur les côtes roumaines. Le delta du Danube a été déclaré réserve de la biosphère par l'Unesco. On y observe une flore et une faune très variées : c'est le royaume des pélicans et de plus de 200 espèces d'oiseaux migrateurs. En Hongrie, dans les environs de Budapest, le Danube fait un virage à 90° pour éviter les montagnes de Börzsöny et de Pilis. Ce virage est appelé boucle du Danube. C'est sans doute là que le fleuve révèle toute sa beauté. On y trouve des petites villes fortifiées dans un décor grandiose. Pour l'anecdote, Johann Strauss composa la fameuse valse *Le beau Danube bleu*, alors qu'il était en croisière sur le fleuve.

LES ÉTAPES

On peut sans problème prendre un bateau de Budapest et partir faire une excursion dans la journée vers le nord en direction de l'île de Szentendre, Esztergom ou Višegrad. Si vous rêvez d'un périple plus long sur le Danube, vous pourrez embarquer de Passau en Bavière, jusqu'à Bucarest, pour un voyage d'une quinzaine de jours à travers les pays d'Europe de l'Est : la meilleure occasion de visiter les villes de Vienne, Budapest, Belgrade ou Novi Sad… Vous traverserez en l'espace de quelques jours des paysages étonnants par leur variété.

LE GANGE, PAR LES VILLES SACRÉES

Le Gange, fleuve sacré par excellence, prend sa source dans l'Himalaya. Alors appelé Bhagirathi, il mêle ses eaux avec celles de l'Alaknanda pour devenir le Gange. S'écoulant au nord de l'Inde sur 2700 km dans la plaine gangétique, il se jette dans le golfe du Bengale en formant le delta du Gange, le plus grand au monde. Les sources sacrées du Gange sont un lieu de pèlerinage, appelé Yatra, et, il y a encore peu de temps, de nombreux Hindous mouraient de fatigue en effectuant le trajet ; les Occidentaux étaient tout simplement exclus du chemin. La situation a changé aujourd'hui et le pèlerinage vers les sources du Gange peut être effectué par tous. Au terme du périple, on découvre des sanctuaires dédiés aux divinités du panthéon hindou : Shiva ou Ganga. Le fleuve joue un rôle primordial dans la vie quotidienne et religieuse des Indiens. En se promenant sur ses berges, on peut voir les gens boire, se laver, se purifier. Les cendres des morts y sont dispersées et l'on voit souvent des offrandes de nourriture et de fleurs colorées flotter à la surface des eaux, frôlant les vaches sacrées venues s'y désaltérer. Un voyage le long du Gange vous fera découvrir les richesses de la culture indienne. Malheureusement, les eaux du Gange sont parmi les plus polluées au monde, des millions de mètres cubes d'eaux usées s'y déversant chaque jour.

LES ÉTAPES

Allahabad est l'une des plus anciennes villes du pays. Située au confluent du Gange et de la rivière Yamuna, elle est peu fréquentée par les touristes. Un peu plus loin sur le fleuve, Vârânasî, dite aussi Bénarès, est une ville sainte d'où vous ne sortirez pas indemnes : les Hindous sont nombreux à venir y mourir. Mourir à Bénarès, c'est rompre le cycle des réincarnations et avoir un accès direct au paradis. Calcutta, plus au sud, est traversée par une ramification du Gange. Ville dynamique, elle saura vous charmer par son architecture impressionnante et sa diversité. Des balades sur le fleuve permettent de découvrir de petits temples bien cachés, les « pêcheurs de sable » ou encore des bateaux chargés de paille utilisée lors des cérémonies religieuses.

L'AVENTURE SUR L'AMAZONE

Qui n'a pas un jour rêvé de naviguer sur l'Amazone ? Ce long serpent d'eau, sillonnant principalement la Colombie et le Brésil, est le deuxième fleuve de la planète avec 6448 km. Il prend sa source dans les Andes péruviennes pour se jeter dans l'océan Atlantique au niveau de la côte nord-est du Brésil. C'est tout un environnement qui surgit dès lors que le nom du fleuve est prononcé : la forêt amazonienne, tout d'abord, poumon vert de la planète et sanctuaire de la biodiversité unique au monde, menacée par la déforestation ; des tribus indigènes, ensuite, qui passionnaient Lévi-Strauss et qui, bien que protégées, survivent difficilement. Partir explorer cet environnement unique vous laissera à coup sûr un souvenir inoubliable. Différentes possibilités d'excursions s'offrent à vous : vous pouvez choisir entre le confort en cabine d'un bateau de croisière ou l'aventure des hamacs tendus sur un pont.

LES ÉTAPES

Manaus, capitale du caoutchouc, est le point de départ idéal pour une excursion. La plupart des croisières proposent de se rendre à la jonction entre les deux affluents, Rio Negro et Solimões, qui s'allient pour ne donner qu'un seul et unique fleuve, l'Amazone. La différence de rapidité et de température des deux fleuves offre un curieux phénomène. Les deux affluents coulent côte à côte sans se rejoindre sur plusieurs kilomètres ! Le spectacle sera encore plus réjouissant si vous apercevez les fameux dauphins roses, vivant uniquement dans l'Amazone. Essayez à tout prix, si votre condition physique vous le permet, d'aller explorer la forêt tropicale : l'expérience vous laissera des souvenirs inoubliables.

LE MISSISSIPPI, C'EST L'AMÉRIQUE !

Le Mississippi, c'est Tom Sawyer, Huckleberry Finn, *Autant en emporte le vent*, les champs de coton et les bateaux à aubes... Suivre son cours, c'est un peu comme voyager dans l'histoire des États-Unis. Le Mississippi, 3e fleuve du monde, naît dans le nord du Minnesota. Long de 3780 km, il traverse les États-Unis en leur milieu, du nord au sud. Le fleuve longe le Wisconsin, l'Iowa, l'Illinois, le Missouri, le Kentucky, le Tennessee, l'Arkansas, le Mississippi et enfin la Louisiane, puis se jette par un delta dans le Golfe du Mexique. Il peut être divisé en deux parties bien distinctes : le Mississippi supérieur, de sa source à sa confluence avec l'Ohio, puis le Mississippi inférieur, jusqu'à son embouchure. Le segment inférieur du fleuve forme de nombreux méandres à partir de Memphis : marécages, bras morts, bayous... La route de la Great River Road longe le Mississippi depuis 1938 à travers les 10 États qu'il arrose.

LES ÉTAPES

Les voyageurs au long cours qui ont le mal de mer seront ravis de descendre le fleuve par la route : du nord au sud, les paysages sont très contrastés. On y croise de nombreux sites historiques, mais aussi des musées, des parcs nationaux... Si vous préférez une croisière en Steamboat, quelques agences en proposent, souvent au départ de la Louisiane. Ici, le fleuve a modelé les paysages : lacs lagunaires, bayous, canaux... Les anciennes plantations qui ont fait fortune aux temps de l'esclavage, et leurs élégantes maisons coloniales, sont encore pour certaines sur pieds. N'oublions pas la Nouvelle-Orléans ! Dans le Vieux carré, des airs de jazz résonnent aux oreilles, les odeurs de cuisine créole viennent flatter les narines, les façades de style espagnol défilent sous les yeux. Véritable melting-pot, la Nouvelle-Orléans, pourtant durement frappée par le cyclone Katrina en 2005, étonne et détonne par son incroyable diversité et sa bonne humeur.

AU FIL DU NIL

Le Nil, un fleuve mythique. Sa seule évocation est une invitation au voyage et à la découverte. Il est le résultat de la confluence du Nil Blanc et du Nil Bleu. La source du Nil Blanc a été découverte en 2006, au Rwanda, à 2428 m d'altitude et celle du Nil bleu se trouve dans le lac Tana en Éthiopie. D'une longueur d'environ 6700 km, le Nil serpente dans 10 pays. Parmi eux, le Rwanda, le Burundi, la Tanzanie, l'Ouganda, l'Éthiopie, le Soudan et l'Égypte. Puis il se jette dans la Méditerranée pour former le delta du Nil. « L'Égypte est un don du Nil », disait Hérodote. Il avait raison. Sans le Nil, l'Égypte ne serait sans doute qu'un grand désert. Sans le Nil, l'Égypte ne nous ferait pas tant rêver : pas de grande civilisation, pas de pyramides, pas de temples… Le fleuve a depuis tout temps permis aux populations avoisinantes de se nourrir, déposant un limon fertile sur ses berges après chacune de ses crues. Mais celles-ci sont désormais contrôlées : la construction du haut barrage d'Assouan, en 1971, permet de réguler le débit du fleuve, tout en produisant de l'électricité. Il n'empêche que le Nil fait encore aujourd'hui vivre 300 millions d'Africains.

LES ÉTAPES

En Égypte, une croisière sur le Nil est une expérience enchanteresse : les levers et couchers de soleil sur le fleuve, l'observation des différentes espèces d'oiseaux raviront les amateurs de nature. On peut descendre le Nil, dans le sens Assouan-Louxor, ou le remonter de Louxor à Assouan, à bord d'un *dahabeyya* ou d'un *sandal*, des bateaux à voile. Ces croisières de trois jours à une semaine permettent de découvrir au fil de l'eau certains des plus beaux sites de l'Égypte : la Vallée des Rois, la Vallée des Reines, les temples de Kom Ombo, d'Edfou, les sites de Louxor et d'Assouan, mais aussi toutes les petites îles du Nil qui abritent de véritables trésors. À vous couper le souffle !

LE QUÉBEC, EN DESCENDANT LE SAINT-LAURENT

Au XVIe siècle, un certain 10 août, fête de la saint Laurent, Jacques Cartier navigua pour la première fois sur un fleuve qu'il baptisa du nom du saint. Visiter le Canada en suivant le fil du Saint-Laurent est un excellent moyen d'avoir un bon aperçu historique et touristique du Québec. Le Saint-Laurent prend sa source à l'embouchure du lac Ontario à Kingston, définit la frontière entre l'État de New York et l'Ontario avant de traverser le Québec, passant par Montréal pour se jeter dans le golfe éponyme, se mêlant aux eaux de l'océan Atlantique. Alors, si le temps vous le permet, pourquoi ne pas commencer par quelques grands lacs américains, Ontario, Erié… avant de vous rendre à Montréal. La ville, copieux mélange d'ethnies et de communautés, vous emballera par sa diversité culturelle, artistique et architecturale. Ne manquez pas le magnifique Musée des beaux-arts, un mini-Louvre traitant des arts du monde (africain, égyptien, grec…).

LES ÉTAPES

Deux possibilités de voyage s'offrent à vous : en bateau au départ de Montréal, ou sur le Chemin du Roy (à pied, en voiture ou à vélo) qui relie Montréal à Québec en longeant le fleuve. Autre ville, autre ambiance. Classée au patrimoine mondial de l'Unesco, Québec détonne dans l'univers des gratte-ciel américains. Il flotte ici un parfum d'authenticité et d'exotisme. Surplombant le fleuve et la vieille ville, le château Frontenac (en fait un hôtel) est à la ville de Québec ce que la tour Eiffel est à Paris : un symbole. Perdez-vous dans les rues aux charmes indéniables, profitez de la fraîcheur estivale des nombreux parcs avant de reprendre la route du fleuve. Direction la côte nord où de magnifiques paysages, s'étirant à l'infini, et une nature démesurée vous attendent. Tadoussac, à l'embouchure du fjord du Saguenay, mérite un arrêt. L'endroit est superbe, quoiqu'un peu trop touristique l'été. Mais c'est aussi le point de départ idéal pour une excursion à la rencontre des baleines. Ces fascinants mammifères marins viennent manger le plancton en grand nombre à cet endroit. Les eaux océaniques, poussées par le courant du Labrador, arrachent sur les fonds rocheux des micro-organismes propices au plancton. Dans la suite de votre périple, une petite entrave à la règle en partant explorer le Saguenay ne pourra qu'être récompensée. Le fjord est superbe et les panoramas splendides. Sinon, poursuivez votre itinéraire vers la Gaspésie. La région et son petit air de Bretagne sauront vous séduire : c'est une nature préservée où les immenses forêts parcourues de rivières à saumons alternent avec un littoral à la faune riche. Un superbe spectacle pour clôturer votre voyage au fil du Saint-Laurent.

LA VOLGA, BERCEAU DE LA RUSSIE

Une Russie autrement, hors des fastes de Saint-Pétersbourg et de la vie trépidante de Moscou... Voilà ce qu'offre un parcours sur la Volga. Célébré par le dramaturge russe Tourgueniev – « Dieu habite la Volga », disait-il – le fleuve promet la découverte d'une Russie débordante de ressources culturelles. Il prend sa source dans les collines de Valdaï, au nord-est de Moscou, et se jette dans la mer Caspienne, 3700 km plus loin.

LES ÉTAPES

Le canal de Moscou rejoignant la Volga, vous débuterez sûrement votre croisière par la capitale russe, ville à l'énergie incroyable ! Une bonne occasion pour visiter le magnifique Musée des beaux-arts Pouchkine ou la galerie Tretiakov, vous balader sur la mythique place Rouge et visiter la cathédrale Basile-le-Bienheureux. Mais vous voilà déjà à vous éloigner de Moscou : la ville de Kostroma, interdite aux touristes jusqu'en 1991, sera très certainement une des étapes de votre croisière. Perdez-vous dans la galerie marchande, située juste en face de la place centrale Soussaminskaïa, où se pressent les *babouchkas* pour faire leurs courses. Le monastère Saint-Hypati, joyau de l'architecture religieuse de la ville, étonne par ses somptueuses portes recouvertes de feuilles de cuivre. Autre monde, autre étape : la petite île Kiji, classée au patrimoine mondial de l'Unesco. Ce joyau d'architecture et d'art traditionnel de la vieille Russie, perdu dans l'immensité du lac Onega, semble parfois être une hallucination. L'église de la Transfiguration du Christ, avec ses 22 coupoles de bois chevillé, est la plus impressionnante des constructions. Des étapes d'une autre planète : les *isbas* de la presqu'île de Mandroga avec leurs couleurs chatoyantes, ou les nombreuses églises de Yaroslavl, ville rénovée dans un style néoclassique par Catherine la Grande au XVIIIe siècle... Votre parcours fluvial peut alors remonter vers Saint-Pétersbourg ou descendre jusqu'à Astrakhan, aux confins de la mer Caspienne, sur les traces d'Alexandre Dumas qui effectua aussi le voyage...

Réserve nationale du Masaï-Mara, *Kenya*

OÙ VOIR DES ANIMAUX ?

Observer les dauphins, voir les grands singes, pister le guépard, s'émerveiller devant les pandas ou les koalas… Que ce soit au cours d'un safari organisé, d'une excursion à la journée ou lors d'une rando en solitaire, observer les espèces locales pour obtenir de beaux clichés est devenu l'un des sports préférés des voyageurs de tout poil. Avouons-le, devant les animaux, nous sommes tous des enfants.
Voici une liste des meilleurs spots pour s'émerveiller devant les espèces les plus emblématiques.

AFRIQUE DU SUD

LES BIG FIVE

Les *Neiges du Kilimandjaro* d'Ernest Hemingway narrant les combats dans la brousse ont largement contribué au mythe des *Big Five* en Occident. Ces 5 mammifères africains (lion, léopard, rhinocéros noir, éléphant, buffle) après lesquels touristes et chasseurs courent dans les grands parcs figurent toujours au hit parade des brochures touristiques. Le territoire le plus populaire pour les observer, est le célèbre parc Kruger, en Afrique du Sud.

Et aussi : les grands territoires de l'Afrique Australe ; la Tanzanie, la Namibie (Etosha National Park), le Botswana (dans le delta d'Okavango) et aussi le Kenya (Masaï Mara).
www. krugerpark.com

AUSTRALIE

KOALAS

On dirait des peluches tellement ils sont mignons ! Ces marsupiaux, qui se nourrissent de feuilles d'eucalyptus, s'observent dans la région de Victoria, près de Melbourne (Parc National des You Yangs), sur la Great Ocean Road (Kennett River, Great Otway National Park, Tower Hill, French Island, Philip Island, Inverloch) et au Gippsland (Raymond Islandry Paynesville). Vous noterez que ce ne sont pas des hyperactifs : ils dorment 22 h sur 24, et les deux heures restantes sont consacrées aux repas !

Et aussi : à Port Macquarie, à environ 400 km au nord de Sydney.
www. billabongkoala.com.au

MALDIVES

RAIE MANTA

Le diable des mers fait fantasmer les plongeurs. C'est la plus grande des raies (on dénombre près de 500 variétés), elle peut atteindre jusqu'à 6 m d'envergure et son ballet est toujours un spectacle. Totalement inoffensive, elle vit en groupe, dans des baies abritées et près des récifs coralliens. Elle se nourrit de plancton, donc l'idéal pour la voir consiste à se poster au croisement de plusieurs courants, où cette nourriture abonde. C'est aux Maldives, de janvier à mars, que l'on trouve la plus forte concentration de raies mantas : plus de 100 000 individus.

Et aussi : on peut en observer toute l'année aux îles Surin en Thaïlande, en Indonésie (Bali, Flores, Bornéo). Et également, selon la saison, en Polynésie (Tuamotu de juillet à octobre), au canal du Mozambique (octobre à mai), aux Galapagos, à Djibouti et à Madagascar (avril à mai), au Mexique (novembre à mai) et en Afrique du Sud (juin à septembre).

BORNÉO

ORANG-OUTANS

Ces grands singes qui partagent plus de 97 % de notre patrimoine génétique nous fascinent. Malheureusement, la déforestation menace les « hommes de la forêt » : l'abattage intensif des arbres centenaires au profit des champs d'huile de palme met en péril la survie de l'espèce. Il ne reste que 41 000 individus sur l'île de Bornéo. Plusieurs ONG engagées dans leur sauvegarde ouvrent au public pour récolter des fonds. Ces centres de réhabilitation permettent d'observer ces bêtes, qui peuvent atteindre jusqu'à 1,40 m, à l'heure où elles viennent se nourrir auprès des rangers. S'ils sont dans un bon jour, les orangs-outans vous feront un véritable show.

Et aussi : à Sumatra, la grande île indonésienne compte encore 7 500 orang-outans. À Bukit Lawang, dans le parc national de Gunung Leuser, dans le nord de l'île, il existe une plateforme d'observation liée à un ancien centre de réhabilitation. Possibilité de faire des balades, où l'on croise quasiment à chaque fois la redoutable Mina, véritable terreur de la forêt, qui a mordu 60 guides en 15 ans !

WWW. orangutan-appeal.org.uk
WWW. sarawakforestry.com
WWW. orangutan.org
WWW. oranghutantours.com

FLORIDE

CROCODILES ET ALLIGATORS

On ne parle pas des sacs à main de luxe, mais des bestiaux ! Et c'est en Floride où l'on compte près d'1,3 million d'alligators, que l'on observe le plus facilement ces reptiles, dans les fermes aux crocodiles du parc des Everglades *(Gator Park, Evergalades Alligator Farm, Saint Augustine Alligator Farm, Gatorama).*

Et aussi : dans les États du sud des USA, dans le nord de l'Australie en liberté ou dans les parcs : Hartley's Crocodile Adventures, Crocodylus Park et Crocosaurus Cove. Également en Amazonie, en Guyane, en Afrique centrale et de l'Ouest…

WWW. gatorpark.com
WWW. everglades.com
WWW. alligatorfarm.com
WWW. gatorama.com

MADAGASCAR

LES LÉMURIENS

Ces cousins des singes sont endémiques à l'île de Madagascar, mais on peut, dans une moindre mesure, en croiser aux Comores. À Mada, on ne compte pas moins de 6 grandes familles, qu'on peut classer en « lémuriens diurnes » et « lémuriens nocturnes ». Ils sont tellement populaires qu'ils sont érigés en emblème du pays. Le plus commun est le *maki catta*, reconnaissable à sa longue queue rayée. Il vit en groupe, notamment à Berenty. D'autres réserves sont également propices à l'observation : Nahampoana, Andohahela, Anjozorobe-Angavo, et l'incontournable réserve de Périnet (ou Andasibe-Mantadia) pour les indris. Les plus pressés se contenteront d'une visite au Lemur's Park, près de Tananarive, où 8 espèces se partagent 4 ha de domaine à 1 h de la capitale.

WWW. madagascar-lemuriens.com
WWW. parcs-madagascar.com
WWW. nahampoana.com
WWW. lemurspark.com

À DÉCOUVRIR EN FRANCE

OUEST DU CANADA

OURS BRUNS

Attention ! Les ours et autres grizzlys sont dangereux, il ne faut surtout pas s'approcher d'eux !

Les régions sauvages du Canada constituent un site privilégié pour observer ces animaux redoutés de mai à octobre. Ils sont près de 500 000 à fouler le territoire, d'ailleurs tenez-vous bien à distance, même si vous souhaitez faire de beaux clichés. Les Rocheuses canadiennes à cheval sur les parcs naturels de Colombie-Britannique et de l'Alberta sont des endroits faciles d'accès et des sites d'observation privilégiés. Les jours de chance, on croise les ours bruns en train de se nourrir aux abords des routes. Mais restez prudent (et dans la voiture !).

Et aussi : dans les forêts d'Alaska, de Finlande, de Suède (à partir de la Dalécarlie), de Slovénie, de Sibérie, et des Pyrénées.

CHINE

PANDAS

Ce mythique animal est en voie d'extinction (on en compte un millier en liberté), à cause de la surexploitation des forêts et d'un problème de reproduction : la femelle ne peut porter qu'une progéniture tous les deux ou trois ans ! Les pandas vivent dans les régions montagneuses du Sichuan, Tibet, Gansu et Shanxi. Il est très difficile de les observer dans leur milieu naturel, on préférera se rendre dans un parc ou dans un centre de recherche comme celui de Chengdu. Il sera aussi possible de les approcher dans la réserve naturelle nationale de Changquing. Soyez patient.

Et aussi : au zoo de Beauval, en France, et en direct sur Panda tv.
www. panda.org.cn
www. ipanda.com

BAIE DE SOMME

OISEAUX

La France fait partie des meilleurs spots au monde pour observer les oiseaux. Cap sur la Picardie et la réserve naturelle de la baie de Somme. La côte constitue, tout au long de l'année, le lieu privilégié d'alimentation et de repos d'anatidés, petits et grands échassiers, mouettes, goélands et sternes qui, souvent par milliers, vont passer le temps de la marée haute autour du banc de l'Ilette. Au moment où le site est recouvert par la mer, il est parfois possible d'observer dans l'eau un phoque en pêche ou au repos. La deuxième zone est un polder où se trouve le parc ornithologique du Marquenterre. Ce site est occupé par de vastes prairies et des plans d'eau, des marais, des dunes embroussaillées, une pinède... Hébergeant des milliers d'oiseaux tout au long de l'année, il est notamment réputé pour les oiseaux d'eau : grands échassiers, oies et canards, limicoles, mouettes et goélands.

www. marquenterrenature.fr

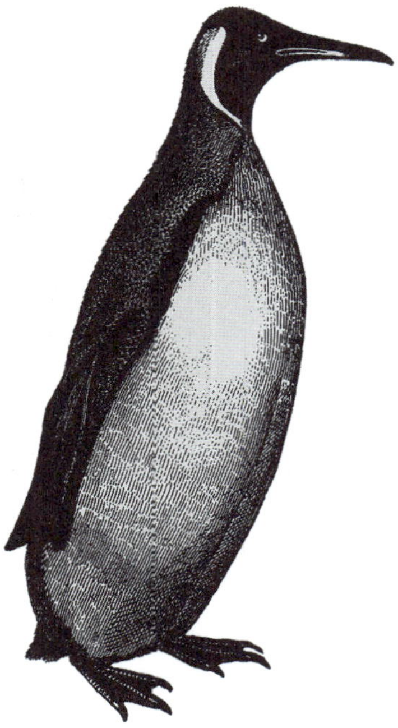

QUÉBEC

BALEINES

L'observation des baleines est un sport auquel on s'adonne très facilement chez nos cousins d'Amérique. En particulier, dans l'estuaire du Saint-Laurent. On vous conseille Tadoussac à l'embouchure du fjord du Saguenay, un spot d'observation des baleines, de mai à octobre. Plus largement, la région de la Côte Nord (Manicouagan, Duplessis), et plus particulièrement entre Tadoussac et Blanc-Sablon (« la route des baleines »), est l'un des hauts lieux d'observation des cétacés. Le top du top pour vivre le grand frisson, c'est d'embarquer dans un kayak, pour être au plus près des cétacés. On peut en voir également de l'autre côté du pays, du côté de l'île de Vancouver, autre lieu privilégié d'observation.

Et aussi : en Colombie (près du port de Buenaventura, de juillet à octobre), au Mexique (à Puerto Vallarta, en mars-avril), au Costa Rica (la péninsule d'Osa au sud-ouest et Le Marino Ballena National Park, toute l'année), en Argentine (à la péninsule Valdès en Patagonie, de juin à décembre), en Alaska (mai-septembre), à Hawaii (janvier février), sur l'île sud de la Nouvelle-Zélande (à Kaikoura en décembre-janvier), sur la Gold Coast australienne (juin-novembre), en Afrique du Sud (Hermanus, de juin à décembre), dans les îles Lofoten en Norvège (mai-septembre), en Islande, et à la Réunion (dans la baie de Saint-Paul), de mi-juin à octobre.
www. quebecmaritime.ca

MÉDITERRANÉE

DAUPHINS

Depuis *Le Grand Bleu*, les dauphins font rêver petits et les grands. Et, bonne nouvelle, on peut les approcher sur plusieurs endroits du globe, même chez nous ! Cap sur la sublime Porquerolles, en Méditerranée, où on pourra les observer à seulement une quarantaine de minutes au large de l'île (renseignements à l'office du tourisme). Le sanctuaire de Pélagos, dans le golfe de Gênes, est un lieu idéal pour l'observation : 25 000 dauphins y sont recensés, mais aussi des baleines et des cachalots. 87 500 km² forment un sanctuaire pour les mammifères marins. Attention ! Observer les dauphins et autres cétacés, c'est une chose. La nage, en revanche, n'est pas forcément à conseiller, aussi bien pour les animaux que pour les humains ! Pour en savoir plus, lisez la petite mise en garde au sujet de la nage avec les dauphins sur le site du sanctuaire de Pélagos *(sanctuaire-pelagos.org)*

Et aussi : en Grèce, Turquie, Panama, Costa Rica, Mexique, Honduras, Canaries, Açores, Égypte, Bali, Sri Lanka, Madagascar, République dominicaine, Hawaii...

ARGENTINE

MANCHOTS

On compte plus d'1 million de manchots à Punta Tumbo, dans la province de Chubut en Argentine, soit la plus grande colonie de manchots de Magellan au monde ! C'est à près de 170 km de Puerto Madryn, mais ça vaut le déplacement. Cette réserve naturelle est ouverte de mi-septembre à mi-mars. Entre la mer et les collines, la colonie géante squatte et se prête volontiers à la séance photo dans un piaillement assourdissant. Un spectacle fabuleux !

Et aussi : au Chili, sur l'île de la Magdalena, en Nouvelle-Zélande à Omaru, au Cap en Afrique du Sud.

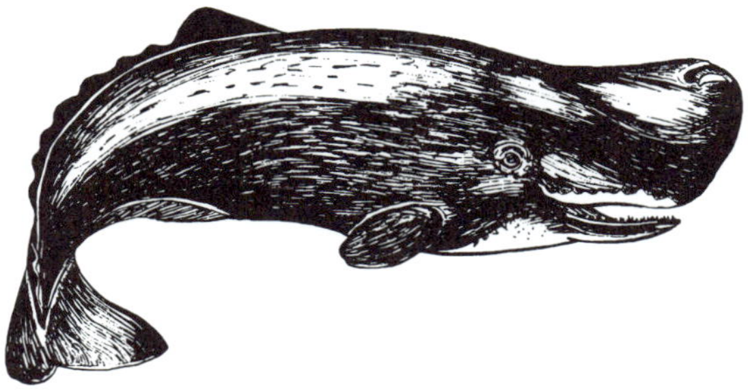

COSTA RICA
TORTUGUERO

Isolé, ce village entre terre et mer n'est accessible que par voie aérienne ou maritime. Le trajet est long pour atteindre ce petit bout du monde, mais c'est peut-être le plus beau village de la côte Caraïbe. Installé sur un bras de terre entouré de canaux, il semble flotter sur l'eau. Ici, la vie s'écoule au doux rythme caribéen. La journée commence par un petit déjeuner en bord de canal, puis on part fouler le sentier de randonnée du fameux parc national, avant d'embarquer dans une pirogue pour filer sur les canaux à la rencontre des animaux. Mais on vient surtout à Tortuguero pour assister à la ponte des tortues sur la Playa Tortuguero.

Le parc national : un balai d'animaux

La majorité des visiteurs viennent jusqu'ici (et la route est longue !) pour assister à la ponte ou à l'éclosion des tortues de mer, mais la richesse du parc mérite largement le détour, même en dehors de cette saison. On y recense environ 440 espèces d'oiseaux, un véritable ballet de plumes se déroule sous vos yeux : martins-pêcheurs, aigrettes, toucans, jacanas, faucons, aras verts, etc. Leurs envolées ou plongeons dans l'eau offrent un joli spectacle, tout comme leurs chants qui animent la forêt. Dans l'eau, sur terre ou haut perché dans les arbres, on compte environ 140 espèces de mammifères. Araignées, hurleurs ou capucins, les singes se repèrent assez facilement. Pas aussi facile de débusquer un paresseux, immobile et silencieux, l'œil expert d'un guide est presque obligatoire. Encore plus difficiles à observer : les rares jaguars ou les lamantins. Enfin, près de 120 espèces de reptiles peuplent aussi le parc, à commencer par les tortues, véritables stars locales. On croise aussi des caïmans, des iguanes ou encore des basilics Jésus-Christ, sorte de lézard vert qui réussit l'exploit de marcher sur l'eau ! Certains surnomment le parc « La petite Amazonie », on comprend maintenant pourquoi ! Deux options s'offrent à vous pour découvrir le parc : la voie terrestre ou la voie maritime. Évidemment, on vous conseille… de faire les deux !

L'observation des tortues

Des milliers de touristes débarquent chaque année à Tortuguero pour assister à la ponte des tortues ou à l'éclosion des œufs. La plupart des tortues revenant pondre sur la même plage où elles ont vu le jour, le spectacle est assuré depuis des millénaires ! C'est l'attraction phare de ce petit bout de Caraïbe. La saison de ponte s'étend de mars à octobre, avec un pic autour du mois d'août. Spectacle unique et émouvant, les tortues sortent de l'eau souvent en groupe et remontent la plage au-dessus de la ligne de démarcation de la marée haute. À la nuit tombée (pour éviter que leur ventre ne chauffe sur le sable), elles creusent un trou et y pondent entre 80 et 120 œufs en moyenne. Elles recouvrent ensuite le trou avec leurs pattes arrière pour les protéger. Mieux, elles creusent aussi un autre trou vide pour tromper les prédateurs ! Puis, elles retournent à la mer. 45 à 70 jours plus tard, les œufs éclosent et les bébés tortues filent droit vers la mer pour éviter les prédateurs et la déshydratation. On estime qu'un bébé sur 1 000 seulement atteint l'âge adulte !

FICHE PRATIQUE

Comment y aller ?

- **En bus et bateau collectifs :** les durées de trajet en *lancha*, petit bateau typique qui navigue au ras de l'eau, sont approximatives. En fonction du niveau d'eau du canal, l'embarcation peut filer comme se traîner. Depuis la capitale, San José, il faut prendre 2 bus collectifs et un bateau pour rejoindre Tortuguero. En tout, prévoir entre 5 et 7 h avec les transports et les correspondances. C'est la façon la plus économique, mais aussi la plus longue, de rejoindre Tortuguero. On voyage alors comme les Ticos.
- **En avion :** incroyable gain de temps (25 mn de vol depuis San José), à condition de ne pas avoir la trouille des petits coucous et surtout d'avoir les sous. Attention, en basse saison les vols peuvent être beaucoup moins fréquents.

Une réglementation stricte

Pour assurer la survie des tortues (sept espèces sur huit de tortues marines sont menacées), les autorités de Tortuguero fixent évidemment des règles sévères. L'observation des tortues doit par exemple obligatoirement se faire avec un guide. Impossible d'y aller seul. Aussi, des créneaux horaires sont aménagés pour les tours-opérateurs : 20 h-22 h et 22 h-minuit. Après minuit, les sorties sont illégales. Et bien évidemment, il est interdit de toucher les tortues.

Réservation

Pour réserver sa visite, adressez-vous à *Asoprotour*. Cette association regroupe les guides de Tortuguero et constitue le meilleur point d'information du village. On peut y réserver des excursions : tour des tortues, tour en canoë, marche diurne ou nocturne…, et aussi des transferts en bateau vers d'autres villes.
Site : asoprotur.com

10 LIEUX EFFRAYANTS DANS LE MONDE

Âmes sensibles, s'abstenir !
Du Londres de Jack l'éventreur à la forêt de la mort au Japon, voilà 10 sites terrifiants pour vous faire frissonner (de plaisir ?). Momies, vampires, cadavres, rats et autres esprits frappeurs vous attendent dans un tour du monde de l'étrange et du fantastique.

ANGLETERRE

LE LONDRES DE JACK L'ÉVENTREUR

À l'automne 1888, un mystérieux tueur en série terrorisa le quartier populaire de Whitechapel, dans l'East End de Londres. Après avoir tranché la gorge de plusieurs prostituées, il disparut sans laisser de traces et Scotland Yard ne le découvrit jamais. Il est entré dans la légende du crime sous le nom de « Jack l'éventreur ». Aujourd'hui, des visites guidées vous entraînent sur les lieux du crime à la tombée de la nuit, dans les ruelles et les passages sombres de Whitechapel. Préférez une soirée brumeuse ou un soir de fine pluie pour vous mettre dans l'ambiance. En chemin, vous ferez sans doute halte au Royal London Hospital Museum : outre des archives sur Jack, il recèle le masque de John Merrick, alias « Elephant Man ». Brrr…

jacktheripperwalk.com
www.walks.com
À lire : *From Hell*, Alan Moore et Eddie Campbell (Delcourt, 2000), et *Le peuple d'en bas*, Jack London (Phébus, Libretto, 1999). Une plongée dans l'East End de Londres au tout début du XXe siècle (*The People of the Abyss*, 1903).

ROUMANIE

LE DRACULA TOUR EN TRANSYLVANIE

Préparez vos gousses d'ail en arrivant à Sighisoara ! C'est en s'inspirant de la vie d'un seigneur local du XVe siècle, le sanguinaire Vlad Tepes, que Bram Stoker imagina son fameux comte Dracula (« dracul » signifie « le diable » en roumain). Le château voisin de Bran servit de modèle pour la demeure du vampire. Une sorte de forteresse perchée, qui n'a en fait pas grand-chose à voir avec le vampire. Vlad Tepes serait enseveli dans le monastère de l'île de Snagov… Vous suivez ? Si la belle cité féodale de Sighisoara, classée à l'Unesco, a tout du décor de film fantastique, le Dracula business bat ici son plein. Tours guidés, souvenirs, effigies, rien ne vous sera épargné ! De quoi donner l'envie de sortir son crucifix : vade retro Dracula !

À lire : *Dracula*, Bram Stoker, 1897 (écriture concomitante avec les meurtres de Jack l'Éventreur à Londres en 1888 dans le district de de Whitechapel).
À voir : *Nosferatu le vampire (Nosferatu, eine Symphonie des Grauens)*, film muet allemand réalisé par Friedrich Wilhelm Murnau, 1922, et *Nosferatu, Fantôme de la nuit*, Werner Herzog, 1979.

CALIFORNIE

LA WINCHESTER MYSTERY HOUSE À SAN JOSE

Construite par la veuve du fabricant de carabines Winchester, cette gigantesque demeure californienne fout les jetons ! Et pour cause. Sa structure, complètement délirante, aurait été dictée à Sarah Winchester par les esprits des morts tués par une Winchester. Pendant 38 ans, la veuve construisit cette maison à San Jose pour conjurer le mauvais sort. 160 pièces, 2000 portes – dont certaines s'ouvrent sur un mur ou dans le vide –, 10000 fenêtres, 50 escaliers – dont une bonne partie ne mène nulle part –, des vitraux Tiffany et du bois précieux partout… Un vrai délire architectural qui se visite de jour comme de nuit et qui a inspiré Stephen King *himself* pour la série *Rose Red*… Enfin, pour les amateurs de demeures maudites, on a retrouvé la terrible maison d'*Amityville* : elle se trouve au 112 Ocean Avenue de la ville du même nom, sur Long Island.

winchestermysteryhouse.com
À voir : *La Maison du diable (The Haunting)*, film américano-britannique réalisé par Robert Wise, 1963, *Shining (The Shining)*, film américano-britannique realisé par Stanley Kubrick, 1980 et *Amityville : La Maison du diable (The Amityville Horror)*, film américain réalisé par Stuart Rosenberg, 1979.

SICILE

LE COUVENT DES CAPUCINS À PALERME

En dehors du centre de Palerme, dans un quartier un peu glauque, le couvent des Capucins renferme une crypte digne d'un film d'horreur. Dans les galeries souterraines, quelque 8000 corps momifiés sont suspendus aux murs comme à des crocs de boucher. La coutume remonte au XVIIIe siècle, quand la bonne société palermitaine trouvait chic d'établir sa dernière demeure chez les Capucins. La visite de la crypte est à déconseiller aux âmes sensibles. Certains corps, tous élégamment vêtus, ont conservé des lambeaux de chair, des touffes de cheveux, des poils de moustache. Le comble de l'horreur : une petite fille de 2 ans parfaitement conservée. Un vrai festival de zombies ! Dans le même genre, on vous signale les ossuaires de Sedlec à Prague et de Hallstatt en Autriche.

W. palermoweb.com

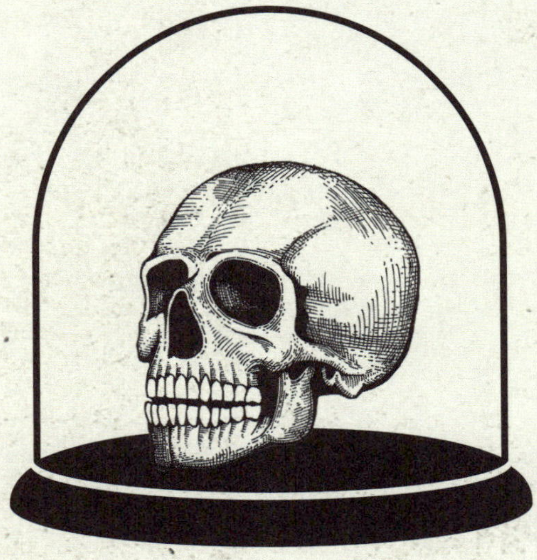

MEXIQUE

LE MUSÉE DES MOMIES À GUANAJUATO

Vous avez aimé les Capucins à Palerme ? Vous allez adorer les momies de Guanajuato. C'est même l'attraction touristique principale de cette magnifique ville coloniale classée à l'Unesco. Comme quoi… Dans ce musée, une centaine de cadavres exhumés d'un cimetière de la ville sont exposés en vitrine. Certains ont encore leurs dents ou leurs cheveux, mais tous sont dans un état de décomposition avancée. Il y a même une galerie des enfants. Les Mexicains adorent se prendre en photo devant les cadavres. Les amateurs de sensations fortes peuvent même se rendre au Museo del Culto de la Muerte voisin, pour continuer dans le macabre. Si le cœur vous en dit… Pour les fans, la scène d'ouverture de *Nosferatu, Fantôme de la nuit*, de Werner Herzog (1979) fut tournée dans le musée.

W. momiasdeguanajuato.gob.mx

INDE

LE TEMPLE DES RATS À DESHNOKE

Pour certains, le temple de Karni Mata, dans le Rajasthan, passe pour l'endroit le plus horrible du monde. Il est, en effet, envahi par des rats, qui sont considérés comme des hôtes sacrés en ces lieux. La sainte hindoue à laquelle est dédié ce temple aurait permis de ressusciter un enfant, à condition qu'il se réincarne en rat, ainsi que toute sa descendance. Les rongeurs vagabondent à leur guise, nourris par les offrandes des fidèles. C'est simple, on ne voit plus le sol par endroits. Petit détail : on entre dans le temple pieds nus ! Toujours motivés ? Sachez que si un rat vient se lover sur vos pieds, cela porte chance, si c'est un rat blanc de surcroît, on vous conseille de jouer illico presto au loto !

À savoir : le temple est situé à 220 km de Jodhpur et 30 km de Bikaner.

JAPON

AOKIGAHARA, LA FORÊT DE LA MORT

Située au pied du mont Fuji, cette forêt si dense qu'on n'y voit plus le jour passe pour un endroit maudit. Ayant poussé sur une coulée de lave du volcan, elle abriterait des phénomènes paranormaux. En tout cas, c'est un fait avéré, Aokigahara attire chaque année des dizaines de candidats au suicide. Qualifiée de « parfait endroit pour mourir » par un écrivain japonais, la forêt serait hantée par les âmes des défunts. Certains cadavres n'ont même jamais été retrouvés, comme happés par la verdure luxuriante. Des panneaux déconseillent fortement de sortir des sentiers balisés. Sous peine de se perdre… à jamais ? Gus Van Sant y a tourné son film *Nos souvenirs (The Sea of Trees)*. Un « balayage des suicides » est organisé annuellement par policiers, pompiers et volontaires à la recherche des corps dans la forêt.

À voir : *Le Cercle (The Ring)*, film américano-japonais réalisé par Gore Verbinski, 2002 et *Ring*, film japonais réalisé par Hideo Nakata, 1998.

TOGO

LE MARCHÉ AUX FÉTICHES DE LOMÉ

C'est le supermarché favori des sorciers africains, des guérisseurs et autres adeptes de rites magiques. Dans le quartier d'Akodessewa se trouve le fameux marché aux fétiches de Lomé. Installé sous des hangars aux toits de tôle qui sentent la charogne, cette caverne d'Ali Baba porte le surnom de « marché aux têtes » en raison de tous les crânes d'animaux que l'on peut y trouver. On y apprend notamment que la peau de porc-épic mélangée à une plante tropicale guérit la varicelle et la rougeole. Quant au fameux philtre d'amour, il s'agit d'une décoction composée de plantes et d'une peau de caméléon. Glurps… Sur les étals, on trouve des statuettes, des peaux de reptiles et de crocodiles, des serpents éventrés, des ossements d'oiseaux, de chiens ou de buffle et même d'humains ! Bref, tout ce qu'il faut pour réussir sa potion magique… ou faire des cauchemars la nuit suivante !

À écouter : Jimi Hendrix, *Voodoo Chile* et *Voodoo Child (Slight Return)*.
À voir : *Vaudou (I Walked with a Zombie)*, film américain réalisé par Jacques Tourneur, 1943.

INDE

LE FORT DE BANGHAR

Le très sérieux *Times of India* s'est posé la question : s'agit-il du pire endroit hanté d'Asie ? En tout cas, le fort abandonné de Banghar, situé dans le district d'Alwar du Rajasthan, est le théâtre de phénomènes paranormaux dès la nuit tombée. C'est du moins ce que prétendent les gens du coin. Une affaire suffisamment sérieuse pour que l'Archaeological Survey of India interdise le site aux promeneurs après la tombée de la nuit… Selon la légende, le fort aurait été détruit par un éboulement après qu'un magicien ait essayé d'envoûter une princesse à l'aide d'un philtre d'amour. Celle-ci refusa le breuvage, ce qui causa la destruction de Banghar. Aujourd'hui, les fantômes chercheraient à venger le sorcier. Ce qui n'a pas empêché un groupe de jeunes Indiens d'y passer la nuit pour réaliser un film dans le style *Blair Witch Project*.

UKRAINE

LA VILLE FANTÔME DE PRYPIAT

Malheureusement, il ne s'agit ni d'une légende ni d'une croyance. Cité modèle construite par les soviétiques en 1970, Prypiat est bel et bien une ville fantôme depuis 1986. Nulle malédiction pourtant : Prypiat se trouve à 3 km de la centrale nucléaire de Tchernobyl. Située dans la zone d'exclusion autour de la centrale après la catastrophe de 1986, la ville est aujourd'hui inhabitée. Ses 50 000 occupants ont été évacués. Prypiat, dont certaines agences proposent la visite, est restée telle quelle, rongée par la rouille et les herbes folles. Mais le mal, invisible, circule toujours dans ses rues : il y règne un taux de radioactivité 70 fois supérieur au seuil maximal de sécurité. Pompéi de l'ère atomique, Prypiat est une ville maudite, un témoignage de la folie des hommes et des dangers du nucléaire.

À voir : *La terre outragée*, de Michale Boganim, film français, polonais, ukrainien, allemand, 2012 et *Stalker*, de Tarkovski, 1979.
À lire : *La Nuit tombée*, d'Antoine Choplin, La fosse aux ours, 2012 et *La supplication : Tchernobyl, chroniques du monde après l'apocalypse*, Svetlana Alexievitch, J'ai lu, 2004.

D'un côté, un fermier ou un particulier qui pratique l'agriculture biologique ou l'éco-construction. De l'autre, un voyageur prêt à s'investir et à rendre service en échange du gîte et du couvert. Entre les deux, un concept en plein essor : LE WWOOFING.

Les destinations

France

Pas besoin d'aller à l'autre bout du monde pour expérimenter le wwoofing ! Le voyage n'en sera pas moins exotique et enrichissant. Cela peut être un bon moyen de tenter le wwoofing une première fois.

Cotisation moyenne → 25 €
Nombre d'hôtes → 250

Europe

Le wwoofing est très développé en Europe, à des degrés divers selon les pays. Au Royaume-Uni, terre natale du mouvement, on trouve plus de 650 hôtes.

Cotisation moyenne → 25 €
Nombre d'hôtes → 2 000

Qu'est ce que le Wwoofing

Tout commence en Angleterre

—

L'histoire du wwoofing débute à Londres grâce à une citadine en manque de nature, Sue Coppard. Afin de s'échapper de la capitale le temps d'un week-end, la Londonienne contacte des fermes pour leur proposer ses services. Ayant posté une petite annonce dans un journal pour trouver des compagnons intéressés par cette expérience, elle se rend vite compte que de nombreux citadins rêvent, comme elle, de passer du temps à la campagne. Le premier essai a lieu dans une ferme bio-dynamique du Sussex en 1971. C'est un succès et, grâce au bouche-à-oreille, de nombreux fermiers proposent d'accueillir eux aussi des volontaires.

Le wwoofing est né. Derrière l'acronyme Wwoof, il fallait à l'origine comprendre « Working weekends on organic farms » (week-ends de travail dans des fermes bio). Aujourd'hui, le concept a évolué et Wwoof signifie « World wide opportunities on organic farms » (offres d'emploi mondiales dans les fermes bio).

Progressivement, le mouvement s'est diffusé dans le monde entier. Une centaine de pays font à présent partie du réseau, dont la Chine, le Ghana ou le Japon. D'après l'association Wwoof UK, il y aurait 6000 hôtes répartis sur les cinq continents. Jamais Sue Coppard n'aurait pu imaginer un tel engouement !

Un mot-clé : l'échange

—

Le wwoofing repose sur l'échange. Les hôtes offrent la nourriture, l'hébergement et les occasions d'apprendre contre une assistance en maraîchage, jardinage ou tout autre travail agricole. Le wwoofing exclut tout échange monétaire et propose justement un modèle alternatif. Cela demande au wwoofer de s'investir et à l'hôte de partager son savoir-faire. Il ne s'agit d'ailleurs pas d'un travail.

Comme les associations du monde entier l'indiquent, le wwoofing n'est pas destiné aux routards qui cherchent un hébergement gratuit ! Les hôtes sont parfois très déçus de recevoir des opportunistes. Ne confondez pas le wwoofing et le couchsurfing, qui n'ont rien à voir.

L'esprit du wwoofing

—

Le wwoofing est ouvert à tout le monde, quel que soit l'âge ou la nationalité. Pas besoin d'être un fin connaisseur du compostage ou de l'apiculture ! Comme l'indique la charte de Wwoof France, l'un des objectifs est de « permettre à des non-initiés d'avoir une première expérience dans le domaine de l'agriculture biologique et de l'éco-construction ». D'après l'association française, la plupart des adhérents sont des citadins. L'essentiel : avoir envie d'apprendre et être sensible à la protection de l'environnement puisque vous partagerez le quotidien de fermiers bio ou de personnes ayant un rapport privilégié avec la nature.

Plus largement, l'ambition du wwoofing est aussi, grâce à ce partage de connaissances et à cette chaîne de rencontres, de diffuser les principes d'une agriculture plus respectueuse de l'environnement et de défendre la biodiversité. Le wwoofing permet également de favoriser la communication au sein du mouvement de l'agriculture biologique et de créer des liens entre citadins et ruraux.

Comment ça marche ?

Qui sont les hôtes ?

—

Les profils s'avèrent extrêmement variés. Vous pouvez aussi bien trouver une exploitation agricole qu'une famille. De nombreux particuliers proposent en effet d'accueillir des wwoofers pour participer à leur chantier d'éco-construction, l'entretien de leur potager ou de leur jardin. Tous ont en commun les principes de l'agriculture biologique.

Les hôtes ont envie de vous faire découvrir leur mode de vie, leur savoir-faire et leur région. Pour des fermiers qui vivent dans des régions reculées et n'ont pas souvent l'opportunité de voyager, le wwoofing est l'occasion de rencontrer des personnes du monde entier.

S'inscrire

—

En premier lieu, il faut adhérer à l'association Wwoof du pays où vous souhaitez vous rendre. La cotisation annuelle varie. Si vous partez à deux, certaines associations proposent des adhésions couplées.

Une fois inscrit, vous aurez accès à la liste des hôtes du pays, par région, en version papier ou numérique. Si vous souhaitez avoir un aperçu des hôtes des différentes destinations que vous avez en tête, vous pouvez, avant de vous inscrire, consulter librement la liste des hôtes (sans l'accès à leurs coordonnées). Cela vous permettra de savoir si ce pays compte beaucoup d'hôtes, si les activités proposées vous intéressent, etc. Une association, Wwoof Independents, regroupe tous les hôtes des pays qui n'ont pas d'association nationale. Il faut là aussi s'inscrire pour y avoir accès. Pour trouver le site du pays que vous avez choisi, vous pouvez passer par : **wwoof.net**, site global du wwoofing.

L'adhésion à l'association n'inclut pas d'assurance.

Amérique

—

Wwoof USA comptent plus de 2000 hôtes et une association indépendante recense les hôtes d'Hawaii (plus de 300). Pas de problème non plus pour wwoofer au Canada, où le mouvement est bien implanté.

Cotisation moyenne → 25 €
Nombre d'hôtes → 2000

Asie et Pacifique

—

Il existe des associations Wwoof dans la plupart des pays asiatiques. Le Japon compte de très nombreux hôtes, une belle expérience si l'on en croit les récits des wwoofers.

Cotisation moyenne → 25 €
Nombre d'hôtes → 800

Afrique

—

Le wwoofing se développe aussi en Afrique. Le site *Wwoofafrica.org* sert de base centrale à tous les pays qui participent au Wwoofing en Afrique.

Cotisation moyenne → 25 €
Nombre d'hôtes → 800

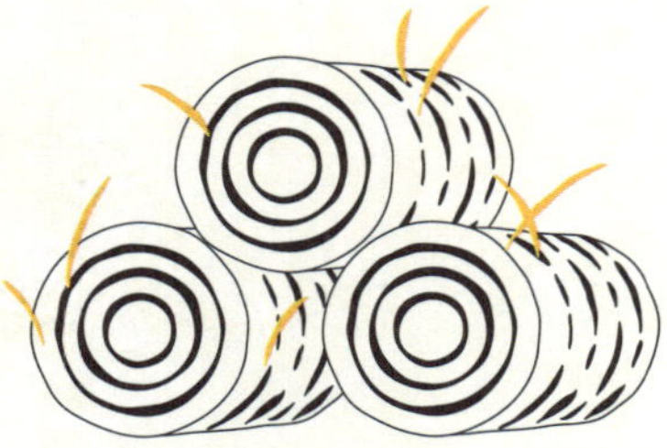

Sélectionner les hôtes

Une fois inscrit, vous aurez donc accès à la liste complète des hôtes du pays concerné avec les coordonnées de chacun. Vous trouverez une brève description de chaque hôte (Que fait-il ? Est-ce une exploitation ou un particulier ? Qu'attend-il des wwoofers ? Quel est son mode de vie ? Quelles activités propose-t-il ?). Prenez du temps pour éplucher ces listes (parfois très longues !) et trouver le ou les hôtes qui vous correspondent. À vous de bien réfléchir à ce que vous attendez de cette expérience : êtes-vous plutôt intéressé par le maraîchage, les énergies renouvelables, l'éco-construction ? De même, le quotidien chez un particulier ou chez un professionnel ne sera pas le même.

Prendre contact avec les hôtes

Il est impératif de contacter chaque hôte chez qui vous souhaitez vous rendre afin de vous assurer qu'il y a une place disponible et de discuter des conditions du séjour. Présentez-vous et expliquez-lui ce qui vous intéresse particulièrement dans son activité.

Si le descriptif fourni par l'association n'est pas précis, demandez quelles seront vos tâches, votre emploi du temps, comment vous serez logés. Si vous êtes allergiques à certaines choses, pensez à le spécifier. Il ne faut pas hésiter à aborder tous ces points. Cette discussion sera une première rencontre et vous permettra de voir si le courant passe entre vous. À l'étranger, de nombreux wwoofers préfèrent contacter leurs hôtes par mail. Cela ne doit pas empêcher de poser les questions essentielles. Enfin, respectez les dates de séjour que vous avez annoncées ou prévenez en cas de changement, les hôtes ont souvent des capacités d'accueil réduites.

Une fois sur place...

La plupart des hôtes apprécient que les wwoofers restent au moins une semaine, ce qui semble le minimum pour s'imprégner du lieu et se sentir utile. L'hôte s'engage à partager son savoir-faire. Il sera donc là pour vous apprendre des choses. Votre rôle consiste à lui rendre service dans sa vie quotidienne, « sans obligation de rentabilité ou de performance » (charte de Wwoof France). Vous lui consacrerez cinq à six heures par jour et vous aurez des jours de congé, définis avec lui.

Les tâches sont aussi variées qu'il y a d'hôtes ! Retaper un corps de ferme, cueillir des fruits, soigner les animaux, débroussailler un terrain, installer un système de phytoépuration, entretenir le potager… La liste est longue !

Le logement peut se faire en yourte, en tipi, en tente, en caravane, en chambre individuelle... Il n'y a aucune règle. Certains peuvent vous demander d'apporter une tente.

Le wwoofing s'adresse également aux familles avec enfants. Tous les hôtes ne sont pas partants mais certains, notamment s'ils ont des enfants du même âge, acceptent volontiers d'héberger des familles. À vous, bien sûr, d'en discuter au préalable.

Témoignages

Laura, sept mois de wwoofing en Australie

« **Je suis partie sept mois en Australie** et, grâce au wwoofing, j'ai vécu dans onze fermes. Pour moi, c'était un moyen de rester active, de nouer des rencontres et de ne pas dépasser mon budget restreint. »

Florence, six mois de wwoofing au Japon et en Afrique du Sud

« **C'est une amie qui m'a parlé du wwoofing et m'a convaincue de tenter l'expérience.** Je suis partie une première fois au Japon, où j'ai été chez six hôtes. À l'exception d'une exploitation professionnelle, j'ai toujours été reçue par des particuliers, souvent des familles qui entretenaient un jardin ou un potager. »

Mélina, neuf mois de wwoofing au Canada, aux États-Unis et au Mexique

« **Je suis partie pour un voyage de neuf mois au Canada, aux États-Unis et au Mexique.** J'ai séjourné dans une douzaine de fermes dans ces trois pays. Je venais de finir mes études et je ne connaissais pas grand-chose à l'agriculture biologique. »

Maud, deux semaines de wwoofing en France

« **J'ai wwoofé à Bergerac, près de Bordeaux**, chez une dame qui ramassait des plantes et des fleurs pour en faire des tisanes. Elle se lançait doucement dans le milieu. Nous avons passé deux semaines en sa compagnie et appris des techniques intéressantes. »

1 Choisir une destination

Les profils s'avèrent extrêmement variés. Vous pouvez aussi bien trouver une exploitation agricole qu'une famille.

2 S'inscrire

En premier lieu, il faut **adhérer à l'association Wwoof du pays** où vous souhaitez vous rendre. Une fois inscrit, vous aurez accès à la liste des hôtes du pays.

↓

Pour trouver le site du pays que vous avez choisi → wwoof.net

3 Sélectionner les hôtes

Une fois inscrit, vous aurez donc accès à la liste complète des hôtes du pays concerné avec les coordonnées de chacun.

Vous trouverez une brève description de chaque hôte :

↓

→ Que fait-il ?

↓

→ Est-ce une exploitation ou un particulier ?

↓

→ Qu'attend-il des wwoofers ?

↓

→ Quel est son mode de vie ?

↓

→ Quelles activités propose-t-il ?

4 Prendre contact

Il est impératif de contacter chaque hôte chez qui vous souhaitez vous rendre afin de vous assurer qu'il y a une place disponible et de discuter des conditions du séjour.

En cas de problème

Rassurez-vous, dans la grande majorité des cas, tout se passe pour le mieux ! Cependant, comme partout, il arrive de mal tomber. Si vous rencontrez des difficultés, la première chose à faire est d'en parler avec votre hôte. En cas de sérieux problèmes relationnels, vous êtes libre de partir.

5 Sur place

Il est préférable de planifier un séjour d'au moins une semaine, non seulement pour l'hôte qui pourra ainsi prendre le temps de partager son activité avec vous, mais aussi pour vous qui, en tant que wwoofer, pourrez avoir le temps de vous adapter et de découvrir son mode de vie.

AVENTURE & OUTDOOR

10 TREKS DE RÊVE DANS LE MONDE

Le trek : un art de voyager, d'être dépaysé au rythme de la marche. Choisir de faire un trek, c'est décider de partir en quasi-autonomie à la découverte de nouveaux paysages, de nouvelles cultures. Plus que la performance, c'est le chemin qui importe. Que vous soyez sportif débutant ou aventurier confirmé, voici des parcours de treks inattendus et saisissants aux quatre coins de la planète. Mais soyez bien équipé, en forme physique et au courant des conditions météo ! Du Népal à l'Atlas marocain et du chemin des Incas à la Grande Muraille de Chine, c'est le moment de rêver aux plus beaux treks de la planète !

CHINE

GRANDE MURAILLE DE CHINE

Gravir la plus grande construction de la main humaine (6 700 km de long) pour faire l'un des treks les plus insolites du monde sur une « piste » de 6 à 7 m de hauteur sur 4 à 5 m de largeur… Tout un programme ! La Grande Muraille est facilement accessible depuis Pékin, sur les sites de Badaling, Mutianyu, Huanghuacheng et Jinshanling, ces deux derniers étant les moins fréquentés. Plusieurs options de découvertes s'offrent à vous, de 2 à 10 jours selon les programmes. Impossible de parcourir l'intégralité de la Muraille, bien entendu ! Faites attention à ne pas choisir votre parcours au hasard mais plutôt en fonction des restaurants, auberges et hôtels pour pouvoir voyager léger. La muraille est, le plus souvent, composée d'une succession d'escaliers qui montent et qui descendent… parfois avec des pentes très rudes. Certains tronçons n'étant pas praticables, il faut alors faire un détour ou pratiquer de l'escalade : il faut donc bien se préparer et il est recommandé de faire appel à une agence pour un long trek. Dormir seul sur la muraille n'est pas autorisé, il faut passer par les services d'une agence. Soyez bien équipé car il peut faire très froid la nuit. Bien choisir son parcours est essentiel, mais il faut surtout choisir la meilleure période, c'est-à-dire exclure l'été, où la température avoisine les 40 °C, et l'hiver où elle est polaire. Quoi qu'il en soit, ce trek vaut le détour, vous pourrez marcher fièrement sur une partie du patrimoine mondial de l'Unesco.

Distance	**Plusieurs parcours de 2 à 10 j.**
Point de départ	**Facilement accessible depuis Pékin.**
Plus d'infos	**greatwallforum.com (en anglais)**

PÉROU

CHEMIN DE L'INCA

Vous rêviez de découvrir l'empire inca ? C'est possible, de 2 à 4 jours pour le circuit complet, pour découvrir un territoire peu étendu mais extrêmement riche. Attention, randonnée extraordinaire et, par endroits, difficile. Bref, il faut être motivé ! Le chemin de l'Inca est le parcours de randonnée et trek le plus connu et le plus populaire du Pérou, mais également du continent sud-américain. Un trek où la beauté des paysages permet de visiter les ruines incas tout au long de la forêt andine, avec à l'arrivée une vue imprenable sur le Machu Picchu. Le chemin (40 km) est pavé de blocs, d'escaliers, de tunnels et de ponts qui traversent fleuves, vallées, et froides altitudes. Le point culminant est la « passe de la femme morte » à 4200 m d'altitude. Attention : réservation à l'avance obligatoire (prévoir 6 mois en période haute, compter 300-400 $ par personne), car il n'est plus possible de faire le parcours tout seul. Le nombre de randonneurs ne peut excéder 500 personnes quotidiennes. Privilégier la saison sèche (avril-octobre). Si vous n'avez pas réservé, vous pouvez rejoindre le Machu Picchu par un accès non restreint : Salkantay, moins fréquenté, peut permettre aussi de rejoindre la plus grande construction de l'homme andin. Mais, désormais, l'accès au Machu Picchu est lui aussi limité à 2500 visiteurs quotidiens…

Distance	45 km (4 j.)
Altitude max	4 200 m (Warmiwanusqa)
Point de départ	Kilomètre 82 (accessible en bus depuis Cusco).
Dénivelée	1700 m
Plus d'infos	incatrailperu.com

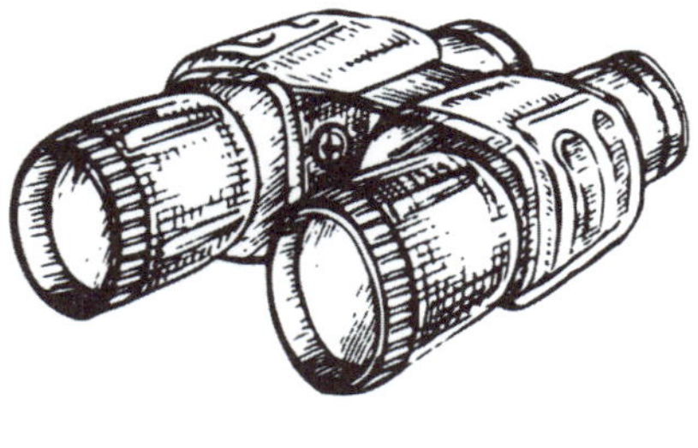

FRANCE-ITALIE-SUISSE

LE TOUR DU MONT-BLANC

Le Tour du Mont-Blanc (ou TMB pour les intimes) est sans doute le circuit de grande randonnée le plus fameux d'Europe. Comme son nom l'indique, il encercle le toit du Vieux Continent sur une distance d'environ 170 km pour une dénivelée de plus de 10000 m. Il offre des vues spectaculaires sur les Alpes, les sommets, les glaciers, les moraines, les pâturages. Le sentier passe par trois pays (France, Suisse, Italie) et huit vallées : vallée de l'Arve (ou de Chamonix), val Montjoie, vallée des Glaciers, val Veny, val Ferret italien et suisse, val d'Arpette et vallée du Trient en Suisse. Traditionnellement, le TMB part des Houches (France), puis passe par Les Contamines-Montjoie, Courmayeur, La Fouly, Champex, Le Tour et Chamonix-Mont-Blanc. Mais rien ne vous oblige à le faire dans ce sens. À noter qu'il existe des variantes à cette route, pour les marcheurs moins expérimentés et/ou moins intrépides. Même si les points culminants du TMB ne se trouvent qu'à 2665 m, il faut néanmoins avoir une bonne condition physique pour le trek en montagne. Le TMB se fait en une dizaine de jours et de juin à octobre. Attention aussi aux brusques changements climatiques !

Distance	170 km (7-10 j.)
Altitude max	2 665 m (col des Fours en France et fenêtre d'Arpette en Suisse).
Point de départ	Les Houches
Dénivelée	10 000 m cumulés et 11 cols
Plus d'infos	autourdumontblanc.com

MAROC

LE HAUT ATLAS

Vous en êtes à vos premiers treks, vous tâtez encore les différents terrains ? Les treks du Haut Atlas au Maroc vous sont destinés. De nombreux parcours accessibles à tous, de 2 à 8 jours, sont balisés, mais un guide est toutefois recommandé. Le Haut Atlas se trouve à moins d'une heure de Marrakech. Appelé aussi « toit du Maroc », c'est un massif montagneux où les plus sportifs trouveront des parcours plus escarpés en altitude, où adrénaline et beauté des paysages peuvent s'allier. Treks praticables de mai à octobre dans la plupart des cas. Facilement accessible depuis Marrakech, la vallée de l'Ourika offre de nombreuses possibilités au départ de Setti-Fatma : le plateau de Timenkar (2 jours), l'ascension du mont Tougroudadane (3320 m) en 3 jours, ou l'ascension du mont Toubkal en 8 jours, via Tachdirt, Imlil et le refuge de Tazaghart (pour les plus aguerris). Pour l'ascension du djebel Toubkal (plus haut sommet du Maghreb, 4 167 m), le plus simple est de partir d'Imlil : 2 jours sont nécessaires et un guide est recommandé car l'ascension est dangereuse par endroits. Un trek pas trop difficile qui offre des panoramas exceptionnels sur le Haut Atlas.

Distance	250 km pour la traversée complète (3 sem) mais nombreux parcours. possibles de 2 à 8 j.
Altitude max	4167 m (djebel Toubkal)
Point de départ	Marrakech

Le Haut Atlas, Maroc

TOUR DES ANNAPURNAS

Népal

Le massif de l'Annapurna, qui culmine à plus de 8000 m, est très populaire dans le monde des trekkeurs. Le parcours qui en fait le tour est un des grands classiques de l'itinérance, pour ne pas dire le plus renommé, et propulse le marcheur dans une grande diversité de paysages : vallées tropicales, paysages désertiques, cascades, montagnes… Depuis l'ouverture d'une piste pour les camions, il n'est plus possible de faire le tour complet à pied. Le trajet se fait donc de Besisahar à Muktinath en 10-12 jours. La deuxième partie, de Muktinath à Pokhara, peut s'effectuer en véhicule. Le passage le plus élevé est le col du Thorong La à 5416 m, ce qui nécessite une bonne condition physique. L'avantage de ce trek : hôtels, bivouacs, restaurants et auberges jalonnent le parcours. Pas de grandes difficultés techniques à signaler, l'ascension étant progressive. Il faut se munir d'un visa népalais. Attention au mal des montagnes !

Distance	200 km (env 12 j. de marche).
Altitude max	5416 m (Thorong La)
Point de départ	Besisahar
Dénivelée	800 m
Plus d'infos	around-annapurna.com

À DÉCOUVRIR EN FRANCE

GR 20
CORSE

L'île de Beauté porte bien son nom ! Pour s'en persuader et faire un trek inoubliable, il faut s'attaquer au GR 20, qui traverse la Corse du nord en passant par les montagnes du centre de l'île. Le parcours, long de près de 200 km, n'est pas de tout repos, puisqu'il totalise environ 13 000 m de dénivelée. Il faut donc compter une bonne quinzaine de jours pour le faire, à un rythme d'environ 6-7 h de marche par jour ! On peut toutefois parcourir une partie seulement du GR 20, et s'arrêter dans l'un des villages qu'il traverse pour rejoindre Ajaccio ou Bastia. Pour accomplir le parcours dans sa totalité, mieux vaut être bien préparé et entraîné à la marche en montagne. Seul un randonneur sur deux en moyenne le fait dans son ensemble. Le GR 20 se parcourt traditionnellement du nord au sud, de Calenzana à Conca, en passant par Vizzavona. La partie la plus rude se situe entre Calenzana et Vizzavona, attendez-vous à des grimpettes et des descentes plutôt raides. En chemin, il est possible de dormir dans des refuges (réservation indispensable en juillet-août) ou de bivouaquer. Attention : le GR 20 traverse le parc régional de Corse et on ne peut pas planter sa tente n'importe où ! Respectez bien les étapes. Également fameux, mais moins difficiles, le Mare e Monti et Mare a Mare sont deux autres parcours plus que recommandables en Corse.

Distance : 180 km (16 j.)
Altitude max : 2 607 m (pointe des Éboulis)
Point de départ : Calenzana (au Nord) ou Conca (au Sud)
Dénivelée : 13 000 m
Plus d'infos : parc-corse.org

TURQUIE

VOIE LYCIENNE

Un trek en bord de mer ? Très apprécié par les randonneurs, ce trek peut combiner sport et détente. La voie lycienne court sur un peu plus de 500 km, de Fethiye à Antalya. Compter un bon mois de marche pour la parcourir en entier. Rien ne vous empêche de n'en arpenter qu'un tronçon. Belles plages au début, montagnes vers la fin, canyons, grottes, vestiges archéologiques, et, tout ça, pas loin de la Méditerranée… Le parcours a été balisé par une passionnée de trek, l'anglaise Kate Clow, qui a publié un ouvrage de référence *(The Lycian Way)*. Le balisage n'est pas toujours très régulier, il est donc préférable de ne pas faire ce trek seul. De plus, certains passages peuvent être périlleux et il est donc souhaitable d'être accompagné en cas de chute. Le trek peut se faire en voyageant léger. Privilégiez le printemps et l'automne (fortes chaleurs en été). Les auberges, hôtels et restaurants sont facilement repérables depuis le parcours. On peut aussi partir avec sa propre tente. Si vous préférez faire du camping sauvage, prenez le parcours passant au nord de Kale. Le parcours balisé de trek peut être le fil conducteur d'un séjour bien plus long avec plusieurs étapes pour profiter des différentes criques et plages offrant une vue insaisissable sur des eaux turquoise. Les randonneurs débutants peuvent combiner ce parcours à une croisière en bateau de 3 à 4 jours.

Distance : 500 km (1 mois)
Point de départ : Fethiye ou Antalya
Plus d'infos : lycie.fr/voie-lycienne.html

TANZANIE

KILIMANDJARO

Un trek pour les sportifs, un trek pour se surpasser… mais de manière responsable. Ouvert à tous, à condition d'être en bonne condition physique et respiratoire. Et pour cause… Le toit de l'Afrique culmine à 5 892 m et l'altitude de départ est de 1 800 m. Le panorama sublime depuis le sommet sera la récompense de tous vos efforts. Cinq voies principales conduisent au sommet, dont la voie Marangu (la plus facile et la plus fréquentée), la voie Machame (un peu plus difficile, mais plus belle), la voie Umbwe (peu fréquentée et sauvage), la voie Mweka et la voie du plateau de Shira. L'entrée dans le parc du Kilimandjaro est payante. Guide et porteur sont les deux incontournables du trek (l'encadrement est obligatoire). Compter environ 980 $ (830 €) par personne pour 6 jours tout compris, sans oublier un matériel adéquat (et pas donné non plus) pour accomplir ce genre d'exploit. Juillet, août et septembre sont les mois les plus fréquentés, janvier et février sont les plus recommandables (temps sec et moins de monde). Les mois humides sont déconseillés. Le rythme est assez intense : compter 6 jours de marche, de 4 à 7 h par jour, pour côtoyer le sommet de ce volcan si impressionnant (80 x 50 km), situé en Tanzanie mais visible depuis le Kenya.

Distance : Entre 40 km et 65 km (6-10 j.)
Altitude max : 5 892 m (pic Uhuru au volcan Kibo)
Point de départ : Arusha
Dénivelée : 4 100 m

ARGENTINE - CHILI

EN PATAGONIE (TREK W)

Une région de treks où les surprises se révèlent à chaque kilomètre parcouru. Du tropique du Capricorne aux étendues glacées, l'immense Patagonie est l'une des régions les moins peuplées du monde, les treks peuvent donc se faire calmement sans gêner la population locale. Les plus beaux sites sont proches de la cordillère des Andes : montagnes, lacs, glaciers, un régal pour les yeux ! Les destinations de treks les plus populaires sont le parc Nahuel Huapi près de Bariloche, le parc national Los Glaciares, le Fitz Roy et la région d'El Chalten en Argentine et le parc national Torres del Paine au Chili. Dans ce parc, le trek W est l'un des plus célèbres du monde. L'itinéraire, dont la forme épouse celle de la lettre, se parcourt en 4-5 jours, en longeant des lacs. On trouve des campings et des refuges tout le long du parcours. Paysages sublimes. Attention, les conditions climatiques sont rudes dans cette région et les changements météorologiques peuvent s'avérer brusques. Évitez de partir seul et soyez très bien équipé (tente solide, duvet chaud, vêtements imperméables, chaussures de marche, ravitaillement…), car les sites sont très isolés. Le bout du monde est au sud de la Patagonie. Une fois les régions désertiques et sauvages, les lacs, les fjords traversés, la Terre de Feu s'offre à vous. La ville la plus australe du monde est sous vos yeux. Venez découvrir la ville du bout du monde : le trek ne peut aller plus loin…

Distance — 76 km (5 j.)
Point de départ — Puerto Natales
Dénivelée — 800 m
Plus d'infos — lapatagonie.com/treks

ÉTATS-UNIS

CONTINENTAL DIVIDE TRAIL

Tutoyer les sommets des Rocheuses, rien de moins ! Ce parcours de randonnée – en fait une succession de différents sentiers pratiquement ininterrompue – traverse les États-Unis, du Mexique au Canada, en épousant sur 5000 km les Rocheuses, la « colonne vertébrale du continent ». Plus précisément, le Continental Divide Trail suit la ligne de partage des eaux entre Atlantique et Pacifique. Du côté ouest, les rivières coulent vers le Pacifique, de l'autre en direction de l'est. Il traverse les États du Nouveau-Mexique, Colorado, Wyoming, Idaho et Montana. À noter qu'il peut être prolongé au Canada jusqu'au parc de Jasper par le Great Divide Trail. Évidemment, l'intégralité du parcours n'est à conseiller qu'aux trekkeurs les plus chevronnés et qui ont du temps (6 mois environ !). En fait, seule une poignée de marcheurs tente l'aventure. Il faut savoir que le parcours n'est balisé qu'aux trois-quarts et que certaines sections sont très ardues. Les fans de montagne privilégieront le segment au Colorado (320 km), qui épouse le parcours d'un autre trek fameux – le Colorado Trail – ou, mieux, au Montana (138 km), qui traverse une partie du Glacier National Park. Dans tous les cas, il faut être particulièrement bien préparé pour ce trek sportif, qui vous plongera « Into the Wild ».

Distance — 5 000 km (6 mois)
Altitude max — 4 349 m (pic Grays)
Point de départ — Antelope Wells (Nouveau-Mexique) ou Glacier National Park (Montana).
Plus d'infos — cdtsociety.org
Un livre — *Wild*, Cheryl Strayed, 10/18, 2014.

RANDONNÉES SUPERBES EN FRANCE

LE SENTIER DE SAINT-JACQUES, AU CŒUR DU QUERCY

Midi-Pyrénées

La via Podiensis, chemin du Puy-en-Velay aux Pyrénées, est l'une des quatre principales voies jacquaires vers Saint-Jacques-de-Compostelle. Sur 160 km et environ 9 jours, le tronçon du GR®65 entre Figeac et Moissac comporte de fabuleux paysages et des monuments admirables à visiter.

quercyenfrance.com

LE LUBERON, SÉRÉNITÉ ET CIGALES

Provence

Apt, Forcalquier, Manosque et Mérindol, des noms qui chantent sous le soleil du Vaucluse et de la Haute-Provence. Loin des foules du littoral, le parc naturel régional du Luberon garantit la sérénité de ces balades en circuit. Vous découvrirez la vallée de la Durance et ne manquerez pas le village de Saignon et ses châteaux accrochés aux rochers, telle une citadelle des temps anciens. Vous rougirez aussi sous les ocres de Rustrel dans le Colorado provençal et vous vous émerveillerez devant les incontournables bories en pierre sèche de Viens. Là vous pourrez dire enfin « Je connais un peu le Luberon ! ».

luberon.fr

LE CHEMIN DE STEVENSON, DANS LES CÉVENNES

Auvergne / Languedoc-Roussillon

« L'important est de bouger, d'éprouver de plus près les nécessités et les embarras de la vie, de quitter le lit douillet de la civilisation… ». Le romancier écossais Robert Louis Stevenson (1850-1894) a 28 ans lorsqu'il entreprend cette excursion depuis le Monastier-sur-Gazeille. Il souhaite oublier un chagrin d'amour. Avec son ânesse Modestine, il traverse les Cévennes, ne craignant ni le fantôme de la bête du Gévaudan ni les prédications des prophètes… En 12 jours de marche et 252 km, le chemin de Stevenson est balisé du Puy-en-Velay à Alès.

chemin-stevenson.org

LES CALANQUES DU SOLEIL

Bouches-du-Rhône

De Marseille à Cassis, les calanques – du provençal calenco, escarpé – se découpent en Méditerranée, véritables failles de calcaire sur le bleu éblouissant de la mer. Un site qui demande à être protégé face aux 2 millions de visiteurs annuels, si bien que les calanques ont été classées Parc national : respect de l'environnement obligatoire, sous peine d'amende. Allez-y de préférence hors saison. Au total, près de 28 balades à pratiquer avec de bonnes chaussures de marche et une protection contre le soleil ou le vent. Ne vous contentez pas d'une simple tenue de bain. Les cailloux roulent et sont dangereux. Le soleil tape, prévoyez de l'eau potable !

calanques13.com

LE TOUR DU COTENTIN, L'APPEL DU LARGE

Normandie

Vous avez envie d'un grand bol d'air frais, d'embruns, de chemins moussus et de liberté ? Faites le tour de la presqu'île du Cotentin. Sur cet itinéraire normand, aux maisons déjà bretonnes, se mêlent les souvenirs du Débarquement, les manoirs et les jardins, les dunes et les plages, les huîtres et le cidre, sous le cri lancinant des oiseaux marins. Les 436 km du Tour du Cotentin demandent plus de 20 jours de marche et peuvent être scindés en plusieurs étapes ou boucles, tels le GRP® du Val de Saire (51 km, 3 jours) et le GRP® de la Hague depuis Cherbourg (103 km, 5 jours). Les haltes et les hébergements sont fréquents et accueillants.

manchetourisme.com/circuit-normandie

PYRÉNÉES OCCIDENTALES, DE L'OCÉAN AUX SOMMETS

Pays basque, Béarn

Aqueros mountanos que tant haoutos soun (ces montagnes qui sont si hautes)… 260 km sur le GR®10, entre la Rhune et les Hautes-Pyrénées, cet itinéraire en moyenne montagne se fait par étapes. Vous commencerez à Hendaye, au bord de l'océan. Cols et ventas vous mèneront par Aïnhoa, Bidarray, Saint-Étienne-de-Baïgorry et Saint-Jean-Pied-de-Port, en montant et descendant. Vous traverserez le pays de Ramuntcho en Labourd, puis la Basse-Navarre. Ensuite, la Soule et la sauvage forêt d'Iraty, le karst d'Arette-la-Pierre-Saint-Martin. Un paysage lunaire vous conduira au pic d'Anie, porte du parc national des Pyrénées. Vallée d'Aspe et lacs d'Ayous, vallée d'Ossau… L'isard et le gypaète barbu vous observent… de loin et saluent votre entrée sur les premiers cols bigourdans, jusqu'à Arrens.

gr10.fr

Plongée dans les eaux méditerranéennes

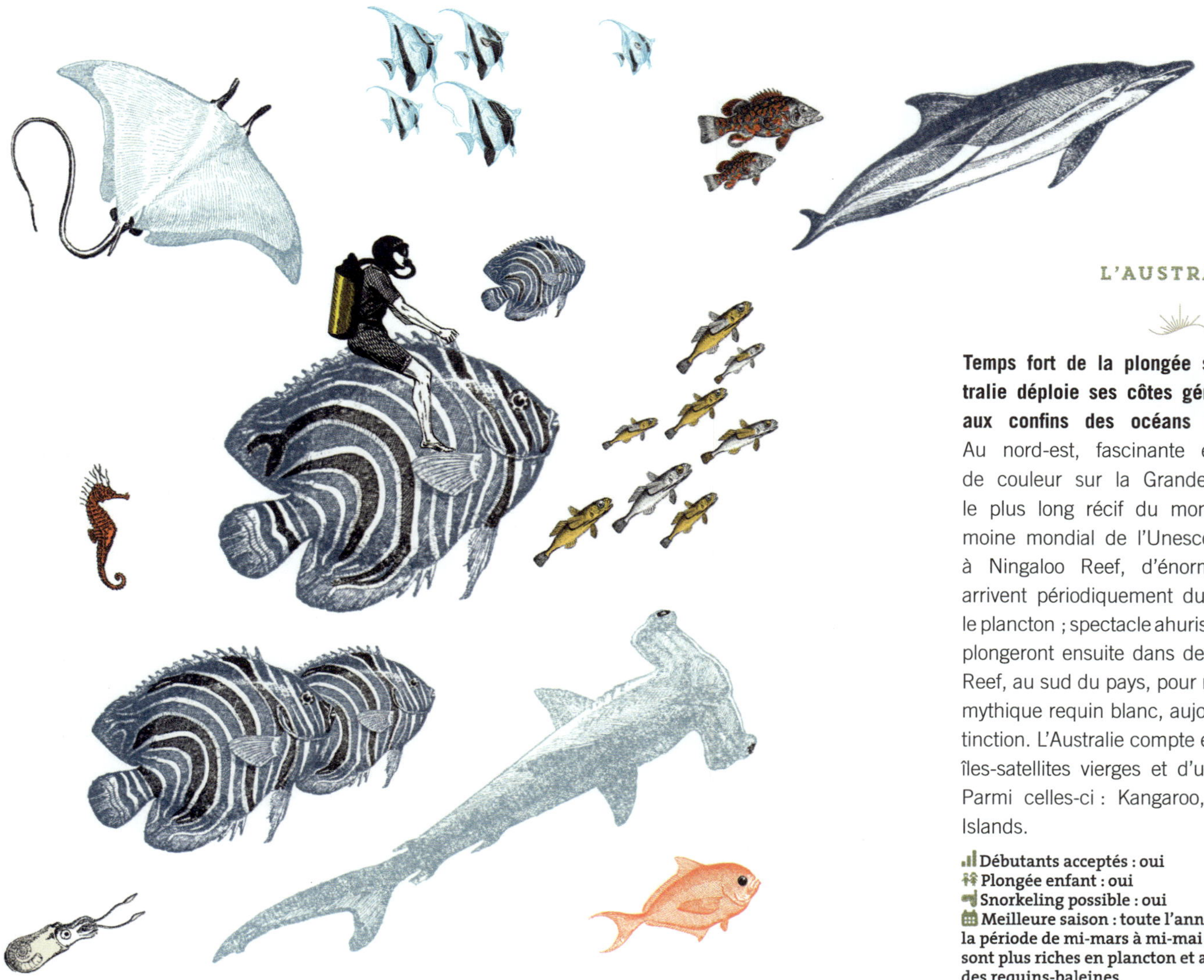

LES MEILLEURS SPOTS DE PLONGÉE

Les profondeurs des mers et océans révèlent aux plongeurs un véritable monde parallèle où faune et flore se montrent très diversifiées. Que vos palmes soient aguerries ou novices, découvrez nos meilleures plongées sur la planète bleue.

L'AUSTRALIE

Temps fort de la plongée sur la planète, l'Australie déploie ses côtes généreuses et sauvages aux confins des océans Indien et Pacifique. Au nord-est, fascinante explosion de vie et de couleur sur la Grande Barrière de Corail, le plus long récif du monde, inscrit au patrimoine mondial de l'Unesco. Sur la côte ouest, à Ningaloo Reef, d'énormes requins-baleines arrivent périodiquement du large pour engloutir le plancton ; spectacle ahurissant ! Seuls les cracks plongeront ensuite dans des cages à Dangerous Reef, au sud du pays, pour mieux observer le très mythique requin blanc, aujourd'hui menacé d'extinction. L'Australie compte enfin quelques petites îles-satellites vierges et d'une richesse absolue. Parmi celles-ci : Kangaroo, Christmas, et Coco Islands.

Débutants acceptés : oui
Plongée enfant : oui
Snorkeling possible : oui
Meilleure saison : toute l'année, mais préférez la période de mi-mars à mi-mai car les eaux sont plus riches en plancton et attirent souvent des requins-baleines.
Température de l'eau entre 20 °C en août et 25 °C en janvier.
australie.com

LES BAHAMAS

Avec une myriade de 700 îles « pa-ra-di-siaques ! », ourlées de sable blanc et égrainées dans l'azur turquoise et limpide des Caraïbes, l'archipel des Bahamas tient une place de tout premier choix dans le palmarès mondial des paradis pour plongeurs. À la carte : des plongées « émotions » sur les tombants vertigineux de San Salvador, enrobés de corail aux couleurs éclatantes et sublimes ; exploration des grottes et trous bleus mystérieux d'Andros ; découverte des épaves de navires ayant servi au tournage de plusieurs James Bond à Nassau ; rencontre du troisième type avec les gentils dauphins de Grand Bahama et Bimini ; face à face musclé avec les requins de Long Island et New Providence, nourris durant la plongée… C'est évident : le bonheur est dans le bleu ! Enfin, la formule croisière permet aux seuls plongeurs confirmés de faire le plein de sensations sous-marines, en découvrant des spots vierges et particulièrement poissonneux. Un must dans les Caraïbes !

Débutants acceptés : oui
Plongée enfant : oui
Snorkeling possible : oui, même avec des dauphins !
Meilleure saison : toute l'année.
Température de l'eau entre 23 °C en janvier et 29 °C en août.
bahamas.fr

LES PHILIPPINES

Aux Philippines, les spots de plongée et les curiosités ne manquent pas pour les plongeurs, comme les nudibranches, les barracudas ou les poissons-feuilles. La faune et la flore sous-marines sont d'une grande richesse : poisson scorpion, raie manta, poisson lion, crabes, tortues… De plus, les conditions atmosphériques sont idéales, excepté en période de typhon. Les eaux cristallines offrent une excellente visibilité, surtout autour de l'île de Palawan qui comptent plusieurs réserves marines où la protection des espèces est garantie. Les îles voisines de Calamianes au Nord (Coron, Busuanga) comptent une pléthore de sites, dont ceux où siègent les épaves japonaises coulées en 1944 par les forces américaines à proximité de Coron. Les amateurs de snorkeling se rendront sur les îles Cuyo au nord-est de Palawan entourées de 7 km² de récifs coralliens. Luzon et Mindoro comptent également de beaux spots… ***Avertissement :*** en raison des risques sécuritaires, renseignez-vous impérativement sur la situation avant de vous rendre à Palawan.

Débutants acceptés : oui
Plongée enfant : oui
Snorkeling possible : oui
Meilleure saison : de décembre à avril.
Température de l'eau de 26 à 29 °C.

MARTINIQUE

Pour faire vos premières bulles en Martinique, pas besoin d'être sportif ni bon nageur. Il suffit d'avoir plus de 8 ans et d'être en bonne santé ! Au sud de l'île, les fonds sont constitués de coraux durs et de sable blanc. Aussi l'eau apparaît-elle, par endroits, de couleur turquoise. Les spots de plongée du nord se rencontrent autour de la baie de Saint-Pierre avec, notamment, le rocher de la Perle, magnifique ; ou encore l'exploration des fameuses épaves englouties en 1902 pendant l'éruption de la montagne Pelée, pour les cracks seulement. Le sable noir, d'origine volcanique, confère aux lieux une atmosphère particulière, bien différente des sites du sud. Nombreuses éponges et bombes volcaniques. Quant au relief sous-marin, il épouse celui de la montagne Pelée, d'où l'alternance de tombants et de plateaux coralliens.

Débutants acceptés : oui
Plongée enfant : oui
Snorkeling possible : oui
Meilleure saison : de novembre à mai.
Température de l'eau entre 26 °C et 20 °C.

BALI

De récifs coralliens colorés en tombants vertigineux, on découvre des petits coins de paradis absolument vierges, où la vie marine est luxuriante et très variée. Les plongées sont d'une intensité fabuleuse et toujours ponctuées de rencontres exceptionnelles : hippocampes, raies mantas, platax, requins, empereurs, murènes, thons, marlins, tortues, dauphins, barracudas et même périodiquement des baleines-pilotes. Pas mal de spots intéressants, notamment sur la côte est, dans les environs d'Amed. Parmi les meilleurs endroits : l'épave du USS Liberty, envahie par les coraux et les poissons, au large de Tulamben, spectaculaire et accessible à tous ; les fonds sablonneux de Nusa Penida et Nusa Lembongan, riches en poissons et coraux, mais réservés aux expérimentés et Menjangan Island, située dans un parc national et préservé.

Débutants acceptés : oui
Plongée enfant : oui
Snorkeling possible : oui
Meilleure saison : de mai à septembre.
Température de l'eau de 26 à 30 °C.

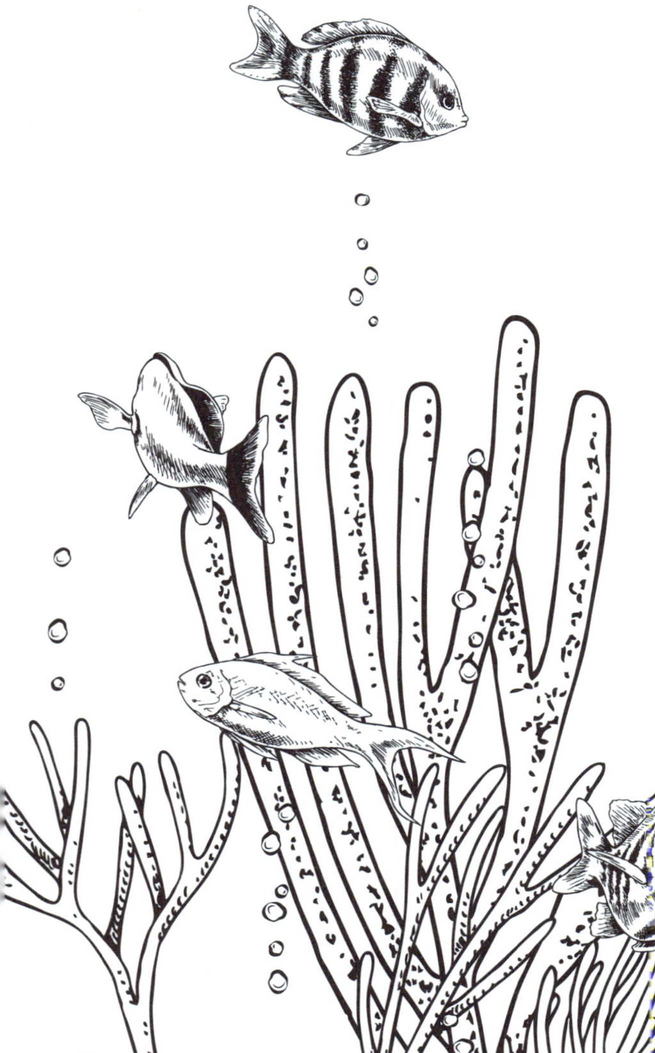

LES MALDIVES

Destination chérie des plongeurs, l'archipel des Maldives compte parmi les plus beaux spots de la planète, avec un bon millier d'îles paradisiaques plantées dans l'azur de l'océan Indien. D'îles en atolls, de sable blanc en lagons turquoise, on découvre avec émerveillement la beauté extraordinaire des fonds marins. À travers la vitre du masque, farandole colorée des classiques poissons coralliens, sous l'œil des gracieuses raies mantas. Avant-goût du paradis, non ? Le spot est aussi réputé pour ses requins-baleines et requins-marteaux tout droit sortis du grand bleu. L'archipel compte une centaine d'hôtels de catégories différentes, semés chacun sur une île de carte postale. Également de belles formules croisières ouvertes aux seuls plongeurs confirmés pour explorer les atolls les plus reculés, leur vie sous-marine vierge, leurs villages de pêcheurs…

- Débutants acceptés : oui
- Plongée enfant : oui
- Snorkeling possible : oui
- Meilleure saison : toute l'année, mais préférez la période de décembre à avril, car les eaux sont plus riches en plancton et attirent souvent raies mantas et requins-baleines.
- Température de l'eau entre 27 °C en janvier et 29 °C en août.
- www. visitmaldives.com

MALTE

Bercés par des eaux cristallines légendaires, les fonds de l'archipel maltais étonnent par leur atmosphère irréelle. Voici donc un extravagant capharnaüm de grottes, d'arches, de tunnels et de tombants, que les rayons du soleil irradient en mille nuances bleutées. Sur les côtes de Malte, bien sûr, mais aussi tout autour des îles de Gozo et de Camino réputées pour leurs spots sauvages, les plongeurs évoluent dans la fameuse « féerie méditerranéenne » où se faufile une vie sous-marine riche, colorée et très préservée. Si certaines espèces affichent une présence systématique sur tous les sites, comme les anémones, éponges, posidonies, poulpes, sars, saupes, mérous, girelles, loups, rascasses, poissons-perroquets, etc., on croise aussi souvent thons, dauphins et même de charmants petits hippocampes, ouvrez l'œil !

- Débutants acceptés : oui
- Plongée enfant : oui
- Snorkeling possible : oui
- Meilleure saison : de juin à octobre.
- Température de l'eau autour de 23 °C pendant la meilleure saison.
- www. visitmalta.com

Raie manta, Maldives

À DÉCOUVRIR EN FRANCE

LA FRANCE MÉDITERRANÉENNE

La Corse est un pur joyau surgi de la Grande Bleue. Ses eaux cristallines livrent un univers étonnant, où les roches aux formes exubérantes abritent une vie sous-marine riche et très préservée. Avec ses jolies épaves, ses réserves naturelles luxuriantes où mérous et corail rouge s'épanouissent admirablement, l'île de Beauté est une destination incontournable dans la vie d'un plongeur… ou futur plongeur. Côté continent, le parc national de Port-Cros, au large du Var, et les îles au large de Marseille demeurent aussi de véritables îles sanctuaires pour la faune et la flore sous-marine. Si le mérou est la vedette incontestée de tous les spots, on explore également dans les environs quelques épaves de navires exceptionnelles, et peuplés des classiques compagnons de plongée méditerranéens : daurades, loups, sars, rascasses, congres, murènes, langoustes…

- Débutants acceptés : non
- Plongée enfant : non
- Snorkeling possible : oui
- Meilleure saison : de mai à septembre.
- Température de l'eau entre 17 °C en mai et 25 °C en août.
- www. visit-corsica.com
- www. tourismepaca.fr

LA NOUVELLE-CALÉDONIE

Perdue dans l'immensité sauvage du Pacifique-Sud, cette petite terre française des antipodes compte parmi les derniers jardins secrets de notre planète bleue. Bordée par des plages de rêve désertes, la Nouvelle-Calédonie s'ouvre sur le plus grand lagon du monde, ceinturé d'une immense barrière de corail. Ses eaux d'un bleu pur incroyable livrent des fonds marins vierges, sublimes et d'une richesse extraordinaire. De Nouméa à Hienghene, en passant par Bourail, Poindimie, l'île des Pins et Ouvéa, on explore canyons, grottes et tombants littéralement enrobés de gorgones, d'éponges et autres coraux éclatants de vie et de couleurs. Le déluge des poissons est incessant : mérous, poissons-perroquets, tazars, vivaneaux, thons, requins, raies, tortues, nautiles ; mais aussi périodiquement des baleines à bosse qui viennent ici célébrer leur saison amoureuse. Quelle santé !

Débutants acceptés : oui
Plongée enfant : oui
Snorkeling possible : oui
Meilleure saison : toute l'année, mais préférez l'été austral, de décembre à mars. Sachez aussi que les baleines à bosse viennent se reproduire dans les baies du lagon pendant l'hiver austral, entre juillet et septembre...
Température de l'eau de 21 à 28 °C.

Poissons-clowns, *Thaïlande*

LES SEYCHELLES

La plongée aux Seychelles, c'est un peu comme un rêve qui se jette dans la mer... On survole avec nonchalance coraux colorés et gorgones magnifiques qui ont élu domicile dans d'énormes canyons entrecoupés de falaises granitiques. Ce spectacle splendide offre un terrain de jeu sans limites aux facétieux poissons-clowns, perroquets, anges, coffres, mérous, etc. Décidément, les poissons donnent toujours l'impression de faire la fiesta ! On croise aussi souvent de grandes raies pastenagues, des dauphins, tortues, requins de récif, et même parfois de majestueux requins-baleines qui engloutissent le plancton. Séjours-plongées inoubliables, entre cocotiers et plages dorées, dans les îles de Mahé et Praslin, toutes deux proches du paradis sur terre. Également des possibilités de croisières pour les seuls plongeurs confirmés, à la découverte des sites les plus sauvages de l'archipel...

Débutants acceptés : oui
Plongée enfant : oui
Snorkeling possible : oui
Meilleure saison : de novembre à mai, avec une petite préférence en décembre, car les eaux sont chargées de plancton et attirent souvent des requins-baleines débonnaires.
Température de l'eau de 24 à 28 °C.
www. seychelles.travel/fr

LA THAÏLANDE

Sauvages à souhait, quasi-désertes, et d'une beauté du diable, les îles Surin offrent d'extraordinaires aventures sous-marines, au beau milieu de la mer d'Andaman. Ces îles thaïlandaises, classées parc national maritime, sont accessibles aux seuls plongeurs confirmés, lors de croisières au départ de Phuket. Les yeux dans le bleu, on s'émerveille devant la féerie corallienne poissonneuse, périodiquement survolée par des raies mantas gracieuses et requins-baleines affables, attirés par le plancton en suspension. Un peu plus au nord, même valse lascive des « gros bestiaux » dans l'archipel birman des Mergui. Voici quelques centaines d'îlots magnifiques et encore inexplorés ; véritable petit paradis des raies aigles, carangues, thons, requins à pointes blanches... On s'y rince l'œil sans compter lors de croisières, généralement au départ de la Thaïlande.

Débutants acceptés : non
Plongée enfant : non
Snorkeling possible : oui
Meilleure saison : de novembre à mai, mais préférez la période de février à mai, car les eaux sont plus riches en plancton et attirent des requins-baleines.
Température de l'eau autour de 28 °C.
www. tourismthailand.org

CARTE POSTALE

AU CŒUR DES CANARIES

Chaque île possède quelques clubs de plongée. Les fonds sous-marins de cette partie de l'Atlantique offrent de merveilleuses immersions. Les falaises volcaniques plongent en profondeur dans les eaux limpides où grottes, failles et canyons abritent une faune et une flore incroyables.

El Hierro, fief des plongeurs

L'île la plus réputée pour cette activité est sans conteste El Hierro. Ceux qui viennent aux Canaries avant tout pour plonger la choisiront en priorité. Au programme, eaux claires et chaudes, décor volcanique et faune et flore riches et variées.

Sur ces décors se dresse une riche flore sous-marine (corail rouge et parfois noir, anémones, éponges, etc.). Le plongeur se faufile entre les thons, mérous, murènes, barracudas, mais aussi raies mantas, dauphins et tortues.

En tout, une vingtaine de spots, accessibles depuis le petit port de pêche de La Restinga, et situés pour la plupart dans la réserve marine Mar de las Calmas, protégée depuis 1997. Les eaux, préservées des vents et des courants, sont d'une extraordinaire clarté : le plongeur a une visibilité de 20 à 40 m. Le climat subtropical fait osciller leur température entre 18 et 27 °C ! Tout autour de la réserve, seule la pêche à la ligne est autorisée, ce qui permet aux stocks de poissons (notamment de thons) de se reconstituer. Le relief est fortement marqué par l'activité volcanique : formations rocheuses, murets, grottes, cheminées, crevasses et tunnels.

Parmi les plongées les plus réputées, citons El Bajón, une gigantesque tour de roc plongeant jusqu'à 100 m sous le niveau de la mer, que certains n'hésitent pas à ranger parmi les 100 plus beaux spots au monde.

Plonger dans le musée sous-marin de Playa Blanca à Lanzarote

Le musée sous-marin Atlantico, 1er musée sous-marin d'Europe, est situé à 12 m de profondeur. Accessible aux plongeurs, le musée accueille les sculptures de Jason deCaires Taylor, sculpteur britannique célèbre pour ses œuvres sous-marines près de l'île de Grenade et au Mexique. Parmi les sculptures déjà installées, le Radeau de Lampedusa évoque le drame des réfugiés en Méditerranée.

Des fonds marins exceptionnels

On fait également de remarquables plongées à La Gomera (à partir de San Sebastián, la capitale). Tenerife propose de superbes sites, notamment dans le nord-ouest de l'île, au départ du port de Los Gigantes. Gran Canaria, pas en reste, bénéficie de points d'immersion très proches du rivage comme risco Verde, Taliarte, Sardina (fameux en outre pour la photographie sous-marine) et Las Merinas (observation des anémones géantes et petits coraux). Pour les plus expérimentés, les célèbres sites d'El Cabrón (rochers peuplés de mérous et murènes) et Caleta Baja (gouffres où l'on croise anges de mer et raies mantas). À Lanzarote, c'est autour de Puerto del Carmen qu'on trouve le plus de spots, mais c'est à La Graciosa, aux eaux parmi les plus poissonneuses de l'Atlantique, qu'on trouve les plus beaux. Étant situés dans une réserve marine, il est nécessaire de se procurer un permis. Ses eaux possèdent le rare privilège de voir se côtoyer espèces locales et méditerranéennes, et même certaines venues des îles Caraïbes. Pour les pros, la Burrera est considérée comme l'un des plus beaux spots des Canaries (grosses roches, colonnes, arches, crevasses, paysages labyrinthiques où va se réfugier une faune riche). Quant à Fuerteventura, elle propose la petite île de Lobos (accessible depuis Corralejo), alignant pas moins de 20 spots, pour les débutants comme pour les expérimentés. La péninsule de Jandía, au sud, ainsi que la côte de Costa Calma sont également riches en spots de tous niveaux. À La Palma, aux eaux légèrement moins poissonneuses, c'est surtout la pointe qui offre quelques spots, autour de Los Cancajos, et plus au sud, du côté de Fuencaliente, à Malpique, Punta Larga et Vuelta del Toro.

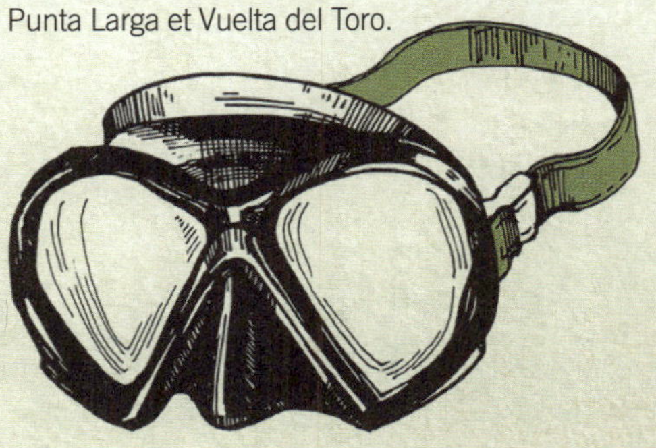

FICHE PRATIQUE

Comment y aller ?

Vols directs réguliers pour Lanzarote (4 h) et Gran Canaria (4 h 15).

Quand partir ?

Le mois de **juin** remporte tous les suffrages ! Mois le plus « régulier », il est idéal pour se rendre sur les îles Canaries. Le soleil est au rendez-vous, le souffle des alizés est doux, les vagues sur les côtes sont rares.

Où dormir ?

L'hébergement se pratique souvent dans des **gîtes** ou des **maisons d'hôtes**. Quatre paradors également (Ténérife au pied du magique Teide, Santa Cruz de La Palma, La Gomera et El Hierro).

PACIFIC COAST
BIKE ROUTE
9/06 4280 PROPERTY CITY OF LOS ANGELES

VÉLO : PISTES CYCLABLES DANS LE MONDE

Des routes aménagées pour tous les sujets de la petite reine sont mises en place un peu partout dans le monde. Et, bonne nouvelle : leur nombre augmente d'année en année !
Voici une sélection de trajets praticables pour les cyclistes de tout niveau, qui permettent de profiter pleinement de magnifiques paysages tout en faisant un exercice physique salutaire. Bien évidemment, vous pouvez les faire dans leur intégralité ou en partie, à vous de voir. Tous en selle sur les plus belles pistes cyclables du monde !

ESPAGNE

VÍAS VERDES

Plus d'une centaine de voies vertes sont à parcourir en Espagne. Il s'agit d'anciens tronçons de lignes ferroviaires qui, après avoir été désaffectés tout en conservant leurs ponts, viaducs et tunnels, ont été aménagés pour les randonneurs à pied, à cheval ou à vélo – les véhicules à moteur y sont interdits. Totalisant deux milliers de kilomètres, ces *vías verdes* sont de toutes dimensions, la plus courte s'étalant sur 2 km, la plus longue flirtant avec les 100 km. Il y en a pour tous les niveaux, certaines se présentant comme des sites de promenades, par exemple aux alentours de Madrid, d'autres offrant des dénivelées demandant un peu d'effort. Un des trajets figurant parmi les plus appréciés est la sinueuse Vía verde del Aceite, qui vous fait découvrir l'Andalousie profonde dans la province de Jaén, entre Jaén (château et quartiers médiévaux, cathédrale Renaissance) et Alcaudete (château fort). Environné des petites montagnes des Sierras de Jabalcúz, la Grana, la Caracolera et del Ahillos, vous roulez à travers des champs d'oliviers, sur une distance de 55 km.

Plus d'infos www. viasverdes.com

IRLANDE

BURREN CYCLEWAY

Parcourir les routes d'Irlande à vélo est un projet qui va presque de soi. Les paysages de cette île très verte se savourent idéalement en plein air. Certes, la météo changeante, la force des vents ou la conduite à gauche sont des caractéristiques qui peuvent être perçues comme perturbantes… mais après tout, ne contribuent-elles pas au charme des balades ou randonnées que vous effectuez dans ce pays ? En attendant de voir se finaliser les routes cyclables du projet EuroVelo, qui permettront d'aller de Belfast à Rosslare par l'ouest et de Galway à Dublin par le centre, vous avez la possibilité de vous offrir des itinéraires d'ores et déjà balisés dans certaines régions. L'un de ceux-ci est le Burren Cycleway. Faisant une boucle de 69 km près de Shannon, dans le Comté de Clare (sud-ouest de l'île), il offre un remarquable condensé d'Irlande. Il vous donne en effet à voir un mélange de prés, de landes, d'étendues pierreuses fissurées (on appelle cela des « lapiaz »), de châteaux, et le littoral où alternent les hautes falaises de Moher, des côtes sauvages, des plages et des ports. En bonus, ne manquez pas de vous élancer sur une boucle connexe nommée Dolmen Cycleway qui, comme son nom l'indique, est bordée de sites mégalithiques.

Plus d'infos www. discoverireland.com/fr

BAVIÈRE-TYROL-VÉNÉTIE

VIA CLAUDIA AUGUSTA

Autre parcours intéressant (pour les plus sportifs) : la Via Claudia Augusta, qui traverse le Tyrol et relie Donauwörth, en Bavière, à Ostiglia en Vénétie : en tout, quelque 700 km traversant des paysages et des climats différents. Le parcours suit l'ancienne voie romaine. Au Tyrol, elle permet d'admirer de beaux paysages de montagnes (mieux vaut être entraîné ou utiliser un VTT électrique). À certains endroits (col de Fernpass), service de navettes pour ne pas trop s'épuiser les guiboles. Le parcours est balisé à l'aide de 1000 panneaux. Petits plus : sur le parcours, des établissements proposent des menus « comme au temps des Romains ».

Plus d'infos www. viaclaudia.org

FRANCE ET ANGLETERRE

L'AVENUE VERTE LONDON PARIS

C'est à l'occasion des Jeux olympiques de Londres, en 2012, qu'a été inaugurée cette « avenue » qui relie les capitales anglaise et française. Elle se constitue de plusieurs tronçons autonomes balisés. Le parcours utilise, côté britannique, les pistes du National Cycle Network (réseau cyclable national). Côté français, l'Avenue Verte passe par de petites routes balisées et des voies vertes. En partant de Paris (île de la Cité), vous traversez l'Île-de-France en longeant la Seine jusqu'à Conflans-Sainte-Honorine, le havre des bateliers. Là, deux itinéraires s'offrent à vous. Le premier consiste à suivre le cours de l'Oise afin de rejoindre le sud de la Picardie par Auvers et l'abbaye de Royaumont. Un crochet par Senlis (vieille ville médiévale), puis vous repartez en direction de l'ouest via Beauvais et sa cathédrale. Le second parcourt le Vexin et la vallée de l'Epte. Les deux voies se rejoignent à Saint-Germer-de-Fly. Vous êtes maintenant en Normandie, où vous découvrez les pays de Bray et de Dieppe. Arrivé à Dieppe, freinez ! Il n'y a pas encore de pont cyclable qui enjambe la Manche… C'est un bateau qui vous mène dans le Sussex. Après avoir accosté à Newhaven, la cité balnéaire de Brighton est à portée de roues pour un aller-retour, avant de vous lancer dans la charmante campagne anglaise du Sussex toujours, puis du Kent. Le voyage se termine sur les bords de la Tamise, à Londres.

Plus d'infos www. avenuevertelondonparis.com

FRANCE ET BELGIQUE

AU FIL DE LA MEUSE DANS LES ARDENNES ET EN WALLONIE

Profiter de paysages montagneux sans épuiser ses mollets, voilà un plaisir qui ne se refuse pas. La voie verte Trans-Ardennes traverse la vallée de la Meuse en suivant le cours de ce fleuve entre Charleville-Mézières et Givet (85 km). Tout au long d'un parcours aménagé sur un ancien chemin de halage, vous avez pour décor de petites hauteurs couvertes de forêts. À la fois paisible et majestueux, cet environnement offre quantité de balades réconfortantes – plusieurs gares sont situées sur le trajet. Une « voie lente » (dénomination belge de la voie verte) donne la possibilité de poursuivre sa route en Wallonie, toujours sur les berges de la Meuse et avec des passages empruntant le tracé d'une ancienne voie de chemin de fer. Il s'agit d'une portion de la RAVeL 2, qui va de Hastière à Namur (48 km), puis de la RAVeL 1 Est qui file jusqu'à Visé, via Liège (96 km), à travers des paysages vallonnés qui bordent le fleuve, lequel s'élargit grâce à de nombreux affluents. Après Visé, on se retrouve à Maastricht dans ces Pays-Bas où le vélo est roi. À partir de là, si vous le souhaitez, vous pouvez suivre la Meuse jusqu'à la mer du Nord. Notez que la Voie verte Trans-Ardennes s'est étendue depuis ces dernières années et ne compte pas s'arrêter là ! Sachez aussi qu'une balade dans les Côtes de Meuse, le long d'une voie verte, est également à faire dans le département de la Meuse.

Plus d'infos www. ravel.wallonie.be
tourisme-meuse.com

AUTRICHE

LE DANUBE DE PASSAU À VIENNE

Long de plus de 2800 km, le fleuve Danube traverse toute l'Europe centrale. Il pénètre ou longe l'Allemagne, l'Autriche, la Slovaquie, la Hongrie, la Croatie, la Serbie, la Bulgarie, la Moldavie, l'Ukraine et la Roumanie, où il se jette dans la mer Noire. Si des aménagements sont prévus pour les cyclistes de sa source à la mer Noire, le parcours danubien le plus réputé est celui qui sinue en Autriche. Il offre en effet un confort optimum sur trois centaines de kilomètres entre Passau, à la frontière allemande, et Vienne. Se déroulant sur d'anciens chemins de halage sur l'une ou l'autre des rives du fleuve, votre voyage débute dans la forêt bavaroise. À Schlögen, un méandre autour d'une petite hauteur vous donne l'impression de faire demi-tour avant de joindre Linz. C'est ensuite de nouveau des forêts dans le Strudengau. Celles-ci s'étendent sur des pentes où sont accrochés des villages et châteaux. Ambiance romantique garantie ! Arrivent les villes de Enns et Melk, puis le Wachau, fameuse région viticole qui est classée au patrimoine mondial de l'Unesco. Ce merveilleux parcours se conclut en apothéose par l'entrée dans Vienne, ville qui dispose d'un bon réseau de pistes cyclables.

Plus d'infos www. donauradweg.at
austria.info/fr

PAYS-BAS

AMSTERDAM LA REINE DU VÉLO

Amsterdam mérite sa réputation de reine des villes cyclables, et cela depuis longtemps. Ses habitants sont des pratiquants résolus de ce moyen de locomotion, et rares sont ceux qui ne possèdent pas de vélo. On compte d'ailleurs plus de vélos que d'habitants à Amsterdam ! Comme eux, n'hésitez pas à emprunter le réseau tentaculaire de pistes qui a été tracé dans toute la ville – il totalise 400 km. Vous pouvez ainsi circuler agréablement des berges des canaux aux ruelles des vieux quartiers en passant par les musées de la ville… en prenant garde de ne pas coincer vos roues dans les rails du tramway ! Vous trouverez de nombreux loueurs de bicyclettes ainsi que des organisateurs de randonnées citadines. À propos de randonnées, sachez que l'ensemble des Pays-Bas peut se découvrir à vélo. Le pays à lui seul possède plus de 20 000 km de pistes cyclables balisées qui vous permettent de programmer des parcours à votre goût entre les grandes villes, mais aussi à travers la campagne et le long des côtes, en longeant les célébrissimes champs de moulins à vent ou de tulipes, bien sûr. Si l'on ajoute à cela que cette belle contrée est quasi intégralement plate, on se dit qu'on est bien là au paradis des cyclistes !

Plus d'infos www. **iamsterdam.com**
nederlandfietsland.nl
holland.cyclingaroundtheworld.nl

QUÉBEC

LA ROUTE VERTE

Casque bas les Québécois ! On salue le magnifique effort fourni dans la Belle Province afin d'offrir à ses citoyens et ses visiteurs une route de 5 000 km, laquelle sillonne tout son territoire au gré de plusieurs itinéraires balisés et aménagés. En certains endroits, les voies sont conçues pour être partagées en sécurité par tous les usagers. Ailleurs – et majoritairement – des pistes sont réservées aux seuls cyclistes, notamment de nombreux tronçons de chemins de fer désaffectés. Montréal et Québec sont les principaux points de départ et de passage des différentes portions de la Route verte, laquelle traverse plusieurs parcs naturels. À l'ouest, elle file jusqu'à l'Ontario ou le Témiscamingue en passant par l'Outaouais et les Laurentides. À l'est, vous suivez le golfe du Saint-Laurent pour atteindre la Gaspésie ou le Manicouagan. Situées au large de la Gaspésie, les îles de la Madeleine sont elles aussi dotées d'un parcours cyclable dont une partie vous fait rouler au milieu de la mer, sur une fine bande de terre ! Un circuit mène également au nord, où se trouve le lac Saint-Jean (Saguenay). Entre Montréal et Québec, un réseau de véloroutes vous invite à découvrir en particulier les Appalaches. Bon à savoir : des hébergements labellisés « Bienvenue cyclistes ! » vous sont proposés partout. Comme aurait pu dire un certain général : vive le Québec en roue libre !

Plus d'infos www. **routeverte.com**
velo.qc.ca

ÉTATS-UNIS

UNDERGROUND RAILROAD BICYCLE ROUTE

Be happy ! Un vaste réseau de voies cyclables est en train de se constituer aux États-Unis ! Des parcours de toutes dimensions permettent ou vont permettre de rouler dans les parcs de l'État de Washington, le long de la côte Pacifique, dans le Far West, notamment au bord du Grand Canyon, sur la piste empruntée par Lewis et Clark, à travers le Midwest, au Texas, en Floride, sur les terres de la façade Atlantique… C'est l'Adventure Cycling Association qui coordonne ce formidable projet. L'un des voyages les plus intéressants à faire est d'emprunter l'Underground Railroad Bicycle Route. Allant de Mobile (Alabama) à Owen Sound (Ontario, Canada), elle vous fait prendre le chemin des esclaves du Sud qui fuyaient leur servitude pour trouver refuge au nord, du Golfe du Mexique aux Grands Lacs. Longeant par intermittence plusieurs rivières (Tombigbee, Tennessee, Ohio), cette route traverse l'Alabama, passe dans le Mississippi, rejoint le Tennessee, le Kentucky, flirte avec l'Indiana puis pénètre en Ohio. Arrivé au bord du lac Erie, vous pouvez contourner ce dernier par l'ouest, dans le Michigan, avant de passer la frontière canadienne et longer le lac Huron jusqu'à Owen Sound. Par l'est, vous roulez en Pennsylvanie puis dans l'État de New York, où vous entrez au Canada par les rives du lac Ontario. Au plaisir de découvrir tout ou partie des paysages changeant des campagnes de l'Amérique profonde s'ajoutent des arrêts dans les sites et musées qui entretiennent la mémoire de ces milliers d'Afro-Américains qui choisirent de vivre libres au péril de leur vie.

Plus d'infos www. **adventurecycling.org**

CHILI

CIRCUIT DU LAC LLANQUIHUE

Rouler à vélo sur les routes du Chili demande souvent de disposer de sacrés bons mollets car les parcours de montagne abondent. Mais rassurez-vous, des circuits doux vous attendent également. C'est le cas de celui qui longe le vaste lac Llanquihue (86 000 ha) au sud du pays, près de Puerto Montt. Là, les sommets font partie des décors majestueux qui vous sont offerts. La star locale est le volcan Osorno (2 661 m), orné d'un glacier qui se dessine parfaitement dans le ciel et sur la surface du lac. Sur votre chemin se trouvent des villes et villas de style allemand, des fermes, des stations balnéaires, ainsi que de splendides forêts. Non loin, vous avez les chutes de Petrohué. Vous êtes très en forme ? Empruntez alors les routes qui grimpent au-dessus de Santiago ou du côté de Putre et Parinacota. Autre option : filer en Argentine par la vallée de l'Elqui où le poste frontière d'Agua Negra se situe rien moins qu'à 4 700 m d'altitude… Aussi fou, voire plus, vous avez la Carretera Austral, laquelle traverse le Chili du nord au sud par la montagne. Pour mener à bien des projets de ce type, il est plus que conseillé de s'inscrire dans des groupes organisés… et de faire un check-up chez votre médecin.

Plus d'infos www. **puertovaras.org**

JAPON

TOKYO

Ce n'est pas un gag : se promener dans Tokyo à vélo, c'est possible ! C'est même un moyen original de découvrir cette ville que l'on croit communément être totalement envahie par la circulation automobile. Celle-ci est bien présente, mais un réseau de pistes cyclables a été développé comme dans toutes les grandes cités du monde. L'office de tourisme local a conçu des itinéraires qui donnent l'occasion de rouler sur piste et hors piste aussi bien dans les environnements ultra urbains hérissés de hauts immeubles de la capitale du Japon, que dans ses espaces verts, le long de ses bords de mer ou encore à travers les rues et ruelles de son centre historique. Des parcours vous menant à l'extérieur de Tokyo, par exemple en suivant le cours des rivières Tama ou Edo, sont aussi au programme. Si vous aventurer seul dans une telle métropole vous inquiète un peu, sachez que des organismes spécialisés vous invitent à suivre des guides en groupe. Des hébergements et des arrêts pour se restaurer sont proposés à qui le souhaite. Notez encore que des randonnées de grande ampleur sont également à faire à travers le Japon.

Plus d'infos www. **cycle-tokyo.cycling.jp**
tokyocycling.jp

À DÉCOUVRIR EN FRANCE

LA VÉLODYSSÉE

Une p'tite randonnée de 1 200 km de Roscoff à Hendaye, ça vous dit ? C'est l'incroyable cadeau que vous offrent les concepteurs de la Vélodyssée, qui fait partie de la route EuroVélo 1 qui relie l'Irlande au Portugal. 80 % de l'itinéraire est pour l'instant en voie verte. Après un prologue anglais nommé Velodissey, qui va d'Ilfracombe à Plymouth (159 km), le parcours français commence donc à Roscoff, port du Finistère nord. Il vous fait traverser la Bretagne par les terres, via les monts d'Arrée, les berges du canal de Nantes à Brest, le lac de Guerlédan, la ville médiévale de Josselin, la vallée de l'Oust. Passé Nantes, vous retrouvez la mer. Le décor se partage alors entre plages, bocages, landes, marais ou forêts de pins le long des côtes vendéennes, charentaises et aquitaines. Quelques points forts : la belle baie des Sables-d'Olonne, le port de La Rochelle, la dune du Pilat… L'itinéraire se conclut par la traversée du Pays basque français. À partir de Biarritz, la Vélodyssée vous demande un peu d'effort, notamment le long de la magnifique Corniche de Socoa. Évidemment, libre à vous d'emprunter une ou plusieurs parties de cette grande route qui est divisée en de nombreux tronçons.

Parcours : Roscoff, Carhaix, Pontivy, Redon, Nantes, Saint-Brévin-les-Pins, Fromentine, Les-Sables-d'Olonne, La Rochelle, Royan, Lacanau-Océan, Arcachon, Léon, Bayonne, Biarritz, Hendaye.
Plus d'infos www. lavelodyssee.com

LE PROJET EUROVELO

Europe

Lancé en 1995 par des associations danoise et britannique, le projet EuroVelo est conduit par la Fédération européenne des cyclistes (ECF), laquelle tient complètement le guidon depuis 2007. Soutenue financièrement par la Commission européenne, son objectif est de favoriser la création de véloroutes touristiques de qualité à travers tout le continent. D'ici 2020, ces véloroutes transnationales balisées, faciles (pas plus de 10 % de dénivelée) et dotées de services (commerces, hébergement…) seront au nombre de 15 et totaliseront 70000 km. Le projet devrait se poursuivre au-delà de cette date. Les itinéraires définis se constituent de voies cyclables aménagées ou de routes à trafic automobile modéré, au niveau local, régional ou national. La plupart d'entre elles existent déjà, d'autres sont en cours de développement. Raccordées, elles permettront au final d'aller du nord au sud et de l'ouest à l'est du continent, sans interruption. Chaque année qui passe voit s'ajouter de plus ou moins longs tronçons de ces « autoroutes » dédiées aux cyclistes.

Parcours (nombres impairs : sens nord-sud, nombres pairs : sens est-ouest, pas encore de EV 14 ni de EV 16) :

EV 1 : « Route de la Côte Atlantique »
de Nordkapp (Norvège) à Camhina (Portugal)
8 186 km.
EV 2 : « Route des Capitales »
de Galway (Irlande) à Moscou (Russie)
5 500 km.
EV 3 : « Route des Pèlerins »
de Trondheim (Norvège) à Santiago de Compostela (Espagne)
5 122 km.
EV 4 : « Route de l'Europe centrale »
de Roscoff (France) à Kiev (Ukraine)
4 000 km.
EV 5 : « Via Romea Francigena »
de Londres (Grande-Bretagne) à Brindisi (Italie)
3 900 km.
EV 6 : « Route des Fleuves »
de Saint-Nazaire (France) à Constanta (Roumanie)
3 653 km.
EV 7 : « Route du Soleil »
de Nordkapp (Norvège) à La Valette (Malte)
6 000 km.
EV 8 : « Route de la Méditerranée »
de Cadix (Espagne) à Limassol (Chypre)
5 388 km.
EV 9 : « Route de l'Ambre »
de Gdansk (Pologne) à Pula (Croatie)
1 930 km.
EV 10 : « Circuit de la Hanse »
autour de la mer Baltique
7 980 km.
EV 11 : « Route de l'Europe de l'Est »
de Nordkapp (Norvège) à Athènes (Grèce)
5 964 km.
EV 12 : « Route de la Mer du Nord »
5 932 km.
EV 13 : « Route du Rideau de fer »
de Kirkenes (Norvège) à Kırklareli (Turquie)
6 800 km.
EV 15 : « Route du Rhin »
de Andermatt (Suisse) à Rotterdam (Pays-Bas)
1 320 km.
EV 17 : « Route du Rhône »
de Andermatt (Suisse) aux plages de la Méditerranée (France)
1 000 km

www. eurovelo.com

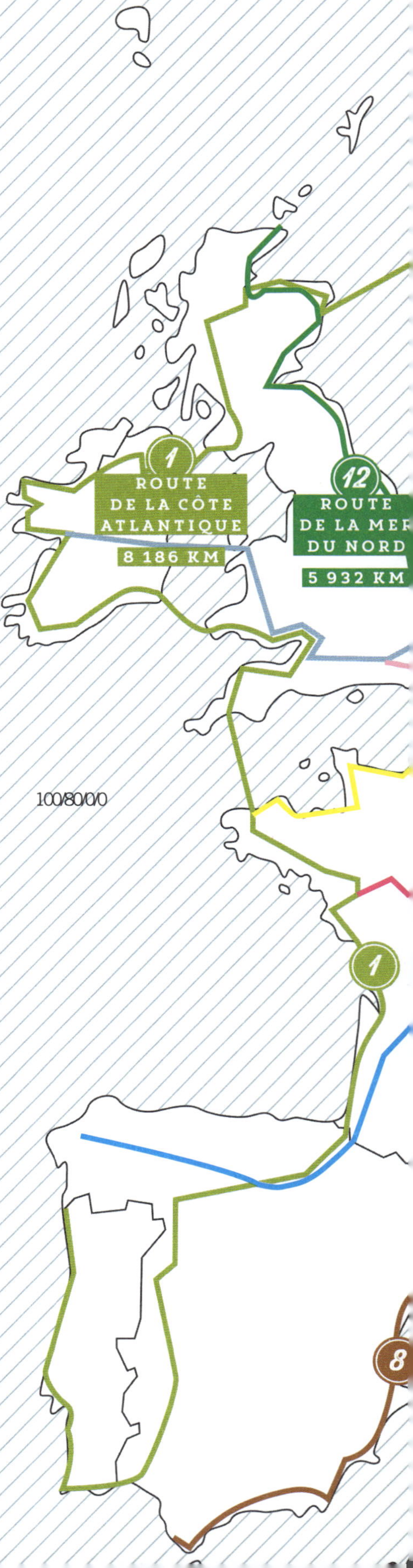

7
11
ROUTE
DE L'EUROPE
DE L'EST
5 964 KM
3
ROUTE
DES PÈLERINS
5 122 KM
13
ROUTE
DU RIDEAU
DE FER
6 800 KM
12
10
CIRCUIT
DE LA HANSE
7 980 KM
2
ROUTE
DES CAPITALES
5 500 KM
2
7
9
ROUTE
DE L'AMBRE
1 930 KM
11
3
4
4
ROUTE
DE L'EUROPE
CENTRALE
4 000 KM
15
ROUTE
DU RHIN
1 320 KM
6
ROUTE
ES FLEUVES
3 653 KM
13
5
VIA ROMEA
FRANCIGENA
1 930 KM
6
17
ROUTE
DU RHÔNE
1 000 KM
8
ROUTE
DE LA
MÉDITERRANÉE
5 388 KM
11
7
ROUTE
DU SOLEIL
6 000 KM

Volcan Bromo, *Indonésie*

LES PLUS BEAUX VOLCANS

Si dangereux que les volcans puissent être, on peut tout de même en approcher un grand nombre. En général, les paysages volcaniques sont parmi les plus beaux et les plus impressionnants de la planète. Du paysage lunaire torturé aux contrebas fertiles, où pousse une végétation fraîche et colorée, voici quelques-unes des plus belles balades à faire absolument. Le gros lot étant tout de même de réussir à assister à une éruption… Mais attention, faut-il préciser qu'aucun volcan ne s'abordent jamais sans avoir pris toutes ses précautions ? Ne faites pas les malins, si l'on vous dit que l'ascension de tel ou tel volcan ne peut se faire librement, offrez-vous les services d'un guide et renseignez-vous sur la situation sismique avant d'entreprendre votre randonnée, car il en va carrément de votre vie. Notez aussi qu'il est souvent nécessaire de s'identifier auprès des autorités compétentes avant votre ascension.

GUADELOUPE

LA SOUFRIÈRE

La Soufrière se trouve au sud de Basse-Terre, dans le parc national de la Guadeloupe. Il est doté de plusieurs bouches et gouffres par lesquels on voit sortir des fumerolles et des vapeurs, ainsi que d'un sommet piqueté de pitons auquel on accède par plusieurs chemins. Sa dernière éruption, en 1976 et 1977, a donné lieu à une âpre querelle entre les spécialistes Claude Allègre et Haroun Tazieff, le premier préconisant le déplacement de dizaines de milliers de personnes contre l'avis du second qui jugeait cela inutile. L'évacuation eut lieu, mais c'est ce dernier qui avait raison. Bien que toujours actif, le volcan de La Soufrière est aujourd'hui au repos. Sur les flancs de la montagne, vous pouvez découvrir des sites remarquables comme la Citerne, un ancien cratère devenu un petit lac, ou les Bains Jaunes, où l'on se baigne dans un bassin alimenté par une des sources d'eau chaude (26 °C) provenant de l'activité géothermique du volcan.

Altitude	1467 m
Âge	200 000 à 100 000 ans
Type	Volcan gris
État	Actif
Plus d'infos	la-soufriere.com

RÉUNION

PITON DE LA FOURNAISE

Le Piton de la Fournaise est l'un des nombreux attraits de la Réunion. S'élançant au sud de l'île, il se constitue d'un dôme surmonté de deux cratères environnés d'une zone appelée l'Enclos. De sa base à son sommet, ce volcan offre des paysages époustouflants, entre forêts majestueuses et étendues lunaires. Entré en éruption à plusieurs reprises depuis la fin des années 2000, le Piton de la Fournaise est cependant visitable grâce à des sentiers balisés qu'il ne faut pas quitter car vous pouvez très rapidement vous retrouver au milieu de nuages ! On peut s'approcher des cratères sous réserve de l'avis de la Préfecture. Notez que les randonnées sur les flancs de la montagne sont nombreuses et que le volcan se découvre aussi par voie aérienne, à cheval ou à VTT. En bonus, ne manquez pas de prendre la Route des Laves. Elle traverse des coulées de lave au sud du Piton, au bord de l'océan Indien. Et puis, vous ne perdrez pas votre temps en allant saluer le Piton des Neiges (3070 m), autre volcan de la Réunion qui est quant à lui éteint.

Altitude	2 632 m
Âge	530 000 ans
Type	Volcan rouge
État	Actif
Plus d'infos	reunion.fr/decouvrir/cote-volcan

TANZANIE

OL DOINYO LENGAÏ « MONTAGNE DES DIEUX »

D'accord, le plus célèbre massif volcanique de Tanzanie est le Kilimandjaro. Cependant, ce dernier se compose de trois volcans éteints. À environ 200 km, au nord du pays et non loin de la capitale Arusha, vous trouverez en revanche l'Ol Doinyo Lengaï (2960 m) qui est quant à lui très actif. Il se situe sur le tracé de la vallée du grand rift, laquelle traverse toute la corne de l'Afrique, et dans le massif du Ngorongoro. Environnée d'une vaste savane et du lac Natron, sa vision en impose tant sa forme conique se dessine parfaitement dans le ciel. De son cratère jaillissent périodiquement des flots de lave natrocarbonatitique qui a pour rare particularité d'être très fluide et de blanchir lorsqu'elle se solidifie. Considéré comme un site sacré par les Masaïs, l'Ol Doinyo Lengaï peut se découvrir au cours d'une ascension jusqu'au cratère. Des logements sont disponibles dans les environs, notamment dans un camping placé au bord du lac Natron. Des séjours tout compris sont organisés par des tours operators.

Altitude 2960 m
Âge 370000 ans
Type Volcan rouge. Seul volcan au monde à émettre de la lave noire qui blanchit en refroidissant.
État Actif
Plus d'infos tanzaniatourism.com (en anglais)

ISLANDE SAUVAGE

130 volcans et des geysers

L'Islande, une des régions les plus volcaniques au monde, évolue au gré des coulées de laves, composant des paysages étranges, magiques. Situé sur le tracé de la dorsale qui fait se chevaucher les plaques eurasienne et américaine, le pays est hérissé de 130 volcans actifs. Souvent situés sous des glaciers, ces volcans ont pour nom Öræfajökull (2119 m), Hekla (1491 m), Katla (1512 m) ou Hengill (803 m). Dans le Landmannalaugar, témoignage du volcanisme acide, les couleurs se déclinent du noir de cendre au jaune soufre en passant par le vert éclatant de l'herbe… L'activité géothermique des sous-sols islandais génère les célèbres geysers, ces embouchures d'où jaillissent des jets d'eau bouillante à très haute pression et de la vapeur. Pour les voir, il faut se rendre dans la vallée de Haukadalur. Le plus important d'entre eux est appelé Geysir – il a donné son nom au phénomène. D'autres sites modelés au fil du temps par les secousses sismiques parsèment toute l'Islande : failles, lacs, sources chaudes, chutes d'eau (celles de Gullfoss sont les plus impressionnantes)…

État Actifs
Plus d'infos fr.visiticeland.com

MEXIQUE

POPOCATÉPETL

Considéré par les peuples autochtones comme une sorte d'Olympe fréquenté par divers dieux, le Popocatépetl est une icône du Mexique. À cheval entre les États de Mexico, Puebla et Morelos dans une moindre mesure, ce volcan côtoie son homologue nommé Iztaccíhuatl – ils forment ensemble un parc national. Ils font partie d'une cordillère qui s'étend d'ouest en est dans le pays. Celle-ci est considérée comme la limite séparant l'Amérique du Nord et l'Amérique centrale, où de nombreux autres volcans sont également à découvrir, comme en Amérique du Sud (Guatemala, Costa Rica, Nicaragua, Équateur, Chili…). Le Popocatépetl est surmonté d'un gigantesque cratère. Depuis une vingtaine d'années, son accès est interdit. Il crache régulièrement des nuages de cendres, mettant les villages des alentours en alerte permanente. En revanche, des randonnées sont possibles sur les flancs – ou vers le sommet pour les alpinistes confirmés – de l'Iztaccíhuatl voisin (5 230 m) d'où l'on a de beaux points de vue sur le Popocatépetl, la « montagne qui fume ». Attention, toutefois, il faut se renseigner au préalable et demander une autorisation auprès du Bureau du parc national Iztaccíhuatl-Popocatépetl.

Localisation	À 70 km de Mexico
Altitude	5 426 m
Âge	23 000 ans
Type	Volcan gris
État	Actif (en éruption depuis 2005)
Plus d'infos	mexicodesconocido.com.mx/parque-nacional-iztaccihuatl popocatepetl.html

ÉTATS-UNIS

MONT SAINT HELENS

Le mont Saint Helens s'élance dans le comté de Skamania au sud-ouest de l'État de Washington. Ce volcan explosif a provoqué une catastrophe très spectaculaire en 1980. Malgré le déplacement de la population des environs, 57 personnes périrent lors de son éruption. Causant l'effondrement du flanc nord de la montagne, cette dernière libéra une coulée pyroclastique et des coulées de boue qui détruisirent tout sur leur passage ; elles finirent leur course une trentaine de kilomètres plus loin. Cette éruption a par ailleurs généré un immense panache de cendres qui se sont répandues sur tout le nord-ouest des États-Unis, et même largement au-delà en se dissipant dans l'air. Enfin, le sommet du mont a perdu 400 m d'altitude, son pic cédant la place à un cratère. Des ascensions au nombre limité sont organisées et des survols en hélicoptère sont proposés au public. Plusieurs structures d'accueil et d'information sont disposées au pied du volcan.

Localisation	Washington
Altitude	2 549 m
Âge	35 000 ans
Type	Volcan gris
État	Actif
Plus d'infos	mountsthelens.com

INDONÉSIE

KAWAH IJEN ET BROMO

En Indonésie, les volcans sont partout. On en compte pas moins de 400, dont 70 toujours en activité. Destructeurs et terrifiants, ceux-ci contribuent aussi à fertiliser le sol avec leurs cendres. L'Indonésie est la zone la plus active du globe si on considère le rapport volcan-éruption. C'est sur l'île de Java que l'on compte le plus grand nombre de volcans. Du fait de cette intense activité, la situation ne cesse d'évoluer. Il faut donc impérativement se renseigner avant d'entreprendre une excursion dans les parages d'un volcan. Attention, les agences ne sont pas toutes fiables. À bon entendeur… Situé à l'est de Java, le Kawah Ijen, le cratère vert en javanais, est l'un des volcans stars de l'Indonésie. Il est célèbre pour son lac d'acide turquoise. Culminant à 2 400 m, il connaît régulièrement quelques soubresauts. Donc, toujours vérifier auprès des offices de tourisme que la zone est bien ouverte. Ce volcan est le principal centre d'exploitation de soufre de toute l'Indonésie. Autre star, mais plus fréquenté, le Bromo est un volvan sacré pour les Javannais. Situé au sud-ouest de Probolinggo, il culmine à 2 329 m. Son cratère de 800 m de diamètre et de 200 m de profondeur est situé avec d'autres dans un cratère encore plus grand de 11 km appelé *caldeira*. Ce volcan n'est plus en activité, contrairement au Kawah Ijen, mais il fume continuellement. Un site unique.

Altitude	2 386 m (Kawah Ijen)
Âge	2 590 ans (Kawah Ijen)
Type	Volcan gris
État	Actif (Kawah Ijen)
Lac du cratère	1 km sur 600 m (lac le plus acide du monde)

ITALIE

STROMBOLI, ETNA, VÉSUVE

C'est dans le sud de l'Italie que s'élèvent les trois stars du volcanisme européen. L'Etna, le plus haut d'Europe, domine la ville de Catane à l'est de la Sicile. Sa vaste étendue comporte de nombreux sites faisant partie d'un parc naturel. On sillonne à travers des zones rurales, des forêts, des secteurs arides, des paysages constitués de cratères, de coulées de lave, de bouches éruptives... L'un des sites les plus fameux est la *valle del Bove*, une caldeira enserrée de hautes falaises de lave. Les parcours de visite se font depuis Catane ou Taormina. Le Stromboli, situé au nord de la Sicile, sur l'île éolienne du même nom, est en activité permanente depuis 20 siècles. Détonations intermittentes, explosions sourdes et éjection de laves incandescentes plusieurs fois par heure... On sent en permanence l'énergie colossale prête à se libérer. Une folie de la nature qui tranche avec le farniente méditerranéen des îlots environnants. Sur l'île, vous pouvez prendre des bains de boue sulfureuse aux vertus thérapeutiques et faire des ascensions accompagnées. C'est à Lipari que vous trouverez le plus de commodités. Ornant la baie de Naples, le Vésuve est le seul volcan européen continental actif. Il est très célèbre pour avoir détruit en 79 après J.-C. les cités romaines de Pompéi et Herculanum – sites qui, bien entendu, se visitent. Ses éruptions étant explosives, il représente un réel danger pour les zones habitées de la province de Campanie qu'il domine. Ses flancs sont classés en tant que parc national. Plusieurs sentiers permettent de découvrir une belle variété de paysages : vieilles villes, secteurs agricoles, vignobles, forêts, anciennes coulées de lave (vallée de l'Enfer...), vues panoramiques à gogo...

Altitude	3 330 m (Etna) 926 m (Stromboli) 1 282 m (Vésuve)
Type	Etna : volcan rouge Stromboli : volcan gris Vésuve : volcan gris
État	actifs
Plus d'infos	vesuviopark.it comunelipari.gov.it parcoetna.ct.it

PHILIPPINES

PINATUBO

Comme l'Indonésie, les Philippines font partie de la ceinture de feu du Pacifique. Cet archipel compte une vingtaine de volcans actifs. Outre le Pinatubo, les plus fameux se nomment Taal, Mayon, Bulusan ou Kanlaon. Lorsque le Pinatubo (1 486 m) entra en éruption en 1991, ce fut une relative surprise car on le croyait éteint. Ne jamais se fier à un volcan endormi ! Malgré l'évacuation des populations, son réveil fit un millier de morts, causa des destructions matérielles immenses, ainsi qu'un bouleversement de la montagne elle-même – elle a perdu 250 m – et de ses environs. De plus, ses nuages de cendres se répandirent dans l'atmosphère terrestre, ce qui provoqua un refroidissement sensible de cette dernière – 0,6 °C en moyenne –, tandis que ses aérosols grignotaient la couche d'ozone. Le Pinatubo fait partie des monts Zambales et s'élève dans l'ouest de l'île de Luçon, à une centaine de kilomètres de Manille. On vient y grimper jusqu'au magnifique lac qui emplit à présent une caldeira où l'on peut se baigner. Des excursions guidées vous rapprochent en auto le long de pistes, puis vous arrivez à destination par des chemins de randonnée.

Localisation	À 90 km de Manille
Altitude	1486 m
Âge	1,1 million d'années
Type	Volcan gris
État	Actif

ÉTHIOPIE

DANAKIL, LES VOLCANS DE LA MER ÉVAPORÉE

Située entre la plaque africaine et la plaque somalienne, l'Éthiopie est, comme le Kenya, le Mozambique ou la Tanzanie, traversée par la vallée du Grand Rift. De part et d'autre de cet ensemble de failles s'étendent de grands ensembles montagneux, produits de l'accumulation de lave sur des millions d'années. Ces montagnes, elles-mêmes traversées par des fissures et des cours d'eau, sont sujettes dans certaines zones à une activité volcanique intense. Le volcan Erta Ale, dans la dépression du Danakil, en est un exemple impressionnant. C'est cette histoire géologique qui donne à l'Éthiopie ses paysages uniques. Entre plaines verdoyantes et étendues désertiques, lacs immenses et sommets escarpés, il suffit de parcourir quelques kilomètres pour être à nouveau époustouflé. La dépression du désert de Danakil longe le nord de l'Éthiopie, à la frontière de l'Érythrée. Rift volcanique très actif que la mer a déserté, c'est aujourd'hui une immensité de lacs salés, ponctuée de cratères enfumés, dont le fameux Erta Ale, « montagne fumante » en afar. Un paysage minéral, presque extraterrestre. De végétation, nulle trace. Les bouillons de lave ont parsemé, tout autour des cratères, de minces filaments entremêlés, sorte de laine de verre, qu'on appelle « cheveux de Pelée ».

Localisation	Dépression de l'Afar
Altitude	613 m
Diamètre	30 km Caldeira de 1 600 m de long et 700 m de large
Type	volcan rouge
État	actif

RUSSIE

KAMTCHATKA, L'INSOUMISE

À l'extrême est de la Sibérie, entre les mers de Béring et d'Okothsk, la péninsule glacée de Kamchatka appartient à la ceinture de feu du Pacifique. Jusqu'à la chute de l'Union soviétique, cette région était totalement fermée aux étrangers. Pas moins de 216 volcans, dont 19 vomissant 16 % du volume total de laves émises dans le monde chaque année. Une terre rude, royaume des rennes, des ours et des loups. Ici, les Évènes et les Koriaks, peuples nomades, plantent toujours leurs yourtes et demeurent insoumis. Forêts calcinées par la lave, éruptions explosant de mille feux dans la nuit, la toundra qui s'étend à l'infini. Des routes de terre impraticables et un alpinisme de haut vol sur le Mutnovski (2 322 m) ou le Bezymianni (3 085 m) : l'aventure comme on la croyait perdue.

Superficie	472 300 km²
Point culminant	4 835 m (Klioutchevskoï)
Distances	1 250 km sur 450 km
Population	330 000 habitants
Densité	0,7 hab/km²
À lire	*Par les volcans du Kamtchatka. Un été dans l'Extrême-Orient russe*, de Julie Boch et Émeric Fisset, Transboréal, 2007.

HAWAII

MAUNA LOA ET KILAUEA

Le Mauna Loa est considéré comme le plus grand volcan du monde. Et comme le Kilauea, son frère, est en éruption permanente depuis 1983, le spectacle est au rendez-vous ! Cette activité n'empêche en rien la circulation des visiteurs. Des circuits de randonnée à pied ou à vélo sont tracés à travers tout le parc. La Chain of Craters Road conduit même les automobilistes à proximité de la caldeira du Kilauea, dont on fait le tour grâce à la Crater Rim Road. À proximité de cette caldeira, vous avez le Jaggar Museum qui se consacre, vous l'avez deviné – vous êtes trop fort ! – à la volcanologie. À noter : le Kilauea a beau être très accessible, le parc comprend des zones interdites au public, de façon permanente ou temporaire. Quant au Mauna Loa, on peut en gravir les rudes pentes, mais cet exercice est réservé aux randonneurs expérimentés. Depuis la Chain of Craters Road, ne manquez pas de vous rendre sur les sites d'observation qui vous permettent d'assister à la pénétration de la lave dans l'océan. À voir aussi : le site archéologique des pétroglyphes de Pu'u Loa, ensemble d'inscriptions gravées dans la lave.

Altitude — **4170 m (Mauna Loa)**
1222 m (Kilauea)
Âge — **50000 à 100000 ans**
Type — **volcan rouge**
État — **actif**
Plus d'infos — **nps.gov/havo**

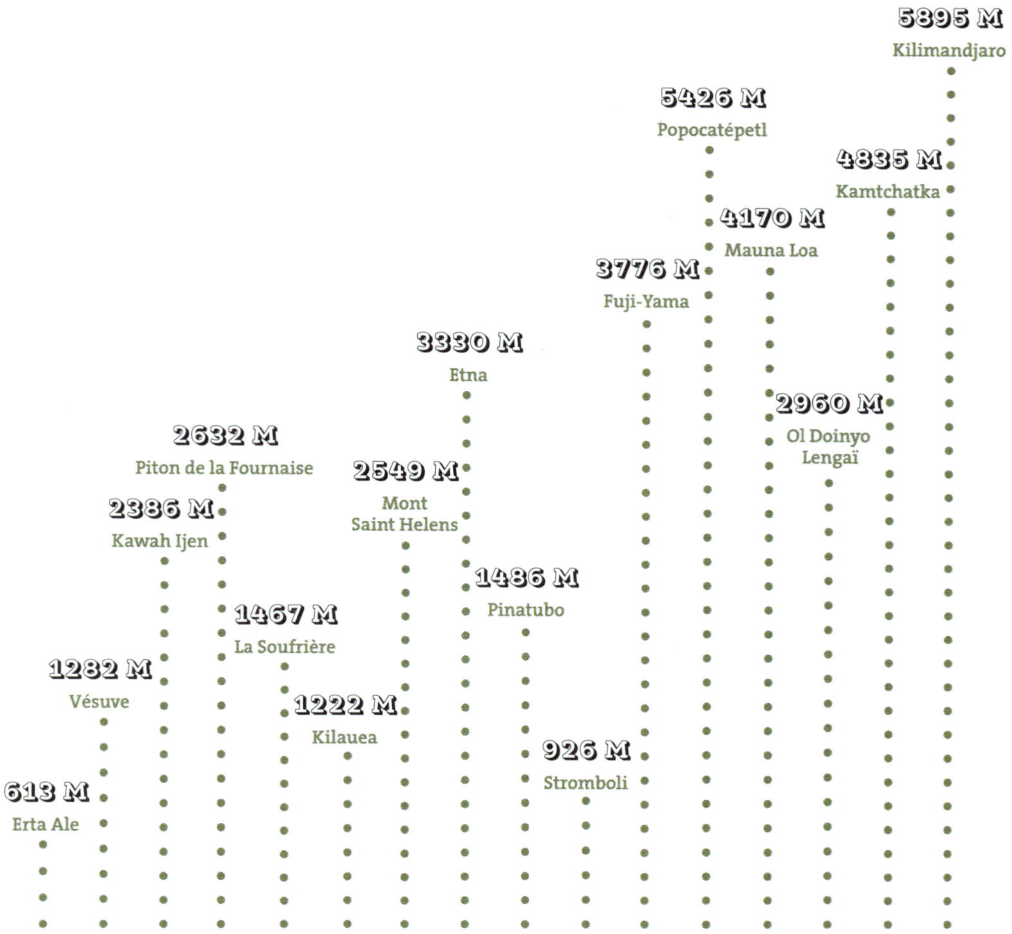

AUTRES VOLCANS MAGNIFIQUES

LES NEIGES DU KILIMANDJARO

Tanzanie

Eh oui, le Kilimandjaro (Tanzanie) est aussi un volcan ! Plus haut point d'Afrique, il se constitue de trois cratères, dont le Kibo est le plus élevé. Diverses routes mènent au sommet. Celle de Marangu démarre dans une jungle équatoriale intense, entrecoupée de cultures de maïs et de baraques en torchis. Jusqu'à 2800 m, la forêt se rabougrit, divulguant un paysage presque alpin, auquel succèdent, au-delà de 3300 m, les étranges séneçons, les cheveux de sorcière (ou lichens) et les beaux protées. Tandis qu'à chaque mètre franchi, les températures tombent, le sol se fait noir de lave et apparaissent les glaciers, comme d'épaisses marches d'escalier. Tandis que tout en bas, dans la savane kenyane on se prélasse à l'ombre des acacias, sur le pic Uhuru, on gèle à -15 °C.

Altitude ⟼ 5895 m
Type ⟼ volcan rouge
État ⟼ éteint

YELLOWSTONE, DE ROCHES ET DE VAPEURS

États-Unis

Dans les Rocheuses des États-Unis (Wyoming), le Yellowstone, formé il y a 600000 ans par une éruption volcanique et classé patrimoine de l'humanité, se situerait au-dessus d'un point chaud. On trouve ici d'incomparables formations de lave, 10000 geysers et d'innombrables sources thermales, coulant le long de cascades en escaliers. Des gueules béantes, emplies d'eau turquoise et fumante, encerclées de souffre. Un sol de rouge et d'ocre, fissuré, torturé, embrumé par d'étranges vapeurs bleutées…

État ⟼ actif

MISTI

Pérou

Les volcans du Sud péruvien constituent un arc volcanique actif depuis plus de cinq millions d'années. Le Misti, culminant à 5825 m, surplombe la vieille et blanche ville d'Arequipa. Blanche, car la plupart de ses bâtiments ont été construits en pierres de lave blanche. Vieille, car elle fut fondée par les Incas, qui pour la préserver des laves, sacrifiaient des jeunes filles, dont on retrouva les corps au sommet. Dans le cratère principal, entre les fumerolles, pointent encore les ruines de quelques sanctuaires des fils du soleil.

Type ⟼ volcan gris
État ⟼ actif

IRAZU

Costa Rica

Coincé entre la mer des Caraïbes et l'océan Pacifique, le Costa Rica est traversé par plusieurs chaînes de volcans. Un pays de randonnée, qui rassemble dans un mouchoir de poche 5 % de la biodiversité mondiale. Des plantes insolites aux allures de préhistoire, poussant dans les sables volcaniques, côtoyant les lacs acides et émeraude qui fument au creux des cratères. Celui de l'Irazu culmine à 3432 m d'altitude : une ascension à couper le souffle.

Type ⟼ volcan gris
État ⟼ actif

NGORONGORO, L'ARCHE DE NOÉ

Tanzanie

Le cratère du Ngorongoro en Tanzanie, le « pays des cratères géants », mesure 22,5 km de diamètre et 610 m de profondeur. Des cascades dévalant les parois de la caldeira irriguent les pâturages couverts de trèfles rouges et blancs et alimentent le lac en son centre, qui désaltère une abondante faune sauvage : lions, hippopotames, buffles, zèbres, gnous, rhinocéros, flamants roses… Une véritable arche de Noé, d'une beauté époustouflante.

État ⟼ éteint

FUJI-YAMA, L'IMMORTEL

Japon

La silhouette parfaite du volcan Fuji-Yama, plus haute montagne du Japon, pointe au-dessus des nuages sur l'île de Honshu. De son vrai nom Fuji-San, le « non mortel » (*yama* veut dire montagne), c'est la montagne sacrée des bouddhistes. La pente raide, sans aucun replat, passe en une journée du niveau de la mer à 3776 m d'altitude. Un vieux proverbe japonais dit d'ailleurs que celui qui n'a jamais gravi le Fuji-San est un fou, mais que celui qui l'a gravi deux fois est encore plus fou. Malgré le manque d'oxygène, le pèlerinage vers le pic mythique est une tradition plusieurs fois centenaire. Chaque année, des millions de Japonais viennent se prosterner dans le temple du sommet.

Altitude ⟼ 3776 m
Type ⟼ volcan gris
État ⟼ actif (mais risque éruptif faible)
Dernière éruption ⟼ 1707

CROISIÈRES… INSOLITES

Le mot « croisière » est associé à ces périples pépères qui vous font faire des tours en Méditerranée ou sur le Nil. Rien à redire à cela, il faut bien que les amateurs de ce type de croisière s'amusent. Mais si l'idée de voyager en bateau vous transporte d'aise et que vous avez envie de ne pas suivre les voies d'eau habituelles, sachez que de nombreuses autres possibilités s'offrent à vous. Par exemple, les régions « extrêmes » sont elles aussi à découvrir à bord de navires convenablement équipés pour accueillir des voyageurs. Chercher des sensations inédites n'équivaut pas forcément à se transformer en galérien. Si l'on ne compte pas les frais de transport pour atteindre les points de départ, on constate que le coût de la plupart de ces croisières n'est pas nécessairement excessif. Notez d'ailleurs que plusieurs compagnies et voyagistes concurrents sont fréquemment sur les rangs pour vous proposer leurs services. Faites votre choix !

Nous vous proposons une sélection de périples hors normes afin que vous puissiez vous faire une idée de ce qui vous attend entre les pôles Nord et Sud, en passant par les tropiques et l'équateur. Des croisières de routard ? Oui, c'est possible !

D'UN OCÉAN À L'AUTRE

LA TRAVERSÉE DU CANAL DE PANAMÁ

De longues croisières classiques au départ de différents ports des États-Unis, des Caraïbes, du Mexique ou d'Équateur passent par le canal de Panamá. Tout comme nombre de cargos ! Il existe cependant de simples traversées de cette voie longue d'environ 80 km. L'histoire du site est épique. Lancés en 1882 par Ferdinand de Lesseps, à qui l'on doit aussi le canal de Suez, les travaux durent jusqu'en 1914. Faisant l'objet d'un scandale financier en 1889, cette réalisation commencée par des Français est achevée par une compagnie états-unienne, laquelle a repris le chantier en 1904. L'objectif était de relier les océans Pacifique et Atlantique à travers un isthme, mince bande de terre qui fait la jointure entre les Amériques centrale et du Sud afin d'éviter le passage du Cap Horn aux navires. La zone du canal est restée sous influence des États-Unis pendant près d'un siècle avant de revenir aux Panaméens en 1999. La croisière est ponctuée par le passage de six écluses ; les bateaux grimpent jusqu'à 25 m au-dessus du niveau de la mer. Le parcours vous fait découvrir des paysages d'une grande richesse. Si vous venez du nord, par la baie Limón, vous découvrez l'immense lac artificiel Gatún, puis vous rejoignez le Rio Chagres et un long tronçon canalisé qui vous mène à Panamá City en vous faisant passer sous le pont Centenaire et par les écluses situées près du lac Miraflores. Après, c'est le pont des Amériques, lequel annonce la fin du voyage. Faisable également en sens inverse, l'excursion dure une journée, mais peut se prolonger jusqu'à une semaine si votre programme comprend des escales pour effectuer des promenades à terre (observation de la flore et de la faune tropicales, patrimoine architectural : églises, forts…) ou des virées dans les îles proches des deux portes d'entrées du canal.

Durée — **De 1 j. (sans escale) à 7 j. (avec escales)**
Situation — **Panama**
Longueur — **77 km**
Plus d'infos — **pancanal.com**

YANG-TSÉ-KIANG

VERS LE BARRAGE DES TROIS-GORGES

« Le Yang-Tsé-Kiang n'est pas un fleuve, c'est une avenue… Une avenue d'cinq mille kilomètres qui dégringole du Tibet pour finir dans la mer Jaune, avec des jonques et puis des sampans d'chaque côté… » Cette tirade écrite par Michel Audiard s'appuie sur des visions… éthyliques du personnage interprété par Jean Gabin dans le film *Un singe en hiver*. Pour vous enivrer de sublimes paysages sans vous gâter le foie, nous vous conseillons de vous offrir l'une ou l'autre des croisières organisées sur le Yangzi Jiang, comme on écrit aussi le nom de ce fleuve. Les plus courantes vont de Chongqing au gigantesque barrage des Trois-Gorges, près de Yichang. Elles durent quatre jours. Des escales vous donnent la possibilité de visiter des sites magiques comme ceux de Fengdu où se trouvent des temples abritant des statues de démons. La ville est surplombée par le Pingdu Shan, montagne où ces esprits résident… Le parcours se poursuit à travers les fameuses trois gorges : Qutang et ses hautes parois rocheuses, Wu qui sinue entre des pics montagneux, puis Xiling dont les eaux sont tourbillonnantes. C'est là que se situe le barrage. En plus de suivre le courant du fleuve, il vous sera proposé des excursions à bord de petits bateaux pour vous approcher des rives sauvages et de chutes d'eau. Si vous avez de la chance, vous verrez évoluer des singes en liberté. Et pas seulement en hiver…

Durée — **Env 4 j.**
Situation — **Chine**
Plus d'infos — **visiter-chine.com/province/municipalite-de-chongqing/**
Pour un voyage onirique — ***La Montagne de l'âme*, Gao Xingjian, Points, 2007.**
Ou une lecture engagée — ***Le Yangsté sacrifié : Voyage au barrage des Trois-Gorges*, Wei-Wei, Éditions de l'Aube, 2007.**

VERS LE PÔLE SUD

L'ANTARCTIQUE

Eh oui, même l'Antarctique est accessible aux voyageurs en quête de sensations fortes ! Durant l'été austral, dont les dates correspondent à celles de l'hiver dans l'hémisphère nord, une grande variété de croisières sont organisées en direction de ce continent le plus « hostile » à l'homme (comptez au moins dix jours à bord). La température est à cette époque des plus agréable : autour de 0 °C… Les départs se font principalement depuis Ushuaia, le port argentin situé le plus au sud. Les périples proposés peuvent vous mener au Cap Horn, aux îles Falkland (Malouines) ou en Géorgie du Sud avant d'atteindre le continent glacé. Ne rêvez pas, si vous n'êtes pas scientifique ou tout autre professionnel missionné, vous n'avez aucune chance d'aller frimer au pôle Sud. En revanche, et c'est déjà très bien, vous avez la possibilité de joindre les îles Shetland du Sud et la péninsule Antarctique. Des excursions sur terre, ou plutôt sur glace, sont généralement prévues, ainsi que des observations de la faune locale : manchots, éléphants de mer, sternes… Des virées en Zodiac pour approcher icebergs et banquises sont également au programme. Notez que des croisières thématiques vous donnent l'occasion de suivre les traces des expéditions de pionniers tels que Shackleton ou Charcot. L'un des voyages les plus fascinants reste celui qui vous fait longer durant un mois toute la partie nord du continent (départ d'Ushuaia, arrivée à Lyttelton en Nouvelle-Zélande). À bord des bateaux, vous faites partie d'un petit groupe (le tourisme de masse n'a pas encore touché la région…) et vous êtes invité à suivre des activités telles que des conférences. Évidemment, si vous êtes du genre frileux ou inquiet, ce type de voyage n'est pas pour vous. Et si vous êtes fauché, il vous faudra économiser car les croisières antarctiques coûtent cher (facilement plusieurs milliers d'euros).

Durée	Env 10 j.
Plus d'infos	turismoushuaia.com/ taaf.fr/
À lire	*L'Odyssée de l'endurance*, Ernest Shackleton, Phébus, Libretto, 2011. *Voyage aux îles de la Désolation*, Emmanuel Lepage, Futuropolis, 2011.

DERNIÈRE ESCALE AVANT LA BANQUISE

LES CÔTES DE L'ÎLE SPITZBERG

Située dans l'océan Arctique, Spitzberg est la plus grande île d'un archipel qui porte ce même nom. C'est un territoire norvégien appelé Svalbard par l'administration de ce pays. D'une surface de près de 38 000 km², cette île est longue de 280 km et large de 40 à 225 km. Les croisières proposées durent de 2 à 7 jours, mais notez que le Spitzberg est au programme de périples polaires plus longs. Les cabines des bateaux sont situées sur deux ou trois ponts différents. Par les hublots, on peut voir les paysages, mais rien ne vaut le point de vue depuis l'extérieur. Frissons garantis… Quoique, les croisières sont organisées en été, de juin à août, période de l'année où la température varie sous le soleil de 10 à 15 °C. Leur point de départ est Longyearbyen, port où sont passés tous les héros de la conquête du pôle Nord : Roald Amundsen, Umberto Nobile… Le premier explorateur de l'île est le Hollandais Willem Barents lequel, en 1596, nomme cette terre Spitzberg, terme qui signifie « montagnes pointues ». Vus depuis la mer, ses reliefs surmontés de glaciers vous donnent des émotions esthétiques incomparables, de même que les falaises et les chutes d'eau qui bordent les côtes. Mais vous verrez aussi des marais, des étendues de toundra et de vertes collines – de grandes surfaces du Spitzberg font partie du parc national Northwest Spitsbergen. L'observation possible des animaux sauvages est un autre attrait du voyage : innombrables oiseaux qui nidifient pendant l'été, phoques, rennes, renards et ours polaires. Des arrêts sont organisés pour découvrir de près la nature, mais aussi les mines de charbon de Barentsburg. Attention, les conditions météorologiques sont susceptibles de modifier le programme des croisières.

Durée	De 2 à 7 j.
Situation	Entre la mer du Groenland et la mer de Barents (océan Arctique).
Densité	0,08 hab./km²
Plus d'infos	visitsvalbard.com (en anglais)
Un polar pour la traversée ?	*L'expédition*, Monica Kristensen, Gaia, 2016.

LA TOTALE !

LE TOUR DU MONDE

Faire le tour du monde sans quitter un même bateau, est-ce possible ? Oui ! Les propositions ne sont pas pléthore, mais il en existe. Il faut s'y prendre à l'avance pour embarquer car ces périples sont organisés une ou deux fois par an. Là, il est difficile d'échapper aux offres classiques telles que celles qui vous invitent à monter à bord de grands paquebots tout confort comme le Queen Mary 2 ou le Queen Victoria. Leur point de départ et d'arrivée est Southampton, en Grande-Bretagne. Le premier passe notamment par Lisbonne, Civitavecchia (Rome), le canal de Suez, Dubaï, Mumbaï (Inde), Phuket (Thaïlande), Singapour, Hong Kong, Yokohama (Japon), la Nouvelle-Guinée, la Nouvelle-Zélande, l'Australie, l'Île Maurice, Le Cap (Afrique du Sud), Sainte-Hélène, Rio de Janeiro, La Barbade, New York et Southampton. Si ce navire opère un faux-vrai tour du monde – il ne traverse pas le Pacifique –, celui du Queen Victoria est royal : New York, Îles Caïman, canal de Panama, Acapulco, San Francisco, Hawaii, Australie, Hong Kong, Bangkok, Mumbaï, Dubaï, canal de Suez et Athènes sont quelques-unes des escales qui ponctuent cette croisière. Dans les deux cas, comptez une centaine de jours et un coût d'environ 17 000 € (prix indicatif). Notez que vous avez la possibilité de ne réserver qu'une ou plusieurs parties du trajet. Autre option : le tour du monde à bord d'un cargo. Moins cher (environ 9 000 €, prix indicatif), plus long (environ 120 jours) et sans doute plus surprenant, ce périple vous fait partir de Hambourg et vous entraîne entre autres dans les ports d'Anvers et Gènes, emprunte le canal de Suez, file jusqu'à Singapour, Ho-Chi-Minh-Ville (Vietnam), Hong Kong, Masan (Corée du Sud), Kobe (Japon), rejoint le canal de Panamá, file vers Houston, New Orleans et revient à Hambourg. Avantage : il y a un ou deux départs par mois. Inconvénient : votre voyage ne commence que si le cargo a chargé suffisamment de fret.

Durée	Une centaine de j.
Départ	Southampton (Grande-Bretagne) ou Hambourg (Allemagne)
1er tour du monde de l'histoire	1519-1522 sur La Victoria, sous le commandement de Magellan.
Plus d'infos	cunard-france.fr monde-et-croisieres.com.
À lire	*Le tour du monde en quatre-vingts jours*, Jules Verne.

DE PUERTO MONTT
À PUERTO NATALES

LES FJORDS DE LA PATAGONIE CHILIENNE

Il n'y pas qu'en Scandinavie que l'on peut voir des fjords, ces vallées ouvertes sur la mer et emplies d'eau salée. La Patagonie chilienne en comprend d'innombrables sur ses côtes qui bordent l'océan Pacifique sur une longueur de 2000 km. Des croisières vous les font découvrir depuis plusieurs ports. Parmi ces dernières, certaines mènent de Puerto Montt à Puerto Natales. Elles durent environ quatre jours. Le périple vous fait d'abord longer l'île de Chiloé et ses golfes, dont ceux d'Ancud et de Corcovado où de vaillants pêcheurs qui affrontent des temps souvent difficiles croisent votre route. Passé l'archipel de Chonos, on pénètre un labyrinthe de canaux qui sinuent à travers les fjords. Au niveau de la péninsule de Taitao, vous découvrez les cimes de l'impressionnante cordillère de la Costa. Parvenu dans le golfe de Penas, cela fait déjà un bon moment qu'il n'y a plus âme humaine qui vive dans les environs. Cela vous donne la chair de poule, d'autant plus que le climat est loin d'être tropical ! On relève au mieux une température moyenne de 12 °C dans la journée, les vents sont rudes, il pleut souvent (surtout l'hiver, entre juin et septembre), les nuits sont glaciales… Qu'importe, vous n'êtes pas venu dans la région pour bronzer, mais pour voir des paysages naturels sublimes. Et aussi, pourquoi pas, pour rencontrer les Amérindiens Kaweskar qui vivent très isolés à Puerto Edén ; leur seul lien avec le reste du monde sont les bateaux qui y font halte. Levez les yeux : là-haut se trouvent les *Campos de Hielo Sur* (Champs de Glace Sud), gigantesque calotte glaciaire de la Cordillère des Andes. Baissez-les aussi au niveau de l'eau car il n'est pas rare d'y voir des dauphins. Arrivé à Puerto Natales, vous pouvez prévoir un séjour pour découvrir un environnement naturel d'une infinie richesse : virées à la grotte du Milodón, dans le parc national Torres del Paine (en bateau, à pied, à cheval ou en kayak)… Notez que d'autres croisières partent de ce port. Vous avez, entre autres, tout loisir de poursuivre votre voyage plus au sud, vers Punta Arenas par exemple, port du détroit de Magellan.

Durée	**Env 4 j.**
Situation	**Chili**
Plus d'infos	**ptomontt.cl/**
Des nouvelles du bout du monde	***Cap Horn*, Francisco Coloane, Phébus, Libretto, 1994.**

À TRAVERS LA JUNGLE

SUR L'AMAZONE ENTRE BELÉM ET MANAUS

Marre des croisières sur la Seine ? Alors tentez l'Amazone ! De nombreux bateaux vous attendent entre Belém, où le fleuve plonge dans l'océan Atlantique, et Manaus, la plus grande ville du centre de l'Amazonie. Ces navires sont quotidiennement utilisés par les Brésiliens, la région ne disposant pas d'un réseau routier convenable. Pour parcourir 1700 km, ils mettent sept jours de Belém à Manaus et cinq dans l'autre sens. Cela dit, des compagnies proposent aux touristes des croisières à bord de leurs propres bateaux, avec parcours et étapes spécifiques. Les attraits sont légion : émerveillement devant des paysages grandioses, quand le fleuve est large comme un lac, ou lorsque vous passez dans la jungle où la flore semble prise de démence, observation d'une faune diverse et abondante… Vous pouvez aussi faire des rencontres avec les populations de la région lors des escales, ou plus simplement à bord. Car les embarcations, qui sont plutôt de petite taille et dotées d'un double pont, possèdent une salle de restaurant, un bar, voire une piste de danse, un solarium… On y dort dans des cabines ou dans des hamacs. À ne pas manquer aussi, bien entendu, des visites dans les deux villes qui font office de points de départ ou d'arrivée, Belém (capitale de l'État du Pará) et Manaus (capitale de l'État de l'Amazonas), ancienne capitale du royaume du caoutchouc où il ne faut pas rater le faramineux théâtre Amazonas, construction à la décoration d'une invraisemblable richesse. Depuis Manaus, vous avez la possibilité de poursuivre le périple en remontant l'Amazone jusqu'au Pérou ou bien d'explorer plusieurs de ses affluents. Des croisières partent aussi de Santarem, ville qui se trouve à mi-chemin de Manaus et Belém. La saison des pluies s'étale de novembre à mai.

Durée	**Env 1 sem**
Situation	**Brésil**
Longueur	**1700 km de Belém à Manaus**
Plus d'infos	**visitbrasil.com/en/estados/para/**

UN AUTRE MONDE

LA TSIRIBIHINA À MADAGASCAR

La Tsiribihina, dans l'esprit, est plus proche de l'Afrique équatoriale que du Nil, mais le fleuve invite à une balade totalement contemplative, en pleine nature. En pirogue ou en bateau à moteur, le périple de 150 km peut se faire dans les deux sens et dure plusieurs jours, dans des conditions parfois assez sommaires, autant le savoir. La pirogue traditionelle reste le moyen le moins cher et le plus « naturel », donc à la dure. Mais attention aux problèmes d'insécurité ! Des règlements de comptes entre guides et piroguiers (avec comme victimes collatérales les touristes qu'ils transportent) ou la complicité entre certains piroguiers et des brigands locaux pour détrousser les voyageurs vazaha ou malgaches ont conduit les autorités à prélever des taxes sur les descentes qui permettent de payer des patrouilles de gendarmerie sur le fleuve. Un mot d'ordre : bien choisir avec qui l'on part. Ambiance *African Queen* en tout cas garantie, sur des eaux ocre la plupart du temps et au courant rarement impétueux. Deux systèmes de gorges et beaucoup de points de vue : par endroits, la Tsiribihina s'étale sur près de 1 km de large ! D'immenses bancs de sable laissent toute latitude aux bivouacs pour s'installer et à l'imagination pour s'envoler… C'est un moyen vraiment authentique et dépaysant de rallier Belo-sur-Tsiribihina. Certaines agences proposent des prolongations de parcours jusqu'aux Tsingy ou Morondava (ou les deux) avec des formules incluant le transport en 4x4, l'hôtel, les repas, voire un départ d'Antsirabe… C'est bien sûr plus cher. À vous d'étudier et de comparer les prestations.

Durée	**De 3 à 5 j.**
Départ	**Miandrivazo**
Longueur	**150 km**
Site utile	**madagascar-tourisme.com**

LES SPOTS DE SURF MYTHIQUES

De Hawaii à Lombok, partons surfer sur la vague des meilleurs spots du monde. Et que l'on soit un pro ou non, force est de constater que les surfeurs ont du goût : les vagues sur lesquelles ils glissent se trouvent dans de sublimes endroits, parmi les plus sauvages et photogéniques du globe. Pas assez courageux pour les imiter ? Posez votre serviette sur le sable, admirez leurs prouesses et profitez de ces plages, qui comptent parmi les plus belles du monde. Car il n'est pas nécessaire d'être un surfeur né pour sillonner les plus beaux spots de la planète…

AMÉRIQUES

HAWAII

WAIKIKI BEACH

On glisse sur un mythe. Oahu, la 3e île la plus grande en taille de l'archipel d'Hawaii, abrite un célèbre spot de surf, bercé par des eaux chaudes et transparentes. Waikiki Beach, à Honolulu, s'étend sur plus de 3 km de sable blanc. En raison de ses longues vagues, c'est le lieu idéal pour faire ses débuts dans la discipline. C'est d'ailleurs à Waikiki que s'est entraîné Duke Kahanamoku (1890-1968), un nageur médaillé olympique mais aussi un pionnier du surf. Vu la renommée de l'endroit, de nombreuses autres activités sont proposées : location de vélo, des skates ou cours de *hula* !

HAWAII

BANZAI PIPELINE

C'est l'un des plus beaux spots du monde, mais aussi l'un des plus périlleux. Sur la côte nord de l'île d'Oahu, Banzai Pipeline voit des vagues parfois hautes de plus de 6 m se créer au-dessus d'un récif corallien. Son nom a été popularisé dès 1961 par Bruce Brown, réalisateur de documentaires sur le surf, dans son film *Surfing Hollow Days*. En novembre se tient à Pipeline le championnat du Vans Triple Crown, « le Super Bowl du surf », selon le *Los Angeles Times*. En hiver, difficile de trouver une place sur le parking qui surplombe la plage. Durant l'été, le lieu est beaucoup plus tranquille et tout aussi photogénique.

HAWAII

PEAHI

Sur l'île de Maui, le spot de Peahi possède un surnom à faire frémir : « Jaws », qui signifie « mâchoires » en anglais. L'endroit a été baptisé ainsi en référence au film de Steven Spielberg (*Jaws* ou « Les Dents de la mer »), ses vagues étant aussi imprédictibles que les attaques de requins. Il faut admettre qu'elles sont redoutables, atteignant parfois la vitesse de 48 km/h et créant d'impressionnants murs d'eau. Maui offre toutefois des activités de glisse plus paisibles : Kanaha Beach Park est ainsi devenu le paradis des adeptes de planche à voile et de kitesurf.

LOS ANGELES, CALIFORNIE

MALIBU

C'est un cocktail paradisiaque pour les surfeurs, dont c'est la capitale en Californie. Malibu tient d'ailleurs son nom des amérindiens Chumash. Ils avaient baptisé l'endroit « Humaliwo », soit « les déferlantes résonnent fortement ». Située à Los Angeles, la longue bande de plage de Malibu, d'une quarantaine de kilomètres, est idéale pour apprendre à surfer, notamment à « First Point », près des quais. Les plus chevronnés préfèrent se rendre à Little Dume Beach, en contrebas de superbes villas. Malibu ayant pour voisin Hollywood, il ne faut pas s'étonner de poser sa planche à côté d'une star de la chanson ou du cinéma.

CALIFORNIE

RINCÓN

Son nom, qui provient de l'espagnol, signifie angle ou coin. Mais Rincon, située en Californie du Sud, près de Santa Barbara, est aussi appelée « Reine de la Côte », ce qui est bien plus glamour. Ses vagues majestueuses et ses droites tubulaires se manifestent surtout à marée basse durant les mois d'hiver. C'est d'ailleurs en janvier que se tient le championnat du Rincon Classic, qui fait le plein de spectateurs chaque année. Le lieu a été chanté par les Beach Boys dans leur tube de 1962, *Surfin' Safari*. N'oubliez pas les paroles.

PORTO RICO

RINCÓN

En accueillant en 1968 le 4e championnat du monde de surf, la renommée de Rincón a dépassé le cadre de Porto Rico. Cela dit, à l'époque, il a fallu attendre le 7e et dernier jour de la compétition pour voir déferler des vagues dignes des surfeurs de haut niveau. Mais le charme tropical de la côte ouest de Puerto Rico avait enchanté tous les esprits. Sandy Beach, Pools Beach, Marias, Rincón Town Beach Plaza, Tres Palma… Les noms des plages de ce « Hawaii des Caraïbes » attisent les rêves des surfeurs. Le meilleur moment pour prendre la planche, c'est de novembre à mars, lorsque les vagues peuvent atteindre plus de 6 m de hauteur.

CANADA

TOFINO, VANCOUVER ISLAND

On se croirait au bout du monde. Tofino, la capitale canadienne du surf, est bordée par 35 km de plage, avec une eau à 10 °C tout au long de l'année. Sur l'île de Vancouver, la combinaison s'avère donc indispensable. Les lieux les plus courus par les surfeurs s'appellent Chesterman Beach, Cox Bay et Long Beach. En octobre, Tofino accueille « Queen of Peak », la seule compétition canadienne réservée aux surfeuses. En été, il est recommandé de partir du petit village de pêcheurs de Tofino pour des randonnées à travers ses forêts dotées d'arbres gigantesques.

MEXIQUE

PUERTO ESCONDIDO

Son nom signifie « Port caché » en espagnol. Mais pour les surfeurs, c'est loin d'être un secret bien gardé. Sur la Côte Pacifique du Mexique, dans l'État de Oaxaca, Puerto Escondido offre plusieurs sites de surf : The Point, Kiddie Break et surtout Zicatela. Le moment où les vagues sont les plus hautes correspond au début de la saison des pluies, en mai. Et quand le vent s'y mêle le soir, les conditions sont optimales, les vagues se hissent parfois jusqu'à 6 m de haut. Les amoureux des tortues ne manquent pas de se rendre à Mazunte, à 65 km à l'est de Puerto Escondido : ce lieu de ponte accueille aussi un centre dédié à ces reptiles.

COSTA RICA

TAMARINDO

Sur la côte pacifique du Costa Rica, la plage tranquille de Tamarindo propose deux spots incontournables. D'abord, Pico Pequeno, où les vagues se créent près d'une formation rocheuse, indiquée par un pic qui jaillit au-dessus de l'océan. L'autre spot est à proximité de l'estuaire de Playa Grande. Ce splendide estuaire bordé par des mangroves peut être visité lors de tours en bateau. Avec un peu de chance, on peut y voir se prélasser des crocodiles. La plage de Tamarindo est également le lieu de ponte des tortues luth, une espèce en voie de disparition.

LOS ANGELES, CALIFORNIE
MALIBU
TOFINO, VANCOUVER ISLAND
CANADA
PAYS BASQUE
BIARRITZ
LANDES
HOSSEGOR
PORTUGAL
NAZARÉ
PORTO RICO
RINCÓN
MEXIQUE
PUERTO ESCONDIDO
CALIFORNIE
RINCÓN
CARAÏBES
BARBADE
HAWAII
WAIKIKI BEACH
CANARIES
FUERTEVENTURA
HAWAII
BANZAI PIPELINE
MAROC
TAGHAZOUT
HAWAII
PEAHI
COSTA RICA
TAMARINDO
TAHITI
TEAHUPOO
BRÉSIL
FERNANDO DE NORONHA

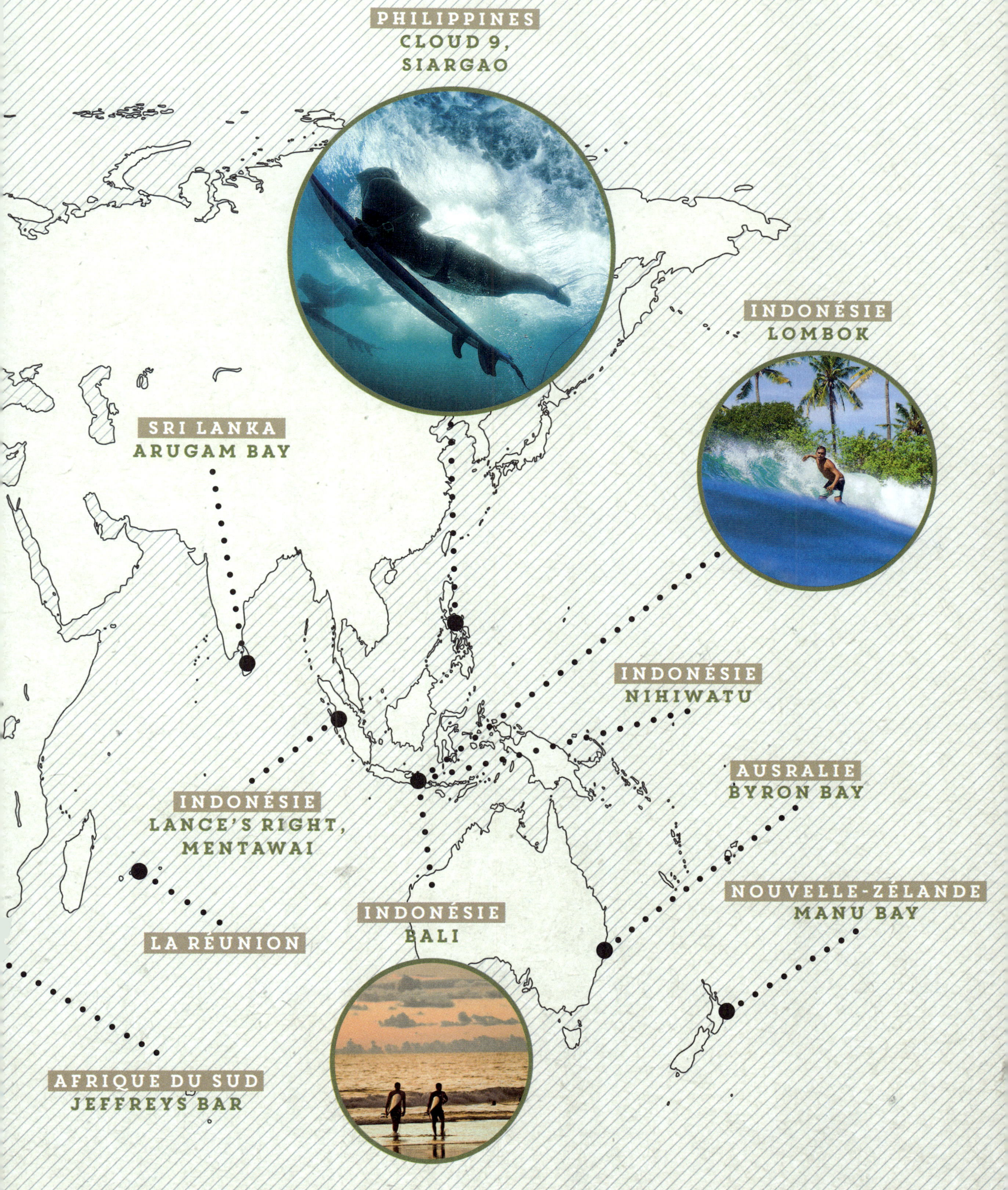
PHILIPPINES
CLOUD 9,
SIARGAO
INDONÉSIE
LOMBOK
SRI LANKA
ARUGAM BAY
INDONÉSIE
NIHIWATU
AUSRALIE
BYRON BAY
INDONÉSIE
LANCE'S RIGHT,
MENTAWAI
NOUVELLE-ZÉLANDE
MANU BAY
INDONÉSIE
BALI
LA RÉUNION
AFRIQUE DU SUD
JEFFREYS BAR

BRÉSIL

FERNANDO DE NORONHA

Sur cet archipel perdu dans l'océan Atlantique, à 525 km de Recife, on surfe sur des vagues de 2 m aux abords d'un ancien volcan qui s'extrait paresseusement des eaux. Si le sud-est est trop montagneux pour s'adonner au surf, le nord-ouest est en revanche idéal avec ses plages en pente et ses tubes d'eau transparente. Quand la mer est plate, on peut changer de perspective en faisant de la plongée sous-marine. L'archipel de Fernando de Noronha possède un parc national marin où l'on peut observer le ballet des dauphins et des baleines.

CARAÏBES

BARBADE

Dans les Caraïbes, la Barbade est devenu un lieu de prédilection pour les surfeurs. Leur spot préféré ? Le Soup Bowl, sur la côte est près de Bathsheba, avec ses vagues vigoureuses. En novembre, les champions s'y affrontent et boivent la tasse lors du Barbados Independence Surf Festival. Mais les spots plus tranquilles de la côte ouest permettent aux surfeurs de tous niveaux de se retrouver en toute sécurité. Et pour se reposer de ses émotions, rien ne vaut la farniente sur la grande plage de sable fin de Carlisle Bay, au sud de Bridgetown.

EUROPE

PAYS BASQUE

BIARRITZ

Sur la côte basque, Biarritz est l'un des berceaux du surf européen. C'est là que le scénariste et écrivain américain Peter Viertel profita en 1956 du tournage de *Le soleil se lève aussi* pour pratiquer son sport favori et faire des émules. Parmi eux, Jo Moraiz, qui ouvre la première école de surf française. Les deux spots les plus prisés sont la Côte des Basques, à l'atmosphère très californienne, et la Grande Plage, propice au beach-break. Le spectacle de l'océan Atlantique s'admire aussi depuis des lieux de prestige, comme le somptueux palace Hôtel du Palais ou le casino municipal au style Art déco.

LANDES

HOSSEGOR

Les premiers surfeurs s'y sont jetés à l'eau dans les années 1950. Depuis, Hossegor, dans les Landes, accueille le gratin du surf international sur de nombreux spots. Celui des Culs Nus, nommé ainsi en raison de la plage naturiste, voit déferler des vagues de 5 m pendant l'hiver. Celui de la Nord est apprécié pour ses vagues de 6 m, mais n'en est pas dangereux pour autant. Le meilleur moment pour s'y rendre, c'est à marée basse, de septembre à mars. Sur la terre ferme, un autre sport a bâti la réputation de Hossegor, c'est le golf. Créé en 1927, le Golf d'Hossegor est considéré par ses pratiquants comme un joyau.

PORTUGAL

NAZARÉ

À Nazaré, le 11 décembre 2014, le Français Benjamin Sanchis a dompté une vague officiellement mesurée à 33 m de haut, battant le record établi de 24 m établi en 2011 par l'Hawaïen Garrett McNamara. Nazaré doit ses vagues énormes au canyon sous-marin au large de la côte qui atteint 5 km de profondeur et fait près de 200 km de long. Si ce spot a contribué à la renommée internationale de Nazaré, cette ville du Portugal est depuis le XIXe siècle un lieu apprécié pour sa longue plage et les traditions qui unissent ses habitants à la mer.

CANARIES

FUERTEVENTURA

Des îles des Canaries, celle de Fuerteventura est la plus renommée pour ses spots, situés au nord sur la partie accidentée. Celui de El Burro est surnommé Glass Beach en raison de ses eaux transparentes comme du verre. Rocky Point est idéal pour les niveaux intermédiaires. El Cotillo se distingue par un beach-break. Mais le Graal du surf aux Canaries est appelé « The Bubble ». Les vagues y sont courtes mais très fortes et rapides. À réserver aux surfeurs expérimentés ! Les autres goûteront aux randonnées dans les paysages lunaires et arides si caractéristiques de Fuerteventura.

AFRIQUE

MAROC

TAGHAZOUT

Avec 320 jours de soleil par an, Taghazout peut se targuer d'être l'un des spots les plus chaleureux sur la côte Atlantique. Ce village situé à une vingtaine de kilomètres au nord d'Agadir est fréquenté par davantage de surfeurs chaque année, attirés par le climat doux et l'ambiance paisible. Parmi ses spots, Panorama s'adresse aux débutants tandis qu'Anchor Point déroule une succession de tubes à marée montante. Ceux qui se lèvent de bonne heure assisteront au retour des pêcheurs qui viennent vendre leurs prises aux commerces et hôtels du coin.

AFRIQUE DU SUD

JEFFREYS BAY

Jeffreys Bay, en Afrique du Sud, est l'une des destinations de surf les plus courues au monde. Des « supertubes » se parcourent en effet sur près de 300 m. C'est un spot qui a aussi vu sa réputation entachée par l'attaque spectaculaire d'un requin blanc sur le champion Mick Fanning en 2015. Enregistrée en direct, la vidéo de cette attaque a fait le tour du monde. Mais certains animaux marins finissent aussi dans l'assiette. À Jeffreys Beach, les amateurs de fruits de mer sont aux anges en raison de l'abondance de coquillages et de calamars.

LA RÉUNION

Le nombre de surfeurs à La Réunion a chuté ces dernières années en raison des attaques de requins depuis 2011. Mais des mesures de protection, comme la pose de filets, pourraient changer la donne. En tout cas depuis 2013, le surf est interdit en dehors des zones surveillées. La Réunion a donné à la France des champions de surf, qui ont goûté aux spots exceptionnels qui parsèment ses 220 km de côte. Saint-Leu est en effet réputé pour sa gauche de qualité, les Roches Noires se distinguent par leur grande plage de sable fin, tandis que Boucan-Canot est balayé par de belles vagues.

ASIE ET MOYEN-ORIENT

INDONÉSIE

BALI

Bali attire les surfers du monde entier. Les spots de Kuta et Legian, situés sur des plages de sable et en partie surveillées, sont les plus accessibles et se trouvent dans la partie la plus touristique et balnéaire de l'île. Plus au sud, la superbe falaise d'Uluwatu, où les rouleaux sont sublimes, est le rendez-vous des surfeurs chevronnés. Un spot mythique. C'est d'ailleurs ici, sur la presqu'île de Bukit, que se concentrent les meilleurs spots. Ils sont réservés pour la plupart aux pros, comme Padang-Padang. On trouve également de bons spots sur Nusa Lembongan et dans l'ouest de Bali.

Fernando de Noronha, Brésil

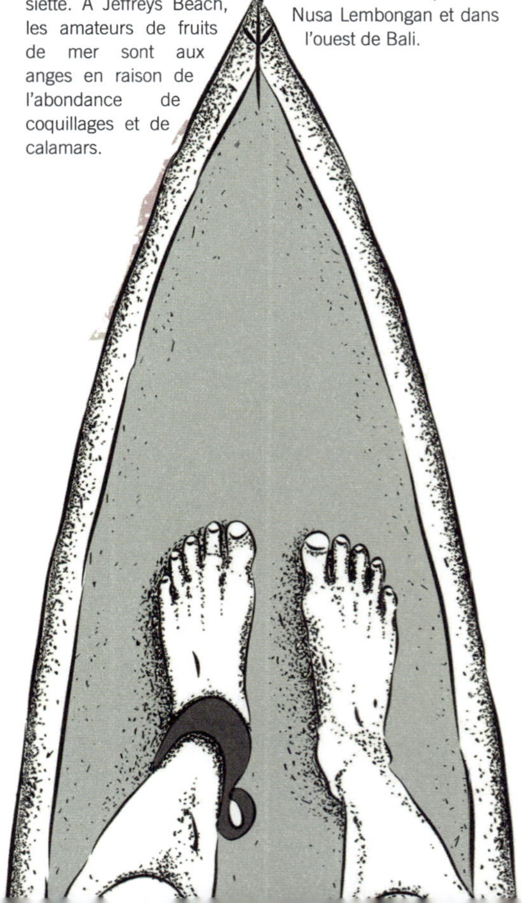

INDONÉSIE

LOMBOK

Plus confidentielle que Bali, Lombok attire de plus en plus les surfeurs en quête de paysages intacts et de nouveaux horizons. La côte sud, autour de Kuta, avec ses sublimes plages de sable et ses vagues des plus respectables est la destination qui monte auprès des surfeurs roots. Gerupuk et Mawi sont les deux spots les plus connus. Élu régulièrement meilleure vague du monde, le spot de Desert Point est en passe de devenir un spot mythique du surf mondial, réservé aux pros toutefois.

INDONÉSIE

LANCE'S RIGHT, MENTAWAI

Le surf exigence de l'habileté, mais aussi de la patience. Après 10 heures de voyage en bateau depuis Padang, l'attente est largement récompensée. Les îles indonésiennes de Mentawai se distinguent en effet par une vingtaine de spots de surf, notamment à cause de leur exposition aux 40e rugissants qui remontent l'océan Indien. Le lieu le plus connu, Lance's Right, est situé sur l'île de Sipura. Ce spot tient son nom du surfeur australien Lance Knight qui l'a découvert en 1991. S'il est bondé, on peut se replier sur d'autres endroits de Sipura, moins fréquenté, mais toujours dans une eau à 28°C.

INDONÉSIE

NIHIWATU

En juillet et en août, des vagues s'élevant jusqu'à 4 m et un cadre naturel exceptionnel font de Nihiwatu un paradis pour surfeurs. Située sur l'île indonésienne de Sumba, ce spot est également appelé Occy's Left, en hommage au professionnel australien Mark Occhilupo. Le spot entraîne les surfeurs sur des *rides* de 250 m, parfois parcourus en 10 s. De la mer, ils peuvent admirer la plage de 2,5 km de long, bordée par la forêt tropicale. D'autres jeux d'eau sont à découvrir à l'intérieur de l'île, comme les cascades de Wanukaka, à 45 mn de route de Nihiwatu.

PHILIPPINES

CLOUD 9, SIARGAO

À 800 km de Manille, aux Philippines, se dresse la fameuse « Cloud 9 » sur la petite île de Siargao. Cette vague, découverte seulement il y a une trentaine d'années par des surfeurs en quête d'émotions fortes, a été baptisée ainsi en référence à une marque de barre chocolatée. Accessible très facilement, cette droite tubulaire est toutefois réservée aux plus téméraires. Gare au récif corallien ! Peu touristique, Siargao a conservé une ambiance de simplicité, comme hors du temps. Sa grande étendue de mangroves vaut la peine d'être visitée en kayak.

SRI LANKA

ARUGAM BAY

Il faut parfois jouer des coudes sur Arugam Bay. Car ce spot de la côte sud-est du Sri Lanka rassemble d'avril à octobre une foule de surfeurs. Après avoir dompté des vagues de 400 m de long, ils se retrouvent le soir, parmi les pêcheurs du village, dans la rue principale et unique de l'endroit. Pour éviter la cohue, certains se lèvent tôt le matin ou se rendent sur les spots de Pottuvil Point et de Whiskey Point, à 4 km au nord. Afin de profiter d'un panorama exceptionnel sur Arugam Bay, rien ne vaut une visite au monastère de Kudumbigala, niché au milieu de la végétation.

OCÉANIE

AUSTRALIE

BYRON BAY

Le phare de Byron Bay est le plus puissant d'Australie, mais ce sont les spots de The Pass, Wategoes, ou encore Cosy Corner vers lesquels les regards des surfeurs se sont tournés dès les années 1960. The Pass est ainsi un magnifique pointbreak rocailleux, mais sa popularité suscite des embouteillages. Wategoes se veut plus tranquille, mais la plage est plutôt chiche en taille. En tout cas, le long de la côte Pacifique, Byron Bay a réussi à maintenir une ambiance alternative, héritage de ses années hippies.

NOUVELLE-ZÉLANDE

MANU BAY

La Nouvelle-Zélande n'est pas que le pays du rugby. La preuve avec Raglan. Cet endroit est passé à la postérité grâce à *The Endless Summer*, documentaire culte sur le surf, réalisé en 1966. A proximité du village, sur l'île septentrionale de Nouvelle-Zélande, on recense au moins quatre spots de surf réputés : Indicators, Whale Bay, Vortex Bay et Manu Bay. À Raglan, les amateurs apprécient notamment la gauche de reef qui peut déferler sur des centaines de mètres à proximité des plages de sable noir. Raglan possède aussi une curiosité : une vingtaine de « rochers tatoués », du moins creusés de hiéroglyphes dont l'origine demeure indéterminée.

TAHITI

TEAHUPOO

Sensations fortes garanties. Les plus grands professionnels se donnent rendez-vous à Teahupoo chaque année, puisque ce spot accueille le Billabong Pro, une étape du championnat du monde de surf. Ses gauches sont aussi spectaculaires que dangereuses : lorsque la vague se creuse, le récif corallien n'est qu'à quelques dizaines de centimètres sous la planche. Les vagues épaisses de Teahupoo font généralement de 2 à 3 m de hauteur et ce lieu a bâti des légendes du surf, comme Laird Hamilton qui s'est immiscé en 2000 dans un énorme tube. Les photos de son exploit sont à couper le souffle.

Voyager en cargo

Peut-on encore partager le quotidien d'un équipage de cargo ? Comment s'y prendre ? Qu'emporter ? Où aller ? Comment se passe la vie à bord ? Ces questions agitent les rêves du néophyte sensible au lancinant appel de l'océan. Si vous êtes du genre à vouloir lever l'ancre, ce dossier est pour vous...

Les navires

Les porte-conteneurs

Ces « rois de la mer » sont les bateaux de marine marchande puissants et rapides aujourd'hui les plus communs. Appelés également les « porte-boîtes », en jargon de marin, ils sont facilement identifiables grâce à leurs grandes caisses métalliques multicolores et identiques. Leur taille s'évalue en quantité de conteneurs de 20 pieds qu'ils peuvent arrimer, bien que les conteneurs mesurent maintenant presque tous 40 pieds. Les plus gros font plus de 300 m de long.

Pourquoi voyager en cargo ?

Pas si inhabituel que ça !

Avant que l'avion ne se démocratise, dans les années 1960, prendre le bateau pour se rendre d'un continent à l'autre n'était pas inhabituel. Dans *Bourlinguer* (1948), l'écrivain et globe-trotter Blaise Cendrars avait donné à ce moyen de transport ses lettres de noblesse. Avec les vols long-courriers, rapides, ponctuels et efficaces, le voyage maritime a peu à peu perdu de son intérêt, hormis pour d'irréductibles phobiques de l'avion. Puis, parallèlement au succès de l'industrie florissante des croisières, les voyages en cargo ont retrouvé de leur attrait.

Mais à la différence des croisiéristes, ce que recherchent les voyageurs en cargo, c'est souvent une part d'imprévu. Il arrive que l'itinéraire choisi au départ change en cours de route, ce qui peut réserver de bonnes surprises, comme une escale qui se prolonge dans un pays.

En fait, on n'emprunte pas un cargo pour se rendre sur sa destination de vacances, le cargo est une destination en soi. Au milieu de la mer, ce transport se révèle un « voyage intérieur » à la « dimension initiatique », comme le raconte Hugo Verlomme, auteur d'un guide de référence en la matière.

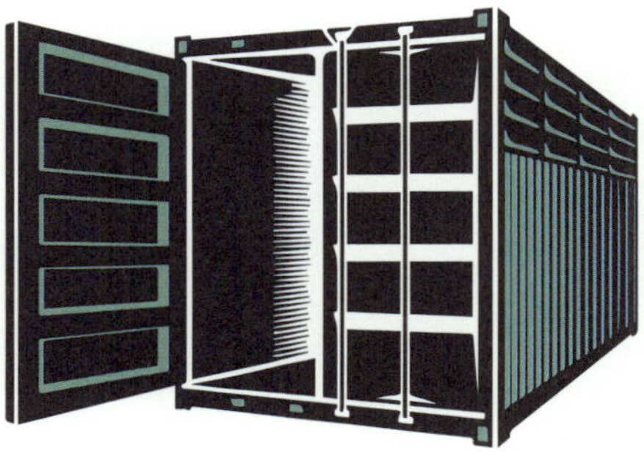

Les passagers

Sur la majorité des cargos, on n'embarque pas plus de 12 passagers. Au-delà, la législation impose qu'il y ait un médecin à bord. Et comme avoir un médecin à bord est un coût supplémentaire, ceux qui transportent plus de douze passagers en accueillent généralement entre 50 et 100, afin d'amortir les coûts. Ces bateaux sont alors davantage réservés au transport de passagers qu'au fret. En général, on ne trouve pas plus de 4 ou 5 passagers. Il se peut même que vous soyez le seul. Les compagnies imposent aussi des limites d'âge : en dessous d'un certain âge, les enfants ne sont généralement pas autorisés à bord. De même, au-delà de 65 ans, un certificat médical sera demandé et souvent les personnes âgées de 79 ans ou plus ne sont pas admises.

La disposition du bateau

Pour les passagers, il existe communément trois types de cabines, avec salle de bains et air conditionné : des cabines à deux pièces, d'autres avec lit double, ou la « chambre » simple. Certaines possèdent même un petit réfrigérateur, voire la télévision. Même si les cabines de passagers ont été aménagées de manière à pouvoir contempler la mer par le hublot, il peut arriver qu'un conteneur obstrue la vue. Dans les gros navires, les ascenseurs qui permettent d'aller d'un étage à l'autre seront fermés en cas d'avaries. Autant se préparer à l'idée de gravir quotidiennement les marches pour aller de sa cabine aux autres parties du navire.

Avec l'équipage, les passagers partagent la salle à manger et un espace de détente. Ce dernier possède une télévision, un lecteur vidéo et une petite bibliothèque. Ce sont des endroits où vous pourrez vous entretenir avec les membres de l'équipage et écouter leurs anecdotes.

À un Américain qui avait décidé de relier en cargo Tokyo à Long Beach, en Californie, on demandait régulièrement avant de partir : « Pourquoi prendre dix jours pour traverser le Pacifique alors que cela prend dix heures en avion ? » Ce quoi à quoi il répondait : « Parce que je n'ai pas trouvé de navire qui le ferait en vingt jours ».

Avant le départ

Bien préparer son voyage

Pour bien vivre son voyage en cargo, il faut bien le préparer, c'est une des règles essentielles. Autant s'y prendre plusieurs semaines, voire quelques mois, à l'avance. Ainsi, si l'on passe par une agence, les conditions de réservation et d'annulation doivent être scrupuleusement étudiées. Il faut s'assurer qu'on part avec un passeport en cours de validité jusqu'à 6 mois, à présenter aux officiers de l'immigration lors des escales. Afin de profiter au mieux de ces dernières, toutes les formalités comme le visa d'entrée et de sortie doivent être remplies. Pour certains pays, on vérifiera que les vaccinations (fièvre jaune surtout) sont mises à jour et on emportera son carnet de santé.

Pour ce type de voyage, il faut toujours garder à l'esprit que flexibilité et souplesse sont d'usage. Certains navires peuvent quitter le port avec un jour et demi de retard. C'est probablement l'un des inconvénients majeurs du voyage en cargo, son imprévisibilité. Ainsi, si l'on fait un trajet en simple, on évitera d'acheter des billets d'avion non échangeables et non remboursables pour le retour.

Les vraquiers

Ces navires transportent des marchandises en vrac (minerais, papier, grains, tuyaux…), dans d'immenses soutes.

Les "ro-ro"

Leur nom provient de l'abréviation en anglais de « roll on-roll off ». Ces navires sont équipés de sortes de pont-levis de manière à faire monter à bord des véhicules, voitures ou camions.

Les réfrigérés

Ces bateaux généralement rapides et de taille assez modeste, transportent des denrées périssables : bananes, poissons et viandes congelés…

Pendant le voyage

À emporter avec soi

—

Il faut prendre dans ses bagages des vêtements plutôt passe-partout et adapter sa garde-robe en fonction de la destination. Même à la belle saison, il fait frais en mer, surtout la nuit, un coupe-vent est de rigueur. Cela dit, il vaut mieux se renseigner sur le « dress-code » en vigueur sur chaque navire.

Pour éviter les coups de soleil, on se munit d'un couvre-chef, et contre la luminosité, des lunettes de soleil sont indispensables. Une paire de jumelles peut s'avérer utile, notamment pour observer la faune marine.

On songera aussi à emporter de la monnaie locale pour les escales et des médicaments en cas de mal de mer. Il faut noter que l'animal domestique est généralement interdit à bord. Quant aux moyens de communication comme les fax et téléphones, on en trouve à bord, mais ils sont plus chers que sur terre.

Quelques jours avant le départ

—

Il vaut mieux arriver dans la ville d'embarquement un, voire deux jours à l'avance et avoir dans ses poches un plan du port de départ. Le jour J, il faut entrer en contact avec l'agent portuaire, qui supervise les différentes activités de placement des navires, d'accueil, de manœuvres et de chargement. C'est lui qui vous donnera l'heure d'arrivée de votre cargo et sa situation dans le port. De plus, il est toujours souhaitable de se renseigner avant de partir sur la situation des ports par rapport au centre-ville, afin de bien profiter des escales.

Des règles de vie

—

Il ne faut surtout pas hésiter à poser au capitaine des questions sur les règles et coutumes du navire. Au sommet de la hiérarchie (suivi par le chef-mécanicien), il détermine la politique de la vie à bord. Si vous voulez monter sur le pont, c'est à lui qu'il faut le demander. Si vous respectez ces consignes, vous aurez toutes les chances d'être à nouveau invité. Sur les cargos, l'anglais est la langue la plus communément parlée.

Lors d'une escale, il faut toujours donner un numéro de téléphone ou une adresse où l'on peut être joint rapidement. Les escales durent en général entre 12 et 36 h, mais dans les ports modernes, si le navire ne contient que des conteneurs, elles peuvent être inférieures à 6 h.

Lors des manœuvres et du déchargement ou chargement du fret, on évite de visiter le bateau, ce qui peut gêner les marins, mais il en va aussi de votre sécurité. Rappelez-vous cette règle d'or : à bord d'un cargo, la priorité, c'est le fret, pas le passager.

Les loisirs

—

Il faut se préparer à l'idée qu'on peut se trouver sans personne avec qui discuter. Et comme il n'y a pas de distraction offerte à bord des cargos, autant prévoir de quoi occuper ses journées. Vous avez intérêt à emporter de la lecture. Si vous aimez le dessin, de quoi faire des croquis. Vous pouvez aussi décider de ne rien faire d'autre que regarder l'océan. Attention au mal de mer.

Il y a fréquemment des piscines d'eau de mer aménagées à bord des cargos. Il existe parfois des tables de ping-pong, parfois un sauna, souvent une salle de gym avec des appareils. L'espace de détente offre aussi la possibilité de regarder des films.

Les services

—

Les repas, servis à heures régulières (par exemple, 7 h, 11 h 30 et 17 h), se prennent avec l'équipage. C'est d'ailleurs souvent de la nationalité du cuistot que dépend la cuisine qui sera servie. À ce sujet, sachez qu'on ne vous fera pas de régime spécial.

Pour laver ses vêtements, un lave-linge (avec sèche-linge, fer à repasser, planche de repassage…) est mis à votre disposition. En général, les draps et les serviettes sont fournis. Et s'il n'y a pas de steward, le passager doit s'occuper de ranger et de nettoyer sa cabine.

Des boissons alcoolisées et des cigarettes sont souvent vendues à bord dans des petites boutiques duty free. La carte de crédit et les chèques ne sont pas acceptés. Prévoyez des dollars américains et parfois des euros.

Pour le pourboire, il n'existe pas de règle précise, mais les petits gestes sont appréciés et surtout notez bien qu'à bord d'un cargo, on ne vous demandera jamais de travailler !

Itinéraires et prix

Il faut compter en moyenne 100 € par jour, en comprenant les repas. Du fait de la durée du voyage, une traversée revient plus cher qu'un voyage en avion. Les ports d'embarquement et de débarquement, ainsi que l'itinéraire, peuvent changer pour de multiples raisons (conditions météorologiques, fret, congés, port congestionné), ce qui pourra entraîner une modification du voyage ou des tarifs.

Ce n'est pas un voyage qu'on peut faire juste pour un week-end. En général, il faut compter à peu près un mois, quoique des agences proposent des itinéraires de deux semaines. Les voyages autour du monde durent en général entre trois et quatre mois. Voici 3 exemples d'itinéraires :

1 Un trajet court

Anvers (Belgique)-Salerne (Italie) en dix jours.

Itinéraire :

- Anvers
- Bristol (Grande-Bretagne)
- Setubal (Portugal)
- Livourne
- Civitavecchia (près de Rome)
- Salerne (Italie)
- Pirée (Grèce)
- Gemlik
- Yenikoy (près de la Turquie)
- Salerne

2 Un trajet long

Le Havre-Buenos Aires en 28 jours.

Itinéraire :

- Le Havre (France)
- Bilbao (Espagne)
- Casablanca (Maroc)
- Dakar (Sénégal)
- Banjul (Gambie)
- Conakry (Guinée)
- Freetown (Sierra Leone)
- Salvador de Bahia
- Vitória
- Rio de Janeiro
- Santos (Brésil)
- Zarate
- Buenos Aires

3 Un trajet circulaire

Un tour du monde en passant par le canal de Panama en 84 jours

Itinéraire :

- Le Havre (France)
- New York
- Norfolk
- Savannah (États-Unis)
- Manzanillo (Panama)
- Canal de Panama
- Papeete (Tahiti)
- Nouméa (Nouvelle-Calédonie)
- Brisbane
- Sydney
- Melbourne (Australie)
- Auckland (Nouvelle-Zélande)
- Canal de Panama
- Manzanillo
- Savannah
- Philadelphie
- Tilbury
- Rotterdam (Pays-Bas)
- Dunkerque
- Le Havre

Guide pratique

Agences et compagnies

Mer et Voyages

C'est la première agence de voyages à se spécialiser dans les voyages en cargo dès 1994. Mer et Voyages propose une assistance complète depuis la prise d'information jusqu'au moment de l'embarquement. Les demandes de réservation d'une croisière en cargo peuvent être faites par téléphone, fax, courrier ou e-mail. Mer et Voyages peut aussi prendre en charge les réservations aériennes pour un aller ou un retour.

www. **mer-et-voyages.info**

La compagnie CMA-CGM

Cette compagnie française de transport maritime propose, via une section tourisme, des embarquements sur ses lignes et quelques autres.

www. **cma-cgm.fr**

Il existe de nombreuses agences et compagnies couvrant toutes les régions du monde. Vous trouverez la plupart d'entre elles facilement sur Internet. Le site de la marine marchande en a recensé plusieurs avec leurs coordonnées et des exemples de trajets :

www. **marine-marchande.net**

Ouvrages

Le Guide des voyages en cargo et autres navires, de Hugo Verlomme (Édition des Équateurs, 20 €). Indispensable. Ce livre de référence, publié en 1993, est régulièrement réactualisé.

SAVEURS DU MONDE

10 DESTINATIONS GASTRONOMIQUES

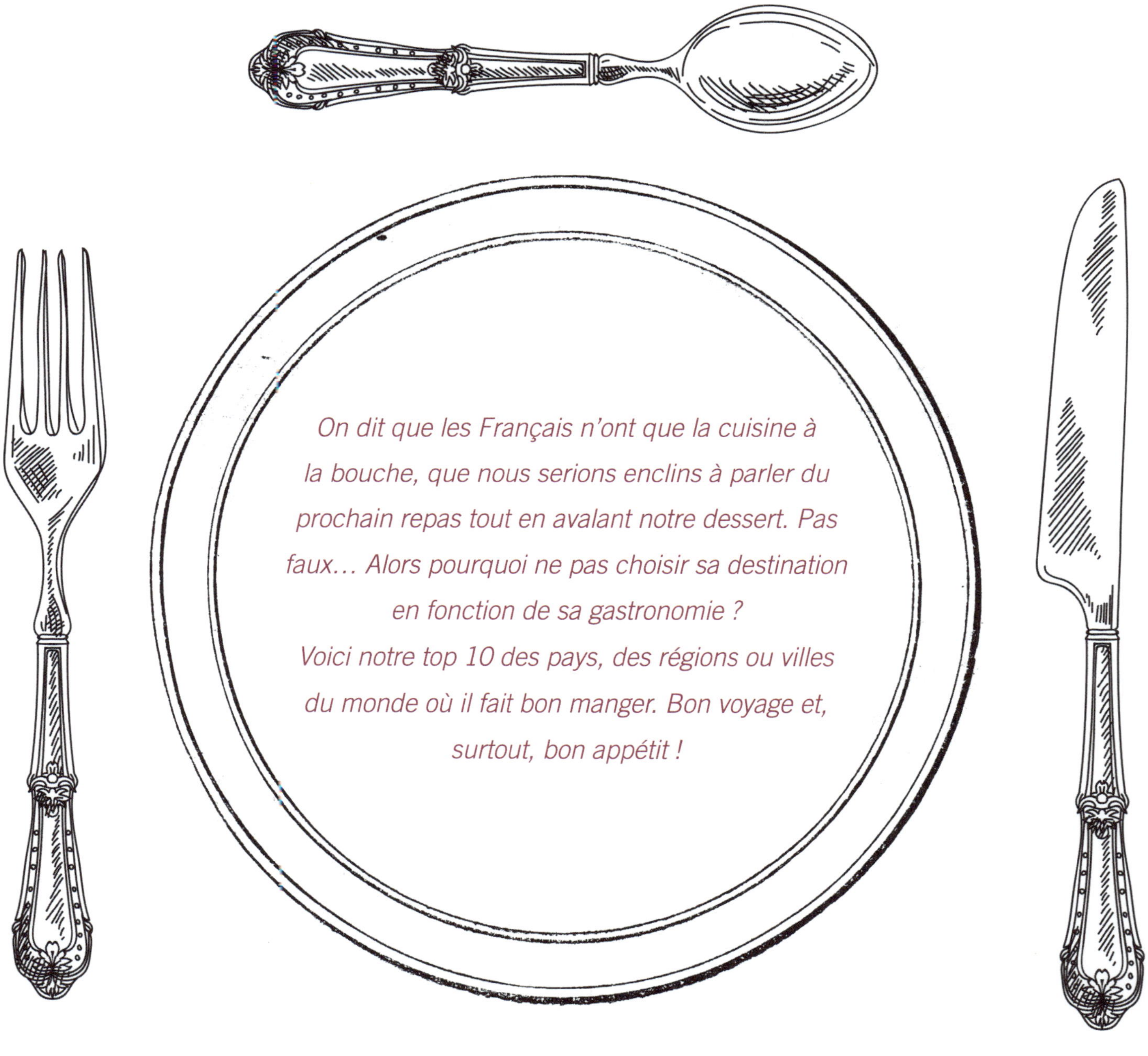

On dit que les Français n'ont que la cuisine à la bouche, que nous serions enclins à parler du prochain repas tout en avalant notre dessert. Pas faux… Alors pourquoi ne pas choisir sa destination en fonction de sa gastronomie ?
Voici notre top 10 des pays, des régions ou villes du monde où il fait bon manger. Bon voyage et, surtout, bon appétit !

ITALIE

Voilà une cuisine qui met tout le monde d'accord ! Franchement, connaissez-vous quelqu'un qui n'aime pas manger italien ? On aurait tort d'ailleurs de penser que la cuisine italienne se limite au duo pâtes/pizza. Chacune des 20 régions du pays possède ses propres spécialités. Au pied du Mont-Blanc, le Val d'Aoste est plébiscité pour sa charcuterie, comme le jambon de Saint-Marcel, ou son fromage *fontina*. Le Piémont est réputé pour sa truffe blanche, les vins des Langhe et pour ses viandes en sauce comme le bœuf *brasato al barolo*. Grande productrice de riz, la Lombardie brille par son fameux *risotto alla milanese* (au safran), mais c'est aussi une région à qui l'on doit des fromages comme le gorgonzola et le mascarpone. Autre fief gastronomique, l'Émilie-Romagne est la terre de la *mortadella*, du parmesan, du *prosciutto di Parma* et du vinaigre balsamique de Modène. La Toscane remporte un franc succès sur un plan touristique : ses magnifiques paysages sont sculptés par son terroir, notamment ses oliviers et ses vignes à l'origine du chianti et du montepulciano. Au sud, les Pouilles sont considérées comme le grenier de l'Italie. Productrice d'huile d'olive, la région fait la part belle aux antipasti. Surtout, ne manquez pas sa délicieuse *mozzarella Burata*, que l'on retrouve en Campanie. Les îles aussi ont leur propre terroir. Contrairement à ce que l'on pourrait penser, la cuisine sarde est plus influencée par ses terres que par la mer. On trouve notamment beaucoup de spécialités à base de cochon et de sanglier. Quant à la Sicile, sa cuisine, emplie de soleil, prend des accents orientaux avec des saveurs sucrées-salées (pesto de pistache, couscous de poisson). Et pour le vin, c'est le Nero d'Avola qui séduit. Vous l'aurez compris, en Italie, on mange bien partout !

UNE ADRESSE À ROME

Hostaria Luce, via delle Luce, 44. Dans le Trastevere, une excellente adresse gastronomique, à base de produits bio cuisinés de façon créative dans la mouvance *Slow Food*. Un régal !
www. **hostarialuce.it**

NEW YORK

New York, qui compte nombre de restaurants étoilés, est l'une des capitales mondiales de la restauration ! C'est une ville de *foodies*, le grand *Farmer's Market* de Union Square en témoigne. La folie du locavore s'est emparée de la Grosse Pomme. On veut manger sain, sans polluer. À Brooklyn, certains n'hésitent pas à faire pousser les légumes sur leur toit-terrasse, comme la pizzeria *Roberta's*. La ville brasse tous les peuples, il en est de même pour sa cuisine. Nulle autre ville n'offre une telle diversité et une telle qualité. Mexicain, japonais, français, italien, vietnamien : tous les styles ont droit de cité. Les immigrés ont importé le meilleur de leur cuisine. La ville du melting pot a vu naturellement naître la cuisine fusion : franco-vietnamien, chino-péruvien, ici tout est possible ! Parmi les grandes spécialités purement new-yorkaises, citons le cheesecake, véritable institution culinaire ! Essayez celui d'*Eileen*, dont la boutique a pignon sur rue depuis 35 ans. Les bagels ont aussi un succès fou ici (tout comme à Montréal). Autre spécialité bien new-yorkaise, les food trucks. On ne parle pas des vendeurs ambulants de maxi bretzels et hot dogs, mais des excellents camions de cuisine de rue (phénomène qui a aussi entre autres envahi Paris). Là encore, toutes les cuisines sont proposées, citons quand même celui de *Nauti-mobile*, de *Luke's Lobster*, très couru pour ses *Lobster rolls*, des sandwiches au homard, rien que ça !

UNE ADRESSE À MANHATTAN

ABC Kitchen, 35 East 18th St. (et Broadway) au rdc du magasin ABC Home. Cher le soir. L'une des réussites du fameux chef Jean-Georges Vongerichten. Le meilleur de la nouvelle cuisine américaine tendance locavore et bio. Chic et branché.
www. **abckitchennyc.com**

VIETNAM

La cuisine vietnamienne est raffinée et légère et surtout bien moins épicée que la plupart des cuisines asiatiques. Très parfumée, elle mise sur les herbes. Le plat qu'il faudra impérativement goûter, c'est la soupe *pho*, que l'on déguste du matin au soir. Ce mets originaire du nord se mange sur le pouce, assis sur des mini-tables et chaises dans les ruelles d'Hanoï. Ho-Chi-Minh-Ville n'est pas en reste. Très répandus aussi dans nos restaurants hexagonaux, les raviolis vietnamiens, les *bánh cuôn*, farcis de porc haché et de champignons noirs, sans oublier les nems, bien entendu. Côté assaisonnement, vous n'échapperez pas au *nuoc mam*, cette sauce de poisson, produite en quantité dans le delta du Mékong, et qui accommode quasiment tous les plats. Si on trouve d'excellentes bières en bouteille, comme la Saigon et la Tiger, ne négligez pas les bières de micro-brasseries où le demi coûte une poignée de dongs. On les reconnaît au nom « Bia hoi », vous les repérerez facilement à Hanoï. Dans les gargotes de rue, on boit aussi beaucoup de thé vert très amer, mais on trouvera sur les hauts plateaux un café robusta. Populaire aussi, le whisky du Mékong... mais celui-là, on ne vous le recommande pas ! Pour s'initier à la gastronomie, rien ne vaut un cours de cuisine. Le chef Didier Corlou, propriétaire de plusieurs restaurants et figure emblématique du Hanoï gourmet propose des tours de marché pour connaître les herbes, et des cours de cuisine, avec lui ou sa femme vietnamienne. Les salades de fleurs de bananiers et les nems n'auront plus de secrets pour vous !

UNE ADRESSE À HO-CHI-MINH-VILLE

Temple Club, 29-31, Ton That Thiep, 1er district. Tlj 12 h-minuit. Dans un ancien temple chinois à l'atmosphère raffinée et romantique, une excellente cuisine vietnamienne. De loin notre meilleure adresse à Saïgon.
www. **templeclub.com.vn**

MAROC

La cuisine marocaine rencontre un franc succès auprès des palais français. Épicée mais peu pimentée, elle joue sur les saveurs sucrées-salées et sur les aromates. Si elle a des traits communs avec ses voisines du Maghreb, elle est aussi plus riche et plus variée. La table marocaine puise son influence dans les traditions berbères, arabes et européennes. Le tajine est le plat le plus répandu au Maroc ; un ragoût de poisson ou de viande accommodé de légumes, parfois de fruits frais ou de fruits secs, cuits à l'étouffée. On trouve aussi du couscous, à base de semoule de blé ou d'orge, dégusté en famille après la prière du vendredi. Le Maroc fait aussi la part belle aux soupes et salades, qu'on assaisonne de coriandre et de cumin. À goûter absolument, la salade *mechouai*, à base de tomates et poivrons cuits, et la salade de carottes à l'orange. La soupe incontournable, c'est la *harira*, utilisée pour rompre le jeûne pendant le ramadan. Dans les souks, vous aurez l'occasion d'acheter des brochettes, ainsi que des *keftas*, des boulettes de viande hachée épicées et grillées. À découvrir impérativement, la *pastilla*, des feuilles de brick garnies de pigeonneau (oui, oui) ou de poulet, et d'amandes : un vrai délice. Les pâtisseries sont aussi un véritable voyage pour les papilles. Évidemment, on trouve des *kaab el ghzal*, ou cornes de gazelle, mais bien d'autres sucreries : *briouate* au miel et aux amandes, *ghoriba* aux amandes ou aux graines de sésame. Toujours très sucrées, elles sont à arroser de thé à la menthe. Enfin, le Maroc produit du vin dans la région de Meknès. Du blanc, du rosé et même du rouge.

UNE ADRESSE À CASABLANCA

La Sqala, dans la Sqala, bd des Almohades. Tlj 8 h-23 h. Une adresse extra, où l'on déguste de très bonnes recettes ancestrales et rurales.
www. **restopro.ma/sqala/**

INDE

On pourrait croire que tout se ressemble, eh bien non ! Non seulement la cuisine est différente d'une région à l'autre, mais aussi d'une caste à l'autre. Il faut d'abord la séparer en deux catégories : végétarienne et non végétarienne. On est plus végétarien au sud qu'au nord. Le nord étant plus musulman, on y mange volontiers du mouton et du poulet. En revanche, oubliez le bœuf ; la vache est sacrée pour tout le monde ! Au sud, on peut choisir d'être végétarien ou végétalien. Mais pour les Jain, ça se complique encore : en plus de la viande et du poisson, ils suppriment tout ce qui pousse sous terre (les oignons, les patates...). Côté plat, on trouve le *dhal*, un plat à base de lentilles ; le *curry*, un plat épicé aux légumes ou à la viande ; le *biryani*, un riz pilaf parfumé au safran ; le *tandoori*, souvent de la viande marinée au yaourt et aux épices cuite en terre ; les *kebabs* ; le *korma*, sauce plus sucrée que le curry, à base de yaourt, noix de cajou et amandes, et les *paneer cottage cheese*. En accompagnement, il existe une grande variété de pains : les *chapatis*, les *nans* ou les *rotis*. Si vous êtes indécis, laissez-vous tenter par un *thali*, une assiette garnie de différents plats. Côté boissons, on craque pour les jus de mangue et les *lassis*, une boisson à base de yaourt.

UNE ADRESSE À MUMBAI

Khyber Restaurant, 145, Mahatma Gandhi Road. Tlj 12h30-16h et 19h30-minuit. De la vraie gastronomie dans un décor somptueux, entre caverne d'Ali Baba et *Mille et une Nuits*. Située dans le quartier du Fort, une adresse vraiment exceptionnelle (et bon marché) !
www. **khyberrestaurant.com**

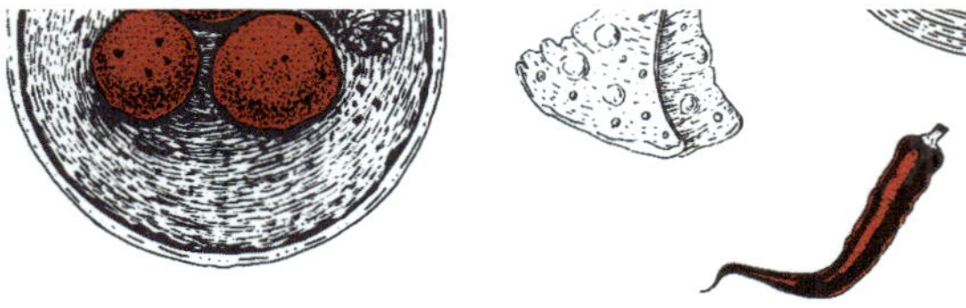

À DÉCOUVRIR EN FRANCE ET EN ESPAGNE

PAYS BASQUE

La géographie et le climat ont donné une palette culinaire variée au Pays basque. D'un côté, on trouve de l'excellente charcuterie (dont le fameux jambon de Bayonne) et de nombreux fromages de brebis (Ossau Iraty) vendus directement par les producteurs. De l'autre, des spécialités originales, comme le délicieux gâteau basque à la confiture de cerises noires ou à la crème pâtissière (à goûter chez *Maison Adam* à Saint-Jean-de-Luz), ou le piment d'Espelette, qui relève la cuisine. Sur les côtes, on cuisine les produits de la mer : fruits de mer, anchois, morue, merlu et tourteaux, gambas ou araignées de mer... Pour faire ressortir ces saveurs, rien de tel qu'une cuisson à la *plancha*, sur une plaque en acier ou en fonte. Ce qui remporte un franc succès côté espagnol, ce sont les *pinxos*, ces tapas dégustées de bar en bar, un verre de rouge à la main. Le meilleur endroit pour s'adonner à ce marathon culinaire ? Sans aucun doute la ville de San Sebastián (Donostia). Si cette province est très attachée à ses racines, certains chefs bousculent les traditions en ajoutant des ingrédients, créant ainsi la nouvelle cuisine basque. Côté alcool, on trouve de la bière, du vin et du cidre, très rafraîchissant.

UNE ADRESSE À HENDAYE

Maison Eguiazabal – Cave gourmande, 3, route de Béhobie, 64700 Hendaye. Un bistrot installé contre la cave à vins de la célèbre *Maison Eguiazabal*. Une imagination sans limites au service d'excellents produits. Un vrai coup de cœur !
www. **eguiazabal.com**

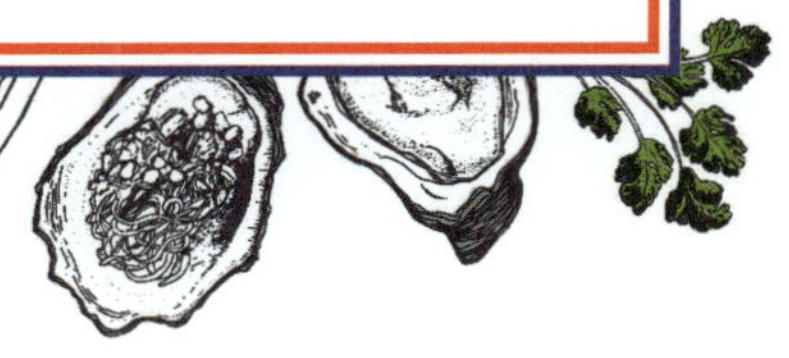

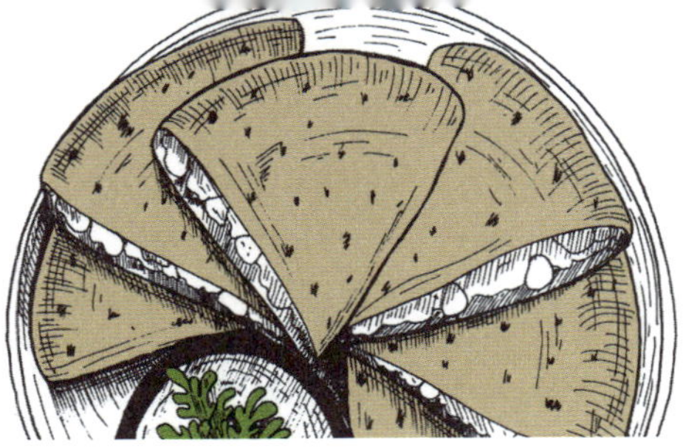

MEXIQUE

La cuisine traditionnelle mexicaine a été classée au patrimoine immatériel de l'humanité par l'Unesco en 2010, c'est dire si elle gagne à être connue. Voici une cuisine variée, faite de diverses influences, roborative dans les terres, plus raffinée et légère grâce aux poissons près des côtes, à base de viande bovine dans les montagnes. Souvent très épicée, car ici on compte plus de 250 sortes de *chile*. Si on ne devait retenir qu'un ingrédient, ce serait le maïs, qui constitue la base de l'alimentation, mais l'avocat, la tomate et les haricots sont aussi très utilisés quelle que soit la province. Outre le guacamole, cette préparation à base d'avocat, il vous faudra impérativement goûter les *tacos*, notamment les *tacos al pastor* (viande de porc, ananas, oignon, coriandre), que l'on trouvera dans la cuisine de rue, les « puestos », des bouis-bouis ambulants, pour une poignée de pesos. Côté *tortillas*, on trouve différentes catégories : les *enchiladas*, farcies puis mijotées en sauce, les *quesadillas* (au fromage), les *tostadas* (plus croquantes), les *panuchos* (fourrées aux haricots). À goûter absolument : le *tamales*, un plat précolombien servi dans une feuille de bananier, et le *mole*, une sauce à base de cacao qui recouvre les plats dans la région centre du côté de Puebla et Oaxaca. Niveau boissons, la liqueur nationale est la tequila (plus de 500 marques), un alcool dérivé d'agave, mais vous pourrez aussi tester le *mezcal*, produit dans la région de Oaxaca et autour du petit village de Mitla. Pour manger à prix serrés, rien de tel que les marchés où l'on trouve toujours un « mercado de la comida ».

UNE ADRESSE À MEXICO

El Tizoncito, Tamaulipas 122, angle Campeche (Condesa). Tlj 24h/24. Repas pour moins de 5 €. LA taqueria de Mexico, qui aurait inventé les succulents *tacos al pastor*. Du monde à toute heure du jour et de la nuit.
www. **eltizoncito.com.mx**

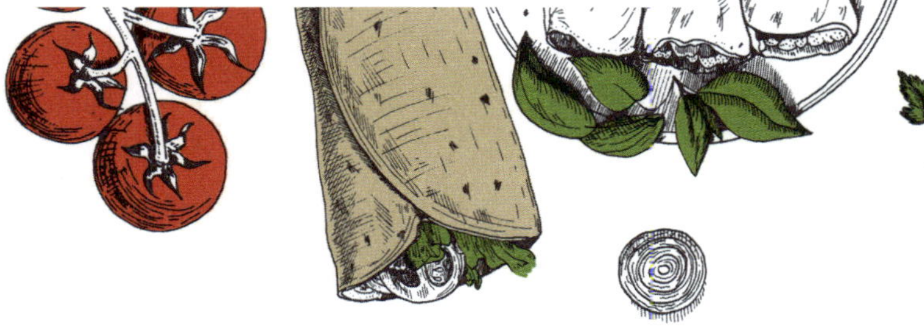

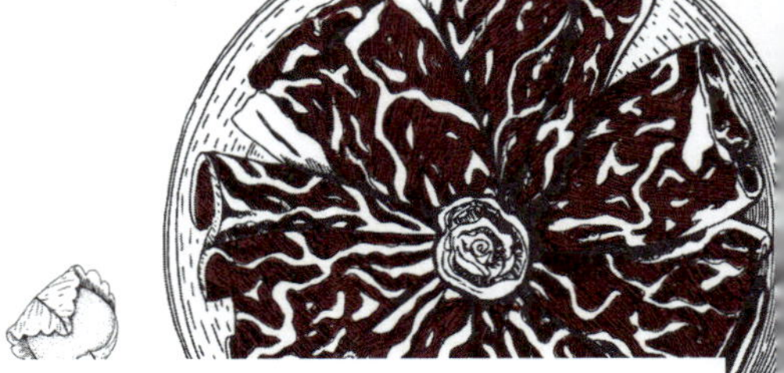

JAPON

Au Japon, manger est un art : c'est pourquoi la découpe est importante, et l'on n'hésitera pas à préparer les plats devant vous. Le thé et le soja sont les deux ingrédients que l'on retrouvera souvent. Contrairement aux idées reçues, les sushis ne constituent pas le plat national, c'est plutôt le *sukiyaki*, une sorte de fondue de viande ou pot-au-feu. Vous aurez aussi l'occasion de manger des *ramens*, c'est-à-dire un grand bol de bouillon avec pâtes, légumes et viande. Côté viandes, citons l'excellent bœuf de Kobé, une viande extrêmement tendre et persillée, servie en steak ou en fondue (*sukiyaki* et *shabu-shabu*). Mais les Japonais ne sont pas très carnivores. Ils mangent plutôt du tofu (pâte de soja) et des produits de la mer, notamment les *sashimis*, du poisson découpé en tranches, des *nigiris* et des *morimaki*, de l'anguille (un mets de gourmets) et des algues. Envie de manger des sushis disposés sur des tapis roulants ? Vous les trouverez dans les *kaitenzushi*. Pour assaisonner cette cuisine, on utilise la sauce soja, le gingembre, le raifort (racine piquante) et le *wasabi*, cette pâte verte, sorte de moutarde nippone utilisée avec les sushis. Notez que les restaurants sont souvent répertoriés par spécialités, par exemple : on ne trouvera que des fondues dans les *sukiyakiya* ou des brochettes dans les *yokitoriya*. Pour manger sur le pouce, rien de tel qu'un *bento*, une boîte présentant un assortiment de plats. Pour manger rapidement, vous trouverez des *Food Theme Parks*, des établissements de restauration rapide où plusieurs restos sont rassemblés dans un immeuble dans une déco thématisée. Cela vaut le coup d'œil ! Pour la cuisine traditionnelle, prenez le temps de vous poser dans un *ryokan*, ces auberges qui servent des repas *kaiseki*, une succession d'une douzaine de plats. Un véritable cérémonial à s'offrir, même si c'est un peu cher. Côté boissons, outre le thé (thé vert, thé *oolong*, *genmaicha*, *matcha*, *mughicha*), la bière et le saké (l'alcool de riz), sachez que le pays produit d'excellents whiskies.

UNE ADRESSE À TOKYO

Morimoto, Hamanoue Bldg, 2-7-4 Dogenzaka, Shibuya-ku. Tlj sf dim et j. fériés 16h30-22h. Depuis 1948, le meilleur resto *izakaya* de Shibuya, souvent classé dans le Top 10 de Tokyo. Il sert les meilleures brochettes de viande et de légumes de ce quartier emblématique.

BUENOS AIRES

La cuisine *porteña*, c'est tout d'abord la cuisine argentine. Ici, la viande est au cœur de la gastronomie, avec les *asados*, des grillades de viande rouge, généralement du bœuf, parfois de l'agneau, du mouton ou du cabri. Elles sont généreusement servies lors d'un barbecue ou dans une *parilla* (restaurant de grillades). Le bœuf, élevé dans la pampa, est un délice, sa tendresse est due à l'abattage précoce des bêtes, entre 18 et 36 mois. Les portions sont… énormes : rarement moins de 500 g ! Laissez-vous tenter par un *bife de lomo* (tournedos) ou un *bife de chorizo* (faux filet) accompagné d'une petite sauce *chimichurri* piquante. Envie de manger sur le pouce ? Goûtez aux *empanadas*, ces chaussons fourrés de poulet, de viande, de jambon et fromage, de maïs… L'immigration italienne a aussi importé ses spécialités : vous pourrez ainsi déguster une bonne escalope à la milanaise, des pizzas et des glaces rafraîchissantes aux quatre coins de la capitale. Côté dessert, c'est le *dulce de leche* qui domine. Cette confiture de lait est partout, notamment sur les *alfajores*, des gâteaux à la maïzena. Avez-vous remarqué le nombre d'hommes qui partent au boulot, leur sacoche dans la main, la *bombilla à maté* dans l'autre ? Cette infusion aux herbes est bue du matin au soir. À table, en revanche, c'est le vin (le pays est le 4e producteur au monde) produit dans les régions de Mendoza ou Cafayate que l'on vous servira.

UNE ADRESSE DANS LE QUARTIER PUERTO MADERO

Cabaña Las Lilas, Alicia Moreau de Justo 516. Dim-jeu 12h-minuit, ven-sam 12h-1h. Une des meilleures viandes de Buenos Aires dans un resto rustico-chic des docks. Le patron, éleveur de bétail, vend sa propre viande.
www. restaurantlaslilas.com.ar

PÉROU

Réputée pour être l'une des plus riches d'Amérique du Sud, la cuisine péruvienne est effectivement variée et savoureuse. Il faut dire que les sociétés pré-incas et incas attachaient déjà une grande valeur à la nourriture, dont l'origine était considérée comme divine. Mention spéciale au quinoa, aujourd'hui à la mode en Europe, et qui nourrit depuis plus de 5000 ans les paysans des Andes. Il y a cinq traditions culinaires au Pérou, qui correspondent plus ou moins aux divisions géographiques du pays : la cuisine créole (*criolla*), d'origine espagnole, qui s'est développée sur la côte, et privilégie donc le poisson et les *mariscos* (la mer du Pérou est une des plus riches du globe). La cuisine andine, qui offre une grande variété de soupes, ainsi que la viande de *cuy* (cochon d'Inde), de bœuf, de *venado* (chevreuil), de porc et d'alpaga qui réjouiront les carnivores. Et puis il y a la pomme de terre, dont le pays compterait quelque 4000 variétés ! N'oublions pas non plus les maïs, qui ne ressemblent jamais à celui consommé en Europe. Les plus emblématiques sont le maïs violet *(morado)* et le *choclo*, un maïs géant presque blanc, tendre et croquant. La cuisine de la forêt amazonienne est moins connue mais parfois surprenante, grâce à une grande variété de poissons de rivière souvent cuits enveloppés dans une feuille de *bijao*, une plante locale. En forêt, on mange aussi du foie de tortue, du sanglier, et bien sûr du poulet, généralement accompagné de *yuca* (manioc) et de bananes plantain frites ou pilées. La tradition culinaire afro-péruvienne fait, elle, appel aux ingrédients que les *hacendados* (grands propriétaires terriens) réservaient à leurs esclaves : le cœur de bœuf et les abats en général, grillés au barbecue ou mijotés des heures dans une sauce aux cacahuètes. Quant à la cuisine chinoise ou *chifa*, elle est arrivée au Pérou à la fin du XIXe siècle, en même temps que les travailleurs chinois venus récolter le *guano* sur les côtes péruviennes pour le compte d'entreprises britanniques. S'étant quelque peu « péruvianisée », elle est un peu différente de celle que l'on connaît en Europe.

UNE ADRESSE À LIMA

Astrid y Gastón, av. Paz Soldán 290, San Isidro. Réservation indispensable. Très chic. L'un des meilleurs restaurants de Lima, classé aussi parmi les 50 meilleurs restos du monde ! Il faut dire que son proprio n'est autre que le médiatique Gastón Acurio, considéré comme le meilleur chef d'Amérique latine, qui a fait ses classes à Paris. Cuisine « néo-andine » de très haute volée, exécutée avec les meilleurs produits du marché.

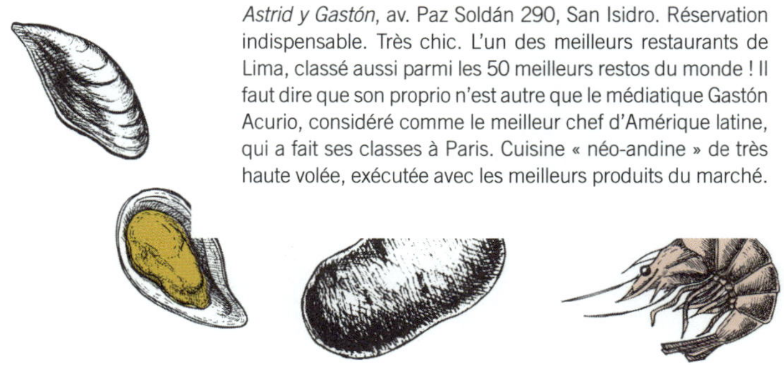

Vignobles de Lavaux et Lac Léman, *Suisse*

LES ROUTES DES VINS DANS LE MONDE

Allez les Français, ne vous fâchez pas… Il n'y a pas que dans l'Hexagone que l'on produit du bon vin. Pas chauvin pour un sou, le Routard vous invite à faire un petit tour du côté de ces vignobles d'Europe, d'Amérique, d'Afrique et d'Océanie qui jouissent d'une belle renommée. Certains datent de quelques siècles, d'autres sont nés bien avant que la Gaule ne soit bénie par le dieu Bacchus. Comme en France, ils se trouvent tous dans des régions magnifiques où l'œnotourisme est bien développé. Partout on vous attend pour des dégustations, et plus si affinité. Avec modération bien sûr…

AUTRICHE

STYRIE, BASSE-AUTRICHE, BURGENLAND ET VIENNE

CARTE DE VISITE

La viticulture remonte à l'Antiquité en Autriche. Les vignes y ont été introduites par les Celtes et se sont répandues à l'époque de la domination romaine, puis sous l'autorité de l'Église au Moyen Âge. Les quatre grandes régions de production se situent à l'est du pays. Les vignobles y alternent fréquemment avec des forêts le long de routes qui serpentent dans de superbes paysages généralement vallonnés. Pour les deux tiers, les vins autrichiens sont des blancs (cépages grüner veltliner – typique du pays –, riesling, sauvignon blanc, gelber muskateller, traminer…), dont des liquoreux (hochprädikatsweine, beerenauslese, trockenbeerenauslese) et des pétillants (frizzante, sekt). Mais ce serait un crime d'ignorer les rouges (cépages blauer zweigelt, blaufränkischer, pinot noir, merlot, syrah, cabernet sauvignon…) qui ne cessent de se bonifier.

LES ROUTES

Elles sont au nombre de quatre et sont proches les unes des autres. Vous pouvez donc organiser des parcours à la carte vous permettant de découvrir des vins différents si vous le souhaitez.

- En **Styrie**, land qui se situe au sud du pays, à la frontière de la Slovénie, vous verrez les vignobles très hauts perchés, notamment au village de Kitzeck. Si Leibnitz est la capitale viticole, Graz est la grande ville de la région.
- Longeant la Hongrie à l'est de l'Autriche, le **Burgenland** est le territoire viticole le plus plat. Il est réputé pour ses vins liquoreux ruster ausbruch et trockenbeerenauslese. Un de ses attraits touristiques est le Parc national du lac de Neusiedl, prisé des Viennois pour ses loisirs et sa réserve naturelle.
- Au nord, la **Basse-Autriche (Niederösterreich)** est pour sa part limitrophe de la Slovaquie et de la République tchèque. Un de ses joyaux est la **vallée de la Wachau**, où l'on peut admirer l'abbaye baroque de Melk, entre autres trésors architecturaux anciens. Le **Weinviertel**, le plus grand domaine viticole d'Autriche, s'y trouve également. On le sait peu mais **Vienne** est la seule grande ville au monde à être dotée d'un vaste domaine viticole, lequel s'étend sur les coteaux qui l'entourent (700 ha). Dans la capitale autrichienne comme dans tout le pays, il est recommandé de se rendre dans un *heurigen*, type de taverne consacrée au culte du vin, lequel se déguste accompagné de mets traditionnels. On ne boit pas que du café dans les troquets viennois…

www. **austria.info (office national autrichien du tourisme)**

13 RÉGIONS VITICOLES EN UN TOUR DE RHIN

Allemagne

CARTE DE VISITE

Avec ses 13 régions viticoles, essentiellement à l'ouest du pays, l'Allemagne offre une grande variété de vins blancs (cépages riesling, sylvaner, rivaner, kerner, muller-thurgau...), en majorité, et rouges (pinot noir, dornfelder, blauer portugieser...). La gamme des *sekts*, vins mousseux, est assez étendue. Ces vins sont produits sur de petites zones, dans des paysages charmants faits de collines, de rivières, de petits villages. Cette multitude de traditions locales est héritée de la domination romaine, puis du travail de moines effectué pendant des siècles à partir du Moyen Âge.

LES ROUTES

Le Rhin est en quelque sorte la colonne vertébrale de l'Allemagne viticole. Les vignobles sont accrochés sur ses rives et celles de ses affluents, comme des grappes sur la vigne. Chaque zone de production propose des routes des vins.

↦ En amont du fleuve se trouvent les vignobles du **Pays de Bade** dans le land de Bade-Würtemberg, lesquels profitent d'un microclimat ensoleillé grâce à la protection offerte par les massifs de l'Odenwald, de la Forêt-Noire et des Vosges.

↦ Land également frontalier de la France, la Rhénanie-Palatinat (Rheinland-Pfalz) englobe ensuite successivement les domaines du **Palatinat (Pfalz)**, de la **Hesse rhénane (Rheinhessen)**, de la **Nahe**, du **Rheingau** et du **Rhin moyen (Mittelrhein)** où erre le fantôme de la Lorelei.

↦ Sur la rive ouest se situent les vignobles de l'**Ahr** et de la **Moselle**. Sur la rive est, on produit les vins de **Hessische Bergstraße (Hessen)**, au sud de Francfort.

↦ Le long du Main, vous avez les **vins de Franconie (Franken)** en Bavière, autour de Würzburg. Au bord de la Neckar, il y a les domaines du **Wurtemberg (Baden-Württemberg),** près de Stuttgart.

↦ Restent deux secteurs à part, à l'est du pays : les vignobles de **Saale-Unstrut** en Saxe-Anhalt (Sachsen-Anhalt), entre Weimar et Leipzig, et ceux de **Saxe (Sachsen)** du côté de Dresde

www. germany.travel (office national allemand du tourisme)
www. deutscheweine.de (Deutsches Weininstitut)

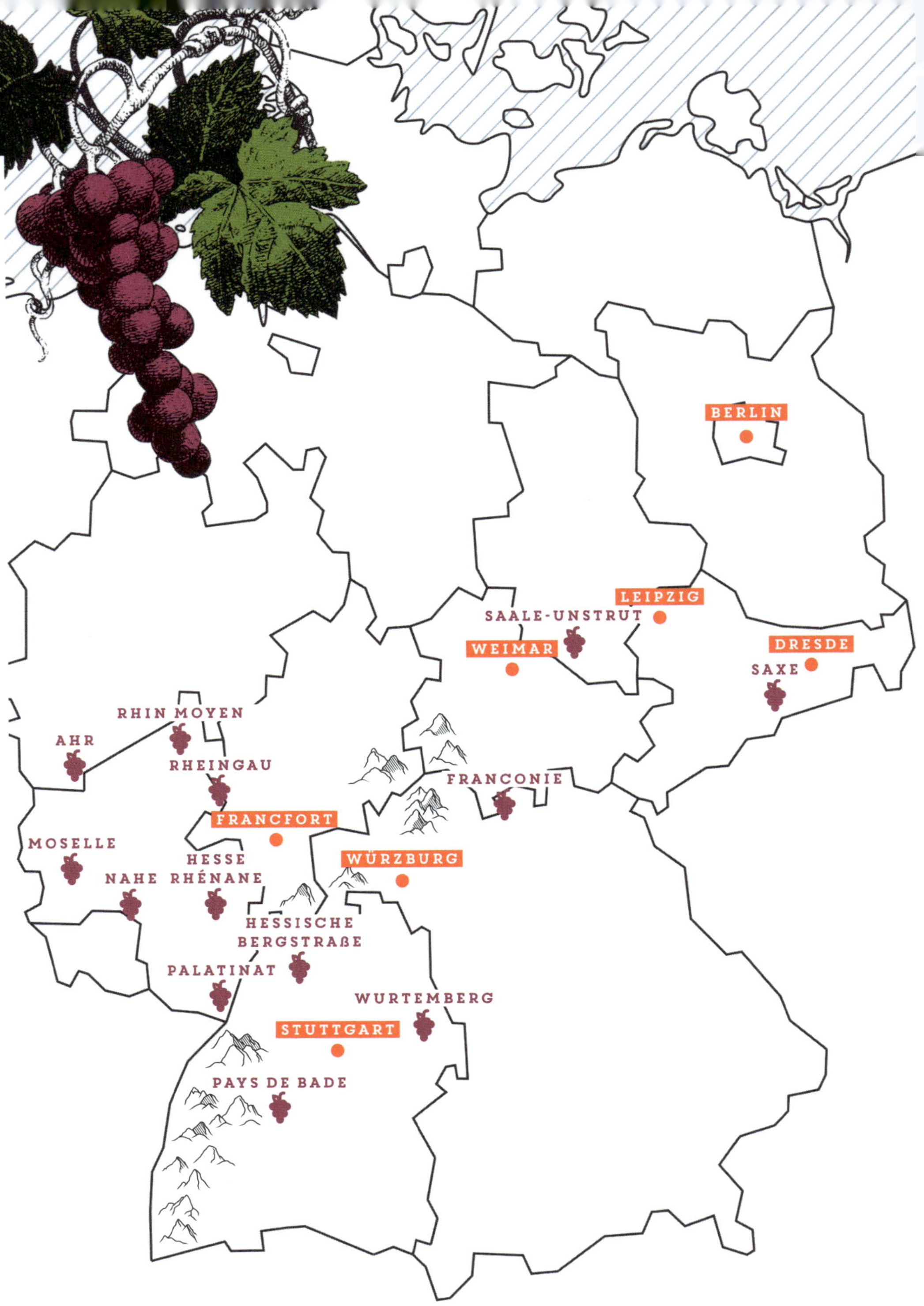

ESPAGNE

LES ROUTES DE RIOJA ET JEREZ

CARTE DE VISITE

Comme en France et en Italie, une multitude de domaines viticoles parsème les terres d'Espagne. Ici aussi, la culture de la vigne remonte à l'Antiquité, en l'occurrence sous l'influence des Phéniciens et des Grecs, les Romains posant ensuite les bases d'un système d'exploitation « moderne » qui a perduré, y compris dans le sud du pays durant la longue période de domination musulmane. Les cépages rouges et blancs autochtones sont nombreux et côtoient leurs homologues que l'on cultive aujourd'hui à travers le monde. La *Denominación de Origen* (DO) indique que le vin provient d'un terroir précis et qu'il a été produit selon des méthodes particulières – la *Denominación de Origen Calificada* (DOC) est un niveau supérieur. Sur les étiquettes figure le nom de la *bodega*, autrement dit l'entreprise ou la personne qui a élaboré le vin.

LES ROUTES

Il y a beaucoup de routes des vins en Espagne. En voici deux, une au nord, une au sud, qui vous invitent chacune à découvrir des breuvages et des paysages aussi remarquables que différents.

⤞ Les vins rouges de **Rioja** sont produits dans une région montagneuse traversée par l'Ebre et le Chemin français qui mène à Compostelle. Divisée en trois sections (Alta, Baja et Alavesa), la zone de production mord sur les territoires de Castille et Léon, Navarre et Alava au Pays basque. C'est dans cette partie-là que vous pouvez suivre la **Ruta del Vino de Rioja Alavesa**, parcours qui met en valeur aussi bien les bodegas traditionnelles installées dans des chais médiévaux que celles qui ont créé des installations ultramodernes (par exemple la surprenante *Ciudad del Vino de Marqués de Riscal* à Eltziego conçue par l'architecte Frank O. Gehry). À voir le long de la route : les dolmens préhistoriques d'Elvillar et Leza, la ville ancienne de Laguardia, le parc naturel d'Urbasa…

⤞ En **Andalousie**, dans les provinces de Cadix et de Séville, vous trouvez le domaine des vins blancs de Jerez ou Xérès – les Britanniques, qui les adorent depuis des siècles, appellent *sherry* ces breuvages. La gamme est large, elle va du sec au liquoreux. Serez-vous plus fino que moscatel, manzanilla, oloroso ou pedro ximénez ? À vous de goûter ! Si vous appréciez le brandy ou le… vinaigre, autres spécialités viticoles de la région, des étapes sont prévues sur cette route. Autre chose à faire par ici ? Sans doute est-il inutile de vous vanter les beautés de l'Andalousie…

www. **wineroutesofspain.com (Rutas del Vino de España)**

ITALIE

SUR LES ROUTES DE TOSCANE

CARTE DE VISITE

Du nord au sud du pays, ainsi que sur ses îles, l'Italie est quasiment couverte de vignes ! Chaque région (ou presque) possède de grands domaines. Parmi les plus prodigues, le Piémont (avec les vins des Langhe, dont le fameux barolo), la Vénétie (valpolicella), la Toscane (chianti), le Latium, la Campanie, les Abruzzes et la Sicile.
Et cela ne date pas d'aujourd'hui. On produisait en effet du vin sur ces terres avant même la fondation de la république de Rome. Des vignerons étaient déjà à l'œuvre au temps des antiques Étrusques par exemple. Les types de vins et les cépages blancs ou rouges locaux sont innombrables. En conséquence, où que vous vous trouviez, vous pouvez faire des découvertes en suivant les conseils de vos guides favoris. Attention : les merveilles abondent, mais aussi les piquettes !

LES ROUTES

⤞ Bon sang, quelle région mettre en valeur ? Optons pour la **Toscane** qui combine excellence des vins et splendeur des paysages, sans oublier celle de ces cités incontournables que sont Florence, Sienne et Pise. De plus, quantité de petites villes et villages offrent des hébergements de rêve. Plusieurs routes sillonnent ce territoire entre mer et montagne. Elles vous permettent d'explorer les sites de production de vins fameux comme le chianti, le brunello di Montalcino, le vino nobile di Montepulciano ou le carmignano. Sur ces routes, qui sont reliées ou associées à des parcours consacrés à l'huile d'olive, on s'arrête volontiers dans des restaurants où les spécialités locales révèlent toutes leurs saveurs en étant accompagnées par ces vins divins, et inversement.

www. **italia.it (site officiel du tourisme en Italie)**
www. **movimentoturismovino.it (Movimento Turismo del Vino Nazionale)**

CANADA

À DÉCOUVRIR EN FRANCE

LA ROUTE DES VINS D'ALSACE

Situé sur des collines, le vignoble alsacien est abrité des influences océaniques par le massif vosgien et bénéficie d'un ensoleillement conséquent. Il est long d'une centaine de kilomètres et couvre environ 15 000 ha répartis sur 119 communes. Au lendemain de la Première Guerre mondiale, les viticulteurs ont entrepris de produire des vins blancs élaborés à partir de cépages typiques : riesling, pinot gris, gewurztraminer, muscat d'Alsace, sylvaner, pinot blanc, klevener. À cette liste il faut ajouter le crémant d'Alsace qui se singularise en étant effervescent et l'edelzwicker qui est un assemblage de plusieurs cépages. Le pinot noir est le seul cépage rouge ou rosé de la région. Ces vins ont obtenu leur appellation d'origine contrôlée (AOC) à partir de 1962. On en dénombre trois : Alsace, Alsace grand cru, crémant d'Alsace. Commercialisés dans un type de bouteille exclusif, la flûte d'Alsace, les vins de cette région se boivent normalement dans des verres tulipe à long pied. Mais vous faites comme vous voulez !

LA ROUTE

Inventée en 1953, la « route des vins d'Alsace » est la plus ancienne de France. Sur plus de 170 km, elle serpente le long d'un axe nord-sud à travers des collines. De Marlenheim à Thann, vous traversez 67 communes constituées de vignobles et de très jolis villages fleuris qui semblent avoir été construits pour les photographes de cartes postales ! Mais non, vous êtes ici dans une région riche d'une longue histoire et d'un art de vivre singulier : maisons à colombages, remparts, châteaux, vieilles églises... et *winstubs*, ces pimpantes auberges qui s'apparentent à des temples dédiés à Bacchus. Les producteurs mettent pour leur part à votre disposition des caves de dégustation. Balisée par des pancartes et des bornes informatives, cette route donne accès à 38 sentiers viticoles, eux aussi jalonnés de panneaux d'information. Traversant les vignobles, ces chemins vous mènent en haut des collines où vous attendent de superbes vues. À voir notamment sur le parcours de cette route : les cités de Riquewihr, Ribeauvillé, Colmar et le château du Haut-Koenigsbourg à Orschwiller.

www. alsace-route-des-vins.com.

LES ROUTES DE L'ONTARIO

CARTE DE VISITE

***Câlice !* On fait donc du vin au Canada ? Oui, un peu au Québec et en Colombie-Britannique, mais surtout dans l'Ontario.** La viticulture a été fondée dans le pays par des Français au XVIe siècle. C'est à la fin du XXe que l'on a commencé à produire des vins de qualité. Cépages blancs : chardonnay, riesling, pinot blanc… Cépages rouges : merlot, cabernet franc, pinot noir… En Ontario, le label Vintners Quality Alliance (VQA) signifie que le vin provient entièrement de raisins cultivés localement. Une des spécialités qu'il ne faut pas manquer de goûter est le vin de glace, lequel est produit à partir de raisins qui ont gelé sur les grappes. Sucré, il se boit seul ou en accompagnement de foie gras ou de fromage.

LES ROUTES

Plusieurs routes sillonnent l'État au cœur de beaux paysages entre les lacs Ontario et Érié où vous trouvez des zones naturelles protégées, des forêts, des plages et les célébrissimes chutes du Niagara, lesquelles sont constituées d'eau, pas de vin…

- Quatre parcours principaux sont définis : **Niagara-on-the-Lake, escarpement du Niagara et ses environs, rive nord du lac Érié et île Pelée, comté du Prince-Édouard.** Notez que vous pouvez passer de l'un à autre sans problème, ainsi que dénicher des exploitations situées hors de ces routes.
- Vous n'êtes pas rassasié ? Allez faire un tour sur la **route des vins du Québec** qui serpente à l'est de Montréal. Si vous vous trouvez à l'extrême ouest du Canada, sachez que les vins de la **vallée de l'Okanagan** (Colombie-Britannique) méritent qu'on lève le coude à leur santé.

www. hfr-keepexploring.canada.travel (Commission canadienne du tourisme)
www. laroutedesvins.ca (Route des vins du Québec)

CALIFORNIE

LES VIGNOBLES DE SONOMA ET NAPA

CARTE DE VISITE

C'est en Californie que se concentre l'essentiel de la production viticole des États-Unis. Ses reliefs et son ensoleillement favorisent cette activité florissante, l'existence de nombreux microclimats permettant de créer des vins différents les uns des autres. Introduite par des moines espagnols, la viticulture a commencé à prendre son essor entre la fin du XVIIIe siècle et le début du XIXe. Elle s'est essentiellement implantée dans les régions montagneuses et sur les collines côtières du centre de l'État, entre San Francisco, Sacramento et Santa Barbara. D'autres zones de production sont disséminées sur le reste du territoire, notamment au sud, entre Los Angeles et San Diego. Aujourd'hui, les cépages rouges sont le zinfandel, merlot, cabernet sauvignon… Cépages blancs : chardonnay, sauvignon, riesling... Des « champagnes », autrement dit des vins pétillants, sont également produits en Californie.

LES ROUTES

Les vins de **Sonoma** et **Napa** étant les plus réputés, c'est vers eux que les œnotouristes se tournent en premier.

- Situé au nord de San Francisco, le **comté de Sonoma** comprend quatre centaines d'exploitations vinicoles, dont celles du cinéaste Francis Ford Coppola, qui se répartissent dans une succession de vallées bordées à l'ouest et à l'est de montagnes. On peut passer plusieurs jours à explorer cette région qui, outre ses vignes, donne à voir plusieurs parcs naturels comprenant des forêts de séquoias ou encore des baleines sur la côte.
- À l'est se trouve le **comté voisin de Napa** où se niche également une vallée couverte de raisins. Ici, les producteurs mettent le paquet pour vous inciter à venir les visiter, certains étant installés dans de petits châteaux à l'européenne. L'œnotourisme est très développé dans ces comtés. La plupart des vignerons vous accueillent pour des dégustations et les restaurants de bon niveau présentent des cartes de vins locaux conséquentes.

www. visitcalifornia.fr (Visit California)
www. winecountry.com (Wine Country)
www. sonomacounty.com (Sonoma County Tourism)

VINS DES BORDS DE LACS ET DE MONTAGNES

Suisse

CARTE DE VISITE

Plantées à flancs de montagne – souvent sur des pentes très rudes – ou en bord de lac, les vignes contribuent à caractériser de la plus belle des façons de nombreux paysages suisses. Les vignobles sont principalement présents à l'ouest et au sud du pays, ainsi que dans le nord-est alémanique. On fait remonter leur origine à l'époque romaine, mais il est probable qu'il en existât déjà avant. On y retrouve les cépages rouges et blancs exploités en Europe, ainsi que des cépages autochtones (amigne, arvine, cornalin, humagne, rèze…). Les vins bénéficient ici d'AOC propres à chaque canton. Notez que très peu d'entre eux sont exportés. Pour les découvrir, il faut donc se rendre sur place…

LES ROUTES

Du nord au sud, voici les principales régions viticoles où de nombreux sentiers de découverte locaux sont à suivre.

- Dans le **pays de Vaud**, au nord du lac Léman (Nyon, Lausanne, Montreux…), les vignes touchent presque l'eau, ce qui donne parfois l'impression de voir des plages dont les grains de sable se seraient changés en grains de raisin ! Ici, le cépage roi est le chasselas ou fendant. Il donne du vin blanc. Le chasselas est aussi très présent dans le canton de Genève et le Pays des Trois-Lacs (vins de Neuchâtel, Bienne et Vully). Un must : le **vignoble de Lavaux**, classé à l'Unesco, aux portes de Lausanne avec ses coteaux qui plongent dans le lac Léman. Magnifique !
- Au sud de la Suisse, le **Valais** (Sion, Martigny…) produit des vins blancs et rouges entre ses hautes montagnes, notamment à Visperterminen dont le vignoble culmine à 1 150 m d'altitude. Curiosité : **le vin du Glacier de Grimentz**. D'année en année, on ajoute du vin nouveau dans des tonneaux non vidés, certains depuis plus d'un siècle.
- Au sud encore s'étendent les **vignobles du Ticino (Tessin)** dédiés principalement au **vin rouge** (cépage merlot surtout), ainsi qu'à la ***grappa***, une eau de vie. Dans cette région italophone au climat méditerranéen, six routes balisées vous baladent au-dessus du lac Majeur, Ascona et Locarno.
- La production de blancs et rouges des cantons de Suisse orientale est relativement modeste mais fourmille de vins ultra-locaux, tous différents, que l'on prend plaisir à dénicher entre autres dans les cantons de Zurich, Schaffhouse, Grisons, Argovie, Thurgovie et Saint-Gall.

www. **myswitzerland.com (Suisse Tourisme)**
www. **swisswine.ch (Vins suisses)**

ARGENTINE

LA VALLÉE DE MENDOZA

CARTE DE VISITE

La viticulture argentine connaît un essor important depuis une dizaine d'années. Elle est née au XVIe siècle autour des premiers monastères créés par les Espagnols et s'est enrichie au cours du XIXe des apports de migrants venus de toute l'Europe. Si l'on produit du vin dans de nombreuses provinces, c'est surtout au pied de la Cordillère des Andes qu'elle s'est particulièrement bien développée, dans des zones de moyenne altitude ensoleillées et protégées des vents. Les rouges sont de cépages bonarda, tempranillo, cabernet sauvignon, syrah... Mais c'est le malbec qui domine. Il donne des vins de haute tenue qui font la renommée internationale de la production argentine. Cépages blancs : chardonnay, torrontés, sauvignon, chenin, viognier, sémillon...

LES ROUTES

Les zones de production se suivent le long des Andes, les voici du nord au sud. Falaises de pierres rouges, déserts – dont la spectaculaire Valle de la Luna –, lagunes, pampas, volcans, parcs naturels, patrimoine architectural colonial...

Les routes des vins des provinces de **Salta, Catamarca, La Rioja et San Juan** suscitent une ivresse des sens tant la diversité des paysages est portée à un haut degré – à propos de hauteur, ne manquez pas de vous offrir un voyage à bord du Train des nuages, dans le Salta.

Au bas du mont Aconcagua (6962 m), la **province de Mendoza** offre autour de la ville du même nom quantité de sites naturels remarquables, de loisirs dans ses montagnes et de visites d'exploitations renommées, ainsi que des tables gastronomiques.

Le cépage malbec est ici le roi, notamment dans les **vignobles Maipú et Luján**. Ces terres où est véritablement née la viticulture argentine sont reliées par la route au Chili. En allant vers le sud, on retrouve ensuite d'autres vignes dans les provinces patagoniennes de Neuquén et Río Negro.

turismo.gov.ar (Ministerio de turismo de Argentina)
argentinawinetourism.com (Argentina Wine Tourism)

CHILI

LES VIGNOBLES DE LA VALLÉE CENTRALE

CARTE DE VISITE

Les vins du Chili sont tous issus de domaines nichés dans des vallées de moyenne altitude où règne un climat de type méditerranéen. L'essentiel de la production se situe dans la Vallée centrale, avec d'un côté les Andes et de l'autre l'océan Pacifique. Comme en Argentine, les débuts de la viticulture correspondent à l'arrivée des moines espagnols au XVIe siècle. Depuis la fin du XXe, la recherche de qualité est constante, notamment en raison des investissements effectués par des groupes français. Cépages rouges : cabernet sauvignon, malbec, pinot noir, merlot ou encore carménère, qui est particulièrement travaillé par ici. Cépages blancs : chardonnay, sauvignon, muscat, riesling, sémillon...

LES ROUTES

La carte des vins du Chili est divisée en quatre régions successives au milieu du pays – la plupart se touchent. Les vallées les plus au nord sont celles de Coquimbo : Elqui – où une des spécialités est l'eau de vie *pisco* –, Limarí, Choapa. Viennent ensuite celles de l'Aconcagua, qui comprend Casablanca – spécialisée dans le vin blanc – et San Antonio, puis de la Vallée centrale : Maipo – le vignoble le plus ancien –, Cachapoal, Colchagua, Curicó, Maule – la plus importante en surface. En vous basant à Santiago ou Valparaiso, vous pouvez découvrir facilement ces deux régions aux saveurs diversifiées à travers des paysages bucoliques joliment vallonnés avec, en maints endroits, comme toile de fond la Cordillère des Andes. Étapes : le Cajón del Maipo, les thermes de Valle de Colina (piscines naturelles d'eau à 70 °C), des plages ou des stations de ski selon la saison... Auberges et restaurants à volonté. Dans la région Sud, on trouve les vignobles des vallées **Itata, Bío Bío et Malleco**.

chile.travel (Servicio nacional de turismo Chile)
vinasdechile.com et winesofchile.org (Vinos de Chile)

AFRIQUE DU SUD

LES ROUTES DU WESTERN CAPE

CARTE DE VISITE

Ce sont des colons hollandais qui, les premiers, ont lancé la production de vin en Afrique du Sud au XVIIe siècle. Ils recevront rapidement le renfort de protestants français, des huguenots chassés de leur pays. Un climat méditerranéen, des vents océaniques, une grande variété de sols : les magnifiques vallées et côtes des environs du Cap ont fait de ces derniers la région reine du vin dans le pays. C'est dans les années 1990, après l'abolition de l'infâme apartheid, que le secteur s'est grandement développé, notamment à l'exportation. En plus des vins blancs traditionnels secs ou moelleux (cépages chenin, chardonnay, sauvignon…) sont apparus des rouges (cépages merlot, cabernet-sauvignon, pinot noir, syrah…). On produit aussi des rosés, des pétillants et des brandys. On dénombre cinq régions de production (littoral, Breede River Valley, Little Karoo, Olifants River et Boberg) divisées en districts puis en domaines *(wards)*.

LES ROUTES

13 routes des vins s'élancent au nord et à l'ouest du Cap. En fait, dès que l'on quitte les zones urbanisées, des vignes font rapidement leur apparition. Les plus courues sont celles de **Stellenbosch, Franschhoek, Paarl et Constantia.** C'est autour de **Stellenbosch**, berceau de la viticulture sud-africaine, qu'ont été implantés les premiers vignobles. Ceux de **Franschhoek** (le coin français) sont les héritiers de l'apport des huguenots. Du côté de **Paarl**, où l'on produit également des fromages et des olives, se tient chaque année un grand festival des vins. Enfin, la route de **Constantia** a la réputation d'être ponctuée de domaines d'où sortent des breuvages d'exception. Un peu partout, des restaurants de qualité présentent des vins locaux sur leur carte.

www. southafrica.net (South African Tourism)
www. wine.co.za (South African Wine)

AUSTRALIE

LA VALLÉE DE BAROSSA

CARTE DE VISITE

C'est dans les États du sud de la vaste Australie que s'étendent de grandes zones de production, là où la proximité de l'océan et les reliefs se combinent pour créer un climat de type méditerranéen. L'Australie méridionale (South Australia) donne la moitié des vins du pays. Les États d'Australie-Occidentale (Western Australia), de Victoria et de Nouvelles Galles du Sud (New South Wales) se partagent l'essentiel de l'autre moitié. C'est dans ce dernier que les premiers vignobles australiens ont été implantés au XVIIIe siècle par des colons anglais, lesquels ont par la suite reçu le renfort de vignerons allemands. Pour être complet, signalons que la Tasmanie possède elle aussi quelques exploitations, de même que le Queensland et le district de Canberra. Les vins d'Australie sont rouges (cépages syrah, cabernet sauvignon, merlot, pinot noir, grenache, mourvèdre…) et blancs (cépages chardonnay, sémillon, sauvignon, riesling…). Sont aussi produits des rosés, ainsi que le *tawny*, une sorte de porto. L'Australian Wine and Brandy Corporation a mis en place un système d'appellation qui consiste à mentionner l'origine géographique et le cépage du raisin sur les étiquettes – à hauteur d'au moins 80 % – et le millésime – au moins 95 % du raisin. Étonnant pour des Français : les bouteilles sont dotées de bouchons à vis !

LES ROUTES

Les routes des vins sont aussi nombreuses que les vignobles. Le choix étant large, jetons notre dévolu sur la **vallée de Barossa**, laquelle est l'une des plus fréquentées en raison de la qualité des vins qui y sont produits. Elle se trouve en Australie méridionale, au **nord-est d'Adelaïde**, sur le cours de la rivière Para et près des Barossa Ranges. La **Barossa Scenic Drive** est une route touristique balisée qui vous invite à découvrir des dizaines d'exploitations viticoles, de même que les localités de Bethany, Angaston, Nuriootpa, Greenock, Seppeltsfield, Marananga et Tanunda, lesquelles cultivent leur patrimoine et leurs traditions, notamment celles des vignerons allemands établis ici au XIXe siècle. Des brasseries, champs de roses et de lavandes rythment aussi cette route.

D'autres régions à découvrir notamment : Clare Valley, McLaren Vale (South Australia), Margaret River, Swan Valley (Western Australia), Hunter Valley, (New South Wales), Yarra (Victoria)…

www. australia.com (Tourism Australia)
www. wineaustralia.com (Australian Wine and Brandy Corporation)

Street food à Bangkok, *Thaïlande*

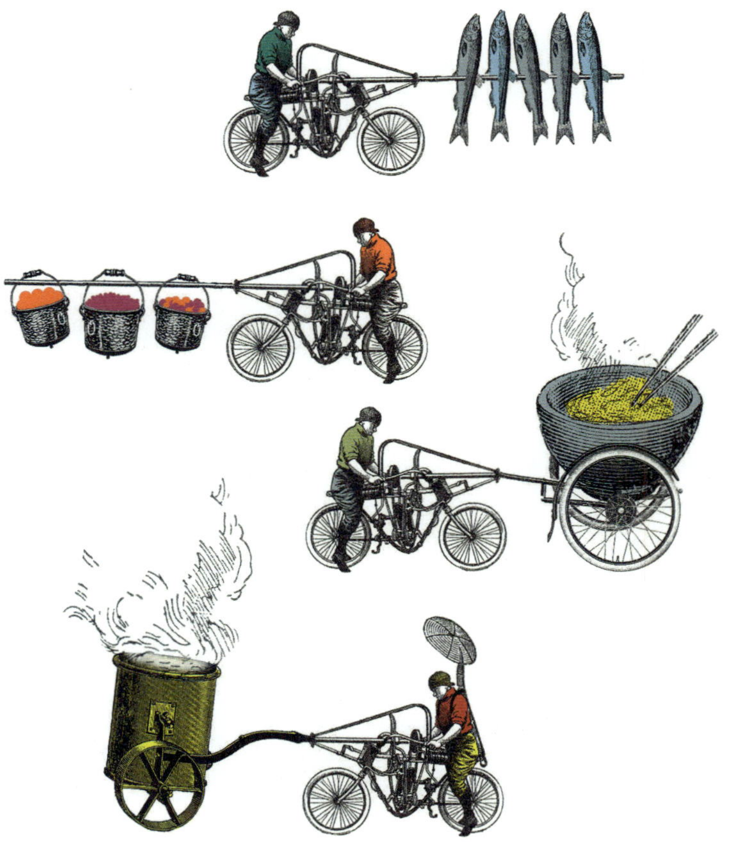

STREET FOOD DANS LE MONDE

Manger dans la rue, c'est souvent l'un des grands plaisirs du voyage. Dans de nombreux pays du Sud, c'est même une pratique dominante depuis fort longtemps. Un stand, quelques bons petits plats sur le pouce et, hop, on se régale pour pas cher !

Un cornet de frites à Bruxelles, une pizza à Naples, un hot dog à New York, un pad thaï à Bangkok, un kebab à Istanbul ou une tortilla à Mexico, voilà des plaisirs uniques et qui, en général, ne coûtent pas cher. Attention cependant à ne pas perdre de vue les règles élémentaires d'hygiène…

Voici un petit tour du monde de la street food. Bon appétit !

THAÏLANDE

LE ROYAUME DE LA STREET FOOD

Pour beaucoup, c'est en Thaïlande que l'on déguste la meilleure street food (on dit « foot bat » ici) du monde. Il y a le choix et cela à toute heure, notamment à Bangkok où il semble parfois que la population passe tout son temps à manger ! Partout ou presque, vous voyez des cuistots ou des vendeurs officier sur une simple table pliante, un chariot, un tricycle, une barque, quand vous ne croisez pas l'un d'eux portant des paniers accrochés de chaque côté d'une perche portée sur ses épaules. Les mets sont d'une grande variété… et généralement bien épicés : *khâo man kai* (riz au poulet), *pad thaï* (pâtes de riz sautées, avec des crevettes notamment), *pla krapong tot nam pla* (filet de poisson frit avec sauce de poisson), *phad kaprao* (poulet, œuf, basilic, sauce d'huître), *som tam* (salade à base de papaye), etc. Vous avez aussi les *takataen*, autrement dit des sauterelles frites…

Une adresse à Bangkok : à l'angle de Silom et Convent Road. Petits stands et tables improvisées pour déguster de petits plats thaïs sur le pouce, à deux pas de Patpong. Très animé et sympa.

VIETNAM

LE PHO SACRÉ

Comme en Thaïlande, on ne sait que choisir parmi les spécialités gastronomiques qui sont vendues dans la rue par une multitude de marchands dont les étals sont souvent ambulants. La plus répandue est sans doute le *pho*, un bouillon de bœuf rehaussé d'herbes fraîches et d'échalote. À goûter aussi : le *bun bo* (soupe de nouilles, bœuf, porc, légumes, citronnelle…), le *rau muong* (épinards d'eau frits avec de l'ail) ou encore quantité de portions de riz agrémentées de toutes sortes d'ingrédients. Les sandwiches à la vietnamienne valent également le détour. Ainsi, le *banh miqui* se constitue d'une baguette de pain française recelant par exemple du porc, des crudités, des herbes et une sauce piquante. De nombreuses variantes existent. Les *banh bao* sont quant à eux des petits pains fourrés au porc, aux œufs, aux légumes. Le *banh khoai* est pour sa part une crêpe enrobée d'une feuille de salade verte dans laquelle on trouve du porc, des crevettes et des pousses de soja.

Une adresse à Hanoï : le *Pho Bo Ly Beo* à l'angle de Hang Non et Hang Quat, dans le centre historique. Une cantine de rue très courue, où déguster de succulentes soupes de bœuf et de poulet.

Brochettes à Xi'An, Chine

CHINE

L'EMPIRE DES XIAOCHI

Les *xiaochi* sont ces « petites bouchées » qui vous sont proposées dans les rues et les marchés des villes de Chine continentale et de Taïwan – notamment la nuit –, chacune de ces dernières offrant une « carte » qui lui est propre. Sous ce terme générique se révèle une foultitude de mets très variés qui sont plus simplement élaborés que les plats de haute gastronomie servis dans les restaurants. Référencer tous ces en-cas et y goûter peut nourrir une vie entière ! Dans cette catégorie figurent des bouillons, des riz, des nouilles, des raviolis (les fameux *jiaozi*), des boulettes, des petits pains farcis ou des crêpes, ainsi que des pâtisseries. À Taïwan, vous trouverez des xiaochi mélangeant les recettes chinoises à d'autres inventions culinaires venues d'Occident, du Moyen-Orient ou du Japon. Notez que, les jours de fêtes, sont préparés des xiaochi que vous ne pouvez déguster que lors de ces occasions.

Une adresse à Xi'An : nombreuses échoppes dans le quartier musulman Hui autour des rues Beiyuanmen et Miaohou Jie Xiyangshi. Goûtez aux brochettes et aux jiaozi.

JAPON

OÙ L'ON REVIENT TOUJOURS AUX RAMEN

Les *ramen* font presque l'objet d'un culte au Japon. D'origine chinoise et servi dans un bol, ce plat se compose de pâtes accompagnées d'un bouillon de viande ou de poisson, souvent agrémenté d'une préparation à base de soja (sauce ou condiment *miso*). Élaborées avec de la farine de blé additionnée de levure et de kansui – une eau à laquelle les minéraux donnent une couleur jaune –, les pâtes *(udon, soba…)* peuvent être droites ou de forme ondulée, leur longueur et leur épaisseur étant variables. Les recettes sont nombreuses. Entrent par exemple dans la composition des morceaux de porc, des œufs, des champignons noirs, du bambou mariné, des algues séchées, de la pâte de poisson naruto, du chou… Les ramen se trouvent dans des échoppes donnant sur la rue ou dans des restaurants spécialisés, et même dans les supermarchés où l'on vend des ramen instantanées nommées « Cup Noodle ».

Une adresse à Tokyo : Yakitori Yokocho (« la ruelle des brochettes »), sur Kabuki-cho dans le quartier de Shinjuku : deux ruelles étroites abritant une cinquantaine d'échoppes spécialisées dans les nouilles et les brochettes.

INDE

DES CHAATS QUI VOUS FONT MIAULER DE PLAISIR

Manger un *chaat* est des plus banals en Inde, comme au Pakistan. Rassurez-vous, ces snacks locaux ne sont pas préparés avec de la chair de matou ! D'ailleurs, la plupart du temps, si ce n'est toujours, ils ont tout pour plaire aux végétariens. Les plus traditionnels sont à base de morceaux de pomme de terre *(aloo)*, de pain azyme *(puri)* ou d'une préparation réalisée avec des pois chiches *(besan)*. Les garnitures de ces mets très savoureux *(samosa, pakora, katchori…)* que l'on frit devant vous dans la rue ou dans les gares sont systématiquement épicées (coriandre, piment, cumin, gingembre, poivre…). Elles se composent souvent de yaourt et de divers légumes (tomate, oignon…). Il est impossible d'en faire la liste tant les variantes sont innombrables, surtout dans le nord de l'Inde d'où sont originaires les chaats. Chaque ville ou région décline ses propres recettes.

Une adresse à Delhi : *Sita Ram Diwan Chand*, 2243 Rajguru Road, Chuna Mandi. Cette petite cantoche de rue du quartier de Pahar Ganj ne désemplit pas. Nourriture fraîche et savoureuse.

ISRAËL

FALAFEL ET SABIKH, DES SANDWICHES À L'ORIENTALE

En Israël, vous constatez rapidement que la street food est autant d'obédience occidentale qu'orientale. Vous trouvez des pizzas ou des burgers, mais aussi des sandwiches très appréciés dans tout le Moyen-Orient. Parmi eux, les sandwiches falafels sont réalisés à partir de boulettes de pois chiches ou de fèves (les *falafels*) que l'on fait frire dans de l'huile. On vous les sert dans une *pita* ou un autre pain de ce genre avec une préparation constituée de yaourt ou d'une crème de sésame nommée *tahini* ou encore de houmous (purée de pois chiches et de tahini) et agrémentée de crudités. D'origine irakienne, le *sabikh* a également pour véhicule une pita. Celle-ci est fourrée de plein de bonnes choses toutes simples : œuf dur, aubergine frite, pomme de terre, tomate, concombre, houmous et persil, le tout assaisonné de condiment *amba*, lequel comprend de la mangue, du vinaigre, de la moutarde et des épices.

Une adresse à Jérusalem : *Abu Shukri*, à l'intersection d'El-Wad et de la via Dolorosa. Réputé pour son houmous et autres snacks traditionnels.

LIBAN

ON CÈDE VOLONTIERS AUX SHAWARMA, KEBBE ET KEFTA

La délicieuse gastronomie libanaise se décline en en-cas à déguster dans la rue. Le *shawarma* est l'un de ceux qui sont les plus appréciés. Il s'agit d'un sandwich qui appartient à la famille des kebabs. Il comprend de la viande (bœuf, agneau ou poulet) découpée en fines tranches que l'on fourre dans un pain *pita* ou une galette *dürüm* en compagnie de légumes et d'une sauce. Le *kebbe* est également très populaire. C'est une croquette frite de forme ovoïde qui contient de la viande d'agneau, voire de chevreau ou de bœuf, hachée très fin et mélangée à du blé concassé (boulghour), de l'oignon, de la menthe et diverses épices. Le *kefta* est pour sa part une boulette de viande hachée, d'agneau ou de bœuf, additionnée d'oignon et d'épices qui est cuite en brochettes. On vous les sert dans une pita. Notez que kebbe et kefta font par ailleurs traditionnellement partie des plats servis dans les *mezzés*.

Une adresse à Beyrouth : *Arax Falafel*, Dora-Ara Heybelian, Beyrouth. Un demi-siècle de bons et loyaux services pour régaler Beyrouth de falafels bien dorés.

TURQUIE

LE BERCEAU DU KEBAB

Le *döner kebab* est une des inventions de la gastronomie de rue ottomane qui a conquis le monde. Mais c'est en Turquie que vous trouverez sa version originale. Le principe : on fait mariner des tranches de viande (mouton, veau, poulet…) dans un mélange d'épices, d'huile d'olive et de lait, puis on les agglomère sur une broche verticale. Rôtie, cette viande est redécoupée en tranches fines, lesquelles sont intégrées dans un pain *pide*, une *pita* ou un *dürüm*. L'accompagnement varie : salade verte, tomate, poivron, oignon, yaourt, sauce, épices… Les vendeurs de rue turcs vous proposent d'autres en-cas : *balik ekmek* (sandwich au maquereau grillé ou frit, salade, oignon, tomate, jus de citron), *kokorec* (sandwich avec une sorte d'andouille d'agneau épicée), *kumpir* (grosse pomme de terre cuite au four avec du beurre et du fromage de brebis, plus divers ingrédients : maïs, olives, petits pois, champignons…), *lahmacun* (genre de pizza avec agneau, tomate, oignon et poivron hachés), *midye tava* (beignet de moule), *pogaca* (petit pain parfumé à l'huile d'olive pouvant comprendre fromage, viande hachée, pomme de terre…), etc.

Une adresse à Istanbul : *Suat Usta*, 33 Mersin Tantuni, Büyük Parmakkapı. Cette gargote de rue, au sud d'Istiklal Caddesi, sert des *tantuni*, grosses crêpes de viande de bœuf aux oignons, persil, tomates et épices.

À DÉCOUVRIR EN FRANCE

LA TENDANCE CULINAIRE DU MOMENT

FRANCE

Après un petit retard à l'allumage, dû à la force de nos habitudes alimentaires, la street food fait désormais partie du paysage culinaire français. La France, où la notion de « repas gastronomique » est inscrite au patrimoine de l'Unesco, ne pouvait rester à l'écart de cette évolution. Considérée au départ comme une mode, la street food est devenue une offre culinaire crédible. Des marchés de campagne aux centres-villes, il est possible de se régaler en mangeant dans la rue avec les plaisirs gourmands de la street food. L'offre est variée, du burger juteux au cheddar fermier et pain frais du jour, en passant par les tacos mexicains au porc mariné ou le canard du Sud-Ouest façonné en boulettes. Sans être au départ du mouvement, la région parisienne en est rapidement devenue le moteur malgré une législation des plus sévères. On y compte aujourd'hui la plus grande offre de street food de France. Mais le Nord n'est pas en reste. Fidèle à une tradition ancienne de baraques à frites, c'est l'une des régions les plus dynamiques en matière de street food. Quand au sud, fort de sa tradition de camion à pizza, il regorge de propositions de qualité.

Un site internet indispensable pour localiser les food truck : tttruck.com

Une adresse à Paris : *Cantine California*, un pionnier, fondé par un américano-canadien pour l'authenticité. Des burgers et des tacos délicieux, et parfois des plats de poisson. Jordan est très soucieux de la qualité des ingrédients (bio, viande d'éleveur) et de la complexité des recettes. Il possède également un restaurant-bar dans le 3e arrondissement. (*cantinecalifornia.com*)

MAROC

LES BRASEROS DE LA PLACE JEMAA EL-FNA À MARRAKECH

Ce n'est pas une mais des dizaines de spécialités qui sont proposées sur la fameuse place Jemaa el-Fna de Marrakech. On y trouve un condensé des petits et grands trésors de la savoureuse cuisine marocaine, lesquels se dégustent au gré de ses envies dans l'un ou l'autre des stands installés uniquement le soir sur cette vaste esplanade. Vous pouvez y acheter de quoi grignoter au cours de vos déambulations dans la ville ou vous asseoir à l'une des tables précaires posées à même la chaussée, sous un auvent qui vous protège à peine des fumées s'élevant des *braseros*. Sachant que ce marché d'un genre spécial est divisé en secteurs spécialisés, c'est à vous de composer votre menu. À la carte abondent grillades de viande (brochettes, merguez…), poissons, escargots, fruits de mer, salades, couscous, méchoui, ou encore tête de mouton… Sans oublier les desserts et les thés, préparés eux aussi à la marocaine.

ÉTATS-UNIS

BURGERS, HOT DOGS, FOOD TRUCK & CO

On considère à priori le burger comme le roi de la street food états-unienne. On en trouve en effet partout. Mais le hot dog ne mérite-t-il pas un titre de noblesse lui aussi ? À la base, c'est un sandwich qui se compose d'un pain brioché allongé dans lequel est couchée une saucisse de type Francfort (bœuf, porc ou volaille) que l'on agrémente de moutarde ou de ketchup. Ce mets prend des formes différentes selon l'endroit où vous êtes. À New York, il peut être additionné de choucroute. À Chicago, on y ajoute de la tomate, des cornichons, de l'oignon, du poivron. Au sud, on grignote un *corndog*, une saucisse enrobée de farine de maïs frite qui est fixée sur un bâton ! Dans les grandes villes américaines – et maintenant européennes –, on assiste au développement des food trucks, lesquels font concurrence aux traditionnels vendeurs ambulants équipés de chariots. Des restaurateurs vous y proposent d'excellents burgers, mais aussi toutes les saveurs du monde, souvent en les mélangeant allégrement – ainsi le *ramen burger*, dans lequel la viande est enserrée entre deux galettes de pâtes japonaises. Le phénomène prend une telle ampleur que des sites internet s'emploient à vous indiquer à quel moment et à quel endroit vous attendent ces food trucks (par exemple : *foodtrucksmap.com*).

Une adresse à Los Angeles : on en trouve devant le 5900 Wildshire Blvd, face au LACMA à West Hollywood et bien d'autres à travers la ville (*findlafoodtrucks.com*).

QUÉBEC

POUTINES ET BAGELS

Accrochez-vous : cette préparation québécoise comprend des frites, du fromage en grain frais de type cheddar, plus une sauce façon barbecue. De quoi se rassasier ! À partir de la recette de base, de nombreuses variantes vous sont proposées : avec saucisse, steak haché, poulet, crevettes, chou, sauce bolognaise ou encore foie gras. Vous vous offrirez une poutine aussi bien à table que dans la rue, au comptoir d'une « roulotte à patates ». Importé par les migrants juifs du centre de l'Europe, le bagel est devenu une spécialité de Montréal. Ce petit pain rond et troué en son centre est coupé en deux pour être garni de ce que l'on veut. Traditionnellement, il est tartiné de fromage blanc et reçoit des tranches de saumon fumé. Son cousin new-yorkais, dont le diamètre est plus important, est également renommé.

Une adresse à Montréal : *Fairmount Bagel*, 74, av. Fairmount Ouest. Une institution du bagel montréalais, cuit au feu de bois depuis 1949. Ouvert 24 h/24.

MEXIQUE

LA GRANDE FAMILLE DES TORTILLAS

Galettes faites à partir de farine de maïs ou de blé, les tortillas font partie de ces nombreux *antojitos* (petites envies) que l'on dévore à toute heure au Mexique. Elles prennent différentes formes, dont certaines sont bien connues en-dehors de ce vaste pays. Pliée en deux, la *tortilla* devient un *taco* qui sert de véhicule à une préparation épicée comprenant de la viande ou du poisson, ainsi que des légumes. En ce qui le concerne, le *burrito* ressemble à un rouleau à l'intérieur duquel est maintenue une garniture constituée de viande, de haricots, d'oignon, de tomate et, bien sûr, d'épices. Adoptant également l'apparence d'un rouleau, l'*enchilada* recèle le même type d'ingrédients, mais ici la tortilla est frite et couverte d'une sauce, voire gratinée. Pour obtenir une *quesadilla*, la tortilla est fourrée d'éléments identiques auxquels on ajoute du fromage. Roussie ou frite, elle est découpée en morceaux. D'autres variantes existent, aussi appétissantes les unes que les autres.

Une adresse à Mexico : le marché de Coyoacan, à l'angle de Malitzin et Allende. Plein de petits restos à l'intérieur d'un marché vraiment typique et joyeux. Spécialités de fruits de mer (délicieuses quesadillas !) à l'extérieur, à l'angle des deux rues.

AMÉRIQUE LATINE

EMPAÑADAS SANS FRONTIÈRES

Chaque pays sud-américain possède ses propres *empañadas*. Certains voyageurs s'amusent même à les recenser au gré de leurs pérégrinations. En général, il s'agit d'une sorte de chausson réalisé à partir de farine de maïs ou de blé. Son aspect, sa texture et ce que l'on trouve à l'intérieur diffèrent selon l'endroit où l'on se situe. De plus, ici, on le cuit au four, tandis que là on le baigne dans la friture. Les ingrédients que l'on retrouve souvent : viande hachée, œuf dur, fromage, raisins secs, olives, oignon, tomate, poivron, épices… Poulet, poisson ou fruits de mer peuvent aussi être de la partie. Mais les empañadas ne sont pas les seuls en-cas à tenir le haut du pavé dans les rues d'Amérique latine. Ainsi, au Vénézuela et en Colombie, l'*arepa* est-il très populaire. C'est un pain fait avec de la farine de maïs que l'on fourre à volonté de viande hachée, de volaille, de jambon, de fromage, d'œuf, d'avocat, de haricots… En Argentine, vous avez le *choripán*, un sandwich au chorizo accompagné de *chimichurri*, un condiment comprenant diverses herbes et épices…

Une adresse à Santiago : sous les arcades de la calle Compañia, plaza de Armas, on trouve plein de snacks pour manger empanadas et sandwiches à la mode chilienne.

BRÉSIL

PAPILLES EN FÊTE AVEC L'ACARAJÉ, LE PAO DE QUEIJO ET LA COXINHA

La street food à la brésilienne diffère de celle que l'on peut déguster dans le reste de l'Amérique du sud. Du côté de Salvador de Bahia, la grande spécialité est l'*acarajé*. D'inspiration africaine, c'est une sorte d'acra dont la pâte est faite avec de la farine de haricot additionnée d'oignon. Ce beignet en forme de boulette peut être fourré ou accompagné de *vatapá* (pâte comprenant du lait de coco, de l'arachide…) ou de *caruru* (préparation à base de gombo, de crevettes…). Partout au Brésil, on se régale d'un autre type de beignet nommé *coxinha*. Sa pâte est farcie généralement de poulet poêlé avec de l'oignon et de l'ail – vous en avez également à la crevette, au bœuf, au fromage *catupiry*. Très populaire encore, le *pão de queijo* est un petit pain rond conçu avec de la farine de manioc et du fromage, provenant idéalement de l'État de Minas Gerais.

Une adresse à Salvador de Bahia : *Acarajé da Dinha*, largo Santana (place centrale de Rio Vermelho). Le stand de Dinha est pris d'assaut, et pour cause : ses *acarajés* passent pour les meilleurs de la ville !

ANGLETERRE

UNITED KINGDOM OF FISH & CHIPS

Concurrencé par toutes sortes de street foods importées du monde entier, le *fish and chips* reste une institution en Angleterre. La recette est simplissime. Prenez un filet de poisson à chair blanche, couvrez-le en entier ou en morceaux d'une pâte (farine de blé, œuf, bière) et plongez-le dans de l'huile bouillante pour que la pâte croustille. Accompagnez-le ensuite de frites, salez et servez le tout dans du papier suffisamment absorbant afin que ce dernier boive l'excédent de gras. Demandant également peu de technique culinaire, les *baked potatoes* font partie des spécialités anglaises qui se consomment sans formalités. Il s'agit de grosses pommes de terre que l'on garnit d'une préparation relativement sommaire. Vous y trouverez du *cottage cheese*, du bacon, des œufs, de la viande hachée, de la crème, de l'oignon, etc. Roboratif ! Sinon, notez que dans les grandes villes, les marchés regorgent de stands qui vendent des en-cas indiens, extrême-orientaux, libanais, antillais, africains, italiens ou même français. My God !

Une adresse à Londres : *The Seafresh Fish* Restaurant, 80-81 Wilton Road (Pimlico). L'as du *fish & chips* à emporter (£ 5) ou à déguster sur place.

ALLEMAGNE ET AUTRICHE

SAUCISSES DANS LES IMBISS

Quiconque s'est promené dans les rues des villes germaniques a constaté la présence d'échoppes d'où émanent des fumets alléchants... On nomme *Imbiss* ces pourvoyeurs de *Wurst*, autrement dit de saucisses. Celles-ci se déclinent en plusieurs centaines de variétés, l'une des plus fameuses étant la *Frankfurter*. On retrouve cette dernière dans la recette de la très appréciée *Currywurst*. Grillée ou frite, la saucisse est coupée en morceaux et arrosée d'une sauce au curry et à la tomate – elle est malheureusement souvent remplacée par du ketchup. On vous la sert dans une assiette ou dans du pain, avec des frites, le tout s'accompagnant idéalement d'une bière, *natürlich*. Si le cœur vous en dit, allez faire un tour au musée de la Currywurst à Berlin. Si manger dans la rue ne vous sied guère, tâchez de repérer un Biergarten, une terrasse environnée de verdure et dotée d'un kiosque où passer commande de divers en-cas et boissons. Ce type de lieu est particulièrement présent à Munich, où il a été inventé.

Une adresse à Berlin : le *Konnopkes Imbiss, Schönhaüser Allee*, sous le métro Eberwalder Str., nourrit Prenzlauerberg depuis 1930.

BELGIQUE

LA STREET FOOD A LA FRITE !

Ah les frites belges ! Pour beaucoup, ce sont les meilleures. Les baraques à frites, ou friteries, sont des étapes incontournables quand on se balade dans le plat pays flamand et les vallons wallons – ainsi que dans l'extrême nord de la France. Qu'elles soient servies dans un cornet ou dans une barquette, il n'est normalement de bonnes frites belges que passées dans une friture de graisse de bœuf, appelé aussi *blanc de bœuf*. Curiosité à savourer : le Frietmuseum de Bruges. Autre spécialité belge, la *caricole* est un mets typiquement bruxellois. Ce sont des bigorneaux que l'on trouve à l'étal de marchands ambulants, lesquels se font rares de nos jours. Côté sucré, les gaufres de Belgique sont à déguster sans détour. Vous avez celle de Bruxelles, la classique, qui est servie chaude avec du sucre glace ou de la chantilly. Et il y a celle de Liège, dont la pâte est parfumée à la cannelle. Elle se mange froide ou chaude avec du sucre perlé et a pour autre caractéristique de présenter des angles arrondis.

Une adresse à Bruxelles : *Maison Antoine*, pl. Jourdan, 1, non loin du Parlement européen à Etterbeek. Baraque à frites depuis 1958 où les frites sont servies dans un cornet de papier, comme l'exige la tradition.

ITALIE

PAS QUE DE LA PIZZA

Faut-il présenter la pizza ? C'est à Naples que l'on trouve la plus réputée, sous le label « Vera pizza napoletana ». Ses caractéristiques : son diamètre ne va pas au-delà de 35 cm, son bord ne s'élève pas à plus de 2 cm et l'épaisseur de sa pâte ne dépasse pas 0,4 cm. Fine et souple, elle est dotée d'une garniture faite de tomate, d'huile d'olive extra vierge, d'ail et d'origan *(Marinara)*, à laquelle on peut ajouter de la mozzarella et du basilic frais *(Margherita)* ; avec de la *mozzarella di bufala campana*, il s'agit de la *Margherita Extra*. Pour sa part, la *focaccia* est une sorte de fougasse. Ce pain à l'huile d'olive est agrémenté à volonté : tomate, olive, fromage, viande, herbes, oignon, légumes divers... Née en Ligurie, elle connaît différentes variantes en Italie. La *porchetta* est également répandue dans tout le pays, notamment à Rome. Elle se présente sous forme de tranches de rôti de porc obtenu à partir d'un cochon de lait farci de sa propre chair. Cette viande se déguste chaude ou froide et particulièrement sous forme de sandwich de type *panino*.

Une adresse à Naples : *Antica Pizzeria di Matteo*, via dei Tribunali, 94. Fermé le dimanche et 15 jours en août. Très connue des Napolitains et souvent bondée, cette excellente pizzeria du vieux Naples a connu son heure de gloire lors de la visite d'un certain Bill Clinton. Pizza à partir de 3 € à emporter.

CARTE POSTALE

STREET FOOD EN ASIE DU SUD-EST

La nourriture de rue ? L'un des grands moments de tout voyage en Asie du Sud-Est. Si beaucoup ne jurent que par Bangkok, la street food birmane offre également de savoureuses découvertes culinaires. Lieux, ingrédients, histoire, plats… on vous dit tout sur ces deux temples du repas sur le pouce.

Bangkok : au firmament de la street food

Bangkok = street food… mais aussi mégapole. Alors, voici quelques pistes à suivre pour vos sorties. Le soir, les allées Soi Rangnam, au sud du rond-point Victory Monument et Phahonyothin soi 7 sont gentiment bobo, ambiance village urbain et gourmand. Rue Nakhon Chaisi (nord-ouest de Victory), les vieux marchés Ratchawat et Sriyan sont parfaits pour déjeuner. Après 17 h, les soi 5 et 10 de Petchaburi se muent en une gigantesque cuisine à ciel ouvert. Choix dément, prix plancher, empoignez un tabouret et régalez-vous. Proche du fleuve, le quartier Banglamphu est un bon coin pour démarrer des sorties gourmandes dans le centre historique de la ville. Abondance et diversité ! Quelques pistes : à toute heure, la cosmopolite Rambutri et le villageois Thanon Samsen ; la semaine en journée, l'élégant marché couvert de Nang Loeng et, au sud, sans oublier de passer par Phra Athit, les adresses favorites des étudiants, quai nord de Tha Chang, puis, sur la rive opposée par le bac, les réjouissants stands et petits restos du marché Wang Lang. Chinatown (Yaowarat) est incontournable : le soir, les restos dévorent la rue, au prix de quelques congestions.

Plats emblématiques

Venue d'Isan, la salade de papaye verte *som tam* a gagné toutes les rues de Siam. Le mortier « krok » mélange intimement l'acidité du *lime* (agrume ressemblant au citron vert), le salé de la sauce *nam pla* (le *nuoc mam* thaï), le capiteux sucre de palme et le croquant légèrement amer de la papaye râpée. Crabes fermentés, crevettes séchées, ail, cacahuètes et piment fort *phrik* (ne pas dépasser deux unités…) complètent cette mixture, se mariant à merveille au riz gluant *khao niaw* et au poulet grillé *kai yang*. Le *khao soi* séduit les visiteurs par l'équilibre de ses saveurs et textures. Servie avec une assiette d'échalotes et pickles, cette soupe de curry modérément épicée réunit nouilles aux œufs fondantes et sèches croquantes *mee krob*, et un pilon de poulet (ou du bœuf). Le *khao soi* serait venu du Triangle d'or, dans les malles des caravaniers musulmans chinois du Yunnan. L'émincé de viande ou poisson *laap* (ou *larb*) est mélangé avec du riz toasté, assaisonné citron-sauce poisson, parfumé de menthe et d'échalote et relevé de piments. Réjouissance sensuelle, le saucer à l'aide de boulettes de riz gluant vous vaudra les sourires complices des autochtones.

La Birmanie, un univers street

Longtemps à l'écart du monde, la formidable Birmanie revient sur le devant de la scène. Rien ne résume aussi bien la complexité birmane que Yangon, Gotham city tropicale, secouant subitement son involontaire végétalisation. Ici, peuples et cuisine vont de pair : Bamar (l'ethnie dominante), ses maisons de currys et cousinages asiatiques ; indienne, armées précaires d'ambulants et de micro terrasses bricolées ; Chinatown rue 19 et ses barbecues nocturnes. Sans oublier le patronage flegmatique des *tea houses*, dont l'atmosphère et les en-cas varient selon l'origine des patrons.

Plats emblématiques

Jusqu'au milieu d'après-midi, la population célèbre le rituel du *Burmese milk tea*. Thé noir au lait condensé, il est consommé avec de fines galettes *roti parata*. Venues d'Inde, les *dosa*, fines galettes de pâte de lentille sont farcies de diverses préparations. Nourrissant et sans gluten.

Dans leurs maisons et cuisines de rue dédiées, les currys birmans sont servis avec un large assortiment d'herbes et condiments. On se restaure aussi dans les *tea houses*, d'en-cas sucrés ou salés.

Plat national birman, la nourrissante soupe *mohinga* combine nouilles ou vermicelles de riz à un épais curry au fond de poisson, gingembre et citronnelle. La vaste famille des *thoke* mérite une explication. Signifiant « salade », elle regroupe à vrai dire tout ce qui peut être découpé, émincé, mélangé et assaisonné de cacahuètes, ail frit, huile, sauce poisson, graines de sésame, coriandre, lime, menthe fraîche, et parfois de dal (brouet de lentilles).

Quelques exemples d'ingrédients préparés à la « mode thoke » : triangulaires samosas, jaunis au curcuma, boulettes de pois chiches falafel, populaires nouilles de blé aux crevettes séchées et lanières de choux et carottes *(khao sueh thoke)*, subtiles feuilles de tamarinier *(magyi yuet thoke)* et, peut-être le « + thoké », feuilles de thé marinées *(lephet thoke)*.

Présente dans tout le nord birman, la cuisine *shan* (ethnie thaïe majoritaire dans l'état du même nom) mérite une mention. À base de farines de lentilles jaunes, pois chiches ou haricot *mung* plutôt que de soja, le *shan doufu* se consomme frit, en soupe ou en *thoke* !

FICHE PRATIQUE

Comment s'y rendre ?

- Vols directs réguliers pour **Bangkok** (11 h 15).
- Pas de vols directs pour **Yangon** (Rangoon). 13 h 45 avec escale.

Pintxos à La Cepa, San Sebastián, *Espagne*

CINQ ESCAPADES GOURMANDES

Routard gourmand, il y a de quoi se faire plaisir à moins de 3 h de vol de la France. Que vous soyez tapas ou pasta, *tajine ou* waterzooi, *voici cinq destinations gastronomiques pour vous régaler le temps d'un week-end. Faites vos valises, préparez votre rond de serviette, et cap sur le Pays basque, le Piémont, Bruxelles, la Corse ou Marrakech !*

DONOSTIA-SAN SEBASTIÁN

CAPITALE DES TAPAS

La nouvelle cuisine basque, qui revisite un terroir riche en produits gourmands, possède une réputation internationale. Les deux maîtres incontestés de cette école, Juan Maria Arzak et Martin Berasategui, ont chacun leur restaurant (qui portent tous les deux leur nom) à Donostia-San Sebastián, à une trentaine de kilomètres de la frontière française. Cette ville, lovée au creux de l'une des plus belles baies de la péninsule Ibérique, est épicurienne. On vient de loin pour y déguster les *pintxos*, des tapas sophistiqués à la mode basque, dans les établissements de la vieille ville. À la mode locale, on les accompagne de cidre. Il y a foule les soirs de week-end dans les bars du Casco Viejo. Dans une chaude ambiance, les Basques (et aussi pas mal de touristes) se remplissent la panse en sirotant quelques bons petits crus. Le paradis des tapas, c'est la calle Fermin Calbeton et ses alentours : à vous de vous laisser tenter et d'aller de bar en bar. C'est la coutume. Mais, attention, à 3-4 € le pintxo, l'addition grimpe vite pour les gourmands !

NOS COUPS DE COEUR

La Cuchara de San Telmo : calle del 31 de Agosto, 28 *(lacucharadesantelmo.com)*. Des *pintxos* et des *raciones* concoctés avec la maestria de grands chefs. L'un des hauts lieux des tapas made in Donostia. Pintxo 3-4 €.

Zeruko : c/Pescaderia 10 *(barzeruko.com)*. Un sommet culinaire dans le genre. Cannellonis à la mousse de cèpes, verrine d'encornets… L'adresse incontournable pour les esthètes des tapas.

TURIN ET LE PIÉMONT

PATRIE DU SLOW FOOD

Le Piémont chérit la bonne chère et les arts de la table. C'est d'ailleurs ici qu'est né le mouvement *slow food*, qui prône le bien-manger et la redécouverte des produits du terroir. Situé au pied des Alpes, le Piémont est le berceau de quelques fleurons de la gastronomie italienne, comme la truffe blanche d'Alba, les vins des Langhe *(barolo, barbaresco...)* et le divin chocolat *gianduja*. C'est ici aussi que sont nées des enseignes comme Nutella, Grom (glaces) et Eataly (épicerie) avant d'essaimer dans le monde entier. Turin, capitale du Piémont, a de quoi séduire les gourmands. Commencez par l'*aperitivo* dans l'un des nombreux bars du Quadrilatere Romano. Pour le prix d'un verre (un peu majoré, certes), vous avez droit à un buffet de victuailles à volonté : charcuterie, olives, fromages, petites pizzas, gressins... Dans le même quartier, pas mal de restos où goûter de savoureux plats piémontais, comme les *agnolotti del plin* (petits raviolis), le *brasato* (bœuf braisé) ou le risotto à la tomme. Enfin, dans l'un des cafés historiques de la ville (Mulassano, San Carlo, Baratti & Milano...), succombez aux plaisirs du *bicerin* : un savoureux mélange de chocolat, de café et de crème de lait fouettée.

NOS COUPS DE COEUR

Le Vitel Étonné : via San Francesco da Paola, 4 *(leviteletonne.com)*. une adresse connue comme le loup blanc pour la qualité régulière de sa cuisine classique piémontaise. Les produits sont frais et locaux, travaillés selon le principe du *Slow Food*, et servis dans une petite salle sobre et chaleureuse par une équipe sympathique, qui saura également guider les novices dans la belle carte de vins régionaux.
Eataly : en face du Lingotto *(eataly.net)*. Plus qu'un supermarché, un temple de la gastronomie italienne ! On y trouve 7 comptoirs de restauration thématiques (pâtes, viandes, fromages, poissons...). Possibilité de faire ses emplettes après le repas. Compter environ 8 € le plat. Visite obligatoire.

BRUXELLES

SUCRÉ-SALÉ

Bien sûr, il y a les frites de la *Maison Antoine*, citées par le *New York Times*, parmi les meilleures du monde. Et les grands classiques comme le *stoemp aux chicons* (endives), les croquettes de crevettes grises, le coucou de Malines, le *waterzooi* de poulet, la potée ardennaise ou la carbonade flamande que des grands chefs comme Pierre Wynants *(Comme chez Soi)* revisitent avec talent. À Bruxelles, on ne saurait se régaler totalement sans faire un sort aux délicieuses bières d'abbaye. Poussez la porte d'un estaminet, café populaire typiquement belge. Les plus anciens, du côté de l'Îlot sacré, où le temps semble s'être arrêté, regorgent de charme – et le choix de bières est très vaste. Terminez votre virée gourmande sur une note sucrée. Il y a de quoi se lécher les babines... Gaufres liégeoises ou bruxelloises, mais aussi croustillons et beignets feront votre bonheur. Le chocolat belge s'expose – et se déguste – dans le centre historique ou sur la Place du Sablon. Godiva, Leonidas, Neuhaus, Corné sont les plus connus. Notre coup de cœur : Pierre Marcolini, un orfèvre du chocolat. Enfin, faites un saut chez Dandoy, à deux pas de la Grand Place, pour goûter aux fameux spéculoos !

NOS COUPS DE COEUR

À la Mort Subite : rue Montagne-aux-Herbes-Potagères, 7 *(alamortsubite.com)*. Super café traditionnel pour déguster de bonnes bières (Faro, kriek, blanche, lambic) accompagnées de tartines au fromage blanc, salades et omelettes.
Volle Gas : pl. Fernand-Cocq, 21 *(restaurant-volle-gas-bruxelles.be)*. Au cœur d'Ixelles, LE bistrot bruxellois par excellence. Banquettes surmontées de miroirs, tables en marbre, poêle de faïence. Tous les grands classiques sont au menu : croquette des crevettes grises, *stoemps* (potées), *waterzooi*, lapin à la kriek...

CORSE

CHARCUTERIE ET FROMAGES

Il faut absolument goûter la charcuterie corse, au goût subtil et parfumé. Les éleveurs de l'intérieur du pays produisent le *prisuttu*, un jambon maigre traditionnel séché 8 mois au minimum, la *coppa*, soit de l'échine de porc taillée dans la poitrine et entrelardée, salée et séchée dans un boyau naturel, le *lonzu*, un filet de porc qui conserve sa couche de gras tout autour, et le fameux *figatellu*, une succulente saucisse de foie. On trouve également des fromages de chèvre ou de brebis partout en Corse avec cinq « types » principaux qui sont les fleurons des fromages fermiers. Parmi les plus connus, citons le chèvre de Sartène, à pâte dure, et les brebis à pâte plus ou moins molle du Niolo ou de l'Alta Rocca, mais il serait injuste d'oublier le Venachese, le Calinzana ou le Bastilicacciu. On voit aussi partout le fameux *brocciu* (prononcez « broutch » avec un « ou » à peine audible en finale), les Corses en mettent dans presque tous les plats ! Il s'agit d'un fromage blanc frais, très onctueux, préparé avec du petit-lait de brebis et/ou de chèvre additionné de lait entier. Il se mange frais hors saison, comme un dessert. Sinon, on le conserve avec du sel pour en farcir ensuite toutes sortes de plats : omelettes, raviolis, beignets, tartes, artichauts, poissons, etc.

MARRAKECH

TAJINES & CIE

La cuisine marocaine ? Un régal, qui justifie à lui seul un voyage. Et, avec les vols low cost, une virée gastronomique à Marrakech ne revient pas forcément cher. La perle du Sud regorge de bonnes tables où l'on peut s'adonner aux délices du tajine, du couscous, des keftas et de la délicieuse pastilla au pigeon. Certains restaurants de la médina sont installés dans des édifices traditionnels, comme les *ksour (Ksar Essaoussan)*, les *funduq (Le Foundouk)* ou des *riads (Dar Zellij, La Villa Nomade)*. Au plaisir des mets s'ajoute celui d'un décor enchanteur. Que demander de plus ? Tentez l'expérience d'un repas sur ce gigantesque théâtre de rue qu'est la place Jemaa-el-Fna, où des dizaines de restos de rue servent des mets de toutes sortes (soupes, tajines, grillades…) à des prix défiant tout concurrence. Assis sur des bancs de bois, on se régale dans la fumée des braseros et les bruits de la foule. Enivrant, même si on ne sert pas d'alcool…

NOS COUPS DE COEUR

Le Dar Zellij : 1, Kaasour Sidi-ben-Slimane *(darzellij.com)*. Un très beau riad du XVIIe siècle, superbement restauré, pour une cuisine des plus savoureuses. Musique le soir, beaucoup de charme.

Le Ksar Essaoussan : 3, derb Cherfa-el-Maz-zaoudième, rue des Ksour *(essaoussane.com)*. Une superbe cuisine marocaine que l'on déguste dans un patio près de la fontaine, ou dans d'adorables petits salons intimistes.

PATRIMOINE

Jardins de l'Alhambra, Grenade

TOUR DU MONDE DES PLUS BEAUX JARDINS

Les jardins sont bel et bien à l'image de la richesse et de la diversité de la planète : jardin à la française ou à l'anglaise, jardin ornemental ou paysager, botanique ou médicinal, jardin d'essences, jardin zen…
Devenus de véritables monuments, certains jardins témoignent aussi de l'histoire, de la culture ou des traditions locales. D'autres réservent des surprises, des édifices exotiques qui sont une invitation à voyager dans d'autres contrées. Cultivant l'imaginaire et la symbolique, certains reflètent une vision idéalisée du monde, une figuration du paradis.
Le décor est planté. Le voyage peut commencer…

LISSE, PAYS-BAS

JARDIN DE KEUKENHOF

Au printemps, le Keukenhof, temple de la tulipe en Hollande, fait éclater un panache de couleurs. Le plus grand parc à bulbes de la planète et l'un des plus grands jardins du monde affiche des chiffres impressionnants : près de 7 millions de bulbes plantés chaque année, dont 4,5 millions de tulipes de 100 variétés, et 2 500 arbres de 87 espèces, le tout planté sur 32 ha… Chaque année, le visage du Keukenhof change en fonction de la thématique et de nombreuses animations fleurissent sur le calendrier printanier : expositions de fleurs par espèces, célébrations de Pâques, festival de folklore néerlandais, week-end des bulbes d'été, festivals de chœurs de marins et d'orgues de Barbarie. Si la tulipe est la reine du patrimoine du Keukenhof, les espèces en floraison changent au fil des semaines : jacinthes, orchidées, jonquilles, amaryllis, œillets, iris, narcisses… Sous le soleil de printemps, d'immenses tapis de fleurs arborent des contrastes de couleurs vives.

Plus d'infos **keukenhof.nl/fr**

GRENADE, ANDALOUSIE, ESPAGNE

JARDINS DE L'ALHAMBRA

D'un grand raffinement, ces jardins magnifient la forteresse dont ils portent le nom, l'Alhambra, cité palatiale héritée de la présence musulmane en Espagne. Au cœur de paysages arides et montagneux, les jardins de l'Alhambra sont d'une étonnante luxuriance. Exhalant une atmosphère poétique, les allées du jardin du Généralife sont bordées de cyprès et de haies taillées au cordeau. Le palais du Généralife, résidence d'été des rois de Grenade, se mire dans les eaux paisibles des bassins. Ici, tout n'est donc qu'élégance et quiétude, harmonie de l'eau et de la terre. Domestiquée par les Nasrides, l'eau issue des contreforts de la montagne est en effet omniprésente : rigoles, canaux, bassins, fontaines, jets d'eau… Elle donne aux jardins un certain mouvement et une grande sérénité. D'inspiration hispano-arabe, les jardins de l'Alhambra sont une recherche d'un Éden dans lequel tous les sens sont stimulés : la vue (perspectives, beauté des floraisons), l'ouïe (ruissellement de l'eau), l'odorat (fragrances des fleurs), le toucher (texture des végétaux), et même le goût (saveur des fruits des vergers, notamment des orangers). La vision parfaite du paradis.

Plus d'infos **alhambradegranada.org/fr**
À lire ***Contes de l'Alhambra : Esquisses et légendes inspirées par les Maures et les Espagnols*, Washington Irving, Phébus, 2011.**

MARRAKECH, MAROC

JARDIN MAJORELLE

Bienvenue dans le havre de paix du peintre Jacques Majorelle, venu à Marrakech à partir de 1924 pour soigner sa tuberculose. C'est ici qu'il installa son atelier, dans cette maison qu'il eut l'idée de peindre dans un bleu-mauve (le fameux bleu Majorelle). En 1980, Yves Saint Laurent et Pierre Bergé acquirent les lieux. On peut aujourd'hui voir une stèle commémorative érigée en souvenir du grand couturier qui avait fait de la villa Majorelle sa dernière demeure. Ce qui frappe dans le jardin Majorelle, c'est le violent contraste entre le bleu éclatant de la villa et la couleur de la végétation luxuriante. Dans ce jardin botanique, l'aménagement de l'espace alterne la présence de cactus, plantes grasses, bambous, bougainvillées et essences issues du monde entier, et éléments aquatiques : bassins, rigoles et fontaines. Des jarres et des bancs ombragés achèvent de jalonner le parcours dans le bruissement de l'eau. Transformée en musée berbère, la villa Majorelle évoque la culture et les savoir-faire berbères avec objets usuels (parures et vêtements traditionnels, jarres, coffres en bois, instruments de musique…) et œuvres d'art (salle reproduisant le firmament étoilé).

Plus d'infos — jardinmajorelle.com

SUZHOU, CHINE

JARDINS DE SUZHOU

Parmi les plus beaux jardins de Chine, les 9 jardins traditionnels de Suzhou sont de véritables havres de paix dans la ville. Aménagés du XIe au XIXe siècle, ils donnent la représentation miniature et raffinée de la beauté de la nature, dans l'alliance harmonieuse de l'eau, de la pierre et du végétal. Le plus grand jardin de Suzhou n'est autre que le jardin de la Politique naïve. Symbole du retrait de la vie politique pour la culture des légumes, il laisse la part belle à l'eau. La visite des pavillons permet d'apprécier les modes de vie des dynasties Ming et Qing. De fin juin à octobre, le jardin du Centre se couvre de lotus. Dans une végétation luxuriante aux senteurs de lotus, donc, mais aussi de pins, une certaine poésie imprègne les lieux. Célèbre pour ses amoncellements de rochers aux formes surréalistes, le jardin de la Forêt du Lion porte le nom d'un de ces rochers représentant des lions emmêlés. Entre les feuillages et les plantes vertes se cache un labyrinthe, pièce maîtresse du jardin, truffé de passerelles, grottes et galeries. Le jardin du Maître des Filets, le plus petit, est l'archétype du jardin chinois, avec vérandas, pavillons et kiosques. Pas de fleurs, mais de très beaux arbres : cerisier, magnolia, bambou, grenadier, et un cyprès de 900 ans !

Plus d'infos — whc.unesco.org/fr/list/813/

POTSDAM, ALLEMAGNE

PARC DE SANS-SOUCI

Devant le château de Sans-Souci, résidence d'été de Frédéric II et joyau du rococo allemand, des parterres en terrasses dévalent jusqu'à un jardin à la française. C'est la partie la plus ancienne du jardin, le point de départ d'une balade dans un parc de près de 300 ha, aux décors dépouillés, topiaires et allées tirées au cordeau. Le parc est composé de plusieurs jardins de styles différents : outre le jardin d'agrément à la française, on découvre un jardin sicilien ponctué de statues, balustrades, tonnelles et parterres, un jardin nordique… Le parc de Sans-Souci doit sa richesse à l'art topiaire, à ses fontaines et cours d'eau, mais aussi aux espèces exotiques qui y poussent, notamment dans les serres du jardin botanique : orchidées, palmiers et cactus ancestraux… Ses créateurs ont également garni le parc de sculptures : une importante statuaire inspirée des dieux du panthéon romain. Autre particularité du parc : quelques « folies » ou délires architecturaux viennent contrebalancer la sobriété de la nature. Les rois de Prusse ont agrémenté le parc d'édifices : galerie de peintures, grotte de Neptune, moulin à la hollandaise, pavillon chinois de style rococo-oriental, thermes romains aux airs de villa toscane…

Plus d'infos — spsg.de/schloesser-gaerten/objekt/schloss-sanssouci/

FLORENCE, ITALIE

JARDIN DE BOBOLI

Adjacent au palais Pitti, le jardin de Boboli est l'un des plus beaux exemples de jardins à l'italienne. Construit en amphithéâtre sur une colline, il évoque le faste de la cour du grand-duché de Toscane. On retrouve ici toutes les composantes du jardin à l'italienne : jardins étagés en terrasses, motifs géométriques et lignes symétriques, statues de marbre d'inspiration antique et larges perspectives, symboles de l'ouverture d'esprit humaniste. On évolue, émerveillé, dans des allées rectilignes bordées de cyprès, on se perd dans les contre-allées cachées par les bosquets. À chaque halte, ces jardins en terrasses révèlent un panorama sur Florence. Pièce maîtresse de la collection de fontaines, la fontaine de Bacchus est l'une des plus originales : elle représente le bouffon favori de Cosme Ier sous les traits du dieu romain de la vigne. Chef-d'œuvre de l'architecture maniériste, la grotte artificielle de Buontalenti abrite des fresques et des statues de marbre représentant Apollon, Pâris, Hélène et Vénus. Agréable vision de fraîcheur, le bassin de l'Isolotto est une sorte de jardin aquatique. En son centre, la fontaine de l'Océan porte les statues d'étranges créatures mythologiques. Ne pas manquer non plus le Kaffehaus, pavillon de style rococo. Au sommet de la colline, le jardin de roses mène à une terrasse : elle embrasse une vue incroyable sur une campagne préservée aux portes de la ville, aux vertes collines coiffées de cyprès.

Plus d'infos — florence-museum.com/fr/billets-jardins-boboli.php

ITALIE, SUISSE

VILLAS DU LAC DE CÔME ET DU LAC MAJEUR

Au nord de l'Italie et adossés aux Alpes, le lac Majeur et le lac de Côme jouissent d'un climat d'une grande douceur. Lieu de villégiature prisé dès l'Antiquité, cette région est devenue à la mode dès le XVIe siècle auprès de l'aristocratie européenne à la recherche de cadres et de paysages exceptionnels. La « jet set » d'alors s'y fit construire de splendides villas, agrémentées de jardins qui sont autant de petits chefs-d'œuvre botaniques au bord de l'eau. Camélias, rhododendrons, roses, voire essences rares ou exotiques… D'une diversité et d'une richesse incomparables, ces jardins enchantent les sens dès le printemps. Sur le lac Majeur, on vous recommande les jardins baroques d'Isola Bella, ceux, aménagés à l'anglaise, d'Isola Madre et la Villa Taranto pour ses essences rares. Du côté suisse, l'île de Brissago, grâce à un microclimat, abrite un jardin exotique aussi inattendu que luxuriant. Les jardins du lac de Côme (villas Carlotta, del Balbaniello, Melzi) prolongent le faste des palais, à la mode italienne – classique et géométrique – ou anglaise – romantique et proche de la nature. La villa Carlotta, surplombant le lac, est réputée pour son jardin botanique dont l'apogée de la floraison a lieu début mai.

Plus d'infos — www. villacarlotta.it
giardinidivillamelzi.it
isoleborromee.it
villataranto.it
isolebrissago.ch

ENVIRONS DE ROME, ITALIE

VILLA D'ESTE À TIVOLI

Ces jardins à l'italienne font la renommée de la villa d'Este, située à Tivoli, à une quinzaine de kilomètres à l'est de Rome. Celui qui fut l'un des premiers « jardins des merveilles » servit de modèle du genre dans toute l'Europe. On est frappé par l'alchimie entre la richesse de la flore (cyprès de 400 ans, rosiers centenaires…) et le talent des jardiniers : ils ont dompté les éléments naturels, ouvert des perspectives et joué avec la géométrie, fait des jeux d'optique, ajouté fantaisies aquatiques, ornements Renaissance et baroques. Mais ces jardins doivent leur renommée à leurs jets d'eau, bassins et cascades, et aux fontaines qui, à elles seules, valent le déplacement. Elles sont au cœur d'un incroyable système hydraulique avec aqueduc et tunnels, qui fonctionnent sans recours à la force motrice, par le seul principe des vases communicants. Ne pas manquer les Cent Fontaines, une lignée de jets d'eau sortant de masques de grotesques. Cette allée traverse le jardin jusqu'à la fontaine de l'Ovale, un rideau de cascades qui se déverse dans un bassin ovale encadré par un péristyle. C'est la source de toutes les scènes hydrauliques du jardin. Attention, les fontaines cessent de fonctionner en hiver et à certaines autres périodes de l'année. Bien se renseigner.

Plus d'infos — www. whc.unesco.org/fr/list/1025/
À écouter — ♫ *Aux cyprès de la Villa d'Este (I & II), Les Jeux d'eau à la villa d'Este*, Franz Liszt

HAÏFA, ISRAËL

JARDINS DU SANCTUAIRE BAHA'I

Sur les routes hautement spirituelles de la Terre sainte, Haïfa cultive des vertus de respect et de tolérance. Aussi les différentes communautés religieuses vivent-elles ici en bonne intelligence. Haïfa la tolérante est ainsi devenue le centre mondial de la religion baha'ie, qui prône l'union des religions et l'harmonie entre les hommes. Sans prêtre ni culte, elle rassemble près de 7 millions de fidèles à travers le monde ! Au sommet de jardins en terrasses, dans le jardin persan, des topiaires sont taillés en forme d'étoiles à 8 branches. Un escalier dessert ensuite les jardins suspendus des étages inférieurs, agencés en 9 cercles concentriques évoquant les ondulations des vagues. Épousant harmonieusement les pentes du Mont Carmel, des jardins à la française dévalent en cascade le versant de la colline. Inspirées par la doctrine de la foi baha'ie, ces 19 terrasses combinent pelouses impeccables, plantations fleuries, pierre, métal et jeux d'eau. La perspective mène, au pied de la colline et au centre des cercles concentriques, jusqu'au sanctuaire : c'est ici que repose Bab, l'un des deux fondateurs de la foi baha'ie. Coiffé d'un dôme doré, ce mausolée est l'un des sanctuaires les plus importants de la religion baha'ie, un haut lieu de pèlerinage. La nuit, les illuminations dévalent la colline : romantisme assuré !

Plus d'infos — www. ganbahai.org.il/en/haifa/

À DÉCOUVRIR EN FRANCE

JARDIN ET PARC DU CHÂTEAU DE VERSAILLES

Le chef-d'œuvre monumental des jardins à la française. Les fenêtres de la galerie des Glaces du château de Versailles offrent une vue idéale sur l'œuvre colossale des jardins réalisés par Le Nôtre autour de la perspective du Grand Canal. Des milliers d'hommes participent à cette vaste entreprise où « la nature est disciplinée ». Le parterre d'eau, les bassins, les bosquets et l'Orangerie sont à visiter, avant de se rendre aux jardins de Trianon évoquant les fantaisies de Marie-Antoinette. Sans oublier l'admirable potager du Roi conçu par La Quintinie pour fournir la table de Louis XIV. D'avril à octobre, ne pas manquer *Les Grandes Eaux musicales*, un formidable moment, avec Bach, Haydn, Mozart… On découvre les fameux et mystérieux Bosquets, compositions architecturales et florales variées, sortes de salons d'extérieur ornés de magnifiques sculptures et de superbes fontaines. Autre grand moment, les *Grandes eaux Nocturnes*, une promenade féerique dans les jardins et Bosquets illuminés par 1 500 projecteurs et 4 000 flammes.

Grandes Eaux et Jardins Musicaux — ♫ Le week-end et jours fériés d'avril à octobre
Grandes Eaux nocturnes — ☾ Tous les samedis de fin juin à début septembre
Plus d'infos — www. chateauversailles.fr

GASPÉSIE, QUÉBEC

JARDINS DE MÉTIS

Œuvre exceptionnelle d'art horticole, les jardins de Métis doivent leur beauté au travail d'aristocrates qui héritèrent de ce domaine au XIXe siècle. Le choix du lieu ne doit rien au hasard : il s'explique par la présence voisine de la rivière Mitis (et non pas Métis), l'une des meilleures rivières à saumon du Canada. Ces jardins de collection sont le fruit de techniques horticoles de pointe destinées à acclimater de multiples espèces aux conditions climatiques locales. Dans un parcours enchanteur, le visiteur déambule dans 90 ha parcourus d'allées aux mille parfums, de ruisseaux et plans d'eau. Ne pas manquer les fleurs roses ou écarlates du jardin des pommetiers, l'allée des gentianes, les plantes des Alpes au jardin des alpines, le pré fleuri, où s'ébattent naturellement herbacées et fleurs sauvages… Les jardins de Métis doivent leur richesse à leurs quelque 3000 variétés de plantes, souvent exotiques, parfois rarissimes, comme le pavot bleu de l'Himalaya. Originaire du Tibet, de 1 m à 1,5 m de hauteur, il fleuri en juin-juillet, et pousse à une altitude de 3120 à 4000 m. Superbe résidence d'été, la villa Estaven abrite aujourd'hui un musée sur le quotidien de l'époque, reconstituant quelques pièces, ainsi qu'un restaurant gastronomique. Chaque été, les jardins de Métis vibrent au rythme du festival international des jardins. Cet événement horticole unique en Amérique du Nord présente des jardins éphémères imaginés par des artistes, sculpteurs et architectes paysagistes du monde entier.

Plus d'infos www. jardinsdemetis.com

ENVIRONS DE SAINT-PÉTERSBOURG, RUSSIE

JARDINS DU CHÂTEAU DE PETERHOF

Le « Versailles russe », ensemble de palais et jardins fondés par le tsar Pierre le Grand, a été conçu avec l'ambition de concurrencer les plus belles résidences européennes, en particulier Versailles. Sur les rives du golfe de Finlande, les jardins de Peterhof sont construits en terrasses s'étageant au pied du palais. Bordé de fontaines et de statues de bronze doré, un canal dévale la pente depuis les portes du palais jusqu'à la mer. La partie supérieure des jardins est dessinée à la française, tandis que la partie inférieure est aménagée comme un jardin d'inspiration anglaise. Vue d'en bas, la façade baroque du palais de Peterhof n'en est que plus impressionnante. Les fontaines (mai-octobre) sont l'une des curiosités principales des jardins de Peterhof. Certaines se déclenchent par surprise au passage du visiteur ! Élançant leurs jets d'eau dans le ciel, elles donnent à ce décor des airs magistraux. Point d'intérêt majeur du jardin, la fontaine de Samson représente Samson ouvrant la gueule du lion, symbole de la victoire de la Russie sur la Suède dans la grande guerre du Nord au XVIIIe siècle. Mais la fontaine la plus impressionnante est sans doute la Grande Cascade : l'eau dévale dans plusieurs vasques flanquées de jets d'eau et de sculptures.

Plus d'infos www. peterhofmuseum.ru

AGRA, INDE

JARDINS DU TAJ MAHAL

Paradoxalement, la première destination touristique de l'Inde, devenue son emblème, est le Taj Mahal, un chef-d'œuvre d'architecture moghole. Une vision inoubliable, presque féerique. C'est dans la brume du petit matin que se dévoile, derrière l'immense portail de grès rouge, telle une révélation théâtrale, toute la magie du Taj Mahal. Le mausolée le plus célèbre du monde, érigé pour Mumtaz Mahal, épouse de l'empereur Shah Jahan, se mire dans les eaux immobiles des bassins. Sur la gauche se dresse une mosquée en grès rouge destinée à sanctifier les lieux et, sur la droite, une réplique exacte donnant une symétrie à l'ensemble. Pour s'imprégner de l'atmosphère onirique des lieux, il faut prendre le temps de traverser les jardins parsemés de bancs. Idéal pour se laisser aller au romantisme, mais aussi pour prendre la pause devant le Taj. Ne pas manquer d'admirer les reflets du dôme en bulbe et des minarets dans le bassin. En s'approchant, on contemple les incrustations dans le marbre blanc de versets du Coran et d'arabesques florales en pierres précieuses. Le jardin est tout en longueur et en symétrie : les allées rectilignes encadrant le bassin mènent le regard jusqu'au mausolée, à la fois colossal et aérien. Des pelouses typiquement britanniques ont remplacé le traditionnel *charbâgh* persan (« quatre jardins »), mais le plan du jardin reste fidèle à la vision coranique du paradis.

Plus d'infos www. tajmahal.gov.in

KYOTO, JAPON

JARDIN ZEN DU TEMPLE RYOAN-JI

Invitation à la méditation et à la poésie, le jardin du temple bouddhiste Ryoan-ji (fin XVe-début XVIe) est le plus célèbre des jardins de contemplation zen. Comme tout jardin zen, il se veut une représentation miniature de la nature et du cosmos dans une esthétique épurée. Le jardin sec est un jardin de pierres, une cour de graviers ratissés quotidiennement en rayures symétriques et régulières. Sur ces graviers, 15 rochers posés symboliseraient les continents et les îles sur l'océan. Autre interprétation possible, ce chef-d'œuvre d'art zen pourrait représenter une tigresse traversant la mer avec ses petits. Les érudits disent encore que le sable pourrait figurer une mer de nuages et les rochers les sommets des montagnes perçant ces nuages. On notera que les rochers sont agencés de sorte qu'il est impossible de les voir tous en un seul regard. Contigu au jardin sec, le jardin humide est composé d'un parterre de mousses, symbole de vie dans le bouddhisme japonais. Élément majeur de ce jardin zen, la fontaine *Tsukubai* servait à la purification avant la cérémonie du thé. Elle est incrustée de caractères sculptés formant une maxime zen, ode à la sagesse bouddhique.

À écouter ♫ *Ryoanji* (1983) de John Cage (compositeur, poète et plasticien américain), composition inspirée par le jardin zen.

LONDRES

KEW GARDENS

D'une variété extraordinaire, ce jardin botanique est l'un des plus riches du monde : il présente près de 90000 végétaux sur 120 ha. Institution de l'époque victorienne, les jardins botaniques royaux se sont enrichis grâce à un réseau de botanistes et naturalistes. Les collections ainsi constituées contribuaient à affirmer la puissance britannique. Les Kew Gardens abritent naturellement la fine fleur de la flore britannique, mais c'est aussi ici que se trouve l'un des plus grands herbiers du monde ! Participant à l'élégance des Kew Gardens, les serres dessinent des courbes de verre soulignées par des lignes de fer forgé. Elles reproduisent des zones climatiques, de la forêt tropicale au désert, comme le Princess of Wales Conservatory. Elles abritent des orchidées – spécialité des Kew Gardens –, des cactus, nénuphars, plantes carnivores, bambous, plantes tropicales… et même des aquariums ! Perle de l'ingénierie victorienne, la Palm House reproduit des conditions climatiques tropicales, permettant l'épanouissement de plantes exotiques et de palmiers des quatre coins du globe. Les galeries d'art donnent du jardin une approche à la fois didactique, pratique et artistique. À noter également, la *Treetop Walkway*, une passerelle de 200 m qui parcourt la canopée à 18 m de hauteur, et *The Hive* (la ruche), une structure en aluminium de 17 m de haut qui offre un son et lumière orchestré par les abeilles elles-mêmes. Expérience multi-sensorielle unique. Plus qu'un jardin, les Kew Gardens sont devenus un centre de recherches botaniques et universitaires de renommée mondiale.

Plus d'infos www. kew.org/kew-gardens

ENVIRONS DE CAPE TOWN, AFRIQUE DU SUD

KIRSTENBOSCH NATIONAL BOTANICAL GARDEN

Sur les pentes de Table Moutain, les jardins de Kirstenbosch comptent parmi les plus beaux jardins botaniques et paysagers du monde. Diversité, qualité des espèces, délicatesse et harmonie des agencements : toutes les qualités sont ici rassemblées. Ce sont les premiers colons qui, dès le XVIIe siècle, ont protégé ces forêts et planté des espèces pour satisfaire leurs besoins en bois (chênes, châtaigniers, amandiers…). Puis les Anglais poursuivirent le travail, nous laissant en héritage un précieux conservatoire de la flore d'Afrique australe. Des espaces soigneusement agencés – pelouses verdoyantes, collines plantées de bosquets et massifs – sont parcourus de chemins goudronnés et de sentiers eux aussi parfaitement entretenus. Emblèmes locaux, les *fynbos* sont caractéristiques de la péninsule du Cap. Parmi les principaux points d'intérêts, citons le Sculpture Garden, aux sculptures modernes d'inspiration africaine, le Peninsula Garden, rassemblant les principales espèces de la péninsule du Cap, l'arboretum et ses arbres du Sud de l'Afrique, le Fragrance Garden et ses plantes odorantes, le Conservatory, une serre aux essences tropicales, et enfin l'étonnant *Braille Trail* (chemin en braille), conçu pour les malvoyants.

Plus d'infos www. **sanbi.org/gardens/kirstenbosch**

AUTRES JARDINS EXTRAORDINAIRES EN FRANCE

JARDINS DE LA VILLA EPHRUSSI DE ROTHSCHILD

Saint-Jean-Cap-Ferrat, Alpes-Maritimes

Au pied de ce palais rose à l'italienne, sur la presqu'île de Saint-Jean-Cap-Ferrat, l'enchantement du jardin poursuit la villa de rêve de Béatrice de Rothschild. Harold Peto et Achille Duchêne aménagèrent le parc paysager de 4 ha, repensé en jardins thématiques par Louis Marchand en 1934. Espagnol, français, florentin, lapidaire, japonais, provençal, exotique : les styles horticoles se succèdent pour finir par une éblouissante roseraie. Mais c'est la fantasque Béatrice qui créa elle-même le jardin à la française que l'on aperçoit depuis la villa, en faisant poser ses employés déguisés en cyprès ou en simulant des bassins et des plates-bandes… en tissus !

Ouverture ⟼ **toute l'année.**

www. **villa-ephrussi.com**

BAMBOUSERAIE DE PRAFANCE

Anduze, Gard

Le dépaysement est total dans ce paysage exubérant de forêt tropicale créé par le botaniste Eugène Mazel en 1856. Sur plus de 10 ha s'étalent les tiges vertes, jaunes et noires des innombrables espèces de bambous géants (20 m de haut). Avec la famille Nègre, la Bambouseraie s'agrandit de séquoias au tronc rouge, de ginkgos bilobas porte-bonheur, de palmiers de Chine non gélifs, de lotus, de plantes carnivores, d'énormes nénuphars des pays chauds et de rocailles fleuries en toutes saisons. Un décor digne des premiers explorateurs où surgissent, au détour d'une clairière, un village laotien et des cases en bambous. Un cadre idéal pour tourner, entre autres, *Paul et Virginie* et *Le Salaire de la Peur.*

www. **bambouseraie.com**

JARDINS DU CHÂTEAU DE VILLANDRY

Villandry, Indre-et-Loire

Villandry, le plus jeune des châteaux Renaissance sur la Loire, serait-il le plus dynamique ? Car les jardins de Villandry impressionnent : 6 jardins à thèmes traités en « bio », 8 stations d'interprétation, des animations sans cesse renouvelées, un restaurant inspiré du potager… Par les terrasses donnant sur le fleuve, traversez les jardins d'ornement, d'eau, du soleil, des simples, le potager et le labyrinthe. 52 km de buis taillés forment les broderies des parterres au pied du château et de son donjon au panorama superbe. Et pour tout cela, un nom : les Carvallo, dont le prince Joachim restaura le château en 1906, et restitua le jardin Renaissance en 1908. La famille anime toujours le château et ses jardins admirables.

Ouverture ⟼ **toute l'année.**

www. **chateauvillandry.fr**

JARDINS DE CLAUDE MONET À GIVERNY

Eure

Claude Monet ne pensait sans doute pas au succès de son jardin lorsqu'il s'installa à Giverny, en 1883, dans le Vexin normand. Jusqu'à sa mort, en 1926, il y accueillit de nombreux artistes. Les célèbres nymphéas de l'étang, exposés en 1909, marqueront l'évolution impressionniste. Pont japonais, végétaux orientaux, fleurs du Clos Normand et du jardin d'Eau composent un paysage coloré, au pied de la maison rose aux volets verts et du salon-atelier. Un émerveillement intimiste où l'on oublie les visiteurs noyés dans la palette végétale bleue des agapanthes, rose et violette des agérates, jaune des alchémilles, orange des anthémis et foncée des amarantes. Bambous, cerisiers, pommiers, ifs, glycines et saules pleureurs protègent de leurs ombrages ces compositions de toutes les saisons.

Ouverture ⟼ **mars-nov.**

www. **fondation-monet.com**

ROSERAIE DU VAL-DE-MARNE

L'Haÿ-les-Roses, Val-de-Marne

« Un jardin savant à l'équilibre parfait ». On doit cette première roseraie à Jules Gravereaux, propriétaire au village de l'Haÿ au XIXe siècle. En 1894, pour plaire à sa femme, Jules fait appel au paysagiste Édouard André qui créé un jardin de roses, joignant les collections à l'agrément. La roseraie devient vite un rendez-vous mondain où l'on croise aussi bien le président Raymond Poincaré, la danseuse Isadora Duncan que le poète Jean Cocteau… Devenu un véritable conservatoire de la rose à L'Haÿ-les-Roses, 13 collections font découvrir au fil des allées les roses thés, rugueuses, pimprenelles, anciennes, sauvages ou cultivées, avec des espèces disparues des jardins et du commerce. Un enchantement de couleurs, de formes et de senteurs, mais aussi une connaissance historique et internationale de la rose.

Ouverture ⟼ **mi-mai à mi-sept.**

Floraison ⟼ **juin.**

www. **roseraieduvaldemarne.fr**

PARC ORIENTAL DE MAULÉVRIER

Maulévrier, Maine-et-Loire

L'Extrême-Orient dans les Pays de la Loire, ce parc est le plus grand jardin japonais d'Europe (29 ha). Il est le rêve abouti de l'architecte Alexandre Marcel, auteur, entre autres, des édifices asiatiques de l'Exposition universelle 1900 à Paris. Les rives sombres et boisées de la rivière La Moine s'ouvrent sur un toril-portique rouge, un pont, une pagode, un temple khmer. Bouddha, lanternes et sculptures de najas dépassent des azalées, des érables, des cerisiers et des essences exotiques rapportées d'Orient. Un jardin sauvage avec cascade, une taille des arbres « en nuages », des îles « grues et tortues », sont autant d'exemples du XVIIe siècle nippon. Les activités sont à l'honneur avec une collection de bonsaïs, l'art floral Ikébana, le tir à l'arc et des visites nocturnes pour rêveries et méditation.

À noter ⟼ **au printemps, le parc fête l'*hanami* (floraison des arbres fruitiers, notamment les cerisiers).**

www. **parc-oriental.com**

Walt Disney Concert Hall, *Los Angeles*

LES IMMEUBLES LES PLUS FOUS DU MONDE

« C'est bien la pire folie que de vouloir rester sage dans un monde de fous », nous prévenait Érasme. Un conseil qu'ont suivi, semble-t-il, les architectes des bâtiments farfelus, étonnants et détonants qui suivent.

De la poétique Hundertwasserhaus de Vienne à l'Opéra de Pékin (surnommé l'« œuf »), et du Burj Khalifa de Dubaï aux maisons-cubes de Rotterdam ou de Montréal, nous avons sélectionné des immeubles où l'imagination a pris le pouvoir. Entre folie des grandeurs et génie des splendeurs, voici des édifices parmi les plus insolites des quatre coins de la planète.

MONTRÉAL, QUÉBEC

HABITAT 67

À l'origine de tout cet assemblage, le cube, symbole de stabilité. Habitat 67 regroupe en tout et pour tout 354 cubes, qui forment 148 habitations et toute une organisation de l'espace avec des puits de lumière, des allées piétonnières, des plazas ou encore des terrasses suspendues. Ce projet a été réalisé dans le cadre de l'Exposition universelle de 1967, à Montréal par Moshe Safdie : les logements ont pour vocation de cumuler les avantages de la vie en immeuble et ceux des maisons individuelles. Preuve que ce bâtiment est incontournable, il est le premier édifice moderne classé « Monument historique » par le gouvernement du Québec.

Adresse : 2600 Avenue Pierre-Dupuy, Montréal.
habitat67.com

LOS ANGELES, ÉTATS-UNIS

WALT DISNEY CONCERT HALL

Avec un tel nom, on ne peut que s'attendre à un lieu féerique… Un bien bel hommage à Walt Disney, réalisé grâce à une donation de sa veuve, Lilian. Inaugurée en 2003, l'œuvre de Franck Gehry peut accueillir 2 265 spectateurs. Une acoustique remarquable, qui s'ajoute au plaisir des yeux. La visite a de quoi combler les amoureux d'architecture et les mélomanes, alors pourquoi ne pas profiter d'un concert pour admirer pleinement le lieu ?

Adresse : 111 South Grand Avenue.
À voir : *Le Soliste* (The Soloist), film américain réalisé par Joe Wright, 2009.
À lire : *Le temps où nous chantions*, Richard Powers, 10/18, 2008.
laphil.com

NEWARK, OHIO, USA

BASKET BUILDING

Tous les sièges des grandes entreprises ne sont pas à mettre dans le même panier. Plutôt que de faire construire une tour standard, le fameux fabricant de panier américain, Longaberger, a implanté ses bureaux dans un panier en osier géant, à l'image de ses produits phares. Construite en 1997, la structure pour le moins insolite et surprenante du panier permet de faire parler de l'entreprise : c'est en effet une reproduction des plus fidèles de ceux réalisés par l'entreprise. Fabriqué à partir d'une structure en acier et en stuc, le Basket Building se remarque de loin : un sacré outil publicitaire !

Adresse : 1500 East Main Street, Newark, OH 43055, USA.
longaberger.com

BRÉSIL

CATHÉDRALE DE BRASILIA

Telle une couronne d'épines, la Catedral Metropolitana Nossa Senhora Aparecida de Brasília s'élance en 16 longues colonnes hyperboloïdes. Consacrée en 1970, elle est l'œuvre de l'architecte Oscar Niemeyer, qui l'a façonnée de verre et d'acier. Malgré une construction très moderne, ce bâtiment reste un lieu de culte où l'on revendique une spiritualité ancestrale. Les 4 évangélistes vous y accueillent et, à l'intérieur, des anges mettent en valeur la hauteur de l'édifice et sa luminosité d'une grande beauté, que l'on doit au plafond de verre, bleu, vert et blanc. Autre prouesse de l'édifice : l'acoustique, à l'intérieur de l'église, est d'une étonnante perfection.

Adresse : Esplanada dos Ministérios lote 12.
À lire : *Les courbes du temps : mémoires,* Niemeyer, Gallimard, 1999.
À voir : les photos de Lucien Clergue, en hommage au travail de Niemeyer (par exemple, *Brasilia,* Lucien Clergue, Hazan, 2013).

NITERÓI, BRÉSIL

MUSÉE D'ART CONTEMPORAIN

On croirait presque qu'il s'agit d'une soucoupe volante venue se poser tout près de Rio de Janeiro. En réalité, cette oblongue capsule n'est autre que le musée d'Art contemporain, Museu de Arte Contemporânea de Niterói. Comme pour la Cathédrale de Brasilia, c'est Oscar Niemeyer qui en est à l'origine. L'édifice s'élève sur 16 m et se revendique comme futuriste, en assumant sa troublante ressemblance avec les ovnis. Le bâtiment a ouvert ses portes en 1996, accueillant désormais une large collection d'œuvres d'artistes brésiliens contemporains. L'intérêt de la visite repose aussi sur la vue incroyable qu'offre le site sur la baie de Rio.

Adresse : Mirante da Boa Viagem, s/n° - Boa Viagem.
www. culturaniteroi.com.br/macniteroi/

FIGUERES, ESPAGNE

MUSÉE-THÉÂTRE DE DALÍ

« Ce sera un musée absolument théâtral ». Dalí l'a voulu, il l'a eu. Le Musée-Théâtre de Figueres est le deuxième musée le plus visité d'Espagne, juste après le Prado. Un véritable univers où les murs sont aussi déjantés que les œuvres qu'ils abritent. Le patio du musée était en réalité l'ancien orchestre du théâtre : maintenant, il sert d'écrin à la *Cadillac pluvieuse*, ensemble qui comprend un couple de mannequins, leurs chauffeurs, des plantes et des escargots de Bourgogne. Rien que ça ! Quelques semblants d'Oscars hollywoodiens viennent décorer les murs de ce même patio. Et ce n'est qu'une partie des folles installations de l'artiste à moustache… Beaucoup de sens, pourtant, derrière ce qui peut paraître, à première vue, un délire : les œufs, par exemple, représentent pour Dalí la fertilité. Un musée follement et intimement fidèle à son instigateur.

Adresse : 5, Place Gala-Salvador Dalí.
À voir : *Un chien andalou,* court métrage muet sonorisé surréaliste français réalisé par Luis Buñuel, sur un scénario de Buñuel et de Salvador Dalí, 1929.
À lire : *Journal d'un génie,* Salvador Dali, Gallimard, coll. « L'imaginaire », 1994.
www. salvador-dali.org

BARCELONE, ESPAGNE

CASA BATLLÓ

L'une des fantastiques constructions de Gaudí à Barcelone – la casa Batlló – était, en 1902, un ancien immeuble dont la rénovation a été confiée par la famille Batlló au grand Gaudí, déjà passé maître en architecture. S'il a gardé les fondations, Gaudí a totalement repensé le bâtiment. L'immeuble n'est pas sans rappeler l'univers des fonds marins : chromatiques entre autres azurées, ondulations des murs, toit qui semble être recouvert d'écailles, salon principal qui apparaît comme une grotte sous-marine… La casa s'agence autour d'un puits de lumière qui diffuse de façon homogène les rayons entre les étages. Entre ingéniosité et invitation au rêve, l'émerveillement que les innovations de Gaudí procurent n'a pas pris la moindre ride.

Adresse : 43 Passeig de Gràcia.
Style : modernisme catalan
À lire : *Vingt mille lieues sous les mers,* Jules Verne, 1870.
www. casabatllo.es/fr

BARCELONE, ESPAGNE

TORRE AGBAR

« Le suppositoire », comme le surnomment avec humour les Barcelonais, a été conçu par le Français Jean Nouvel, l'architecte du Quai Branly et de l'Institut du monde arabe. Il se serait inspiré des montagnes de Montserrat et du bleu de la mer Méditerranée, pour ériger un bâtiment qui entre en résonance avec les traits singuliers de Barcelone. Haute de 142 m et coiffée d'une coupole de verre et d'acier, la tour se veut écologique : elle est notamment construite en matériaux biodégradables. La Torre Agbar revêt ses plus belles couleurs la nuit. 4 500 lumières la font luire de façon incomparable dans la pénombre.

Adresse : 209-211 Avinguda Diagonal.
Style : architecture high-tech.
À lire : *La Ville des prodiges,* Eduardo Mendoza, Points, 2011.

HUNDERTWASSER HAUS

Vienne, Autriche

Cet ensemble de 50 HLM a été construit, comme son nom l'indique, par Friedensreich Hundertwasser (1928-2000) : ce peintre et plasticien non conformiste, a mélangé sans complexe formes et couleurs pour un résultat quelque peu déconcertant ! Les travaux se sont étalés entre 1983 et 1986. Il n'y a pas deux fenêtres qui sont à la même hauteur, les murs ondulent, de la végétation vient ponctuer le bâtiment de tâches vertes. L'ensemble des traits est volontairement irrégulier. Les différents appartements sont habités, et, par respect pour la vie privée des résidents, il n'est pas possible de visiter l'intérieur… Dommage : comme l'extérieur, il s'agit d'un joyeux ensemble hétéroclite, qui plairait aux amateurs d'architecture insolite !

Adresse : 34-38 Kegelgasse, 3e arr.
Inspiration : Gaudi, Facteur Cheval (« Palais idéal »), Simon Rodia (Watts Towers).
www. hundertwasserhaus.at

LES MAISONS CUBES

Rotterdam, Pays-Bas

Au lendemain de la Seconde Guerre mondiale, les architectes novateurs ont trouvé à Rotterdam un terrain de prédilection : Kijk-Kubus en témoigne. Piet Blom imagina à la fin des années 1970 des habitations cubiques, surfant pour certaines sur la vague d'engouement pour les Rubik's Cubes. La particularité des cubes de Blom est qu'ils reposent sur un angle. Ils se composent de logements de trois étages. Preuve s'il en est que l'homme sait s'adapter, l'appartement témoin permet de rendre compte des aménagements possibles dans ces étranges maisonnettes.

Adresse : Overblaak 70.
À écouter : du *gabber* (musique électronique, sous-genre du mouvement techno hardcore, lancé au début des années 1990 à Rotterdam) : Paul Elstak, Rob Janssen…
kubuswoning.nl/introkubuseng

Turning Torso, Malmö

SOPOT, POLOGNE

LA MAISON TORDUE (KRZYWY DOMEK)

Construit en 2004, ce curieux bâtiment fait la fierté des habitants de Sopot, le « Deauville polonais », situé près de Gdansk. Cette station balnéaire était dans les années 1920 la plus chic de la Baltique. « La maison tordue » – Krzywy Domek – est devenue une sorte de mascotte pour les habitants. D'aucuns lui prêtent des traits de ressemblance avec des maisons tout droit sorties des dessins animés de Walt Disney. Une invitation à regarder le monde avec un peu de distance. Beaucoup de poésie dans ce monument qui charmera à coup sûr les plus jeunes routards.

Adresse : 53 rue Bohaterów-Monte-Cassino.
Inspiration : Jan Marcin Szancer (illustrateur pour enfants) et Per Dahlberg (peintre).
krzywydomek.info

MALMÖ, SUÈDE

TURNING TORSO

Culminant à 190 m de hauteur, la Turning Torso est le plus haut monument de Malmö. Ses 54 étages en font l'immeuble résidentiel le plus haut de Scandinavie et le deuxième plus élevé d'Europe. C'est à l'Espagnol Santiago Calatrava Valls que l'on doit cet édifice curieux, composé de 9 cubes imbriqués de 5 étages, qui tournent sur eux-mêmes : ainsi, au sommet, la tour est décalée de 90° par rapport à sa base. Sa construction a débuté en 2001, avant d'être inaugurée en 2005 : depuis la démolition en 2002 de l'ancien symbole de la ville, une grue géante, la Turning Torso incarne l'image de Malmö.

Adresse : Lilla Varvsgaten 14.
Style : postmodernisme et néofuturisme.
turningtorso.net

PRAGUE, RÉPUBLIQUE TCHÈQUE

MAISON DANSANTE

La Maison dansante, « Tancící dum », allie solidité d'un roc et légèreté de la danse. Une once de poésie dans le centre de Prague, matérialisée par une architecture fluide et résolument moderne, que l'on doit à l'intervention du célèbre dramaturge et homme politique Václav Havel : d'aucuns disent qu'il aurait vu dans le projet de l'architecte tchèque Vlado Milunic et de son collaborateur canadien Frank Gehry, une atmosphère festive, à l'instar de celle de la Révolution de Velours. Ce bâtiment fait écho à l'histoire de Prague, qui a dû se mettre en mouvement pour tourner la page d'années difficiles, celles où elle était enfermée dans le bloc de l'Est. On y verrait un homme et une femme en train de danser, peut-être plus précisément les fameux Ginger et Fred.

Adresse : Rašínovo nábreží 80.
Style : déconstructivisme.
À voir : *La Joyeuse Divorcée* (The Gay Divorcee), film musical américain de Mark Sandrich, 1934 (avec Fred Astaire et Ginger Rogers).
tadu.cz

DUBAÏ, ÉMIRATS ARABES UNIS

BURJ KHALIFA

Le Burj Khalifa vient caresser les nuages du bout de sa pointe. Il collectionne également les records : plus grand gratte-ciel du monde, plus grande structure autoportante, ascenseur ayant le plus long trajet du monde, le plus haut poste d'observation du monde en extérieur, etc. Ce géant de 828 m et de 160 étages a été terminé en janvier 2009, mais il était déjà depuis mars 2008 la plus haute structure du monde. Un vrai grand parmi les grands, qui devrait céder sa première place sur le podium à une tour en construction à Jeddah (Arabie Saoudite)… de plus de 1 km de haut !

Adresse : 1 Mohammed Bin Rashid Boulevard Downtown Dubai.
À écouter : *Greenwashing*, Tryo, 2012.
burjkhalifa.ae/en

DELHI, INDE

TEMPLE DU LOTUS DE BAHA'I

Aussi appelée « Baha'i House of Worship », cette fleur de lotus géante a été dessinée par l'architecte iranien Fariburz Sahba, et achevée en 1986. 27 pétales abritent ce curieux bâtiment, moderne, qui répond aux dogmes du baha'isme. Il s'agit de rendre hommage à tous les prophètes des grandes religions, dans un esprit d'unité et de paix universelles. La doctrine baha'ie, née au XIXe siècle en Perse, a été très rudement persécutée par l'Iran des mollahs. Six autres maisons d'adorations existent de par le monde (sept en comptant celle qui fut détruite au Turkménistan). Outre la surprenante forme du temple, c'est le silence et l'ordre du lieu qui marquent les esprits.

Adresse : Lotus Temple Road, Shambhu Dayal Bagh, Bahapur, Kalkaji, New Delhi.
À lire : *Le Cosmos et le Lotus*, Xuan Thuan Trinh, Le Livre de Poche, 2013.
bahaihouseofworship.in

MACAO

LE GRAND LISBOA

Dans les années 1930, le réalisateur français Jean Delannoy a surnommé Macao « l'enfer du jeu ». Cela est plus ou moins tombé en désuétude, et pourtant, les plus grands casinos n'en finissent pas de faire rayonner leur richesse. Quitte à flamber, autant que ce soit dans un cadre inoubliable ! Parmi les endroits où la folie du jeu brûle encore et toujours les doigts, on compte le Grand Lisboa de Macao : immanquable, on voit de loin cet immeuble-fleur et, le soir, il ressemble à un énorme ananas illuminé ! Il appartient au magnat du jeu, Stanley Ho. Construit dans les années 1960, sa déco est aujourd'hui très kitsch. Il est en rénovation permanente. En effet, un devin a prédit au fameux docteur Ho, qui contrôle la quasi-totalité de Macao, qu'il mourrait lorsque les travaux de l'hôtel seraient achevés. Il faut y faire un tour. Il témoigne bien de la folie du jeu qui s'empare des Asiatiques quand ils viennent à Macao…

Style : postmodernisme.
À lire : *Hong-Kong et Macao*, Joseph Kessel, Folio, 2011.
À voir : *Macao*, film américain réalisé par Josef von Sternberg, 1952.
grandlisboa.com/en

HONG KONG

REPULSE BAY HOTEL

Repulse Bay Hotel, ou quand les immeubles modernes se soumettent aux mythes les plus anciens… Cet hôtel est percé sur plusieurs mètres carrés. C'est tout simplement afin de laisser passer le dragon, qui, selon la légende locale, vient des montagnes pour se désaltérer dans la mer. La forme architecturale répond en effet aux exigences du feng shui, et le résultat est pour le moins surprenant.

Adresse : 129 Repulse Bay Road.
therepulsebay.com

SHANGHAI, CHINE

SHANGHAI WORLD FINANCIAL CENTER (DÉCAPSULEUR)

Qui aurait cru que ce colossal building en forme de décapsuleur soit le Centre mondial des finances de Shanghai ? Sa construction s'est achevée en 2008. Le décapsuleur est devenu depuis le cœur du quartier. Du haut de ses 492 m, il compte 101 étages, surplombant ainsi le quartier financier de Shanghai : une vue imprenable depuis ses derniers étages ! Difficile de trouver une bouteille à cette taille…

Adresse : n° 100, Century Avenue.
Style : néo-futurisme.
À lire : *Les Disparues de Shanghai*, Peter May, Babel, 2008.
swfc-shanghai.com/

CHINE

OPÉRA DE PÉKIN

Gentiment surnommé l'« œuf » en raison de ses courbes délicates, l'Opéra de Pékin a été dessiné par Paul Andreu. Cerné par un lac artificiel, son accès se fait par un tunnel vitrifié, qui passe sous le lac. Une fois à l'intérieur, vous verrez que la coquille renferme un opéra de 1 000 places, un auditorium de 2 000 places et, enfin, une salle d'opéra de 2 400 places. La première représentation a eu lieu en 2007. L'implantation de ce titan a néanmoins suscité bien des polémiques, entraînant des expulsions et un coût total de 300 millions d'euros.

Adresse : n° 2 West Chang'an Avenue, District de Xicheng.
Style : architecture high-tech.
chncpa.org

LES GRANDS MUSÉES D'EUROPE

Les week-ends en Europe ont le vent en poupe. De plus en plus de voyageurs choisissent le temps d'un week-end prolongé (merci les RTT !) de découvrir les grandes capitales du Vieux Continent et leurs innombrables richesses culturelles. Parmi celles-ci, les musées occupent le premier rang, que ce soit à Londres, Amsterdam, Rome, Madrid ou Moscou. Du Printemps *de Botticelli aux* Tournesols *de Van Gogh, en passant par les* Ménines *de Velázquez et la* pierre de Rosette, *larguez les amarres, ouvrez grand votre esprit et vos mirettes dans ce périple dont les étapes ont pour nom Prado, Ermitage, Offices, Rijksmuseum, Tate Britain ou Guggenheim.*

TATE BRITAIN & TATE MODERN

Londres

Deux musées à l'image de Londres : classique et ultra-moderne à la fois. Du côté de la Tate Britain (dans le quartier de Victoria), on trouve toute la peinture et la sculpture anglaises de 1500 à nos jours. Plusieurs salles sont consacrées à Turner, l'un des plus grands peintres du XIXe siècle dont les audaces et le traitement de la lumière annoncent déjà l'impressionnisme. Sur l'autre rive de la Tamise, dans le quartier de Southwark, la Tate Modern, inaugurée en 2000, est installée dans une ancienne centrale électrique. Une véritable prouesse architecturale ! Nouvelle coqueluche de la scène artistique internationale, la Tate Modern, consacrée à l'art contemporain, s'est hissée en quelques années au niveau du centre Pompidou ou du MoMA de New York. À noter, une nouvelle aile, la « Switch House », une tour de plusieurs étages qui augmente considérablement l'espace d'exposition. Un tuyau pour finir : les deux Tate sont reliées par bateau, profitez-en pour faire une croisière sur la Tamise.

Les stars : Turner, Hogarth, Gainsborough, Blake, Constable, Henry Moore, Francis Bacon, Mondrian, Calder (à la Tate Britain) ; Rothko, Schwitters, Beuys, César, Arman, Giacometti, Picasso, Matisse, Magritte, Kandinsky, Chirico, Yves Klein (à la Tate Modern).

Des chefs-d'œuvre : *Hampstead Heath* de Constable, *Hannibal franchissant les Alpes* de Turner, *Triptyque* de Francis Bacon, *L'incertitude du poète* de Giorgio de Chirico, *Rouge sur Marron* de Mark Rothko.

www. **tate.org.uk**

BRITISH MUSEUM

Londres

Inauguré il y a 255 ans, le British Museum couvre l'histoire de l'humanité depuis ses origines jusqu'à nos jours. Rien de moins ! Mais ce sont surtout ses collections d'antiquités qui en font l'un des plus grands musées du monde, toutes catégories confondues. On y accède par la sublime *Great Court*, réaménagée en un large atrium par Norman Foster. Avec 17 000 m^2, il s'agit de la plus grande place couverte d'Europe.

Il est impossible de tout voir en une seule visite. Un conseil : sélectionnez bien ce qui vous intéresse et munissez-vous d'un plan du musée. Le « British » est un labyrinthe de science !

Les stars : les antiquités égyptiennes, grecques et romaines ; les civilisations du Proche-Orient ; les antiquités d'Extrême-Orient ; l'artisanat du Moyen Âge à nos jours.

Des chefs-d'œuvre : buste de Ramsès II (XIIIe s. av. J.-C.), tambour sculpté du temple d'Artémis à Éphèse (VIe-Ve s. av. J.-C.), frise du Parthénon (Ve s. av. J.-C.), pierre de Rosette (IIe s. av. J.-C.), momie d'Artémidorus (IIe s. av. J.-C.).

www. **britishmuseum.org**

NATIONAL GALLERY

Londres

L'un des trois plus beaux musées de peinture au monde, avec plus de 2300 toiles peintes de 1250 à 1900. Toutes les grandes écoles occidentales y sont présentées. N'hésitez pas à consacrer une journée entière aux collections de la National Gallery, mais nous vous conseillons de vous y rendre en plusieurs fois. Pourquoi ne pas la visiter par section ? Commencez par l'Aile Sainsbury (œuvres de 1250 à 1500) et poursuivez par l'Aile ouest (de 1500 à 1600), l'Aile nord (de 1600 à 1700) et terminez en apothéose avec l'Aile est (de 1700 à 1900).

Les stars : peintres de la Renaissance (Vinci, Holbein, Raphaël, Botticelli, Véronèse…), Rembrandt, Rubens, Turner, Corot, Friedrich, Van Gogh, Seurat, Cézanne…

Des chefs-d'œuvre : *Vénus et Mars* de Botticelli, *Vierge aux rochers* de Léonard de Vinci, *Samson et Dalila* de Rubens, *La charrette de foin* de Constable, *Les Tournesols* de Van Gogh.

www. nationalgallery.org.uk

MUSÉE DE L'ERMITAGE

Saint-Pétersbourg

Attention, musée mythique ! Deuxième en superficie (derrière le Louvre), l'Ermitage est le plus grand musée du monde par l'étendue de ses collections avec 2,7 millions d'objets répertoriés. Il occupe quatre édifices baroques : le palais d'Hiver, le Petit Ermitage, le Nouvel Ermitage et le théâtre. Le musée est né au XVIIIe siècle de la passion de Catherine II pour les arts, mais aussi de sa volonté de symboliser, par une collection prestigieuse, la grandeur de la Russie. Catherine II a acquis près de 60 % des collections actuelles du musée qui se sont également enrichies après la révolution soviétique de 1917 avec de très nombreux impressionnistes. Mais, cette fois-ci, par la confiscation des fonds des collectionneurs bourgeois… Impossible de tout voir en un jour. Sélectionnez ou bien revenez le lendemain. On dit qu'en s'arrêtant juste une minute devant chaque œuvre, on pourrait passer 8 ans à l'Ermitage !

Les stars : Léonard de Vinci, Titien, Véronèse, Raphaël, Michel-Ange, Greco, Murillo, Goya, Rembrandt, Rubens, Van Dyck, Le Nain, Watteau, Fragonard, Greuze, Courbet, Cézanne, Manet, Gauguin, Van Gogh, Renoir, Matisse, Picasso…

Des chefs-d'œuvre : Grande salle du Trône, *Retour de l'enfant prodigue* de Rembrandt, *Union de la mer et de la terre* de Rubens, *Trois femme tahitiennes sur fond jaune* de Gauguin, *La Danse* de Matisse.

www. hermitagemuseum.org

RIJKSMUSEUM

Amsterdam

Le sanctuaire de la peinture hollandaise du XVIIe siècle, dit « le Siècle d'or » : on y croise Rembrandt, Vermeer, Frans Hals et les autres. Le Rijksmuseum est installé dans un bâtiment néo-gothique de 1885 dessiné par Cuypers, l'architecte de la gare centrale d'Amsterdam. Grandes toiles, grands espaces... 80 salles vous promènent sur 800 ans de l'histoire des Pays-Bas, explorant son art à travers quelque 8000 œuvres, sur le million en réserve ! L'aile Philips accueille quant à elle les expositions temporaires. Suite à de gigantesques travaux de 2003 à 2013, le cabinet espagnol *Cruz y Ortiz Arquitectos* a réussi l'exploit de transformer un bâtiment du XIXe siècle en un musée lumineux et spacieux, doté d'une entrée imposante et accueillante avec son atrium et ses verrières, d'infrastructures adaptées à notre époque, de salles intelligemment restaurées et d'un pavillon asiatique nouvelle génération.

Les stars : Rembrandt, Frans Hals, Vermeer, Jan Steen, Pieter de Hooch, Van Ruisdael, Jan Asselijn, faïences de Delft…

Des chefs-d'oeuvre : *La Ronde de nuit* de Rembrandt, *La Laitière* de Vermeer, *Le Joyeux Buveur* de Frans Hals, *Le Bourgmestre de Delft et sa fille* de Jan Steen, *Vue de Harlem* de Van Ruisdael.

www. rijksmuseum.nl

MUSEO CENTRO DE ARTE REINA SOFIA

Madrid

Quelle bonne idée d'avoir transformé un ancien hôpital en musée d'art moderne où sont représentés tous les courants artistiques du XXe siècle ! À vrai dire, on rend visite avant tout à la Reina Sofia pour y voir le clou de la collection : l'épatant *Guernica* de Pablo Picasso qui mériterait à lui seul le voyage à Madrid. L'édifice concilie avec élégance tradition et modernisme, puisqu'à la façade du XVIIIe sont accolés deux ascenseurs dans des cages de verre tandis qu'un nouveau bâtiment dessiné par Jean Nouvel abrite les expositions temporaires.

Les stars : Picasso, Dalí, Miró, Picabia, Antoni Tàpies, José Guttiérez Solana, Juan Gris, Yves Klein, Francis Bacon…

Des chefs-d'œuvre : *Guernica* de Picasso, *Le Grand Masturbateur* de Dalí, *L'Homme à la pipe* de Miró, *Figure renversée* de Francis Bacon, *Anthropométrie* d'Yves Klein.

www. museoreinasofia.es

MUSÉE THYSSEN-BORNEMISZA

Madrid

Troisième musée du triangle d'or du quartier du Prado, cette institution madrilène abrite la collection de Hans Heinrich Thyssen, héritier de l'une des plus grosses fortunes allemandes qui, en passant, finança le IIIe Reich. L'État espagnol a acquis la collection Thyssen contre la somme de 400 millions d'euros en 1992 ! En tout, près de 800 tableaux répartis dans près de 50 salles sur 3 étages et 18 000 m² sont offerts à la curiosité du visiteur. D'autant que depuis 2004, le musée s'est enrichi d'une nouvelle aile contenant quelque 200 tableaux prêtés par Carmen Thyssen-Bornemisza. La collection, exceptionnelle, couvre toute l'histoire de la peinture des primitifs italiens au pop art. Elle est présentée par ordre chronologique.

Les stars : peintures allemande et flamande du XVe siècle (Holbein, Lucas Cranach, Dürer, Patinir…), peintures hollandaise et flamande du XVIIe siècle (Rubens, Hals, Van Ruysdael, de Hooch…), impressionnistes (Degas, Monet, Gauguin, Pissarro, Sisley), expressionnistes (Beckmann, Kirchner, Nolde, Munch…), art moderne (Hopper, Rauschenberg, Balthus, Giacometti).

Des chefs-d'œuvre : *Annonciation* du Greco, *Jeune Gentilhomme dans un paysage* de Carpaccio, *Le Pont de Charing Cross* de Monet, *Arlequin au miroir* de Picasso, *Scène de rue berlinoise* de Kirchner, *Femme dans son bain* de Lichtenstein.

www. museothyssen.org/en/thyssen

MUSÉES DU VATICAN

Rome

Des hommes de goût, ces papes ! Et de sacrés collectionneurs, de surcroît. Pas moins d'une quinzaine de musées et galeries, qui s'étendent sur 7 km, vous attendent au Vatican. Art antique, étrusque, égyptien, œuvres de la Renaissance et de l'âge baroque, sans oublier l'art contemporain (Francis Bacon et Buffet…) : les musées du Vatican embrassent toute l'histoire de l'art en une fascinante concentration de chefs-d'œuvre, dont la fabuleuse chapelle Sixtine. Évidemment, vous ne serez pas les seuls en ces lieux. En haute saison, plus de 25 000 visiteurs se pressent dans les salles des musées après avoir attendu des heures sous un soleil de plomb. Un conseil : venez en hiver, arrivez tôt (une heure avant l'ouverture des portes) et sélectionnez à l'avance ce que vous voulez voir. Eh oui, l'art, ça se mérite !

Les stars : statues gréco-romaines, Michel-Ange, Raphaël, Vinci, Le Caravage, Véronèse, Bellini, Lucas Cranach l'Ancien…

Des chefs-d'œuvre : *Apollon du Belvédère, Laocoon et ses fils,* chapelle Sixtine de Michel-Ange, chambres de Raphaël, *Déposition de croix* du Caravage.

www. museivaticani.va/content/museivaticani

MUSÉE DU PRADO

Madrid

L'un des plus riches musées de peinture au monde. Il présente les collections que les rois d'Espagne eurent le bon goût de constituer, depuis Charles Quint, et de se transmettre malgré les aléas de l'histoire (guerres, incendies, pillage des généraux napoléoniens). C'est Ferdinand VII qui créa officiellement le musée en 1819. Il ne représente pas seulement un fabuleux panorama de la peinture espagnole, mais également des écoles flamande et italienne. Son cœur se trouve toujours dans un bel édifice du XVIIIe siècle, l'aile Villanueva, mais le Prado s'est aussi refait une jeunesse, en se dotant d'une extension en partie souterraine, aménagée en une belle galerie qui accueille différents services. Elle mène également à l'étonnant cloître San Jerónimo, totalement rénové et réaménagé.

Les stars : les grands de la peinture espagnole (Le Greco, Goya, Velázquez, Zurbarán, Murillo, José de Ribera), mais aussi Jérôme Bosch, Rubens, Titien, Véronèse, Botticelli, Mantegna…

Des chefs-d'œuvre : *Les Ménines* de Velázquez, *Les Majas* de Goya, *L'Adoration des Bergers* du Greco, *Le Jardin des délices* de Bosch, *Le Jardin d'Amour* de Rubens.

www. museodelprado.es/en

MUSÉE DU BELVÉDÈRE

Vienne

Deux châteaux du XVIIIe siècle qui comptent parmi les plus beaux ensembles baroques d'Europe… mais surtout un musée essentiel pour qui veut comprendre la révolution artistique viennoise au tournant du XXe siècle. Préférez la visite du *Oberes Belvedere* et ses salles consacrées à l'impressionnisme, au réalisme et à la Sécession viennoise conduite par Klimt et Schiele. L'illustre Gustav règne d'ailleurs en ces lieux. Inoubliable !

Les stars : le sublime trio viennois Klimt, Schiele et Kokoschka. Et puis Friedrich, Corot, Courbet, Degas, Monet, Van Gogh…

Des chefs-d'œuvre : *Le Baiser* de Klimt, *La mort et la jeune fille* de Schiele, *Le Tigre* de Kokoschka, *Plage dans le brouillard* de Friedrich, *Plaine à Auvers-sur-Oise* de Van Gogh.

www. belvedere.at

VAN GOGH MUSEUM

Amsterdam

Le plus grand musée consacré à Vincent Van Gogh au monde voit défiler plus d'un million de visiteurs par an. Sachez que les œuvres sont exposées par roulement : le fonds, provenant essentiellement de la collection personnelle de son frère Théo, contient plus de 200 tableaux et 500 dessins, soit le quart de l'œuvre de Vincent. Le musée présente dans l'ordre chronologique toutes les périodes de création de l'artiste, des Pays-Bas jusqu'à Auvers-sur-Oise. On vous conseille vivement de le visiter hors saison ou dès l'ouverture des salles l'été.

Les stars : Vincent Van Gogh, bien sûr, mais le musée expose aussi ses contemporains comme Gauguin, Toulouse-Lautrec, Monet ou Pissarro.

Des chefs-d'œuvre : *Autoportrait au chapeau de paille, Les Tournesols, Chaise de Gauguin, Chambre de Vincent à Arles, Champ de blé aux corbeaux.*

www. vangoghmuseum.nl/en

MUSÉE GUGGENHEIM

Bilbao

Évoquant une gigantesque sirène de titane échouée le long de la rivière Nervion, le musée Guggenheim, signé par l'architecte d'origine canadienne Frank O. Gehry, est sans doute l'édifice le plus fascinant, déroutant et innovant de notre époque. Que peut-on découvrir dans le musée ? Essentiellement des expositions temporaires, réalisées pour la plupart à partir d'œuvres de la collection permanente de la Fondation Guggenheim. L'antenne de Bilbao possède toutefois son fonds propre d'artistes contemporains.

La star : l'édifice de Frank O. Gehry lui-même. Inauguré en 1998, il s'articule autour d'un vaste atrium de 50 m de haut, surmonté d'une verrière d'où la lumière naturelle se diffuse sur 3 niveaux et dans les 18 salles d'exposition d'une surface de 10 000 m². La plus grande salle, qui s'étend sous un pont reliant les deux rives du Nervion, fait 130 m de long !

Des chefs-d'œuvre : *Macho cabrio y cabra* de Miquel Barceló, *Maman* de Louise Bourgeois, *La Matière du temps* de Richard Serra, *Installation for Bilbao* de Jenny Holzer, *Puppy* de Jeff Koons.

www. guggenheim-bilbao.eus

GALERIE BORGHÈSE

Rome

La grande famille des Borghèse a donné des papes, des cardinaux et… un collectionneur de génie : Scipion Borghèse, qui a consacré 25 ans de sa vie à constituer l'un des plus beaux ensembles artistiques qui soient. Il a pris sous son aile les plus grands noms de l'âge baroque et du XVIIe siècle, dont on peut admirer les œuvres à la galerie Borghèse, ouverte en 1613. Pour assurer de bonnes conditions de visite, l'accès à la galerie est réglementé : réservation obligatoire et temps de visite limité à 2 h. C'est strict, mais vous ne vous sentirez pas noyé dans la foule. Et rien ne vous empêche de revenir…

Les stars : Bellini, Le Bernin, Titien, Le Pérugin, Le Corrège, Le Caravage, Guido Reni, Canova, Rubens.

Des chefs-d'œuvre : *L'Amour sacré et l'amour profane* de Titien, *Danae* du Corrège, *Rapt de Proserpine* du Bernin, *David avec la tête de Goliath* du Caravage, *Pauline Borghèse* de Canova.

www. galleriaborghese.it

MUSÉE DES OFFICES

Florence

L'histoire du fleuron des musées florentins est indissociable de celle des Médicis qui furent une famille de mécènes. C'est Cosme Ier qui charga Vasari de la construction des Offices (à l'origine bâtiment administratif) que François Ier transforma en musée en 1581. D'abord réservée à une élite, la galerie est ouverte au public en 1765. La peinture italienne se taille évidemment la part du lion, notamment celle de la Renaissance. Les Offices regorgent de chefs-d'œuvre universellement connus. Il n'est pas rare, en haute saison, de faire la queue de 2 à 4 h avant d'entrer dans le musée. Un conseil : réservez votre billet (longtemps) à l'avance !

Les stars : Botticelli, Léonard de Vinci, Michel-Ange, Raphaël, Titien, Le Parmesan, Le Caravage, Filippo Lippi, Mantegna, Le Corrège, mais aussi des peintres allemands (Dürer, Lucas Cranach) et flamands (Holbein, Memling).

Des chefs-d'œuvre : *Naissance de Vénus* de Botticelli, *Adoration des Mages* de Vinci, *La Sainte Famille* de Michel-Ange, *Vénus d'Urbino* de Titien, *Autoportrait* de Raphaël.

www. uffizi.it

ALTE & NEUE PINAKOTHEK

Munich

Fondée en 1826 par Louis Ier de Bavière, la Pinacothèque de Munich renferme l'une des plus importantes collections de peinture classique du monde, pratiquement à égalité avec le Prado, la National Gallery et le Louvre. En tout, plusieurs milliers de tableaux, des primitifs à la fin du XVIIIe siècle font partie du fonds de la Alte Pinakothek. Complément de sa voisine, la Neue Pinakothek propose une vue d'ensemble de la peinture européenne du XIXe siècle. Enfin, ne manquez pas de faire un tour à la Pinakothek der Moderne, ouverte en 2002, consacrée au XXe siècle.

★ **Les stars :** les primitifs flamands, Cranach, Dürer, Botticelli, Raphaël, Tintoret, Titien, peinture flamande des XVIe et XVIIIe siècles, Gréco, Velázquez, Fragonard, Jan Bruegel, Goya, Delacroix, Monet, Cézanne, Van Gogh.

Des chefs-d'œuvre : *Le Couronnement d'épines* de Titien, *La Vierge à l'Enfant* de Léonard de Vinci, *La Chasse au Lion* de Rubens, *Le Pont d'Argenteuil* de Claude Monet, *Te Tamari no Atua* de Paul Gauguin.

www. **pinakothek.de**

KUNSTHISTORISCHES MUSEUM

Vienne

Le musée des Beaux-Arts de Vienne se trouve dans un somptueux (ou pompeux, selon les goûts) édifice néo-Renaissance de la fin du XIXe siècle. Le grand escalier de Canova est époustouflant. Le musée en regroupe trois en un : peinture, arts décoratifs et antiquités. Les collections ont été constituées au fil des siècles par la famille royale autrichienne. Les peintures des écoles nordique, italienne et espagnole sont particulièrement bien représentées. Les œuvres furent rassemblées dans le Kunst en 1891 à l'initiative de François-Joseph qui voulait leur donner un écrin digne de la grandeur impériale. Pari gagné !

★ **Les stars :** Albrecht Dürer, Lucas Cranach le Vieux, Arcimboldo, Pieter Bruegel l'Ancien, Rubens, Vermeer, Frans Hals, Titien, Velázquez, Poussin, Canaletto, Le Caravage.

Des chefs-d'œuvre : *Judith* de Lucas Cranach le Vieux, *Tour de Babel* de Pieter Bruegel l'Ancien, *L'Atelier du peintre* de Vermeer, *Danaé* de Titien, *Saliera* de Benvenuto Cellini.

www. **khm.at**

ALTE NATIONALGALERIE

Berlin

Rouvert en 2001, ce musée fut inauguré en 1876 sur la fameuse Île des Musées (Museuminsel) berlinoise pour abriter la fine fleur de l'art allemand de l'époque, dont les tableaux de Friedrich. Ses collections de peinture et de sculpture du XIXe siècle sont exceptionnelles, mais il ne faut pas oublier la large place accordée aux impressionnistes français. La Alte Nationalgalerie organise également des expositions temporaires de grande envergure.

★ **Les stars :** Caspar David Friedrich, Arnold Böcklin, Karl F. Schinkel, les impressionnistes (Renoir, Corot, Pissarro…), Max Beckmann, Camille Claudel.

Des chefs-d'œuvre : *Moine au bord de la mer* de Caspar David Friedrich, *L'Île des Morts* d'Arnold Böcklin, *La Vague* de Gustave Courbet, *Les fileuses de lin* de Max Liebermann.

www. **smb.museum**

MUSÉES ROYAUX DES BEAUX-ARTS

Bruxelles

Le plus grand musée de Belgique, remarquable pour ses collections de primitifs flamands, de peintures du XVIIe siècle (Rubens en particulier), mais aussi pour le XXe siècle et notamment les surréalistes. La collection des Musées Royaux offre en 6 musées (Fin-de-Siècle, Oldmasters, Modern, Magritte, Wiertz et Meunier) un panorama exceptionnel de l'art belge, entre autres chefs-d'œuvre. Avec 20000 œuvres (mais « seulement » 2000 exposées), c'est le grand musée de peinture du pays. Un musée étonnant, qui exigerait presque une boussole pour s'y retrouver, notamment dans sa partie la plus classique. C'est un vrai dédale qui demande une bonne condition physique (on plaisante… quoique !). Pour le musée Fin de Siècle et pour le musée Magritte, plus récents, le problème se pose moins.

Les stars : Hans Memling, Jérôme Bosch, Lucas Cranach, Bruegel l'Ancien, Rubens, Ingres, Delacroix, David, James Ensor, Magritte, Paul Delvaux, Salvador Dalí, Giorgio de Chirico…

Des chefs-d'œuvre : *La Tentation de Saint-Antoine* de Bosch, *La Chute des anges rebelles* de Bruegel, *Montée au calvaire* de Rubens, *L'Homme du large* de Magritte, *Pygmalion* de Delvaux.

www. fine-arts-museum.be/fr

MUSÉE DU LOUVRE

Paris

À l'origine, le Louvre n'était qu'une forteresse destinée à la protection de la rive droite. Depuis, il ne cessa jamais de se transformer. C'est en 1793 que le Muséum central des arts fut créé. Aujourd'hui, le Louvre est le musée le plus visité au monde (près de 9 millions de visiteurs par an). Il présente des œuvres de l'art de l'Occident, du Moyen Âge jusqu'à 1848 (peintures, sculptures, objets d'art et arts graphiques), et des civilisations qui l'ont précédé et influencé (antiquités orientales, égyptiennes, grecques, étrusques et romaines), ainsi qu'un département consacré aux arts de l'Islam, inauguré en 2012 cour Visconti. À ces collections s'ajoutent une nouvelle section consacrée à l'histoire du Louvre et ses collections dans le pavillon de l'Horloge (aile Sully), ainsi qu'un circuit archéologique, avec notamment les fossés médiévaux de Philippe Auguste, retrouvés à l'occasion des travaux de réaménagement du musée. Sont également présentés dans le pavillon des Sessions près de 110 chefs-d'œuvre des arts d'Afrique, d'Asie, d'Océanie et des Amériques.

Les stars : Léonard de Vinci, Ingres, Delacroix, Géricault, Véronèse, David, Michel-Ange, Vermeer, Cranach, Watteau, Raphaël, Rembrandt, Botticelli, Titien, Corot et Fragonard.

Des chefs-d'œuvre : *Le Sribbe accroupi* (Égypte, 4e ou 5e dynastie, 2600-2350 av. J.-C.), *Les Trois Grâces* de Lucas Cranach, *Le Radeau de la Méduse* de Théodore Géricault, *La Joconde* de Léonard de Vinci, *Victoire de Samothrace* (Samothrace, vers 190 avant J.-C.).

www. louvre.fr

PERGAMON MUSEUM

Berlin

Situé sur l'Île des Musées (Museuminsel) au centre de Berlin, le musée de Pergame contient l'une des plus grandes collections d'antiquités au monde. L'une de ses pièces, le gigantesque *Autel de Pergame*, lui a d'ailleurs donné son nom. Outre les antiquités, il ne faut pas manquer non plus le musée du Proche-Orient qui retrace plus de 4000 ans dans cette région du monde, et notamment l'art babylonien. Enfin, les tapis, miniatures et photos du Musée islamique relatent l'histoire de cette civilisation depuis l'empire des Sassanides. Attention, des travaux de rénovation jusqu'en 2019 perturbent la visite (se renseigner).

Des chefs-d'œuvre : *L'Autel de Pergame* (IIe s. av. J.-C.), *Porte romaine du marché de Millet* (IIe s. apr. J.-C.), *Porte d'Ishtar et Voie des processions de Babylone* (VIe s. av. J.-C.), *Bas-reliefs du Palais de Ninive* (VIIe s. av. J.-C.).

www. smb.museum

CENTRE POMPIDOU (BEAUBOURG)

Paris

Voulu par Georges Pompidou et conçu par Renzo Piano et Richard Rogers, le Centre Pompidou, aussi appelé Beaubourg, est dédié à l'art moderne et contemporain. Détenteur de la plus grande collection d'art moderne et contemporain en Europe, le musée est en mouvement perpétuel. Les collections riches de près de 100000 œuvres ne peuvent être exposées simultanément, et les accrochages changent régulièrement (tous les 18 mois environ). L'objectif du musée est de regrouper toutes les formes artistiques présentes dans la collection à travers des salles thématiques ou monographiques. Certaines salles sont ainsi consacrées à l'architecture, au design, ou même à l'art sonore et au multimédia. C'est aussi une bibliothèque publique de plus de 2000 places, une documentation sur l'art du XXe siècle, des salles de cinéma et de spectacles, un institut de recherche musicale, mais aussi des espaces dédiés aux enfants. Le succès de cette curiosité architecturale de tuyaux colorés, de verre et d'acier souvent décriée, ne se dément pas. Il accueille en moyenne 18000 visiteurs par jour et représente l'un des plus importants musées au monde.

Les stars : Marcel Duchamp, Picasso, Otto Dix, Niki de Saint Phalle, Yves Klein, Henri Matisse, Fernand Léger, Francis Picabia, Giorgio De Chirico, Marc Chagall, Picasso, Georges Braque, Sonia et Robert Delaunay, Vassily Kandinsky, František Kupka…

Des chefs-d'œuvre : *Fontaine* de Marcel Duchamp, *Il Ritornante* de Giorgio de Chirico, *Arlequin* de Picasso.

www. centrepompidou.fr

Le Machu Picchu, *Pérou*

LES GRANDES CITÉS ABANDONNÉES

Les civilisations disparues : rien de tel pour laisser son imagination vagabonder ! Nourri que l'on est de récits savants, ou plus souvent populaires, nous racontant la destinée généralement tragique de peuples rayés de la surface du monde ou, au mieux, absorbés par d'autres, on s'émerveille devant les vestiges qu'ils nous ont légués. Certains sont majestueux comme Machu Picchu, d'autres sont mystérieux tels que le site de Stonehenge, d'autres encore sont estomaquants à l'image d'Angkor. Voici un petit tour des mondes perdus en 20 étapes, qui vous fera voyager à travers la Terre entière.

PÉROU

MACHU PICCHU

Perchée dans les Andes à 2430 m d'altitude, Machu Picchu est la destination touristique la plus visitée du Pérou. On comprend pourquoi quand on se trouve sur place. Environnée de montagnes et de forêts, cette cité a été construite au XVe siècle par les Incas, juste avant leur chute face aux conquistadors espagnols. L'empire de cette tribu guerrière qui assit son autorité sur les peuples de la région andine, de l'Équateur au nord du Chili et de l'Argentine, dura un siècle. Une partie de Machu Picchu était dédiée à l'agriculture en terrasse, une autre à l'habitation et au culte. On compte deux centaines de constructions qui, bien qu'en ruines, sont évocatrices. Bon à savoir : le succès de ce site spectaculaire est tel que les visites quotidiennes sont limitées.

Plus d'infos www. **www.machupicchu.gob.pe**

PÉROU

CARAL

À l'époque où s'élevaient les grandes pyramides d'Égypte, d'autres étaient construites près du littoral Pacifique et des actuelles villes de Barranca et Supe. Situées à proximité du village Caral, elles se trouvent parmi les vestiges d'une cité précolombienne datant d'environ cinq millénaires, la plus ancienne d'Amérique que l'on connaisse à ce jour. Elle s'étend sur un plateau désertique et comprend donc six pyramides à sommet plat, dont la plus haute s'élève à 18 m, ainsi que des places circulaires et des traces d'habitations. Nommé Caral par défaut, le peuple qui a vécu là pendant plus de 1000 ans reste méconnu.

Plus d'infos www. **zonacaral.gob.pe**

MEXIQUE

CHICHÉN ITZÁ

Chichén Itzá est l'une des merveilles que l'on ne manque pas de visiter quand on se trouve dans le Yucatán. Cette ville se divise en deux parties, l'une bâtie par les Mayas jusqu'au Xe siècle, l'autre après l'implantation des Toltèques à partir de cette période. Ce peuple du centre du Mexique a eu beaucoup d'influence sur ses voisins jusqu'au XIIIe siècle. De la rencontre des deux cultures est née la parfaite pyramide de Kukulcán, également appelée El Castillo, l'un des chefs-d'œuvre qui contribue à la renommée de Chichén Itzá. Haute de 30 m, elle est dédiée au Serpent à plumes. Dans cette cité, on peut voir aussi des temples, des terrains de jeu de balle, un observatoire, un cénote sacré, un ossuaire…

Plus d'infos www. **yucatan.travel**

GUATEMALA

TIKAL

Au nord du Guatemala, près du Mexique, le parc national de Tikal comprend un des sites qui témoignent le mieux de l'importance de la civilisation Maya. Au cœur d'une forêt tropicale, les vestiges de cette cité se constituent de temples, de palais et d'autres édifices encore datés d'une longue période allant du VIe s avant J.-C. au Xe siècle. On fait remonter à au moins 4 000 ans la domination des Mayas sur le sud du Mexique, le Guatemala et les régions limitrophes du Honduras et du Salvador. Ce que l'on sait d'eux, on le doit notamment aux « textes » qu'ils ont laissés, dont le type d'écriture peut être comparé aux hiéroglyphes égyptiens. Bien que soumis par les conquérants espagnols à partir du XVIe siècle, leur culture a en partie perdurée jusqu'à nos jours.

Plus d'infos www. **tikalnationalpark.org**

COLORADO, ÉTATS-UNIS

CLIFF PALACE

Les Anasazis, peuple ancêtre des Pueblos (Hopis, Zuñis…), vécurent dans les États actuels du Colorado, de l'Utah, de l'Arizona et du Nouveau-Mexique, entre les VIe et XIVe siècles. Leur nom est une invention des États-uniens à partir d'un mot navajo signifiant « anciens ». Ce que l'on devine de leur civilisation vient de recherches archéologiques. Il s'agissait à priori d'une population d'agriculteurs, de chasseurs et d'artisans. Ils nous ont légués des pétroglyphes, dessins gravés dans la roche, ainsi que de nombreux vestiges d'habitats dans le parc national de Mesa Verde. Le lieu majeur qui se visite est Cliff Palace, village troglodytique niché dans une falaise surmontée d'une végétation verdoyante. On y voit notamment des *kivas*, fameux espaces circulaires dédiés à des rites spirituels.

Plus d'infos www. **www.nps.gov/meve**

MEXIQUE

MEXICO - TENOCHTITLAN

On date du XIVe siècle l'implantation des Aztèques, ou Mexicas, sur le site de l'actuelle capitale du Mexique. C'est alors un lac ponctué d'îles et de marécages qui vont être aménagés afin de créer une ville moderne. Ce peuple qui a imposé son ordre à ses voisins va subir le contrecoup de son pouvoir dominateur quand nombre de ces derniers s'allieront aux conquistadors espagnols menés par Hernán Cortés au XVIe siècle. Après la chute de la cité, celle-ci fut détruite. Il n'en subsiste que des ruines, telles que celles du Templo Mayor, un ensemble de bâtiments religieux (dans le centre historique de Mexico). Sur le lac de Xochimilco, on retrouve de petits canaux ornés de jardins flottants qu'appréciaient les Aztèques.

Plus d'infos www. **cdmxtravel.com**

***Chichén Itzá**, Mexique*

Parc national de Tikal, Guatemala

GRÈCE

TARQUINIA

Les traces laissées par les Étrusques abondent en Italie, dans le Latium, la Toscane, l'Ombrie ou l'Émilie-Romagne. Ils ont développé leur propre civilisation à partir du IXe siècle avant J.-C. au sein de cités-États fédérées. Agricole, artisanale, militaire, artistique… Elle brilla sur tous les plans et eut une grande influence sur leurs voisins et concurrents, les Romains, lesquels finirent par absorber ce peuple au terme d'un millénaire d'existence. Parmi les sites étrusques les plus remarquables figure la nécropole de Tarquinia (Latium) qui présente de nombreuses tombes, épousant pour certaines les formes que prenaient les habitations étrusques. Beaucoup sont peintes : Tomba del Cacciatore, Tomba della caccia e della pesca…

Plus d'infos www. **tarquiniaturismo.it**

GRÈCE

MYCÈNES

Mycènes est une cité du Péloponnèse qui a donné son nom à une civilisation dont l'existence s'étendit entre les XVIIe et XIe siècles avant notre ère. En ruines, le site comprend cependant des vestiges très évocateurs, tels que sa muraille cyclopéenne (assemblage de grosses pierres que l'on croirait être l'œuvre des fameux géants à un œil décrits par Homère) et ses portes (dont l'une est décorée de deux lionnes sculptées), des cercles de tombes et des tombes monumentales à coupole. La civilisation mycénienne fut un temps dominante dans la région de la mer Égée. On considère que les Mycéniens ont posé des bases importantes de la culture qui allait se déployer en Grèce par la suite.

Plus d'infos www. **incrediblecrete.gr**

GRÈCE

CNOSSOS

Le Labyrinthe et le Minotaure, Dédale et Icare… À Cnossos, en Crète, on plonge en pleine mythologie. Le palais qui s'y trouve serait celui du roi Minos et l'un des hauts lieux de la civilisation minoenne, nom dérivé de celui de ce monarque et proposé par l'archéologue Arthur Evans dans les années 1900. On lui doit d'importantes fouilles sur le site, ainsi que sa restauration-reconstruction (sur certains points contestée). Plusieurs palais se sont succédés ici voilà quelques milliers d'années. On se promène dans ses vestiges en rêvant à cette société méconnue qui nous a notamment légué de superbes mosaïques.

Plus d'infos www. **incrediblecrete.gr**

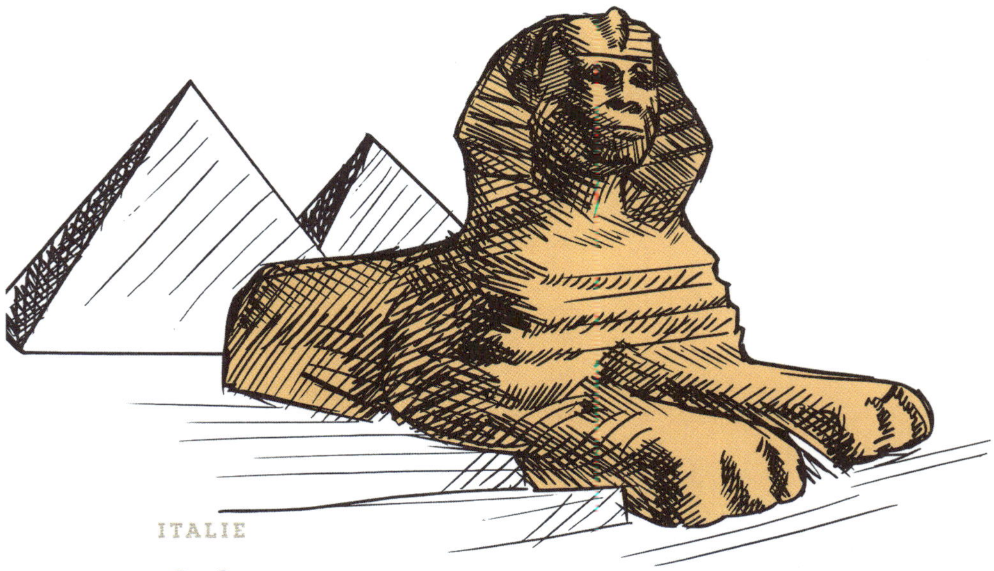

TURQUIE

TROIE

L'histoire de Troie et de ses habitants que nous connaissons est en majeure partie légendaire. On en fait mention dans la mythologie grecque et dans l'*Iliade* d'Homère, bien sûr. Selon ce récit, la cité fut conquise après un long siège mené par une coalition venue de l'autre côté de la mer Égée, Ulysse et un groupe de guerriers provoquant sa chute en y pénétrant à l'intérieur d'un cheval en bois considéré comme une offrande de leurs ennemis par les Troyens. Ces événements se seraient déroulés vers le XIIIe siècle avant notre ère dans une ville qui se trouve à l'ouest de l'actuelle Turquie, près de Çanakkale. Son origine remonterait à environ cinq milliers d'années. Les recherches archéologiques ont déterminé l'existence d'au moins neuf cités successives, la dernière datant de la période romaine. Ont été mis au jour des vestiges de remparts, de palais et de divers autres bâtiments.

ITALIE

POMPÉI

En 79, l'éruption du Vésuve a dévasté la cité de Pompéi, ainsi que celle de Herculanum, notamment. On fait remonter sa création par le peuple Osque vers le VIIIe siècle avant notre ère. Elle fut ensuite soumise à des influences diverses : grecque, étrusque, samnite puis romaine. Environnée de terres fertiles et bénéficiant d'une fructueuse proximité avec les eaux de la Méditerranée, Pompéi était prisée des riches Romains. Le jour fatidique, après avoir subi les effets destructeurs du volcan, elle finit recouverte de cendres. Toute la population n'a pu fuir comme l'ont démontré de nombreuses campagnes de fouilles. On a retrouvé en effet un millier de corps comme statufiés. La visite de la ville en ruines, près de Naples, est impressionnante : des rues, des maisons, des boutiques, un forum, un amphithéâtre, des thermes, des temples, des fresques…

Plus d'infos www. pompeiisites.org

TUNISIE

CARTHAGE

Fondée par des colons phéniciens au IXe siècle avant J.-C., la cité de Carthage est devenue la rivale de Rome en Méditerranée grâce à sa puissance commerciale et militaire, ainsi que sa culture originale qui mélangeait des influences orientales et berbères autochtones. C'est au terme de plusieurs guerres dites puniques que la civilisation carthaginoise finit par être anéantie au IIe siècle avant J.-C. Les vainqueurs romains rebâtirent une nouvelle ville qui fut elle-même successivement conquise par les Vandales, les Byzantins puis les Arabes, lesquels l'abandonnèrent et favorisèrent sa voisine Tunis. La visite de ce lieu mythique et de ses environs fait découvrir des vestiges des différentes périodes qu'a connu Carthage.

Plus d'infos www. pompeiisites.org

ÉGYPTE

MEMPHIS

Memphis a été la capitale de l'Ancien Empire, période située entre 2800 et 2100 avant notre ère. C'est l'époque durant laquelle s'impose en Égypte le pouvoir des pharaons et que se met en place une importante administration, que se développe l'écriture hiéroglyphique et que l'on construit les pyramides de Saqqarah et de Gizeh, ainsi que le Sphinx. Autant de sites qui, comme Memphis se trouvent dans le delta du Nil, près du Caire. Les vestiges de la ville se composent d'éléments datant de toute l'Antiquité, notamment des ruines de temples, tels que celui qui était dédié à Ptah, ou des statues comme celles, monumentales, de Ramsès II.

ÉTHIOPIE

AKSOUM

S'étendant dans la province du Tigré et bordé par la mer Rouge, l'empire aksoumite a prospéré grâce au commerce avec Rome, Byzance, l'Afrique et l'Inde entre le Ier et le VIe siècle. Il adopta le christianisme durant le IVe, comme le prouve la présence d'églises à Aksoum, ou Axoum, et dans ses environs. On y trouve aussi des tombes royales, des ruines de palais, ainsi que des monuments étonnants. Il s'agit d'obélisques ou stèles monolithiques, qui peuvent atteindre deux dizaines de mètres de hauteur. Après le déclin de l'empire, notamment dû à l'expansion de l'Islam qui coupa ses routes commerciales, la ville d'Aksoum a poursuivi son existence et est restée un lieu symbolique important sur les plans religieux et historique pour les Éthiopiens.

JORDANIE

PÉTRA

Pétra est célèbre pour ses impressionnantes façades monumentales taillées dans la roche de parois montagneuses en adoptant un style mélangeant les influences orientale et hellénistique. Cette cité a été fondée à la fin du VIIIe siècle avant J.-C. par les Édomites, peuple supplanté au VIe s avant J.-C. par les Nabatéens. Ces derniers, des Arabes, ont fait de la ville une étape obligée pour les caravaniers commerçant entre les contrées du Moyen-Orient et celles de la Méditerranée. Petra devint romaine au IIe siècle, puis byzantine au IVe, avant de décliner peu à peu. Sont entre autres à voir le temple Qasr al-Bint, un théâtre romain, le monastère Deir et le tombeau La Khazneh, chef-d'œuvre le plus connu où s'illustra Indiana Jones au cinéma…

Plus d'infos www. visitpetra.jo

IRAN

PERSÉPOLIS

En 518 avant J.-C., le roi de l'empire perse, Darius le Grand, entame la construction de ce vaste ensemble palatial destiné à témoigner de la puissance de la civilisation achéménide. Conçu de prime abord comme un lieu d'apparat, théâtre des opulentes réceptions impériales, il finit par accueillir le siège du gouvernement. Néanmoins, Alexandre le Grand aura raison de la pérennité de la civilisation perse et en 330 avant J.-C. Persépolis, symbole de la grandeur de l'Empire, tombe entre les mains du conquérant macédonien qui l'incendie la nuit suivante. Aujourd'hui, la cité n'en demeure pas moins un site archéologique majeur. La terrasse de 13 ha accueille nombre de vestiges : escaliers monumentaux, murs sculptés, frises…

INDE

VIJAYANÂGARA

Le royaume de Vijayanâgara s'est étendu dans tout le sud de l'Inde du XIVe au XVIe siècle. Il tira de ses terres des ressources qui firent le succès de son commerce, aussi bien avec ses voisins qu'avec l'Extrême Orient et l'Occident via les comptoirs portugais de Goa. Sa capitale éponyme se situait sur le plateau du Dekkan, dans l'actuel État du Karnataka, à Hampi. De confession hindou, le royaume s'est effondré face aux attaques de sultanats musulmans et la ville fut dévastée. On peut cependant en voir de nombreux et beaux vestiges, dont des palais et des temples tels que ceux de Vithala et de Virupaksha, lequel est doté d'un haut *gopura* qui exprime la majesté de ce site.

CAMBODGE

ANGKOR

400 km² : c'est la superficie totale d'Angkor, ensemble de constructions situé dans un environnement forestier au nord du Cambodge. C'est l'héritage qu'a laissé l'empire khmer. Plusieurs capitales ont été successivement bâties ici du IXe au XVe siècle. Leurs vestiges donnent notamment à voir de somptueux temples hindouistes et bouddhistes riches en sculptures, dont les plus célèbres sont Angkor Wat, Banteay Srei ou le Bayon. Ils manifestent le très haut niveau architectural des Khmers, ainsi que leur sens aigu de l'urbanisme à travers des routes ou encore des canaux, bassins, réservoirs… Au plus fort de son influence, ce peuple domina le Cambodge, des parties de la Thaïlande, du Laos et du Vietnam.

La porte Nord de la cité d'Angkor, Cambodge

Décor de* Star Wars *près de Nefta, *Tunisie*

LES LIEUX DE TOURNAGES MYTHIQUES

Cinéphiles avertis ou amateurs, vous avez rêvé devant une histoire d'amour sur fond de paradis du bout du monde, frémi aux exploits d'un aventurier rompu aux pièges du désert ou fantasmé devant le New York de Woody Allen. Et avouez-le, vous vous êtes imaginés à la place des héros du grand écran ! De la fiction à la réalité, il n'y a parfois qu'un pas. Les lieux de tournage des films qui ont marqué notre mémoire sont souvent accessibles. Le tout est de les retrouver ! On ne va pas dresser ici un recensement exhaustif des décors de chaque scène de l'histoire du cinéma, il y en a bien trop. Mais voici quelques pistes qui pourraient vous donner, pourquoi pas, des idées de visite lorsque vous serez en voyage, que ce soit aux États-Unis, en Asie, au Maroc ou à Montmartre… Action !

LES PAYSAGES LUNAIRES DE LA TUNISIE

SAGA STAR WARS

Les cinéphiles éclairés auront fait le lien entre la désertique planète *Tatooine*, repaire des malfrats de la galaxie, dont est originaire le gentil Luke Skywalker, et la (vraie) ville de Tataouine, dans le Sud tunisien. La région a largement inspiré George Lucas, qui s'en est servi comme décor pour sa cultissime série *La Guerre des étoiles*. Encore aujourd'hui, dans le désert, près de Nefta, on tombe sur d'étranges vestiges, ceux d'une civilisation intersidérale d'un autre âge, qui luttent contre le temps et le sable, mais qui, sans nul doute, font le bonheur des agences de voyages. Autre curiosité, près de Tozeur, le site de Sidi Bouhlel renferme le canyon escarpé où, dans la *Guerre des Étoiles*, R2-D2 est capturé par les *Jawas* et où son maître Luke est pris au piège des *hommes des sables*. Que la Force soit avec nous ! Pour l'épisode VII de la saga, plusieurs extérieurs ont été filmés en Europe. Notamment en Angleterre (sur la base de la RAF à Greenham Common, dans le parc national du Lake District, ainsi que dans la forêt de Dean), en Irlande et en Islande (notamment les sites du lac Mývatn et du volcan Krafla). Enfin, loin de ces terres, l'émirat d'Abu Dhabi a contribué à la saga grâce à son désert.

À savoir : George Lucas n'est pas le seul à avoir été séduit par ces paysages tunisiens. Spielberg y tourna une partie des *Aventuriers de l'Arche perdue* en 1980, Roman Polanski des scènes de *Pirates* (1986), et les Monty Python *La Vie de Brian* (1979). Mais les plus spectaculaires utilisations des merveilleux paysages du désert se retrouvent dans *Le Patient anglais* (1996), d'Anthony Minghella. Et on en profite pour dire que le cinéma tunisien, c'est aussi une belle filmographie (voir le site *cinematunisien.com*).

toysrgus.com/travel (un site en anglais qui localise ces lieux de tournage intersidéraux).

MONUMENT VALLEY

DES WESTERNS MYTHIQUES

Monument Valley, l'un des phénomènes naturels les plus extraordinaires des États-Unis, est un lieu mythique dans l'histoire du cinéma. Si l'image de ses pitons rocheux ocre-rouge dressés sur un immense plateau désertique a fait le tour du monde, c'est grâce aux nombreux westerns que John Ford y réalisa. Des 140 films que ce géant de Hollywood tourna entre 1917 et 1966, neuf le furent à Monument Valley. Après la visite de Harry Goulding, John Ford, enthousiasmé, décida aussitôt d'y tourner en 1939 *La Chevauchée fantastique (The Stage Coach)* avec John Wayne dans le rôle principal. Après la Seconde Guerre mondiale, durant laquelle il fut engagé dans la Marine, Ford revint en 1946 à Monument Valley pour tourner *La Poursuite infernale (My Darling Clementine)*

À DÉCOUVRIR EN FRANCE

PARIS
LA VILLE LUMIÈRE !

Paris et le cinéma, c'est une véritable histoire d'amour : chaque année ont lieu près de 900 tournages dans la capitale. La richesse culturelle et historique de Paris a accouché sur la toile certains des plus beaux films du cinéma français. Difficile de faire un choix parmi ces œuvres ! Commencons par Montmartre bien sûr et *Le Fabuleux Destin d'Amélie Poulain* qui a connu le succès que l'on sait. Le quartier, dans le film, prend des allures de village de poupée irréel, mais les lieux évoqués existent bien. Ils sont devenus le passage obligé des pèlerins, et leurs (heureux) propriétaires exploitent à fond le filon ! Parmi eux, vous trouverez l'incontournable *Tabac des Deux Moulins*, où travaille Amélie, au 15 de la rue Lepic, à l'angle de la rue Cauchois. Ou encore *Hôtel du Nord*. « Atmosphère, atmosphère, est-ce que j'ai une gueule d'atmosphère ! ». Cette réplique mythique, du non moins mythique film Marcel Carné, fut prononcée en 1938 par l'excellente Arletty sur une passerelle enjambant le Canal Saint-Martin (10e arrondissement), au carrefour de la rue Grange-aux-Belles-Vinaigriers. Le célèbre hôtel existe toujours, au 102, quai de Jemmapes, mais seule la façade est d'origine : un resto ultra-touristique y a ouvert ses portes. En réalité, la fameuse scène et le film entier ont été tournés en studio. Du côté de Ménilmontant, au métro Pyrénées, deux autres films culte se rappellent à notre souvenir. La maison où a été tourné *Casque d'Or* de Jacques Becker, avec la belle Simone Signoret et Serge Reggiani, se trouve au 44, rue des Savies. Plus proches de nous, les films de Christophe Honoré, comme *Dans Paris* (2006), donnent un bel aperçu de la vie parisienne et plus particulièrement du 10e arrondissement. Autre amoureux de Paname, Cédric Klapisch, rend hommage aux mille visages de la capitale, avec son film *Paris* (2008), en déambulant de l'Opéra Garnier à la place de la Concorde, du Moulin Rouge à la Tour Eiffel, des catacombes au marché de Belleville.

À savoir : impossible d'énumérer tous les coins de Paris fixés sur la pellicule, à vous de les redécouvrir au cours de vos balades...
Pour vous aider, un passionnant site recense tous ces lieux : parisfaitsoncinema.com

avec Henry Fonda et Linda Darnell. John Ford donna à John Wayne le premier rôle dans trois autres de ses plus célèbres westerns, tous tournés à Monument Valley : *Le Massacre de Fort Apache*, en 1948 ; *La Charge héroïque (She Wore a Yellow Ribbon)*, en 1949 ; et *Rio Grande*, en 1950. Ces trois chefs-d'œuvre forment une trilogie à la gloire de la cavalerie américaine. Évidemment, les Indiens paient toujours les pots cassés. À travers ces films, John Wayne forgea sa légende d'homme de l'Ouest, franc, rude, lent intellectuellement, mais courageux, loyal et déterminé. Bref, l'archétype du bon Américain. Et Monument Valley devint un lieu mythique du western et du 7e art.

À savoir : aujourd'hui encore, ce somptueux cadre naturel, dépouillé jusqu'à l'épure, inspire les cinéastes, mais ce sont avant tout les publicitaires qui continuent de faire vivre Monument Valley.

ALMERÍA (ANDALOUSIE)

DES WESTERNS « SPAGHETTIS » À LA SAUCE ESPAGNOLE

À une vingtaine de kilomètres d'Almería, le désert de Tabernas est non seulement un des plus grands d'Europe, mais aussi un des plus grands studios de cinéma grandeur nature, qui connut son heure de gloire dans les années 1960-1970. C'est un paysage de pierres hirsutes où une végétation jaunie s'accroche tant bien que mal à un sol fissuré. La température monte très souvent au-dessus des 40 °C. Si des films comme *Le Bon, la Brute et le Truand* ou *Il était une fois dans l'Ouest* furent tournés ici, c'est que l'aridité du paysage rappelle étrangement le Far West américain… et que les figurants espagnols coûtaient moins cher que les Américains. Sergio Leone donc, mais aussi David Lean (*Lawrence d'Arabie)* ou encore Steven Spielberg *(Indiana Jones et la dernière croisade)* utilisèrent ces décors naturels pour leurs films. Quelques villages en toc, bâtis pour les tournages, sont devenus depuis des parcs d'attractions. Et l'aventure continue. Plus récemment, les producteurs de la série culte *Game of Thrones* ont choisi Tabernas pour figurer le pays des *Dothraki* ; l'Alcazaba d'Almería et l'Alcázar de Séville furent également utilisés comme lieux de tournage.

À savoir : quelques parcs servent encore de décor à des tournages, mais le gros se fait désormais dans les *barrancos*, les ravins. On citera tout de même le parc Fort-Bravo (anciennement Texas-Hollywood), le plus dans son jus des trois avec des décors de ville du Far West et de village mexicain plutôt réussis.
fortbravo.es

JORDANIE

NE CHERCHEZ PLUS LE GRAAL, IL EST À PÉTRA

En Jordanie, le site de Pétra, sans conteste le plus beau site du Proche-Orient avec les pyramides d'Égypte, n'abrite pas que des vestiges romains et les tombeaux rupestres nabatéens. Il renferme également le saint Graal, du moins pour Steven Spielberg, qui y a tourné des scènes de *La Dernière Croisade d'Indiana Jones*. Le temple dans lequel l'explorateur s'enfonce pour récupérer le précieux objet n'est autre que le Khazneh, le plus beau monument du site, sculpté dans la roche. Ou plutôt sa façade, car les salles qu'Indiana Jones traverse en déjouant les pièges les plus tordus sont une création de studio ! Une fois sa mission accomplie, il repart sur son fidèle destrier à travers le siq, ce long canyon de 1,2 km qui mène au cœur de Pétra. Si vous rêvez de revenir sur les pas de Harrison Ford, profitez-en pour enfourcher à votre tour une fière monture. De nombreux loueurs de chevaux vous attendent à l'entrée.

À savoir : la Jordanie vous mènera également sur les traces de Lawrence d'Arabie... Les amoureux du film de David Lean ou du livre de T. E. Lawrence seront comblés : c'est sur l'actuel territoire jordanien qu'eurent lieu les épisodes les plus fameux du héros.
Ils retrouveront sa trace dans ces lieux mythiques en se rendant à travers les décors naturels du film dans le wadi Rum, dont « l'oasis de Lawrence »...

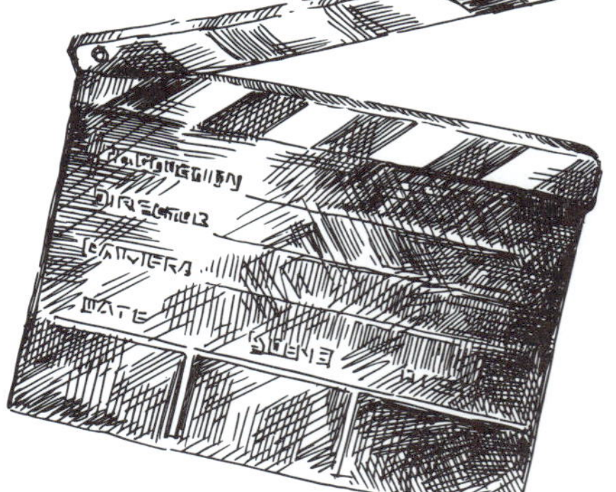

NOUVELLE-ZÉLANDE SUR LES TRACES DU HOBBIT

LE SEIGNEUR DES ANNEAUX

La *Terre du Milieu*, c'est ici. La saga cinématographique consacrée au *Seigneur des Anneaux* a été tournée dans les plus beaux paysages de Nouvelle-Zélande. Qui aurait pu imaginer le chemin parcouru par ce *Seigneur des Anneaux*, sorti dans les années 1930 de la plume de Tolkien pour ses enfants ? Quelque 70 ans plus tard, le cinéaste néo-zélandais Peter Jackson s'est emparé de cette saga, ancêtre de l'Heroic Fantasy, pour la mettre en images. Le succès mondial de ses films a mis la Nouvelle-Zélande sur la carte de nos rêves. Jackson y a en effet tourné nombre des scènes de ses films : un décor exceptionnel – environ 150 lieux de tournage différents – pétri de montagnes, glaciers, rivières, forêts, fjords, rondes et verdoyantes campagnes. *Le Seigneur des Anneaux* est une manne touristique que les avisés néo-zélandais ont bien entendu saisie. Situé dans l'île du Nord (près de Matamata), le décor cinématographique du village des *Hobbits*, *Hobbiton*, a été sanctuarisé à la façon d'un parc d'attraction. Des agences spécialisées ont fleuri dans tout le pays, comme les *Gremlins* au contact de l'eau, pour faire visiter nombre des lieux de tournage avec force commentaires enjoués. Sur place, pas de signalétique dédiée. Il faut souvent une certaine dose d'abstraction pour s'y retrouver, Peter Jackson ayant mis le paquet côté décors et effets spéciaux (remodelant au passage des pans entiers de paysage). Au demeurant, les vertes collines ballons de Matamata s'imposent comme une évidence pour figurer La Comté… On ralentit pour ne pas écraser quelque *hobbit* en visite chez son vieil oncle. Et si Castle Hill ressemble bigrement à ce lieu où la communauté de l'anneau est survolée par des étourneaux maléfiques… ce n'est pas une simple impression. La Nouvelle-Zélande se prêtait parfaitement à restituer ces ambiances du *Lord of the Ring*… Peter Jackson a fait mouche.

À savoir : pour les fans indépendants, un livre (*The Lord of the Ring's Location Guidebook*, en anglais) propose photos et coordonnées GPS des lieux du film.
www.newzealand.com

THAILANDE

L'ÎLE DE JAMES BOND

Le charme de l'agent 007 semble s'exercer au-delà de sa personne. Bond (James Bond) est un véritable moteur touristique pour les sites qui ont servi de décor au tournage de l'un de ses 25 films. Ainsi, les plages de sable blanc thaïlandaises ont été immortalisées au grand écran par *L'Homme au pistolet d'or*, avec Roger Moore, tourné dans la baie de Phang Nga, à une centaine de kilomètres au nord de Phuket. Le succès fut tel que l'île de Koh Pinggan, le repaire de l'infâme Scaramanga sur lequel se joue le dénouement du film, a été rebaptisée « James Bond island » ! Voilà un endroit sur terre définitivement tiré des griffes des méchants… Mais pas de celles des voyagistes, puisque aujourd'hui les agences programment cette étape au menu de leurs excursions en « longues queues » (pirogues à moteur). Attention donc à ne pas se faire marcher sur les pieds par le flot de touristes qui débarquent chaque jour sur l'île. Sauf si vous passez par là tôt le matin… l'île sera alors pour vous tout seul !

À savoir : Jamaïque, Istanbul, montagnes suisses, Thaïlande, Taj Mahal, Tour Eiffel, désert d'Atacama, Mexico… Que ce soit avec Roger Moore, Sean Connery, Pierce Brosnan ou plus récemment Daniel Craig, James Bond est un vrai globe-trotter, mais c'est l'Angleterre – surtout Londres – qui reste son centre du monde. Une très grande partie des scènes des films y ont d'ailleurs été tournées, notamment dans les studios de Pinewood, à découvrir lors de *James Bond Tours*.

L'ESCALIER DU POTEMKINE À ODESSA

LA CUIRASSÉ POTEMKINE

Après *La Grève* – la répression d'une grève ouvrière en 1912 – et avant *Octobre* – la prise du pouvoir par les bolcheviks en 1917 –, le jeune Eisenstein déploya tout son art dans ce film (1925) qui raconte un épisode de la révolution de 1905, à l'occasion du 20e anniversaire de cette dernière. Beauté graphique des plans, montage coup de poing, jeu émouvant des acteurs, etc. *Le Cuirassé Potemkine* est une œuvre extrêmement lyrique qui, pour être très personnelle, n'en reste cependant pas moins un outil de propagande pour le régime soviétique. De retour de la guerre contre le Japon dans le port ukrainien d'Odessa, les marins du cuirassé Potemkine n'en peuvent plus. Ils sont affamés et la nourriture qu'on leur donne est avariée. Ils se mutinent, de même que certains de leurs officiers. La population prend fait et cause pour eux. Mais le pouvoir tsariste envoie des troupes pour réprimer ce soulèvement… L'une des séquences les plus marquantes du *Cuirassé Potemkine* se déroule sur un grand escalier. Parmi les événements qui se succèdent figure cette scène : l'armée tire sur la foule, une femme s'effondre et lâche le landau de son enfant, lequel dévale alors les marches. Construit au début du XIXe siècle, cet escalier monumental a été conçu afin de relier le port d'Odessa à la ville proprement dite – elle est située sur un plateau. Il comporte 192 marches et 10 paliers, sa longueur est de 142 m, tandis que sa largeur varie entre 12,5 m et 21,7 m. Nommé Potemkine en 1955, il est aussi appelé Richelieu, non pas en hommage au cardinal mais à l'un des membres de sa famille qui fut gouverneur de la ville dans les années 1800. Celui-ci possède sa statue en haut des marches.

LA FONTAINE DE TREVI À ROME

LA DOLCE VITA

Déjà célèbre grâce à des œuvres comme *La Strada*, Fellini frappe un grand coup avec ce film (1960) qui exprime un point de vue puissant sur le monde moderne occidental. Il incarne aussi le passage du cinéaste d'une inspiration néoréaliste à un style très personnel frappé du sceau de l'onirisme. Tourné dans les rues de Rome et aux studios Cinecitta, *La Dolce Vita* est également un portrait sensible de la ville d'adoption du cinéaste. C'est évidemment la scène du film tournée dans le cadre de la fontaine de Trevi qui reste la plus mémorable. Marcello se trouve là en compagnie d'une starlette américaine (Anita Ekberg), sorte de Vénus symbolisant la pure sensualité, l'insouciance absolue. Envoûté, le reporter la suit quand elle décide de prendre un bain de minuit dans l'eau du bassin… Plus prosaïquement, rappelons que cette fontaine date du XVIIIe siècle. Elle est dotée d'un fronton orné de statues symbolisant l'Abondance et la Salubrité. De plus, l'ensemble est surmonté du blason du pape Clément XII, son commanditaire. Imposant monument situé sur une petite place, la fontaine de Trevi attire d'innombrables touristes qui, pour la plupart, sacrifient au rite du lancer de pièce de monnaie dans le bassin en tournant le dos à ce dernier. Cet acte est sensé permettre de revenir à Rome. D'autres sites romains sont représentés dans *La Dolce Vita*, notamment la coupole de la basilique Saint-Pierre et la Via Veneto, rue reconstituée à Cinecitta dans laquelle Marcello retrouve le photographe Paparazzo – son nom est depuis attribué aux traqueurs de célébrités.

federicofellini.it (Fondazione Federico Fellini)

Brooklyn Bridge, New York

NEW YORK

LE MANHATTAN DE WOODY ALLEN

Petites lunettes, cheveux dégarnis et humour décapant : tels sont les attributs de Woody Allen. Le réalisateur américain, devenu célèbre grâce à ses comédies de mœurs *(Annie Hall, Hannah et ses sœurs…)*, prend plaisir à se mettre en scène dans des rôles d'intellectuel new-yorkais, juif et chétif, en proie à d'incessantes crises existentielles. En 1979, Woody Allen rend hommage à sa ville natale dans l'une de ses plus brillantes comédies : *Manhattan*. Il y incarne un scénariste de télévision angoissé, qui jongle maladroitement entre une carrière insatisfaisante et des relations amoureuses sans avenir. Les diverses facettes de New York y sont magnifiées par des images en noir et blanc d'une grande finesse. C'est certainement la discussion au clair de lune au pied du Queensboro Bridge, le long de l'East River, qui constitue la plus belle scène du film. Construit en 1909, ce pont reliant l'île de Manhattan et le Queens est l'un des plus anciens de la ville. Amoureux inconditionnel de la Grosse Pomme, il en a fait le décor privilégié de plusieurs de ses films *(Annie Hall, Meurtre mystérieux à Manhattan…)*. On y reconnaît aisément le Brooklyn Bridge et l'Hudson River, Central Park et Times Square, Broadway et Manhattan. Le restaurant *Elaine's,* situé au n° 1703 de la 2nd Avenue, apparaît également de temps à autres. Le réalisateur aimait y casser la croûte, paraît-il…

À savoir : là encore, comme pour Paris, impossible d'énumérer tous les coins de New York fixés sur la pellicule, à vous de les découvrir.

L'HOTEL PARK HYATT À TOKYO

LOST IN TRANSLATION

Réalisé par Sofia Coppola (2003), fille de Francis, elle y excelle dans la peinture de sentiments fragiles, incertains, secrets, tout en faisant preuve d'une belle maîtrise sur les plans technique et artistique. L'intrigue : un acteur américain (Bill Murray) débarque à Tokyo pour le tournage d'une pub. Complètement déboussolé – le décalage est ici à la fois horaire et culturel –, il reste cantonné dans son hôtel, le *Park Hyatt*, jusqu'au moment où il rencontre une charmante compatriote (Scarlett Johansson) avec laquelle il va errer dans les rues de la ville et nouer une relation amicale… Une bonne partie du film se déroule dans les murs du *Park Hyatt*, un hôtel de luxe situé au cœur du quartier de Shinjuku. Il comprend des restaurants, un spa et une piscine entourée de baies vitrées. La réalisatrice est tombée amoureuse de ce lieu au cours de la tournée de promotion de *Virgin Suicides*. Toutes les étapes de l'escapade nocturne de ses deux personnages font partie de « son » Tokyo. Nombre de ces séquences ont été captées sur le vif afin de donner une impression aussi juste que possible de l'atmosphère qui règne dans les quartiers les plus animés de la capitale du Japon.

tokyo.park.hyatt.com

BON PLAN

UN SITE TRÈS INTÉRESSANT QUI RECENSE 2300 LIEUX DE TOURNAGE DANS LE MONDE : WWW.L2TC.COM

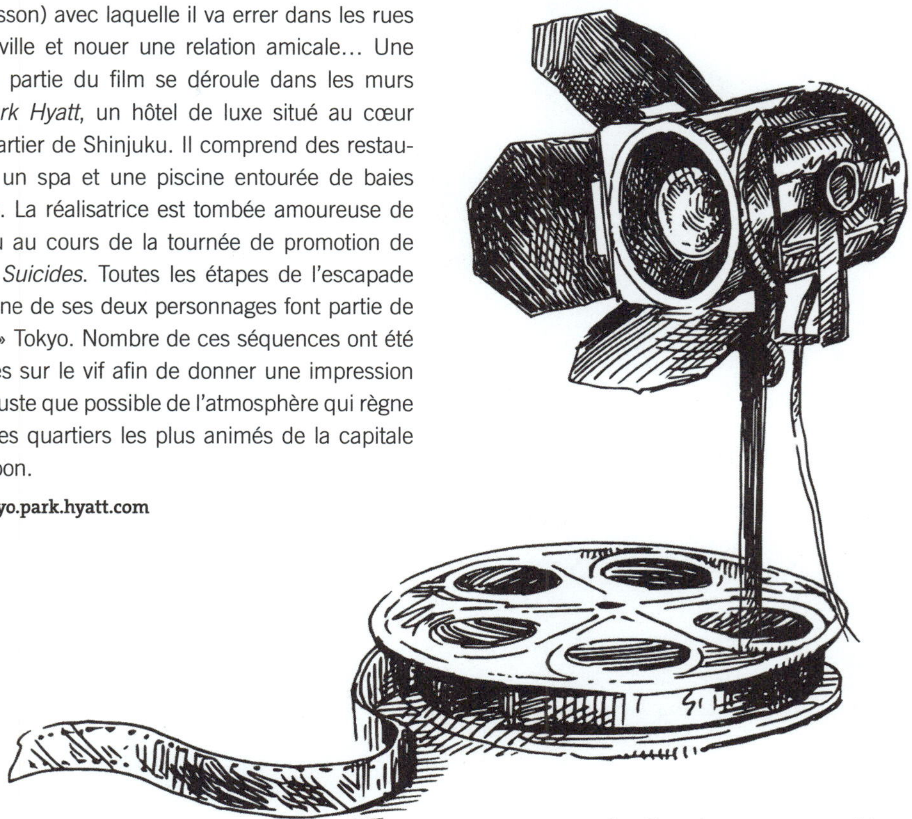

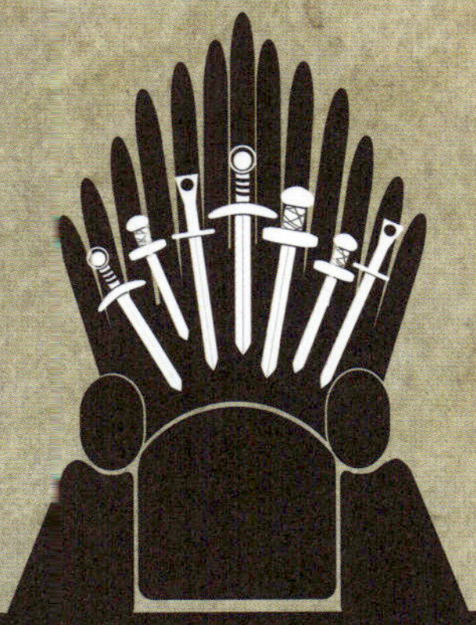

SUR LES TRACES DE GAME OF THRONES®

ISLANDE

Un gigantesque *Mur de glace* sépare l'extrême nord du reste du continent *Westeros*. Sur ces terres inhospitalières vivent les *Sauvageons*, humains rassemblés en diverses tribus qui ne sont pas soumises aux royaumes situés au sud de ce rempart tenu par la *Garde de Nuit*.

ÉCOSSE

Dans la première saison, le royaume de *Winterfell* ressemble à s'y méprendre au domaine du château de Doune, situé près de Stirling (Clackmannanshire). Ici, on est également fier d'avoir accueilli jadis l'équipe du film *Monty Python - Sacré Graal* !

IRLANDE DU NORD

Les scènes d'intérieur de la série sont tournées aux studios Paint Hall « Titanic » de Belfast. En ce qui concerne les extérieurs, de nombreuses séquences situées dans la partie septentrionale de *Westeros* sont aussi mises en scène en Irlande du Nord. Dans le parc de Tollymore sont filmées les scènes qui se déroulent au cœur de la forêt qui sert de zone tampon entre le *Mur* et les territoires des *Sauvageons*.

CROATIE

Le Trône de fer tant convoité se trouve au sud de *Westeros*, dans le *King's Landing* tenu par les *Lannister*. Depuis la saison 2, les décors extérieurs de la capitale *Port-Réal* sont filmés à Dubrovnik, au fort Lovrijenac. Ses jardins sont ceux de l'arboretum de Trsteno.

ESPAGNE

Les scènes se déroulant à *Dorne*, le domaine de la *maison Martell*, ont été tournées à Séville. Osuna compte parmi les autres lieux de tournage. Les saisons 6 et 7 ont également beaucoup investi l'Espagne, notamment le Parc naturel des Bardenas Reales, la forteresse andalouse Alcazaba de Almeria, et le château de Zafra.

MALTE

Le temps de la première saison de la série, la ville fortifiée de Mdina a été utilisée pour incarner *Port-Réal*, avant d'être supplantée par Dubrovnik. Sur le littoral rocheux de la baie de Dwerja (île de Gozo) s'élève une arche naturelle appelée Azur Window. C'est là que *Daenerys* est mariée à *Drogho*, le chef du peuple nomade *Dothraki*. Elle s'est malheureusement effondrée en mars 2017.

MAROC

Les pérégrinations de *Daenerys* sur le continent *Essos* sont en partie tournées au Maroc. Sur le site du ksar de Aït Ben-Haddou et d'autres lieux près de Ouarzazate, de même que sur la sqala de la Kasbah d'Essaouira, où celle qui est devenue la *mère des Dragons* affranchit des esclaves-guerriers au cours d'une séquence mémorable.

LES LIEUX DE LÉGENDES

Monstre du Loch Ness, yéti au Tibet, chevaliers de la Table Ronde, Dracula ou Robin des Bois… Plus ou moins crédibles ou renommées, ces légendes se sont inscrites durablement dans l'histoire et ont rendu célèbres des endroits parfois ignorés. Les visiter, c'est ressentir une atmosphère mystérieuse où planent encore les secrets du passé. Que l'on soit superstitieux ou pas, les légendes attisent la curiosité, stimulent l'imaginaire et attirent les voyageurs. Petit tour du monde à travers ces lieux mythiques, marqués au fer rouge par leur légende, de Nazca à Hanoi et du Tibet au Loch Ness.

PÉROU

LES GÉOGLYPHES DE NAZCA

Situés sur la plaine côtière aride du Pérou, les géoglyphes de Nazca et de Pampas de Jumana, découverts en 1926, intriguent encore aujourd'hui les archéologues. Ces immenses dessins, tracés dans le sol entre 500 av. J.-C. et 500 apr. J.-C., représentent des animaux et des figures géométriques de plusieurs kilomètres de long. Leur nombre impressionnant, leur taille et leur régularité constituent une énigme. Vues du ciel, ces figures sont parfaitement bien tracées. Cette prouesse technique s'explique par un procédé pourtant simple, celui du carroyage. La plupart des archéologues pensent que les dessins de Nazca sont des copies de figures formées par les étoiles et qu'ils permettaient d'enregistrer le mouvement exact des astres. Le microclimat sur le plateau du Pérou explique l'exceptionnelle conservation des tracés : la région étant l'une des plus sèches du monde et peu venteuse, rien ne vient éroder ou recouvrir les dessins. Inscrits au patrimoine mondial de l'Unesco, les quelque 350 géoglyphes de Nazca et de Pampas de Jumana vous émerveilleront par leur réalisation, leur grandeur et leur beauté. Survolez à bord d'un petit avion le célèbre condor, le singe, les oiseaux-mouches et autres êtres fantastiques qui forment un paysage surréaliste. Plusieurs compagnies assurent des vols depuis l'aérodrome de Nazca.

Prix : compter 70 € pour 35 mn de vol.

ÉCOSSE

LE MONSTRE DU LOCH NESS

Dans la famille des monstres légendaires, Nessie remporte sans doute la palme d'or. Avec ses eaux noires d'une profondeur supérieure à 200 m par endroits et une longueur de près de 40 km, le Loch Ness offre une multitude de cachettes pour son monstre légendaire. La légende remonte à 565, lorsqu'un moine irlandais aurait été attaqué par une bête alors qu'il se baignait. Des années plus tard, au début du XXe siècle, un cliché du prétendu monstre est publié et fait le tour du monde : la légende ressurgit des eaux noires du Loch Ness. Ce cliché s'est avéré être un canular, mais plusieurs centaines d'autres personnes ont affirmé avoir vu des bosses ou des remous, dont des scientifiques et des habitants de la région. Le lac étant sombre et brumeux, le climat qu'il instaure explique aussi le succès de la légende… Pour tenter d'apercevoir Nessie, plusieurs circuits en bateau sont proposés, au départ d'Inverness ou du Clansman Hotel (près de Drumnadrochit), d'une à trois heures. Le tour du lac fait une centaine de kilomètres environ : le Loch Ness, entouré d'une forêt de pins, est l'endroit idéal pour faire de longues randonnées à pied, à cheval ou à vélo, dans un cadre grandiose. Et si vous êtes las de chercher Nessie en vain, les Highlands écossaises abritent de charmants villages authentiques, tels que Drumnadrochit et Fort Augustus, des productions shakespeariennes à ciel ouvert, de nombreux terrains de golf et le château médiéval d'Urquhart. La réserve naturelle de Glen Affric et ses forêts boisées de pins regorgent d'animaux, bien réels cette fois-ci.

www. visitinvernesslochness.com

NÉPAL

LE YETI

Sasquatch pour les indiens, Big Foot pour les américains, l'abominable homme des neiges dans les contes… Plusieurs noms pour un seul monstre légendaire du Népal : le yéti. Tout a commencé par les témoignages d'explorateurs au début du XIXe siècle et par la découverte de gigantesques empreintes de pas dans l'Everest, photographiées par l'expédition Shipton. Ceux qui affirment l'avoir vu (et ils sont nombreux) le décrivent comme un gorille géant capable de se tenir debout. Alors, monstre exceptionnel ou primate imposant ? Les poils retrouvés en Inde, supposés appartenir au yéti, se sont révélés après analyses être des poils de chèvre, une espèce rare apparentée au chamois. Mais qu'importe, c'est l'occasion de partir sur les traces de l'abominable homme des neiges au cœur du toit du monde. Le yéti est aujourd'hui une véritable image de marque : des circuits sur mesure, « Sur les traces du Yéti » par exemple, vous emmènent sur la mythique Route de la Soie et vers le « petit Tibet ». Au programme : la visite de villages, de monastères ou encore des trekkings sur les hauts plateaux du Tibet, de la Mongolie et du Népal. Pour ajouter au folklore, vous pouvez visiter le temple de Pangbotchi, dans lequel est conservée une main momifiée attribuée au yéti, ainsi que le monastère de Khumjung qui, lui, abrite un prétendu scalp de yéti. Il faut savoir que les « scalps » sont en réalité fabriqués à partir de la peau et des poils d'une chèvre sauvage locale. Ils sont utilisés par les sherpas pour jouer le rôle du yéti lors de cérémonies.Un voyage d'explorateur qui vous met dans la peau du célèbre Tintin !

À lire : ***Tintin au Tibet*, Hergé, Casterman, 1993.**

CHILI

LES STATUES GÉANTES DE L'ÎLE DE PÂQUES

L'île de Pâques est le lieu le plus isolé du monde mais aussi un des plus mystérieux. En plein milieu de l'océan Pacifique, à 3 700 km du Chili, l'île de Pâques abrite des statues insolites. Le cheminement des statues moaï vers l'île reste un mystère. Plusieurs centaines de statues, mesurant de 2 à 20 m, et datées de 1250 à 1500, sont dispersées un peu partout sur l'île. On suppose qu'elles ont été transportées à l'aide de rondins de bois, et qu'elles ont été fabriquées à des fins religieuses. Le côté macabre de l'île renforce la légende : faute de nourriture suffisante, la population pratiquait le cannibalisme, et les yeux des statues étaient faits à partir d'os et de cartilages. Aujourd'hui, bon nombre des statues ont perdu leur coiffe, leurs yeux, ou ont été enterrées, mais le spectacle reste étonnant. L'écriture unique retrouvée sur des plaquettes de bois ajoute au mystère de l'île, car les signes demeurent indéchiffrables. L'autre légende remarquable de l'île est celle de l'Homme-Oiseau. Jusqu'au XIXe siècle, on organisait, au printemps, la fête la plus importante de l'année, « Tangata Manu » : une cérémonie religieuse dédiée au culte de l'Homme-Oiseau, suivie d'une chasse aux œufs pour désigner l'Homme-Oiseau de l'année. Alors n'hésitez plus à vivre la magie qui entoure cette île, le temps d'une excursion : le volcan Rano Kau, l'ancien village d'Orongo, l'ahu Akivi (le seul alignement de statues tournées vers la mer), le site exceptionnel du Rano Raraku et autres merveilles ne vous laisseront pas de marbre.

À lire : ***Aku-Aku : le secret de l'Île de Pâques*, Thor Heyerdahl, Phébus, 1958.**

À DÉCOUVRIR EN FRANCE

BRETAGNE

LES CHEVALIERS DE LA TABLE RONDE ET LA FORÊT DE BROCÉLIANDE

Oyez, oyez ! Terre de druides et d'enchanteurs, la forêt magique de Brocéliande, située dans les profondeurs de Bretagne, vous révèle ses contes et légendes. Partez à la rencontre de la fée Morgane, du roi Arthur et de Merlin l'enchanteur devant son tombeau. Cette mythique forêt est connue pour avoir été le théâtre des exploits du roi Arthur et des chevaliers de la Table ronde partis à la quête du Graal. Au cœur de la forêt, la fontaine de Barenton serait dotée de pouvoirs merveilleux. Selon la croyance populaire, cette fontaine aurait eu des propriétés curatives pour les maladies mentales. Mais elle fut surtout le premier lieu de rencontre entre Merlin l'Enchanteur et la fée Viviane. En bon chevalier, on ne manquera pas la Fontaine de Jouvence et le château de Comper, lieux incontournables de la légende arthurienne. Des jeux de piste intitulés « Tous les chemins mènent à Merlin » vous font remonter le temps pour partir à la recherche du Graal, aux côtés d'Arthur et Lancelot. Laissez-vous aussi entraîner par la légende des mystérieux menhirs de Lampouy, classés Monument historique. Ces menhirs auraient été placés en alignement selon la position du soleil et de la lune. On dit qu'une atmosphère étrange règne le soir de Noël. Dès que le 1er coup de minuit retentit, les menhirs vont boire à la rivière la plus proche. Pendant ce temps, les trésors enfouis à leurs pieds restent découverts, mais gare à celui qui voudrait les dérober, car au douzième coup de minuit, les énormes pierres regagnent leur place en vitesse et écrasent les malhonnêtes ! On vous laisse le soin de vérifier la légende…

À lire : ***Yvain, le Chevalier au lion*, Chrétien de Toyes, XIIe s.**
www. foret-broceliande.fr

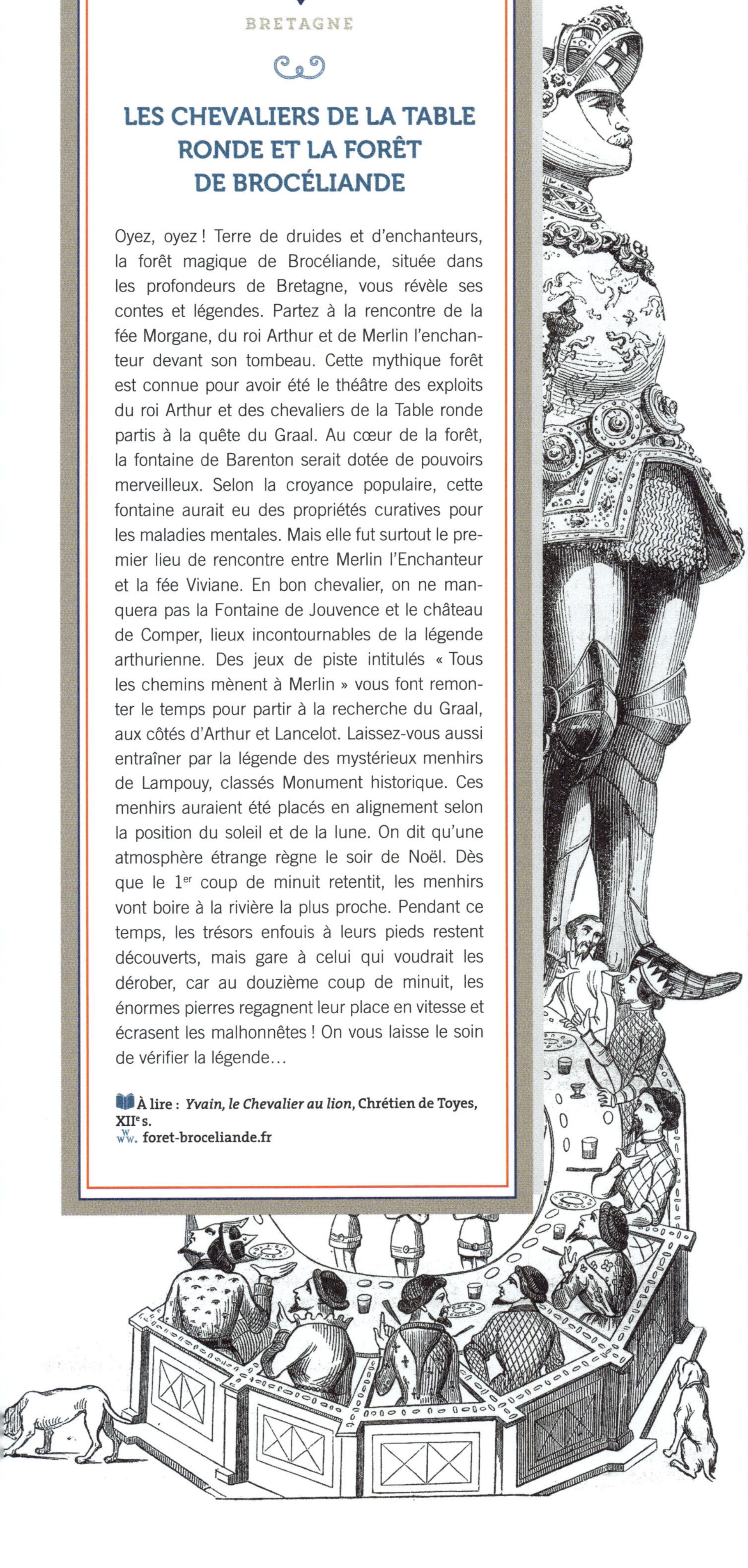

VIETNAM

L'ÉPÉE MAGIQUE DU LAC HOÀN KIÊM À HANOI

Cette fabuleuse histoire fait partie des plus célèbres mythes fondateurs du Vietnam. Au cœur de Hanoi, le lac Hoàn Kiêm (qui signifie « épée restituée ») est le théâtre d'une légende du XVe siècle. Un jour, un pauvre pêcheur s'est vu confier une épée magique par une tortue sacrée sortie du lac afin de défendre le royaume contre les envahisseurs Ming. On raconte qu'il souleva tout le peuple vietnamien, remporta de nombreuses victoires et devint souverain. Mais plus tard, alors qu'il se promenait sur les bords du lac, l'épée fut attrapée par la tortue qui retourna dans les profondeurs du lac. Chose plus surprenante : une énorme carapace de tortue fut repêchée, de quoi alimenter la légende de cette Nessie vietnamienne… Au milieu du lac, considéré comme le plus beau de la ville, l'îlot de la Tortue, avec un *stûpa* de forme carrée, rend hommage à l'animal sacré. En face de la porte, un petit pagodon est le dernier vestige d'une des plus anciennes pagodes de Hanoi. Sur les bords du lac, la statue du roi Lê Loi jetant l'épée à l'eau rappelle la légende. Tout autour, les flamboyants valent le coup d'œil : c'est l'une des promenades préférées des jeunes amoureux à la tombée de la nuit. Enfin, la « ville du dragon » toute entière est un petit bijou qu'il faut s'empresser de découvrir. Regorgeant d'histoires fabuleuses, les merveilleux temples et pagodes d'Hanoi vous baigneront d'une atmosphère envoûtante.

ROUMANIE

DRACULA EN TRANSYLVANIE

Plongez dans le monde fantastique du comte Dracula à travers les Carpates, et plus précisément en Transylvanie. Bien avant d'être mentionné par Bram Stoker en 1896, Dracula a été un personnage historique. Fils de Vlad le Diable, comme on l'appelait, Vlad Tepes est surtout connu pour sa politique autoritaire et pour avoir fondé Bucarest. Surnommé par ses ennemis « Vlad l'Empaleur » en raison de sa méthode cruelle de les punir en les empalant, Vlad a été respecté par son peuple. Ce sont ses méthodes de torture qui ont fait du prince roumain un héros assoiffé de sang. Il fut donc extrêmement facile d'en faire un terrible vampire… De nombreux circuits retracent les lieux évoqués dans le célèbre roman de Bram Stoker. L'itinéraire « À la recherche de Dracula » vous propose notamment de visiter le château (ou la citadelle) de Poienari, et la petite ville médiévale de Sighisoara, où la légende raconte que Dracula est né. Vous pouvez aussi participer à une dégustation de vins (rouges, évidemment !) dans le vignoble de Dracula à Lesinta, et déjeuner à l'hôtel *La Couronne d'Or* de Bistrita, dans le nord de la Roumanie, devenu célèbre après avoir été mentionné dans le roman. Un autre circuit, guidé par la directrice de l'hôtel Dracula à Brasov, vous permet de découvrir la beauté de la région en parcourant les Monts Bargau. Dressé à plus de 1 000 m d'altitude près du col de Tihuta, l'hôtel, à l'air médiéval, est la copie fidèle de la description faite par l'écrivain. Des soirées spéciales, avec bals masqués et costumes style Dracula, sont organisées pour recréer l'atmosphère de l'époque. À emporter dans vos bagages : une gousse d'ail et un crucifix en cas de promenade nocturne…

À lire : ***Dracula*, Bram Stoker, 1897.**
www. **house-of-dracula.com**

ROYAUME-UNI

ROBIN DES BOIS ET LA FORÊT DE SHERWOOD

Robin des Bois est un véritable héros en Grande-Bretagne. Selon la légende, ce hors-la-loi au grand cœur vivait caché dans la forêt de Sherwood et de Barnsdale au Moyen Âge. Habile braconnier, il volait les privilégiés pour redistribuer le butin aux citoyens. On ne sait si ce personnage a vraiment existé, d'où les nombreuses incohérences autour de son histoire. Mais la légende de Robin des Bois reste l'attraction touristique la plus populaire de Notthingham. Se promener sur les traces du brigand est une manière originale de découvrir les paysages variés et pittoresques des alentours de Nottingham. La forêt de Sherwood est aujourd'hui une réserve naturelle : ne ratez pas le majestueux Major Oak, un arbre d'importance nationale vieux de 800 ans. Selon le folklore, le tronc creux était utilisé comme cachette par les compagnons de Robin des Bois et servait de point de rassemblement. Un circuit inclut le charmant village d'Edwinstowe et son église St-Mary, où Robin aurait épousé la douce Marianne. À voir aussi, le château de Nottingham, qui abrite les décors et costumes du film et qui offre au passage une vue spectaculaire sur la ville. La statue de Robin des Bois, emblème de la ville, et les Galleries of Justice, un musée qui expose les crimes et châtiments macabres au temps de Robin des Bois, sont incontournables. Le parc organise également un festival de Robin des Bois chaque été. Cet événement recrée une ambiance médiévale et présente tous les personnages importants de la légende.

À lire : ***Ivanhoé*, Walter Scott, 1819 (un des héros du roman, ce qui en fait un personnage mondialement popularisé).**
www. **experiencenottinghamshire.com**

À DÉCOUVRIR EN FRANCE

FRANCE

LA BÊTE DU GÉVAUDAN

Surnommée la bête faramine ou la bête farrigaude, la bête du Gévaudan a bel et bien existé. De taille extravagante, elle ravagea la Haute-Loire et la Lozère entre 1764 et 1767, dévorant troupeaux, bergers, enfants et pucelles. Pendant deux ans, 92 victimes furent à déplorer. Les paysans n'osaient plus aller aux champs dans la margeride et le haut plateau du Gévaudan. De nombreuses battues furent organisées et les loups abattus en grand nombre. La Bête émut même le roi Louis XV, qui envoya ses chasseurs sur place. Symbole de terreur religieuse, elle alimenta les faits divers, dévorant les enfants, les bergers et les pucelles… Tué enfin par un chasseur, le loup mesurait 1,50 m de long, 77 cm au garrot et sa mâchoire s'ouvrait sur près de 20 cm… Loup infernal, affaire politique, ou sadique ? Les zoologistes modernes pensent qu'il s'agissait de l'hybride d'un loup et d'une chienne… Un gros vilain méchant loup largement médiatisé, quoi ! Voir l'impressionnante statue de bronze et les expositions à la Maison de la Bête à Auvers (Haute-Loire), le musée de la Bête du Gévaudan à Saugues (43).

ROYAUME-UNI

STONEHENGE

Mystique, impressionnant, symbole emblématique de la Grande-Bretagne… Stonehenge, se dresse depuis 5000 ans dans le comté du Wiltshire et fascine depuis des millénaires. Passionnés, scientifiques, nombreux sont ceux qui, au fil du temps, ont essayé de trouver une signification à ce monument. Stonehenge, qui se traduit par « pierre suspendue », est loin d'avoir livré tous ses secrets. On a longtemps pensé que cet alignement de mégalithes était lié à l'observation de la course du soleil dans le ciel, du cycle des saisons : il aurait pu servir ainsi de calendrier. Un bloc indiquerait le point d'horizon où le soleil se lève lors du solstice d'été, tandis que les plus petites pierres, situées au sud-est, désigneraient le lieu du lever du soleil au moment du solstice d'hiver. Or, il y a quelques années, des archéologues ont découvert une multitude d'ossements humains sur le site. Une nouvelle théorie a alors vu le jour : Stonehenge constituerait un site géant d'inhumation. Certains archéologues sont même persuadés, au vu des nombreux squelettes retrouvés enterrés et souffrant de traumatismes, que le lieu aurait été un important centre de guérison. Une sorte de Lourdes préhistorique. Classé en 1986 au patrimoine mondial de l'humanité par l'Unesco, le cercle de pierres préhistorique est le plus sophistiqué au monde d'un point de vue architectural.

La Panaméricaine, *à Nazca*

LES ROUTES MYTHIQUES

La Route 66, la Panaméricaine, la route de la Soie, les chemins de Katmandou ou ceux de Compostelle… Certaines routes, universellement connues, font rêver les voyageurs du monde entier. Récentes ou anciennes, elles se sont distinguées parce qu'elles ont répondu à des besoins essentiels de l'homme : commercer, trouver fortune, accomplir un acte de foi, ou tout simplement voir du pays.

Toutes ont un point commun : que ce soit pour leur histoire, les paysages qu'elles traversent, les exploits auxquelles elles sont liées, elles appartiennent à la mythologie du voyage.

AMÉRIQUES

LA PANAMÉRICAINE

De l'Alaska au Chili

Quelques routards peuvent se vanter d'avoir emprunté la Panaméricaine (ou Transaméricaine) sur toute sa longueur, soit 25 750 km. Elle ne représente pourtant pas de difficultés majeures. Tout véhicule motorisé peut s'y aventurer car la Pan-American Highway consiste en une succession de voies rapides et d'autoroutes qui prennent plusieurs noms selon ses tronçons. Entre Fairbanks (Alaska) et Dawson Creek (Colombie britannique), on l'appelle la grande route d'Alaska. De Laredo (Texas) à Panama Ciudad, c'est l'Interaméricaine. À partir de là, il manque une portion d'une centaine de kilomètres pour faire la jonction entre le Panama et la Colombie. De ce pays, on va prendre la grande route Simón Bolívar à partir du port vénézuélien de La Guaira, près de Caracas. On file ainsi jusqu'à Santiago du Chili après laquelle les volontaires pour l'aventure vont chercher la Carretera Austral à Puerto Montt qui mène à l'extrême sud du continent.

Itinéraire du nord au sud : Fairbanks (Alaska), Whitehorse (Yukon), Edmonton, Calgary (Alberta), Billings (Montana), Denver (Colorado), Albuquerque (Nouveau-Mexique), San Antonio (Texas), Monterrey (Mexique), Mexico, San Salvador, Panama (coupure entre Yaviza et Turbo), Cali (Colombie), Quito (Équateur), Lima (Pérou), Antofagasta, Valparaiso, Santiago du Chili, Puerto Montt (Chili).

À lire : *Sur la panaméricaine*, Alexandre Guyomard, Leo Scheer, 2012.

ÉTATS-UNIS

ROUTE 66

La mère des routes mythiques

Cela paraît incroyable, mais la Route 66 est considérée comme un chef-d'œuvre en péril. Cette voie de 3943 km qui traverse les États-Unis de Chicago à Los Angeles est inscrite sur la liste des sites à sauver par le World Monuments Fund. Elle a été construite de 1926 à 1938, avant et pendant la grande crise économique. C'est cette route qu'empruntent les misérables paysans du Middle West dans *Les Raisins de la colère*, roman de John Steinbeck devenu un film de John Ford. Ils prennent, comme des milliers d'Américains d'alors, la direction de la Californie. Cet axe surnommé « Mother Road » a ensuite symbolisé l'Amérique renaissante avec ses équipements modèles : motels, Holiday Inns, stations-service, McDonald's (le premier a été ouvert à San Bernardino en Californie)… Le trafic ne s'est jamais interrompu : en auto, en car, à moto, sur un chopper… Mais elle a progressivement perdu de son attrait, comme nos routes nationales, lorsque les autoroutes se sont développées. D'ailleurs, des portions de la 66 ont été avalées par ces nouvelles voies. Menacée, bien que devenue *Historic Route* en 1985, elle est défendue par des passionnés réunis en associations. Et elle est toujours prisée des touristes qui trouvent grâce à elle sur leur chemin des vues splendides sur, par exemple, le Grand Canyon, les cratères de l'Arizona ou les villes fantômes de l'ancien Far West. Ils viennent aussi en chantonnant *Route 66*, air de Bobby Troup popularisé par les Rolling Stones, en se remémorant les films qui ont été tournés sur et autour de cette voie dont *Easy Rider* et *Bagdad Café*. Il y a eu aussi une série télé de 1960 à 1964, intitulée simplement *Route 66*.

États traversés d'est en ouest : Illinois (Chicago), Missouri (Saint-Louis), Kansas, Oklahoma (Tulsa, Oklahoma City), Texas (Amarillo), Nouveau-Mexique (Albuquerque), Arizona, Californie (Pasadena, Los Angeles).
À lire : *Sur la route*, Jack Kerouac, Folio, 1972.
À voir : *Thelma et Louise*, de Ridley Scott (1991).
À écouter : la Playlist *Road trip aux USA* du Routard sur Deezer.

ÉTATS-UNIS

LA ROUTE DU BLUES

Tout le long du Mississippi

La route du blues a pour colonne vertébrale le fleuve Mississippi (3780 km), voie le long de laquelle des générations d'Afro-Américains ont cherché fortune, fuyant l'esclavage puis la ségrégation. Parmi eux figuraient d'innombrables musiciens de blues. La route commence idéalement à New Orleans (Louisiane), terreau ultra fécond pour les artistes dès le XIXe siècle, les lieux de loisirs et de plaisirs y abondant. Bourbon Street, dans le vieux Quartier Français, est une étape indispensable. En remontant vers le nord et le mythique delta du Mississippi, vous pouvez faire des incursions dans des plantations de coton transformées en musées. Notez que c'est dans les environs de Clarksdale (Mississippi) que se situe le carrefour où, selon la légende, le génial Robert Johnson a vendu son âme au diable afin de devenir un virtuose de la guitare. Memphis (Tennessee) est une autre grande capitale du blues. On va y faire un tour sur Beale Street, où se succèdent des clubs, dont celui de BB King. On passe ensuite dans le Missouri dont la capitale, Saint-Louis, abrite le National Museum of Blues. On s'écarte du Mississippi et nous voici déjà dans l'Illinois où nous attend Chicago. La Mecque du Blues pour les passionnés.

Itinéraire : New Orleans, Memphis, Saint-Louis, Chicago.
À voir : *The Blues*, série documentaire de 7 films, produits par Martin Scorsese (2003), et réalisés par quelques uns des plus grands cinéastes (Wim Wenders, Clint Eastwood…).
À voir : *Mud : Sur les rives du Mississippi*, film américain de Jeff Nichols, 2013.
À lire : les polars de James Lee Burke.
À écouter : la Playlist *Sur la route du blues* du Routard sur Deezer.

ALASKA

DENALI HIGHWAY

Une traversée de l'Alaska sauvage

Un peu d'aventure ? La Denali Highway, route 8 de l'État d'Alaska, est en majeure partie non goudronnée. Elle demande beaucoup de vigilance dans sa conduite et le repect scrupuleux des limitations de vitesse. Longue de 217 km, elle file vers le Denali National Park and Preserve où s'élève le sommet le plus haut d'Amérique du Nord, le Denali (6190 m), et que fréquentent des grizzlis, des caribous, des élans, des loups ou des aigles royaux. Située à l'ouest du Yukon canadien et au nord-est d'Anchorage, la Denali Highway longe une partie de la chaîne de l'Alaska et offre de ce fait des points de vue sublimes sur des collines et des glaciers comme le mont Hayes (4216 m) ou le mont Deborah (3761 m). En chemin défilent des étendues de toundra, des rivières, des lacs… et parfois des animaux sauvages. Les humains sont en revanche peu présents tout au long du trajet, lequel ne compte comme localités que ses points de départ et d'arrivée.

Itinéraire : Paxson, Cantwell.
À lire : *Croc-Blanc*, Jack London, 1906.
À voir : *Into the Wild*, Jon Krakauer, 10-18, 2008.

ÉTATS-UNIS

LEWIS AND CLARK TRAIL

Sur les traces des explorateurs du Far West

En 1804, les explorateurs Meriwether Lewis et William Clark partent pour une expédition qui va faire date. Thomas Jefferson, président des jeunes États-Unis, leur a confié une mission importante : reconnaître les vastes étendues qui se trouvent à l'ouest du fleuve Mississippi et ne sont pas encore colonisées. Elle durera deux années et fera parcourir des milliers de kilomètres à leur équipe, qui remontera le cours du Missouri, traversera les montagnes Rocheuses, puis suivra le fleuve Columbia jusqu'au Pacifique. L'histoire de cette expédition, non agressive envers les populations autochtones, est encore très présente dans la culture états-unienne. Chaque État traversé propose aux touristes des parcours permettant de suivre les pérégrinations de Lewis et Clark et de faire halte dans quantité de lieux de mémoire. Ils sont réunis en un trail de 6000 km par le National Park Service. En suivant leur route, vous allez des grandes plaines jusqu'à l'océan, à travers les terres sublimement sauvages du nord-ouest des États-Unis.

Itinéraire : Illinois, Missouri, Kansas, Iowa, Nebraska, South Dakota, North Dakota, Montana, Idaho, Washington, Oregon.
À lire : *Far West, vol. 1. Piste de l'ouest* et *Far West, vol. 2. Le grand retour*, M. Lewis et W. Clark, Phébus, Libretto, 2000.

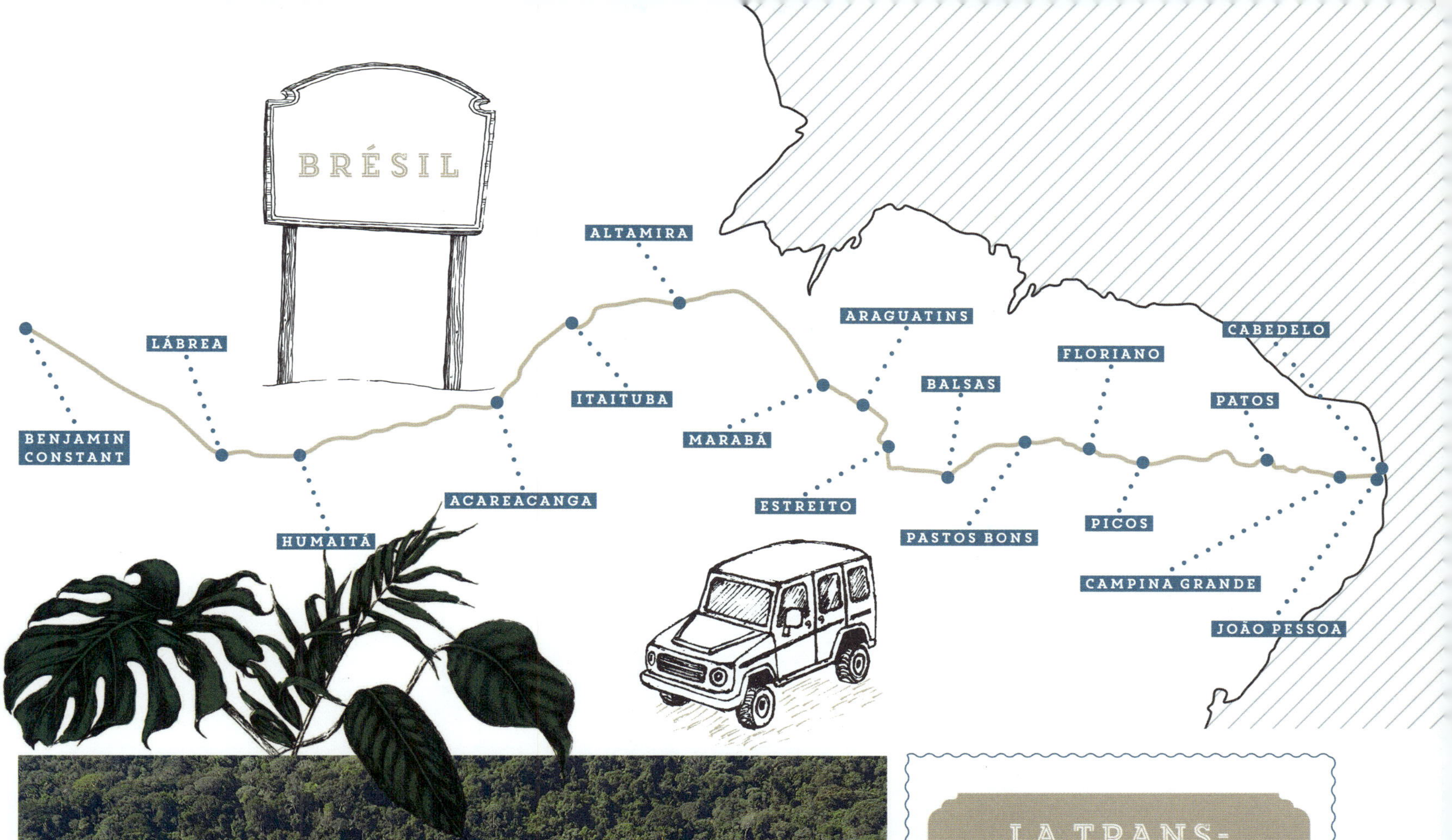

LA TRANS-AMAZONIENNE

Brésil

La Transamazonienne, alias BR-230, est longue d'environ 5000 km. Le projet, lancé en 1970, était de relier l'Atlantique aux réseaux routiers des Andes et d'Amérique centrale. Le but affiché par les militaires alors au pouvoir au Brésil était aussi de désenclaver des régions isolées qui se situent le long du fleuve Amazone. Sa construction est vivement contestée à cause de ses effets destructeurs : déforestation, surexploitation des bois et des sous-sols, grands élevages, urbanisation… Tout cela menace l'écosystème et les populations locales. L'opinion publique internationale a vraiment commencé à s'émouvoir des conséquences négatives de la Transamazonienne dans les années 1980, avec l'assassinat du syndicaliste paysan Chico Mendes et lors de campagnes au cours desquelles des délégués amérindiens ont plaidé leur cause à travers le monde. La circulation sur la Rodovia Transamazônica est peu aisée et parfois dangereuse. Quelques tronçons seulement sont goudronnés. La saison des pluies, de décembre à mai, rend plus que décourageant le projet de parcourir cette route essentiellement terreuse qui file à travers la jungle vers un far west baroque. Des services de bus la sillonnent cependant, de même que des courageux montés sur des motos ou installés dans d'inévitables 4x4. Ça ne roule pas vite sur cette voie où l'on croise plus de camions lourdement chargés que de cabriolets.

⟷ Itinéraire d'est en ouest : Cabedelo, João Pessoa, Campina Grande, Patos (coupure), Picos, Floriano, Pastos Bons, Balsas, Estreito, Araguatins (coupure), Marabá (coupure), Altamira, Itaituba, Acareacanga, Humaitá, Lábrea (coupure), Benjamin Constant (frontière).

À DÉCOUVRIR EN FRANCE ET EN ESPAGNE

LES CHEMINS DE COMPOSTELLE

Sur la route à la manière des pèlerins du Moyen Âge

Le succès des randonnées sur les chemins de Compostelle n'est plus à démontrer. On emprunte idéalement ces derniers à pied – tout ou partie –, mais aussi à cheval, à vélo, ou encore selon des moyens motorisés, ce qui a moins de charme. Car placer ses pas sur ceux des pèlerins du Moyen Âge vous fait découvrir des paysages naturels de la plus agréable des façons. Au IXe siècle, l'Église affirme avoir mis au jour le tombeau de saint Jacques, l'un des apôtres de Jésus. De toute l'Europe vont peu à peu affluer des fidèles qui accomplissaient ainsi un acte de foi demandant beaucoup de courage. Les routes étaient alors peu sûres. À partir de la Renaissance, ce pèlerinage décline pour reprendre au milieu du XXe siècle, époque où l'on détermina quatre grandes routes sur la foi d'un ouvrage médiéval qui indiquait les voies les mieux équipées du point de vue de l'accueil des marcheurs en France – elles se rejoignent au début du Camino Francés, en Espagne. Elles sont aujourd'hui valorisées et sur leur tracé, vous trouverez aussi bien des hébergements que des sites remarquables liés à l'histoire du pèlerinage, en premier lieu des églises, évidemment. Ceux-ci, comme les panneaux figurant sur les chemins, arborent le symbole de la coquille Saint-Jacques comme signe distinctif.

Trajets principaux :
- Chemin de Tours ou Via Turonensis : Paris (tour Saint-Jacques), Orléans ou Chartres, Tours, Poitiers, Bordeaux, Ostabat, Saint-Jean-Pied-de-Port, col de Roncevaux, Puente la Reina.
- Chemin de Vézelay ou Via Lemovicensis : Vézelay, Nevers ou Bourges, Limoges, Périgueux, Ostabat, Saint-Jean-Pied-de-Port, col de Roncevaux, Puente la Reina.
- Chemin du Puy ou Via Podiensis (la plus fréquentée) : Le Puy-en-Velay, Conques, Cahors ou Rocamadour ou Villefranche-de-Rouergue, Condom, Arthez-de-Béarn, Ostabat, Saint-Jean-Pied-de-Port, col de Roncevaux, Puente la Reina.
- Chemin d'Arles ou Via Tolosana : Arles, Montpellier, Toulouse, Auch, Oloron, col du Somport, Jaca, Puente la Reina.
- Camino Francés : Saint-Jean-Pied-de-Port, Puente la Reina, Logroño, Burgos, León, Santiago de Compostela.

À lire : *Immortelle randonnée : Compostelle malgré moi*, Jean-Christophe Ruffin, Folio, 2014.
À écouter : la Playlist du Routard, *Pour un trek avec toi* sur Deezer.

La Transcanadienne, *Colombie-Britannique*

CANADA

LA TRANSCANADIENNE

D'un océan à l'autre

Traverser le Canada de l'océan Pacifique à l'Atlantique en ligne droite… Cette route est considérée comme la plus longue au monde, si l'on fait abstraction de parcours composites comme la Panaméricaine. Elle aligne ses 7 821 km au compteur. Il a fallu 20 ans pour la réaliser, entre 1950 et 1970. Le kilomètre 0 se situe à Victoria, au sud de l'île de Vancouver. Dites au revoir au Pacifique et lancez-vous à travers des paysages constitués alternativement de grandes plaines, de forêts immenses, de toundra, de lacs de montagne, de glaciers… Et même de côtes, étant donné que les extrémités de la route se trouvent sur des îles. Ce voyage au long cours se fait en auto ou à moto et offre des possibilités de faire des haltes dans de grandes villes ou en pleine nature. Y a-t-il un meilleur moyen de découvrir les beautés du Canada ?

Itinéraire : Victoria (Colombie-Britannique), Vancouver, Calgary, Edmonton, Regina, Saskatoon, Winnipeg, Ottawa, Montréal, Québec, Fredericton, Moncton, Charlottetown, St. John's (Terre-Neuve et Labrador).
À lire : *Cantique des plaines*, Nancy Huston, J'ai Lu, 2004.
À lire : *Magasin Général*, Régis Loisel et Jean-Louis Tripp, Casterman, 2006-2014 (9 albums).
transcanadahighway.com

CHILI

CARRETERA AUSTRAL

On ne dirait pas le Sud…

Prendre la Carretera Austral (ou Camino Longitudinal Austral) à partir de Puerto Montt, là où s'arrête la Panaméricaine, c'est s'engager dans une descente nord-sud vertigineuse, entre océan Pacifique et Cordillère des Andes, de plus en plus loin des tropiques. Cette route serpente sur 1 240 km en direction du village de Villa O'Higgins, à la frontière argentine. Adeptes du confort total, passez votre chemin. Par endroits goudronnée, la route comporte des centaines de kilomètres de pistes caillouteuses ou terreuses, parsemées de trous. Parfois, elle ne fait que deux mètres de largeur… On recommande aux voyageurs d'emprunter un 4x4. En chemin, on croise de nombreux parcs et réserves nationaux, ainsi que quelques bourgades. On traverse des forêts primitives, des vallées, des montagnes rocheuses surmontées de glaciers, des rivières, on longe des lacs, des fjords et des volcans. L'idée de relier entièrement le nord et le sud du pays est vieille comme le Chili. C'est sous la dictature de Pinochet que le projet a été relancé dans les années 1970. La destination ultime devrait être Punta Arenas. Et 2020 est la date prévue pour la fin des travaux.

Itinéraire du nord au sud : Puerto Montt, Caleta La Arena, Caleta Puelche, Contao, Caleta Manzano, Hornopirén, Quintepeu, Leptepu, Fiordo Reñihué, Caleta Gonzalo, Chaitén, Puerto Cárdenas, Villa Cerro Santa Lucía, La Junta, Puyuhuapi, Queulat, Cisnes Medio, Villa Ortega, Coyhaique, Villa Cerro Castillo, Valle de Murta, Puerto Tranquilo, Desagüe Lago General Carrera, El Maitén, Cochrane, Lago Vargas, Puerto Yungay, Villa O'Higgins.
À lire : Pablo Neruda, Francisco Coloane, Roberto Bolaño.

ALLEMAGNE

NIBELUNGEN-SIEGFRIED STRASSE

La route de l'Allemagne mythique

De la vallée du Rhin à la Bavière, en traversant les massifs de l'Odenwald et du Pfälzerwald, un circuit d'environ 300 km vous invite à plonger au plus près des racines de la culture germanique. Si vous êtes fan d'opéra, vous les connaissez bien car Richard Wagner en a tiré une fameuse tétralogie, *Der Ring des Nibelungen*. Le grand héros en est Siegfried, un chevalier qui combattit entre autres un dragon. La Route de Siegfried et des Nibelungen part de Worms et se subdivise en deux tronçons après Lorsch, qui se rejoignent à Wurtzbourg. Ils forment donc ensemble une boucle. C'est l'un des plus beaux coins d'Allemagne que l'on parcourt : des vignes, des châteaux, des villages et villes dont les rues sont ornées de maisons à colombages, des églises, ainsi que des forêts d'une profondeur telles qu'elles vous envoûtent… Notez qu'on cultive particulièrement la mémoire du mythe des Nibelungen et de Siegfried à Worms (musée, festival…). Si l'on en croit la légende, un trésor a été jeté dans le fleuve qui passe par cette ville. Sachez que personne n'a encore trouvé l'or du Rhin…

Trajets :

- **Siegfriedstraße : Worms, Bürstadt, Lorsch, Fürth, Grasellenbach, Mossautal, Beerfelden, Hesseneck, Amorbach, Walldürn, Buchen, Tauberbischofsheim, Würzburg.**
- **Nibelungenstraße : Worms, Bürstadt, Lorsch, Bensheim, Lautertal, Lindenfels, Reichelsheim, Michelstadt, Erbach, Miltenberg, Freudenberg, Wertheim, Würzburg.**

À lire : *L'Anneau des Nibelungen*, Leiji Matsumoto, 8 albums, Kana, 2004-2005.

À écouter : *Der Ring des Nibelungen*, cycle de 4 opéras (*L'Or du Rhin*, *La Walkyrie*, *Siegfried*, *Le Crépuscule des dieux*) de Richard Wagner, 1849-1876.

NORVÈGE

LA KYSTRIKSVEIEN

Au-delà du cercle polaire

Passer le Cercle polaire en suivant une route aux paysages constamment puissants, c'est ce qu'offre la route nationale 17 (Rv 17) lorsque vous pénétrez dans la région du Helgeland. Courant le long de la côte, elle vous fait traverser d'innombrables fjords à l'ombre de hauts sommets. Surnommée Kystriksveien – route nationale côtière –, comptabilisant 630 km, la Rv 17 va, dans le sens sud-nord, de Steinkjer (Nord-Trøndelag), près de Trondheim, à Bodø (Nordland). Longtemps axe vital pour les contrées septentrionales de Norvège, elle est maintenant essentiellement empruntée par des touristes en auto ou à vélo – une voie plus rapide, la E6, traverse le pays par l'intérieur des terres. Notez qu'elle vous amène à prendre une demi-douzaine de ferries sur la totalité de son tracé. C'est d'ailleurs à bord de l'un d'eux, entre Kilboghamn et Jektvik, que vous franchissez le cercle arctique. Arrivé à Bodø, ne manquez pas d'aller pêcher de beaux frissons dans les eaux tourbillonnantes du Saltstraumen, lequel est le maelström le plus puissant du monde.

Trajet : Steinkjer, Namsos, Rørvik, Brønnøysund, Sandnessjøen, Mo i Rana, Bodø.

À lire : *Thorgal*, Jean Van Hamme et Grzegorz Rosinski, BD débutée en 1977, Éditions du Lombard.

www. **kystriksveien.no**

AFRIQUE DU SUD

GARDEN ROUTE

Officiellement appelée Nationale 2, elle offre des paysages naturels de toute beauté, d'où son surnom. La Garden Route file dans la partie méridionale de l'Afrique du Sud, entre Le Cap et Port Elizabeth. Sa portion la plus renommée sinue le long de l'Océan Indien, allant de Mossel Bay à Stormsrivier (200 km). Celle-ci abrite un triple parc national (Tsitsikamma, Knysna, Wilderness) à la flore et la faune exceptionnelles. Étant donné le succès de cette route, les équipements touristiques abondent. Il y règne un climat agréable toute l'année. D'un côté, vous avez des plages, des côtes rocheuses, de petites baies, de l'autre des montagnes (monts Outeniqua et Tsitsikamma). On s'aventure avec bonheur dans la forêt primaire de Tsitsikamma ou le *fynbos* (maquis côtier de type méditerranéen), on admire les hautes falaises et le lagon de Knysna, les plages de sable blanc de Plettenberg Bay, la réserve naturelle et maritime de la péninsule Robberg, la route des Lacs *(Lakes Road)* qui offre des panoramas époustouflants (à partir de Wilderness)…

Itinéraire : Le Cap, Heidelberg, Albertina, Mossel Bay, George, Knysna, Plettenberg Bay, Stormsrivier, Port Elizabeth.

À lire : André Brink, J. M. Coetzee, Nadine Gordimer, Breyten Breytenbach.

À écouter : la Playlist *Afrique de sud* du Routard sur Deezer.

LES CHEMINS DE KATMANDOU ET AUTRES ROUTES HIPPIES

Dans les pas des premiers routards

Né dans les années 1960 aux États-Unis, le mouvement de contre-culture hippie a fait rapidement des émules ailleurs dans le monde, surtout en Europe. S'inspirant de précurseurs comme les beatniks, les hippies ont hérité de ceux-ci le goût du voyage aventureux, permettant d'ouvrir son esprit à la rencontre de l'Autre. Ces premiers routards ont notamment eu pour destination San Francisco (Californie), Ibiza (Baléares), le Maroc ou encore Amsterdam (Pays-Bas). Mais la route majeure reste sans doute le *hippie trail*, lequel consistait à se rendre le plus loin possible en Orient, en général en usant de moyens de transport modestes : auto-stop, bus, train, moto, voitures quasi tout terrain comme la 2CV, minivans… Première étape obligée : Istanbul, en Turquie. De là, certains se rendaient en Afghanistan, d'autres à Katmandou au Népal et d'autres encore à Goa, au sud de l'Inde. Les 3 K (Katmandou, Khao San Road, Kuta) étaient des points de ralliement mythiques. Le trip pouvait durer longtemps, voire ne pas connaître de fin. Ici ou là, on rencontre encore aujourd'hui des hippies historiques qui ont complètement coupé les ponts avec leur pays d'origine. Quant au hippie trail, l'histoire et la géopolitique l'ont désormais rendu impraticable…

À lire : *Les Chemins de Katmandou*, René Barjavel, Pocket, 2012.

À lire : *Magic Bus : Sur la route des hippies d'Istanbul à Katmandou*, Rory MacLean, Hoëbeke, 2011.

LA ROUTE DE LA SOIE

Orient / Occident

La route de la Soie a été nommée ainsi au XIXe siècle par le géographe allemand Ferdinand von Richthofen. De l'Antiquité à la fin du Moyen Âge occidental, elle a permis que se tisse un puissant lien commercial entre l'Extrême-Orient et l'Europe. Si l'appellation « route de la Soie » a été bien admise, c'est parce qu'effectivement, la précieuse étoffe fabriquée en Chine était le produit le plus prestigieux que transportaient les caravanes qui l'empruntaient. D'autres denrées prenaient ce chemin : épices, bijoux, ambre, verre… ainsi que des idées. Toutes les religions pratiquées des deux côtés du monde se sont croisées sur cette route qui s'est avérée particulièrement bénéfique pour la propagation de l'islam et du bouddhisme. C'était également un chemin emprunté par des diplomates, des espions, et par des brigands attirés par un flot continu de convois chargés de richesses. À vrai dire, il faut parler de plusieurs routes de la Soie. L'un des principaux points de départ était Chang'an, l'actuelle X'ian, alors capitale de la Chine. Les caravanes se dirigeaient vers le corridor du Gansu, puis le Xinjiang, régions situées entre le Tibet et la Mongolie. Parvenues dans les steppes et déserts d'Asie centrale, elles faisaient de longues haltes dans des oasis, villes et caravansérails où arrivaient d'autres colonnes de marchands venues d'Iran et du monde arabe. Par ailleurs, des branches annexes de ce réseau principal partaient vers l'Inde ou la Russie. Enfin, des routes maritimes étaient également empruntées – Marco Polo fit ses longs voyages par les deux voies. C'est d'ailleurs le développement de ces dernières, entrepris par les Européens, qui fit perdre beaucoup de son intérêt pour la route de la Soie en Occident. Depuis la fin du XXe siècle, avec l'aide de l'Unesco, des pays situés sur son tracé favorisent la création de circuits touristiques. Ceux-ci font renaître, du moins symboliquement, l'antique piste marchande.

Itinéraire d'est en ouest : Chine, Xi'an (province du Shaanxi), province du Xinjiang, Kirghizstan, Tadjikistan, Ouzbékistan, Turkménistan, Iran, Irak, Syrie, Turquie, Europe.

À lire : *Des monts Célestes aux sables Rouges*, Ella Maillart, Payot, 2017.

À lire : *Longue marche : à pied de la Méditerranée jusqu'en Chine par la route de la soie*, Tomes 1, 2 et 3, Bernard Ollivier, Payot, 2012.

VIETNAM

LA ROUTE MANDARINE

Le dragon, de la tête aux pieds

Le Vietnam est traversé du nord au sud par la route nationale n° 1, alias Quoc lo 1A (2300 km). Son kilomètre 0 se trouve à la frontière chinoise, au pied de la porte de l'Amitié (Huru Nghi Quan), près de Lang Son, et se termine à Cà Mau, dans le delta du Mékong. Elle a été surnommée Mandarine car c'était la voie principale par laquelle les mandarins et autres personnalités allaient d'un point à un autre du pays. Carrossée à partir de l'époque coloniale française, elle est toujours très utilisée, même si elle n'est pas toujours en bon état. Longeant fréquemment la côte, elle passe non seulement par les plus grandes villes, mais aussi à proximité de sites merveilleux comme la baie d'Halong – laquelle, immanquable, nécessite cependant un décrochage à la hauteur d'Hanoï, la capitale. À voir encore : le parc naturel national de Cuc Phuong, la grotte de Phong Nha, les monuments de l'ancienne capitale impériale Hué, la vieille ville de Hôi An d'inspiration chinoise et japonaise – superbe pont-pagode –, la ville coloniale française de Dalat-Bao – qui nécessite un petit détour –, les plages de Nha Trang, la grande Hô-Chi-Minh-Ville, ex-Saigon… Et partout des rizières, des villages où faire halte, des pagodes, des balades en bateau sur des rivières ou dans la mer…

Itinéraire : Lang Son, Hanoï, Thanh Hóa, Hà Tinh, Hué, Đà Nang, Qui Nhon, Nha Trang, Hô-Chi-Minh-Ville, Cà Mau.
À lire : *Dragon de cœur : Voyage au Viêt Nam sur la route Mandarine,* Olivier Page, Lucien Souny, 2009.
À lire : *Sur la route mandarine,* Roland Dorgelès, Éditions Kailash, 2004.

INDE, TIBET, NÉPAL

LA TRANSHIMALAYENNE

La route la plus haute du monde

La Transhimalayenne est un ensemble de routes qui serpentent en altitude entre l'Inde et le Tibet, en passant par le Népal. La suivre dans son entier est une épreuve réservée aux aventuriers qui n'ont pas peur de vivre des situations extrêmes ! C'est pour cette raison que nombre de voyageurs se contentent d'arpenter à pied, à vélo, à moto ou en auto avec chauffeur des portions plus ou moins longues de ce parcours. Diverses structures spécialisées vous proposent des circuits de groupe en se chargeant d'organiser votre séjour. C'est sans doute la meilleure solution pour découvrir l'Himalaya en limitant les risques. Attention : vous dépassez en certains endroits les 5000 m d'altitude, les chaussées flirtent souvent avec le vide, vous ne trouverez pas partout de quoi boire et manger, etc. Au programme : glaciers, torrents, lacs, villages agricoles et monastères égayant des étendues de roches désertiques… Sublime, forcément… L'un des tronçons les plus fréquentés est le Leh-Manali Highway qui traverse le Ladakh (480 km) entre Manali, centre touristique montagnard de l'État indien du Himachal Pradesh, et Leh (État du Jammu-et-Cachemire) d'où l'on part visiter des monastères (voir le chapitre « Les plus belles routes : 25 road trips de rêve »). D'autres morceaux de Transhimalayenne sont à déguster au Népal, à partir de Katmandou. Lorsque la géopolitique le permet, il est possible de filer en direction de Lhassa, au Tibet. Cette partie de la Transhimalayenne est surnommée la « route de l'Amitié » (900 km).

JAPON

GOLDEN ROUTE

L'essentiel du Japon

Emprunter la Golden Route, c'est suivre symboliquement une voie très ancienne, nommée Tokaido, qui reliait les grandes villes de l'île Honshu, principalement sur son littoral sud. Elle se constitue de la route nationale 1 et d'autoroutes, ainsi que de lignes de chemin de fer. Longue de plus de 500 km, elle part de Tokyo, la capitale du pays. Faut-il présenter cette mégalopole qui, pour être ultra moderne n'en entretient pas moins son patrimoine architectural et culturel ? Relativement proche, Hakone est un site très apprécié. Situé au bord du lac Ashi et dans un environnement montagneux, l'endroit est réputé pour ses sources chaudes. Plusieurs *onsen* (bains publics) se trouvent ici. Et puis il y a la vue sur le mythique mont Fuji, le plus haut sommet du Japon (3776 m). La grande étape suivante est l'agglomération de Kyoto, ancienne capitale impériale, où abondent des palais, sanctuaires ou temples anciens, dont le Pavillon d'Or. Osaka est la dernière étape de la Golden Route. Cette grande ville est réputée pour ses quartiers très animés, voire « désordonnés » (selon les critères japonais), riches en lieux de loisirs, restaurants ou boutiques.

Itinéraire : Tokyo, Hakone, Nagoya, Kyoto, Osaka.

AUSTRALIE

STUART HIGHWAY

L'Australie, du nord au sud

Allant du sud au nord de l'île par son centre, la Stuart Highway donne à voir ses différents types d'environnement sur 2800 km. Portant le nom de l'explorateur John McDouall Stuart, qui fit le premier ce trajet au milieu du XIXe siècle, elle se compose de deux routes nationales successives, la 87 et la 1. Elle démarre au-dessus d'Adélaïde, au bord de l'océan Indien, dans une région au climat tempéré où l'on mène des activités agricoles. Des lacs salés et des mines ponctuent le paysage quand celui-ci prend la forme du bush, typique de l'Outback, vaste zone plutôt aride qui est dominée par la terre rouge. À hauteur de Erldunda, il est convenu de faire un écart à l'ouest pour découvrir Uluru, cet hallucinant rocher rouge haut de 350 m et considéré comme sacré par les Aborigènes. Arrivent ensuite Alice Springs et la chaîne des monts MacDonnell. Lorsqu'on se rapproche du terme de la route, le changement de décor est manifeste. Des parcs naturels permettent de se plonger dans une végétation tropicale (Elsey, Nitmiluk, Litchfield…) qui s'étend sur des reliefs avec rivières et chutes d'eau. Darwin se trouve au terme de la Stuart Highway, où l'on retrouve l'océan et ses plages. Si quelques villes se trouvent sur son trajet, notez que des *roadhouses* sont parfois les seuls points où l'on trouve du carburant, de la nourriture, des hébergements…

Itinéraire : Port Augusta, Coober Pedy, Erldunda, Alice Springs, Ti Tree, Tennant Creek, Mataranka, Katherine, Darwin.
À lire : *L'exploration de l'Australie : Précédé de Aventures dans le continent austral,* collectif et John McDouall Stuart, Transboréal, 2016.
À écouter : la Playlist *Australie* du Routard sur Deezer.

Marché flottant, *Thaïlande*

LES PLUS BEAUX MARCHÉS

Lieu populaire d'échanges et de convivialité, le marché est universel. Aux quatre coins du monde, marchés, souks et bazars reflètent traditions culinaires et savoir-faire. Quels sont les plus grands et plus surprenants marchés au monde ? Que peut-on y trouver ? État des lieux planétaire avec notre sélection de marchés du monde.

BARCELONE

LA BOQUERIA

« Ce qu'on ne trouve pas à la Boqueria, on ne le trouve nulle part », dit-on à Barcelone ! Dans une rue adjacente à la Rambla, le marché de la Boqueria (ou Mercado Sant Josep) est le plus ancien marché d'Espagne et sans nul doute l'un des meilleurs au monde. Sous ses portiques en fer, ce temple de la tradition culinaire espagnole regorge de produits issus de toute la péninsule ibérique et des pays méditerranéens. Jambons charnus, vins des meilleures bodegas, épices et herbes aromatiques aux senteurs envoûtantes, poissons salés, fromages, fruits et légumes aux couleurs vives débordent des quelque 800 stands de la Boqueria. Né comme marché ambulant au XIIIe siècle, la Boqueria reste un symbole de tradition et le cœur de la vie populaire de Barcelone.

Bon à savoir : pour le déjeuner ou un brunch sur le pouce, plusieurs comptoirs proposent tortillas et autres tartines garnies délicieuses dès potron-minet.
boqueria.info

LONDRES

CAMDEN MARKET

Surprenant, le marché aux puces de Camden Town, au cœur de Londres, est une ode à la diversité et à la fantaisie. Autrefois tenu le week-end, le Camden Market anime de nombreuses rues tous les jours. Haut lieu de la culture alternative, ce marché aux puces – le plus grand de Londres – rassemble touristes et adeptes de l'underground (punks, gothiques, hippies, etc.). Dans ce fabuleux bric-à-brac, on trouve de l'artisanat, une brocante, des friperies, des objets vintage, des disquaires, des salons de piercing, des tatoueurs et un marché traditionnel axé sur la mode. Ne manquez pas Cyberdog, immense espace futuriste, où la techno pulse à fond et où vous trouverez de superbes tenues de l'espace pour frimer dans les *raves* les plus déjantées.... Construit sur le marché d'origine de 1974, Camden Market est aujourd'hui l'un des plus vastes marchés permanents d'Europe et, sans nul doute, l'endroit idéal si vous cherchez quelque chose qui sorte de l'ordinaire. Véritable fourmilière, ce marché en surprendra plus d'un. Un brassage des styles et un spectacle à ne pas manquer !

Bon à savoir : les pin-up dans l'âme ou fans de rockabilly des années 1940 et 1950 ne manqueront pas la boutique *Collectif*. Quant aux fétichistes de tout poil et autres accros de heavy metal, ils trouveront à côté leur compte au *Black Rose*.
camdenmarket.com

À DÉCOUVRIR EN FRANCE

LE MARCHÉ DES LICES
RENNES

Le Marché des Lices du samedi, que du bonheur. Pratiquement en centre-ville. C'est le 2e marché de France, et un des plus célèbres, par la variété et la richesse de ses exposants (près de 300 producteurs). Un concentré de toute la Bretagne terrestre et maritime. Le plus beau de tout ce coin de France, et à coup sûr un des plus épatants de tout l'Hexagone. Dans un cadre (halle et place) très beau aussi. Inégalable sur le plan des poissons et crustacés à déguster sur place. Andouille de Guéméné pour ceux qui aiment, belles charcuteries et beaux laitages. Galette saucisse à avaler sur le pouce avec un verre de cidre. Ravissant marché aux fleurs sur la place attenante pour les poètes.

Bon à savoir : toute l'année les samedi, place des Lices, 8 h-13 h.
ww. tourisme-rennes.com

MAROC

LES SOUKS DE MARRAKECH

Des effluves épicés au bal d'échoppes multicolores, du fourmillement de la foule aux interpellations des vendeurs, les souks de Marrakech envoûtent les sens. Au centre de la « perle du Sud », 17 souks répartis par artisanat se croisent et s'entremêlent dans les ruelles sinueuses de la médina, inscrite au patrimoine mondial de l'Unesco. Dans ce dédale, plus de 40 000 artisans marocains au savoir-faire séculaire fabriquent et marchandent leurs produits. Entre autres merveilles, on trouve le souk Chouari, souk des vanniers et tourneurs de bois, le souk des cuivres d'où s'échappe le bruit des coups de burins ou encore le souk Smata dédié aux babouches. Tissus, vêtements, selliers, ustensiles de cuisine, bijoux, épices, maroquinerie, objets en fer forgé : un véritable bric-à-brac, vivant et à vivre, éblouissant au fil de l'artisanat marocain. Dans les souks, comme à Marrakech, il faut oser se perdre un peu, beaucoup, passionnément. De toute façon, vous vous perdrez !

Bon à savoir : la plupart des boutiques sont fermées pour la grande prière le vendredi de 11 h à 16 h.

SÉNÉGAL

LE MARCHÉ DE KAOLACK

Plaque tournante du commerce de l'arachide et du sel, Kaolack, située dans le Siné-Saloum à 200 km de Dakar, recèle un marché des plus pittoresques – et l'un des plus importants ! – du Sénégal, loin devant ceux de Dakar. En marge des sentiers touristiques, le marché de Kaolack n'a rien perdu de son authenticité. Un festival pour les sens, où tous les corps de métiers sont représentés (dinandiers, savetiers, herboristes...). Instruments de musique, matériel agricole et objets incongrus ponctuent les allées aux côtés de nombreux étals de fruits et légumes. Vous y trouverez même une panoplie de remèdes aphrodisiaques (à base de cornes de gazelles, peau de serpent, crinières de lion...) dont se servent les femmes sénégalaises pour soigner leur *gazou* (« mari ») fatigué !

Bon à savoir : un incendie a malheureusement décimé toute une partie du marché en avril 2016. Se renseigner.

MEXIQUE

LES MARCHÉS DE OAXACA ET TLACOLULA

Le marché d'Oaxaca figure parmi les plus animés et les plus étendus du Mexique. Et parmi les plus typiques, pourrait-on ajouter ! Au cœur du centre historique, classé patrimoine mondial de l'Unesco depuis 1987, le grand marché *(tiangui)* du samedi s'étend au pied de maisons coloniales aux façades colorées. Fruits et légumes à profusion, herbes et épices en tout genre, étals dédiés au chocolat – spécialité d'Oaxaca, à déguster sous toutes ses formes ! – et stands de chapulines, ces sauterelles rouges grillées, arrosées de citron et accompagnées d'un piment rouge. Une spécialité locale ! À 30 km à l'est, notre coup de cœur : le marché de Tlacolula, authentique. Fruits, légumes, artisanat, tissu, les Indiennes y vendent leurs meilleurs produits. Peu fréquenté par les touristes. *Sarapes* (tapis de laine), chapeaux de *vaqueros* (cow-boys mexicains), poteries, objets en bois sculptés, nappes et habits traditionnels de l'État remplissent également les étals. Un plongeon au cœur de la tradition culinaire et de l'artisanat mexicain !

Bon à savoir : préférez le samedi pour Oaxaca. Le marché de Tlacolula a lieu le dimanche !

Marché d'Oaxaca, Mexique

JAPON

TSUKIJI, MARCHÉ AUX POISSONS DE TOKYO

Attention, ce marché doit déménager dans le quartier de Tyushu d'un moment à l'autre dans un bâtiment tout beau, tout neuf ! Cependant, ce déménagement étant sans cesse retardé, et même entouré de divers scandales, nous laissons ici quelques éléments pour une éventuelle visite au cas où il subsiste encore quelques mois, entre la parution de ce livre et le déménagement. C'est à la pointe de l'aube (4-5 h) que le marché de Tsukiji prend vie. Ce marché de l'arrondissement de Chuo à Tokyo est connu pour être le plus grand marché aux poissons au monde : tous les jours, près de 3 000 t de poissons sont déversées sur ses étals. Le ballet infernal des camions venant débarquer poissons et crustacés se mêle aux cris des mareyeurs en quête d'acheteurs et au brouhaha des visiteurs. Thon de Guam, saumon de Norvège, poulpes d'Afrique, saumons argentés du Chili, Shishyamo, etc. Près de 450 espèces de poissons venus du monde entier sont vendus en gros ou au détail par 1 500 commerçants. Mais c'est bien la fin de ce célèbre marché aux poissons qui doit fermer ses portes. Enfin, pas tout à fait : il ne s'agit que de la partie intérieure, celle qui était réservée aux grossistes. Le marché extérieur est toujours là. C'est ici que vous pourrez manger en sashimi un petit poisson, l'*aji*. On va le chercher dans l'aquarium, puis le découpeur, adroitement (c'est là qu'on voit le métier), extrait les filets sur les côtes du poisson, ne laissant que la nageoire de queue et la tête, puis dépose la bête encore frétillante sur deux petites potences… devant vous ! Sur Shin Ohashi-dori, toute une kyrielle de petits comptoirs pas chers du tout.

TURQUIE

LE GRAND BAZAR D'ISTANBUL

Le Grand Bazar (*Kapali çarsi* en turc) est le plus grand bazar couvert d'Orient et le plus « ancien » au monde (XVe siècle). L'édifice actuel date du début du XIXe siècle, le bazar ayant brûlé à plusieurs reprises depuis sa fondation par Mehmet le Conquérant. Des arcades de mosaïque bleue, rouge ou verte servent de voûtes aux 58 rues et ruelles enchevêtrées du Grand Bazar. Ce dédale de passages, de cours et de rues révèle une véritable caverne aux merveilles haute en couleurs : tapis, cuivres, argenterie, céramique, poteries, narguilés, articles en cuir, antiquités jalonnent les 4 000 échoppes de ce marché. Il est coutume de dire qu'« un homme dépouillé de tout pourrait sortir du Bazar complètement vêtu et meublé ». Ici, tout se marchande. L'art de négocier est donc de mise, si vous voulez profiter des bonnes affaires !

Bon à savoir : quelque peu délaissé des Stambouliotes et très touristique, le Grand Bazar est peut-être aujourd'hui plus pour une balade et une visite qu'un endroit où faire de vraies bonnes affaires…

THAÏLANDE

MARCHÉS DE BANGKOK

Dans les rues de Bangkok, tout se vend et tout s'achète. Les marchés, disséminés un peu partout dans la ville, offrent des promenades où l'on se régale du spectacle offert par les étalages. Le marché du week-end de Chatuchak impressionne par le bric-à-brac désordonné qui y règne. Situé au nord de Bangkok, sur Phahonyothin et Khampaengphet Road, il reste le plus grand marché à ciel ouvert d'Asie. Dans cette sorte de marché aux puces géant, on trouve de tout ! Des vêtements au mobilier, des souvenirs et objets d'artisanat traditionnel aux animaux, des plantes et produits frais aux livres ! Négociation indispensable, bien sûr. Quant aux marchés flottants, vestiges d'un temps révolu, s'ils sont devenus des pièges à touristes, le Talin Cham Market, à Thonburi, ou, à 1 h de route au sud de Bangkok, les marchés de Tha Kha et de Amphawa méritent une visite.

Bon à savoir : Chatuchak est ouvert les samedi et dimanche de 7 h à 18 h.
www. bangkok.com

HONK-KONG

LES MARCHÉS DE YAU MA TEI

Quartiers populaires et authentiques de la « perle de l'Orient », Yau Ma Tei et Mong Kok abritent d'incroyables marchés à ciel ouvert. Toujours très animés, ces véritables chaos organisés grouillent de monde et restent l'endroit idéal pour faire de bonnes affaires. La singularité de ces marchés réside avant tout dans leur diversité étonnante. Couleurs vives des fleurs du Flower Market, symphonie de piaillements s'échappant du marché aux oiseaux Bird Market, ronde des poissons rouges et exotiques du Goldfish Market et éclat des bijoux précieux du Jade Market se mêlent aux traditionnels étals de fruits et légumes. Le Ladie's Market fera le plus grand bonheur des dames tandis que le marché nocturne de Temple Street, surnommée « la rue des hommes », se charge de ces messieurs ! Vêtements, accessoires, gadgets, CD, films, montres, etc. Tout y est !

Bon à savoir : marchés ouverts tous les jours de 10 h à 21 h, excepté pour Temple Street (14 h-minuit).
www. discoverhongkong.com

Le marché Chatuchak, Bangkok

CARTE POSTALE

STRASBOURG
MARCHÉ DE NOËL

Strasbourg accueille chaque année le plus ancien et le plus célèbre des marchés de Noël français, le fameux Christkindelsmärik, « marché de l'Enfant-Jésus ». La tradition remonte à 1570... Les rues du quartier de la cathédrale sont décorées et animées, mais en tout, Strasbourg ouvre près de 300 chalets de Noël répartis sur de nombreux sites. Des artisans de la France entière viennent y exposer des objets variés destinés aux fêtes de fin d'année, et y préparent des spécialités gastronomiques alsaciennes.

Noël en Alsace

En Alsace, Noël commence un mois à l'avance ! Tout débute autour du 25 novembre, jour de la Sainte-Catherine. Les quatre semaines suivantes deviennent alors le théâtre de traditions populaires, encore vivaces en Alsace. Le symbole phare des préparatifs reste le sapin de Noël, dont l'Alsace est, paraît-il, le berceau. À l'origine, l'arbre de Noël était orné d'hosties et de pommes rouges, symboles des fruits de la rédemption et de la tentation. Première mention y est faite dans un livre de contes de 1521, conservé et exposé à la Bibliothèque humaniste de Sélestat. Strasbourg fait honneur à cette tradition en dressant, place Kléber, l'un des plus grands sapins de Noël d'Europe, haut de 30 m et scintillant de mille lumières.

Noël en Alsace ne serait plus Noël sans les légendaires friandises de la région ! Parmi elles : les traditionnels *bredele* de Noël (à l'anis, au beurre, à la cannelle), le pain d'épices *lekerle*, les fameux *christstolles* (pain de Noël) et les *männele*, brioches servies lors de la Saint-Nicolas.

Outre la gastronomie, les marchés de Noël honorent depuis 500 ans l'artisanat alsacien et son savoir-faire. Une occasion d'observer potiers, souffleurs de verre et artisans du textile à l'œuvre.

Le plus vieux marché de Noël de France

La tradition du marché de Noël remonte au XIVe siècle. Provenant des pays de culture germanique, elle s'est répandue au sein d'autres contrées, notamment dans la plupart des régions de France. Ces marchés, ainsi que les festivités variées qui les accompagnent, sont organisés à l'occasion de la célébration de la naissance de Jésus ou en mémoire de Nicolas, le saint protecteur des enfants.

C'est donc à Noël qu'il vous faudra revenir pour découvrir un Strasbourg hors du temps et des modes. Son marché, souvent décrié pour son aspect très commercial, est et restera le plus ancien marché de Noël de France. Autour du 6 décembre, dès le Moyen Âge, se tenait près de la cathédrale le « Sankt Klausenmarkt » (marché de la Saint-Nicolas) durant lequel étaient distribués aux enfants dits sages jouets et cadeaux. Johannes Flinner, pasteur peu catholique, réclama et obtint sa suppression. Mais ce prédicateur luthérien ne fut pas le seul à lutter contre les traditions catholiques attachées au nom de saint Nicolas. La bourgeoisie locale suivit.

C'est ainsi qu'en 1570 fut créé le « Christkindelsmärik » (le marché de l'Enfant Jésus). Il faudra attendre trois siècles (1870) pour que le « Christkindelsmärik » rejoigne son emplacement définitif : la place Broglie.

Un cadre magnifique

Près de 300 chalets sont installés au pied de l'une des plus belles cathédrales gothiques de France, dans le centre historique de la ville, classé au patrimoine mondial de l'Unesco. Aujourd'hui, des maisonnettes en bois ont investi tout le centre-ville. Le concept de marché de Noël se décline en marchés thématiques : village du foie gras fermier d'Alsace, village des *bredele* de Noël (gâteaux secs à l'anis ou au beurre) et des vignerons, village des enfants...

L'atmosphère, elle, n'a pas (trop) changé : pains d'épice, crèches, santons, couronnes de l'Avent, boules de Noël et artisanat se mêlent aux odeurs de vin chaud. Et c'est amusant de voir des touristes asiatiques acheter ici des cigognes en provenance directe de Chine... Par ailleurs, chaque année un pays invité se mêle à la fête et s'ajoute aux quelque 500 animations qui se tiennent dans toute la ville. Jusqu'au 31 décembre, le centre-ville s'éveille à la tombée de la nuit au gré des lumières et des chants de Noël tandis que de nombreux concerts animent Strasbourg, faisant découvrir la richesse des traditions alsaciennes. Plusieurs centaines de manifestations (rencontres, concerts dans les églises, veillées) sont prévues.

FICHE PRATIQUE

Comment y aller ?

- Si vous n'êtes pas Strasbourgeois, sachez que, pendant cette période de l'année, la capitale alsacienne est prise d'assaut. Il faut **s'y prendre bien à l'avance** pour réserver votre chambre, particulièrement les week-ends.
- Plusieurs liaisons quotidiennes vers Strasbourg avec la ligne de **TGV Est-européen** : Paris-Est : 2 h 20, Lille : 3 h 30. **Le TGV Rhin-Rhône** relie le sud de la France à Strasbourg : Lyon 2 h 50, Marseille 4 h 40.
- **En avion, Air France** relie Strasbourg et Mulhouse-Bâle à plusieurs aéroports français.

Quand ?

Vers le **25 novembre jusqu'au 31 décembre**.

Le temple Mahabodhi à Bodhgaya, Inde

LES VILLES SAINTES

Berceaux de religions, lieux de pèlerinages, les villes saintes fascinent. Les religions les ont déclarées saintes en raison de leur emplacement géographique, parce que les textes ou la croyance voient dans leur création un événement placé sous le signe du Très-Haut, parce qu'elles ont ou auraient été le lieu de passage d'un glorieux personnage, ou encore le théâtre d'événements fondateurs d'une confession. La ville sainte est par définition un lieu de dévotion, parfois de pèlerinage, mais pas seulement. Elle est aussi une destination culturelle par excellence : un lieu d'histoire et de mémoire propre à toucher tout un chacun. Tour d'horizon de cités au parfum d'éternité.

ISRAËL

JÉRUSALEM

Jérusalem, dite « trois fois sainte », l'est pour les juifs, les catholiques et les musulmans. Pour les juifs, elle fut la capitale du roi David, abrita le Temple de Salomon, puis le Second Temple après le retour d'exil à Babylone, et devint la capitale du royaume hasmonéen, premier État juif de l'histoire. Pour les chrétiens, Jérusalem fut le théâtre d'événements majeurs : Cène, crucifixion et Résurrection. Le prophète Mahomet encourageait enfin les musulmans à prier en se tournant vers Jérusalem, en hommage à Abraham. Les musulmans attendent le retour de Mahomet sur le Dôme du Rocher, où s'élève la mosquée al-Aqsa. On distingue trois sites religieux majeurs. C'est sur le Mur des Lamentations que les juifs ont pleuré la destruction du Second Temple dont il est un vestige. Ce Mur soutient le mont sur lequel se dresse le Dôme du Rocher, un lieu sacré pour les juifs (scène du sacrifice avorté d'Isaac) et les musulmans (Mahomet y aurait reçu les cinq prières quotidiennes et de là aurait visité les sept cieux). Enfin, la basilique du Saint-Sépulcre est un site sacré pour les chrétiens, érigée sur le site du Calvaire où Jésus aurait vécu la Passion. On ne manquera pas non plus le très réputé musée d'Israël, qui recèle les manuscrits de la mer Morte et un livre d'Isaïe. Jérusalem provoque chez certains le syndrome éponyme, équivalent du syndrome de Stendhal, une maladie provoquée par une émotion intense, se caractérisant par des troubles somatiques et/ou des crises de panique.

À lire — ***Chroniques de Jérusalem*, Guy Delisle, Delcourt, 2011.**

À écouter — ***Jerusalem*, Jordi Savall, Alia vox, 2008.**

ARABIE SAOUDITE

MÉDINE

C'est à Médine que Mahomet s'exila en 622, victime de l'opposition grandissante des marchands de La Mecque. Ça ne vous rappelle pas un certain Jésus en proie à quelques désaccords de forme avec les marchands du Temple de Jérusalem ? Quoi qu'il en soit, c'est ainsi que Médine devint la deuxième ville sainte de l'islam. Elle abrite la Mosquée du Prophète (Masjid al-Nabawi) où se trouve le tombeau de Mahomet. C'est le prophète qui ordonna la construction de la mosquée, initialement tournée en direction de Jérusalem avant d'être réorientée vers La Mecque lorsque la *qibla* (direction de la prière) fut modifiée. C'est une destination de pèlerinage majeure pour le *Hadj* ou pour un *Umrah* (« pèlerinage mineur »). La mosquée de Quba, à quelques kilomètres de Médine, est tout simplement la première mosquée de l'histoire de l'islam, construite elle aussi par Mahomet en exil. Selon la tradition millénaire, Mahomet avait laissé errer son chameau, persuadé que la monture saurait désigner l'endroit propice à la prière. Lorsque celle-ci s'agenouilla, Mahomet était sûr qu'il avait trouvé l'emplacement du futur lieu de culte ! Depuis, la ferveur religieuse ne se dissipe pas sur cette terre que l'auguste camélidé rendit sacrée. Cependant, cette vague de piété reste dans le domaine de l'imaginaire pour les non-musulmans. L'entrée dans Médine comme dans La Mecque leur est en effet interdite. On ne pénètre dans ces périmètres sacrés par excellence que dûment muni d'un visa pour un pèlerinage.

À lire — *Loin de Médine*, Assia Djebar, Le Livre de Poche, 1997.

ARABIE SAOUDITE

LA MECQUE

La Mecque est la ville la plus sacrée de l'islam. Le pèlerinage à La Mecque *(Hadj)* est l'un des cinq piliers de l'islam, avec la profession de foi, les cinq prières quotidiennes, l'aumône et le jeûne du ramadan. S'il en a les moyens, tout musulman doit faire ce pèlerinage au moins une fois dans sa vie. Au fait, pourquoi La Mecque ? Selon la tradition, elle serait la ville natale de Mahomet. Mais c'est surtout le site de la *Kaaba* (le « cube »), cœur du sanctuaire, qui la rend si sacrée aux yeux des musulmans. Cette construction parallélépipédique trônant au centre de la Mosquée sacrée (Masjid al-Haram) a succédé à un monument érigé, selon les versions, par Adam, ce qui en ferait donc la première construction sur terre, ou plus tardivement par Abraham. La Pierre noire enchâssée dans un mur de la Kaaba, qui serait un don de l'archange Gabriel à Abraham, est un objet de vénération. La Kaaba, symbole d'unité, célèbre le monothéisme. C'est vers cette construction que se tournent tous les musulmans du monde lors de leurs prières. Pour « valider » le Hadj, le pèlerin doit se soumettre à un certain nombre de rituels : prière à l'intérieur de la Mosquée Sacrée, sept rondes autour de la Kaaba (« circumambulation »), cérémonie de la lapidation de Satan… Détail important : l'accès à La Mecque comme à Médine, considérées comme des villes à vocation purement religieuse, est strictement interdit aux non-musulmans. L'Arabie Saoudite ne délivre pas de visa de tourisme.

À lire — *Voyage à La Mecque : Relation personnelle d'un pèlerinage à Médine et à La Mecque en 1853*, Richard Francis Burton, Payot, 2015.

Et aussi — *Voyages, tome 1 : De l'Afrique du Nord à la Mecque*, Ibn Battûta, La Découverte, 1997.

ROME ET LE VATICAN

Italie

Rome est un haut lieu du catholicisme puisqu'elle accueille en son sein le Vatican. Ce minuscule État enclavé a tout d'un grand : il frappe sa monnaie, émet ses timbres, possède des ambassades et même une station de radio. Le Vatican s'ouvre sur la place Saint-Pierre, qui tend ses bras au visiteur en l'accueillant entre deux rangées de colonnades. C'est au Bernin que l'on doit ce chef-d'œuvre d'harmonie. Le calendrier est marqué par des bénédictions *urbi et orbi* (« à la ville et à l'univers »), données par le pape depuis le balcon de la basilique Saint-Pierre lors des célébrations majeures du catholicisme, Pâques et Noël. Le Vatican, c'est bien sûr la basilique Saint-Pierre, la plus grande du monde ! À l'intérieur, une symphonie de marbres polychromes attend le visiteur déambulant tel un lilliputien entre des œuvres colossales : *Pietà* de Michel-Ange, baldaquin baroque du maître-autel, monuments funéraires de papes… Ceux qui n'ont pas le vertige des grandeurs pousseront la visite jusqu'à la coupole de Bramante. Dieu que c'est beau ! Mais avis aux claustrophobes : les couloirs sont (presque) aussi étroits que le trou d'une aiguille. On ne manquera pas la visite des musées du Vatican, véritable manne artistique, célèbre tant pour ses œuvres à caractère religieux (chapelle Sixtine, chambres de Raphaël, tapisseries du Cinquecento…) que pour ses collections d'art profane (antiquités, peintures italiennes, cartes géographiques…). L'amateur d'art est promis à de divins moments.

À voir — ***Habemus papam*, film franco-italien de Nanni Moretti, 2011.**

Et aussi — ***The Young Pope*, mini série en co-production italienne, française et espagnole, créée par Paolo Sorrentino, avec Jude Law et Diane Keaton.**

TERRITOIRES PALESTINIENS

BETHLÉEM

Bethléem est située en Cisjordanie, en Palestine, au cœur du désert de Judée. Elle est pour les catholiques le lieu de naissance de Jésus. Selon deux Évangiles (mais pas les historiens), Jésus serait né en ces terres judéennes. Bethléem abrite en premier lieu le tombeau de Rachel, qui perdit la vie en la donnant à Benjamin. Un lieu saint pour les juifs, mais aussi pour les catholiques. Alors que les Hébreux partaient en exil suite au renversement de Jérusalem par le roi de Babylone Nabuchodonosor (-587), la matriarche reposant sur cette terre leur serait apparue pour leur promettre leur retour. À Bethléem se trouve aussi la basilique de la Nativité, construite par Constantin, et la grotte du lait, dans laquelle Marie se serait arrêtée pour donner le sein lors de la fuite en Égypte. La tradition attribue à ces lieux des vertus propres à favoriser la fertilité des femmes (de même que le tombeau de Rachel) et leur lactation. On visite également à Bethléem l'église Sainte-Catherine, où saint Jérôme traduisit la Bible en latin (Vulgate). Il est fascinant d'assister à une célébration religieuse sur les lieux du berceau du judaïsme. À Noël, les rues pittoresques de Bethléem s'illuminent sous les feux du firmament. Le féerique marché de Noël embrase Star Street et le spectacle de la Nativité au musée de la Crèche donne des frissons. Attention, la visite de Bethléem depuis Jérusalem débute à un checkpoint, signe d'une tension palpable dans les territoires palestiniens occupés.

À écouter — *Vingt regards sur l'Enfant-Jésus*, Olivier Messiaen, œuvre pour piano, 1944.

INDE

BODHGAYA

Ce village niché au creux de la fertile plaine du Bihar est un haut lieu du bouddhisme. C'est ici que le prince népalais Siddharta Gautama reçut l'Illumination à l'ombre d'un figuier, devenant ainsi *bouddha* (« illuminé »), libéré du cycle des réincarnations. Moines et pèlerins affluent, principalement du Tibet. Le dalaï-lama se rend chaque année à Bodhgaya en visite officielle, généralement en janvier. Grosse affluence en perspective ! Toujours au chapitre des fêtes, Bodghaya est un lieu de prédilection pour la célébration de Buddha Jayanti (ou Buddha Purnima), l'anniversaire du Bouddha, la plus importante fête du calendrier bouddhiste. Bouddhiste ou non, on va à Bodhgaya pour s'imprégner de l'atmosphère du Mahabodhi Temple (« temple du Grand Éveil »), lieu le plus sacré de vénération du Bouddha, inscrit au patrimoine mondial de l'Unesco. Il renferme dans une structure pyramidale un fourmillement de stèles et de *stupas*. À côté du Mahabodhi Temple trône l'arbre de la Bodhi (ou Arbre sacré). Cet illustre végétal est vénéré comme le lieu historique de l'Illumination. Bonzes et pèlerins s'allongent aujourd'hui encore à l'ombre de son feuillage. Bodhgaya regorge enfin d'un nombre de monastères impressionnant au regard de la taille du village. On notera les spécificités architecturales et culturelles des monastères des communautés monastiques tibétaine, thaïlandaise, birmane, japonaise… Un joli panorama de l'art bouddhiste.

À lire — *Siddhartha*, Hermann Hesse, Le Livre de Poche, 1975.

À voir — *Little Buddha*, film de Bernardo Bertolucci, 1993.

Et aussi — *Kundun*, film américain réalisé par Martin Scorsese, 1997.

INDE

VARANASI (BÉNARÈS)

Varanasi (Bénarès) est la première ville sainte de l'hindouisme. Les hindous viennent par milliers mourir à Bénarès dans l'espoir de se libérer du cycle des réincarnations. Des palais de maharajahs à l'abandon se dressent face à une rive vierge de toute construction, dessinant une image qui n'est pas sans rappeler le Styx des livres de mythologie. Les maisons du Chowk, le quartier ancien, s'entassent derrière les *ghâts*. On croise dans ce labyrinthe de ruelles des familles en chemin pour le crématoire, portant un corps recouvert d'un drap. Le Golden Temple, jalousement dissimulé dans ce dédale exhalant mille senteurs d'épices et d'encens, est le temple le plus sacré du monde hindou, contenant le *lingam* de shiva. Les non-hindous ne sont pas autorisés à accéder au saint des saints. Sur les ghâts, des vieillards et *sadhus* attendent la mort. Nochers des temps modernes, les rameurs vous embarquent pour un circuit longeant les ghâts. Le grand classique est de s'engager sur le Gange depuis Dasashwamedh Ghât, le ghât principal, juste avant le lever du soleil. On observe alors le spectacle de l'astre se dégageant de la ligne d'horizon, mais aussi des ablutions et, sur certains ghâts comme Manikarnika Ghât, des crémations. On dit qu'ici le feu ne s'est jamais arrêté depuis des millénaires… Au coucher du soleil, Dasashwamedh Ghât s'enflamme pour la *puja* du soir, une cérémonie d'offrandes. Au programme : danses sacrées et cérémonie d'offrande de la lumière au Gange dans les volutes d'encens. Ensorcelant !

À lire — *Mahabharata* et *Ramayana* : deux grands poèmes épiques de l'Inde, fondateur de l'hindouisme.

Offrande au Gange à Varanasi, Inde

Où et quand partir en voyage ?

Pour conclure, voici un baromètre des pays agréables à visiter et des destinations franchement déconseillées, en fonction des saisons, que vous soyez plutôt « plage et soleil », « nature et balade » ou « ski ». Si un pays n'apparaît dans aucune des rubriques, vous pouvez vous y rendre même s'il ne s'agit pas de la période climatique optimale pour le visiter.
Nous indiquons ici les grandes tendances climatiques.

Janvier

Météo favorable de l'Amérique centrale à la Terre de Feu (sauf Amazonie, Andes et Équateur), dans les Caraïbes, en Inde et dans le Sud-Est asiatique, ainsi qu'en Afrique (sauf océan Indien). Pluies abondantes et risques de cyclones sur l'océan Indien, météo défavorable en Indonésie et dans le nord australien (pluies et chaleur étouffante), ainsi que les pays de l'hémisphère Nord (froid) en général.

VOYAGE « PLAGE ET SOLEIL »

Conseillé

Afrique : Afrique du Sud, Bénin, Côte d'Ivoire, Gabon, Gambie, Ghana, Namibie, Sénégal, Togo.
Moyen-Orient : Dubaï, Oman.
Asie : Cambodge, Inde, Maldives, Philippines, Sri Lanka (sauf côte est), Thaïlande, Vietnam (sud).
Océanie : Australie (sauf nord), Tasmanie, Nouvelle-Zélande.
Amériques : Antilles, Argentine (sauf Patagonie), Belize, Brésil, Chili (centre et nord), Colombie, Costa Rica, Cuba, Floride, Guadeloupe, Guatemala, Martinique, Mexique, Panama, Pérou, République dominicaine, Venezuela.

Déconseillé

Europe : tous les pays.
Afrique et océan Indien : Algérie, Madagascar, Maroc, Mayotte, Maurice, Réunion, Seychelles, Tunisie.
Moyen-Orient : tous les pays sauf ceux de la péninsule arabique.
Asie : Bali, Indonésie, Malaisie (est).
Océanie : Australie (centre et nord), Polynésie (Tahiti).
Amériques : Canada, États-Unis (sauf Floride), Hawaii.

VOYAGE « NATURE, VISITES ET RANDONNÉES »

Conseillé

Moyen-Orient : Dubaï, Égypte, Israël, Jordanie, Oman.
Afrique : Afrique du Sud, Bénin, Burkina Faso, Côte d'Ivoire, Kenya, Mali, Namibie, Sénégal, Tanzanie, Togo.
Asie : Birmanie, Cambodge, Inde, Laos, Népal, Philippines, Singapour, Sri Lanka (sauf côte est), Thaïlande, Vietnam (sud et centre).
Océanie : Australie (sud), Nouvelle-Zélande.
Amériques : Argentine (sud), Belize, Brésil (sauf Amazonie), Chili, Colombie, Costa Rica, Cuba, Floride, Guadeloupe, Guatemala, Martinique, Mexique, Panama, Pérou, République dominicaine, Venezuela.

Déconseillé

Europe : tous les pays sauf bassin méditerranéen.
Afrique et océan Indien : Madagascar, Maurice, Réunion, Mayotte.
Moyen-Orient : Turquie.
Asie : Bali, Chine, Corée, Indonésie, Japon, Mongolie, Tibet.
Océanie : Australie (centre et nord).
Amériques : Brésil (Amazonie), Bolivie, Canada, États-Unis (sauf Floride et Louisiane), Équateur.

VOYAGE « SKI »

Conseillé

Europe : France, Allemagne, Autriche, Bulgarie, Espagne, Italie, Pologne, République tchèque, Roumanie, Russie, Slovénie, Norvège, Suède, Finlande, Suisse, Turquie.
Afrique : Maroc.
Amériques : Canada, États-Unis.
Asie : Japon.

Février

Météo favorable en Amériques centrale et latine (sauf Amazonie, Altiplano et Équateur), dans les Caraïbes, en Inde et dans la plupart des pays du Sud-Est asiatique, en Afrique (sauf océan Indien). Éviter l'océan Indien (pluies et risques de cyclones), l'Indonésie et le nord australien (pluies et chaleur étouffante), ainsi que les pays de l'hémisphère Nord (froid) en général.

VOYAGE « PLAGE ET SOLEIL »

Conseillé

Afrique : Afrique du Sud, Bénin, Côte d'Ivoire, Gabon, Gambie, Ghana, Namibie, Sénégal, Togo.
Moyen-Orient : Dubaï, Oman.
Asie : Cambodge, Inde, Maldives, Philippines, Sri Lanka, Thaïlande, Vietnam (sud).
Océanie : Australie méridionale, Tasmanie, Nouvelle-Zélande, Polynésie française (Marquises).
Amériques : Antilles, Argentine, Belize, Brésil, Chili (centre), Colombie, Costa Rica, Cuba, Floride, Guadeloupe, Guatemala, Martinique, Mexique, Panama, Pérou, République dominicaine, Venezuela.

Déconseillé

Europe : tous les pays, sauf Canaries.
Afrique et océan Indien : Algérie, Madagascar, Maroc, Mayotte, Maurice, Réunion, Seychelles, Tunisie.
Moyen-Orient : tous les pays sauf ceux de la péninsule arabique.
Asie : Bali, Indonésie, Malaisie (est).
Océanie : Australie (centre et nord), Polynésie (Tahiti).
Amériques : Canada, États-Unis (sauf Floride), Hawaii.

VOYAGE « NATURE, VISITES ET RANDONNÉES »

Conseillé

Moyen-Orient : Dubaï, Égypte, Israël, Jordanie.
Afrique : Afrique du Sud, Bénin, Burkina Faso, Côte d'Ivoire, Kenya, Mali, Namibie, Sénégal, Tanzanie, Togo.
Asie : Birmanie, Cambodge, Inde, Laos, Népal, Philippines, Singapour, Sri Lanka, Thaïlande, Vietnam (sud et centre).
Océanie : Australie (sud), Nouvelle-Zélande.
Amériques : Argentine (sud), Belize, Brésil (sauf Amazonie), Chili, Colombie, Costa Rica, Cuba, Floride, Guadeloupe, Guatemala, Martinique, Mexique, Panama, Pérou, République dominicaine, Venezuela.

Déconseillé

Europe : tous les pays sauf bassin méditerranéen et Canaries.
Afrique et océan Indien : Madagascar, Maurice, Réunion, Mayotte.
Moyen-Orient : Turquie.
Asie : Bali, Chine, Corée, Indonésie, Japon, Mongolie, Tibet.
Océanie : Australie (centre et nord).
Amériques : Brésil (Amazonie), Canada, États-Unis (sauf Floride et Louisiane), Équateur, Pérou (Altiplano, Andes).

VOYAGE « SKI »

Conseillé

Europe : France, Allemagne, Autriche, Bulgarie, Espagne, Italie, Pologne, République tchèque, Roumanie, Russie, Slovénie, Norvège, Suède, Finlande, Suisse, Turquie.
Afrique : Maroc.
Amériques : Canada, États-Unis.

Mars

Météo favorable en Amériques centrale et latine, dans les Caraïbes, en Inde et dans la plupart des pays du Sud-Est asiatique, ainsi qu'en Afrique (sauf océan Indien). Éviter l'océan Indien donc (pluies), l'Indonésie et le nord australien (pluies et chaleur étouffante), ainsi que les pays de l'hémisphère Nord (froid) en général.

VOYAGE « PLAGE ET SOLEIL »

Conseillé

Afrique : Afrique du Sud, Bénin, Côte d'Ivoire, Gambie, Ghana, Guinée, Sénégal.
Moyen-Orient : Israël (mer Rouge), Dubaï, Oman.
Asie : Brunei, Cambodge, Inde, Maldives, Philippines, Sri Lanka, Thaïlande, Vietnam (sud).
Océanie : Australie (ouest).
Amériques : Antilles, Argentine, Belize, Brésil, Chili, Colombie (Caraïbes), Costa Rica, Cuba, Floride, Guadeloupe, Guatemala, Martinique, Mexique, Panama, Pérou, République dominicaine, Venezuela.

Déconseillé

Europe : tous les pays, sauf Canaries.
Afrique et océan Indien : Madagascar, Maroc (Méditerranée), Maurice, Réunion, Tunisie.
Moyen-Orient : tous les pays sauf ceux de la péninsule arabique.
Océanie : Nouvelle-Calédonie.
Amériques : États-Unis (sauf Floride).

VOYAGE « NATURE, VISITES ET RANDONNÉES »

Conseillé

Moyen-Orient : Égypte, Dubaï, Israël, Oman.
Afrique : Afrique du Sud, Bénin, Côte d'Ivoire, Gambie, Guinée, Kenya, Sénégal.
Asie : Cambodge, Inde, Népal, Sri Lanka, Vietnam (sud et centre).
Océanie : Australie (sud), Nouvelle-Zélande.
Amériques : Antilles, Argentine, Belize, Brésil, Chili, Costa Rica, Cuba, Floride, Guadeloupe, Guatemala, Louisiane, Martinique, Mexique, Panama, Pérou, République dominicaine, Venezuela.

Déconseillé

Europe : Scandinavie, Russie.
Afrique et océan Indien : Tanzanie.
Asie : Mongolie.
Océanie : Australie (nord).
Amériques : Canada, Pérou (Altiplano et Amazonie).

VOYAGE « SKI »

Conseillé

Europe : Allemagne, Autriche, Bulgarie, Espagne, Finlande, Italie, Norvège, Suède, Suisse.
Amériques : Canada.

Avril

Météo favorable en Amériques centrale et latine (sauf exceptions), dans les Caraïbes, en Afrique (sauf est), au Maghreb et dans les pays asiatiques encore épargnés par la canicule, ainsi qu'en Europe du Sud et en Océanie. Éviter l'Afrique de l'Est (pluies) et l'Amazonie. Il commence à faire très chaud en Inde, en Thaïlande et dans le sud du Vietnam.

VOYAGE « PLAGE ET SOLEIL »

Conseillé

Afrique : Afrique du Sud, Cap-Vert, Côte d'Ivoire, Gambie, Sénégal, Seychelles.
Moyen-Orient : Dubaï, Israël (mer Rouge).
Asie : Brunei, Inde, Malaisie (côte est), Maldives, Philippines, Sri Lanka (côte est).
Océanie : Nouvelle-Calédonie, Polynésie française.
Amériques : Antilles, Argentine (nord), Belize, Brésil, Colombie, Costa Rica, Cuba, Floride, Guadeloupe, Guatemala, Martinique, Mexique, Panama, Pérou, République dominicaine, Venezuela.

Déconseillé

Afrique et océan Indien : Kenya, Niger, Tanzanie.
Océanie : Nouvelle-Zélande (nord).

VOYAGE « NATURE, VISITES ET RANDONNÉES »

Conseillé

Europe : Chypre, Espagne (Castille, Andalousie), Grèce, Italie (sud et Sicile), Malte, Portugal, Turquie.
Moyen-Orient : Dubaï, Israël, Jordanie.
Afrique : Algérie, Afrique du Sud, Madagascar, Namibie, Sénégal, Tunisie.
Asie : Chine (centre et nord), Corée du Sud, Inde (Calcutta), Japon, Ouzbékistan, Philippines, Sri Lanka, Vietnam.
Océanie : Nouvelle-Calédonie, Nouvelle-Zélande (sud).
Amériques : Antilles, Argentine (nord), Belize, Bolivie, Brésil (sauf Amazonie), Chili (centre et nord), Costa Rica, Cuba, États-Unis (Texas, Arizona), Floride, Louisiane, Guadeloupe, Guatemala, Martinique, Mexique, Paraguay, Pérou, République dominicaine.

Déconseillé

Afrique et océan Indien : Burkina Faso, Kenya, Mali.
Asie : Birmanie, Cambodge, Laos, Singapour, Thaïlande.
Amériques : Brésil (Amazonie), Équateur (Quito), Pérou (Altiplano et Amazonie).

VOYAGE « SKI »

Conseillé

Europe : Allemagne, Autriche, Norvège, Suède, Finlande, Suisse.
Amériques : Canada.

Mai

Temps clément pour les visites en Europe et dans les Amériques, sauf dans l'extrême sud (Patagonie), ainsi qu'en Chine et au Japon. Climat propice à la baignade et aux balades dans les pays du Maghreb, ainsi qu'en Afrique du Sud. Fortes chaleurs en Inde et en Asie du Sud-Est, ainsi qu'en Afrique centrale. Saison des pluies au Kenya et en Tanzanie.

VOYAGE « PLAGE ET SOLEIL »

Conseillé

Europe : Chypre, Crète, Malte, Turquie (sud).
Afrique : Afrique du Sud (région de Durban), Algérie, Cap-Vert, Gambie, Maroc, Madagascar (ouest), Maurice, Réunion, Sénégal, Seychelles, Tunisie.
Moyen-Orient : Égypte, Israël, Liban.
Asie : Bali, Brunei, Indonésie, Malaisie (est), Sri Lanka (nord et est).
Océanie : Australie (nord), Nouvelle-Calédonie, Polynésie française.
Amériques : Brésil (région de Rio), Floride, Hawaii, Saint-Martin.

Déconseillé

Afrique et océan Indien : Afrique du Sud (région du Cap), Bénin, Kenya, Tanzanie, Zanzibar.
Moyen-Orient : Oman.
Asie : Chine (sud), Sri Lanka (sud-ouest).
Océanie : Australie (sud), Nouvelle-Zélande.
Amérique du Sud : Argentine, Chili, Guyane.

VOYAGE « NATURE, VISITES ET RANDONNÉES »

Conseillé

Europe : Albanie, Allemagne, Arménie, Autriche, Belgique, Canaries, Chypre, Croatie, Danemark, Espagne, Grèce, Hongrie, Irlande, Italie, Madère, Malte, Monténégro, Pays-Bas, Pologne, Portugal, République tchèque, Roumanie, Royaume-Uni, Russie, Serbie, Slovaquie, Slovénie, Suisse, Turquie, Ukraine.
Moyen-Orient : Dubaï, Israël, Jordanie, Liban.
Afrique : Afrique du Sud, Algérie, Gambie, Madagascar, Maroc, Namibie, Réunion, Sénégal, Tunisie.
Asie : Bali, Chine (sauf sud), Corée du Sud, Japon, Ouzbékistan, Tibet.
Océanie : Australie, Polynésie française
Amériques : Bolivie, Brésil, Canada, Colombie, États-Unis, Hawaii, Mexique, Paraguay, Québec, Venezuela.

Déconseillé

Afrique et océan Indien : Burkina Faso, Ghana, Kenya, Mali, Tanzanie, Togo.
Moyen-Orient : Oman.
Asie : Birmanie, Cambodge, Chine (sud), Hong Kong, Inde, Laos, Macao, Philippines, Singapour, Sri Lanka, Thaïlande, Vietnam.
Amériques : sud de l'Argentine, sud du Chili (Patagonie).
Océanie : Nouvelle-Zélande.

Juin

Meilleure saison pour le bassin méditerranéen. Climat agréable en Europe et en Amérique du Nord, ainsi qu'en Chine du Nord et au Japon. Temps ensoleillé sur l'Afrique australe, les îles de l'océan Indien, le nord de l'Australie et l'Indonésie. Mousson en Inde et en Asie du Sud-Est, et fortes chaleurs en Afrique centrale et au Moyen-Orient. Pluies au Kenya. Fraîcheur et pluie (ou neige) sur le Chili, l'Argentine et les Andes.

VOYAGE « PLAGE ET SOLEIL »

Conseillé

Europe : Bulgarie, Canaries, Chypre, Crète, Croatie, Espagne, Grèce, Italie, Portugal, Madère, Malte, Monténégro, Portugal, Roumanie, Russie (mer Noire), Turquie, Ukraine.
Afrique : Algérie, Cap-Vert, Maroc, Madagascar, Maurice, Réunion, Seychelles, Tanzanie, Tunisie.
Moyen-Orient : Égypte, Israël, Liban.
Asie : Bali, Indonésie, Malaisie, Sri Lanka (nord et est).
Océanie : Australie (nord), Polynésie française.
Amériques : Brésil (région de Rio), Floride, Hawaii.

Déconseillé

Afrique et océan Indien : Afrique du Sud (région du Cap), Bénin, Burkina Faso, Côte d'Ivoire, Guinée, Kenya, Togo.
Moyen-Orient : Oman.
Asie : Birmanie, Inde, Maldives, Philippines, Sri Lanka (sud-ouest), Vietnam.
Océanie : Australie (sud), Nouvelle-Zélande.
Amérique du Sud : Argentine, Chili, Brésil (sud), Guatemala, Guyane, Uruguay.

VOYAGE « NATURE, VISITES ET RANDONNÉES »

Conseillé

Europe : Albanie, Allemagne, Arménie, Autriche, Belgique, Canaries, Chypre, Croatie, Danemark, Écosse, Espagne, Finlande, Grèce, Hongrie, Irlande, Islande, Italie, Lituanie, Monténégro, Norvège, Pays-Bas, Pologne, Portugal, République tchèque, Roumanie, Royaume-Uni, Russie, Serbie, Slovaquie, Slovénie, Suisse, Ukraine.
Moyen-Orient : Israël, Liban.
Afrique : Afrique du Sud, Algérie, Cap-Vert, Namibie, Réunion, Tanzanie.
Asie : Bali, Chine (nord), Corée du Sud, Japon, Malaisie, Tibet.
Océanie : Australie (Nord), Polynésie française.
Amériques : Bolivie (sauf Andes), Brésil, Canada, Équateur, États-Unis, Hawaii, Pérou (Altiplano), Québec

Déconseillé

Afrique et océan Indien : Bénin, Côte d'Ivoire, Ghana, Kenya, Mali, Mauritanie, Sri Lanka, Togo.
Moyen-Orient : Dubaï, Oman.
Asie : Birmanie, Cambodge, Chine (sud), Hong Kong, Inde, Laos, Macao, Népal, Philippines, Singapour, Taïwan, Thaïlande, Vietnam.
Amériques : Argentine, Chili, Costa Rica, Guatemala, Guyane, Chili, Pérou (Lima), Uruguay.
Océanie : Nouvelle-Zélande.

Juillet

Beau temps sur l'Europe, mais chaleur parfois écrasante autour du bassin méditerranéen. Conditions favorables en Amérique du Nord, sauf en Floride et en Louisiane, ainsi qu'en Mongolie et en Indonésie. Mousson sur l'Inde et l'Asie du Sud-Est. Lourd et pluvieux sur les Antilles et les Caraïbes. Temps froid en Argentine, au Chili et en Nouvelle-Zélande. Chaleur écrasante au Maghreb et au Moyen-Orient.

VOYAGE « PLAGE ET SOLEIL »

Conseillé

Europe : Albanie, Bulgarie, Canaries, Chypre, Crète, Croatie, Espagne, Grèce, Italie, Malte, Monténégro, Portugal, Roumanie, Russie (mer Noire), Turquie, Ukraine (mer Noire).
Afrique : Algérie, Cap-Vert, Madagascar (ouest), Maurice, Réunion, Seychelles, Tanzanie, Tunisie.
Moyen-Orient : Égypte, Israël, Liban.
Asie : Bali, Indonésie, Malaisie, Sri Lanka (nord et est).
Océanie : Australie (nord), Polynésie française (Tahiti, Îles-sous-le-Vent).
Amériques : Brésil (région de Rio), Californie, États-Unis, Floride, Hawaii.

Déconseillé

Afrique et océan Indien : Afrique du Sud (région du Cap), Bénin, Burkina Faso, Cameroun, Côte d'Ivoire, Guinée, Togo.
Moyen-Orient : Oman.
Asie : Birmanie, Inde, Maldives, Philippines, Sri Lanka (sud et ouest), Vietnam.
Océanie : Australie (sud), Nouvelle-Zélande, Polynésie française (Marquises).
Amériques : Argentine, Belize, Chili, Brésil (sud), Costa Rica, Guatemala, Guyane, Pérou, Trinidad, Uruguay, Venezuela.

VOYAGE « NATURE, VISITES ET RANDONNÉES »

Conseillé

Europe : Albanie, Allemagne, Arménie, Autriche, Belgique, Bosnie, Bulgarie, Canaries, Chypre, Croatie, Danemark, Écosse, Estonie, Finlande, Hongrie, Irlande, Islande, Lettonie, Lituanie, Madère, Malte, Monténégro, Norvège, Pays-Bas, Pologne, Portugal, République tchèque, Roumanie, Royaume-Uni, Russie, Serbie, Slovaquie, Slovénie, Suède, Suisse, Ukraine.
Afrique : Afrique du Sud, Cap-Vert, Namibie, Réunion, Tanzanie.
Asie : Bali, Indonésie, Malaisie, Mongolie, Tibet.
Océanie : Australie (nord), Polynésie française.
Amériques : Alaska, Bolivie, Brésil, Californie, Canada, Équateur, États-Unis (sauf le sud), Hawaii, Pérou (Altiplano), Québec.

Déconseillé

Afrique et océan Indien : Bénin, Burkina Faso, Cameroun, Cap-Vert, Côte d'Ivoire, Ghana, Mali, Mauritanie, Niger, Togo.
Moyen-Orient : Dubaï, Jordanie, Oman.
Asie : Birmanie, Cambodge, Chine (sud), Corée du Sud, Hong Kong, Inde, Laos, Macao, Népal, Philippines, Singapour, Sri Lanka (sud), Taïwan, Thaïlande, Vietnam (sud).
Amériques : Argentine, Belize, Costa Rica, Floride, Guatemala, Louisiane, Mexique, Pérou (Lima), Chili, Uruguay, Venezuela.
Océanie : Nouvelle-Zélande.

VOYAGE « SKI »

Conseillé

Amériques : Argentine, Chili.
Océanie : Nouvelle-Zélande.

Août

Beau temps sur l'Europe et l'Amérique du Nord, ainsi qu'en Mongolie, en Indonésie et en Polynésie. Meilleure période pour visiter l'Amazonie. Mousson sur l'Inde, l'Asie du Sud-Est et les Philippines. Risques cycloniques sur les Antilles, les Caraïbes et le Mexique. Temps froid en Nouvelle-Zélande. Chaleur écrasante au Maghreb et au Moyen-Orient.

VOYAGE « PLAGE ET SOLEIL »

Conseillé

Europe : Albanie, Bulgarie, Canaries, Chypre, Crète, Croatie, Espagne, Grèce, Italie, Malte, Monténégro, Portugal, Roumanie, Russie (mer Noire), Turquie, Ukraine (mer Noire).
Afrique : Algérie, Cap-Vert, Madagascar (ouest), Maroc, Maurice, Réunion, Seychelles, Tanzanie, Tunisie.
Moyen-Orient : Égypte, Israël, Liban.
Asie : Bali, Indonésie, Malaisie (est), Sri Lanka (nord et est).
Océanie : Australie (nord), Polynésie française.
Amériques : Brésil (Nordeste), Californie, États-Unis, Guyane, Hawaii.

Déconseillé

Afrique et océan Indien : Afrique du Sud, Bénin, Burkina Faso, Cameroun, Côte d'Ivoire, Gambie, Guinée, Sénégal, Togo.
Moyen-Orient : Oman.
Asie : Birmanie, Inde, Maldives, Philippines, Sri Lanka.
Océanie : Australie (sud), Nouvelle-Zélande, Polynésie française.
Amériques : Antilles, Argentine, Belize, Chili, Costa Rica, Floride, Brésil (sud), Guadeloupe, Guyane, Martinique, Pérou, République dominicaine, Trinidad, Uruguay, Venezuela.

VOYAGE « NATURE, VISITES ET RANDONNÉES »

Conseillé

Europe : Albanie, Allemagne, Arménie, Autriche, Belgique, Bosnie, Bulgarie, Canaries, Chypre, Croatie, Danemark, Écosse, Estonie, Finlande, Hongrie, Irlande, Islande, Lettonie, Lituanie, Madère, Malte, Monténégro, Norvège, Pays-Bas, Pologne, Portugal, République tchèque, Roumanie, Royaume-Uni, Russie, Serbie, Slovaquie, Slovénie, Suède, Suisse, Ukraine.
Afrique : Afrique du Sud, Cap-Vert, Namibie, Réunion, Tanzanie.
Asie : Bali, Indonésie, Malaisie, Mongolie, Tibet.
Océanie : Australie (désert et nord), Polynésie française.
Amériques : Alaska, Bolivie, Brésil (Amazonie), Californie, Canada, Équateur, États-Unis (sauf le sud), Guyane, Hawaii, Paraguay, Pérou, Québec.

Déconseillé

Afrique et océan Indien : Bénin, Burkina Faso, Cameroun, Cap-Vert, Côte d'Ivoire, Gambie, Ghana, Kenya, Mali, Mauritanie, Niger, Sénégal.
Moyen-Orient : Dubaï, Égypte, Jordanie, Oman.
Asie : Birmanie, Cambodge, Chine, Corée du Sud, Hong Kong, Inde, Japon, Laos, Macao, Népal, Philippines, Singapour, Sri Lanka, Taïwan, Thaïlande, Vietnam.
Amériques : Belize, Chili (Patagonie), Costa Rica, Guatemala, Louisiane, Mexique, République dominicaine, Uruguay, Venezuela.
Océanie : Nouvelle-Zélande.

VOYAGE « SKI »

Conseillé

Amériques : Argentine, Chili.
Océanie : Nouvelle-Zélande.

Septembre

Encore de belles journées sur l'hémisphère Nord et le bassin méditerranéen. Climat favorable en Indonésie, Chine et Australie du Nord. Meilleure période pour visiter l'Amazonie. Mousson sur l'Inde, l'Asie du Sud-Est et les Philippines. Risques cycloniques sur les Antilles, les Caraïbes et le Mexique.

VOYAGE « PLAGE ET SOLEIL »

Conseillé

Europe : Albanie, Bulgarie, Canaries, Chypre, Crète, Croatie, Espagne, Grèce, Italie, Malte, Monténégro, Portugal, Roumanie, Turquie.
Afrique : Algérie, Kenya, Madagascar (ouest), Maroc, Maurice, Réunion, Seychelles, Tanzanie, Tunisie.
Moyen-Orient : Égypte, Israël, Liban.
Asie : Bali, Indonésie, Sri Lanka (nord et est).
Océanie : Australie (nord), Polynésie française.
Amériques : Brésil (Nordeste), Californie, États-Unis, Guyane, Hawaii.

Déconseillé

Afrique et océan Indien : Bénin, Cameroun, Côte d'Ivoire, Gambie, Guinée, Sénégal, Togo.
Moyen-Orient : Oman.
Asie : Birmanie, Cambodge, Inde, Malaisie (ouest), Maldives, Philippines, Sri Lanka, Thaïlande.
Océanie : Nouvelle-Zélande.
Amériques : Antilles, Belize, Chili, Colombie (côte Caraïbes), Costa Rica, Cuba, Floride, Guatemala, Guadeloupe, Martinique, Pérou, République dominicaine, Trinidad, Uruguay.

VOYAGE « NATURE, VISITES ET RANDONNÉES »

Conseillé

Europe : Albanie, Allemagne, Arménie, Autriche, Belgique, Bosnie, Bulgarie, Canaries, Chypre, Croatie, Danemark, Écosse, Espagne, Hongrie, Italie, Madère, Malte, Monténégro, Pologne, Portugal, République tchèque, Roumanie, Royaume-Uni, Russie, Serbie, Slovaquie, Slovénie, Suisse, Turquie, Ukraine.
Afrique : Afrique du Sud, Algérie, Kenya, Madagascar, Namibie, Réunion, Tanzanie.
Moyen-Orient : Israël, Jordanie, Liban.
Asie : Bali, Chine, Indonésie, Ouzbékistan, Tibet.
Océanie : Australie (désert et nord), Nouvelle-Calédonie, Polynésie française.
Amériques : Alaska, Bolivie, Brésil (Amazonie), Californie, Canada, Équateur, États-Unis (sauf le sud), Guyane, Hawaii, Paraguay, Pérou, Québec.

Déconseillé

Afrique et océan Indien : Bénin, Burkina Faso, Cameroun, Côte d'Ivoire, Gambie, Ghana, Mali, Mauritanie, Niger, Sénégal.
Moyen-Orient : Dubaï, Oman.
Asie : Birmanie, Cambodge, Corée du Sud, Hong Kong, Inde, Japon, Laos, Macao, Philippines, Singapour, Taïwan, Thaïlande, Vietnam.
Amériques : Antilles, Belize, Costa Rica, Cuba, Floride, Guatemala, Louisiane, Mexique, République dominicaine, Uruguay, Venezuela (ouest, Llanos).

Octobre

Encore de belles journées sur le bassin méditerranéen, en Turquie et au Maghreb. Climat favorable au Moyen-Orient, au Sénégal, en Indonésie, en Chine et en Australie du Nord. Meilleure période pour visiter Madagascar, l'Afrique australe et le nord-est brésilien. Mousson tardive sur le sud de l'Inde, l'Asie du Sud-Est et les Philippines. Risques cycloniques et pluies abondantes sur les Antilles et les Caraïbes.

VOYAGE « PLAGE ET SOLEIL »

Conseillé

Europe : Chypre, Crète.
Afrique : Kenya, Madagascar, Maroc, Maurice, Réunion, Sénégal, Seychelles, Tanzanie, Tunisie.
Moyen-Orient : Égypte, Israël, Liban.
Asie : Bali.
Océanie : Australie (nord), Nouvelle-Calédonie, Polynésie française.
Amériques : Brésil (Nordeste), Californie, Guyane, Uruguay.

Déconseillé

Afrique et océan Indien : Côte d'Ivoire, Guinée, Togo.
Asie : Cambodge, Inde (sud-est), Malaisie (ouest), Maldives, Philippines, Sri Lanka, Thaïlande.
Amériques : Antilles, Belize, Chili, Costa Rica, Colombie (Caraïbes), Cuba, Floride, Guadeloupe, Martinique, République dominicaine, Trinidad.

VOYAGE « NATURE, VISITES ET RANDONNÉES »

Conseillé

Europe : Albanie, Arménie, Chypre, Espagne, Italie (sud), Madère, Malte, Portugal, Turquie.
Afrique : Afrique du Sud, Algérie, Cap-Vert, Kenya, Madagascar, Maroc, Namibie, Réunion, Tanzanie, Tunisie.
Moyen-Orient : Égypte, Israël, Jordanie, Liban.
Asie : Bali, Corée du Sud, Chine, Hong Kong, Japon, Macao, Népal, Tibet, Vietnam (nord).
Océanie : Australie, Nouvelle-Calédonie, Polynésie française.
Amériques : Argentine, Bolivie, Brésil (Nordeste et Amazonie), Californie, Chili (centre et nord), Équateur, États-Unis, Guyane, Mexique, Pérou.

Déconseillé

Asie : Cambodge, Inde (sud-est), Malaisie, Philippines, Singapour, Taïwan, Thaïlande, Vietnam (sud).
Amériques : Antilles, Belize, Colombie, Costa Rica, Cuba, Floride, Louisiane, Martinique, République dominicaine, Uruguay, Venezuela.

Novembre

C'est la bonne saison pour découvrir l'Afrique et l'Amérique du Sud, mais aussi le Moyen-Orient. La météo redevient clémente sur l'Australie et l'ensemble de l'Asie du Sud-Est, sauf quelques endroits où les pluies sont encore abondantes (mousson tardive). Temps froid et pluies sur l'Europe du Nord et de l'Est, ainsi qu'au Canada. Climat peu favorable en Chine du Nord et en Mongolie.

VOYAGE « PLAGE ET SOLEIL »

Conseillé

Afrique : Afrique du Sud, Bénin, Cap-Vert, Cameroun, Gambie, Ghana Madagascar (côte est), Maurice, Réunion, Sénégal, Seychelles, Togo.
Moyen-Orient : Dubaï, Israël.
Asie : Inde (sauf sud-est), Thaïlande, Vietnam (nord).
Océanie : Australie, Nouvelle-Calédonie.
Amériques : Brésil, Floride, Guyane, Mexique, Uruguay.

Déconseillé

Europe : Bulgarie, Croatie, Espagne, Italie, Malte, Monténégro, Portugal, Roumanie, Ukraine.
Asie : Inde (sud-est), Malaisie (ouest), Maldives, Sri Lanka.

VOYAGE « NATURE, VISITES ET RANDONNÉES »

Conseillé

Europe : Andalousie, Chypre, Crète, Italie (sud).
Afrique : Afrique du Sud, Algérie, Bénin, Burkina Faso, Cameroun, Cap-Vert, Gambie, Ghana, Namibie, Réunion, Sénégal, Tanzanie, Togo, Tunisie.
Moyen-Orient : Dubaï, Égypte, Israël, Liban.
Asie : Chine (sauf nord), Hong Kong, Inde (sauf sud-est), Laos, Macao, Singapour, Népal, Taiwan, Vietnam.
Océanie : Australie (sauf désert), Nouvelle-Calédonie, Nouvelle-Zélande.
Amériques : Argentine, Brésil, Californie, Chili, Costa Rica, Floride, Guyane, Louisiane, Mexique, Pérou.

Déconseillé

Europe : Bulgarie, Croatie, Ecosse, Estonie, Finlande, Islande, Monténégro, Norvège, Roumanie, Russie, Slovénie, Ukraine.
Asie : Chine (nord), Corée du Sud, Inde (sud-est), Malaisie, Mongolie, Singapour, Sri Lanka, Tibet.
Océanie : Australie (désert).
Amériques : Belize, Canada, Québec.

Décembre

C'est la bonne saison pour découvrir l'Asie du Sud-Est, les Caraïbes, l'Afrique et l'Amérique du Sud. Bref, c'est le moment de prendre l'avion ! Temps froid et pluies sur l'Europe et l'Amérique du Nord. Climat peu favorable en Chine du Nord et en Mongolie. Attention, pluie aux Seychelles.

VOYAGE « PLAGE ET SOLEIL »

Conseillé

Afrique : Afrique du Sud, Bénin, Cap-Vert, Cameroun, Côte d'Ivoire, Gambie, Ghana, Maurice, Réunion, Sénégal, Togo.
Moyen-Orient : Dubaï.
Asie : Cambodge, Hong Kong, Inde (sauf sud-est et extrême Sud), Maldives, Thaïlande, Vietnam.
Océanie : Australie, Nouvelle-Calédonie, Nouvelle-Zélande.
Amériques : Antilles, Argentine, Brésil, Chili, Colombie, Costa Rica, Cuba, Floride, Guadeloupe, Guyane, Martinique, Mexique, Pérou, République dominicaine, Uruguay, Venezuela.

Déconseillé

Afrique : Algérie, Madagascar (côte ouest), Maroc, Seychelles, Tunisie.
Europe : Bulgarie, Croatie, Espagne, Grèce, Italie, Malte, Monténégro, Portugal, Roumanie, Russie, Turquie, Ukraine.
Moyen-Orient : Égypte, Israël, Liban.
Asie : Bali, Malaisie (côte est), Sri Lanka (nord-est).
Océanie : Australie (nord).

VOYAGE « NATURE, VISITES ET RANDONNÉES »

Conseillé

Afrique : Afrique du Sud, Bénin, Burkina Faso, Cameroun, Cap-Vert, Gambie, Ghana, Kenya, Mali, Namibie, Niger, Réunion, Sénégal, Tanzanie, Togo.
Moyen-Orient : Dubaï, Égypte, Oman.
Asie : Birmanie, Cambodge, Chine (sud), Hong Kong, Inde, Laos, Macao, Singapour, Népal, Philippines, Taïwan, Thaïlande, Vietnam.
Océanie : Australie (sauf désert), Nouvelle-Calédonie, Nouvelle-Zélande.
Amériques : Argentine, Brésil, Chili, Colombie, Costa Rica, Cuba, Floride, Guadeloupe, Guyane, Martinique, Mexique, Pérou, République dominicaine, Venezuela.

Déconseillé

Europe : Allemagne, Arménie, Autriche, Belgique, Bosnie, Bulgarie, Croatie, Danemark, Écosse, Estonie, Finlande, Hongrie, Irlande, Islande, Madère, Monténégro, Norvège, Pays-Bas, Pologne, Portugal, République tchèque, Roumanie, Royaume-Uni, Russie, Serbie, Slovaquie, Slovénie, Suède, Suisse, Turquie, Ukraine.
Afrique : Algérie, Maroc, Tunisie.
Moyen-Orient : Liban.
Asie : Bali, Chine (nord), Corée du Sud, Sri Lanka (nord-est), Tibet.
Océanie : Australie (désert), Polynésie française.
Amériques : Belize, Canada, États-Unis, Paraguay, Québec.

VOYAGE « SKI »

Conseillé

Europe : France, Allemagne, Autriche, Italie (Alpes), Norvège, Suède, Suisse.
Amériques : Canada, États-Unis.

INDEX

A

B

J

K

L

M

COPYRIGHTS

Légende : v=vignette, b=en bas, h=en haut, g=à gauche, c=au centre, d=à droite

PHOTOGRAPHIES

HEMIS.FR

Aflo : p62 (cd) ; Alamy : p56 (v50), p142 ; Alaska Stock : p336 (cd) ; All Canada photo : p278 (g) ; Asael Anthony : p214 (hg) ; Aurora : p214 (bd) ; Azam Jean-Paul : p338 (hg) ; Benali Remi : p51 (hd) ; Berthier Emmanuel : p37 ; Birdsall John/Alamy : p116 (bg) ; Boisvieux Christophe : p36, p139 (c) ; Bringard Denis : p139 (hd), p215 (hd) ; Cephas Picture Library/Alamy : p313 ; Charton Franck : p69 (bg), p69 (d), p69 (hg) ; Chicurel Arnaud : p62 (hc) ; Cintract Romain : p259 (b) ; Cordier Sylvain : p216 (hg) ; Cormon Francis : p54 (v26) ; Dagnall Ian/Alamy : p312 (hd) ; Davis David Photoproductions/Alamy : p144 ; Degas Jean-Pierre : p147 (bg), p288 (b) ; Denis-Huot Michel : p212 ; Du Boiberranger Jean : p50 (bd), p61 (c), p250 (hg) ; Escudero Patrick : p42, p240 ; eye35 pix/Alamy : p300 ; Frances Stéphane : p51 (cg) ; Frilet Patrick : p210 (hd), p261 (hg), p336 (hc), p345 ; Garcia Julien : p318 ; Gardel Bertrand : p112 (hg), p117 (hd), p120 (hg), p128 (b), p316 (bd), p319, p341 (hg) ; Gerault Gregory : p43 (hg) ; Gillardi Jacques : p68 (bd) ; Godin Stéphane : p250 (bc) ; Guiziou Franck : p24 (hg), p45 (hg), p128 (h), p174, p176 (hg), p182, p232, p233, p317 ; Harding Robert : p23, p31, p125 (b), p164 (bc) ; Heeb Christian : p66 (hd), p338 (hd) ; Hughes Hervé : p99 (fresque de Pixelpancho), p120 (b) ; Image Source : p243, p287 ; ImageBROKER : p48 (cg), p185, p237 (b) ; Jacques Pierre : p26 (hg), p172 (hg) ; John Warburton Lee : p100, p277 (hg) ; Jon Arnold Images : p14, p16 (hc), p16 (bd), p24 (cd), p26 (bd), p30 (bd), p34, p56 (v38), p61 (bg), p61 (hd), p79, p104, p108 (cg), p110, p114, p117 (bg), p171, p184, p188, p199, p248 (h), p260, p278 (d), p281 (g), p289 (d), p308, p324, p346, p349 ; Leclerq Olivier : p146 (hg) ; Liot Jean-Marie : p216 (bg) ; Maisant Ludovic : p44 (bd), p117 (c), p332 ; Marka/Alamy : p25 ; Mattes René : p107 (bd), p145 (hd , p173 (d), p311, p347 (g), p347 (c) ; Minden : p30 (bg), p38 (hg), p80, p215 (c) ; Moirenc Camille : p129 (hc), p129 (d), p197 (hd), p293 (hg) ; Montico Lionel : p121 (hc), p176 (bc), p255 (d) ; Morandi Tuul et Bruno : p50 (cd), p109 (hd), p284, p342 ; Nagy Roland/Alamy : p204 ; P. Shepherd Mike/Alamy : p230 ; Pacific_ Stock : p261 (bd) ; Pitamitz Sergio : p30 (hc) ; Pompe Ingolf : p26 (c) p138 (bc), p147 (bd) ; Quayle Paul/Alamy : p116 (cd) ; Rabouan-Fiori : p138 (hg) ; Rieger Bertrand : p17 (hd), p51 (hg), p95 (g), p200 ; Rigoulet Gilles : p299 (hd) ; Seux Paule : p205, p316 (hg), p353 ; Skreidzeleu Aliaksei/Alamy : p334 ; Sonnet Sylvain : p309 (b), p344 (b) ; Spani Arnaud : p164 (bd) ; Stichelbaut Benoit : p32 (hg) ; StockFood : p289 (h) ; Sudres Jean-Daniel : p43 (hd) ; Tao Images : p162 (cd) ; Westend 61 : p337 ; Westend61 GmbH/Alamy : p339 (bg) ; Winter Sara/Alamy : p198 (hg) ; Wiskerke/Alamy : p94 (d), p116 (hd) ; Wyatt Robert/Alamy : p106 (c) ; Zylberyng Didier : p189.

AGEFOTOSTOCK.COM

AC productions : p180 ; Artepics : p312 (bg) ; Bower Jon : p322 ; Brown Paul : p136 ; Carlos Muñoz Juan : p320 ; Crabbe Gary : p66 (bd) ; CSP_scanrail : p190 (cd) ; CSP_shalamov : p50 (hg) ; Davilla Luis : p280 (d) ; Douglas Williams : p48 (bc) ; Fuste Raga Jose : p44 (c) ; Harrington Blaine : p301 ; Heiner Heine/imageBROKER : p198 (bd) ; Jackson Marc : p68 (hg) ; Kaehler Wolfgang : p221 ; Knight Kendra : p64 ; Levy Yadid : p299 (bc) ; Lo Scalzo Flavio/AGF : p138 (hd) ; Michael Runkel : p45 (hd) ; O. Cecil Charles : p122 (hg) ; Piccinetti Gaston : p18 ; Reboredo Sergi : p325 ; S. Pereyra Carlos : p98 (dessin de Yazz, www.yazz.pro) ; Sochor Jan : p145 (hc) ; Stamboulis Dave : p231 ; Tomas Griger : p339 (hd) ; Vdovin Ivan : p220 (c) ; Wlodarczyk jan : p176 (hd) ; Woolfitt Adam : p112 (bd) ; Zoonar/N. Sorokin : p296 ; Zoonar/Yykkaa : p113 (hd).

GETTYIMAGES.FR

Anderson Colin : p257 (hd) ; Bachmann Bill : p206 ; Beerpixs : p341 (cb) ; Benson Caspar : p281 (d) ; Boyny Michael/LOOK-foto : p341 (bd) ; Buena Vista Images : p197 (bc) ; Cheng Kelly Travel Photography : p314 ; Colombo Matteo : p323 ; Design Pics/Ray Laskowitz : p282 ; Doerr Cornelia : p54 (v28) ; E. Marriott John : p194 ; Faint Grant : p56 (v36) ; Falzone Michele : p280 (g) ; Fell Frank/Harding Robert : p151 ; Garrod Kathie : p102 (bg) ; Guiziou Franck/Hemis : p190 (hg) ; Hill Mike : p17 (bc) ; Humbert Josh : p258 (bg) ; JCarillet : p121 (bd) ; Kamsongmueang Anuchit : p246 ; Lewis Michael and Jennifer : p286 (b) ; Lounes Mohamed/Contributor : p350 (bd) ; Maica : p285 (h) ; Mangiwau : p32 (bd) ; Merten Snijders : p202 ; Morandi Tuul & Bruno : p38 (bd), p192 (g), p193 (d) ; Murat Natan/EyeEm : p122 (bd) ; Norton Ed : p78 (hd) ; Nudiblue : p234 ; Petrus Anton : p123 ; Phung Huynh Vu Qui : p153 (hg), p331 ; Porter Dave Peterborough Uk : p54 (v15) ; Ronan James/EyeEm : p68 (hd) ; Runkel Michael/Harding Robert : p54 (v30), p211 ; Ryan Pete : p164 (hg) ; Schroptschop : p248 (b) ; Seubert Susan : p186 ; Spreephoto.de : p150 ; Stewart Michael/Contributor : p152 ; The Washington Post/Contributor : p163 (bd) ; Triloks : p160 ; VisitBritain : p162 (bc) ; Vostok : p192 (d) ; VW Pics/Contributor : p236 ; W. Banagan John : p203 ; Wai Amy : p340 ; Westend61 : p274 ; Westend61 : p279 ; Zakharov Vladimir : p28.

PHOTONONSTOP.COM

Bartuccio Antonino/Sime : p46 ; Carassale Matteo/Sime : p290 ; Cogoli Franco/Sime : p292 ; Cozzi Guido/Sime : p67 ; Gabriele Croppi/Sime : p309 (h) ; Giocoso Paolo/Sime : p298 ; Gräfenhain Günter/Sime : p40, p299 (hg) ; Kremer Susanne/Sime : p257 (bg) ; Langer Peter/Design Pics : p145 (cd) ; Merten Hans-Peter/Sime : p210 (bg) ; Morandi Bruno/Sime : p146 (c) ; Nowak Gerald/Westend61 : p238 (h) ; Pipe Ben/Sime : p22 ; Reinhard Schmid/Sime : p81, p178 (hd) ; Richter Tobias/Look : p146 (bd) ; Ripani Massimo/Sime : p293 (bd) ; Sime : p20, p24 (bc), p48 (hd), p76, p78 (bg), p81 (hg), p168, p170, p172 (bd), p183, p208, p228, p277 (bd), p286 (h), p288 (h) ; Sonderegger Christof /Sime : p191 ; Warburton Lee John /Watson Andrew : p58.

SHUTTERSTOCK.COM

p8 (v21), p8 (v23), p8 (v27), p8 (v29), p8 (v30), p8 (v50), p9 (v1), p9 (v11), p9 (v15), p9 (v18), p9 (v20), p9 (v39), p9 (v48), p27 (hg), p27 (hc), p27 (cd), p33 (hg), p33 (bg), p33 (d), p39 (hg), p39 (cg), p39 (d), p52 (v1), p52 (v6), p52 (v7), p52 (v13), p52 (v14), p54 (v17), p56 (v45), p56 (v48), p63 (g), p63 (c), p63 (d), p82, p86 (v Cusco), p86 (v Londres), p86 (v Madrid), p86 (v Mexico), p86 (v NewYork), p86 (v Paris), p86 (v Rio), p87 (v Florence), p87 (v Bangkok), p87 (v Honk Kong), p87 (v Moscou), p87 (v Pékin), p87 (v Rome), p87 (v Sydney), p87 (v Tokyo), p91 (g), p91 (d), p92 (g), p92 (d), p93 (g), p93 (d), p94 (g), p95 (d), p101 (hg), p101 (cg), p101 (d), p102 (bd), p103 (bg), p103 (cg), p103 (c), p103 (hg), p103 (hd), p106 (hg), p107 (bg), p109 (bg), p125 (h), p126 (g), p126 (hd), p126 (bd), p127 (hg), p127 (bg), p127 (d), p129 (hg), p140, p141 (b), p141 (h), p147 (bc), p148, p153 (hd), p153 (bg), p153 (bd), p154 (fond), p155 (fond), p156 (fond), p157 (fond), p158 (fond), p159 (fond), p163 (hd), p173 (hg), p173 (cg), p173 (hc), p173 (bc), p179 (g), p179 (d), p193 (bg), p217 (g), p217 (c), p217 (d), p219 (g), p219 (c), p220 (g), p237 (h), p238 (b), p239 (hg), p239 (cb), p239 (hd), p242, p254 (g), p254 (c), p254 (d), p255 (g), p255 (c), p258 (hg), p259 (d), p259 (h), p285 (b), p302, p304 (hg ; Niemeyer Oscar, dit Oscar Nimeyer, *Cathédrale de Brasilia*, © NIEMEYER, OSCAR / Adagp, Paris, 2017), p304 (bc ; Dali Salvador, dit DALI, *Musée-Théâtre*, © Salvador Dalí, Fundació Gala-Salvador Dali / Adagp, Paris 2017), p304 (cd), p305 (*Hundertwasser-Haus*, auteur : Hundertwasser ; coautheur original : Josef Krawina, architecte ; planification : Peter Pelikan, architecte), p306 (c ; Calatrava Santiago, *Turning Torso*, © Adagp, Paris, 2017), p306 (b ; Milunic Vladimír, dit Vlado Milunic, *Tancící dum*, © Adagp, Paris, 2017), p306 (h), p307 (g ; Smith Robert Adrian, *Burj Khalifa*, © Adagp, Paris, 2017), p307 (c), p307 (d), p310, p326 (g), p326 (c), p326 (d), p327 (hg), p327 (bg), p327 (bd), p327 (hd), p329, p330, p333, p336 (bg), p344 (h), p347 (d), p350 (hg), p351, p352.

DIVERS

© Bourcier Simon : p244 ; © Capell Any : p165 (hg) ; © Flotats Marina : p96, © Leroux Vincent : p102 (hg) ; © Mairie de Mahalon : p162 (hg) ; © Mandarin Oriental, Bangkok : p103 (cd) ; © Miot Jacques : p165 (cd) ; © Romano Olivier : p103 (bd ; le *Steamship Sudan* est un bateau de l'agence *Voyageurs du Monde*) ; © Savoy : p102 (hd) ; © Taj Mahal Palace : p103 (bc).

ILLUSTRATIONS

AMÉLIE CORDIER

p15 ; p21 ; p22-23 ; p29 ; p30-31 ; p35 ; p41 ; p47 ; p59 ; p65 ; p77 ; p86 (h) ; p97 ; p105 ; p111 ; p117 ; p121 ; p137 ; p143 ; p152 ; p161 ; p175 ; p187 ; p188-189 ; p195 ; p203 ; p208-209 ; p213 ; p230-231 ; p235 ; p241 ; p249 ; p252 ; p256 ; p279 ; p283 ; p291 ; p297 ; p303 ; p315 ; p324 ; p343 ; p350.

SHUTTERSTOCK.COM

p4, p5, p8-13 (fond), p8, p9, p18, p19, p27, p33, p36, p37, p39, p42, p44, p49, p50, p51, p52-57 (fond), p52, p53, p54, p55, p56, p57, p60, p62, p63, p66, p67, p69, p79, p80, p86-89 (fond) , p88, p89, p90, p90-95, p99, p101, p102, p103, p107, p113, p118, p119, p122, p123, p129, p130-131 (fond), p140, p141, p144, p147, p149, p153, p154-159 (fond), p156, p157, p158, p159, p165, p169, p171, p173, p179, p181, p182, p185, p188-190 (fond), p188, p189, p192, p193, p196, p199, p201, p202, p204, p207, p210-211, p213, p214, p215, p216, p217, p218-221 (fond), p218, p219, p220, p221, p222-225 (fond), p229, p230 (bg), p232-233, p236-237, p238, p239, p247, p248, p251, p253, p254-255 (fond), p258-259 (fond), p260, p261, p262-265 (fond), p275, p276 (b), p285, p287, p289, p298, p300, p301, p305, p318, p321, p322, p325, p326, p327, p326, p327, p328-333 (fond), p328, p329, p330, p331, p332, p333, p337, p340, p345, p346, p347, p349, p352, p354-359 (fond), p355 (téléphérique).

MANON VILLARET

p330

CLAIRE LEMONNIER

p114, p222-225

ILLUSTRATION COUVERTURE

AMÉLIE CORDIER

www.ameliecordier.com

CARTES

LE BUREAU DES AFFAIRES GRAPHIQUES

p8-9, p49, p52, p54, p56, p60, p86-87, p118-119, p242-243, p258-259, p276.

DIVERS

p326-327 : ® *Game of Thrones* est une marque déposée par Home Box Office, Inc.

POUR LE ROUTARD

Directeur de collection et auteur : Philippe Gloaguen

Rédaction : Pierre Josse, Amanda Keravel, Benoît Lucchini, Florence Charmetant, Bénédicte Gloaguen, Isabelle Al Subaihi, Emmanuelle Bauquis, Mathilde de Boisgrollier, Thierry Brouard, Marie Burin des Roziers, Véronique de Chardon, Gavin's Clemente Ruïz, Fiona Debrabander, Anne-Caroline Dumas, Éléonore Friess, Géraldine Lemauf-Beauvois, Olivier Page, Alain Pallier, Anne Poinsot, André Poncelet, Alizée Trotin et Carole Bordes.

Une partie des textes de cet ouvrage sont parus la première fois sur le site Routard.com, et sont dus à la plume de : Marie Borgers, Gérard Bouchu, Clémentine Bougrat, Léocadie Brothier, Ellenore Busch, Stéphanie Condis, Grégory Dalex, Jean-Philippe Damiani, Fabrice Doumergue, Michel Doussot, Marine Dumeurger, Théo Garcin, Marina Gaultier, Nicolas George, Anissa Hammadi, Claude Hervé-Bazin, Carine Keyvan, Émilie Kovacs, Olivia le Sidaner, Jöel Métreau, Aurélie Michel, Éric Milet, Anne-Marie Minvielle, Christiane Monsanto, Julien Nessi, Élodie Petit, Sarah Piccioli, Camille Poirier, Charlène Ravella, Laure Rakic, Mylène Renoult, Martin Rhodes, Magali Roberto, Virginie de Rocquigny, Dominique Rolland, Lorine Schieber, Marina Skalova et Laurène Vitoux.

Un merci particulier à Jean-Philippe Damiani et Marie Borgers de Routard.com, ainsi qu'à Michel Doussot pour son active collaboration.

POUR HACHETTE

Direction : Nathalie Bloch-Pujo
Contrôle de gestion : Jérôme Boulingre et Adeline Cazabat-Barrère
Secrétariat : Catherine Maîtrepierre
Direction éditoriale : Hélène Firquet
Responsable de projet : Matthieu Devaux
Équipe éditoriale : Olga Krokhina-Antonov, Julie Dupré, Gia-Guy Tran et Emmanuelle Michon
Stagiaire édition : Diane Capron
Direction artistique et créations graphiques : Le Bureau des Affaires Graphiques
Assistantes graphistes : Claire Lemonnier et Manon Villaret
Illustrations originales et illustrations de couverture : Amélie Cordier
Logo : Clément Gloaguen (d'après Jean Solé)
Lecture-correction : Arianne Fort
Fabrication : Nathalie Lautout et Audrey Detournay
Relations presse France : COM'PROD, Fred Papet. – 01 70 69 04 69, info@comprod.fr
Direction marketing : Adrien de Bizemont, Clémence de Boisfleury et Charlotte Brou
Contacts partenariats : André Magniez (EMD). • andremagniez@gmail.com •
Relations presse : Martine Levens (Belgique) et Maureen Browne (Suisse)

L'ÉDITEUR TIENT À REMERCIER

Catherine Julhe, Suzanne Thoma et l'équipe du BDAG, Amélie Cordier,
ainsi que Arianne Fort, Abigaëlle Nivoix, Flora Sallot et Sarah Favaron, pour leur aide précieuse.

LES ROUTARDS PARLENT AUX ROUTARDS

Faites nous part de vos expériences, de vos découvertes, de vos tuyaux :
Les Routards parlent aux Routards : 122, rue du Moulin-des-Prés, 75013 Paris – e-mail : guide@routard.com
site internet : routard.com

CONSEILS AUX VOYAGEURS

Chers lecteurs, la situation d'un pays pouvant évoluer à tout moment, nous vous invitons vivement, avant tout voyage, à consulter la rubrique « conseils aux voyageurs » sur le site du ministère des Affaires étrangères : diplomatie.gouv.fr/fr/conseils-aux-voyageurs/

Cet ouvrage est imprimé sur un papier issu de forêts gérées.

Édité par Hachette Livre (58, rue Jean-Bleuzen, CS 70007, 92178 Vanves Cedex, France)
Photogravure par Reproscan
Imprimé par Macrolibros (Vallad C/Vasquez de Menchaca,9 Poligono Ind Argales 47003 Valladolid Espagne)
Achevé d'imprimer le 13 octobre 2017
Collection n° 22 - Édition n° 01
70/8465/7
I.S.B.N. 978-2-01-626669-4
Dépôt légal : Octobre 2017